Entscheidungen

des

Reichsgerichts.

Herausgegeben

von

den Mitgliedern des Gerichtshofes
und der Reichsanwaltschaft.

Entscheidungen in Zivilsachen.

124. Band.

Berlin und Leipzig 1929

Walter de Gruyter & Co.

vormals G. J. Göschen'sche Verlagshandlung - J. Guttentag, Verlags-
buchhandlung - Georg Reimer - Karl J. Trübner - Veit & Comp.

Entscheidungen

des

Reichsgerichts

in

Zivilsachen.

124. Band.

Mit Anhang: Entscheidungen des Staatsgerichtshofs.

Berlin und Leipzig 1929

Walter de Gruyter & Co.

vormals G. J. Göschen'sche Verlagshandlung - J. Guttentag, Verlagsbuchhandlung - Georg Reimer - Karl J. Trübner - Veit & Comp.

Druck von Metzger & Wittig in Leipzig

Inhalt.

I. Bürgerliches Recht.

Reichsrecht.

II. Öffentliches Recht.

III. Gerichtliches Verfahren.

Anhang: Entscheidungen des Staatsgerichtshofs.

1. Welche Bedeutung hat die Vorschrift des § 4 der Verordnung vom 14. Februar 1924 über die Goldmarkumrechnung im Konkurse (RGBl. I S. 115) für die Frage der Umrechnung und der Aufwertung von Konkursforderungen?

II. Zivilsenat. Urt. v. 5. März 1929 i. S. K. (Bekl.) w. E. T.-AG. (Kl.). II 594/28.

I. Landgericht Hamburg.
II. Oberlandesgericht daselbst.

In einem Vorprozeß der Parteien, der durch Urteil des erkennenden Senats vom 8. Januar 1926 (RGZ. Bd. 112 S. 297) beendet worden ist, hatte der jetzige Beklagte Vollstreckungsgegenklage erhoben mit dem Antrag, die Zwangsvollstreckung der jetzigen Klägerin aus dem vor Eröffnung des Konkurses über sein Vermögen gegen ihn erwirkten rechtskräftigen Wechselurteil vom 6. Mai 1921 für unzulässig zu erklären. Diesem Antrag wurde, im Gegensatz zu den Entscheidungen beider Vorinstanzen, durch das Revisionsurteil stattgegeben, und es wurden der unterliegenden damaligen Beklagten die Kosten des Rechtsstreits auferlegt. Auf Antrag des obsiegenden damaligen Klägers wurden die Kosten in Höhe von 7239,92 RM. festgesetzt. Er hat darauf aus dem Kostenfestsetzungsbeschluß die Zwangsvollstreckung betrieben.

Nunmehr hat die Kostenschuldnerin (frühere Beklagte) Vollstreckungsgegenklage auf Unzulässigkeit dieser Zwangsvollstreckung erhoben; sie will — entsprechend ihrer Mitteilung an den Beklagten vom 3. März 1926 — gegen den Anspruch auf Kostenerstattung mit der ihrer Ansicht nach aufzuwertenden, im Konkurse des Beklagten von ihr angemeldeten und in Höhe von 49253259 PM. rechtskräftig zur Tabelle festgestellten Forderung aufrechnen. Der Beklagte hat in erster Linie die Unzulässigkeit der Vollstreckungsgegenklage geltend gemacht, da der Aufwertungsanspruch der Klägerin, wenn er bestehe, nicht erst nach Erlaß des Revisionsurteils entstanden sei. Tatsächlich bestehe aber der Aufwertungsanspruch überhaupt nicht. Die Klägerin sei — ebenso wie die übrigen Konkursgläubiger — durch Empfang des vollen Papiermark-Nennbetrags ihrer zur Tabelle festgestellten Forderung in Höhe von 100% befriedigt. Darauf sei das Konkursverfahren am 16. Februar 1924 eingestellt worden.

Beide Vordergerichte haben der Klage entsprochen. Auf die Revision des Beklagten wurde die Klage abgewiesen.

Gründe:

Das Berufungsgericht hat den vom Beklagten in erster Linie erhobenen Einwand der Unzulässigkeit der Vollstreckungsgegenklage rechtlich zutreffend zurückgewiesen. Der Beklagte meinte, der Aufwertungsanspruch, mit dem die Klägerin gegen seinen Anspruch auf Kostenerstattung aufrechne, sei, wenn er überhaupt bestehe, längst entstanden, bevor die letzte mündliche Verhandlung vor dem Berufungsgericht im Vorprozeß geschlossen worden sei. Demgegenüber führt das Berufungsgericht mit Recht aus, daß der Anspruch des jetzigen Beklagten (Klägers im Vorprozeß) auf Kostenerstattung — um dessen Vollstreckung es sich jetzt handelt — erst durch das Revisionsurteil vom 8. Januar 1926 im Vorprozeß entstanden sei und daß die jetzige Klägerin keine Möglichkeit gehabt habe, im Kostenfestsetzungsverfahren den Aufrechnungseinwand zu erheben, da dort kein Raum für die Aufrechnung gewesen sei. Es ist ausgeschlossen, wie die Revision zur Erwägung anheimstellt, aus diesem Grunde die Zulässigkeit der Vollstreckungsgegenklage gegenüber Kostenerstattungsansprüchen zu versagen und Gegenansprüche auf den Weg der besonderen Klage zu verweisen (Stein-Jonas ZPO. § 104 II 5 mit Nachweisen).

Was nun die sachlichrechtliche Frage betrifft, so haben beide Vorinstanzen der Klägerin, die den vollen Papiermarkbetrag ihrer zur Tabelle festgestellten Konkursforderung gezahlt erhalten hat, den Anspruch auf Aufwertung zuerkannt. Das Landgericht gibt hierfür überhaupt keine Begründung; das Berufungsgericht stützt seine Ansicht vor allem auf den Vorbehalt der Ansprüche, den die Klägerin wegen der Geldentwertung bei Erteilung der Quittung erklärt hat.

Der Auffassung der Vorinstanzen kann nicht beigetreten werden. Gewiß ist es hart für die Klägerin, deren Konkursforderung zur Zeit des Prüfungstermins vom September 1922 noch über 100000 GM. betrug, sich mit einer Dividende von 36 GM. begnügen zu müssen. Es mag auch eine gewisse Billigkeit dafür sprechen, daß der Beklagte wenigstens seinen Kostenerstattungsanspruch von 7239,92 RM. für die Aufrechnung mit einer Aufwertungsgegenforderung zur Verfügung stellt. Für die rechtliche Begründung einer solchen Forderung könnte man, was das Berufungsgericht allerdings unterlassen hat, auf die Vorschrift des § 145 Abs. 2 KO. Bezug nehmen, wonach die Eintragung in die Tabelle wie ein rechtskräftiges Urteil wirkt. Es liegt nahe, auch diese Eintragung, ähnlich den Papiermarkurteilen der Inflationszeit, wie eine Teilentscheidung zu behandeln, die nach fester Rechtsprechung der Geltendmachung eines Aufwertungsanspruchs nicht entgegensteht. Aber alle derartigen Erwägungen werden abgeschnitten durch die schon im Vorprozeß erwähnte Verordnung vom 14. Februar 1924 (RGBl. I S. 115). Diese Verordnung, derzufolge die Konkursforderungen den Goldmarkwert vom Tage der Konkurseröffnung behalten sollen, findet nach § 4 auf die vor ihrem Inkrafttreten eröffneten Verfahren nur nach Maßgabe der §§ 5 flg. und auch da nur mit gewissen Ausnahmen Anwendung. Danach soll eine Aufwertung im engeren Sinne überhaupt und die im § 1 bestimmte Umwertung für alle vorher beendeten Konkurse ausgeschlossen sein. Über diesen Willen des Gesetzgebers kann kein Zweifel obwalten. Offenbar war es die Rücksicht auf die allgemeine Rechtssicherheit, wegen der den einzelnen zugemutet wurde, im Interesse des Gemeinwohls gewisse Verluste in Kauf zu nehmen (vgl. auch Jaeger Zeitschr. f. ZP. Bd. 49 S. 20 flg., 35; derselbe in JW. 1926 S. 1819).

Es konnte sich hiernach im Februar 1924 nur fragen, ob die Goldmarkumrechnung auf den Konkurs des Beklagten anwendbar war. Der Zweifel wurde durch die zeitliche Besonderheit des Tatbestands wachgerufen: während die am 14. Februar 1924 im Deutschen Reichsanzeiger verkündete Verordnung als Rechtsverordnung nach dem Gesetz vom 13. Oktober 1923 (RGBl. I S. 959) schon mit dem 15. Februar 1924 in Kraft getreten ist, datiert der Einstellungsbeschluß erst vom 16. desselben Monats. Indessen spricht viel dafür, daß das frühere Inkrafttreten auch damals der Klägerin nichts hätte nützen können. Die Einstellung ist erfolgt, nachdem alle angemeldeten Konkursforderungen, gerechnet nach den Papiermark-Nennbeträgen, voll gezahlt waren und damit die Anmeldenden die Gläubigereigenschaft verloren hatten (vgl. Jaeger KO. §§ 202, 203 Anm. 2). Wenn die Verordnung nach § 4 nicht Platz griff, sofern vor ihrem Inkrafttreten schon die Schlußverteilung (§§ 161 flg. KO.) gerichtlich genehmigt war, die doch ebenfalls auf Papiermark lautete, so müßte sie — sollte man meinen — im Falle der Vollzahlung in Papiermark ebenso unanwendbar sein.

Dies kann jedoch dahingestellt bleiben. Wollte man auch annehmen, daß die Klägerin zu der erörterten Zeit eine nachträgliche Umrechnung ihrer Forderung in Goldmark hätte erwirken können, so wäre doch der gewiesene Weg dazu nur der gewesen, den Einstellungsbeschluß binnen zwei Wochen mit der sofortigen Beschwerde anzufechten (§ 73 Abs. 3 KO.; § 577 ZPO.). Das hat die Klägerin nicht getan; nach Rechtskraft des Beschlusses (§ 74 KO.) ist aber an der Sache keinesfalls mehr etwas zu ändern.

---

2. Genießt der Mieter eines Geschäftsraums mit anschließender Wohnung Mieterschutz, wenn er in dem Geschäftsraum eine Filiale betreiben läßt und die Wohnung dem Filialleiter überläßt?

Mieterschutzgesetz vom 13. Februar 1928 § 1. Preuß. Lockerungs-Verordnung vom 11. November 1926 § 3.

VIII. Zivilsenat. Urt. v. 7. März 1929 i. S. W.- u. Sp. GmbH. (Kl.) w. M. & Co. AG. (Bekl.). VIII 37/29.

I. Landgericht I Berlin.

Die Klägerin hatte durch schriftliche Verträge vom 15. und 25. März 1902 in der Usedomstraße und in der Wattstraße in Berlin zum Betriebe von Filialen je einen Laden mit anschließender Wohnung gemietet, welch letztere den jeweiligen Filialleiterinnen überlassen wurden. Auf Kündigung der Vermieterin vom 1. November 1928 hat die Klägerin Klage auf Feststellung erhoben, daß sie nicht zur Räumung verpflichtet sei. Sie ist der Ansicht, daß die Mieträume Mieterschutz genießen.

Das Landgericht hat die Klage abgewiesen. Die unmittelbar eingelegte Revision blieb ohne Erfolg.

Gründe:

Das angefochtene Urteil hält den Mieterschutz zugunsten der Klägerin nach Inkrafttreten der preußischen Lockerungsverordnung vom 11. November 1926 deshalb nicht für fortbestehend, weil die gesamten Räume nach der ausdrücklichen Vertragsbestimmung „zum Geschäftsbetriebe der Mieterin" gemietet und deshalb einheitlich als Geschäftsräume anzusehen seien. Sowohl der Laden als auch die Räume, die den Filialleiterinnen zur Wohnung überlassen wurden, seien zur Förderung der geschäftlichen Zwecke der Klägerin bestimmt gewesen. Die Tatsache, daß einige Räume als Wohnung benutzt wurden, könne nicht von ausschlaggebender Bedeutung sein; entscheidend sei vielmehr, wie sich die Benutzung der Räume im Verhältnis zwischen Mieter und Vermieter darstelle. Danach sei aber auch die Wohnung Geschäftsraum, die vom Mieter seinem jeweiligen Angestellten zur Verfügung gestellt werde. Deshalb könne lediglich § 3 Abs. 1 LockerungsVo. Anwendung finden, der die hier fraglichen Räume dem Mieterschutz entzogen habe.

Demgegenüber führt die Revision aus, der Begriff Wohnraum im Sinne des § 6 LockerungsVo. sei nicht nach subjektiven, sondern nach objektiven Gesichtspunkten auszulegen. Ein offenbar zum Wohnen eingerichteter und bestimmungsgemäß zum Wohnen benutzter Raum könne den Charakter als Wohnraum nicht deshalb verlieren, weil er von einem Angestellten, nicht vom Mieter selbst bewohnt werde. Das würde auch der Absicht des Gesetzgebers zuwiderlaufen, weil dadurch die Angestellten wohnungslos würden, ohne durch Tausch eine neue Wohnung erlangen zu können.

Der Revisionsangriff geht fehl. Mit dem angefochtenen Urteil ist anzunehmen, daß die Mieträume „Geschäftslokal und Wohnung" nicht als Wohnräume und deshalb nach § 6 LockerungsVo. als Geschäftsräume anzusprechen sind, sodaß sie nach § 3 Abs. 1 vom Mieterschutz nicht mehr erfaßt werden.

Das Mieterschutzgesetz vom 13. Februar 1928 spricht in seinem § 1 ausdrücklich von „Mietverhältnissen" über Gebäude und Gebäudeteile. Der vom Gesetz gewährte Schutz umfaßt also das Verhältnis der Vertragsparteien zueinander. Auf Rechtsbeziehungen dritter Personen zu der einen oder anderen Partei kann sich der Schutz aus diesem Mietverhältnis nicht erstrecken. Denn ihr Schicksal ist insoweit mit dem der Hauptpartei verbunden. Wenn daher ein als Wohnung zu benutzender Raum in Frage steht, kann er nur dann Anspruch auf Bezeichnung als Wohnraum erheben, wenn er nach dem Verhältnis der Vertragschließenden zueinander als solcher bestimmt ist, d. h. wenn er dem Mieter selbst als Wohnung dienen soll. Das ist aber im vorliegenden Falle nicht nur objektiv unmöglich, da die Klägerin eine juristische Person ist, die im Sinne des Mieterschutzgesetzes nicht „wohnen" kann, sondern es ist auch im Vertrag die gegenteilige Absicht der Parteien zum Ausdruck gebracht, eine Absicht, die grundsätzlich für die Frage, ob ein Raum als Wohnraum anzusehen ist oder nicht, für ausschlaggebend zu erachten ist. Nicht die Zweckbestimmung des Raumes — z. B. bauliche Einrichtung eines Ladenlokals —, sondern nur der Vertragswille ist maßgeblich. Das gilt naturgemäß nicht nur für einen einzelnen Raum, sondern auch für eine geschlossene Einheit verschiedener Räumlichkeiten. Wenn vorliegend die Beklagte der Klägerin ein im räumlichen Zusammenhang mit der „Wohnung" stehendes „Geschäftslokal" durch einheitlichen Mietvertrag zu einheitlichem Mietpreis „zum Geschäftsbetriebe" vermietet hat, so konnte der Wille der Parteien, die Räume einem einheitlichen Geschäftszweck dienstbar zu machen, keinen deutlicheren Ausdruck finden. Das Interesse der Klägerin ging, trotz ihrer Erlaubnis, die Räume von den Verkäuferinnen bewohnen zu lassen (§ 7 des Vertrags), nur dahin, die möglichst dauernde Anwesenheit der Filialleiterin zu erzielen und diese Anwesenheit sei es zu ständiger Dienstbereitschaft, sei es zu besserer Bewachung sich nutzbar zu machen. Dieser Geschäftszweck schloß anderseits eine Absicht der Klägerin, der Filialleiterin eine „Wohnung" im Sinne eines dauernden Mittelpunkts ihres Familienlebens zu verschaffen, geradezu aus. Die Benutzung der Wohnräume durch sie war zeitlich und räumlich gebunden durch ihre Stellung im Dienste der Klägerin, der nur daran liegen konnte, auch die Benutzung der Wohnung durch die Filialleiterin ihren gewerblichen Zwecken nutzbar zu machen. Hätte die Klägerin diesen Zweck auf andere, billigere Art erreichen können, so würde sie zweifellos nicht verfehlt haben, diesen Weg einzuschlagen. Daraus schon ergibt sich, daß die Absicht, den Filialleiterinnen Räume zum Wohnen zu gewähren, nur

Mittel zum Zweck, nur ein Ausfluß des hier alles beherrschenden Geschäftszweckes ist.

Kommt es aber allein auf diesen im Mietvertrag festgelegten Zweck an, so muß die Annahme ausscheiden, es sei im Verhältnis der Parteien zueinander ein mietgeschützter Wohnraum Gegenstand des Vertrags gewesen.

Diese Folgerung widerspricht auch nicht dem Sinn des Gesetzes. Das Mieterschutzgesetz ist eines aus der Reihe derjenigen Gesetze, die dazu beitragen sollen, die durch Wohnungsmangel und Inflation gezeitigten Mißstände auf dem Wohnungsmarkte zu mildern. Während es ursprünglich alle Mieträume umfaßte, erschien eine Lockerung der aus der Not der Zeit geborenen Zwangswirtschaft möglich, nachdem hinsichtlich der Geschäftsräume ein gesunderes Verhältnis von Angebot und Nachfrage eingetreten war. Weitergehend als die Verordnung vom 4. August 1923 entzieht daher die Lockerungsverordnung vom 11. November 1926 dem Mieterschutz alle Geschäftsräume (§ 3 Abs. 1) mit Ausnahme derjenigen (§ 3 Abs. 2), welche Teile einer Wohnung bilden oder wegen ihres wirtschaftlichen Zusammenhangs mit Wohnräumen zugleich mit letzteren vermietet sind. Aus dieser Entwicklung ergibt sich ohne weiteres der Zweck der Verordnung. Aus dem Mieterschutz werden einstweilen ausschließlich die reinen Geschäftsräume herausgenommen, während der Schutz der Wohnräume wegen der noch vorhandenen überwiegenden Nachfrage nicht angetastet werden soll. Dieses Schutzbedürfnis erscheint, namentlich für Kleingewerbetreibende in den Fällen, wo eine Aufrechterhaltung des Zusammenhangs zwischen Wohnung und Arbeitsstätte vielfach Existenzbedingung ist, noch so groß, daß zugunsten der Wohnräume insoweit sogar auf die Freigabe der Geschäftsräume verzichtet wird.

Keine dieser aus der Entwicklung der Zwangswirtschaft sich ergebenden Voraussetzungen, die auch heute noch einen Mieterschutz gerechtfertigt und notwendig erscheinen lassen, ist im vorliegenden Falle erkennbar. Das ausschließlich auf Geschäftszwecke abgestellte Vertragsverhältnis der Parteien ist nach den heutigen Anschauungen nicht mehr mieterschutzbedürftig.

3. Unter welchen Umständen wirkt der Verzicht auf Aufrechnung auch für den Fall des Konkurses des Aufrechnungsgegners?

KO. § 53.

II. Zivilsenat. Urt. v. 8. März 1929 i. S. Sch. (Bekl.) w. G. R. (Kl.). II 378/28.

I. Landgericht Kiel.
II. Oberlandesgericht daselbst.

Der Beklagte hat im Februar 1924 für Uferbefestigungsarbeiten, die er von der Stadt Kiel übernommen hatte, von der damaligen offenen Handelsgesellschaft G. R. & Sohn in Kiel einen größeren Posten Hölzer gekauft, lieferbar in Teilmengen ab März 1924. Nach der bestrittenen Behauptung des Klägers sollen dabei mit gewissen Einschränkungen auch die „allgemeinen Verkaufsbedingungen" von G. R. & Sohn Vertragsinhalt geworden sein, so insbesondere die Klausel, daß bei Verzögerung der Lieferung dem Käufer wegen des von ihm für bereits bewirkte Teillieferungen geschuldeten Kaufpreises weder ein Zurückbehaltungs- noch ein Aufrechnungsrecht zustehen solle. Geschäft und Firma der offenen Handelsgesellschaft G. R. & Sohn sind später auf den Kaufmann W. R. als Alleininhaber übergegangen. Dieser ist im Januar 1926 in Konkurs geraten. Der Kläger hat unter der weiteren Behauptung, daß der Beklagte am Kaufpreis noch 8593,86 RM. schulde und daß diese Forderung im November 1925 an den Kläger abgetreten worden sei, auf Zahlung des genannten Betrags an sich selbst geklagt. Diesen Antrag hat er im Lauf des Verfahrens dahin abgeändert, daß an den Konkursverwalter von W. R. zu zahlen sei, dem er nach Klagerhebung die Forderung sicherungshalber abgetreten habe. Der Beklagte hat die Sachberechtigung des Klägers bestritten und hilfsweise eine angebliche Schadensersatzforderung gegen die Verkäuferin von mehr als 27000 RM. wegen verspäteter Lieferung des Holzes zur Aufrechnung gestellt.

Das Landgericht hat durch Teilurteil den Beklagten zur Zahlung von 8229,33 RM. nebst Zinsen verurteilt. Die Berufung des Beklagten ist zurückgewiesen worden. Seine Revision führte zur Aufhebung und Zurückverweisung.

Aus den Gründen:

Das Berufungsgericht bejaht die Frage, ob der von ihm angenommene vertragsmäßige Verzicht des Beklagten auf das Aufrechnungsrecht hier auch für den Fall des Konkurses des Verkäufers wirke. Zur Begründung führt es aber nur aus, daß das Gegenteil nicht als gewollt anzusehen sei. Mit Recht wendet sich hiergegen die Revision. Es handelt sich bei der bezeichneten Abrede um eine Formularklausel, die auch nur als solche Vertragsbestandteil geworden und nicht etwa ausdrücklich Gegenstand der Verhandlungen gewesen ist. Den Konkursfall erwähnt sie nicht; sie lautet insofern allgemein. Daraus folgt jedoch noch nicht, daß nach Treu und Glauben die Aufrechnungsbefugnis des Beklagten auch für diesen Fall ausgeschlossen sein sollte. Im Gegenteil erweist sich eine solche Auslegung hier als unmöglich. Sieht man zunächst vom Konkursfall ab, so bedeutet der Verzicht auf Aufrechnung nur, daß der Gläubiger nicht erst die Entscheidung über das Bestehen von Gegenforderungen abwarten muß, die häufig streitig sein werden, sondern ohne Rücksicht auf etwaige Gegenansprüche sofortige Zahlung verlangen kann. Hier umfaßt die Verzichtsklausel nur Gegenansprüche auf Schadensersatz wegen Lieferungsverzugs des Verkäufers, also Ansprüche, die erfahrungsgemäß in der Regel nach Grund und Betrag umstritten sind. So ist es auch zu erklären, daß einzig und allein diese Ansprüche hinsichtlich des Aufrechnungs- und Zurückbehaltungsrechts in den allgemeinen Bedingungen der Verkäuferin herausgegriffen worden sind und eine Sonderstellung einnehmen. Ansprüche des Beklagten dieser Art bestanden selbstverständlich bei Vertragsabschluß noch nicht. Daß schon damals G. R. & Sohn sich in Zahlungsschwierigkeiten befunden hätten und mit einem Konkurs zu rechnen gewesen wäre, ist nicht anzunehmen, vom Kläger auch nicht behauptet. Der Beklagte, der nach den von ihm gegenüber der Stadt Kiel übernommenen Verpflichtungen an der Leistungsfähigkeit und Zuverlässigkeit seiner Verkäuferin das größte Interesse hatte, hätte sich dann ohne Zweifel auf einen Vertrag mit G. R. & Sohn vernünftigerweise nicht eingelassen. Der Parteiwille bei dem Aufrechnungsverzicht kann demgemäß nur gewesen sein, daß der Beklagte gegen die „liquiden" Kaufpreisansprüche seiner zahlungsfähigen Vertragsgegnerin mit etwaigen künftigen, aller Voraussicht nach „illiquiden" Gegenansprüchen wegen Lieferungsverzögerungen nicht sollte aufrechnen oder deswegen mit der

Zahlung des Kaufpreises sollte zurückhalten dürfen. Um etwas ganz anderes handelt es sich aber bei der Aufrechnung im Konkurs. Kann sich ein Konkursgläubiger, der gleichzeitig Schuldner der Masse ist, von seiner Schuld durch Aufrechnung befreien (die nebenbei bemerkt durch §§ 53, 54 KO. erleichtert und damit begünstigt wird), so läuft dies im Ergebnis auf eine abgesonderte Befriedigung seiner Forderung hinaus. Auf dieses Absonderungsrecht zu verzichten wird demjenigen, der seinem zahlungsfähigen Vertragsgegner pünktliche Zahlung verspricht, verständigerweise nicht in den Sinn kommen. Daher wird der Aufrechnungsverzicht regelmäßig nicht für den Konkursfall als vereinbart gelten können. Irgendwelche Umstände, die eine andere Beurteilung rechtfertigen könnten, sind nicht ersichtlich, auch vom Berufungsgericht nicht angeführt.

Diese Auffassung steht auch nicht im Widerspruch mit den Rechtsgrundsätzen, die in den Urteilen des I. Zivilsenats (RGZ. Bd. 60 S. 356) und des VII. Zivilsenats (LZ. 1909 Sp. 71 Nr. 5) aufgestellt sind. Eine Rechtsvermutung, wonach die Vereinbarung des Ausschlusses der Regel nach für den Konkurs des Aufrechnungsgegners nicht gelten würde, besteht allerdings nicht. Wie aber schon in dem angeführten Urteil des I. Zivilsenats gesagt ist, bedarf die Frage, ob die Vertragschließenden den Aufrechnungsverzicht auch für den Konkurs des Vertragsgegners des Verzichtenden gewollt haben, besonders genauer Prüfung. Eine solche Möglichkeit ist nach dem Ausgeführten hier zu verneinen . . .

---

4. Ist Art. 19 der Durchführungsverordnung zum Aufwertungsgesetz auch dann anwendbar, wenn in dem Vertrag, auf dem die Hypothekenforderung beruht, vereinbart war, daß eine Aufrechnung gegen sie nicht stattfinden dürfe?

V. Zivilsenat. Urt. v. 9. März 1929 i. S. M. (Kl.) w. P. u. Gen. (Bekl.). V 152/28.

I. Landgericht Trier.
II. Oberlandesgericht Köln.

Der Kläger hat durch Vertrag vom 25. November 1913 sein Anwesen an die beklagten Eheleute verkauft. Die Übereignung hat stattgefunden. Zur Sicherung eines Kaufpreisrestes von 27000 M. ist für den Kläger eine Hypothek eingetragen worden. Auf diese Schuld haben die Beklagten vor dem 15. Juni 1922 22000 M. gezahlt. Der Kläger beansprucht Aufwertung des danach noch verbliebenen Restes von 5000 M., und zwar sowohl in Ansehung der Hypothek als auch der persönlichen Forderung. Die Beklagten haben ihre Aufwertungsverpflichtung dem Grunde nach bestritten mit der Behauptung, die Restforderung von 5000 M. sei durch Aufrechnung getilgt. Der Kläger erstrebt Feststellung, daß die Beklagten als Gesamtschuldner verpflichtet seien, den Restkaufpreis von 5000 M. und die dafür bestehende Hypothek aufzuwerten. Das Oberlandesgericht hat die Klage abgewiesen. Die Revision führte zur Aufhebung und Zurückverweisung.

Gründe:

Das Berufungsgericht hat folgendes als erwiesen angesehen: Dem beklagten Ehemann sei auf Grund des Vertrags von 1913 vor dem 15. Juni 1922 eine Papiermarkforderung von 5000 M. mit 4% Zinsen seit dem 29. August 1920 gegen den Kläger erwachsen. Die Beklagten hätten mit dieser Gegenforderung spätestens am 28. März 1925 aufgerechnet. Diese Aufrechnung habe nach Art. 19 DurchfVo. zum AufwG. die Wirkung, daß die Forderung des Klägers in voller Höhe als erloschen zu gelten habe. Dem stehe auch nicht entgegen, daß im Kaufvertrag vom 25. November 1913 eine Aufrechnung gegen die Zahlungsansprüche des Klägers ausdrücklich ausgeschlossen worden sei. Denn durch diese Vertragsabrede sei die Gegenforderung nicht mit einer Einrede behaftet worden, die gemäß § 390 BGB. die Aufrechnung mit ihr ausschließe. Die Gegenforderung sei vielmehr gemäß §§ 387flg. BGB. an sich zur Aufrechnung in jeder Weise geeignet. Nach Fassung, Inhalt und Zweck des Art. 19 komme es nicht darauf an, ob die Aufrechnung erklärt werden könne.

Mit Recht rügt die Revision diese Auslegung des Art. 19 als rechtsirrig. Das vertraglich festgelegte Aufrechnungsverbot sollte dem Kläger die Möglichkeit gewährleisten, seine Forderung aus dem Vertrag ohne jede Rücksicht auf etwaige Gegenforderungen der Beklagten geltendzumachen. Den Beklagten wurde es überlassen, etwaige Gegenforderungen selbständig zu verfolgen; die Forderungen des Klägers mußten sie zunächst berichtigen. Weder Wortlaut noch Inhalt des Art. 19 gibt einen Anhalt dafür, daß ein derartiger, auf die völlig selbständige Abwicklung von Forderung und Gegenforderung gerichteter Parteiwille nicht beachtet und daß das Vertragsverhältnis der Parteien insoweit abgeändert werden sollte. Dazu, daß eine Gegenforderung zur Aufrechnung geeignet sei, gehört vor allen Dingen, daß nicht der Schuldner der Hauptforderung und Gläubiger der Gegenforderung auf eine Aufrechnung mit dieser oder, wie hier, mit jeglicher ihm etwa zustehenden Gegenforderung überhaupt verzichtet hat. Eine andere Auslegung wird auch durch den Zweck des Art. 19 nicht gefordert. Diese Vorschrift, die sich nur auf die Aufrechnung gegen Hypotheken und hypothekarisch gesicherte Forderungen bezieht, will gemäß der im § 88 AufwG. erteilten Ermächtigung einen billigen Ausgleich von Ansprüchen und Gegenansprüchen zwischen denselben Parteien herbeiführen und regelt die Wirkung einer Aufrechnung, je nachdem die aufgerechnete Gegenforderung vor dem 15. Juni 1922 oder später erworben worden ist. Sie will Unbilligkeiten vermeiden, die sich ohne besondere Regelung im Fall der Aufrechnungserklärung ergeben würden. Aber so wenig, wie das Gesetz einen Ausgleich von sich aus vorschreibt, ohne daß der Wille dazu von einer Partei ausdrücklich erklärt worden wäre, so wenig muß es in seiner Absicht liegen, einem Aufrechnungswillen Geltung zu verleihen, wenn die Partei früher ausdrücklich auf eine Aufrechnung verzichtet hatte. Und so wenig der Zweck des Art. 19 ein Abgehen von den gesetzlichen Aufrechnungsverboten der §§ 392 bis 395 BGB. erfordert, kann das für den Fall eines vertraglichen Aufrechnungsverbots angenommen werden. Eine andere Frage ist, ob die Vorschrift des Art. 19, soweit sie eine Anrechnung von Nennwert gegen Nennwert oder von Aufwertungsbetrag gegen Aufwertungsbetrag festlegt, von Einfluß ist auf die Höhe, in der die Gegenforderung aufzuwerten ist, wenn sie, wie nach dem Vertrag allein möglich, selbständig verfolgt wird.

---

5. **Kann im Ausgleichsverfahren nach dem Versailler Vertrag das Gläubigeramt auch dann noch die Notifikation der bei ihm angemeldeten Forderung gegenüber dem Schuldneramt zurücknehmen und dem Gläubiger den Rechtsweg freigeben, wenn das**

Schuldneramt die Forderung anerkannt hat? Kann es bei bestehendem Streit über die Zulässigkeit der Zurücknahme im Wege des § 16 Abs. 2 der Anlage zu Art. 296 VV. das Ersuchen aussprechen, daß der Streit zwischen Gläubiger und Schuldner sachlich durch die ordentlichen Gerichte entschieden werde?

Versailler Vertrag Art. 296 Anlage.

V. Zivilsenat. Urt. v. 13. März 1929 i. S. E. u. Gen. (Bekl.) w. Sch.-W. (Kl.). V 54/28.

I. Landgericht II Berlin.
II. Kammergericht daselbst.

Der Kläger, französischer Staatsangehöriger nach § 1 Nr. 2 der Anlage hinter Art. 79 VV., ist durch Erbgang Gläubiger einer 1907 eingetragenen (mit $5^1/_4$% verzinslichen) Darlehenshypothek von 50000 M. geworden. Eigentümer des belasteten Grundstücks und persönliche Schuldner sind die Beklagten. Der Kläger hat beim Grundbuchamt Eintragung des gesetzlichen Aufwertungsbetrags beantragt. Das Grundbuchamt hat dem Antrag stattgegeben, demnächst aber zu dieser Eintragung einen Widerspruch vermerkt, nachdem die Eigentümer vor dem Grundbuchamt geltendgemacht hatten, die Forderung unterliege dem Ausgleichsverfahren im Sinn des Art. 296 VV. und seiner Anlage. Der Kläger hat darauf Klage erhoben auf Feststellung, daß die Hypothek und die ihr zugrundeliegende Forderung nach Maßgabe des Aufwertungsgesetzes aufzuwerten seien. Die Beklagten haben in erster Linie die Unzulässigkeit des Rechtswegs geltendgemacht, hilfsweise aber mit einer Schadensersatzforderung aufgerechnet. Das Landgericht hat nach dem Klagantrag erkannt; das Kammergericht hat die Berufung der Beklagten zurückgewiesen. Ihre Revision führte zur Abweisung der Klage wie angebracht aus folgenden

Gründen:

Nach Art. 296 VV. werden — unter Ausschluß des Rechtswegs — durch Vermittlung von Prüfungs- und Ausgleichsämtern unter anderem geregelt vor dem Krieg fällig gewordene Schulden, deren Zahlung zu leisten ist von Staatsangehörigen einer der vertragschließenden Mächte, die im Gebiet dieser Macht wohnen, an Staatsangehörige einer gegnerischen Macht, die in deren Gebiet wohnhaft sind. Nach Art. 72 gelten die Vorschriften des Art. 296 auch für die vor dem 11. November 1918 entstandenen Schuldverhältnisse zwischen Deutschen und in Elsaß-Lothringen wohnenden Elsaß-Lothringern mit der Maßgabe, daß an die Stelle des Ausdrucks „vor dem Krieg" der Ausdruck tritt: „vor dem 11. November 1918". Der Kläger hat Ende 1922 seine Hypothekenforderung in Höhe von 50000 M. und Zinsen seit dem 11. November 1918 bei dem für ihn zuständigen Ausgleichsamt in Straßburg angemeldet. Dieses hat die Anmeldung dem Reichsausgleichsamt mitgeteilt („notifiziert"). Das Reichsausgleichsamt hat zunächst die Gläubigereigenschaft des Klägers bemängelt, schließlich aber am 6. Oktober 1925 dem Gläubigeramt erklärt, die Forderung sei anerkennungsreif, wenn der Nachweis geführt werde, daß der Kläger am 10. Januar 1920 im französischen Staatsgebiet gewohnt habe. Am 10. Februar und 22. März 1926 erklärte es seine Bereitwilligkeit, die Forderung anzuerkennen und gutzuschreiben, und machte wegen der Zinsen mit Rücksicht auf die noch bis 1922 erfolgten Zinszahlungen einen Vergleichsvorschlag. Unter dem 15. Juli 1926 schrieb es dem Gläubigeramt, das sich bis dahin auf den Vorschlag noch nicht geäußert hatte, es erkenne die Forderung in Höhe von 50000 M. und Zinsen seit dem 1. Januar 1921 an und werde am 4. September 1926 den Betrag gegen Aushändigung des Hypothekenbriefs gutschreiben. Inzwischen hatte sich der Kläger auf den Standpunkt gestellt, die Forderung gehöre nicht in das Ausgleichsverfahren, da sie nicht vor dem 11. November 1918 fällig geworden sei, und hatte beim Grundbuchamt die Umschreibung der Hypothek nach Maßgabe des Aufwertungsgesetzes beantragt. Das Ausgleichsamt in Straßburg schloß sich diesem Standpunkt an und erteilte dem Kläger am 27. Juli 1926 ein „certificat délivré en vertu du § 23 de l'annexe à l'art. 296 du Traité de Paix" des Inhalts, die Forderung gehöre nicht zu den in den Art. 72, 296 VV. vorgesehenen Fällen und dem Kläger stehe es frei, sie im Rechtsweg zu verfolgen. Unter dem 30. Juli 1926 erklärte es dem Reichsausgleichsamt, es ziehe die Notifikation zurück. Das Reichsausgleichsamt bestritt, daß das noch zulässig sei, nachdem die Forderung ananerkannt sei, und schrieb den angekündigten Betrag gut. Das Gläubigeramt wies aber die Gutschrift zurück. Später soll das Gläubigeramt dem Kläger auch noch eine Bescheinigung im Sinn des § 25 der Anlage zu Art. 296 erteilt haben. Am 22. Oktober 1927, als der gegenwärtige Rechtsstreit schon in der Berufungsinstanz schwebte, erklärte das Gläubigeramt dem Reichsausgleichsamt, es halte sich für berechtigt, in jeder Lage des Verfahrens eine noch nicht anerkannte Forderung aus dem Ausgleichsverfahren zurückzuziehen; auf alle Fälle aber stelle es, falls das Kammergericht das für notwendig erachten sollte, das Ersuchen gemäß § 16 Abs. 2 der Anlage zu Art. 296: es wünsche, daß der Streit zwischen dem Kläger, der Zulassung zur Aufwertung beanspruche, und den Beklagten, welche Regelung im Ausgleichsverfahren verlangten, der Entscheidung der ordentlichen Gerichte am Wohnort der Schuldner unterbreitet werde.

Das Berufungsgericht hat angenommen, das Gläubigeramt sei weder gezwungen, jede bei ihm angemeldete Forderung dem Schuldneramt mitzuteilen, noch auch, eine diesem notifizierte Anmeldung weiter zu verfolgen; es könne — z. B. bei nachträglich aufgetretenen Zweifeln am Bestand der Forderung oder an der Zulässigkeit des Ausgleichsverfahrens — auch noch im Verlauf des Verfahrens weitere Verfahrenshandlungen verweigern, wie die Mitwirkung bei der gemeinsamen Prüfung des Falles oder die Abrechnung mit dem Schuldneramt. Nehme es von der weiteren Verfolgung der angemeldeten Forderung Abstand, so sei es einzig und allein verpflichtet, dem Gläubiger die im § 25 der Anlage zu Art. 296 vorgesehene Bescheinigung zu erteilen. Das Ausgleichsamt Straßburg habe damit, daß es auf den Vergleichsvorschlag des Schuldneramts geschwiegen, sich von der weiteren gemeinsamen Prüfung des Falles und dem Versuch, die Parteien gütlich zu einigen (§ 8 der Anlage), zurückgezogen, die Notifikation später gegenüber dem Schuldneramt zurückgenommen und dem Kläger eine Bescheinigung nach § 25 erteilt habe, die Forderung aus dem Ausgleichsverfahren freigegeben und den Rechtsweg eröffnet. Es komme nicht darauf an, ob das Ersuchen vom 22. Oktober 1927 als ein solches im Sinne des § 16 Abs. 2 der Anlage zu Art. 296 gelten könne und ob die Forderung an sich dem Ausgleichsverfahren unterliegen würde. Die letztere Frage hat es übrigens hilfsweise verneint.

Dem Berufungsgericht kann darin nicht gefolgt werden, daß die Erklärungen des Gläubigeramts den Rechtsweg eröffnet hätten.

Das Ausgleichsamt in Straßburg geht in seinem Schreiben vom 22. Oktober 1927 selbst davon aus, daß eine einseitige Zurücknahme der Notifikation durch das Gläubigeramt nur so lange zulässig ist, als die Forderung noch nicht vom Schuldneramt anerkannt ist. Das dürfte auch dem Wesen und Aufbau des Ausgleichsverfahrens entsprechen. Dieses hat in mehrfacher Hinsicht Ähnlichkeit mit einem Rechtsstreit. Die Notifikation entspricht der Klagerhebung. Solange die Anhängigkeit des Ausgleichsverfahrens dauert, ist eine Verfolgung der betreffenden Forderung im Rechtsweg ausgeschlossen, auch wenn diese in Wirklichkeit dem Ausgleichsverfahren nicht unterliegen sollte. Ob die Voraussetzungen des Ausgleichsverfahrens gegeben sind, haben die für das Ausgleichsverfahren eingesetzten Stellen zu prüfen. Bejahen die beiden Ämter oder der etwa angerufene Gemischte Schiedsgerichtshof (oder ein etwa gebildetes besonderes Schiedsgericht) die Zulässigkeit des Ausgleichsverfahrens, so hat es dabei sein Bewenden und eine Nachprüfung im ordentlichen Rechtsweg ist ausgeschlossen. Ob etwa die Anhängigkeit — entgegen den im deutschen und ebenso im französischen Prozeßrecht für die Zurücknahme von Klagen aufgestellten Beschränkungen — jederzeit durch einseitige Rücknahme der Notifikation beseitigt werden kann, mag zweifelhaft sein. Jedenfalls wird eine solche einseitige Rücknahme dann ausgeschlossen sein, wenn die Forderung anerkannt und gutgeschrieben ist. Dann ist sie nämlich im Verhältnis zwischen Gläubiger und Schuldner getilgt; an die Stelle der früher privatrechtlichen Forderung des Gläubigers gegen den Schuldner tritt der — wenigstens nach deutschem Recht — öffentlichrechtliche Anspruch des Gläubigers gegen seinen Staat, und an die Stelle der privatrechtlichen Schuldverbindlichkeit des Schuldners gegenüber seinem Gläubiger die — nach deutschem Recht im Verwaltungsweg beitreibbare — Verpflichtung des Schuldners gegenüber seinem Staat. Aber auch schon die Feststellung der Forderung im Ausgleichsverfahren — sei es durch Entscheidung der beiden Ämter, sei es durch Urteil des Gemischten Schiedsgerichtshofs oder des etwa gebildeten besonderen Schiedsgerichts — erledigt den Streit über die Zulässigkeit des Ausgleichsverfahrens und über den Bestand der Forderung. Für eine Rücknahme der Notifikation ist dann kein Raum mehr. Den Ämtern bleibt bloß noch die Gutschrift und deren Annahme — Handlungen, die sich nur auf die Tilgung der festgestellten Forderung beziehen.

Im vorliegenden Falle bestand Streit unter den Ämtern, ob

der Fall durch das Anerkenntnis des Schuldneramtes erledigt sei oder ob noch eine Rücknahme der Notifikation und eine Freigabe der Forderung für den ordentlichen Rechtsweg möglich sei. Für den Fall eines Streits unter den Ämtern bestimmt § 16 Abs. 1 der Anlage zu Art. 296, daß der Gemischte Schiedsgerichtshof oder ein etwa zu bildendes besonderes Schiedsgericht zu entscheiden hat. Allerdings wird es in Abs. 2 dem Gläubigeramt auch freigestellt, um die Entscheidung durch die ordentlichen Gerichte am Wohnort des Schuldners zu ersuchen. Wenn aber, wie hier, der Streit der Ämter auf die Frage hinausläuft, ob das Ausgleichsverfahren durch Feststellung der Forderung im Anerkenntnisweg erledigt ist oder nicht, so kann das Ersuchen des Gläubigeramts auch nur dahin gehen, diesen Streit durch die ordentlichen Gerichte entscheiden zu lassen. Die Erklärung des Ausgleichsamts Straßburg vom 22. Oktober 1927 geht aber unzweideutig dahin, daß der Streit zwischen dem Kläger und den Beklagten in der Sache selbst von den ordentlichen Gerichten entschieden werden soll, ohne daß diese Gerichte zuvor die Frage prüfen sollen, ob nicht die Forderung schon durch die Feststellung im Ausgleichsverfahren erledigt ist und ob sie noch aus dem Ausgleichsverfahren zurückgezogen werden kann. Eine Verweisung des Streits an die ordentlichen Gerichte in solchem Sinn ist aber nicht zulässig.

Danach konnte die Klage, weil der Anspruch noch im Ausgleichsverfahren anhängig ist, nicht erhoben werden und ist so, wie sie angebracht ist, abzuweisen.

---

6. 1. Tritt der Schutz des § 13 des Gesetzes vom 12. Januar 1923 über die Beschäftigung Schwerbeschädigter (RGBl. I S. 58) nur dann ein, wenn dem Arbeitgeber die Eigenschaft des Arbeitnehmers als Schwerbeschädigten bekannt ist?

2. Unter welchen Umständen kann in der widerspruchlosen Entgegennahme des Kündigungsschreibens durch einen schwerbeschädigten Angestellten dessen stillschweigende Einwilligung in die ohne Zustimmung der Hauptfürsorgestelle erklärte Kündigung des Vertragsverhältnisses gefunden werden?

III. Zivilsenat. Urt. v. 19. März 1929 i. S. S. (Kl.) w. Stadtgemeinde N. (Bekl.). III 311/28.

I. Landgericht Nordhausen.
II. Oberlandesgericht Naumburg a. S.

Mitte Juni 1924 war bei einer Revision der Sparkasse der Beklagten, der eine Bankabteilung (Stadtbank) angegliedert war, festgestellt worden, daß infolge mangelhafter Leitung der Geschäfte durch den Direktor die Sparkasse in Unordnung und Zahlungsunfähigkeit geraten war. Auf Veranlassung des Regierungspräsidenten und der Girozentrale, einer Gläubigerin der Sparkasse, wurden nacheinander mehrere Banksachverständige als „kommissarische Verwalter" mit der vorläufigen Geschäftsleitung betraut, und zwar vom 1. Oktober 1924 ab der Kläger, welcher Schwerbeschädigter im Sinne des § 3 des oben bezeichneten Gesetzes ist. Die Minderung der Erwerbsfähigkeit des Klägers infolge der Kriegsbeschädigung ist von den Versorgungsbehörden auf 50% festgestellt. Anfang November 1925 erkrankte der Kläger schwer infolge Verschlimmerung eines von den Versorgungsbehörden als Kriegsbeschädigung anerkannten körperlichen Leidens und wurde arbeitsunfähig. Am 13. November 1925 kündigte der Magistrat der Beklagten dem Kläger, der sich damals auswärts in einer Heilanstalt befand, schriftlich zum 31. Dezember 1925. Die Beklagte zahlte dem Kläger bis Ende Dezember 1925 Gehalt und entrichtete bis zum gleichen Zeitpunkt Beiträge zur Angestelltenversicherung für ihn. Mit Schreiben vom 15. November 1925 bestätigte der Kläger, ohne Widerspruch zu erheben, den Empfang des Kündigungsschreibens und bat um Ausstellung eines vorläufigen Zeugnisses. Eine Zustimmung der Hauptfürsorgestelle zu der Kündigung hat die Beklagte nicht erwirkt.

Durch Schreiben an den Magistrat der Beklagten vom 30. Mai 1926 wies der Kläger auf die Vorschriften des Schwerbeschädigten-Gesetzes hin und teilte mit, daß er gegen die am 13. November 1925 ausgesprochene Kündigung bei der amtlichen Fürsorgestelle Beschwerde eingelegt und beantragt habe, die ihm ohne Zustimmung der Fürsorgestelle zugestellte Kündigung für rechtsunwirksam zu erklären. Gleichzeitig forderte er den Magistrat auf, die Zustimmung der Hauptfürsorgestelle einzuholen, und behielt sich vor, gegen deren Entscheidung Beschwerde bei der obersten Landesbehörde einzulegen.

Seine Anfrage, inwieweit die Beklagte bereit sei, ihn außergerichtlich für den entgangenen Arbeitsverdienst zu entschädigen, wurde ablehnend beschieden; die Beklagte hat auch nachträglich keine Zustimmung der Hauptfürsorgestelle zu der Kündigung erwirkt.

Mit der vorliegenden Klage, die im Mai 1927 erhoben wurde, beantragt der Kläger die Feststellung, daß die Kündigung vom November 1925 wegen fehlender Zustimmung der Hauptfürsorgestelle unwirksam sei; er verlangt ferner Verurteilung der Beklagten zur Zahlung seines Gehalts für die Zeit vom 1. Januar 1926 bis 31. Mai 1927 mit 5389 RM. In den früheren Rechtszügen hatte der Kläger in erster Reihe geltendgemacht, daß er von der Beklagten als städtischer Beamter unkündbar angestellt worden sei. Für den Fall der Annahme eines bürgerlichrechtlichen Dienstverhältnisses hat er sich auf die Vorschriften des Schwerbeschädigten-Gesetzes berufen und vorgetragen, dem Magistrat der Beklagten sei seine Eigenschaft als Schwerbeschädigter bekannt gewesen.

Die Beklagte hat nicht nur die Beamteneigenschaft des Klägers in Abrede gestellt, sondern auch das Bestehen eines Privatdienstvertrags bestritten und vorgebracht, der Kläger sei lediglich Beauftragter des Regierungspräsidenten in der Stelle eines staatlichen Zwangsverwalters der Sparkasse gewesen. Daß der Kläger unter das Schwerbeschädigten-Gesetz falle, habe sie erst durch sein Schreiben vom 30. Mai 1926 erfahren; bei früherer Kenntnis würde sie sich mit allen Mitteln gegen seine Einweisung in die Stellung verwahrt haben. Jedenfalls habe der Kläger durch sein Verhalten bei Empfang der Kündigung und in den folgenden Monaten erkennen lassen, daß er mit der Kündigung einverstanden sei und auf den Schutz des Schwerbeschädigten-Gesetzes verzichte. Eine Anfechtung des Verzichts sei nicht erfolgt und könne jedenfalls im Schreiben des Klägers vom 30. Mai 1926 nicht gefunden werden.

Das Landgericht wies die Klage ab, das Oberlandesgericht wies die Berufung des Klägers zurück. Seine Revision führte zur Aufhebung und Zurückverweisung.

Gründe:

Die Annahme des Berufungsgerichts, daß es nicht zu einer Anstellung des Klägers im Beamtenverhältnis bei der Beklagten gekommen sei, daß aber die Parteien in einem bürgerlichrechtlichen Dienstvertragsverhältnis gestanden hätten, wird von der Revision nicht angefochten, begegnet auch keinem rechtlichen Bedenken. Zutreffend leitet der Berufungsrichter hieraus und aus der Tatsache, daß der Kläger Schwerbeschädigter ist, die Rechtsfolge ab, daß die Vorschriften des Schwerbeschädigten-Gesetzes zugunsten des Klägers Anwendung zu finden hätten. Rechtlich einwandfrei ist auch die Ansicht des Berufungsrichters, es komme nicht darauf an, ob die Beklagte die bezeichnete Eigenschaft des Klägers gekannt habe, weil auch dann, wenn ihr diese Eigenschaft unbekannt geblieben sei, die Schutzbestimmungen des Gesetzes anzuwenden seien. Das Reichsarbeitsgericht hat zu dieser Frage bereits Stellung genommen und ausgesprochen, nach dem Zweck, den das Gesetz verfolge, müsse davon ausgegangen werden, daß dem Arbeitnehmer der Schutz des § 13 schon dann zur Seite stehe, wenn er nur die Voraussetzungen des § 3 des Gesetzes erfülle (Entsch. Bd. 1 S. 90). Dieser Ansicht des Reichsarbeitsgerichts tritt der erkennende Senat bei.

Die Auffassung des Berufungsgerichts, daß eine ohne Zustimmung der Hauptfürsorgestelle einem Schwerbeschädigten gegenüber ausgesprochene Kündigung wirksam werde, wenn dieser sich nachträglich mit der Vertragsauflösung einverstanden erkläre und dadurch auf den ihm zustehenden Kündigungsschutz nach dem Schwerbeschädigten-Gesetz verzichte, steht im Einklang mit dem von der Mehrzahl der Schriftsteller vertretenen Rechtsstandpunkt, ist auch in einem früher entschiedenen Falle von dem erkennenden Senat nicht beanstandet worden (Urt. vom 21. Dezember 1928 III 240/28).

Dagegen ist der Revisionsangriff begründet, daß der Berufungsrichter zu Unrecht einen stillschweigenden Verzicht des Klägers auf seine Rechte aus dem Schwerbeschädigten-Gesetz angenommen habe. Es wird im angefochtenen Urteil ausdrücklich unterstellt, daß der Kläger im Winter 1925/26, also zur Zeit des Empfangs des Kündigungsschreibens und noch längere Zeit nachher, den ihm als Schwerbeschädigtem zustehenden gesetzlichen Schutz nicht gekannt habe, daß er infolgedessen auch nicht den Willen gehabt haben könne, auf diesen Schutz zu verzichten und das Anstellungsverhältnis, dessen Kündigung an sich nach § 13 a. a. O. zunächst wirkungslos war, durch sein Einverständnis zum Erlöschen zu bringen. Muß aber hiernach für diesen Rechtsgang damit gerechnet werden, daß der Kläger keine Kenntnis von den Vorschriften jenes Gesetzes über Kündigungsschutz hatte, so ist es rechtsirrig, einen stillschweigenden Verzicht des Klägers auf ihm unbekannte Rechte anzunehmen. Nach den getroffenen Feststellungen und bei richtiger Auslegung der beiderseitigen Willenserklärungen der Parteien kommt ein Verzicht im Rechtssinne zunächst überhaupt nicht in Frage. Der Fall liegt vielmehr so, daß die Beklagte als Arbeitgeberin eine Kündigung ausgesprochen hat, die wegen der Schwerbeschädigteneigenschaft des Klägers nach § 13 SchwBeschG. an sich nicht geeignet war, das Arbeitsverhältnis in rechtswirksamer Weise zu beenden, und daß der Kläger als Arbeitnehmer, ohne Widerspruch zu erheben, den Empfang des Kündigungsschreibens bestätigt und um Erteilung eines vorläufigen Zeugnisses gebeten, also — nach der Auslegung des Berufungsrichters — stillschweigend sein Einverständnis mit der Auflösung des Vertragsverhältnisses erklärt hat. Es trifft zwar im allgemeinen zu, wenn der Berufungsrichter auf die Verkehrsauffassung Bezug nimmt und ausführt, diese sehe in der stillschweigenden Entgegennahme der Kündigung eines laufenden, dauernden Vertragsverhältnisses einen Verzicht auf etwa vorhandene Einwendungen gegen die Kündigung sowie den Ausdruck des Einverständnisses, daß das Vertragsverhältnis durch die Kündigung zur Auflösung gelange. Diese Verkehrsauffassung kann aber dann nicht Platz greifen, wenn der Empfänger der Kündigung gar nicht weiß, daß und welche Einwendungen gegen die Kündigung und die Auflösung des Vertragsverhältnisses ihm zur Seite stehen. Um aus dem Verhalten eines Schwerbeschädigten schlüssig seine Einwilligung in eine — der gesetzlichen Voraussetzungen entbehrende — Vertragsauflösung durch Kündigung des Arbeitgebers folgern zu können, muß bei seinen Erklärungen und Handlungen irgendwie hervorgetreten sein, daß er sich trotz Bestehens des Kündigungsschutzes mit der Lösung des Arbeitsverhältnisses einverstanden erklären wollte; es muß in erkennbarer Weise in die Erscheinung getreten sein, daß der Schwerbeschädigte sich der gesetzlichen Fürsorge bewußt war, daß er sie aber nicht für sich in Anspruch nehmen wollte. Sind diese Umstände, wie hier, in keiner Weise zutage getreten, dann kann eine Erklärung des Einverständnisses nicht angenommen werden. Wollte man die Unterlassung eines Widerspruchs bei Unkenntnis des gesetzlichen Schutzes gleichwohl als stillschweigende Einwilligung in die Lösung des Arbeitsverhältnisses auslegen, und wollte man in der Geltendmachung dieser Rechte nach erlangter Kenntnis vom Bestehen der Schutzrechte einen Verstoß gegen Treu und Glauben erblicken, so würde das den Schutz der Schwerbeschädigten auf das empfindlichste beeinträchtigen und die Tragweite des Schwerbeschädigten-Gesetzes in einer den Absichten des Gesetzgebers zuwiderlaufenden Weise einschränken. Zugleich würde der Vertragsgegner eines Schwerbeschädigten, wenn er diesen an einer in Unkenntnis seiner Schutzrechte stillschweigend abgegebenen Erklärung des Einverständnisses festhalten wollte, seinerseits gegen die Grundsätze von Treu und Glauben verstoßen. Die Annahme einer stillschweigenden Einwilligung des Klägers erscheint um so bedenklicher, als der Berufungsrichter feststellt, der Kläger sei, als ihm das Kündigungsschreiben zuging, schwer erkrankt gewesen, er habe sich zu jener Zeit auswärts in einer Heilanstalt befunden, und als der Kläger im Rechtsstreit ohne Widerspruch vorgetragen hat, er sei zu jener Zeit Morphinist gewesen.

Kann aber hiernach kein rechtswirksam erklärtes Einverständnis des Klägers mit der Beendigung des Anstellungsvertrags angenommen werden, so bedarf es keines Eingehens auf die weitere Frage, ob eine etwa stillschweigend abgegebene Willenserklärung als wegen Irrtums rechtswirksam angefochten zu gelten habe. Bei der erneuten Verhandlung der Sache wird jedoch, falls es hierauf noch ankommen sollte, eine wiederholte Prüfung geboten sein, ob nicht die dem Schreiben des Klägers vom 30. Mai 1926 vom Berufungsrichter gegebene Auslegung am buchstäblichen Sinne des Ausdrucks haften bleibt (§ 133 BGB.), und ob nicht aus dem Gesamtinhalt des Schreibens der Wille des Klägers zu erkennen ist, die Annahme seines Einverständnisses mit der Auflösung des Vertrags mit jedem möglichen Rechtsbehelf aus der Welt zu schaffen.

---

7. 1. Gehört die Aufnahme einer Zustellungsurkunde zum Begriff und Wesen der Zustellung?

2. Liegt eine Zustellungsurkunde vor, wenn die Unterschrift des Gerichtsvollziehers unter der Urschrift fehlt?

3. Ist es in solchem Falle von Bedeutung, wenn die beglaubigte Abschrift der Zustellungsurkunde mangelfrei ist?

ZPO. § 190 Abs. 1, §§ 191, 170 Abs. 1, § 198 Abs. 2.

VI. Zivilsenat. Beschl. v. 21. März 1929 i. S. K. (Kl.) w. E. (Bekl.). VI B 7/29.

I. Landgericht Düsseldorf.
II. Oberlandesgericht daselbst.

Der Sachverhalt ergibt sich aus nachstehenden

Gründen:

Im Auftrag des erstinstanzlichen Prozeßbevollmächtigten des Klägers übergab am 16. November 1928 der Gerichtsvollzieher G. einer Büroangestellten der erstinstanzlichen Prozeßbevollmächtigten des Beklagten eine beglaubigte Abschrift des landgerichtlichen Urteils vom 6. November 1928 zum Zwecke der Zustellung. Über den Hergang entwarf er eine entsprechende Zustellungsurkunde, unterließ es aber, sie mit seiner Unterschrift zu versehen. Diesen Entwurf verband er mit der Ausfertigung des zuzustellenden Urteils und sandte letztere seinem Auftraggeber zurück. Jedoch enthält die auf die beglaubigte Urteilsabschrift gesetzte beglaubigte Abschrift der „Zustellungsurkunde" die Unterschrift des Gerichtsvollziehers in der Form: „gez. G . . ."; der Beglaubigungsvermerk ist von G. eigenhändig unterschrieben. Am 28. Dezember 1928 legte der Kläger gegen das Urteil Berufung ein mit dem Bemerken, das Urteil sei noch nicht zugestellt; die am 16. November versuchte Zustellung sei mangels unterschriftlicher Vollziehung der „Zustellungsurkunde" durch den Gerichtsvollzieher nichtig. Der Beklagte begehrte Verwerfung der Berufung als unzulässig, da die Zustellung am 16. November ordnungsmäßig erfolgt und daher die Berufung verspätet eingelegt sei.

Diesem Antrag hat das Oberlandesgericht durch den angefochtenen Beschluß entsprochen. Zur Begründung ist im wesentlichen folgendes ausgeführt worden. Die Aufnahme der Zustellungsurkunde sei nicht ein Teil des Zustellungsaktes, sondern sie geschehe nur zur Schaffung einer öffentlichen Beweisurkunde über die erfolgte Zustellung. Infolge des Fehlens der Unterschrift des Gerichtsvollziehers liege zwar hier keine öffentliche Urkunde vor. Dies schließe jedoch nicht aus, die mangelhafte Zustellungsurkunde im Wege der freien Beweiswürdigung (§ 286 ZPO.) bei Prüfung der Frage, ob eine Zustellung stattgefunden habe, mit heranzuziehen und die Zustellung als bewirkt anzunehmen, wenn hierfür auch noch andere Umstände sprächen. Ein solcher Umstand sei hier die vorliegende formgerechte beglaubigte Abschrift der Zustellungsurkunde. Überdies behaupte auch der Kläger gar nicht, daß der eigentliche Zustellungsvorgang eine Ordnungswidrigkeit aufweise. Sei aber hiernach die Zustellung des angefochtenen Urteils am 16. November 1928 wirksam erfolgt, so sei die Berufung als unzulässig zu verwerfen.

Die gegen diesen Beschluß eingelegte sofortige Beschwerde ist begründet. In Frage steht, ob am 16. November 1928 eine Zustellung des angefochtenen Urteils im Sinne der §§ 166 flg. ZPO. stattgefunden hat, woraus sich bejahendenfalls die Verwerfung der Berufung ohne weiteres ergeben würde. Die Beantwortung dieser Frage hängt zunächst davon ab, ob im Sinne der Zivilprozeßordnung die Aufnahme der Zustellungsurkunde zum Begriff und Wesen der Zustellung gehört oder ob diese schon mit der Übergabe des zuzustellenden Schriftstücks (unter Beachtung der dafür vorgeschriebenen zwingenden Formvorschriften, vor allem also durch eine zur Vornahme von Zustellungen zuständige Person) vollendet wird und die Aufnahme einer Urkunde nur zur Schaffung eines Beweismittels angeordnet ist, das zwar der Erleichterung des Beweises über eine erfolgte Zustellung dienen soll, das aber auch durch andere Beweise ersetzt werden kann.

Der Senat erachtet die Zustellung des Urteils, wie sie vorliegt, für unwirksam aus folgenden Erwägungen.

Der § 190 Abs. 1 ZPO. bestimmt: „Über die Zustellung *ist* eine Urkunde aufzunehmen", und der § 191 schreibt vor, was die Zustellungsurkunde enthalten *muß*. Dieser Ausdrucksweise pflegen sich die neueren deutschen Gesetze und insbesondere die Zivilprozeßordnung zur Kennzeichnung solcher Vorschriften zu bedienen, die so wesentlich sind, daß ihre Nichtbeachtung die Unwirksamkeit der vorgenommenen Handlung nach sich zieht. Dafür, daß der Gesetzgeber etwa gerade in den § 190 Abs. 1, § 191 ZPO. den gewählten Worten „ist" und „muß" eine andere Bedeutung, den Sinn einer bloßen Sollvorschrift, hätte beilegen wollen, gibt die Entstehungsgeschichte der genannten Vorschriften (§§ 173, 174 alter Fassung) nicht den mindesten Anhalt. Im Gegenteil heißt es auf S. 141 der Begründung eines Entwurfs der ZPO. (Hahn Materialien Bd. I S. 221): „Unter Zustellung versteht der Entwurf: Mitteilung einer Abschrift oder einer Ausfertigung des zuzustellenden Schriftstückes unter Beurkundung der erfolgten Mitteilung (§§ 165, 166)" und auf S. 152 das. (Hahn S. 230) ist hinzugefügt: „Die §§ 166 bis 168 betreffen den Zustellungsakt selbst". Die §§ 166, 167 des Entwurfs entsprechen den §§ 173, 174 des Gesetzes a. F. und sind mit Änderungen, die ohne Bedeutung sind, Gesetz geworden. Während der gesetzgeberischen Vorarbeiten ist gegen die mitgeteilte Grundauffassung des Entwurfs vom Wesen der Zustellung von keiner Seite Widerspruch erhoben worden (vgl. Hahn a. a. O. Bd. I S. 571, Bd. II S. 957).

Bei der grundlegenden Bedeutung, die dem Formalakt der Zustellung für das gesamte Prozeßverfahren, insbesondere auch gerade für den hier in Betracht kommenden Beginn der Notfristen innewohnt, erscheint es auch durchaus berechtigt, daß der Gesetzgeber die Wirksamkeit der Zustellung von der Aufnahme einer Urkunde abhängig gemacht hat. Über jene Bedeutung der Zustellung sagen die Motive S. 141, 142 (Hahn Bd. I S. 222): „Für ein mündliches Verfahren ist in jeder Lage des Rechtsstreits und in jeder Instanz der Zustellungsakt von höchster prozessualer Bedeutung. Die Zustellung bildet die erste und eigentliche Grundlage, auf der sich das ganze Verfahren aufbaut, und bedarf schon deshalb einer strengen gesetzlichen Form. Daß legaliter, prompt und sicher zugestellt werde, daß namentlich kein Streit über das Ob und Wie der Zustellung entstehe, erscheint als eine besondere Aufgabe der prozessualischen Legislation." Mit diesen zutreffenden Erwägungen wäre es unvereinbar, wenn der Gesetzgeber in der Aufnahme der Zustellungsurkunde nichts weiter als die bloße Schaffung eines Beweismittels gesehen hätte, dessen Nichtherstellung ohne Einfluß auf die Gültigkeit des Aktes wäre und das nur neben anderen Arten des Beweises stände.

Dem für letztere Auffassung geltendgemachten Gründen vermag der Senat keine ausschlaggebende Bedeutung beizumessen. Es sind dies im wesentlichen die folgenden. Der § 170 Abs. 1 ZPO. schreibe vor, daß die Zustellung in der Übergabe einer Ausfertigung oder einer beglaubigten Abschrift des zuzustellenden Schriftstücks bestehe; allein bei diesem Hinweis wird übersehen, daß der § 170 Abs. 1 ZPO. in § 190 Abs. 1 das. seine Ergänzung findet. Dem allenfalls für nicht ganz genau zu erachtenden Wortlaut des § 191 Nr. 4 ZPO., der von der Person spricht, „welcher zugestellt ist", kann kein entscheidendes Gewicht beigelegt werden. Der Satz der

Motive S. 153 (Hahn Bd. I S. 231) endlich: „Daß die Zustellungsurkunde eine öffentliche ist und als solche beweist, daß ferner mangelhafte Zustellungsurkunden rücksichtlich ihrer Beweiskraft vom Richter frei zu würdigen sind, bedarf keines Ausspruchs" behandelt mit Mängeln behaftete Zustellungsurkunden, verhält sich jedoch über Nichtaufnahme solcher Urkunden überhaupt nicht.

Der Standpunkt, daß die Zivilprozeßordnung unter Zustellung die beurkundete Übergabe versteht, ist auch in der bisherigen Rechtsprechung des Reichsgerichts — die sich, soweit festgestellt werden konnte, mit einem dem vorliegenden Fall gleichartigen Sachverhalt noch nicht zu beschäftigen hatte — zum mindesten überwiegend vertreten worden (vgl. u. a. RGZ. Bd. 11 S. 404 und Beschluß vom 28. Oktober 1902 VII B 163/02, insbesondere aber RGZ. Bd. 19 S. 423). Die Entscheidungen bei Gruch. Bd. 36 S. 126 und in RGZ. Bd. 52 S. 13 mögen vielleicht von einer anderen Grundanschauung ausgehen, diese ist jedoch nicht zur wesentlichen Grundlage jener Entscheidungen gemacht worden. Das Bayerische Oberste Landesgericht hat in den Entscheidungen in SeuffArch. Bd. 42 Nr. 327 und Bd. 54 Nr. 180 (von denen die letztere denselben Sachverhalt wie hier zu beurteilen hatte) die Zustellungsurkunde für ein bloßes Beweismittel erachtet. Die Rechtsprechung der Oberlandesgerichte ist geteilter Auffassung (vgl. die Nachweisungen bei Stein-Jonas ZPO. Note 3 zu § 190). Wie hier ist u. a. in ROLG. Bd. 6 S. 394 und Bd. 29 S. 75 entschieden. Die Erläuterungswerke zur Zivilprozeßordnung vertreten fast durchweg die gegenteilige Meinung (vgl. Wilmowski-Levy Anm. 1 zu § 173 a. F. und Anm. 1 zu § 174 a. F.; Struckmann-Koch Anm. 3 zu § 190; Skonietzki-Gelpcke Anm. 1 zu § 191; Reincke Anm. 1 zu § 190; Petersen-Anger Anm. 1 zu § 190; Freudenthal Anm. 1 zu § 190; Baumbach Anm. 1 zu § 190). Dagegen halten Stein-Jonas Bem. I zu § 190, Neukamp Anm. 2 zu § 166 und Seuffert Anm. 1 zu § 190 die Aufnahme einer Zustellungsurkunde für einen notwendigen Bestandteil des Zustellungsaktes, ebenso auch grundsätzlich Förster-Kann Anm. 1 zu § 190, der es jedoch für ausreichend hält, wenn der Zustellungsbeamte in der Absicht, den Zustellungsakt zu beurkunden, eine Urkunde errichtet hat.

Es mag noch darauf hingewiesen werden, daß aus der Bejahung der hier erörterten Frage nichts für die Beantwortung zweier weiterer Fragen folgt. Einmal kann, sofern eine Zustellungsurkunde aufgenommen, die Zustellung also wirksam erfolgt ist, der Beweis der Ordnungsmäßigkeit der Zustellung auch durch sonstige Beweismittel geführt werden, wenn die Urkunde in Verlust geraten ist (JW. 1899 S. 163 Nr. 8) oder aus anderen Gründen nicht vorgelegt werden kann (RGZ. Bd. 46 S. 373). Denn die Zivilprozeßordnung schreibt nirgends vor, daß die Zustellung nur durch Vorlegung der Zustellungsurkunde nachgewiesen werden könne. Und ferner wird die Wirksamkeit einer Zustellung nicht dadurch beeinträchtigt, daß die Zustellungsurkunde unwesentliche Mängel aufweist. Ob ein Mangel als wesentlich oder als unwesentlich anzusehen ist, mag im Einzelfall zweifelhaft sein (vgl. u. a. RGZ. Bd. 17 S. 405 und S. 414, Bd. 24 S. 416, Bd. 52 S. 367, Bd. 109 S. 267; Warn-Rspr. 1917 Nr. 185; RG. in JW. 1906 S. 566, auch ROLG. Bd. 31 S. 36 und Stein-Jonas Bem. 1 zu § 191). Einer näheren Stellungnahme zu letzterer Frage bedarf es aber im vorliegenden Falle nicht.

Hier fehlt es an der Unterschrift des Gerichtsvollziehers unter der Urschrift der „Zustellungsurkunde". Danach ist aber eine Urkunde über die Urteilsübergabe überhaupt nicht aufgenommen. Denn die in § 191 Nr. 7 ZPO. vorgeschriebene Unterzeichnung der Zustellungsurkunde durch den Zustellungsbeamten ist — ebenso wie die in § 198 Abs. 2 ZPO. vorgesehene Unterschrift des Rechtsanwalts unter dem Empfangsbekenntnis — für den Begriff der Zustellungsurkunde so wesentlich, daß ein solches ununterzeichnetes Schriftstück keine Urkunde darstellt. Ein derartiges Schriftstück ist der Entwurf zu einer Urkunde; infolge der Nichtunterzeichnung ist der Beurkundungsakt nicht zum Abschluß gelangt (RGZ. Bd. 46 S. 377). Die fehlende Beurkundung der Zustellung kann, wie kaum der Hervorhebung bedarf, nicht dadurch ersetzt werden, daß der Gerichtsvollzieher eine beglaubigte Abschrift einer in Wirklichkeit nicht vorhandenen Zustellungsurkunde angefertigt und dem Zustellungsempfänger ausgehändigt hat. Denn nicht die Herstellung einer beglaubigten Abschrift der Zustellungsurkunde, sondern die der Urschrift ist für die Wirksamkeit der Zustellung wesentlich, und eine Säumnis oder ein sonstiger Nachteil, die es etwa rechtfertigen könnten, der beglaubigten Abschrift der „Zustellungsurkunde" maßgebliche Bedeutung beizulegen, ist dem Beklagten durch die Übergabe der beglaubigten Abschrift der Zustellungsurkunde nicht erwachsen (RGZ. Bd. 82 S. 427 und Stein-Jonas Bem. III zu § 190 und Bem. V zu § 170).

---

8. 1. Bezieht sich § 140 BGB. auch auf den Fall, wo ein Rechtsgeschäft deshalb nichtig ist, weil es eine Verfügung betrifft, die ein Nichtberechtigter vorgenommen hat?

2. Über die Einräumung eines vertraglichen Zurückbehaltungsrechts an einem Grundschuldbrief in dem Falle, daß nicht der Grundschuldgläubiger selbst, sondern ein Dritter das Recht einräumt, aber seinerseits vom Grundschuldgläubiger ermächtigt ist, dies im eigenen Namen zu tun.

BGB. §§ 140, 986 Abs. 1 Satz 1.

I. Zivilsenat. Urt. v. 27. März 1929 i. S. S. Bank (Bekl.) w. B. (Kl.). I 16/29.

I. Landgericht Osnabrück.
II. Oberlandesgericht Celle.

Der Kläger wollte sich auf einen Grundschuldbrief von 15000 GM. von der Beklagten Geld beschaffen. Zu diesem Zwecke trat er mit dem Kaufmann F. in Verbindung. Die Beklagte bewilligte auf Verhandlung mit F. einen Kredit von 15 000 RM. und erhielt dafür im September 1924 zur Sicherheit den Grundschuldbrief, den der Kläger dem F. gegeben hatte, von diesem ausgehändigt. Aus dem Kredit hat der Kläger 6050 RM. erhalten. Für diese Forderung verpfändete er später der Beklagten in notarieller Verhandlung die Grundschuld. Diese Forderung der Beklagten ist unstreitig getilgt. Außerdem hat die Beklagte auf Grund des Kredits in mehreren Einzelbeträgen zu Händen des F. weiter insgesamt 7699 RM. gezahlt. Diesen Betrag hat F. zur Deckung von Verbindlichkeiten einer Firma K. & Co. verwandt. Die Beklagte will den Grundschuldbrief nur dann an den Kläger herausgeben, wenn auch der weitere auf den Kredit entnommene, durch Zinsbelastung auf 9000 RM. angewachsene Betrag beglichen sei.

Mit der Klage fordert der Kläger u. a. Herausgabe des Grundschuldbriefs. Die Beklagte steht auf dem Standpunkt, der Kläger, nicht F., sei in Höhe des gesamten Kreditbetrags ihr Schuldner geworden und habe ihr durch F. als Vertreter ein vertragliches Zurückbehaltungsrecht an dem Grundschuldbrief bis zur Tilgung ihrer Gesamtforderung eingeräumt.

Der Kläger hat bestritten, in Höhe von 9000 RM. Schuldner der Beklagten geworden und überhaupt mit ihr in Vertragsbeziehungen getreten zu sein. Er habe, so entgegnet er, den F. ausdrücklich angewiesen, erst dann den Grundschuldbrief für weitere Beträge zugunsten der Firma K. & Co. zu verwenden, wenn er, Kläger, ihm mitgeteilt hätte, daß diese Firma ihrerseits ihm, dem Kläger, ausreichende Sicherheiten gegeben habe, was aber niemals geschehen sei.

Die Beklagte ist in den beiden ersten Rechtszügen unterlegen. Ihre Revision, die sich nur auf die Verurteilung zur Herausgabe des Grundschuldbriefs bezog, führte zur Aufhebung und Zurückverweisung.

Gründe:

Der Kläger fordert auf Grund seines Eigentums Herausgabe des in Händen der Beklagten befindlichen Grundschuldbriefs. Dieser Anspruch ist dann nicht berechtigt, wenn sich die Beklagte ihm gegenüber gemäß § 986 Abs. 1 Satz 1 BGB. auf ein Recht zum Besitze berufen kann.

Eine wirksame Verpfändung der Grundschuld ist wegen Nichtbeobachtung der Vorschriften in §§ 1274, 1192, 1154 BGB. mit Recht verneint worden. Nach den Feststellungen des Berufungsgerichts hat ferner F. die Verhandlungen mit der Beklagten nicht als Vertreter des Klägers, sondern im eigenen Namen geführt. Nur er ist daher Schuldner der von der Beklagten hergegebenen Darlehen geworden. Unmittelbare Vertragsbeziehungen zwischen den Parteien sind überhaupt nicht entstanden. Daraus folgert das Berufungsgericht weiter mit Recht, daß mangels eines Anspruchs der Beklagten gegen den Kläger ein gesetzliches Zurückbehaltungsrecht gemäß § 273 BGB. nicht in Frage komme. Schon aus diesem Grunde scheidet auch ein Zurückbehaltungsrecht nach § 369 HGB. aus. Insofern erhebt die Revision keine Angriffe.

Die Beklagte hat sich auch auf ein vertragliches Zurückbehaltungsrecht berufen. In dieser Beziehung führt das Berufungsgericht aus: Aus der Aushändigung des Grundschuldbriefs an die Beklagte ergebe sich nach der Sachlage gemäß § 140 BGB. die Vereinbarung, die Beklagte solle die ihr zur Sicherheit übergebene

Urkunde so lange zurückbehalten dürfen, bis ihr die darauf gewährten Darlehensbeträge zurückerstattet seien. Da aber F. die Verhandlungen im eigenen Namen geführt habe, so äußere diese Vereinbarung nur Wirkungen zwischen ihm und der Beklagten; ob beide darüber hinaus auch den Kläger hätten verpflichten wollen, sei gleichgültig, da dies auf die unzulässige Vereinbarung eines Zurückbehaltungsrechts mit dinglicher Wirkung hinauslaufen würde. Aus diesem Grunde sei es auch unerheblich, ob der Kläger mit den von F. in eigenem Namen abgeschlossenen Darlehensgeschäften und mit der Weiterleitung eines Teils der darauf entnommenen Beträge an die Firma K. & Co. einverstanden gewesen sei.

Die Revision rügt, daß der Grundsatz der schuldrechtlichen Vertragsfreiheit in diesen Darlegungen verletzt sei. Diese Rüge ist unbegründet. Trotzdem kann das Urteil nicht aufrechterhalten werden, weil einschlägige Rechtsgrundsätze anderen Inhalts nicht beachtet worden sind.

Wie sich aus der Heranziehung von § 140 BGB. in Verbindung mit dem Sachvortrag ergibt, hat der Berufungsrichter angenommen: F. und die Beklagte hätten mit der Übergabe des Grundschuldbriefs ein Pfandrecht der Beklagten an der Grundschuld bestellen wollen. Ein Pfand sei zwar nicht rechtswirksam bestellt worden, wohl aber sei das Rechtsgeschäft in Gestalt der vertragsmäßigen Begründung eines Zurückbehaltungsrechts am Grundschuldbrief aufrechtzuerhalten. Denn es sei anzunehmen, daß die Vertragsbeteiligten ein Rechtsgeschäft dieses Inhalts bei Kenntnis der Nichtigkeit der Pfandbestellung gewollt hätten.

Daß ein Grundschuldbrief Gegenstand eines Zurückbehaltungsrechts sein kann, ist in der Rechtsprechung seit langem anerkannt (RGZ. Bd. 68 S. 386, Bd. 91 S. 158). Zu prüfen war danach, ob die Vertragsteile den von ihnen durch Verpfändung erstrebten wirtschaftlichen Erfolg, Sicherung einer Befriedigung der Beklagten, auch bei Vereinbarung eines Zurückbehaltungsrechts in verkehrserheblichem Umfang erreicht hätten. Hierzu ist zu bemerken: Selbst wenn der Grundschuldbrief dem F. nicht gehörte, durfte die Beklagte annehmen, daß die Zurückbehaltung des Briefes den F. schon um deswillen zur Abdeckung der Forderung veranlassen werde, weil er so in den Stand gesetzt wurde, seinen Verpflichtungen zur Rückgabe des Briefes an den ihn befriedigenden Kläger nachzukommen, und weil ferner die Zurückbehaltung auch mittelbar den Kläger zur Einhaltung seiner Verpflichtungen dem F. gegenüber und damit ebenso den F. zu gleichem Verhalten der Beklagten gegenüber veranlassen werde. Die Voraussetzungen des § 140 BGB. waren insoweit schon hierdurch in gewissem Maße erfüllt. Hier bestehen aber zwei Bedenken. Einmal dieses, daß die Beklagte durch den Vertragsschluß mit F. an sich kein Recht auf Besitz am Brief dem Kläger gegenüber erworben hatte und daher dessen Herausgabeanspruch ausgesetzt war. Ferner aber ergibt sich noch ein weiteres Bedenken aus folgendem, vom Berufungsgericht nicht berücksichtigten Gesichtspunkt. Die Verpfändung der Grundschuld war nicht nur mangels Einhaltung der obenerwähnten Formvorschriften unwirksam, sondern auch deshalb, weil sie ein nicht Verfügungsberechtigter vornahm. In der Rechtsprechung ist anerkannt (RGUrt. v. 21. März 1908 V 375/07 [in WarnRspr. 1908 Nr. 441 in dem hier in Betracht kommenden Punkte nicht zum Abdruck gelangt]), daß die Vorschriften des § 140 BGB. auf ein aus dem letzterwähnten Grunde unwirksames Rechtsgeschäft nicht anwendbar sind. Das daraus herzuleitende Bedenken gegen die Aufrechterhaltung des Geschäfts in Form der Bestellung eines Zurückbehaltungsrechts entfällt aber, wenn die Zustimmung des Klägers als Rechtsinhabers zu der beabsichtigten Verpfändung angenommen werden kann. Dieser Auffassung stehen die sonstigen Darlegungen jenes Urteils, die sich auf einen anders liegenden Fall beziehen, nicht entgegen. Nach den Behauptungen des Klägers muß diese Zustimmung als bestritten gelten. Insoweit bedarf also die Sachlage der Nachprüfung, ehe die Voraussetzungen des § 140 BGB. als gegeben angesehen werden können.

Die erneute Würdigung des Sachverhalts ist auch wegen des erstgenannten Bedenkens nötig. Dem Berufungsgericht ist zwar darin beizutreten, daß auf Grund Vertrags zwischen F. und der Beklagten ein Zurückbehaltungsrecht an sich nur zwischen den Vertragschließenden wirkt. Die von der Revision angeführte Entscheidung RGZ. Bd. 66 S. 24 besagt nichts anderes (vgl. auch RGZ. Bd. 51 S. 83, Bd. 68 S. 282, 386). Von Bedeutung für die Beurteilung der Sachlage ist aber in dieser Hinsicht die vom Berufungsgericht unberücksichtigt gelassene Vorschrift des § 986 Abs. 1 Satz 1 BGB. Auch wenn nur zwischen der Beklagten und F. ein Zurückbehaltungsrecht vereinbart worden ist und F. dabei, wie das Berufungsgericht feststellt, nicht gemäß § 164 BGB. im Namen des Klägers gehandelt hat, so sind doch die Voraussetzungen von § 986 Abs. 1 S. 1 dann gegeben, wenn F. mit Einverständnis des Klägers der Beklagten zur Sicherung auch wegen des hier noch in Betracht kommenden Teiles ihrer Forderung den Besitz des Grundschuldbriefs überlassen hat. Denn in solchem Fall hat F. gemäß § 185 BGB. auch in diesem Umfang der Beklagten den Besitz am Grundschuldbrief mit Rechtswirksamkeit gegenüber dem Kläger eingeräumt (RGZ. Bd. 80 S. 395) und war selbst dem Kläger gegenüber zum mittelbaren Besitz berechtigt.

Die Beklagte hat behauptet, der Kläger sei mit der Handlungsweise des F. in dem erörterten Umfang einverstanden gewesen. Der Kläger dagegen hat behauptet, F. habe das Zurückbehaltungsrecht in Höhe der der Firma K. & Co. zugeflossenen Beträge erst bestellen dürfen, wenn diese genügend Sicherheit geleistet habe. Dieser Behauptung gegenüber muß die Beklagte das Vorliegen der Voraussetzungen des § 986 Abs. 1 Satz 1 BGB. beweisen. Der Sachverhalt bedarf daher auch aus diesem Grunde der weiteren Aufklärung. Dabei wird auch geprüft werden müssen, ob F. von vornherein ermächtigt war, der Beklagten den Grundschuldbrief zur Sicherung des gesamten zu bewilligenden Kredits zu überlassen, und ob er lediglich im Verhältnis zum Kläger an dessen Weisungen über die Verwendung der aus dem gesicherten Kredit fließenden Gelder gebunden war. Sollte sich ergeben, daß der Beklagten die Einrede aus § 986 Abs. 1 Satz 1 gegenüber dem Kläger zur Seite steht, so wäre damit außerdem gleichzeitig dargetan, daß die Beklagte sich durch die Bestellung eines vertragsmäßigen Zurückbehaltungsrechts die wirtschaftlichen Vorteile der ursprünglich beabsichtigten Verpfändung in noch erheblicherem Maße sicherte, als dies vorhin bei Würdigung des Sachverhalts unter dem Gesichtspunkt des § 140 BGB. angenommen worden ist. Denn da sie sich dann bis zur Begleichung ihrer Forderung auch des auf Eigentum gegründeten Herausgabeanspruchs des Klägers erwehren konnte, so vermochte sie durch die Ausübung des Zurückbehaltungsrechts einen wirksameren Druck auf die Begleichung ihrer Forderung auszuüben. Damit würden für diesen Fall, wie schon oben erwähnt, alle etwa noch möglichen Bedenken beseitigt sein, ob den Voraussetzungen des § 140 BGB. in dieser Hinsicht ausreichend genügt sei.

9. Über die rechtliche Bedeutung von Kassenarzt-Verträgen, wonach die Mitglieder ärztlicher Vereine ihre Rechnungen für Behandlung von Kassenmitgliedern bei der Prüfungsstelle ihres Vereins einzureichen haben und die Prüfungsstelle zu Abstrichen befugt ist.

RVO. §§ 368c, 368m. BGB. §§ 317, 319.

IV. Zivilsenat. Urt. v. 28. Januar 1929 i. S. S. (Kl.) w. Ärzteverein f. D. u. U. (Bekl.). IV 461/28.

I. Landgericht Dresden.
II. Oberlandesgericht daselbst.

Der Kläger ist Mitglied des verklagten Vereins, der eine Ortsgruppe des Verbands der Ärzte Deutschlands bildet. Er ist Inhaber einer Privatklinik und übt neben seiner Privatpraxis eine umfangreiche Tätigkeit als Kassenarzt für eine Anzahl von Krankenkassen aus. Über die Ausübung der kassenärztlichen Tätigkeit und die Art der dafür zu gewährenden Vergütung hat der verklagte Verein mit einer Anzahl von Kassen Verträge geschlossen, und der Kläger hat durch schriftliche Erklärungen diese Verträge als für ihn verbindlich anerkannt. Nach diesen Verträgen haben die Kassenärzte ihre Bezahlung für die geleisteten Dienste nicht unmittelbar von den Krankenkassen zu erhalten, sondern ihre Rechnungen zur Einziehung an den Verein zu senden. Dieser zieht von der allgemeinen Ortskrankenkasse D. einen jährlichen Pauschsatz von 10 RM. für jeden Versicherten, von den übrigen Kassen die Beträge der einzelnen Rechnungen ein. Die eingereichten Rechnungen unterliegen jedoch zunächst einer Nachprüfung durch die vom Verein unter Mitwirkung der Kassen bestellten Prüfungsausschüsse. Von diesen Ausschüssen wurden an den vom Kläger für das erste und zweite Kalendervierteljahr 1926 in Rechnung gestellten Beträgen erhebliche Teile wegen „Vielgeschäftigkeit" gestrichen; die vom Kläger zu dem vertragsmäßig bestellten Einigungsausschuß eingelegten Berufungen wurden verworfen. Dementsprechend zahlte der Beklagte nur die vom Prüfungsausschuß gebilligten Beträge an den Kläger aus. Der Kläger verlangt nunmehr Nachzahlung von 7097,65 RM. nebst Zinsen und stützt diesen Anspruch auf Vertrag, unerlaubte Handlung und — soweit die einen Pauschsatz zahlende Ortskrankenkasse D. in Betracht kommt — auf ungerechtfertigte Bereicherung. Er hat beantragt, den Beklagten zur Zahlung von 7097,65 RM., hilfsweise dazu zu verurteilen, daß er, soweit andere Krankenkassen als die Ortskrankenkasse D. in Betracht kommen, die zu Unrecht gekürzten Beträge bei diesen Kassen anfordere und an ihn auszahle. Er wurde in allen drei Rechtszügen abgewiesen.

Gründe:

Dem Berufungsgericht ist im Ergebnis beizutreten.

Die Streichungen an den Rechnungen, durch die sich der Kläger benachteiligt erachtet, sind wegen sog. Vielgeschäftigkeit — sonst auch Überbehandlung genannt — erfolgt. Hierüber verhalten sich die Richtlinien des Reichsausschusses für Ärzte und Krankenkassen für den allgemeinen Inhalt der Arztverträge vom 12. Mai 1924 (RArbBl. 1924 S. 205) unter Nr. VII Abs. 4. Diese Richtlinien haben ihre gesetzliche Grundlage in § 5 der Verordnung über Ärzte und Krankenkassen vom 30. Oktober 1923 (RGBl. I S. 1051), deren Inhalt jetzt in § 368e RVO. aufgenommen ist. Die Überwachung der einzelnen Ärzte in der Richtung der Vielgeschäftigkeit ist nach den „Richtlinien" des verklagten Vereins einem Prüfungsausschuß übertragen, der nach Nr. 4 das. das Recht hat, einzelne Leistungen aus der Rechnung zu streichen und den Gesamtbetrag der Rechnungen zu kürzen. Gegen die Maßnahmen dieses Prüfungsausschusses gibt § 7 des Vertrags des Vereins mit der Ortskrankenkasse D. dem einzelnen Arzte das Recht der Berufung an den sog. Einigungsausschuß (der übrigens auch noch andere Aufgaben hat); dieser Ausschuß entscheidet als Schiedsstelle über die Berufung. Die letzten beiden Absätze des § 7 lauten:

> Die Entscheidungen der Schiedsstelle sind endgültig und für beide Teile bindend.
>
> Etwaige Kosten trägt der unterliegende Teil. Bei vermögensrechtlichen Angelegenheiten bleibt den Beteiligten der ordentliche Rechtsweg offen.

In § 7 der Verträge des Vereins mit den übrigen in Betracht kommenden Krankenkassen ist die Aufgabe der Schiedsstelle etwas anders umschrieben; die beiden Schlußabsätze sind wörtlich die gleichen wie oben angeführt. Es handelt sich hier zweifellos um eine Einrichtung, wie sie in § 368 m RVO. vorgesehen und dort als „besonderes Schiedsgericht" bezeichnet ist.

Das Berufungsgericht geht von der Grundlage aus, daß die Bestimmungen über die bindende Kraft der Entscheidungen der Schiedsstellen auch für das Verhältnis zwischen dem Kläger und dem beklagten Verein maßgebend sind, da der Kläger seinerzeit die schriftliche Erklärung abgegeben hat, daß er sich verpflichte, die vom Verein mit den Krankenkassen geschlossenen Verträge „gleich als wie von ihm in eigener Person geschlossen anzusehen und genau zu beobachten". Der Streit dreht sich um die Bedeutung der vorerwähnten Schlußabsätze in § 7 der Verträge. Der Kläger will aus dem letzten Satz gefolgert wissen, daß die Höhe seiner Ansprüche für kassenärztliche Behandlungen durch die Gerichte festzusetzen sei ohne jede Bindung durch die Entscheidungen des Prüfungsausschusses und der Schiedsstelle. Der Beklagte will dagegen aus dem vorletzten Absatz herleiten, daß der Rechtsweg vor den Gerichten überhaupt nicht zulässig sei, daß aber für alle Fälle die Gerichte an die Entscheidungen der Schiedsstelle gebunden seien.

Gegen die vom Kläger vertretene Auffassung spricht zunächst die Erwägung, daß die Vereinbarungen über die einzurichtende Schiedsstelle unverkennbar darauf abzielen, ein rasches und möglichst wenig umständliches Verfahren für die Erledigung der Arztrechnungen einzuführen, daß aber das vom Kläger verlangte Verfahren das gerade Gegenteil davon wäre: Danach hätten zunächst zwei Vereinsinstanzen und dann zwei oder drei gerichtliche Instanzen zu sprechen, um über die Höhe der dem Kläger zustehenden Beträge eine endgültige Entscheidung herbeizuführen. Zudem könnten die gerichtlichen Instanzen eine sachgemäße Entscheidung über die Frage, ob Überbehandlung vorliege, doch wieder nur auf Grund eingeholter Gutachten von Ärzten treffen, sodaß in beiden Verfahrensarten die Anschauungen der Ärzte die Grundlage bilden müßten. Wohl mag, wenn der Kläger glaubt, mit dem Übelwollen von Kollegen rechnen zu müssen, seine Stellung gegenüber den im Einigungsverfahren als Richter auftretenden Ärzten ungünstiger sein als im gerichtlichen Verfahren gegenüber den ärztlichen Sachverständigen. Aber diese Erwägung kann nicht dazu führen, das nun einmal vertraglich festgelegte Verfahren vor der Schiedsstelle bloß als ein bedeutungsloses Vorverfahren zu behandeln.

Das Berufungsgericht ist der Meinung, daß es für die Zulässigkeit des Rechtswegs gar nicht auf den oben angeführten Vorbehalt ankomme; denn dieser Vorbehalt beziehe sich nur auf Streitigkeiten zwischen Ärzten und Kassen, und um eine solche Streitigkeit handle es sich hier nicht. Zwischen dem Kläger und dem verklagten Verein, den Parteien des jetzigen Rechtsstreits, bestehe ein bürgerlichrechtliches Verhältnis, und die darüber entstandenen Streitigkeiten seien selbstverständlich und ohne daß es auf den erwähnten Vorbehalt ankomme, vor den ordentlichen Gerichten auszutragen. Dieses bürgerlichrechtliche Verhältnis wird vom Berufungsgericht an einer Stelle als Gesellschaft oder gesellschaftsähnliches Rechtsverhältnis, an einer anderen Stelle als treuhandartiges, auf eine Geschäftsbesorgung abzielendes Verhältnis bezeichnet. Es kann unbedenklich als ein bürgerlichrechtliches, dem Auftrag ähnliches Rechtsverhältnis angesehen werden: der Kläger hat dem Beklagten die Einziehung seiner Kostenrechnungen bei den Kassen übertragen; der Beklagte hat es übernommen, die Beträge von den Kassen — sei es als Pauschsatz, sei es als Einzelbeträge — einzuheben und an den Kläger abzuführen. Daß daneben noch vereinbart ist, der Beklagte könne zunächst durch seinen Prüfungsausschuß die Rechnungen auf ihre Ordnungsmäßigkeit prüfen lassen, steht der bezeichneten Auffassung des Verhältnisses nicht entgegen, wenn auch bei dieser Prüfung in erster Reihe die Interessen der Kasse zu wahren sind. Daß etwa die in Rede stehenden Beziehungen zwischen dem einzelnen Arzt und dem Verein keine vertraglichen wären, sondern nur solche aus dem Mitgliedsverhältnis, ist nicht anzunehmen. Sie sind nach der Auffassung beider Teile dadurch entstanden, daß sich das einzelne Mitglied — allerdings entsprechend einer Satzungsbestimmung — durch seine Unterschrift verpflichtet hat, die vom Verein mit den Kassen geschlossenen Verträge wie von ihm in eigener Person geschlossen anzusehen und zu beobachten.

Keinesfalls kann aus den erwähnten Bestimmungen in § 7 der Ausschluß des Rechtswegs für Streitigkeiten der hier in Rede stehenden Art gefolgert werden, da die Zulässigkeit des Rechtswegs dort ausdrücklich bestimmt ist. Unter dem Rechtsweg kann hier nur derjenige vor den Gerichten verstanden werden. Der bei Richter-Sonnenberg, Die kassenärztlichen Rechtsverhältnisse, S. 142 — für die dort behandelten Schiedssprüche — vertretenen Meinung, daß in § 368m RVO. unter ordentlichem Rechtsweg der Rechtsweg vor den Schiedsinstanzen gemeint sei, kann jedenfalls für den hier zu entscheidenden Streit nicht beigepflichtet werden. Unter ordentlichem Rechtsweg hat man nie etwas anderes verstanden als den Rechtsweg vor den Gerichten, und es kann auch nichts anderes darunter verstanden werden. Weiter kann aber auch nicht zugegeben werden, daß die ausdrückliche Anordnung über die Zulässigkeit des Rechtswegs durch den vorausgehenden Absatz unwirksam gemacht würde. Der Widerspruch löst sich in folgender Weise.

Das Berufungsgericht ist trotz der Zulassung des Rechtswegs zur Abweisung der Klage ohne sachliche Prüfung des Anspruchs aus dem Grunde gelangt, weil nach der angeführten Bestimmung der Verträge, denen sich der Kläger für seine Person unterworfen habe, die Entscheidung des Einigungsausschusses über die an den Rechnungen des Klägers gemachten Abstriche für die Beteiligten bindend sei. Das Berufungsgericht verkennt nicht, daß bei solcher Auffassung das Offenhalten des Rechtswegs für Streitigkeiten dieser Art nur noch eine geringe Bedeutung hat. Aber es sieht darin kein Hindernis, die Bestimmungen im bezeichneten Sinne aufzufassen, weil immer noch Fälle möglich seien, in denen eine Prüfung durch die Gerichte erfolgen könne, z. B. wenn der Verein auch den vom Prüfungsausschuß genehmigten Betrag nicht auszahle oder wenn eine bindende Entscheidung der Schiedsinstanzen nicht ergangen sei. Es meint, wenn wirklich mit dem letzten Absatz der Vorschrift die im vorausgegangenen Absatz angeordnete Bindung an die Entscheidung der Schiedsinstanzen für alle vermögensrechtlichen Streitigkeiten wieder hätte beseitigt werden sollen, hätte das ausdrücklich gesagt werden müssen. Dem ist beizutreten.

Über die Frage, wie die endgültige Bindung der Ärzte an die Entscheidung der Schiedsstelle rechtlich zu begründen sei, führt das Berufungsgericht unter Berufung auf Richter-Sonnenberg, Die kassenärztlichen Rechtsverhältnisse, folgendes aus: Die Prüfungsausschüsse seien auf der sozialen Gesetzgebung aufgebaute Einrichtungen zur Regelung insbesondere auch der ärztlichen Vergütungen. Ihre Aufgabe sei es, den Rechtsfrieden zwischen den Ärzten und den Krankenkassen zu wahren und einerseits zahlungsfähige Krankenkassen, anderseits einen wirtschaftlich sichergestellten Ärztestand zu erhalten. Im Rahmen dieser Aufgabe liege es auch, daß die Prüfungsausschüsse eine übermäßige Inanspruchnahme der Krankenkassen verhüten sollten, die diese zur Erfüllung ihrer sozialen Aufgaben unfähig machen könnte. Zur wirksamen Erfüllung dieser Aufgaben hätten sie die Pflicht, die Ärzterechnungen insbesondere auch nach dem Gesichtspunkt der Vielgeschäftigkeit nachzuprüfen, und das Recht zu Streichungen und Kürzungen. Der Prüfungsausschuß und der Einigungsausschuß hätten also eine überwiegend soziale Bedeutung. Sie seien öffentliche Hilfseinrichtungen, die den Ausgleich der beiderseitigen Interessen förderten und äußerstenfalls zum obrigkeitlichen Ausgleich schritten. Das Rechtssubjekt, das in ihnen — wie in anderen mit Vertretern der Krankenkassen und der Ärzte paritätisch zusammengefaßten Ausschüssen — entgegentrete, sei der Staat; als dessen Organe würden sie zur Regelung der privaten Rechtsverhältnisse der Parteien nach Maßgabe der von diesen abgeschlossenen Verträge tätig. Hieraus folgert das Berufungsgericht, daß die Entscheidungen der Ausschüsse nicht etwa bloß die Bedeutung von Vergleichsvorschlägen hätten und daß sie auch nicht, wie das Landgericht meine, den Schiedsgutachten gleichgestellt werden könnten.

Die Revision wendet sich gegen diese Ausführungen. Sie hält es nicht für gerechtfertigt, daß das Berufungsgericht seiner Entscheidung die sozialen Aufgaben der Krankenkasse zugrundelegt. Sie sagt, die allerdings zuzugebende soziale Bedeutung der Einrichtung könne nicht dazu führen, die vertraglich getroffene Regelung vermögensrechtlicher Angelegenheiten außer Kraft zu setzen. Die sozialen Interessen zwischen Krankenkassen und Ärzten würden bei einer Entscheidung durch die Gerichte ebensogut oder besser Berücksichtigung finden als bei den Schiedsinstanzen. Der Kläger verlange hier Entlohnung der von ihm geleisteten Arbeit und könne deshalb gerade für sich soziale Rücksichten in Anspruch nehmen.

Es kann dahingestellt bleiben, inwieweit den Ausführungen des Berufungsgerichts über soziale Aufgaben der Schiedsgerichte und die daraus zu ziehenden Folgerungen beizupflichten ist. Denn die Entscheidung des Berufungsgerichts beruht gar nicht auf den angegriffenen Erwägungen. Das Gericht hat aus ihnen nicht die Schlußfolgerung gezogen, daß die Entscheidungen der Schiedsinstanzen wegen ihrer sozialen Aufgabe und ihrer staatlichen Autorität bindende Kraft hätten, sondern es legt das entscheidende Gewicht auf die vertragliche Vereinbarung. Es betont ausdrücklich, die bindende Kraft ergebe sich daraus, daß sich der Kläger nach dem zwischen den Parteien bestehenden Vertragsverhältnis der mit der Kasse getroffenen Sach- und Rechtsgestaltung zu unterwerfen habe, und führt weiterhin aus, die Parteien hätten für ihr Vertragsverhältnis vereinbart, daß die Entscheidung des Einigungsausschusses sie innerhalb ihres Vertragsverhältnisses und damit auch für diejenigen Rechtsstreite binde, in denen sie vermögensrechtliche Angelegenheiten im ordentlichen Rechtsweg austrügen.

Das ist auch zutreffend. Wenn man sich die vertraglichen Vereinbarungen wegdenkt, ist sofort erkennbar, daß für die Schiedsinstanzen trotz ihrer vom Berufungsgericht angeführten Aufgaben eine rechtliche Unterlage dafür fehlen würde, an den Rechnungen der Ärzte mit bindender Kraft Abstriche zu machen. Die rechtliche Grundlage für die Entscheidung des Berufungsgerichts bilden also in Wirklichkeit die Vorschriften in §§ 317 flg. BGB., auf die auch das Landgericht seine Entscheidung gestützt hatte. Die besondere Stellung, welche die unter Mitwirkung von Ärzten und Vertretern der Kassen entscheidenden Schiedsstellen einnehmen, mag Anlaß dazu geben, daß die Beteiligten ihnen erhöhtes Vertrauen schenken und deshalb um so eher ihre Entscheidung als bindend geltend lassen; im Verhältnis zwischen den Parteien stellen aber die Schiedsstellen nichts anderes dar als den Dritten im Sinne der §§ 317 flg. BGB. Es liegt ein Schiedsgutachtervertrag im Sinne des Urteils RGZ. Bd. 96 S. 57 vor, und zwar muß die Vereinbarung dahin verstanden werden, daß der Dritte die Bestimmung nach billigem Ermessen treffen soll, § 319 Abs. 1 BGB.

Das Urteil RGZ. Bd. 111 S. 276 steht nicht entgegen. Dort ist nur die Annahme mißbilligt, daß die Parteien vereinbaren könnten, eine staatliche Behörde solle außerhalb ihres amtlichen Wirkungskreises über privatrechtliche Streitigkeiten bindend entscheiden. Das ist etwas wesentlich anderes, als wenn eine zwar auf Grund öffentlichrechtlicher Bestimmungen ins Leben gerufene, aber gerade für Erledigung derartiger Streitigkeiten bestimmte Stelle von den Parteien mit der Entscheidung betraut wird.

Nach dem Gesagten ist eine gerichtliche Nachprüfung der von den Vereinsinstanzen getroffenen Entscheidungen unter dem Gesichtspunkt, ob sie offenbar unbillig sind (§ 319 Abs. 1), nicht ausgeschlossen. Das muß namentlich auch für solche Beschlüsse gelten, die zur Ausschließung eines Arztes von der Kassenpraxis und damit zur Untergrabung seines Fortkommens führen könnten (wie z. B. in dem vom Kammergericht mit Urteil vom 11. November 1927 — abgedruckt in „Deutsche Krankenkasse" 1927 Sp. 1351 — behandelten Fall). Im vorliegenden Fall reicht das, was der Kläger gegen die Berechtigung der an den Rechnungen gemachten Abstriche und über die Art des Zustandekommens dieser Abstriche vorgebracht hat, nicht aus, um eine Anfechtung des Spruches der Schiedsstellen wegen offenbarer Unbilligkeit zu rechtfertigen; es genügt nicht den Anforderungen, die nach der Rechtsprechung (vgl. die im Komm. von RGR. Anm. 1 zu § 319 BGB. angeführten Entscheidungen) in dieser Richtung zu stellen sind. Mit einer Zulassung derartiger Bemängelungen im Rechtsweg würde der Zweck völlig vereitelt werden, für den die Schiedsstellen eingerichtet sind.

Schließlich ist dem Berufungsgericht auch darin beizupflichten, daß eine Anwendung der Vorschriften über unerlaubte Handlungen — mit denen der Kläger hilfsweise seinen Antrag begründen will — schon um deswillen nicht angängig ist, weil die Schiedsstellen, deren Spruch in dieser Weise angegriffen werden soll, gar nicht ein Organ des verklagten Vereins sind. Der bloße Umstand, daß der Verein seinen Maßnahmen jenen Spruch zugrundegelegt hat, kann nach Lage der Sache nicht ausreichen, um ihm eine unerlaubte Handlung vorzuwerfen, die ihn schadensersatzpflichtig machen könnte.

Soweit die Rechnungen des Klägers Leistungen für die Ortskrankenkasse D. betreffen, von welcher der Verein die Zahlung in Gestalt eines Pauschsatzes für jede versicherte Person einhebt, hatte der Kläger seinen Anspruch auch auf ungerechtfertigte Bereicherung des Beklagten gestützt. Gegen die Begründung, mit der das Berufungsgericht einen solchen Anspruch abgelehnt hat, erhebt die Revision keinen Angriff. Rechtliche Bedenken nach dieser Richtung sind nicht zu erheben.

---

10. 1. Zum Begriff der öffentlichrechtlichen Wassergenossenschaften im Sinne der 2. Durchführungsverordnung zum Anleiheablösungsgesetz.

2. Kann auch gegenüber dem Verlangen nach Aufwertung von Vermögensanlagen (§ 63 Abs. 1 AufwG.) Verwirkung durch Zeitablauf eingewendet werden?

AnlAblG. § 46. 2. DurchfVo. zum AnlAblG. vom 2. Juli 1926 § 16. AufwG. §§ 62, 63 Abs. 1. BGB. § 242.

IV. Zivilsenat. Urt. v. 25. März 1929 i. S. Pr. Centr. B. Cr. AG. (Kl.) w. M.-Genossenschaft der P.-Niederung (Bekl.). IV 458/28.

I. Landgericht Altona.
II. Oberlandesgericht Kiel.

Die Beklagte hatte im Jahr 1886 von der Klägerin ein Darlehen von 165000 M. erhalten, das am 15. Juni 1922 noch in Höhe von 79822,60 M. bestand. Auf diesen Restbetrag nebst Zinsen zahlte die Beklagte im Juli und Dezember 1922 83582,20 PM. zurück. Mit Schreiben vom 16. Mai 1927 verlangte die Klägerin Aufwertung des Darlehens und erhob Anfang August 1927 Klage. Sie verlangt das Darlehen als Vermögensanlage auf 25% aufgewertet und fordert — unter Berücksichtigung des Goldmarkwertes der Rückzahlungen — Zahlung von 19895,34 GM. nebst Zinsen, hilfsweise Feststellung der Aufwertungsverpflichtung der Beklagten. Diese wendet ein, daß dem Anspruch der Klägerin das Anleiheablösungsgesetz entgegenstehe, hilfsweise, daß ihn die Klägerin durch verspätete Geltendmachung verwirkt habe.

Das Landgericht gab dem Hauptantrag der Klage statt; das Oberlandesgericht wies sie ab. Die Revision der Klägerin führte zur Aufhebung und Zurückverweisung.

Gründe:

Die Klägerin verlangt Aufwertung eines nach dem 15. Juni 1922 in Papiermark zurückgezahlten Darlehens als Vermögensanlage nach § 63 Abs. 1 AufwG. Dieser Anspruch wäre, wie das Oberlandesgericht zutreffend annimmt, unbegründet, wenn es sich um eine Markanleihe im Sinne des § 30 Abs. 3 AnlAblG. handelte und deshalb der Klägerin ein im Rechtsweg nicht verfolgbarer Anspruch auf Umtausch der Markanleihe in eine Ablösungsanleihe zustünde (RGZ. Bd. 116 S. 166). Aber das Oberlandesgericht hat aus zutreffenden Erwägungen die Anwendbarkeit des Anleiheablösungsgesetzes verneint.

Auf Grund des § 46 AnlAblG. sind in § 16 Abs. 2 Nr. 2a der 2. Durchführungsverordnung die Vorschriften des bezeichneten Gesetzes über Markanleihen der Gemeinden und Gemeindeverbände auf diejenigen öffentlichrechtlichen Wassergenossenschaften für anwendbar erklärt worden, deren Zweck nach Gesetz oder ausdrücklicher Satzungsvorschrift ganz oder überwiegend im Ausbau und in der Unterhaltung von natürlichen Wasserläufen besteht; es sei denn, daß die Ausgaben der Anleiheschuldner nach ihren Aufgaben oder nach den Grundsätzen der Betriebsführung durch privatwirtschaftliche Einnahmen aus dem Betrieb gedeckt werden sollen und gedeckt werden. Den Zweck der verklagten Genossenschaft entnimmt das Oberlandesgericht dem § 1 Abs. 1 der Satzung; es erachtet als Zweck, daß der Ertrag der Grundstücke der Genossen nach den Meliorationsplänen durch Ent- und Bewässerung verbessert werden solle. Als unerheblich sieht es an, daß nach § 3 der Satzung die Kosten der Herstellung und Unterhaltung der gemeinschaftlichen Anlagen von der Genossenschaft getragen werden und daß als gemeinschaftliche Anlagen auch Teile der Flußläufe der Pinnau und Bilsbek anzusehen sind, weil es sich insoweit nur um Aufgaben handle, welche die Genossenschaft sich zur Erreichung des Satzungszwecks gesetzt habe. Hiernach sieht das Oberlandesgericht die Beklagte als Ent- und Bewässerungsgenossenschaft an und rechnet sie nicht zu den Wassergenossenschaften im Sinne des § 16 Abs. 2 Nr. 2 a der 2. DurchfVo., womit die Anwendbarkeit des Anleiheablösungsgesetzes entfalle. Dieser Auffassung ist beizutreten.

Die Satzung stammt aus der Zeit der Geltung des Gesetzes betr. die Bildung von Wassergenossenschaften vom 1. April 1879 (PrGS. S. 297). Dort wird in § 1 ausdrücklich unterschieden zwischen solchen Genossenschaften, die zur Ent- und Bewässerung von Grundstücken, und solchen, die zu anderen Zwecken gebildet sind (nämlich zur Benutzung oder Unterhaltung von Gewässern, zum Schutz der Ufer, zur Anlegung, Benutzung oder Unterhaltung von Wasserläufen oder Sammelbecken, zur Herstellung und Verbesserung von Wasserstraßen [Flößereien] und anderen Schiffahrtsanlagen). Aus diesem Gegensatz folgt ohne weiteres, daß eine zu Zwecken der Entwässerung und Bewässerung von Grundstücken gegründete Wassergenossenschaft, wie die Beklagte, nicht zugleich als Wassergenossenschaft anderer Art anzusehen ist.

Als Ent- und Bewässerungsgenossenschaft ist die Beklagte auch unter dem Wassergesetz vom 7. April 1913 (GS. S. 53) bestehen geblieben, da dieses in § 283 bestimmt, daß auf die bei seinem Inkrafttreten bestehenden öffentlichrechtlichen Wassergenossenschaften die Vorschriften anzuwenden sind, die für die nach diesem Gesetz gebildeten Wassergenossenschaften gelten. Das Wassergesetz behandelt nun ebenfalls nicht alle Wassergenossenschaften gleich, sondern unterscheidet in § 206 unter Nr. 4 die Genossenschaften zur Entwässerung und Bewässerung von Grundstücken und zur Unterhaltung von Entwässerungs- oder Bewässerungsanlagen von anderen Genossenschaften, u. a. von denen, die gebildet werden:

Nr. 1, 6 und 7: zur Anlegung, Unterhaltung und zum Ausbau der verschiedenen Wasserläufe,

Nr. 3: zur Reinhaltung von Gewässern,

Nr. 8: zur Herstellung und Unterhaltung der Schiffbarkeit oder Flößbarkeit von Wasserläufen, sowie zur Herstellung und Unterhaltung neuer Wasserstraßen und anderer Schiffahrtsanlagen,

Nr. 9: zur Anlegung, Unterhaltung und Ausnutzung von Stauanlagen,

Nr. 11: zur Beseitigung von Hindernissen des Hochwasserabflusses.

Es braucht hier nicht entschieden zu werden, ob sich die in § 16 Abs. 2 Nr. 2 der 2. DurchfVo. angeführten Wassergenossenschaften durchweg mit den in § 206 unter Nr. 1, 3, 6, 7, 8, 9 und 11 WasserG. angeführten Wassergenossenschaften decken. So viel ist unzweifelhaft, daß die unter Nr. 4 das. angeführten Ent- und Bewässerungsgenossenschaften nicht in § 16 Abs. 2 Nr. 2 der 2. DurchfVo. genannt sind und daß deshalb diese Vorschrift auf die Beklagte keine Anwendung finden kann.

Diese Auffassung steht im Einklang mit dem Urteil des erkennenden Senats vom 27. Februar 1928 IV 648/27.[1]) Die Revisionsbeklagte beharrt demgegenüber auf ihrem früheren Standpunkt und beruft sich dafür auf ein Schreiben des Finanzministers. Diese Darlegung gibt jedoch keinen Anlaß, die im bezeichneten Urteil vertretene Rechtsanschauung aufzugeben. Hiernach steht das Anleiheablösungsgesetz dem Klageanspruch nicht entgegen.

Gleichwohl versagt das Oberlandesgericht der Klägerin die Auf-

---

[1]) Abgedr. Reichs- u. preuß. Verwbl. Bd. 50 S. 211. D. R.

wertung, und zwar im wesentlichen mit der auf § 242 BGB. gestützten Erwägung, daß das erstmals im Mai 1927 gestellte Aufwertungsverlangen verspätet sei und daß daher die Klägerin ihren Aufwertungsanspruch nach Treu und Glauben verwirkt habe.

Gegen diese Auffassung wendet sich die Revision. Sie meint, die in der Rechtsprechung des Reichsgerichts für das Gebiet der freien Aufwertung entwickelten Grundsätze über die Rechtsverwirkung könnten schon grundsätzlich keine Anwendung auf einen Anspruch finden, der sich auf das Aufwertungsgesetz stütze. Ferner macht sie geltend, die Voraussetzungen einer Verwirkung seien hier mit Unrecht angenommen worden.

Die grundsätzlichen Bedenken der Revision können nicht geteilt werden. Im Gegensatz zur freien Aufwertung sind die allgemeinen Vorschriften, auf die § 62 AufwG. verweist, bei Vermögensanlagen, die nicht dinglich gesichert sind, nur mit der Einschränkung anwendbar, daß der Höchstbetrag der Aufwertung auf 25% des Goldmarkbetrags festgesetzt ist, daß die Vorschriften des Aufwertungsgesetzes über den Vorbehalt der Rechte und die Rückwirkung entsprechende Anwendung finden und daß das Gericht über die Fälligkeit und die Verzinsung unter gewissen Einschränkungen nach billigem Ermessen entscheidet (§ 63 Abs. 1 und 4, §§ 14, 15, 17 bis 19 AufwG.). Innerhalb der durch diesen Höchstsatz gezogenen Grenze richtet sich also die Aufwertung nach allgemeinen Vorschriften, mithin nach § 242 BGB. Der Gläubiger hat daher, anders als bei hypothekarisch gesicherten Forderungen, keinen Anspruch auf einen gesetzlich festgelegten Betrag, sondern nur ein Recht auf eine nach Treu und Glauben zu bestimmende Leistung, und zwar bei der rückwirkenden Aufwertung — um die es sich hier allein handelt — unter der Voraussetzung, daß er die Leistung nicht schon vor dem 15. Juni 1922 vorbehaltlos angenommen hat (§§ 15, 78 AufwG.). Richtig ist nun, daß in § 63 Abs. 1 AufwG. der § 16, der bei hypothekarisch gesicherten Forderungen die Verpflichtung zur Anmeldung innerhalb einer Ausschlußfrist vorschreibt, nicht für anwendbar erklärt ist, daß also bei nicht dinglich gesicherten Vermögensanlagen keine zeitliche Schranke für die Geltendmachung des Aufwertungsanspruchs besteht. Daraus folgt indessen nur, daß der zeitlich unbeschränkten Geltendmachung dieses Anspruchs innerhalb der Verjährungsfrist nicht Vorschriften des Aufwertungsgesetzes im Wege stehen. Ob und unter welchen Voraussetzungen aber ein längeres Säumen des Gläubigers der nachträglichen Aufwertung entgegensteht, entscheidet sich, wie bei der freien Aufwertung, so auch hier nach § 242 BGB., der nach der neueren und neuesten Rechtsprechung des Reichsgerichts (vgl. zuletzt Urteile vom 27. September 1928 IV 118/28, vom 22. Oktober 1928 IV 158/28, vom 22. September 1928 I 73/28; JW. 1929 S. 664 Nr. 19) die Rechtsgrundlage für die Beurteilung bildet, ob und unter welchen Voraussetzungen dem Zeitablauf außerhalb des Gebietes der Verjährung rechtshindernde Bedeutung beigelegt werden kann. Es ist daher Sache der Beurteilung im einzelnen Fall, ob sich der sogenannte Verwirkungsgedanke auch gegenüber dem Aufwertungsverlangen bei Vermögensanlagen durchsetzen kann, was sich nur unter Berücksichtigung aller für die Interessen beider Teile maßgeblichen Umstände nach Treu und Glauben entscheiden läßt.

Mit Recht wendet sich aber die Revision dagegen, daß unter den festgestellten Umständen das im Mai 1927 erstmals erhobene Aufwertungsverlangen vom Berufungsgericht als verspätet und in Anwendung des § 242 als Treu und Glauben widersprechend betrachtet worden ist. Es ist der Revision zuzustimmen, daß hier die Rechtslage von vornherein eine andere ist als bei der freien Aufwertung. Schon der Berufungsrichter hat zutreffend hervorgehoben, daß die Klägerin vor Inkrafttreten des Aufwertungsgesetzes ihren Anspruch überhaupt nicht mit Erfolg erheben konnte, weil die Dritte Steuernotverordnung eine Aufwertung von zurückgezahlten Vermögensanlagen nur zuließ, wenn ein Vorbehalt gemacht war, was hier nicht geschehen ist. Die im Gebiete der freien Aufwertung vielfach in der Rechtsprechung zur Verwirkungsfrage angestellte Erwägung, daß sich der Aufwertungsgedanke schon lange vor Erlaß des Aufwertungsgesetzes durchgesetzt habe, kommt daher hier nicht zuungunsten der Klägerin in Betracht. Ein Zögern mit Geltendmachung ihres Anspruchs steht sonach überhaupt nur für die Zeit seit dem 16. Juli 1925 in Frage. Mit Verkündung des Aufwertungsgesetzes war zugleich für beide Teile die im Gebiete der freien Aufwertung bestehende Unsicherheit der Stichtagsberechnung keine Frage mehr, sondern es bestand für sie Klarheit, daß der Zeitpunkt der Rückzahlung der Aufwertung nicht entgegenstand und der Aufwertungsanspruch vom Gesetz grundsätzlich zugelassen war. Damit entfiel aber auch von vornherein der im Gebiete der freien Aufwertung in der Rechtsprechung des Reichsgerichts hervorgehobene Gesichtspunkt, daß, je länger der Zeitpunkt der Papiermarkzahlung zurückliege, um so mehr Anlaß zur Annahme bestehe, daß der Schuldner sich darauf eingestellt habe, nicht mehr in Anspruch genommen zu werden (RGZ. Bd. 117 S. 211, Bd. 118 S. 375 u. a.). Denn gleichviel, wann die Papiermarkzahlung erfolgt war, mußte der Schuldner einer Vermögensanlage, falls er nur nach dem 14. Juni 1922 gezahlt hatte (§§ 15, 78 AufwG.), seit dem Inkrafttreten des Aufwertungsgesetzes unter allen Umständen damit rechnen, daß der Gläubiger seine Ansprüche geltendmachen werde. Der Berufungsrichter führt mit unzureichenden und nicht bedenkenfreien rechtlichen Erwägungen aus, daß die Beklagte auch angesichts der gesetzlichen Regelung der Aufwertungsfrage hätte annehmen dürfen, sie werde nicht mit Aufwertungsansprüchen zu rechnen haben, nur weil die Klägerin bis 16. Mai 1927 nicht mit solchen an sie herangetreten war.

Im Gebiete der freien Aufwertung wird in der Rechtsprechung des Reichsgerichts, insbesondere auch des erkennenden Senats (zuletzt JW. 1929 S. 664 Nr. 19, Urteile vom 27. September 1928 IV 118/28, vom 11. Oktober 1928 IV 63/28, vom 22. Oktober 1928 IV 158/28) grundsätzlich Wert darauf gelegt, welcher Art das Rechtsgeschäft ist, aus dem Aufwertung verlangt wird. Es wird unterschieden, ob es sich um Geschäfte des täglichen Wirtschaftslebens und des regelmäßigen Güterumsatzes handelt, die im Verkehrsinteresse eine schnelle Klarstellung erheischen, oder ob andere, aus diesem Rahmen herausfallende Geschäfte in Frage stehen. Um ein Geschäft des täglichen Wirtschaftslebens hatte es sich bei dem in RGZ. Bd. 117 S. 359 entschiedenen Falle gehandelt, woraus der Berufungsrichter die von ihm zur Frage der Verwirkung angewendeten Rechtsgrundsätze entnommen hat. Auch in dieser Entscheidung wird übrigens grundsätzlich anerkannt, daß die Frage der Verwirkung bei Geschäften des regelmäßigen Wirtschaftsverkehrs anders zu beurteilen ist als bei einer Erbauseinandersetzung unter Geschwistern oder beim Verkauf eines Handelsgeschäfts, wobei diese beiden letzteren Fälle nur beispielsweise angeführt sind. Im Streitfall handelt es sich um ein langfristiges Darlehen, das schon im Jahre 1886 in Höhe von 165000 M. gegeben worden ist, und es kann keine Rede davon sein, es bei Behandlung der Verwirkungsfrage mit Geschäften des täglichen Wirtschaftslebens auf eine Stufe zu stellen. Daß diese Unterscheidung hier, wo es sich um eine Vermögensanlage handelt, erhöhte Bedeutung gewinnt, liegt auf der Hand. Bei einem Aufwertungsanspruch, der gesetzlich, wenn auch nicht erschöpfend, geregelt ist, darf angenommen werden, daß die Aufwertungsfrage überhaupt nicht in dem Maße einer raschen Abwicklung bedarf, wie eine solche im Gebiete der freien Aufwertung als Bedürfnis des praktischen Wirtschaftslebens anzuerkennen ist.

Der Berufungsrichter sagt selbst zutreffend, der Klägerin — welche die Gesamtzahl ihrer Aufwertungssachen mit 12000 angegeben hat — sei mit Rücksicht auf den mangelnden Anmeldezwang kein Vorwurf daraus zu machen, wenn sie zunächst diejenigen Sachen in die Wege geleitet habe, für welche die kurz bemessene Frist des Aufwertungsgesetzes mit dem Endtermin vom 1. Januar 1926 gelaufen sei. Irrig ist indessen seine Meinung, daß seit Erlaß des Aufwertungsgesetzes die Rechtslage zunächst völlig klar gelegen habe und deshalb keine rechtlichen Zweifel die Klägerin an der Verfolgung ihres Anspruches hätten hindern können. Der Berufungsrichter erwägt selbst, daß § 46 AnlAblG. die Möglichkeit einer Ausdehnung der Vorschriften in §§ 40 bis 45 AnlAblG. auf die Markanleihen anderer öffentlichrechtlicher Korporationen eröffnet habe. Die gesetzliche Regelung war daher insoweit noch nicht abschließend und ihre Ergänzung konnte die Aufwertungsansprüche der Klägerin, wenn sie auch nach dem Aufwertungsgesetz klar waren, wieder zunichte machen. Die Klägerin brauchte daher weder eine Klage anzustrengen, deren Erfolg durch eine Durchführungsverordnung alsbald in Frage gestellt werden konnte, wenn diese auch die Markanleihen der Beklagten ergriff, noch brauchte sie angesichts der auch für die Beklagte als öffentlichrechtliche Genossenschaft erkennbaren Rechtslage an diese mit Aufwertungsansprüchen heranzutreten. Es kann daher nicht davon die Rede sein, daß bis zum Erlaß der zweiten Durchführungsverordnung zum Anleiheablösungsgesetz vom 2. Juli 1926 das untätige Verhalten der Klägerin gegen Treu und Glauben verstoßen hätte. Das nimmt auch der Berufungsrichter nicht an. Er hält sogar der Klägerin noch eine Frist bis zum 31. Dezember 1926 zugute, um schließlich zu dem Ergebnis zu gelangen, die Beklagte habe sich nunmehr in ihren geschäftlichen Maßnahmen darauf einrichten können, daß sie nicht mehr in Anspruch genommen werde, und das im Mai 1927 gestellte Aufwertungsverlangen sei deshalb mit den Anforderungen von Treu und Glauben nicht zu vereinbaren. Dem ist jedoch nicht beizutreten.

Auch im Gebiete der freien Aufwertung ist der Zeitablauf immer nur als einer der Umstände betrachtet worden, die bei Prüfung der Voraussetzungen des § 242 BGB. von Bedeutung sind. Der Berufungsrichter sagt zwar zutreffend, daß die Belange beider Teile zu berücksichtigen seien. Er betrachtet aber die Sachlage bei der entscheidenden Frage nur aus dem Gesichtspunkt des Schuldnerinteresses. Hierbei ist unbeachtet geblieben, daß die Klägerin, wenn sie mit dem Höchstsatz der Aufwertung von 25% durchdringt, 19895 RM. erhält, während sie bei Ablehnung der Aufwertung für ein 1886 gegebenes Kapital von etwa 83000 M., durch das mutmaßlich die Entwicklung der Beklagten wesentlich gefördert worden ist, mit etwa 60 RM. abgefunden würde.

Es ist nicht anzuerkennen, daß bei solchen immerhin bedeutungsvollen Interessen und angesichts der starken Benachteiligung der Klägerin, die in der Abfindung mit Papiermark liegen würde, die Beklagte nur wegen des Schweigens der Klägerin während des bezeichneten Zeitraums hätte erwarten dürfen, nicht mehr in Anspruch genommen zu werden. Ist schon im Gebiete der freien Aufwertung der sogenannte Verwirkungsgedanke nur mit Vorsicht zu handhaben, so kann er bei Vermögensanlagen nur unter ganz besonderen Umständen verwertet werden. Solche Umstände liegen hier nicht vor. Es ist im Gegenteil zugunsten der Klägerin auch die Zahl der von ihr zu bearbeitenden Aufwertungssachen in Betracht zu ziehen. Wenn sie dabei, wie schon erwähnt, die befristeten Ansprüche zuerst bearbeitete und dann erst nach und nach an die unbefristeten heranging, so war das nur ein Erfordernis ordnungsmäßiger Verwaltung, dessen Berücksichtigung die Klägerin erwarten darf. Es kann nicht Aufgabe des Gerichts sein, einem solchen Unternehmen gleichsam Fristen zu setzen, innerhalb deren es unbefristete Ansprüche geltendmachen müßte, um nicht damit ausgeschlossen zu werden. Der Zeitablauf könnte daher angesichts der Eigenart des Anspruchs und der gegebenen Verhältnisse höchstens dann entscheidend in Betracht kommen, wenn es sich um ein so ungewöhnliches, mit den Grundsätzen vernünftiger Geschäftsgebarung im Widerspruch stehendes Zögern handeln würde, daß der Schuldner die verspätete Geltendmachung des Anspruchs als eine für ihn nicht erträgliche Zumutung betrachten dürfte. So liegt jedoch die Sache nicht.

---

11. 1. Zur Anwendbarkeit der Regeln vom Beweis des ersten Anscheins beim seerechtlichen Überfahrtsvertrag, wenn ein Reisender eine Beschädigung erleidet.

2. Über die Anforderungen, die in bezug auf Schutzvorrichtungen des Schiffes sowie auf Stärke der Schiffsbesatzung an die Sorgfaltspflicht des Verfrachters zu stellen sind, und über die Sorgfaltspflicht der Schiffsbesatzung selbst.

HGB. §§ 485, 664 flg.

I. Zivilsenat. Urt. v. 27. März 1929 i. S. W. (Kl.) w. Reederei des Dampfers „Möwe" (Bekl.). I 358/28.

I. Landgericht Lübeck.
II. Oberlandesgericht Hamburg.

Der Kläger fuhr am 23. Juli 1925 mit dem der Beklagten gehörenden Dampfer „Möwe" von Dahme nach Lübeck. Beim Anlegen des Dampfers in Grömitz geriet er infolge einer Bewegung des Schiffes mit der linken Hand zwischen Reeling und Landungsbrücke und erlitt eine Quetschung. Mit der Klage fordert er Schadensersatz und Schmerzensgeld, weil die Beklagte ihren Pflichten zur Sicherung der Reisenden nicht genügt habe. Er stützt die Haftung der Beklagten auf den Beförderungsvertrag und auf unerlaubte Handlung. Die Beklagte bestritt die ihr vorgeworfene Pflichtverletzung.

Der Kläger unterlag in allen drei Rechtszügen.

Gründe:

Nach dem Sachverhalt, den das angefochtene Urteil zugrunde legt, hat der Kläger während des Anlegemanövers der „Möwe" auf dem Vorderdeck bei seinem dort aufgestellten Gepäck gestanden. Durch eine starke Bewegung des Schiffs ist er an die Reeling geworfen worden und hat sich dort festgehalten. Kurz darauf ist er bei einem Überholen der „Möwe" mit einer Hand zwischen Reeling und

Anlegebrücke geraten und hat dabei die Quetschung erlitten. Das Berufungsgericht hat verneint, daß die Beklagte oder die Besatzung des Dampfers ein Verschulden an dem Unfall treffe. Der Kläger hatte der Beklagten zum Vorwurf gemacht, sie habe nicht für eine Einrichtung gesorgt, die das gefährliche Berühren der Reeling mit der Hand verhindert habe, sie habe es auch unterlassen, die Fahrgäste durch Warnungstafeln auf die Gefahr einer solchen Berührung hinzuweisen; die Besatzung habe überdies ihre Pflicht zur Warnung der Fahrgäste nicht ordnungsmäßig erfüllt oder sei nicht stark genug bemessen gewesen, um ungeachtet ihrer Beanspruchung durch das stürmische Wetter auch diesem Teil ihrer Aufgaben gehörig nachkommen zu können. Zu diesen Vorwürfen hat das Berufungsgericht im einzelnen ausgeführt: Es sei nicht möglich, das Schiff rundherum mit einem so hohen Gitter zu umgeben, daß kein Reisender beim Anlegen verletzt werden könne. Auch Warnungstafeln würden in Fällen versagen, wo — wie hier — der Fahrgast in einer Reflexbewegung einen Halt suche. Warnungsrufe seien von der Schiffsbesatzung gegeben worden; wenn sie vom Kläger infolge der starken Bewegung des Schiffs und des stürmischen Wetters nicht vernommen worden seien, so sei dies keiner Seite zum Verschulden anzurechnen. Es könne auch nicht verlangt werden, daß die Besatzung, die in solcher Lage in erster Linie auf die ordnungsmäßige Ausführung des Landungsmanövers zu achten habe, ihr Augenmerk darauf richte, ob sich an irgendeinem Teil des Schiffs ein Fahrgast in einer ihn gefährdenden Weise verhalte. An sich sei die Besatzung gemäß den Vorschriften ausreichend bemessen gewesen.

Diese Erwägungen lassen keinen Rechtsirrtum erkennen und tragen die Entscheidung. Grundsätzlich haftet die Beklagte dem Kläger sowohl auf Grund des Beförderungsvertrags wie auch außervertraglich für den Schaden, der ihm durch ihr Verschulden auf der Reise der „Möwe" erwachsen ist (RGZ. Bd. 116 S. 213); vertraglich, weil der Beförderungsvertrag sie verpflichtete, alle zur sicheren Beförderung des Fahrgastes gebotenen Maßnahmen mit der gehörigen Sorgfalt zu treffen, und außervertraglich auf Grund der allgemeinen Rechtspflicht, für die Sicherheit des Verkehrs auf dem Schiffe zu sorgen. Ein Anspruch auf Schmerzensgeld kommt nur auf Grund außervertraglicher Haftung in Betracht. Für das Verhalten einer Person der Besatzung, durch das ein Schaden verursacht wird, hat die Beklagte nach § 485 HGB., im Rahmen des Beförderungsvertrags auch nach § 278 BGB., unter den dort aufgestellten Voraussetzungen einzustehen. Die im angefochtenen Urteil angeführten Vorschriften des § 486 Abs. 1 Nr. 2 und 3 HGB. sind nur für die Haftungsbeschränkung von Bedeutung.

Die Frage der Beweislast hat der Vorderrichter nicht erörtert. Keinem Zweifel unterliegt, daß für den Fall der außervertraglichen Haftung dem Kläger die Beweislast für ein schadenstiftendes schuldhaftes Verhalten der Beklagten oder ihrer Besatzung obliegt. Ebenso hat grundsätzlich derjenige, der aus einem Personen-Beförderungsvertrag Schadensersatzansprüche herleitet, zu beweisen, daß die Gegenseite ihre vertraglichen Pflichten verletzt und dadurch den Schaden verursacht hat. In vielen Fällen wird sich jedoch bereits aus der Sachlage, z. B. schon aus der Tatsache der Verletzung einer Person oder aus dem Versagen einer Einrichtung, zunächst der Schluß rechtfertigen, daß die dem Beförderungsunternehmer pflichtmäßig obliegende Sorgfalt vernachlässigt worden ist. In solchem Falle ist der erste Anschein eines Verschuldens des Unternehmers gegeben, und es muß diesem, der den Betriebsvorgängen nachzugehen vermag, überlassen bleiben, den Beweis des ersten Anscheins zu entkräften. Die bisherige Rechtsprechung steht im allgemeinen auf diesem Standpunkt, wie er besonders in der Entscheidung RGZ. Bd. 86 S. 321 dargelegt ist. In anderen Entscheidungen ist die grundsätzliche Verteilung der Beweislast und die Beweisannahme auf Grund ersten Anscheins nicht immer scharf hervorgehoben; es besteht jedoch kein Anlaß, eine grundsätzlich andere Einstellung dieser Entscheidungen anzunehmen (vgl. RGZ. Bd. 66 S. 15, Bd. 83 S. 343; JW. 1908 S. 196 Nr. 10; LZ. 1918 Sp. 623). Diese Regelung der Beweislast entspricht den Grundsätzen, wie sie allgemein bei Schadensersatzansprüchen auf Grund schuldhafter Vertragsverletzung angenommen werden (vgl. RGZ. Bd. 65 S. 13, Bd. 66 S. 289, Bd. 90 S. 134, Bd. 97 S. 117; JW. 1912 S. 682 Nr. 5). Es ist zunächst kein Grund ersichtlich, für den seefahrtsrechtlichen Überfahrtsvertrag von anderen Grundsätzen auszugehen. Die anderweitige Regelung der Beweislast bei der Haftung für Ladungsgut (§ 606 HGB.) und für Seetüchtigkeit des Schiffes gegenüber dem Güterbefrachter (§ 559 HGB.) gibt dazu ebenfalls keine ausreichende Veranlassung; denn in einem Falle der hier vorliegenden Art fehlt es nicht, wie dort, regelmäßig für die eine Vertragsseite an jeder Möglichkeit der Einsicht in die Ursache des Verlustes.

Dahingestellt kann bleiben, inwieweit mit Rücksicht hierauf noch an der Entscheidung des Senats vom 17. Dezember 1902 (Seuff. Arch. Bd. 58 S. 160) festzuhalten ist. Diese scheint einen abweichenden Standpunkt eingenommen zu haben, weil dort das Berufungsgericht ohne ersichtlichen Rechtsirrtum das Fehlen eines Verschuldens auf der Unternehmerseite festgestellt hatte.

Zu eigenem Verschulden rechnet der Kläger der Beklagten an, daß die Reeling nicht mit einem Gitter versehen gewesen sei, das die gefährliche Berührung der Reeling verhindert hätte. Das Berufungsgericht stellt demgegenüber fest, dies sei in der Ostsee bei Lübeck weder üblich noch möglich. Der Unfall ereignete sich unstreitig in der Nähe der Reelingspforte, durch die der Laufsteg für die ein- und auszuschiffenden Fahrgäste gelegt wird. Der knappen Darlegung des Berufungsgerichts kann danach nur der Sinn beigelegt werden, daß der Anbringung eines Schutzgitters an dieser Stelle anderweitige Anforderungen des Schiffsdienstes entgegenstanden. Von solcher Feststellung aus hat es ein Verschulden der Beklagten im fraglichen Punkt ohne rechtlichen Verstoß verneint. Die Forderung nach Vorrichtungen, welche die Fahrgäste auch bei starken Bewegungen des Dampfers vor Zufällen schützen und ihnen insbesondere bei Anlegemanövern den Zutritt oder Zugriff zu gefährdeten Stellen unmöglich machen, findet ihre natürliche Begrenzung in der Notwendigkeit, durch diese Vorrichtungen die ordnungsmäßige Abwicklung des Schiffsdienstes nicht zu behindern. Mit Rücksicht auf diese Notwendigkeit bemißt sich, was an Sicherheitsvorrichtungen möglich ist. Es wird sich danach nicht in jeder Hinsicht erreichen lassen, die Sicherheitsvorrichtungen so auszugestalten, daß die Fahrgäste vor den Folgen jedes durch die Schiffsbewegungen herbeigeführten unglücklichen Zufalls geschützt sind. Auch mit einer Seereise lediglich in Küstengewässern sind an sich unvermeidbare Gefahrumstände verknüpft, welche die Fahrgäste auf sich nehmen müssen.

Die Anforderungen an Schutzvorrichtungen sind danach unter Berücksichtigung der gesamten Bedürfnisse des in Betracht kommenden Verkehrs zu bemessen. Das ergibt sich aus feststehenden allgemeinen Grundsätzen (RGZ. Bd. 102 S. 49) über den Umfang der Sorgfaltspflicht bei vertraglicher wie außervertraglicher Haftung, und gilt ebenso im Rahmen des Beförderungsvertrags aus dem nach Treu und Glauben mit Rücksicht auf die Verkehrssitte festzustellenden Inhalt der vom Unternehmer geschuldeten Leistung (RGZ. Bd. 69 S. 357). Daß das angefochtene Urteil gegen diese Grundsätze verstoßen habe, ist nicht ersichtlich. Nach dem festgestellten Sachverhalt rechtfertigt sich in Anwendung dieser Grundsätze auch das Ergebnis, zu dem das Urteil insoweit gelangt ist. Daß die Verhältnisse bei Anbringung einer Innenschranke, worauf die Revision hinweist, wesentlich anders liegen würden, ist nicht anzunehmen. Zur besonderen Erörterung dieser Möglichkeit hatte das Berufungsgericht keine Veranlassung, da sie in den zur Würdigung tatsächlicher Fragen berufenen Rechtszügen keine Rolle gespielt hat.

Daß die Besatzung der Pflicht zur Warnung nachgekommen ist, hat das Berufungsgericht ebenfalls festgestellt. Ebensowenig wie Warnungstafeln wären übrigens auch nachdrücklichere Warnungsrufe geeignet gewesen, das Haltsuchen des Klägers an der Reeling zu verhindern, das ein Reflex war auf eine durch eine Schiffsbewegung ausgelöste Fallbewegung. Das angefochtene Urteil hat außerdem den oben erörterten Begriff der verkehrsmäßigen Sorgfalt nicht verkannt, wenn es weiter ausgeführt hat, daß gerade bei der Ausführung schwieriger Manöver ein Obachtgeben auf jeden einzelnen Fahrgast nicht verlangt, daß auch eine Verstärkung der Mannschaft allein zu diesem Zweck nicht gefordert werden könne, daß vielmehr die Schiffsleitung ihrer Sorgfaltspflicht genügend Rechnung getragen habe, indem sie auch den Aufwärter zum Schiffsdienst mit herangezogen habe. Von Gesetzes wegen, wie anscheinend das Berufungsgericht meint, bestehen übrigens für die Zahl der nicht in der Stellung von Schiffsoffizieren befindlichen Mitglieder der Besatzung keine allgemeinen Vorschriften. Lediglich die Unfallverhütungsvorschriften der Seeberufsgenossenschaft geben in beschränktem Umfang Bestimmungen für hier nicht in Betracht kommende Reisen. Die Bemessung der Besatzungsstärke ist dem pflichtmäßigen Ermessen des Schiffers zu überlassen. Die Erwägungen des Berufungsgerichts genügen indes zur Darlegung dafür, daß weder die Beklagte noch den Schiffer hinsichtlich der Stärke der Besatzung ein Verschulden trifft.

12. Über die Pflichten eines Ehegatten gegenüber Stiefkindern. Zum Begriff der Eheverfehlung im Pflichtenwiderstreit.

BGB. §§ 1568, 1353, 1354.

VIII. Zivilsenat. Urt. v. 8. April 1929 i. S. Ehefr. D. (Bekl.) w. Ehem. D. (Kl.). VIII 38/29.

I. Landgericht III Berlin.
II. Kammergericht daselbst.

Die Parteien haben am 29. September 1921 geheiratet, nachdem die früheren Ehen beider Teile gelöst waren, die des Klägers durch Tod der Frau, die der Beklagten durch Scheidung aus ihrer Schuld. Die Ehe der Parteien ist kinderlos geblieben; jedes von ihnen hat aus der früheren Ehe 2 Kinder. Die Söhne des Klägers, im Dezember 1913 und 1914 geboren, sind stets im Haushalt der Parteien gewesen, während das bei den ersteheIichen Kindern der Beklagten (Walter, geboren 1909, und Heinrich, geboren 1910) nur zeitweise zutraf.

Im November 1927 hat der Kläger auf Scheidung nach § 1568 BGB. angetragen, weil die Beklagte ihn und den Haushalt vernachlässige, um als Pianistin Geld zum Vorteil ihrer ersteheIichen Kinder zu verdienen. Das Landgericht hat die Klage abgewiesen. Das Kammergericht hat auf Scheidung erkannt und die Beklagte für schuldig erklärt. Die Revision der Beklagten hatte Erfolg aus folgenden

Gründen:

Der Berufungsrichter sieht Eheverfehlungen der Beklagten in liebloser Behandlung des Klägers und in ihrem Mangel an Interesse für die gemeinsamen Angelegenheiten, ferner darin, daß sie einmal im Oktober 1927 über Nacht von Hause fern geblieben ist. Als schwere Eheverfehlung sieht das Urteil diese Verstöße, einzeln genommen, nicht an; es stellt auch nicht fest, daß sie in ihrem Gesamtbild eine schwere Eheverfehlung darstellten, wenngleich es diese Möglichkeit erwägt. Die Entscheidung des Kammergerichts hängt deshalb im Ergebnis ab von seiner Feststellung einer schweren Eheverfehlung der Beklagten, die in ihrer ernstlichen Weigerung gefunden wird, ihre Berufsausübung aufzugeben und ihre häuslichen Pflichten zu erfüllen.

Nach der Feststellung des Berufungsrichters hat die Beklagte, sobald sie (was sehr häufig der Fall war) eine Stelle als Klavierspielerin im Kino hatte, die eheliche Wohnung zwischen 4 und 5 Uhr nachmittags verlassen, um erst spät in der Nacht zurückzukehren. Wenn sie ohne Stellung gewesen, sei sie sehr oft auf die Musikerbörse gegangen und habe dort einen großen Teil des Tages zugebracht. Dadurch habe der Haushalt und das gemeinsame Leben der Parteien in erheblichem Maße leiden müssen, um so mehr, als der Kläger aus seinem Dienst als Regierungsinspektor erst im Laufe des Nachmittags nach Hause gekommen sei. Der Kläger habe versucht, die Beklagte von dieser Vernachlässigung abzubringen, und habe ihr vom 1. November 1927 ab endgültig die Berufsausübung verboten. Sie habe aber auch nach dem Verbot den Beruf als Pianistin in der bisherigen Weise weiter ausgeübt.

Die Erwägungen des Berufungsrichters, in welchen er dieses Verhalten als schwere Eheverfehlung würdigt, die allein und im Verein mit den eingangs erwähnten Verstößen für den Kläger die Fortsetzung der Ehe unzumutbar mache, sind nicht frei von Rechtsirrtum. Die Beklagte macht nämlich zu ihrer Verteidigung geltend, der Kläger sei bei und nach der Eheschließung damit einverstanden gewesen, daß sie ihren Beruf weiter ausübe; sie sei dazu gezwungen gewesen, um ihre Kinder zu unterhalten, da der Kläger nicht für sie gesorgt habe.

Das Berufungsgericht fertigt dieses Vorbringen mit der Ausführung ab: der Kläger habe nach § 1354 BGB. seine Einwilligung jederzeit widerrufen können, er sei gesetzlich nicht verpflichtet, die Kinder der Beklagten zu unterhalten; wenn der Vater dieser Kinder, K., nicht in der Lage sei, die Kosten ihrer Ausbildung zu tragen, müßten die Söhne Berufe wählen, die geringere Kosten machten. Diese Darlegung unterliegt rechtlichen Bedenken nach dem Sinn der §§ 1354, 1568 und besonders des § 1353 BGB.

Das Verhalten des Klägers zu den Söhnen der Beklagten kann zwischen den Parteien nicht allein aus dem Gesichtspunkt gewürdigt werden, ob eine unmittelbare Unterhalts-, eine Erziehungs- und Fortbildungspflicht bestand. Wenn sich der Kläger auf die Pflicht der Beklagten zur Lebensgemeinschaft beruft, so durfte er auch nicht übersehen, daß diese Lebensgemeinschaft alle Angelegenheiten der Gatten umfaßt und daß keiner von ihnen das Recht hat, sich Belangen gegenüber fremd zu erklären, die dem andern lebenswesentlich sind. Das gilt nach allgemeiner, dem Recht

(§§ 1590, 1310, 1732, 1737 BGB.; § 41 Nr. 3, § 383 Abs. 1 Nr. 3, § 393 Abs. 1 Nr. 3 ZPO.; § 173 StGB.) entsprechender Volksanschauung ganz besonders für das Stiefverhältnis zu den Kindern des andern Teils, das kraft der Verknüpfung durch den anderen Gatten trotz des Fehlens von Bluts- und unmittelbaren rechtlichen Banden in rechter Ehe zu einer nahen Familienbeziehung gestaltet wird. Wenn der Berufungsrichter zur Frage des Unterhalts ausführt, daß in erster Linie der Vater K. zu dessen Gewährung verpflichtet gewesen sei, so übersieht er zunächst die Vorschrift des § 1585 BGB., die, abweichend von der sonstigen Regelung der Unterhaltspflicht der Eltern, bei geschiedener Ehe der Mutter von vornherein die Pflicht zur Beitragsleistung auch vom Ertrag ihrer Arbeit (gegenüber dem geschiedenen Gatten) auferlegt. Tatsächlich kam aber hinzu, daß die Beklagte als allein für schuldig erklärte Ehefrau nach § 1635 BGB. von Gesetzes wegen nicht befugt war, auf die Erziehung ihrer Kinder bestimmend einzuwirken, und daß sie diesen Einfluß, an dem ihr lag, nach den behaupteten Vereinbarungen mit K. nur ausüben konnte, wenn sie auch die wesentlichen Kosten der Erziehung trug. Nur eines der erstehelichen Kinder der Beklagten, Heinrich, und auch er nur bis zum 1. Oktober 1924, ist damals in den gemeinsamen Haushalt der Parteien aufgenommen worden. Ob die Beklagte volle Aufnahme ihrer Kinder verlangt und ob der Kläger sich dem widersetzt hat, ist nicht festgestellt; zu solcher Feststellung hatte der Berufungsrichter auch keinen Anlaß, da die Beklagte unstreitig damit einverstanden war, daß sie aus eigener Kraft für die Ausbildung ihrer Söhne sorgte. Einigten sich die Parteien, wie die Beklagte behauptet, darauf, daß der Beklagten die Möglichkeit bleiben solle, durch ihre Arbeit weiter für die Kinder zu sorgen, so betrafen die damit notwendig verbundenen Folgen allerdings auch die gemeinschaftlichen Angelegenheiten der Ehe im Sinne von § 1356 Abs. 1 BGB. Aber der Kläger mußte bei der ihm danach zustehenden Entscheidung in angemessenen Grenzen darauf Rücksicht nehmen, daß diese besonderen und wichtigen Interessen der Beklagten und damit auch deren Rückwirkung auf die Ehe aus der Gesamtheit der beiderseitigen Belange gerade der Beklagten zur Fürsorge überlassen waren. Eine bindende, unwiderrufliche Abrede kam bei der dem Vertragsrecht entzogenen Art der Interessen nicht in Frage; aber auch vom Standpunkt sittlicher Würdigung aus sind Vereinbarungen grundsätzlich nach Möglichkeit zu wahren, soweit nicht höher stehende Interessen ein Abgehen erfordern. Im vorliegenden Fall hatte sich der Kläger durch Aufnahme seiner Schwester zur Haushaltsfürsorge auf den Ausfall seiner Ehefrau in der häuslichen Arbeit eingerichtet; er hat seine Schwester auch während der ganzen Zeit im Hause behalten, für die er das Verhalten der Beklagten beanstandet. Die vom Berufungsrichter festgestellte Vernachlässigung des Haushalts ist daher nicht in dem Sinne zu verstehen, daß im äußeren Stande des Haushalts materielle Schäden zutage getreten wären. Mit Vernachlässigung des Haushalts und Mißwirtschaft, die der Berufungsrichter der Beklagten zur Last legt, bezeichnet er vielmehr einen Mangel der Beklagten an häuslichem Sinn und ganz besonders die Vernachlässigung der persönlichen Beziehungen zum Kläger infolge ihrer Berufsausübung.

Dem Berufungsrichter ist zuzugeben, daß dem Kläger unter keinen Umständen und durch keine Abmachung zugemutet werden kann, sein Recht auf persönliche Lebensgemeinschaft hinter das berechtigte Interesse der Mutter, für ihre Kinder zu sorgen, gänzlich zurücktreten zu lassen, und es ist weiter richtig, daß von einer persönlichen Gemeinschaft nur in geringem Maß die Rede sein kann, wenn die Ehefrau zu der Zeit, wo der Ehemann aus dem Dienst zurückkommt, in ihren Beruf geht und erst in später Nachtstunde heimkehrt. Es ist auch zutreffend, daß in einer so weitgehenden Versagung der ehelichen Gemeinschaft eine schwere Eheverfehlung liegen kann ungeachtet des Umstands, daß die Beklagte aus sittlich anzuerkennenden Beweggründen handelte. Aber ständig ist nach der Feststellung des Berufungsurteils die — eine Ehegemeinschaft nahezu ausschließende — Art der Berufsausübung nicht gewesen, und die Verhältnisse, die ein so angestrengtes Arbeiten zum Unterhalt der Kinder veranlaßt haben, sind nicht dauernd.

Als die Parteien 1921 heirateten, waren die Söhne der Beklagten 11 und 10 Jahre alt. Von diesem Alter, ganz besonders aber vom 14. oder 15. Jahre an, kommt die Zeit, in der es für den ganzen Lebensweg der Kinder auf Sorgfalt und Güte der Ausbildung ankommt und in der die größten Kosten zu erwachsen pflegen. Um das 20. Lebensjahr pflegen, wenn nicht gerade eine akademische Ausbildung erstrebt wird, auch bei guter Ausbildung in Gewerbe und Landwirtschaft die Lasten nachzulassen. Die letzten Jahre der

Erziehung aber, zwischen dem 14. und 20. Lebensjahre, sind für eine große Zahl von Eltern schwierige Jahre, über die sie nur mit Einbußen und Verzichten aller Art hinwegkommen können.

Wenn sich der Berufungsrichter mit dem Kläger auf den Standpunkt stellt, die Beklagte sei, falls K. seinen Söhnen keine angemessene Ausbildung gewähre, dem Kläger gegenüber verpflichtet, sich schlechtweg darein zu geben, daß die Kinder billig zu erlernende Berufe mit entsprechend schlechten Aussichten ergriffen, so überspannt er die Rechte des Ehemanns. Die Beklagte hat sich darauf berufen, daß der Kläger seine Söhne auf die Oberrealschule schicke, also für eine höhere Laufbahn vorbereite. Der Berufungsrichter hat dazu keine Feststellung getroffen. Der Beklagten muß aber zugegeben werden, daß der Kläger unbillig und damit ehewidrig handeln würde, wenn er das Streben seiner Frau beanstandete, ihre Kinder ebenso zu fördern, wie er die seinen. Das Berufungsgericht hätte in Erwägung ziehen müssen, daß beide Gatten verpflichtet waren, den Schwierigkeiten zu begegnen, die dem Eheleben in diesen Jahren durch die Außenarbeit der Beklagten drohten. Hätte auf der einen Seite die Beklagte bestrebt sein müssen, ihren Verdienst möglichst auf einem Wege zu suchen, wobei ihre Arbeitszeit mit der des Ehemanns mehr übereinstimmte, also insbesondere durch Stundengeben, so war es auf der andern Seite auch Sache des Klägers, der Beklagten entgegenzukommen, etwa darin, daß er das Stundengeben in seiner Wohnung duldete, aber nötigenfalls auch dadurch, daß er den Kindern der Beklagten, wenngleich ohne Rechtspflicht dazu, durch Aufnahme in sein Haus oder auf andere Weise Hilfe gewährte.

Eine solche den beiderseitigen Pflichten der ehelichen Lebensgemeinschaft entsprechende Abwägung läßt das Berufungsurteil vermissen. Seine Feststellung, daß sich die Beklagte durch Fortsetzung ihrer Berufstätigkeit einer schweren Eheverfehlung schuldig gemacht habe, und seine Beurteilung der Zumutungsfrage ist deshalb zu beanstanden und muß zur Aufhebung des Urteils führen. Der Berufungsrichter wird an Hand der vorstehenden Erwägungen erneut zu prüfen haben, ob unter Berücksichtigung der beiderseitigen Interessen und der beiderseitigen Pflicht zum Entgegenkommen das Verhalten der Beklagten allein oder im Verein mit den sonst von ihm festgestellten Verfehlungen einen schweren

Verstoß gegen die ehelichen Pflichten darstellt. Bei der Prüfung, ob die Ehe zerrüttet ist und ob dem Kläger die Fortsetzung zugemutet werden kann, wird auch darauf Rücksicht zu nehmen sein, ob die Verhältnisse, die zu dem Widerstreit der Pflichten bei der Beklagten und damit zur Schädigung des Ehelebens geführt haben, als länger wirkend gewertet werden müssen.

---

13. 1. Sind gebräuchliche Gelegenheitsgeschenke des Gemeinschuldners an seinen Ehegatten von der Anfechtbarkeit der Gattengeschenke ebenso ausgenommen, wie gebräuchliche Gelegenheitsgeschenke an andere Personen von der allgemeinen Anfechtung aus dem Gesichtspunkt der Schenkung?

2. Begriff des gebräuchlichen Gelegenheitsgeschenks.

KO. § 32.

VII. Zivilsenat. Urt. v. 9. April 1929 i. S. Frau Dr. K. (Bekl.) w. Konk. Dr. K. (Kl.). VII 278/28.

I. Landgericht Dresden.
II. Oberlandesgericht daselbst.

Der Beklagten war zu Weihnachten 1924 von ihrem Manne ein Nerzpelzmantel übereignet worden, den er im September bei einem Berliner Konfektionshaus für 27000 RM. gekauft hatte. Nachdem der Mann am 24. März 1926 in Konkurs verfallen war, focht der Konkursverwalter mit der im September 1926 erhobenen Klage diese Übereignung als Schenkung an und verlangte die Herausgabe des Pelzes. Das Landgericht wies die Klage ab, indem es der Beklagten darin folgte, daß ihr Mann ihr den Pelzmantel in Erfüllung seiner gesetzlichen Unterhaltspflicht gegeben und damit die durch seine damaligen Lebens- und Vermögensverhältnisse bezeichneten Grenzen jener Pflicht nicht überschritten habe. Gegenüber der Berufung des Klägers machte die Beklagte geltend, sie habe den Pelz als Weihnachtsgeschenk erhalten und sein Wert übersteige das der damaligen Vermögenslage ihres Mannes entsprechende Maß solcher Gelegenheitsgaben nicht. Das Oberlandesgericht gab dem Rechtsmittel statt und verurteilte die Beklagte zur Herausgabe. Die Revision führte zur Aufhebung und Zurückverweisung.

Gründe:

Der Berufungsrichter versteht den Vortrag der Beklagten in zweiter Instanz dahin, daß sie nicht mehr in Abrede stelle, den Pelzmantel als Geschenk erhalten zu haben, und nicht mehr behaupte, ihr Mann habe mit der Gabe in der Hauptsache seiner gesetzlichen Unterhaltspflicht genügen wollen. Er hält aber die Anfechtung selbst unter der Annahme, daß nach § 32 Nr. 2 KO. gebräuchliche Gelegenheitsgeschenke von der Anfechtbarkeit der Gattengeschenke der letzten zwei Jahre ausgenommen seien, für begründet, weil angesichts der schweren Verluste, die der Gemeinschuldner im Jahre 1924 erlitten hatte und die eine den Zusammenbruch des Jahres 1926 vorbereitende Erschütterung seiner Vermögenslage bedeutet hätten, ein Weihnachtsgeschenk im Werte von 27000 RM. über seine Vermögensverhältnisse und damit über das Maß des Gebräuchlichen bei weitem hinausgegangen sei. Diese Ausführungen sind nicht frei von Rechtsirrtum, wie die Revision mit Recht geltendmacht. Das Maß gebräuchlicher Gelegenheitsgeschenke im Sinne des § 32 KO. kann entsprechend der Bedeutung, die der gewöhnliche Sprachgebrauch dem Ausdruck beilegt, nur aus dem entnommen werden, was verständige Wirtschafter in der Vermögenslage, in der sich der Gemeinschuldner zur Zeit der Schenkung befand, für Geschenke an Personen, zu denen sie in gleichen Beziehungen standen, bei gleichen Anlässen aufzuwenden pflegten. Die spätere Gestaltung der Vermögenslage des Gemeinschuldners kommt danach nur insofern in Betracht, als sie schon zur Zeit der Schenkung bei verständiger Würdigung der damaligen Lage vorausgesehen werden mußte. Im Gegensatz hierzu zieht das Berufungsgericht in Erwägung, die Tatsache der Konkurseröffnung vom 24. März 1926 zeige, daß es sich bei den Verlusten des Jahres 1924 nicht um vorübergehende Erscheinungen, sondern um Erschütterungen gehandelt habe, die den Zusammenbruch vorbereitet hätten. Das Urteil läßt hierbei jede Feststellung darüber vermissen, ob diese spätere Entwicklung bereits in der zu Weihnachten 1924 bestehenden Lage derart begründet war, daß der jetzige Gemeinschuldner sie schon damals als wahrscheinlich voraussehen und bei der Bemessung des Weihnachtsgeschenks für die Beklagte verständigerweise berücksichtigen mußte. Die Annahme, daß diese rechtsirrtümliche Heranziehung der späteren Entwicklung die Ansicht des Berufungsgerichts von der Ungebräuchlichkeit des

Geschenks beeinflußt habe, liegt um so näher, als dem Gemeinschuldner nach der Unterstellung des Berufungsgerichts Ende 1924 nach Abzug der Verluste dieses Jahres ein Geschäftsvermögen von $3^1/_2$ Millionen RM. — laut der Bilanz vom 31. Dezember 1924 immerhin ein solches von 2,3 Millionen — neben einem Privatvermögen von $1^1/_2$ Millionen RM. geblieben war, so daß damals, wenn mit baldigem Aufhören der Verluste gerechnet werden durfte, ein Weihnachtsgeschenk von 27000 RM. an die Beklagte schwerlich ohne weiteres als ungebräuchlich erscheinen konnte.

Die vom Berufungsgericht offen gelassene Frage, ob gebräuchliche Gelegenheitsgeschenke nach § 32 Nr. 2 KO. von der Anfechtbarkeit der Gattengeschenke ebenso ausgenommen sind, wie nach § 32 Nr. 1 von der Anfechtbarkeit der Schenkungen an andere Personen, ist zu bejahen. Es ist zwar nicht zu verkennen, daß der Wortlaut des § 32 für die Auslegung zu sprechen scheint, unentgeltliche Verfügungen zugunsten des Gatten sollten der Anfechtung nicht nur auf längere Zeit unterliegen als unentgeltliche Verfügungen zugunsten anderer Personen, sondern auch ohne die nur bei diesen letzteren Verfügungen ausgesprochene Ausnahme in Ansehung der Gelegenheitsgeschenke. Indessen läßt der Wortlaut der Vorschrift immerhin auch die Auslegung zu, daß in Nr. 2 die „unentgeltlichen Verfügungen" nur mit der in Nr. 1 bezeichneten Beschränkung getroffen werden sollten. Diese Auslegung verdient deshalb den Vorzug, weil ein gesetzgeberischer Grund, den Gatten nicht bloß hinsichtlich der Frist, sondern auch in Ansehung der gebräuchlichen Gelegenheitsgeschenke schlechter als andere Beschenkte zu stellen, nicht ersichtlich ist und die Erstreckung der Anfechtbarkeit auf die Gelegenheitsgeschenke gerade gegenüber dem Gatten eine besondere Härte bedeuten würde. Die der ganzen Vorschrift des § 32 zugrundeliegende Rücksicht auf Verhütung von Schiebungen vermag zwar die Verlängerung der Dauer der Anfechtbarkeit gegenüber dem Gatten, aber nicht die Einbeziehung der gebräuchlichen Gelegenheitsgeschenke zu rechtfertigen.

14. In welcher Weise hat sich der Notar Gewißheit über die Persönlichkeit einer zur Aufnahme einer Urkunde bei ihm erschienenen, ihm bis dahin unbekannten Frau zu verschaffen, die von einem miterschienenen, dem Notar bis dahin ebenfalls unbekannten, sich aber durch Vorlegung einer Urkunde ausweisenden Mann als seine Ehefrau bezeichnet wird?

FGG. § 176 Abs. 3.

III. Zivilsenat. Urt. v. 9. April 1929 i. S. T. (Bekl.) w. H. (Kl.). III 284/28.

I. Landgericht Hannover.
II. Oberlandesgericht Celle.

Der Kläger sagte dem ihm bekannten Schlachter Karl Sch. aus J. die Hergabe eines Darlehens von 1000 RM. zu, wenn ihm die Ehefrau des Sch. zur Sicherheit eine Hypothek an ihrem Grundstück bestelle. Am 5. Juli 1926 begab sich Sch. zum verklagten Notar, der ihn nicht kannte, dem gegenüber er sich aber durch Vorlegung seines Militärpasses auswies. Eine ihn begleitende weibliche Person stellte er dem Beklagten als seine Ehefrau vor. Der Beklagte nahm daraufhin eine Urkunde auf, in der die Ehefrau Sch. erklärte, sie habe vom Kläger ein Darlehen von 1000 GM. erhalten und bewillige und beantrage dafür die Eintragung einer Hypothek auf ihrem in J. gelegenen Grundbesitz, und in der der Ehemann Sch. seine ehemännliche Genehmigung zu diesen Erklärungen seiner Ehefrau erteilte. Auf Wunsch der Erschienenen stellte der Beklagte dann noch ein Schriftstück aus, in dem er der Ehefrau Sch. bescheinigte, daß er für sie einen Darlehensvertrag zugunsten des Bankdirektors H. in H. (des Klägers) beurkundet habe; das Darlehen betrage 1000 GM. Auf Grund dieser Bescheinigung und einer Quittung, die von der erschienenen Frauensperson mit „Frau Emilie Sch. geb. Kr." und von Sch. unterzeichnet worden war, zahlte der Kläger 1000 RM. an letzteren aus. Auf Grund der vom Beklagten aufgenommenen Verhandlung wurde die bewilligte Hypothek von 1000 RM. auf dem Grundbesitz der Ehefrau Sch. eingetragen. Nunmehr stellte sich heraus, daß nicht sie, sondern eine andere Frauensperson beim Beklagten erschienen war und die von ihm protokollierten Erklärungen abgegeben hatte. Der Kläger mußte die Löschung der Hypothek bewilligen.

Er ist der Auffassung, daß der Beklagte bei Feststellung der Persönlichkeit der am 5. Juli 1926 vor ihm erschienenen Frau nicht die für ihn als Notar gebotene Sorgfalt habe walten lassen. Die unrichtige Beurkundung und der durch sie dem Kläger zugefügte Schaden sei mithin auf die schuldhafte Amtspflichtverletzung des Beklagten zurückzuführen. Der Kläger hat daher Klage auf Ersatz des ihm entstandenen Schadens erhoben. Der Beklagte bestreitet, sich einer Fahrlässigkeit schuldig gemacht zu haben, da er sich auf die Angaben des hinreichend ausgewiesenen Sch. habe verlassen dürfen. Auch leugnet er den ursächlichen Zusammenhang zwischen seinem Verhalten und der Schädigung des Klägers.

Das Landgericht hat die Klage abgewiesen. Das Oberlandesgericht hat ihr dagegen stattgegeben. Die Revision des Beklagten blieb erfolglos. Aus den

Gründen:

Zu Unrecht erhebt die Revision gegen das Berufungsgericht den Vorwurf, es überspanne den Begriff der Sorgfalt, die ein Notar nach der Verkehrsauffassung zu beobachten habe, wenn er sich über die Persönlichkeit der zur Vornahme einer Beurkundung bei ihm Erschienenen Gewißheit verschaffen wolle. Notariellen Beurkundungen muß im Verkehr unbedingtes Vertrauen entgegengebracht werden können. Daraus folgt, wie der Vorderrichter in Übereinstimmung mit der Rechtsprechung des Reichsgerichts (vgl. aus neuester Zeit noch JW. 1928 S. 1864 Nr. 17) zutreffend angenommen hat, daß der Notar bei Prüfung der Persönlichkeit der vor ihm Erschienenen kraft seines Amtes zur äußersten Sorgfalt verpflichtet ist. Diese Sorgfalt gebietet, wie der Senat gleichfalls schon ausgesprochen hat (JW. 1913 S. 1044 Nr. 17 = WarnRspr. 1913 Nr. 418), daß sich der Notar mit der Anerkennung einer ihm unbekannten Person durch einen Dritten nur dann begnügt, wenn er diesen Dritten als zuverlässig kennt. Auch dessen Glaubwürdigkeit muß er prüfen, soweit sie ihm nicht bereits bekannt ist. Dieser Verpflichtung hat der Beklagte im vorliegenden Fall nicht entsprochen. Das von ihm aufgenommene Protokoll vom 5. Juli 1926 enthält hinsichtlich der Persönlichkeitsfeststellung nur den Satz: „... letzterer (Schlachter Karl Sch.) ausgewiesen durch Militärpaß des Landsturm-

Inf. Ers.-Batal. X 31, ausgestellt am 3. Juni 1917, so daß ich Gewißheit über die Person der Erschienenen erhielt." Es läßt also nicht einmal erkennen, ob der Beklagte überhaupt in eine besondere Prüfung der Persönlichkeit der angeblichen Ehefrau Sch. eingetreten ist. Jedenfalls hat er sich damit zufrieden gegeben, daß Sch. die mit ihm Erschienene als seine Ehefrau ausgab. Das reichte aber nicht aus, da ihm Sch. bis dahin völlig unbekannt war, er also gar nicht in der Lage war, dessen Vertrauenswürdigkeit zu beurteilen. An wen der Gläubiger das Darlehen zahlen sollte, ob an die Ehefrau Sch., wie der Beklagte nach dem Inhalt der Urkunde angenommen haben mag, oder an den Ehemann, wie tatsächlich zwischen diesem und dem Kläger verabredet war, war für die entscheidende Frage nach der Glaubwürdigkeit des Sch. ohne Bedeutung.

Der Umstand, daß es sich um ein angebliches Ehepaar handelte, entlastet den Beklagten nicht. Es mag nur selten vorkommen, daß sich ein Ehemann eine notarielle Urkunde über Erklärungen seiner Ehefrau dadurch erschleicht, daß er statt ihrer eine andere Frauensperson zum Notar mitbringt. Diese Erfahrungstatsache rechtfertigt es aber nicht, bei Ehefrauen stets oder auch nur regelmäßig die Vorstellung durch den Ehemann als genügenden Persönlichkeitsnachweis anzusehen. Die Möglichkeit unlauterer Machenschaften des Ehemanns hinter dem Rücken seiner Ehefrau besteht für den Notar immer, falls ihm nicht der Ehemann als zuverlässig bekannt ist. Über dessen Vertrauenswürdigkeit muß sich der Notar also vergewissern, ehe er die alleinige Anerkennung der Persönlichkeit der Ehefrau durch den angeblichen Ehemann als genügende Grundlage für seine Urkundstätigkeit ansehen darf. Es läßt sich nicht verkennen, daß diese Forderung gewisse Schwierigkeiten für die Feststellung der Persönlichkeit von Ehefrauen mit sich bringt, die mit ihrem Ehemann Erklärungen bei einem Notar beurkunden lassen wollen, dem sie unbekannt sind. Denn alle Urkunden, die kein Lichtbild der Ehefrau tragen, sind in solchem Falle nicht beweiskräftig, da sie sich der Ehemann bei dem regelmäßig vorauszusetzenden Zusammenleben der Eheleute ohne Wissen seiner Ehefrau verschafft haben kann, um sie zu Täuschungszwecken zu verwenden. Hierauf kann aber bei der schon betonten Notwendigkeit unbedingter Zuverlässigkeit notarieller Urkunden kein entscheidendes Gewicht gelegt werden. Auf die Angabe eines ihm nicht weiter bekannten Mannes, die

Erschienene sei seine Ehefrau, darf sich der Notar gleichwohl nicht verlassen.

Der Hinweis der Revision darauf, daß nach verbreiteter Praxis der Notare und Richter die Sachkunde eines Erschienenen in Verbindung mit der Vorstellung durch eine gehörig ausgewiesene Person in der Regel genüge, um eine völlige Gewißheit über die Persönlichkeit zu erlangen, geht fehl. Denn eine solche Sachkunde der bei ihm erschienenen Frauensperson hat der Beklagte nach dem Protokoll nicht festgestellt. Der Grundbuchauszug über den Grundbesitz der Ehefrau Sch., den der Ehemann Sch. dem Beklagten vorgelegt haben soll, besaß keine Beweiskraft für die Persönlichkeit der mit Sch. erschienenen Frau. Der Auszug gehörte zu den Papieren, die sich Sch. schon kraft seiner Stellung als Ehemann ohne weiteres beschaffen konnte. Ihm durfte der Beklagte daher für den Persönlichkeitsnachweis keine Bedeutung beimessen.

Ein Verschulden des Beklagten ist sonach vom Vorderrichter ohne Rechtsverstoß festgestellt worden. ...

---

15. Wie regelt sich die Beweislast, wenn der legitimierte Wechselinhaber den Wechselanspruch auf eine nach der Begebung des Wechsels mit dem Verpflichteten angeblich getroffene Vereinbarung stützt, durch die ein neuer Rechtsgrund für die Hingabe des Wechsels geschaffen worden sein soll?

WO. Art. 82.

II. Zivilsenat. Urt. v. 15. März 1929 i. S. Sch. (Kl.) w. de H. u. Gen. (Bekl.). II 569/28.

I. Landgericht Düsseldorf.
II. Oberlandesgericht daselbst.

Der Kläger war legitimierter Inhaber zweier am 15. Juli 1927 vom Erstbeklagten auf die Drittbeklagte gezogener und von ihr akzeptierter, am 15. Oktober 1927 mangels Zahlung protestierter und mit einem Blankoindossament des Zweitbeklagten versehener Wechsel an eigene Order über 8500 RM. und 13000 RM., fällig am 15. Oktober 1927. Er hat im Wechselprozeß Klage erhoben mit dem Antrag, die Beklagten hätten als Gesamtschuldner 21500 RM. nebst Zinsen und Wechselunkosten an ihn zu zahlen.

Zur Begründung hat er vorgetragen, die beiden Wechsel hätten zunächst als Sicherheitsdepotwechsel der Firma T. & Sch. für bestimmte Gefälligkeitswechsel gedient. Nachdem jedoch die letzteren eingelöst worden und damit die Grundlage für die streitigen Wechsel weggefallen sei, habe der Kläger nach dem 18. Oktober 1927 mit dem Erstbeklagten für dessen Person und in seiner Eigenschaft als allein berechtigtes Vorstandsmitglied der Drittbeklagten, einer Aktiengesellschaft, vereinbart, daß er aus diesen Wechseln für seine höheren Schadensersatzansprüche wegen Aneignung seines (des Klägers) Likörlagers durch den Erstbeklagten und für seine Zinsansprüche wegen Entziehung des Geschäftskapitals durch diesen Beklagten gedeckt werden solle. Die Beklagten haben vorgebracht, eine Vereinbarung des vom Kläger behaupteten Inhalts wäre ungültig und sei auch von den Parteien nicht getroffen worden; Rechte aus dem Wechsel könnten nicht mehr geltendgemacht werden, nachdem der ursprüngliche Grund für die Hingabe der Wechsel weggefallen sei. Keinesfalls könne der Zweitbeklagte in Anspruch genommen werden, da er nach dem eigenen Vortrag des Klägers an der behaupteten Abrede gar nicht teilgenommen habe.

Das Landgericht wies die Klage gegen den Zweitbeklagten ab, verurteilte dagegen die beiden andern Beklagten nach dem Klagantrag. Das Oberlandesgericht wies auf die Berufung dieser beiden Beklagten auch die gegen sie gerichtete Klage ab. Die Revision des Klägers führte zur Wiederherstellung des ersten Urteils.

Gründe:

Der Berufungsrichter führt aus: Unstreitig seien die beiden Wechsel in erster Linie als Sicherheitswechsel für zwei gleich hohe Gefälligkeitswechsel gegeben worden. In solchem Falle habe der Wechselschuldner gegenüber dem Wechselanspruch zu beweisen, daß das Rechtsverhältnis beendet und daß keine Ansprüche daraus entstanden oder die entstandenen Ansprüche beseitigt seien. Da im vorliegenden Falle der Kläger die Einlösung der Gefälligkeitswechsel nicht bestritten habe, seien die Rechte aus den Wechseln hinfällig geworden, es wäre denn, daß der Kläger und der Erstbeklagte miteinander vereinbart hätten, die Wechsel sollten als Sicherheit für eine andere Forderung, nämlich für die den Betrag von 105736 RM. übersteigenden Ansprüche des Klägers gegen die Drittbeklagte dienen. Den Kläger treffe für diese von ihm behauptete Vereinbarung die Beweislast; denn die für die Einrede aus § 812 BGB. beweispflichtigen Beklagten seien ihrer Beweisführungspflicht dadurch enthoben, daß der Kläger ihre Behauptung über den Wegfall des Rechtgrundes als richtig anerkannt habe. Damit sei die aus dem Besitz des Wechsels herzuleitende Vermutung für das Bestehen eines Wechselanspruchs entkräftet. Wenn der Kläger die Schaffung eines neuen Rechtsgrundes für die in seinem Besitz befindlichen Wechsel behaupte, so müsse er nach allgemeinen Beweisgrundsätzen hierfür den Beweis erbringen.

Dieser Regelung der Beweislast kann nicht beigetreten werden. Dem Anspruch des Klägers als legitimierten Inhabers der beiden Wechsel werden von den beiden verurteilten Beklagten (den Beklagten zu 1 und 3) Einwendungen aus dem zugrundeliegenden Rechtsgeschäft entgegengesetzt, also Einreden, die diesen Beklagten gegen den jedesmaligen Kläger zustehen (Art. 82 WO.). Hieraus ergibt sich die Verpflichtung des Wechselschuldners, den Beweis zu führen, daß dasjenige Rechtsgeschäft, auf Grund dessen die Begebung des Wechsels stattgefunden hat, entweder nicht zustandegekommen ist, oder daß die Verpflichtungen, die der Wechselhingabe zugrundegelegen haben, untergegangen sind. Denn in diesen beiden Fällen fehlt es an einer rechtlichen Grundlage für den Fortbestand der abstrakten Wechselverpflichtung; sie kann daher gemäß §§ 812 flg. BGB. vom Wechselschuldner kondiziert werden.

Wird nun aber von den Beteiligten, wie das im vorliegenden Falle nach der Behauptung des Klägers der Fall sein soll, an die Stelle des ursprünglichen Kausalgeschäfts ein anderes Kausalgeschäft gesetzt (was rechtlich zulässig ist), so wird der frühere Begebungsvertrag nunmehr auf den neuen Rechtsgrund bezogen und das Innehaben des Wechsels findet dann in dem neuen Rechtsgrund seine Rechtfertigung. Um diese durch das legitimierte Innehaben des Wechsels gesicherte Stellung des Wechselgläubigers zu erschüttern, muß der Wechselschuldner beweisen, daß jetzt auch der neue Rechtsgrund nicht mehr besteht, sei es, daß er überhaupt nicht entstanden ist oder daß die auf ihm beruhenden Verpflichtungen wieder untergegangen sind. Würde man in einem solchen Falle — wie das Berufungsgericht will — den Beweis dafür, daß an Stelle des ursprünglichen Rechtsgrundes ein anderer getreten sei, dem Kläger aufbürden, so würde die abstrakte Wechselverbindlichkeit mit der Änderung ihrer kausalen Unterlage die Natur einer abstrakten Verpflichtung einbüßen. Gegen diese Regelung der Beweislast läßt sich auch nicht geltendmachen, damit werde dem Wechselschuldner ein schrankenloser Negativbeweis aufgebürdet (der Beweis dafür, daß an die Stelle des ursprünglichen Rechtsgrundes auch nachträglich kein anderer getreten sei), der Wechselschuldner könne daher tatsächlich nie zum Ziele gelangen. Denn dem Wechselgläubiger liegt, wie das Reichsgericht in JW. 1908 S. 151 Nr. 25 ausgesprochem hat, eine gewisse Darlegungspflicht ob. Dieser Pflicht ist aber der Kläger im vorliegenden Falle in vollem Umfang nachgekommen.

Das Berufungsgericht hätte daher bei richtiger Verteilung der Beweislast die Berufung der Beklagten zu 1 und 3 zurückweisen müssen.

---

16. 1. Zur Abgrenzung von Kunstwerkschutz und Geschmacksmusterschutz bei Erzeugnissen des Kunstgewerbes.

2. Wer ist beweispflichtig, der Urheber eines kunstgewerblichen Gegenstandes für Neuheit und Eigenart, oder der Verletzungsbeklagte für das Gegenteil?

3. Kann sich der Verletzungsbeklagte auf den guten Glauben des von ihm mit Anfertigung des Entwurfs beauftragten Künstlers berufen, wenn er diesem im Hinblick auf ein fremdes Kunstwerk bestimmte Weisungen für die Anfertigung des Entwurfs gegeben hatte?

KunstschutzG. §§ 1, 2. GeschmacksmusterG. § 1.

I. Zivilsenat. Urt. v. 17. April 1929 i. S. K. (Bekl.) w. W. M.-Fabrik AG. (Kl.). I 2/29.

I. Landgericht Freiberg.
II. Oberlandesgericht Dresden.

Die Klägerin ließ sich im Jahre 1921 durch den Vorsteher ihres Kunstateliers, den Kunstbildhauer M., ein Bestecmuster entwerfen. Der Stiel des Eßgeräts (Löffel, Messer, Gabel) ist fächerartig in fünf Längsflächen eingeteilt, von denen die mittlere etwa ein Drittel der Gesamtbreite des Stiels einnimmt. Diese Fächereinteilung erstreckt sich auf etwas mehr als die Hälfte der Stiellänge. Sie läuft nach dem Ende des Stiels zu in drei leicht geschlungenen Bogen auf jeder Seitenhälfte aus, sodaß die Mittelfläche zungenförmig endet. Diese Bogen haben eine Perlenverzierung. Das andere Ende der Fächereinteilung schließt mit einem Ornament ab. Das restliche Drittel des Stiels ist glatt gehalten. Die Klägerin gab dem Besteckmuster die Bezeichnung „Modell 900" und meldete es in zwei Eingaben zum Musterregister des Amtsgerichts G. an.

Die Beklagte stellt Bestecke her, die gleichfalls die fünffache fächerartige Einteilung des Stieles mit breitem Mittelfeld, bogenförmigem Abschluß der Fächerteile und zungenförmigem Hervorragen des Mittelfeldes aufweisen. Nur haben nicht die Bogen selbst das Perlenornament, sondern diese Verzierung ist in einer mit den Bogen gleichlaufenden, dicht darüber befindlichen Linie angebracht. Auch ist das kleine Ornament, das nach der anderen Seite zu die Fächereinteilung abschließt, etwas anders gestaltet. Das freigelassene Drittel des Stieles ist glatt. Die Beklagte vertreibt dieses Besteckmuster unter der Nr. 380 in Silber und unter der Nr. 3800 in Alpaka. Sie hat sich das Muster zwar von einem Künstler, dem Zeichner Me. in E., entwerfen lassen, ihm aber in ihrem Auftragsschreiben durch Beifügung einer Skizze die Einteilung des Stiels in die fünf fächerförmigen Längsfelder mit bogenförmiger Endung, zungenförmigem Hervorstehen des breiten Mittelfeldes und Freihaltung des oberen Drittels des Stiels vorgeschrieben.

Die Klägerin behauptet, das Muster der Beklagten 380 und 3800 sei eine ganz genaue und bewußte Nachbildung ihres Musters 900. Gestützt auf das Geschmacksmuster- und Kunstschutzgesetz beantragte sie Verurteilung der Beklagten zur Unterlassung, Vernichtung der Fertigfabrikate und Vorrichtungen dazu und zur Rechnungslegung; außerdem bat sie um Feststellung der Schadensersatzpflicht.

Die Beklagte bestritt, daß ihr Muster 380 (3800) eine Nachahmung des Musters 900 der Klägerin sei. Der Zeichner Me. habe das Muster ohne Kenntnis des Musters der Klägerin selbständig entworfen und gestaltet. Auch der Mitinhaber der beklagten Firma, Mü., habe die dem Auftragsschreiben an Me. beigefügte Skizze „aus freien Gedanken" gestaltet, sie nicht etwa als Nachbildung eines fremden Musters gefertigt. Geschützt sei das Muster der Klägerin nur als Geschmacksmuster; um ein Werk der bildenden Künste handle es sich nicht. Aber auch das Geschmacksmuster der Klägerin enthalte nichts, was neu und eigentümlich sei, sondern lehne sich an längst Bekanntes an. Schlimmstenfalls handle es sich um die freie Benutzung einzelner Motive des Musters 900.

Die Beklagte unterlag in allen drei Rechtszügen, in der Revisionsinstanz aus folgenden

Gründen:

Das Berufungsgericht ist, wie der erste Richter, dem Gutachten der Sachverständigenkammer beigetreten. Diese hatte sich dahin ausgesprochen, das Muster der Klägerin sei, unter dem Gesichtspunkt des Kunstschutzgesetzes betrachtet, eine neue geschmackvolle Lösung von eigenartiger, künstlerisch durchdachter Form und als Ergebnis einer individuellen schöpferischen Tätigkeit zu bezeichnen. Im Anschluß hieran wird ausgeführt: Seiner Zweckbestimmung nach sei das Modell 900 zwar ein gewerbliches Erzeugnis. Aber, da ihm künstlerische Eigenart innewohne, falle es unter die kunstgewerblichen Erzeugnisse im Sinne von § 2 Abs. 1 KunstschutzG. Dem stehe nicht entgegen, daß es bestimmungsgemäß in Massen hergestellt und vertrieben werde; auch Massenartikel könnten Erzeugnisse des Kunstgewerbes sein. Die Beklagte habe ihre Einwendung, daß das Muster nicht neu sei, nicht bewiesen. Keines der von ihr in Abbildungen und in einzelnen Stücken vorgelegten älteren Muster entspreche der Gestaltung des Modells 900. Soweit dort eine fünffache Flächeneinteilung des Stieles vorhanden sei, wirke sie mehr strahlenförmig und klinge im Gesamtbild nicht an die Formgebung der Klägerin an. Soweit etwa der Künstler, der das Muster 900 entworfen, sich an derartige Vorbilder angelehnt haben sollte, habe er dennoch etwas Neues und Eigenartiges geschaffen, das als eine Neuschöpfung bezeichnet werden müsse. Aber auch wenn man die Klägerin als beweispflichtig für die Neuheit erachten und der Beklagten nur eine Darlegungspflicht ansinnen wolle, sei das Ergebnis kein anderes, weil das Modell der Klägerin gegenüber allem, was die Beklagte dagegen vorgebracht habe, als neu und eigenartig zu bezeichnen sei. Das Urheberrecht stehe der Klägerin zu, weil der Künstler den Entwurf für sie zu dem ausgesprochenen Zwecke der Vervielfältigung angefertigt habe. Der von der Beklagten beauftragte Zeichner Me. habe zwar keine bewußte Nachahmung begangen, wohl aber die Beklagte selbst. Denn sie habe, wie ihr Briefwechsel mit Me. ergebe, das Muster der Klägerin gekannt. Der Mitinhaber der beklagten Firma, Mü., habe ein dem Muster der Klägerin möglichst ähnliches Besteckmuster herausbringen und nur in Kleinigkeiten abweichen wollen, um die Nachahmung nicht zu augenfällig erscheinen zu lassen. Das Muster der Beklagten sei denn auch demjenigen der Klägerin so ähnlich geworden, daß beide kaum voneinander zu unterscheiden seien. Der gute Glaube des Me. könne ihr nicht zustatten kommen. (Es folgt die Wiedergabe einer weiteren Begründung des Berufungsgerichts.)

Rechtliche Bedenken sind hiergegen nicht zu erheben, soweit die Anwendung des Kunstschutzgesetzes in Frage kommt. Die Verteilung der Beweislast für die Frage der Neuheit ist rechtlich unbedenklich. Mit Recht wendet der Vorderrichter hier die gleichen Grundsätze an, wie sie der erkennende Senat über den Beweis der Neuheit im Urteil vom 9. Februar 1927 I 274/26 (GUR. 1927 S. 235) für den Bereich des Gebrauchsmusterschutz-Gesetzes ausgesprochen hat. Die Revision erhebt denn auch zur Frage der Beweislast keine Angriffe.

Rechtlich unbedenklich sind ferner die weiteren Ausführungen des Berufungsurteils über das Urheberrecht der Klägerin und die Schlechtgläubigkeit der Beklagten. In ersterer Beziehung genügt die Verweisung auf RGZ. Bd. 110 S. 393 (395). Ebensowenig unterliegt es einem rechtlichen Bedenken, daß der Beklagten, die einen Künstler mit Herstellung eines Entwurfs nach bestimmten Weisungen betraut hatte, um ein fremdes Kunstwerk nachzuahmen, der gute Glaube dieses Künstlers nicht zustatten kommen kann. Auch insoweit richtet die Revision keine Angriffe gegen das Urteil.

Das, was sie hauptsächlich geltendmacht, bezieht sich auf die Anwendbarkeit des Kunstschutz-Gesetzes. Sie meint, die vom Vorderrichter hervorgehobenen Eigenschaften des Musters der Klägerin könnten lediglich die Unterordnung unter das Geschmacksmuster-Gesetz rechtfertigen; keinesfalls handle es sich danach um ein Werk der bildenden Künste. Das trifft indessen nicht zu. Zu den Werken der bildenden Künste gehört jede in nicht organischem Stoff sichtbar gewordene Gestaltung, in der ein eigenes künstlerisches Schaffen zutage tritt; jede eigenpersönliche geistige Schöpfung, die mit den Darstellungsmitteln der Kunst durch formgebende Tätigkeit hervorgebracht und vorzugsweise für die Anregung des ästhetischen Gefühls durch Anschauen bestimmt ist, ohne Rücksicht auf den höheren oder geringeren Kunstwert und ohne Rücksicht darauf, ob das Werk neben dem ästhetischen Zweck noch einem praktischen Gebrauchszweck dient. Der rechtliche Maßstab, den das Berufungsgericht bei Prüfung der Frage nach dem Kunstwerkscharakter des Musters angelegt hat, entspricht dem Standpunkt der reichsgerichtlichen Rechtsprechung, wie er besonders in RGZ. Bd. 76 S. 339 (343flg.) grundsätzlich festgelegt und seitdem ständig festgehalten worden ist (vgl. z. B. RGZ. Bd. 115 S. 180). Von diesem Standpunkt geht der Vorderrichter ersichtlich aus. Die Schwierigkeit lag im vorliegenden Falle in der Abgrenzung gegen den einfachen Musterschutz. Daß sich hier eine ein für allemal gesicherte Grenze nicht ziehen läßt, ist in der reichsgerichtlichen Rechtsprechung schon mehrfach betont worden. Die Beurteilung der Frage nach dem höheren Grad ästhetischen Gehalts ist zwar in der Revisionsinstanz nachprüfbar, muß aber im wesentlichen dem Tatrichter überlassen bleiben (RGZ. Bd. 115 S. 180, Bd. 117 S. 230). Die Revision, die bloß geltendmacht, es liege „nicht das geringste" dafür vor, das Muster 900 als Kunstwerk anzusehen, trägt damit nichts Positives zur Beurteilung der Frage bei. Es handelt sich um einen Grenzfall. Die Sachverständigenkammer für Werke der bildenden Künste in Dresden hat dem Muster der Klägerin Kunstwerkscharakter zugesprochen, und von zwei namhaften Sachverständigen, den Professoren H. und G., die hier Privatgutachten erstattet haben, hat sich der eine der Bewertung der Sachverständigenkammer angeschlossen, während der andere ihr widersprochen hat. Unter diesen Umständen besteht für das Revisionsgericht kein Anlaß, dem Tatrichter in der Beurteilung der Frage des „ästhetischen Überschusses" aus Rechtsgründen entgegenzutreten, wenngleich nicht zu verkennen ist, daß die Unterstellung derartiger Bestecmuster unter das Kunstschutz-Gesetz außerordentlich weit geht. In gleicher Weise erledigt sich der weitere Revisionsangriff, daß nach dem vorgebrachten Material das Muster 900 nicht neu und eigentümlich sei. . . .

---

17. Ist das im Wege des Besitzkonstituts erworbene Sicherungseigentum ein die Veräußerung hinderndes Recht im Sinne des § 301 der Reichsabgabenordnung?

VII. Zivilsenat. Urt. v. 9. April 1929 i. S. Deutsches Reich (Bekl.) w. S. (Kl.). VII 536/28.

I. Landgericht Altona.

Dem Beklagten steht gegen den Kaufmann S. eine Forderung von 1326729,11 RM. aus Zollgefällen und Monopolausgleich zu, wegen deren er am 16. November 1926 beim Schuldner zahlreiche Gegenstände der Wohnungseinrichtung hat pfänden lassen. Mit der vorliegenden Klage verlangt der Kläger, daß diese Pfändung für unzulässig erklärt werde. Er hatte am 5. Oktober 1925 durch schriftlichen Vertrag die gepfändeten Gegenstände von S. zur Sicherung einer Forderung von 10000 GM. gekauft; die Übergabe wurde dadurch ersetzt, daß er die verkauften Gegenstände dem Schuldner leihweise überließ.

Das Landgericht gab der Klage statt. Die gemäß § 566a ZPO. unmittelbar eingelegte Revision blieb erfolglos.

Gründe:

Das Landgericht hat die Frage, ob das durch Sicherungsübereignung erworbene Eigentum als ein die Veräußerung hinderndes Recht im Sinne des § 301 RAbgO. anzusehen sei, bejaht, während die Revision unter Bezugnahme auf das Gutachten des Reichsfinanzhofs vom 8. Juni 1926 — RFH. Bd. 19 S. 125 — den entgegengesetzten Standpunkt vertritt.

Darüber, daß das durch Sicherungsübereignung erworbene Eigentum (Sicherungseigentum) zu den Rechten gehört, die im Sinne des § 771 ZPO. die Veräußerung hindern, besteht kein Zweifel. Die nach Maßgabe des § 930 BGB. erfolgte Besitzübertragung begründet volles bürgerlichrechtliches Eigentum, an dessen dinglicher Wirksamkeit durch Vereinbarungen der Beteiligten nichts geändert werden kann. Wenn mit Rücksicht auf solche Abreden davon gesprochen wird, das Sicherungseigentum sei bloß fiduziarisches Eigentum, so darf daraus nicht geschlossen werden, daß es mit geringerer dinglicher Kraft begabt sei als anderes Eigentum. Die Entscheidung der streitigen Frage hängt also davon ab, ob im Steuerrecht besondere Bestimmungen gelten, nach denen das Sicherungseigentum gegenüber einer Zwangsvollstreckung wegen einer Steuerforderung nicht als ein die Veräußerung hinderndes Recht anzusehen ist. Diese Frage wird von dem Gutachten des Reichsfinanzhofs bejaht. Er beruft sich zunächst auf die Entstehungsgeschichte des § 80 Abs. 1 Satz 1 RAbgO. („Wer einen Gegenstand als ihm gehörig besitzt, wird im Sinne der Steuergesetze wie ein Eigentümer behandelt"), aus der sich ergebe, daß der Gesetzgeber beim Erlaß der Vorschrift gerade die Sicherungsübereignung im Auge gehabt habe. Ob diese Annahme zutrifft, kann dahingestellt bleiben, da die angebliche Absicht des Gesetzgebers in der Vorschrift, wie sie erlassen ist, keinen erkennbaren Ausdruck gefunden hat (RGZ. Bd. 97 S. 314, Bd. 98 S. 130, Bd. 100 S. 181, Bd. 104 S. 173) und Zweifel über ihren Inhalt in der hier in Rede stehenden Richtung nicht obwalten können. Die Vorschrift im § 80 a. a. O. bezieht sich nur auf den Eigenbesitzer; wer als solcher zu gelten hat, entscheidet sich nach dem bürgerlichen Recht. Nach diesem ist aber der Schuldner, der dem Gläubiger einen Gegenstand zur Sicherung mittels Besitzkonstituts als Eigentum übertragen hat, nicht Eigen-, sondern Fremdbesitzer; er besitzt lediglich auf Grund des mit dem Gläubiger vereinbarten Rechtsverhältnisses, das den Verlust seines Eigenbesitzes zur Folge hatte (§§ 930, 868 BGB.). Auch auf § 4 RAbgO. kann die Ansicht des Reichsfinanzhofs nicht gegründet werden. Dort ist bestimmt: „Bei der Auslegung der Steuergesetze sind ihr Zweck, ihre wirtschaftliche Bedeutung und die Entwicklung der Verhältnisse zu berücksichtigen." Diese Vorschrift will nicht neues Recht schaffen, vielmehr handelt es sich, wie der Regierungsvertreter bei Beratung des Gesetzes im Ausschuß erklärte, um einen knappen Ausdruck des Ergebnisses der Rechtsentwicklung, wie sie ihren Niederschlag insbesondere in der Rechtsprechung des Reichsgerichts auf dem Gebiete des bürgerlichen Rechts gefunden hat. Die Vorschrift sollte dem Richter nur mit allem Nachdruck die Pflicht auferlegen, die im Steuerrecht enthaltenen Rechtsgedanken voll zu entwickeln und dabei die Zwecke der Steuergesetze und ihre wirtschaftliche Tragweite sowie die jeweilige Gestaltung der Verhältnisse zu berücksichtigen (Drucksache Nr. 1460 der Verfassunggebenden Nationalversammlung

S. 3). Dieser Auffassung entspricht der Wortlaut des § 4. Er besagt danach nicht, daß rechtliche Gesichtspunkte hinter wirtschaftlichen zurücktreten sollten, und es läßt sich aus ihm nicht herleiten, daß eine rechtswirksame, durch Besitzkonstitut erfolgte Sicherungsübereignung nicht ein die Veräußerung hinderndes Recht im Sinne des § 301 RAbgO. begründe, weil sie wirtschaftlich eine bloße Pfandbestellung bedeute.

Endlich weist das Gutachten des Reichsfinanzhofs darauf hin, daß auch im Konkurs das Sicherungseigentum kein Aussonderungsrecht, sondern nur, wie ein Pfandrecht, ein Absonderungsrecht gewähre. Diese Auffassung entspricht der Rechtsprechung des Reichsgerichts (RGZ. Bd. 91 S. 14, Bd. 118 S. 209). Der letzte Grund für sie liegt aber nicht in dem Umstand, daß das Sicherungseigentum nur ein Eigentum minderen Rechtes sei und wirtschaftlich einem Pfandrecht gleichstehe, sondern darin, daß der Konkurs zu einer sofortigen Lösung nicht nur des sachenrechtlichen Verhältnisses, sondern auch des der Sicherungsübereignung zugrundeliegenden persönlichen Verhältnisses nötigt. Der Sicherungsnehmer darf nicht gleichzeitig die Sache aussondern und wegen seiner gesamten Forderung Befriedigung aus der Masse verlangen. Er kann den Wert des übereigneten Gegenstandes nur insoweit beanspruchem, als er seine Forderung nicht übersteigt; im übrigen muß er der Masse den Wert gewähren. Diese Rechtslage führt zu dem Ausgleich, dem Sicherungseigentümer ein Absonderungsrecht zuzubilligen. Außerhalb des Konkurses ist er nicht gehindert, sein Eigentum zu verfolgen (vgl. Komm. v. RGR. § 930 Anm. 6).

Hiernach muß das Sicherungseigentum als ein die Veräußerung hinderndes Recht im Sinne des § 301 RAbgO. anerkannt werden.

---

18. 1. Kann noch Aufwertung gefordert werden, wenn die Vertragsteile schon beim Abschluß oder bei der Abwicklung des Vertrags bemüht gewesen sind, Währungsverlusten vorzubeugen?

2. Läßt sich insoweit zwischen Maßnahmen gegen eine Überteuerung und Maßnahmen gegen Geldentwertung unterscheiden?

3. Ist die Aufwertung ausgeschlossen bei kaufmännischen Umsatzgeschäften, die vor dem 15. August 1922 abgewickelt worden sind?

BGB. § 242.

VII. Zivilsenat. Urt. v. 19. April 1929 i. S. A. Kl. (Kl.) w. Stadtgemeinde G. (Bekl.). VII 448/28.

I. Landgericht Gera.
II. Oberlandesgericht Jena.

Durch Vertrag vom 6./8. August 1921 hat es die Klägerin übernommen, für die Beklagte ein neues Gaswerk zu errichten und ihr die dazu erforderlichen Gelder zu beschaffen. Für das Gaswerk wurde ein fester Preis von 26 Millionen Mark vereinbart, der sich im November 1921 auf 21850000 Mk. ermäßigte, als die Beklagte eine Anzahl von Arbeiten zur eigenen Ausführung übernahm. Für die Beschaffung des Darlehens, für das die Klägerin selbstschuldnerisch zu bürgen hatte, für ihr sonstiges Risiko und ihre vertraglichen Leistungen sollte die Klägerin 1% Abschlußvergütung und bis zur Tilgung des Darlehens eine gestaffelte Einnahme aus dem Gasverkauf erhalten. Anfang November 1921 verlangte die Klägerin von der Beklagten wegen der fortschreitenden Entwertung der deutschen Mark die Bewilligung von Gleitpreisen. Am 23. November 1921 kam ein Zusatzvertrag zustande, durch den sich die Beklagte verpflichtete, die seit Abschluß des Vertrags eingetretenen und von der Klägerin nachgewiesenen Steigerungen der Materialpreise bis zu einem Höchstbetrag von $2^1/_2$ Millionen Mark zu vergüten. Ausgenommen wurde dabei das Schamottematerial. Steigerungen der Arbeitslöhne in der Zeit vom 1. Oktober 1921 bis zum 31. Dezember 1922 sollten bis zu einem Höchstbetrag von 4 Millionen Mark vergütet werden. Dafür sollte jede nach dem 31. Dezember 1922 gegenüber der Lage des Vertrags vom 6./8. August 1921 eintretende Überteuerung ausschließlich zu Lasten der Klägerin gehen und es sollte jedwede in der Folgezeit auftretende Steigerung der Teuerung auf die von der Klägerin angesichts dieser Möglichkeit übernommenen vertraglichen Verpflichtungen ohne Einfluß sein. Die Klägerin wollte auch mit allen Kräften bestrebt sein, das Gaswerk bis zum 31. Dezember 1922 vollständig fertigzustellen.

Am 23. Oktober 1922 kam es nach langwierigen Verhandlungen zu einem zweiten Zusatzvertrag. Die Beklagte verpflichtete sich, die seit dem Zusatzvertrag vom 23. November 1921 eingetretenen Überteuerungen an Material und Arbeitslöhnen bis zu einem Höchstbetrag zu vergüten, der sich einschließlich der der Klägerin nach den bisherigen Verträgen zustehenden Leistungen auf 130 Millionen Mark belaufen sollte. Die Klägerin verzichtete dagegen auf Gewinn aus dem Unternehmen. Außerdem überließ die Beklagte der Klägerin zur weiteren Deckung von Überteuerungen, insbesondere der sich noch bis zur Vollendung des Baues ergebenden, die Apparatur des alten Gaswerks. Mit den von der Beklagten übernommenen Leistungen sollte jede Vergütung künftiger Überteuerungen ausgeschlossen sein. Die Klägerin verpflichtete sich schließlich noch, das Werk bis zum 31. Dezember 1922 fertigzustellen.

Das Gaswerk ist im August 1923 in Betrieb genommen worden. Die Beklagte hat nach den Feststellungen des Oberlandesgerichts gezahlt

rund	5	Millionen Mark	am	11.	Februar 1922,
„	5	„	„ „	28.	Februar 1922,
„	5	„	„ „	20.	April 1922,
„	5	„	„ „	20.	Juni 1922,
„	10	„	„ „	6.	August 1922,
„	100	„	„ „	30.	November 1922.

Die Apparatur des alten Gaswerks ist der Klägerin übereignet worden.

Für die neue Gashochdruckleitung hatte die Klägerin am 24. August 1921 Stahlrohre zum Preise von 487790,25 Mk. gekauft. Die Beklagte hat aber dann die Rohre selbst verlegt und der Klägerin den Kaufpreis dafür am 10. Mai 1922 erstattet.

Die Klägerin behauptet, daß die Zahlungen der Beklagten ihre Forderungen nicht gedeckt hätten. Mit der Klage verlangt sie Aufwertung und fordert zunächst einen Teilbetrag von 500000 RM. nebst Zinsen. Sie behauptet, daß sich schon bei der Umrechnung über den Dollar ein höherer Betrag für sie ergebe. Unter Zugrundelegung ihres Kostenanschlags vom 11. Juli 1921 habe sie Arbeiten zum Werte von 1031831,11 GM. ausgeführt, dafür aber nur Zahlungen im Werte von 348697,19 GM. und die Apparatur des alten Gaswerks im Werte von — unstreitig — 54000 GM. erhalten.

Für die Stahlrohre habe sie selbst 24102,57 GM. gezahlt, von der Beklagten aber nur 7239,20 GM. erhalten, also 16863,29 GM. zu wenig; heute würde der Bau des Gaswerks 2934535 RM. kosten. Die Beklagte hält die Klagforderung für unbegründet. Bei den zunächst bewilligten 30 Millionen Mark komme eine Aufwertung nicht in Frage, da sie vor Mitte August 1922 gezahlt worden seien. Die am 23. Oktober 1922 nachbewilligten 100 Millionen hätten damals, über den Dollar gerechnet, einen Wert von 100000 GM. gehabt; ihr Wert am Zahlungstag und der Wert des alten Gaswerks ergäben zusammen 104000 GM. Den Kaufpreis für die Stahlrohre will die Beklagte schon vor dem 10. Mai 1922 durch Verrechnung getilgt haben.

Das Landgericht erklärte den Klaganspruch dem Grunde nach für gerechtfertigt; das Oberlandesgericht wies auf die Berufung der Beklagten die Klage ab. Die Revision der Klägerin blieb ohne Erfolg.

Gründe:

1. Mit der Klage verlangt die Klägerin in erster Linie Aufwertung ihrer Forderungen aus dem mit der Beklagten geschlossenen Werkvertrag; sie seien durch das von der Beklagten Geleistete noch nicht vollständig getilgt. Dieses Begehren der Klägerin scheitert an dem vom erkennenden Senat in ständiger Rechtsprechung festgehaltenen Grundsatz, daß eine Aufwertung nicht in Frage kommt, wenn die Vertragsparteien beim Abschluß oder beim Abwickeln des Vertrages durch vereinbarte Gleitpreise oder sonstige besondere Abreden bemüht gewesen sind, die Wirkungen einer bereits eingetretenen und einer noch erwarteten weiteren Geldentwertung möglichst auszugleichen und Währungsverluste zu vermeiden. In solchen Fällen sind die Gerichte nicht in der Lage, die geschlossenen Verträge abzuändern, und die mangelnde Gleichwertigkeit der beiderseitigen Leistungen genügt nicht, um den Aufwertungsanspruch zu begründen; vgl. RGZ. Bd. 118 S. 352; WarnRspr. 1926 Nr. 63, 1927 Nr. 133; Zeiler, Aufwfälle Nr. 405, 586, 1093, 1421, 1487. Die Entscheidung vom 14. Mai 1926 (LZ. 1926 Sp. 1002), auf welche die Klägerin in den Vorinstanzen hingewiesen hat und die vielleicht eine teilweise abweichende Ansicht vertritt, ist durch die späteren Entscheidungen des Senats überholt worden, vgl. namentlich WarnRspr. 1927 Nr. 133.

Im gegenwärtigen Falle ist es nicht zur Vereinbarung von Gleitpreisen gekommen. Die Klägerin hat sie zwar verlangt, die Beklagte hat sie aber nicht bewilligt. Es ist indessen der schon eingetretenen und der noch weiterhin erwarteten Geldentwertung durch die beiden Zusatzverträge Rechnung getragen worden. Mit dem, was der Klägerin dort zugebilligt ist, sollte sie befriedigt, jede Vergütung künftiger „Überteuerungen" sollte ausgeschlossen sein. Es liegt also der Tatbestand vor, der nach der Rechtsprechung des Senats Aufwertungsansprüche ausschaltet.

2. Die Klägerin hat ihre Rechnung ohne jede Rücksicht auf die soeben angeführten Abreden aufgemacht und sie glaubt dazu berechtigt zu sein, weil die Zusatzverträge es nur mit den Steigerungen der Materialpreise und der Arbeitslöhne zu tun gehabt hätten, nicht aber mit dem damals noch gar nicht erkannten Problem der Inflations-Geldentwertung. So kann man aber nicht unterscheiden. Was sich von der Warenseite aus gesehen als Lohn- und Preissteigerung darstellte, war von der Geldseite aus gesehen Geldentwertung. Je nach dem Standpunkt des Betrachtenden war die eine oder die andere Bezeichnung richtig, immer aber handelte es sich, mindestens in der Hauptsache und von geringen Konjunkturschwankungen abgesehen, um dieselbe wirtschaftliche Erscheinung, das Sinken der deutschen Währung (Zeiler a. a. O. Nr. 1093). „Auch zu einer Zeit, wo das Wesen der Geldentwertung und die Möglichkeit der Geltendmachung von Aufwertungsansprüchen noch nicht erkannt war, konnten die Parteien die fühlbar gewordenen Folgen der als allgemeine Verteuerung bezeichneten Markverschlechterung in einer abschließenden Weise regeln" (Zeiler a. a. O. Nr. 1421). Im übrigen hat aber der Berufungsrichter auch festgestellt, daß die Klägerin schon zur Zeit der Verhandlungen über die beiden Zusatzverträge nicht mehr an eine wahre Teuerung glaubte, daß sie schon damals die fortschreitende Entwertung der deutschen Mark in ihrem Wesen und als Ursache der anscheinenden Teuerung erkannt hatte.

3. Bei diesem Ergebnis kann unerörtert bleiben, ob das Oberlandesgericht mit Recht ein auffälliges Mißverhältnis zwischen den Forderungen der Klägerin und den Leistungen der Beklagten verneint hat, und welcher von den beiden Rechnungsarten, die es angewandt hat, der Vorzug zu geben wäre.

Die Revision hält nur die zweite Rechnungsart für möglich, geht also davon aus, daß am 23. Oktober 1922 100 Millionen Mark nachbewilligt worden sind, und meint, die Forderung der Klägerin auf diese 100 Millionen Mark müsse in jedem Falle aufgewertet werden. Allein auch dieses Verlangen steht mit den oben entwickelten Grundsätzen im Widerspruch. Die Parteien sahen am 23. Oktober 1922 voraus, daß noch weitere „Überteuerungen" zu erwarten seien, daß also wahrscheinlich auch die 100 Millionen Mark schließlich nicht hinreichen würden, die Ausgaben der Klägerin für das zu errichtende Gaswerk zu decken. Auch dieser Fall ist aber bereits geregelt worden. Die Klägerin bekam, mochte die Entwickelung der „Teuerung" so oder so weiterlaufen, die Apparatur des alten Gaswerks. Damit erhielt sie einen sogenannten Sachwert und dagegen erkannte sie an, daß jede Vergütung künftiger „Überteuerungen" für sie ausgeschlossen sei. Die Parteien haben auf diese Weise auch wegen etwaiger Entwertung der 100 Millionen Mark eine entscheidende und jede Aufwertung ausschließende Vorsorge getroffen.

4. In zweiter Linie verlangt die Klägerin Aufwertung des Kaufpreises für die der Beklagten zum eigenen Verlegen überlassenen Stahlrohre. Mit Recht hat der Berufungsrichter in diesem Überlassen ein Sondergeschäft erblickt, das nicht mehr in den Rahmen des Werkvertrags der Parteien fällt. Er hält aber hier den Aufwertungsanspruch der Klägerin für ausgeschlossen, weil es sich um ein längst vor dem 15. August 1922 abgewickeltes kaufmännisches Umsatzgeschäft handle. Das Oberlandesgericht folgt insoweit der Rechtsprechung des II. Zivilsenats des Reichsgericht, wie sie in den Entscheidungen RGZ. Bd. 113 S. 136, Bd. 115 S. 198 und S. 201 zum Ausdruck gekommen ist. Der erkennende Senat hat diese Grundsätze bereits gebilligt (WarnRspr. 1926 Nr. 127). Sie stehen auch nicht im Widerspruch zu der Entscheidung des V. Zivilsenats RGZ. Bd. 114 S. 399, welche die Zeitgrenze für lebenswichtige Geschäfte verwirft, und zu der Entscheidung des I. Zivilsenats RGZ. Bd. 116 S. 311, die von einem etwas andern Ausgangspunkt im wesentlichen zu denselben Ereignissen kommt wie der II. Zivilsenat. Die Annahme der Revision, daß es sich beim Überlassen der Stahlrohre um ein lebenswichtiges Geschäft gehandelt habe, konnte nicht beigetreten werden.

19. 1. Gilt § 552 Halbsatz 2 (zweiter Fall) ZPO. auch für die vor dem 1. Juni 1924 verkündeten Urteile?
2. Über Inhalt und Wirkungen des Vorvertrags zu einem Grundstücksverkauf.

ZPO. § 552. BGB. §§ 154, 433.

VI. Zivilsenat. Urt. v. 8. April 1929 i. S. G. (Kl.) w. B. (Bekl.). VI 701/28.

I. Landgericht Traunstein.
II. Oberlandesgericht München.

Am 24. März 1919 schlossen die Parteien zu Protokoll eines Notars folgenden „Vorvertrag". In Ziff. II verpflichtete sich der Kläger gegenüber dem Beklagten, jederzeit auf dessen Verlangen über das Anwesen Haus Nr. 49 in P. „samt dem vorhandenen Inventar" einen Kaufvertrag dahin abzuschließen, daß der Beklagte das Anwesen samt Inventar käuflich erwerbe. Zur Sicherung dieses künftigen Anspruchs wurde die Eintragung einer entsprechenden Vormerkung bewilligt und beantragt. Ziff. III lautet:

„Die näheren Bedingungen des Kaufs bleiben dem abzuschließenden Kaufvertrag vorbehalten. Der Kaufpreis des Anwesens samt Inventar darf jedoch den Betrag von 40000 M. nicht übersteigen".

In Ziff. IV band sich der Kläger an die Verpflichtung bis zum 24. März 1920. Am 28. März 1919 wurde für den Beklagten die beantragte Vormerkung eingetragen. Der Aufforderung des Beklagten vom 12. März 1920, die übernommenen Verpflichtungen binnen einer Woche zu erfüllen, kam der Kläger nicht nach. Demnächst hat der Kläger, der den Vertrag wegen unrichtiger Beurkundung der Parteivereinbarungen hinsichtlich der Höhe des Kaufpreises für nichtig erachtete, Klage erhoben mit den Anträgen, den Vertrag für nichtig zu erklären und den Beklagten zur Einwilligung in die Löschung der für ihn eingetragenen Vormerkung zu verurteilen. Der Beklagte hat im Wege der Widerklage beantragt: Der Kläger sei schuldig, das Anwesen nebst Inventar gegen Zahlung eines Kaufpreises von 40000 M. dem Beklagten zu überlassen und die Umschreibung im Grundbuch auf ihn zu bewilligen. Die Vorinstanzen haben die Klage abgewiesen und nach den Anträgen der Widerklage erkannt. Im Berufungsverfahren hatte der Widerkläger hilfsweise beantragt, den Kläger zu verurteilen, mit dem Beklagten einen dem Urteil des Landgerichts entsprechenden Kaufvertrag abzuschließen.

Hierzu ist in den Gründen des angefochtenen Urteils gesagt: Das Landgericht habe die Klage mit Recht abgewiesen. Die Folge hiervon sei, daß es auf die Widerklage den Kläger habe verurteilen müssen, entsprechend dem Vertrage vom 24. März 1919 dem Beklagten das Anwesen nebst Inventar für den Preis von 40000 M. käuflich zu überlassen. Einen anderen Sinn habe das landgerichtliche Urteil nicht, soweit es in der Formel über die Widerklage entscheide, und es bestehe kein Grund, den Wortlaut der Formel irgendwie abzuändern.

Das Urteil des Oberlandesgerichts wurde am 12. Dezember 1922 versehentlich nicht dem Prozeßbevollmächtigten des Klägers im zweiten Rechtszuge, dem Rechtsanwalt Dr. F. II, sondern dem Rechtsanwalt Geheimen Justizrat F. zugestellt, der mit der Sache nichts zu tun hatte und das Urteil an Dr. F. II übersandte. Gleichwohl erteilte der Gerichtsschreiber des Oberlandesgerichts am 29. Januar 1923 das Rechtskraftzeugnis und der Gerichtsschreiber des Landgerichts am 22. Juni 1923 eine unbedingt vollstreckbare Ausfertigung des landgerichtlichen Urteils. Auf Grund dieser beiden Urteilsausfertigungen erklärte der Beklagte zu Protokoll des Notars T. vom 10. Juli 1923 einen Kaufvertrag über das Anwesen des Klägers und ließ dieses an sich auf. Von dem auf 40000 M. „vereinbarten" Kaufpreise verrechnete er 14000 M. auf die von ihm übernommenen Hypotheken — nicht ohne zu bestimmen, daß die auf die eine Hypothek bereits gezahlten Tilgungsraten ohne Entgelt dem Käufer zugute zu kommen hätten — und quittierte namens des Klägers über den Empfang des Restkaufpreises von 26000 M., setzte auch im übrigen die Vertragsbedingungen fest. Gemäß dieser Auflassung trug dann das Grundbuchamt den Beklagten als Grundstückseigentümer ein.

Nachdem das Urteil des Oberlandesgerichts dem Rechtsanwalt Dr. F. II am 6. Oktober 1928 zugestellt war, hat der Kläger am 20. Oktober 1928 Revision eingelegt. Das Reichsgericht hat nach den Klaganträgen erkannt und die Widerklage abgewiesen.

Gründe:

Gegen die Zulässigkeit der Revision bestehen keine Bedenken. Denn die Zustellung des angefochtenen Urteils an den Geheimen Justizrat F. vom 12. Dezember 1922 war ebenso wie die durch diesen an Dr. F. II erfolgte Weitergabe der Urteilsausfertigung ohne jede verfahrensrechtliche Wirkung und vermochte daher den Lauf der Revisionsfrist nicht in Gang zu setzen. Die im Halbsatz 2 des § 552 ZPO. durch die Verordnung vom 13. Februar 1924 eingeführte neue Vorschrift, daß die Urteile der Berufungsgerichte spätestens mit Ablauf von sechs Monaten nach der Verkündung rechtskräftig werden, hat im vorliegenden Falle außer Anwendung zu bleiben, da das angefochtene Urteil vor dem 1. Juni 1924 verkündet ist (vgl. RGZ. Bd. 111 S. 31). Demnach hat der Lauf der Revisionsfrist erst mit der Zustellung vom 6. Oktober 1928 begonnen und die Revision ist innerhalb der Monatsfrist des § 552 Halbsatz 1 ZPO. eingelegt.

In der Sache selbst macht die Revision mit Grund darauf aufmerksam, daß der „Vorvertrag" vom 24. März 1919 seinem Inhalt nach ungültig ist, ein Umstand, der vom Kläger nach dem Zusammenhalt seiner Behauptungen und Rechtsausführungen bereits in den Vorinstanzen geltendgemacht worden ist und überdies von den Vorderrichtern, zum mindesten zur Widerklage, von Amts wegen zu berücksichtigen gewesen wäre.

Anerkannten Rechtsgrundsätzen nach muß der Vorvertrag nicht nur den — hier gewahrten (§ 313 S. 1 BGB.) — für den Vertrag bestehenden Formvorschriften entsprechen, sondern er muß auch inhaltlich den Bestimmungen genügen, die für den eigentlichen Vertrag gelten. Insbesondere müssen auch die in einem Vorvertrag von den Parteien übernommenen Pflichten bestimmt oder wenigstens in der Weise bestimmbar sein, daß der Inhalt des versprochenen Vertrags richterlich festgesetzt werden kann (RGZ. Bd. 66 S. 121, Bd. 72 S. 385; Komm. v. RGR. 6. Aufl. Vorbem. 2 vor § 145; vgl. auch RGZ. Bd. 106 S. 177). Von einer solchen Bestimmtheit oder Bestimmbarkeit kann bei dem „Vorvertrag" vom 24. März 1919 keine Rede sein.

Wesentliche Voraussetzungen für das Zustandekommen eines Kaufvertrags und folgeweise auch des entsprechenden Vorvertrags sind die Einigung der Parteien über die Sache oder das Recht, die den Kaufgegenstand bilden, und die Einigung über den Kaufpreis (§ 433 BGB.). Nun mag es dahingestellt bleiben, ob die Leistung des Verkäufers in Ansehung des Inventars im Vertrag vom 24. März 1919 genügend bestimmt oder bestimmbar ist. Denn jedenfalls ist die Gegenleistung des Käufers, der Kaufpreis, im ungewissen gelassen; nur die äußerste Preisgrenze nach oben ist mit 40000 M. festgesetzt. So wenig wie der Kläger auf Grund eines solchen „Vorvertrags" auf Vollziehung eines Kaufvertrags, zumal eines solchen mit einem Kaufpreise von 40000 M., hätte Klage erheben können, so wenig kann auch dem Beklagten ein solcher Anspruch zustehen, selbst wenn er sich zur Zahlung des in Aussicht genommenen Höchstpreises erbietet. Schon mit Rücksicht auf jene Preisbemessung entbehrt das Abkommen vom 24. März 1919 der Eigenschaft des Vorvertrags und stellt sich als bloße Punktation oder Traktat dar, die für beide Teile unverbindlich sind und allenfalls als Hilfsmittel für die Auslegung des später geschlossenen Vorvertrags oder Vertrags in Betracht kommen können. Es kommt nun aber hier noch hinzu, daß die Parteien die näheren Bedingungen des Kaufs dem späteren Vertrag ausdrücklich vorbehalten haben (vgl. § 154 Abs. 1 BGB.). Die Festsetzung dieser näheren Bedingungen hing also von der freien Entschließung beider Teile ab und es ist schlechthin unerfindlich, wie diese Entschließung durch Richterspruch ersetzt oder ergänzt werden könnte. Einen solchen Versuch hat denn auch weder das Landgericht noch das Oberlandesgericht unternommen; beide haben sich vielmehr darauf beschränkt, den Kaufpreis auf 40000 M. zu bemessen, übrigens ohne Erörterung der von Amts wegen zu prüfenden Aufwertungsfrage (RGZ. Bd. 106 S. 422, Bd. 107 S. 19, 129, 150, Bd. 109 S. 69). Welche Kaufvertragsbedingungen der Beklagte auf Grund der Urteile einseitig „vereinbaren" zu dürfen geglaubt hat, zeigt die Urkunde vom 10. Juli 1923.

Hiernach ist das nach § 256 ZPO. verfahrensrechtlich zulässige Begehren des Klägers, die Nichtigkeit des Vertrags vom 24. März 1919 festzustellen, gerechtfertigt. Aus dieser Feststellung folgt zugleich, daß der Beklagte zur Einwilligung in die Löschung der für ihn eingetragenen Auflassungsvormerkung zu verurteilen ist; denn die Eintragung der Vormerkung setzt das Bestehen eines rechtsbeständigen persönlichen Anspruchs auf Einräumung des durch die Vormerkung zu sichernden Rechtes am Grundstück voraus (§ 883 Abs. 1 BGB.).

Ferner war die auf den nichtigen Vorvertrag vom 24. März 1919 gestützte Widerklage abzuweisen. Soweit sie darauf gerichtet war, den Kläger für schuldig zu erklären, die Umschreibung im Grundbuch auf den Beklagten zu bewilligen, hätte die Widerklage übrigens selbst bei Gültigkeit des „Vorvertrags" abgewiesen werden müssen. Denn aus einem Vorvertrag folgt nur die Pflicht zum Abschluß des eigentlichen Vertrags, und nur hierauf, nicht aber auf Erfüllung des letzteren, kann aus dem Vorvertrag geklagt werden. Auf Vertragserfüllung, Abgabe der Auflassungserklärung, ist aber der zweite Teil des Widerklagantrags offensichtlich gerichtet. Denn wenn der Widerkläger zunächst im ersten Teil des Widerklagantrags käufliche Überlassung des Grundstücks, im zweiten Teil aber dazu noch Umschreibung des Grundstücks auf seinen Namen begehrt hat, so kann entgegen den Ausführungen des angefochtenen Urteils der zweite Teil des Antrags nur dahin ausgelegt werden, daß der Widerkläger Verurteilung des Klägers zur Abgabe der Auflassungserklärung beabsichtigt und dieser Absicht genügenden Ausdruck gegeben hat. Er hat denn auch auf Grund der beiden, als Leistungs-, nicht als Feststellungsurteile anzusehenden Urteile am 10. Juli 1923 die Auflassung des Grundstücks an sich gemäß § 894 ZPO. erklärt. Ob er hieran durch die im angefochtenen Urteil enthaltene Erläuterung der Urteilsformel gehindert war oder ob diese Erläuterung als im Widerspruch zu der Formel stehend unzulässig war, bedarf im gegenwärtigen Rechtsstreit keiner Entscheidung. Es kann auch zur Zeit auf sich beruhen, ob die Vollstreckung der Urteile, soweit der Kläger zur Überlassung des Grundstücks gegen Zahlung eines Kaufpreises von 40000 M. verurteilt worden war (ganz abgesehen vom Inhalt der Einzelbestimmungen des Kaufvertrags vom 10. Juli 1923), auf dem in § 894 ZPO. vorgesehenen Wege den bestehenden verfahrensrechtlichen Gesetzesvorschriften entsprochen hat.

---

20. 1. Ist das Gericht berechtigt zu prüfen, ob Umbildung einer Reichsbehörde stattgefunden hat?

2. Ist eine Delegation der dem Reichspräsidenten zustehenden Organisationsgewalt zur Vornahme einer solchen Umbildung zulässig?

3. Wann liegt eine solche Umbildung vor?

4. Wann hat ein Amt infolge Umbildung der Behörde aufgehört?

RBG. §§ 24, 155.

III. Zivilsenat. Urt. v. 9. April 1929 i. S. J. (Kl.) w. Deutsches Reich (Bekl.). III 352/28.

I. Landgericht I Berlin.

Der Kläger war Ministerialrat und Dirigent einer Unterabteilung des Reichsfinanzministeriums. Er ist zum 1. Oktober 1926 in den einstweiligen Ruhestand versetzt worden. Das verstoße, so behauptet er, gegen § 24 RBG., Art. 131 RVerf. und § 839 BGB. in Verbindung mit § 1 des Reichsgesetzes vom 22. Mai 1910 (RGBl. S. 798) und berechtige ihn, statt der ihm gewährten Wartegeldsbezüge Gehaltszahlung zu beanspruchen. Hierauf fußend hat er nach vergeblicher Anrufung des Reichsfinanzministers Klage gegen das Deutsche Reich auf Zahlung eines Teilbetrags erhoben. Mit dieser abgewiesen, hat er — unter Zustimmung des Reiches die Berufungsinstanz übergehend — Revision eingelegt. Diese hat zur Aufhebung des angefochtenen Urteils und zur Zurückverweisung an das Kammergericht geführt.

Gründe:

.... Auf Anstehen und unter Gegenzeichnung des Reichsfinanzministers hat der Reichspräsident am 7. September 1926 eine Verordnung erlassen, die im Reichsgesetzblatt (I S. 469) veröffentlicht worden ist und folgendermaßen lautet:

§ 1.

Im Vollzuge der Reichsverwaltungsreform wird das Reichsfinanzministerium unter den Gesichtspunkten der Vereinheitlichung der Geschäftsleitung sowie besseren Verteilung und sparsamen Nutzung der Arbeitskräfte umgebildet. § 24 des Reichsbeamtengesetzes findet Anwendung.

§ 2.

Mit der Durchführung der Umbildung wird der Reichsminister der Finanzen beauftragt.

§ 3.

Der Abschluß der Umbildung ist mir anzuzeigen.

Gestützt auf diese Verordnung hat der genannte Minister eine Änderung des Reichsfinanzministeriums vorgenommen, in deren Verfolg u. a. der Kläger in den einstweiligen Ruhestand versetzt worden ist. Ist diese Änderung als eine Umbildung des Reichsfinanzministeriums im Sinne des § 24 RBG. und das vom Kläger bis dahin verwaltete Amt als hierdurch aufhörend anzusehen, so muß der Kläger sich dem fügen und kann den eingeklagten Anspruch nicht erheben. Der Beklagte hat behauptet, das zu prüfen stehe dem Gericht nicht zu; denn gemäß § 155 RBG. sei ihm gegenüber die vorliegende Entscheidung der Verwaltungsbehörde darüber maßgebend, ob und von welchem Zeitpunkt an der Kläger einstweilig in den Ruhestand versetzt worden sei. Das trifft unbedenklich für den Fall zu, daß eine an sich zulässige Entscheidung der Verwaltungsbehörde vorliegt (RGZ. Bd. 119 S. 431). Hätte aber die Entscheidung — vom Einzelfall abgesehen — nach dem Stande der Gesetzgebung überhaupt nicht getroffen werden dürfen, so wäre sie auch nicht geeignet gewesen, die bis dahin bestehende Rechtslage zu ändern, und wäre somit auch für die Beurteilung des eingeklagten vermögensrechtlichen Anspruchs nicht maßgebend (RGZ. Bd. 122 S. 119). Daran also, daß die Gerichte an die gemäß § 150 RBG. ergehenden Entscheidungen gebunden sind, besteht kein Zweifel; sie haben aber zu prüfen, ob die gesetzlichen Voraussetzungen für den Erlaß derartiger Entscheidungen vorliegen. Das bestreitet der Beklagte, und er bezieht sich dabei auf RGZ. Bd. 12 S. 70. Diese Entscheidung verhält sich über einen ähnlichen Fall wie den vorliegenden: ein in den einstweiligen Ruhestand versetzter Beamter klagte Gehalt ein und bestritt, daß das von ihm verwaltete Amt infolge gesetzmäßig vollzogener Umbildung der Behörde aufgehört habe. Damals verneinte das Reichsgericht (II. Zivilsenat), daß das Gericht nachprüfen dürfe, ob die Behörde aus zureichendem gesetzlichen Grunde den Kläger aus dem Amte entfernt habe, und erklärte: § 155 RBG. sei notwendig dahin zu verstehen, daß er den Richter bei Beurteilung der privatrechtlichen Ansprüche an die von den Disziplinar- und Verwaltungsbehörden geschaffene öffentlich-rechtliche Lage binde (a. a. O. S. 73). Unter „privatrechtlichen" Ansprüchen sind dort die vermögensrechtlichen verstanden (a. a. O. S. 72). Diese Auffassung ist längst überholt. Indessen kommt es zunächst weniger hierauf als auf die dort ausgesprochene Ansicht an, daß der Richter an die von den Verwaltungsbehörden geschaffene öffentlichrechtliche Lage gebunden sei. Das entspricht dem Gesetz, setzt aber doch voraus, daß eben eine Rechtslage geschaffen worden ist, nicht nur ein tatsächlicher Zustand. Hierfür kann es rechtlich nicht genügen, daß eine Behörde eine entsprechende Behauptung aufstellt. Denn nicht schon an eine solche Erklärung hat § 24 RBG. die in ihm ausgesprochene Rechtsfolge geknüpft, sondern der dort vorgesehene Fall muß eingetreten, die vom Gesetze bestimmte Rechtslage muß geschaffen worden sein. Nicht lediglich die behördliche Erklärung kann als maßgebend angesehen, sondern es muß geprüft werden, ob das Vorgehen der Behörde an sich rechtlich zulässig gewesen ist und so die gesetzlich vorgesehene Lage geschaffen hat. Soweit diese Ansicht ein Abgehen von der Entscheidung in RGZ. Bd. 12 S. 70 enthalten mag, erübrigt sich gleichwohl ein Vorgehen gemäß § 136 GVG. Denn die vorgenannte, vor mehr als 44 Jahren ergangene Entscheidung beruht in der sie bestimmenden Grundauffassung auf Anschauungen über die Rechtsnatur des Beamtenverhältnisses und der Beamtenansprüche, welche durch die spätere Rechtsentwicklung, vollends durch diejenige seit Erlaß der Reichsverfassung überholt sind. In einem solchen Falle wird ein Abweichen im Sinne des § 136 GVG. nicht für vorliegend erachtet (RGZ. Bd. 57 S. 99, Bd. 68 S. 65, Bd. 87 S. 272).

Der vorstehend erörterten Rechtsauffassung ist das angefochtene Urteil nicht gerecht geworden. Es hat davon abgesehen, selbst zu prüfen, ob, wie der Beklagte behauptet, damals eine Umbildung des Reichsfinanzministeriums im Sinne des § 24 RBG. erfolgt ist. Daher konnte es nicht aufrecht erhalten werden, sondern es war unter Anwendung der §§ 564, 565, 566a Abs. 5 ZPO. wie geschehen zu erkennen.

Bei der hiernach vorzunehmenden Prüfung wird das Kammergericht selbstverständlich von der oben wiedergegebenen Verordnung des Reichspräsidenten auszugehen haben. Der Kläger trägt Einzelheiten vor, die dartun sollen, daß vor und bei Erwirkung dieser Verordnung gewissen Bestimmungen der Geschäftsordnung der Reichsregierung (RMinBl. 1924 S. 173, 237) sowie dienstlichen Gepflogenheiten zuwidergehandelt worden sei. Dem nachzugehen erübrigt sich; denn etwaige Ordnungswidrigkeiten dieser Art können die Rechtswirksamkeit der Verordnung, gegen deren Verfassungsmäßigkeit keinerlei Bedenken bestehen, nicht beeinträchtigen. Sie selbst enthält allerdings keine Bestimmung, die als eine Umbildung des Reichsfinanzministeriums angesehen werden könnte, sondern sie verheißt nur in § 1 die Vornahme einer Umbildung. Mit deren Durchführung wird in § 2 der Reichsfinanzminister beauftragt. Die Verordnung enthält also insoweit eine Übertragung (Delegation) der dem Reichspräsidenten zustehenden Organisationsgewalt an den Reichsfinanzminister. So wie geschehen ist diese für zulässig zu erachten, zumal da sie eine bestimmte zeitliche und sachliche Begrenzung sowie eine genau bezeichnete Zielsetzung enthält. Daß, wenn in Verfolg dieser Verordnung eine „Umbildung" des Reichsfinanzministeriums eintrat, § 24 RBG. Anwendung zu finden hatte, entsprach der Rechtslage und ist in der Verordnung noch ausdrücklich ausgesprochen. Letzteren Umstand dahin zu deuten, daß jede Maßnahme, die der Reichsfinanzminister aus Anlaß dieser Verordnung treffen würde, als ein nach § 24 RBG. zu beurteilender Sachverhalt gelten solle, ist nach Wortlaut und Sinn der Verordnung ausgeschlossen. Der Beklagte hat auch keineswegs eine dahingehende Behauptung aufgestellt.

Der Kläger bestreitet, daß die vom Reichsfinanzminister auf Grund der Verordnung vorgenommenen Maßnahmen eine „Umbildung" des Ministeriums gewesen seien; er behauptet, sie hätten sich — so ist sein Vorbringen kurz zusammenzufassen — auf eine „Umordnung" der genannten Behörde beschränkt. Der Unterschied zwischen diesen beiden Maßnahmen ist, wie auch die am 10. November 1926 vom damaligen Reichsfinanzminister dem Reichstag vorgelegte Denkschrift über die Umbildung des Reichsfinanzministeriums (Drucks. Nr. 2659 der dritten Wahlperiode) zutreffend ausführt, kein solcher des Umfangs, sondern ein solcher der Art und ist auf die sich aus den gesamten Umständen ergebende Beurteilung sowie besonders darauf abzustellen, ob wesentliche organisatorische Änderungen getroffen worden sind; die in diesem Zusammenhang erfolgte Bezugnahme auf RGZ. Bd. 113 S. 207 (211) entspricht zutreffender Beurteilung. Maßgebend ist daher, ob Veränderungen von solcher Art stattgefunden haben, daß nicht nur der Geschäftsgang, sondern auch die Organisation des Reichsfinanzministeriums sachlich geändert worden ist.

Anscheinend von ähnlichen Gesichtspunkten ausgehend hat das angefochtene Urteil in anderem Zusammenhang ausgesprochen: „die Veränderungen im Reichsfinanzministerium stellen sich nur als eine Geschäftsplanänderung aus Zweckmäßigkeitsgründen dar, aber nicht als eine organische Umbildung einer Reichsbehörde". Worauf sich in tatsächlicher Hinsicht diese Ausführung des Urteils stützt, wird aber nicht gesagt. Daher läßt sich nicht beurteilen, ob sie auf rechtlich einwandfreier Grundlage beruht. Sie gibt insbesondere auch dem Zweifel Raum, ob sie, wenn vielleicht im Ausgangspunkt richtig, doch bei Durchführung der Beurteilung rechtlich zutreffend geblieben ist; denn auch „eine Geschäftsplanänderung aus Zweckmäßigkeitsgründen" kann sachlich und rechtlich „eine organische Umbildung" der Behörde enthalten. Die einander ausschließende Gegenüberstellung beider Maßnahmen geht also fehl und läßt auf rechtliche Verkennung des Begriffs der Umbildung im Sinne des § 24 RBG. schließen.

Bei der hiernach vorzunehmenden Prüfung wird ferner zu beachten sein, daß auch eine nicht völlig gelungene Umbildung immer noch eine solche im Rechtssinne sein kann. Entscheidend wird sein, ob eine Umbildung gewollt war und ob die Maßnahmen, die zu ihrer Durchführung vorgenommen worden sind, hierzu geeignet, insbesondere also wesentliche organische Änderungen waren. Ob sie ihren Zweck erfüllt haben, ist nicht zu prüfen. Führt die nach diesen Gesichtspunkten vorzunehmende Prüfung zu der Annahme, daß damals eine Umbildung des Reichsfinanzministeriums im Sinne von § 24 RBG. stattgefunden hat, so wird weiterhin zu prüfen sein, ob das vom Kläger verwaltete Amt infolge dieser Umbildung aufgehört hat. Damit würde es nicht unvereinbar sein, daß die vom Kläger bis dahin verwalteten Dienstgeschäfte nicht weggefallen sind und daß es nach wie vor im Reichsfianzministerium Abteilungsdirigenten gibt. Wesentlich ist, ob die vom Kläger bisher innegehabte Amtsstelle im Rahmen und zum Zweck der in § 1 der Verordnung des Reichspräsidenten vorgeschriebenen Vereinheitlichung der Geschäftsleitung sowie der besseren Verteilung und sparsamen Nutzung der Arbeitskräfte eingezogen worden ist. Ist das der Fall, so konnte der Kläger gemäß § 24 RBG. einstweilig in den Ruhestand versetzt werden.

Darin, daß gerade er betroffen worden ist, kann, wenn ein nach § 24 RBG. zu beurteilender Sachverhalt als vorliegend angenommen wird, nicht ohne weiteres die Verletzung einer dem Kläger gegenüber bestehenden Amtspflicht erblickt werden. Für eine solche Annahme fehlt bisher jede Grundlage.

---

21. 1. Kann der Grundschuldgläubiger, dem vom Grundstückseigentümer für gewährte und noch zu gewährende Kredite eine Eigentümergrundschuld abgetreten worden ist, auch dann gegenüber dem Versicherer auf die vom Grundstückseigentümer verwirkte Versicherungsentschädigung für ein abgebranntes Gebäude zum vollen Grundschuldbetrag Anspruch erheben, wenn er einen Teil des Abtretungsentgelts erst nach dem Versicherungsfall gezahlt hat?

2. Ist der in §§ 102, 106 VVG. den Realgläubigern zugebilligte Anspruch auf die Versicherungsentschädigung davon abhängig, daß sie in der Lage sind, ihr Realrecht dem Versicherer abzutreten?

VVG. §§ 101, 102, 106.

VII. Zivilsenat. Urt. v. 16. April 1929 i. S. A. Vers. AG. (Bekl.) w. D. u. N.-Bank (Kl.). VII 441/28.

I. Landgericht Hamburg.
II. Oberlandesgericht daselbst.

Auf dem Fabrikgrundstück des Fabrikbesitzers D. war für diesen eine Eigentümergrundschuld von 60000 RM. eingetragen, die er am 4. November 1924 der Klägerin abgetreten hat; sie sollte sich daraus wegen aller Forderungen bezahlt machen, die sie gegen ihn bereits erworben hatte und noch erwerben würde. Am 29. Juli 1925 brannte das auf dem Grundstück stehende Fabrikgebäude ab, das mit Maschinen und Vorräten bei der Beklagten in Höhe von 160000 RM. gegen Feuersgefahr versichert war. Die Klägerin hatte bis zu diesem Tage dem D. erst Zahlungen im Gesamtbetrag von 18811 RM. gemacht, hat ihm aber nach dem Versicherungsfall noch weitere Zahlungen geleistet, sodaß der Grundschuldbetrag von 60000 RM. schließlich voll belegt war.

Der Versicherte hat im Februar 1926 gegen die Beklagte auf Zahlung der Brandentschädigung in Höhe von 127046 RM. geklagt, ist aber durch rechtskräftiges Urteil des Oberlandesgerichts Kiel vom 8. Februar 1927 mit seiner Klage abgewiesen worden, weil er nach der Annahme des Gerichts nach dem Brande seine Auskunftspflicht der Beklagten gegenüber grob fahrlässig verletzt hatte. Nunmehr verlangt die Klägerin in Höhe des vollen Betrags der ihr abgetretenen Grundschuld von der Beklagten Zahlung der Versicherungsentschädigung auf Grund der §§ 101, 106 VVG. Die Beklagte hält diesen Anspruch nur im Betrag von 18811 RM. für begründet, weil die Klägerin am Tage des Versicherungsfalls nur in Höhe dieses Betrags an dem abgebrannten Gebäude dinglich berechtigt gewesen sei. Das Grundstück ist inzwischen zur Zwangsversteigerung gekommen, und die Grundschuld ist nur in Höhe von 7366,18 RM. zur Zahlung gelangt, zum Rest aber ausgefallen.

Das Landgericht hat unter Abweisung des weitergehenden Klagantrags die Beklagte zur Zahlung von 18811 RM. verurteilt. Das Oberlandesgericht hat auf die Berufung der Klägerin durch Teilurteil das landgerichtliche Urteil insoweit abgeändert, als es die Klage in Höhe von 31822,82 RM. abweist und die Beklagte zur Zahlung dieses Betrags verurteilt. Die Revision der Beklagten blieb ohne Erfolg.

Gründe:

Das Berufungsgericht verkennt nicht, daß der Grundschuldgläubiger nach §§ 101, 106 VVG. auf die Versicherungsentschädigung nur soweit Anspruch erheben kann, als ihm der versicherte Grundstückseigentümer aus der Grundschuld haftet. Der Revision ist auch zuzugeben, daß es für den Umfang dieser Haftung auf den Tag des Versicherungsfalls ankommt, da nach diesem Zeitpunkt die Haftung des abgebrannten Gebäudes nicht mehr in Frage kam. Aber die Revision irrt, wenn sie meint, daß für das Maß der Haftung allein entscheidend sei, wieweit die Grundschuld oder richtiger die Abtretung der Grundschuld beim Eintritt des Versicherungsfalls bereits vergütet war. In dieser Beziehung hat das Berufungsgericht mit Recht zwischen Hypothek und Grundschuld unterschieden.

Während die Hypothek für ihre Entstehung grundsätzlich eine Forderung voraussetzt, ist die Grundschuld von einer solchen unabhängig. Dies hindert zwar nicht, daß auch bei der Bestellung einer Grundschuld zwischen dieser und einer Forderung Beziehungen bestehen können, sei es um die Forderung zu tilgen oder zu sichern, sei es als Entgelt für eine versprochene oder gewährte Leistung. Aber das Ausbleiben der Abgeltung hindert im letzteren Fall niemals die Entstehung der Grundschuld für den eingetragenen Grundschuldgläubiger, weil das Entgelt für die Grundschuld nur Gegenstand des Grundgeschäfts ist und die Grundschuld sachenrechtlich ganz losgelöst ist von dem Schuldgeschäft und seiner Erfüllung (RGZ. Bd. 78 S. 67). Entsprechendes gilt auch für den Fall der Abtretung einer für den Grundstückseigentümer selbst bestellten Grundschuld, die hier in Frage steht. Denn im Ergebnis kommt diese Abtretung auf dasselbe hinaus wie die ursprüngliche Bestellung der Grundschuld für den Geldgeber, weil dieser in beiden Fällen Gläubiger der Grundschuld werden soll und der Grundstückseigentümer hier wie dort der Empfänger der gewährten Geldbeträge ist.

Demgemäß war die Klägerin in voller Höhe Gläubigerin der Grundschuld, auch schon bevor diese von ihr voll vergütet war, und es lag nicht etwa so, daß in Höhe des nicht bezahlten Teils der Grundstückseigentümer selbst der jeweils Berechtigte aus der Grundschuld war und die Klägerin zum Vollbetrag erst dann Gläubigerin wurde, wenn sie durch die gegebenen Geldbeträge für die Grundschuld die volle Gegenleistung gewährt hatte (RGZ. Bd. 85 S. 93). Vergütete sie die Grundschuld nicht voll, so konnte der Grundstückseigentümer nach dem zugrundeliegenden Schuldvertrag oder aus § 812 BGB. der Geltendmachung des vollen Betrags der Grundschuld zwar widersprechen; aber im gegebenen Falle ist die Grundschuld voll gedeckt. Daß dies erst nach dem Versicherungsfall bis zum vollen Betrage geschehen ist, ändert die Rechtslage nicht. Denn ein bestimmter Zeitpunkt war für die zu gewährenden Geldbeträge, soweit ersichtlich ist, nicht vorgesehen, und darum war es der Klägerin nicht verwehrt, die Zahlungen auch noch nach dem Versicherungsfall fortzusetzen. Sie konnte dies um so mehr tun, als sie mit der Auszahlung der Versicherungssumme an den Versicherten rechnen durfte, solange sie keine Kenntnis von der Verwirkung des Versicherungsanspruchs hatte und als die Versicherungsforderung ihr nach § 1127 BGB. haftete, bis das abgebrannte Gebäude wiederhergestellt war. Darum kommt es auch nicht darauf an, ob sie von dem Brande wußte, als sie die weiteren Zahlungen leistete. Denn auch wenn dies der Fall war, hörte ihr Interesse an der Vollvergütung für die Grundschuld nicht auf. Vielleicht war diese nach dem der Abtretung der Grundschuld zugrundeliegenden Vertrag sogar ihre Pflicht, nachdem sie sachenrechtlich zum vollen Betrage Grundschuldgläubigerin geworden war. Ein Recht auf Einstellung der weiteren Zahlungen hatte die beklagte Versicherungsgesellschaft nicht, wenn die Einstellung auch vorteilhaft für sie gewesen wäre. Der Standpunkt des Berufungsgerichts, daß die Klägerin die Haftung der Beklagten aus §§ 101, 106 VVG. durch Gewährung weiterer Kredite von dem Zeitpunkt an nicht mehr habe erweitern dürfen, wo ihr die später auch rechtskräftig bestätigten Verwirkungstatsachen bekannt geworden waren, beschwert die Revisionsklägerin nicht. Denn in Wirklichkeit beschränkte auch die Kenntnis von der Verwirkung die weitere Hergabe der Gelder bis zum vollen Betrag der Grundschuld nicht, und nur ein einverständliches Zusammenwirken der Klägerin und des Versicherten könnte der ersteren den Anspruch auf die Versicherungsentschädigung in Höhe der nach der Verwirkung noch gewährten Beträge nehmen.

Es mag scheinen, als wenn dadurch der Versicherungsnehmer trotz der Verwirkung seines Versicherungsanspruchs auf dem Umweg über die weiteren Geldleistungen mittelbar schließlich doch die Rechte aus der Versicherung genieße, besonders nachdem zufolge der Zwangsversteigerung des Grundstücks und des teilweisen Ausfalls der Grundschuld der Übergang der Grundschuldrechte an die Beklagte nicht mehr in Frage kommt. Aber in Wahrheit wird der versicherte Grundstückseigentümer durch die Zahlung des Versicherers an den Grundschuldgläubiger nur diesem gegenüber von seiner Schuld befreit, ohne daß er auf die Zahlung der Versicherungsentschädigung an sich selbst einen Anspruch hätte. Da aus diesem Grunde aber der Versicherer zum Ausgleich einen Erstattungsanspruch aus der Bereicherung oder einen sonstigen Ersatzanspruch gegen den Versicherten gewinnt und ihm deshalb infolge der Zahlung insbesondere auch der Übergang der Grundschuld gesetzlich verbürgt ist (§§ 102, 106 VVG.), so kommt insofern die Verwirkung des Versicherungsanspruchs gegenüber dem Versicherten doch zur Geltung. Ihre Folgen äußern sich im gegebenen Falle freilich spärlicher, weil das Grundstück des Schuldners inzwischen zur Zwangsversteigerung gekommen und die Grundschuld teilweise ausgefallen ist, sodaß im wesentlichen nur der persönliche, vielleicht wertlose Ersatzanspruch gegen den Versicherten bestehen geblieben ist. Aber dies ändert an der Rechtslage nichts. Denn daß etwa dann, wenn der Übergang der Grundschuld wegen ihres Ausfalls nicht in Frage kommt, der Anspruch des Realgläubigers aus §§ 101, 106 VVG. nicht besteht, ergibt die Fassung des § 102 VVG. nicht. Aus ihr geht sogar das Gegenteil hervor, weil danach der Übergang der bezahlten Post auf den Versicherer vorgängige Befriedigung des Realgläubigers voraussetzt und deshalb umgekehrt diese auch nicht von der Möglichkeit des Übergangs abhängig sein kann (vgl. dazu RGZ. Bd. 8 S. 169). Eine besondere Unbill liegt hierin für den Versicherer nicht. Denn auch wenn die Post auf ihn übergeht, kann er später mit ihr ausfallen und dann für die Zahlung der Versicherungsentschädigung an den Realgläubiger vielleicht doch nicht voll schadlos gehalten werden. Diese Nachteile sind Folgen des den Realgläubigern selbständig gewährten Rechts auf die Versicherungsentschädigung. Auch daß etwa sonst wegen des teilweisen Ausfalls der Grundschuld der Klägerin die Rechte aus §§ 101, 106 VVG. zu beschränken seien, kann nicht zugegeben werden. Denn dieser Ausfall beweist nicht, daß die Grundschuld auch ohne den Brand nicht in voller Höhe zur Hebung gekommen wäre, sondern nur, daß bei der Zwangsversteigerung ohne das abgebrannte Gebäude ein Erlös, der die Grundschuld voll deckte, nicht mehr zu erzielen war. Dies beeinflußte aber nicht die Rechte der Klägerin auf die Versicherungsentschädigung, soweit diese als Ersatz für das versicherte und pfandverhaftete Gebäude zu gelten hat.

---

22. 1. Wann entsteht im internationalen Eisenbahnfrachtverkehr der Anspruch des Absenders gegen die Versandbahn auf Zahlung einer eingelösten Nachnahme, und wann wird er fällig? Ist dazu erforderlich, daß die Empfangsbahn den eingezogenen Nachnahmebetrag an die Versandbahn abgeführt hat?

2. Über den Einfluß des Weltkriegs auf Nachnahmesendungen im Eisenbahnfrachtverkehr zwischen preußischen und russischen Staatsbahnen.

3. Unterliegt der Anspruch des Absenders gegen die Deutsche Reichsbahn-Gesellschaft auf Zahlung einer eingelösten Nachnahme

der kurzen Verjährung des Art. 45 des Internationalen Übereinkommens über den Eisenbahnfrachtverkehr vom 14. Oktober 1890?

Internationales Übereinkommen über den Eisenbahnfrachtverkehr vom 14. Oktober 1890 Art. 5, 13, 27, 45.

I. Zivilsenat. Urt. v. 17. April 1929 i. S. Deutsche Reichsbahn-Gesellschaft (Bekl.) w. B. (Kl.). I 31/29.

I. Landgericht Königsberg, Kammer für Handelssachen.
II. Oberlandesgericht daselbst.

Am 29. Juli 1914 sandte die Klägerin durch die Eisenbahn mit internationalem Frachtbrief, belastet mit 10000 M. Nachnahme, verschiedene Waren von Prostken (Ostpreußen) an die Speditionsfirma M. A. L. in Grajewo in Rußland. Sie behauptet, daß die Sendung am Bestimmungsort eingetroffen und der Firma M. A. L. gegen Zahlung von Fracht und Nachnahme ausgehändigt worden sei, und verlangt von der Beklagten als Rechtsnachfolgerin der preußisch-hessischen Staatsbahngemeinschaft Zahlung der Nachnahme im aufgewerteten Betrage von 6000 RM. nebst 6% Zinsen seit dem 17. November 1914 als dem Tage der Mahnung. Das Landgericht erklärte den Klaganspruch dem Grunde nach für gerechtfertigt. Das Oberlandesgericht wies die Berufung der Beklagten zurück. Ihre Revision hatte keinen Erfolg.

Gründe:

Das Oberlandesgericht legt seiner rechtlichen Beurteilung zutreffend das Internationale Übereinkommen über den Eisenbahn-Frachtverkehr vom 14. Oktober 1890 (JÜ.) zugrunde. Es nimmt an, daß danach der Anspruch des Absenders gegen die Bahn auf Zahlung des Nachnahmebetrags begründet sei, sobald der Empfänger die Nachnahme eingelöst habe. Es sieht übereinstimmend mit dem Landgericht als erwiesen an, daß diese Einlösung im vorliegenden Falle am 30. Juli 1914 erfolgt sei, also noch vor Ausbruch des Weltkrieges. Die letztere Feststellung beruht auf einer rechtlich bedenkenfreien Beweiswürdigung, in der das Berufungsgericht frei war, und wird auch von der Revision nicht angegriffen. Dagegen sucht die Revision darzulegen, daß der Nachnahmebetrag erst mit Empfang der Anzeige der Bestimmungsabfertigung (Abfertigungsstelle Grajewo) über die Zahlung der Nachnahme zahlbar werde, und meint, daß die Beklagte, weil sie bisher keine solche Anzeige erhalten habe und infolge des Weltkrieges und seiner Folgen auch nicht mehr erhalten könne, von der Verpflichtung zur Zahlung überhaupt befreit sei.

Dem kann nicht beigetreten werden. Zweifelhaft kann höchstens sein, ob die Forderung des Absenders gegen die Bahn auf Zahlung der Nachnahme erst durch die Einlösung der Nachnahme zur Entstehung gebracht wird oder ob sie schon früher entsteht, nämlich mit dem Abschluß des Frachtvertrags oder bei nachträglicher Belastung des Gutes mit Nachnahme in diesem Zeitpunkt, wenn auch nur als aufschiebend bedingt durch die Zahlung der Nachnahme. Hierauf kommt es aber bei der festgestellten Sachlage nicht entscheidend an. Jedenfalls bietet weder das Internationale Übereinkommen selbst noch seine Entstehungsgeschichte den geringsten Anhalt dafür, daß der Anspruch des Absenders auf Zahlung einer Nachnahme (nach deren Eingang) erst in einem späteren Zeitpunkt als in dem der Einlösung der Nachnahme entstehen soll. Art. 13 Abs. 3 schreibt nur vor, daß die Eisenbahn nicht verpflichtet ist, dem Absender die Nachnahme eher auszuzahlen, als bis der Betrag vom Empfänger gezahlt ist. Daraus ist zu schließen, daß der Anspruch des Absenders spätestens mit dieser Zahlung begründet ist. Selbstverständlich kann die Versandbahn erst zahlen, wenn sie die Nachricht von der Einlösung der Nachnahme erhalten hat. Aber daraus folgt nur, daß die Fälligkeit des schon vorher begründeten Anspruchs durch diesen in der Natur der Sache liegenden Umstand zeitlich hinausgeschoben wird. Eine weitere Bedeutung kann auch der Zusatzbestimmung 5 des deutschen und niederländisch-russischen Eisenbahngütertarifs nicht zukommen. Nr. 3 der Zusatzbestimmungen zu § 51 des Betriebsreglements des Vereins Deutscher Eisenbahnverwaltungen hat den regelmäßigen Fall des Eingangs der Nachnahme bei der Versandstation im Auge, besagt aber nicht, daß der Anspruch des Absenders auf Zahlung erst mit dem Eingang entstehe. Das wäre mit dem Internationalen Übereinkommen nicht vereinbar. Ebensowenig kann die Rede davon sein, daß, wenn in einem Einzelfall wie in dem vorliegenden die Benachrichtigung der Versandbahn durch die Empfangsbahn unterbleibt, damit die Zahlungspflicht der Versandbahn überhaupt entfällt. Die Rechtsfolge ist vielmehr nur die, daß die Versandbahn dann zahlen muß, sobald sie von der Einlösung der Nachnahme anderweit Kenntnis erhält. In allen diesen Beziehungen ist den zutreffenden Ausführungen des Berufungsgerichts beizutreten. Daraus ergibt sich, daß der Klaganspruch entstanden ist, bevor der Weltkrieg ausbrach. Ob dieser die Aufhebung des Internationalen Übereinkommens im Verkehr zwischen Deutschland und Rußland zur Folge gehabt hat, ist unerheblich, da hierdurch der einmal begründete Anspruch nicht mit rückwirkender Kraft wieder beseitigt werden konnte. Daß sich der Anspruch gegen die Beklagte als Rechtsnachfolgerin der preußisch-hessischen Eisenbahngemeinschaft richtet, ist nach Art. 27 Abs. 3 IÜ. nicht zweifelhaft.

Ob die Abrede über die Nachnahme einen Teil des Frachtvertrags bildet oder sich als ein daneben bestehender besonderer Vertrag darstellt, und welche rechtliche Natur dieser Vertrag hat, worüber im Schrifttum gestritten wird (vgl. Loening Intern. Übereink. usw. vom 23. Oktober 1924 Art. 19 Anm. 1), bedarf keiner Entscheidung. Wie man sich auch zu diesen Fragen stellen mag, erheblich ist für den vorliegenden Fall nur, ob die Verpflichtung der Versandbahn zur Zahlung des Nachnahmebetrags voraussetzt, daß die Empfangsbahn der Versandbahn die eingezogene Nachnahme übermittelt. Dies richtet sich nicht nach dem von der Revision angezogenen § 667 BGB., sondern hängt davon ab, wie die rechtlichen Beziehungen des Absenders zur Versandbahn und der mehreren beteiligten Bahnen untereinander im Internationalen Übereinkommen geregelt sind. Nun findet sich darin zwar keine ausdrückliche Bestimmung über diese Frage; die Gesamtheit seiner Vorschriften läßt aber hinreichend erkennen, daß sie nicht im Sinne der Beklagten zu beantworten ist. Insbesondere kommen hier Art. 27 über die Haftpflicht der Bahnen in der Beförderungsgemeinschaft, Art. 47 über das Rückgriffsrecht der Bahnen untereinander und Art. 57 über Errichtung eines Zentralamts und seine Zuständigkeit in Betracht. Daraus ist zu schließen, daß der Absender, dem das Wahlrecht zusteht, welche von den in Art. 27 bezeichneten Bahnen er in Anspruch nehmen will, nicht gezwungen sein soll, sich an die Empfangsbahn zu halten, wenn diese die von ihr eingezogene Nachnahme nicht abführt, sondern daß die Bahnen deswegen untereinander ihren Rückgriff nehmen müssen. Denn zu den Ansprüchen aus dem internationalen Frachtvertrag im Sinne des Art. 27 Abs. 3 gehören auch die Nachnahmeforderungen (Eger, Das Intern. Übereinkommen usw., 3. Aufl., Art. 27 Anm. 149 bei Ziff. II in Verb. mit Art. 26 Anm. 144 bei Ziff. IV 2). Das allein entspricht auch im vorliegenden Falle der Billigkeit, da die Beklagte und das hinter ihr stehende Deutsche Reich weit eher in der Lage sind, die Nachnahme einzutreiben als der Kläger, wenn er daran dächte, die Sowjetrepublik oder einen anderen Staat oder eine Eisenbahn als Rechtsnachfolgerin des früheren russischen Reiches oder der Empfangsbahn in Anspruch zu nehmen. Der Gesichtspunkt einer übermäßigen Belastung der Beklagten durch die Klagforderung und ähnliche Ansprüche anderer Personen muß gänzlich ausscheiden. Die unglücklichen Folgen des Weltkrieges können nicht einem einzelnen aufgebürdet, sondern müssen von der Allgemeinheit getragen werden.

Die Einrede der Verjährung ist vom Berufungsgericht zutreffend beschieden worden. Art. 45 IÜ. betrifft nur bestimmte dort bezeichnete Ansprüche, zu denen der Anspruch auf Zahlung einer eingelösten Nachnahme nicht gehört.

Die Revision sucht unter Bezugnahme auf Art. 5 Abs. 1 Nr. 3 IÜ. und auf § 323 BGB. auszuführen, daß der Weltkrieg mit seinen Folgen als höhere Gewalt anzusehen sei und die Erfüllung der Verpflichtung zur Zahlung des Nachnahmebetrags unmöglich gemacht habe. Die erstere Bestimmung besagt indessen nur, daß die Pflicht der Bahnen zur Beförderung von Gütern im internationalen Verkehr entfällt, wenn als höhere Gewalt zu betrachtende Umstände die Beförderung verhindern. Sie bezieht sich also nicht auf die Auszahlung einer Nachnahme. Abgesehen davon ist aber überhaupt nicht anzuerkennen, daß die Erfüllung der Vertragspflicht der Beklagten gegenüber der Klägerin durch höhere Gewalt verhindert oder unmöglich geworden ist. Da dieser Anspruch nach dem vorher Gesagten nicht davon abhängt, daß die russische Bahn den eingegangenen Betrag an die Beklagte abführt oder, von der Frage der Fälligkeit abgesehen, ihr die Einlösung der Nachnahme anzeigt, so wird er durch die nach seiner Entstehung eingetretenen Ereignisse nicht berührt, selbst wenn, was hier nicht geprüft zu werden braucht, die russischen Staatsbahnen ohne einen Rechtsnachfolger geblieben sein sollten. Diese Umstände können höchstens die vertraglichen Beziehungen der an der Beförderung beteiligten Bahnen untereinander beeinflussen.

Es kann der Revision auch nicht zugestimmt werden, wenn sie geltendmacht, daß die preußische Staatsbahn die Beförderung und die Zahlung der Nachnahme nur unter der selbstverständlichen Voraussetzung des Fortbestehens der Zwangsgemeinschaft mit den russischen Staatsbahnen übernommen habe. Denn zum Inhalt des Vertrags ist das nicht gemacht worden, und die Verpflichtung der Beklagten gegenüber der Klägerin wird durch nachträgliche Auflösung der Zwangsgemeinschaft nicht aufgehoben. Diese Verpflichtung kann auch nicht deshalb geleugnet werden, weil die Grundlage des Frachtvertrags einschließlich des Nachnahmeauftrags weggefallen und der Beklagten daher die Vertragserfüllung nach Treu und Glauben nicht mehr zuzumuten sei. Eine derartige Vertragsgrundlage hat nicht bestanden. Wer mit einer Eisenbahn einen Frachtvertrag mit Nachnahmebelastung auf Grund des Internationalen Übereinkommens abschließt, kann sich vielmehr darauf verlassen, daß er die Nachnahme von der Versandbahn ausgezahlt erhält, wenn der Empfänger die Nachnahme eingelöst hat, und kann es der Versandbahn überlassen, sich wegen ihres Rückgriffsanspruchs gegen die Empfangsbahn mit dieser auseinanderzusetzen.

Auch die sonstigen Revisionsrügen, soweit sie den Hauptanspruch betreffen, sind unbegründet. Die Urteilsgründe lassen keinen Zweifel darüber, daß die Entscheidung lediglich auf einer Anwendung des Internationalen Übereinkommens über den Eisenbahnfrachtverkehr vom 14. Oktober 1890 mit seinen Änderungen und Ergänzungen beruht. Nur nebenher ist zur weiteren Stütze für die Richtigkeit der Auslegung dieses Abkommens auf einzelne Bestimmungen des Internationalen Übereinkommens über den Eisenbahnfrachtverkehr vom 23. Oktober 1924 hingewiesen worden. Rechtliche Bedenken bestehen dagegen nicht.

Solche Bedenken bestehen nur insoweit, als das Oberlandesgericht den Beginn des Verzugs der Beklagten auf den 17. November 1914 angenommen hat. Denn solange die Forderung der Klägerin nicht fällig war, konnte die Beklagte nicht in Verzug geraten; die Fälligkeit ist aber nach dem vorher Gesagten erst eingetreten, als die Beklagte mangels einer Nachricht über die Einlösung der Nachnahme davon anderweitig Kenntnis erhielt. Dies ist vermutlich erst im Laufe des Rechtsstreits durch die Beweisaufnahme geschehen. Seitdem muß sie Verzugszinsen entrichten, da hierauf im weiteren

Verlauf des Prozesses durch die Klägerin unbedenklich ein der Mahnung gleichstehender Rechtsakt, durch Verlesung ihrer Anträge oder Zustellung eines Schriftsatzes, erfolgt ist. Dies genügt für den Grund des Anspruchs auch in Ansehung der Verzugszinsen. Der genaue Zeitpunkt der Inverzugsetzung betrifft nur seine Höhe. Er kann deshalb der Feststellung im Nachverfahren vorbehalten bleiben.

---

23. Kommt es für die Frage der Verwechslungsfähigkeit von Arzneimitteln, die nur auf ärztliches Rezept und nur in Apotheken abgegeben werden dürfen, neben der Anschauung der Ärzte, Apotheker und Großhändler auch auf die Auffassung der Verbraucher an?

WZG. § 9 Abs. 1 Nr. 1, § 20.

II. Zivilsenat. Urt. v. 1. März 1929 i. S. H. (Kl.) w. B. (Bekl.). II 342/28.

I. Landgericht I Berlin.
II. Kammergericht daselbst.

Für die Klägerin ist in der Zeichenrolle des Patentamts seit dem Jahre 1915 das Warenzeichen „Soldigal", für die Beklagte seit dem Jahre 1925 das Warenzeichen „Pandigal" eingetragen. Als Waren, für die das Zeichen bestimmt ist, wurden ursprünglich für beide Zeichen angegeben: Arzneimittel, chemische Produkte für medizinische und hygienische Zwecke, pharmazeutische Drogen und Präparate, Pflaster, Verbandstoffe, Tier- und Pflanzenvertilgungsmittel, Desinfektionsmittel, Konservierungsmittel für Lebensmittel. Während des vorliegenden Rechtsstreits wurde auf Antrag der Beklagten durch Eintragung vom 11. Oktober 1927 das Warenverzeichnis für das Zeichen der Beklagten beschränkt auf ein Digitalis-Arzneimittel, das nur gegen ärztliche Verordnung abgegeben werden darf. Beide Parteien verwenden ihr Zeichen für ein von ihnen in den Handel gebrachtes Digitalis-Präparat.

Auf Grund ihrer früheren Anmeldung und mit der Behauptung, daß die Gefahr der Verwechslung im Verkehr vorliege, hat die Klägerin beantragt, die Beklagte zu verurteilen, sie habe in die Löschung ihres Zeichens „Pandigal" zu willigen, auf die Sperrfrist des § 4

Abs. 3 WZG. zu verzichten und es zu unterlassen, Arzneimittel, insbesondere Digitalis- und sonstige Herzpräparate oder deren Verpackung, Ankündigungen u. dgl. mit der Bezeichnung „Pandigal" zu versehen oder derartig gekennzeichnete Waren in Verkehr zu bringen.

Das Landgericht erkannte nach dem Klagantrag. Das Kammergericht dagegen wies die Klage ab. Die Revision der Klägerin führte zur Wiederherstellung des ersten Urteils.

Gründe:

Der Berufungsrichter geht davon aus, daß das von der Beklagten allein hergestellte und mit ihrem Warenzeichen „Pandigal" in den Verkehr gebrachte Digitalis-Präparat ausschließlich in Apotheken verkauft und nur gegen ärztliches Rezept abgegeben werden dürfe. Das Präparat befinde sich also nicht im freien Handelsverkehr. Zu den Kreisen der Abnehmer, nach deren Anschauungen sich die Frage der Verwechslungsgefahr beurteile, gehörten hiernach diejenigen Kreise nicht, die bei andern, im Verkauf und Vertrieb nicht beschränkten Waren ausschlaggebend seien, nämlich die große Menge der Verbraucher. Als Personen, die im Verkehr durch das angegriffene Zeichen getäuscht werden könnten, kämen nur Ärzte, Apotheker und Großhändler in Frage. Von diesen Personen könne man ohne weiteres eine besonders sorgfältige Prüfung auch geringfügiger Unterschiede in der Bezeichnung der verschiedenen Präparate erwarten. Somit bestehe keine Gefahr einer Verwechslung des Zeichens der Beklagten mit dem der Klägerin, und der Anspruch aus § 9 Abs. 1 Nr. 1, § 20 WZG. sei daher unbegründet. Der Berufungsrichter stützt seine Entscheidung auf das Urteil des erkennenden Senats vom 13. April 1915 II 606/14, abgedruckt in Markenschutz und Wettbewerb XIV S. 360. Die dort aufgestellte Unterscheidung zwischen Heilmitteln, die nur auf ärztliche Verordnung und in Apotheken zu haben sind, und anderen Waren, die im freien Verkehr stehen, kann aber nicht aufrechterhalten werden. Vielmehr ist der nunmehr auch von der österreichischen Rechtsprechung vertretenen Auffassung (vgl. Entscheidung des Österr. Obersten Verwaltungsgerichtshofs vom 14. November 1928, Gewerbl. Rechtsschutz und Urheberrecht 1929 S. 162) der Vorzug zu geben. Denn auch bei Ärzten, Apothekern und Großhändlern mit Heilmitteln besteht die Gefahr der Verwechslung. Allerdings wird bei diesen Kreisen auf Grund der Fachbildung und des mit der Berufsausübung verbundenen erhöhten Verantwortungsgefühls ihrer Angehörigen mit einer genaueren Prüfung gerechnet werden können, sodaß auch geringe Abweichungen in der Warenbezeichnung leichter beachtet werden. Jedoch ist dadurch kein ausreichender Schutz gegen jede Verwechslungsgefahr gegeben. Der Arzt wird zwar sorgfältig prüfen, ob ein von ihm zu verordnendes Heilmittel der erstrebten Heilung oder Erleichterung des Kranken dient. Zur Anwendung besonderer Sorgfalt besteht aber kein Anlaß, wenn zum gleichen Zweck mehrere gleichartige Heilmittel zur Verfügung stehen, wenn es also vom Standpunkt der Heilkunde aus gleichgültig ist, welches Mittel gewählt wird. Zu einer genauen Unterscheidung wird der Arzt um so weniger Anlaß haben, wenn aus der Bezeichnung mehrerer zur Verfügung stehender Mittel der in ihnen wirksame Stoff ersichtlich ist. Der Arzt wird dann, ohne gegen seine Pflichten zu verstoßen, mehr den Hinweis auf den Heilerfolg des Mittels als das unterscheidende Merkmal in der Warenbezeichnung beachten. Er wird also auch seinerseits der Gefahr der Täuschung ausgesetzt sein. Insbesondere wird dies zutreffen, wenn der unterscheidende Zusatz ein reines Phantasiewort darstellt, dem Arzt jedenfalls als ein solches erscheint.

So liegt die Sache bei den Warenzeichen der Parteien. Die Silben „Digal" deuten dem Arzte an, daß es sich bei beiden Mitteln um ein Digitalis-Mittel handelt, das ein Spezialmittel zur Bekämpfung von Herzleiden ist. Daneben bedeuten die unter sich verschiedenen Vorsilben „Sol" und „Pan" auch für den Arzt kein ausreichendes Unterscheidungsmerkmal. Selbst dem Arzt, der die Herkunft der Vorsilben aus dem Lateinischen oder Griechischen kennt, wird nicht ohne Erläuterung ersichtlich oder doch nicht jederzeit gegenwärtig sein, welcher Unterschied in der Zusammensetzung der Präparate durch die erste Silbe zum Ausdruck kommt. Auch Apotheker und besonders Großhändler mit Heilmitteln werden ihr Augenmerk hauptsächlich auf den ihnen bekannten Heilzweck des Mittels richten. Deshalb ist es leicht möglich, daß der Apotheker, der auf Grund des Rezepts wegen schlechter Lesbarkeit nicht unterscheiden kann, ob „Soldigal" oder „Pandigal" verordnet ist, statt des einen das andere — im wesentlichen dem gleichen Zweck dienende — Heilmittel abgibt.

Wenn man aber auch annähme, daß in den Kreisen, die berufsmäßig mit dem Vertrieb oder der Anwendung der beiden Heilmittel zu tun haben, eine Verwechslungsgefahr nicht besteht, so würde dies der Klage doch nicht entgegenstehen. Zunächst können die Vorschriften, daß gewisse Heilmittel nur in Apotheken und auf ärztliches Rezept abgegeben werden dürfen, jederzeit im Verordnungsweg geändert werden. Aber auch bei Heilmitteln, welche Verkehrsbeschränkungen der angegebenen Art unterliegen, kann es auf die Auffassung der Verbraucher ankommen. Die einem bestimmten Heilzweck dienenden Mittel werden auch ihnen bekannt. Fehlt ein sicheres Unterscheidungsmerkmal in der Bezeichnung, so kann dies den Patienten veranlassen, von seinem Arzt irrtümlich die Verordnung des einen statt des andern Mittels zu erbitten, und der Arzt wird wegen der Gleichartigkeit der Mittel keinen Anlaß haben, dem Wunsch des Kranken nicht zu entsprechen, wenn er auch sonst regelmäßig das andere Mittel verwenden sollte. Zu beachten ist noch, daß die Krankenkassen aus finanziellen Gründen vielfach einen großen Einfluß auf die Verordnung bestimmter Heilmittel ausüben in der Weise, daß bei gleichartigem Verwendungszweck die billigeren Mittel verordnet werden. Die Organe der Krankenkassen werden also nur auf die Heilkraft und den Preis des Mittels sehen und sich durch gleichartige Bezeichnungen leicht täuschen lassen.

In diesen Fällen spielt somit die Auffassung der Nichtfachleute eine nicht unbedeutende Rolle. Daß die beiden Zeichen nach ihrem Gesamteindruck für den flüchtigen Betrachter verwechslungsfähig sind, ist von den Vorinstanzen angenommen worden und nicht zu bezweifeln.

---

24. 1. Inwieweit ist ein Rechtsanwalt bei Wahrnehmung der Rechte seines Vollmachtgebers zur Rücksichtnahme auf Belange des Prozeßgegners verpflichtet?

2. Unterliegen Forderungen, die zum Gesellschaftsvermögen der Deutschen Reichsbahn-Gesellschaft gehören, der Reparationshypothek?

BGB. §§ 276, 823, 826. Reichsbahnges. v. 30. August 1924 (RGBl. II S. 272) § 4.

VI. Zivilsenat. Urt. v. 11. März 1929 i. S. Deutsche Reichsbahn-Gesellschaft (Kl.) w. Rechtsanwalt M. (Bekl.). VI 526/28.

I. Landgericht Mainz.
II. Oberlandesgericht Darmstadt.

Durch Urteil des Oberlandesgerichts Darmstadt vom 26. Februar 1925 wurde die Klägerin zur Zahlung von 6000 RM. nebst Zinsen an die Firma Comptoir général d'alimentation in Paris verurteilt; das Urteil wurde für vorläufig vollstreckbar erklärt. Der Beklagte hatte diese Firma im ersten Rechtszuge vertreten und beauftragte alsbald einen Gerichtsvollzieher mit der Vornahme der Pfändung wegen eines Betrags von 7751 RM. Der Gerichtsvollzieher lehnte die Zwangsvollstreckung auf Grund des Art. 2 des hess. Ausführungsges. zur ZPO. ab, weil die Klägerin nicht von der Erteilung einer vollstreckbaren Ausfertigung des Schuldtitels benachrichtigt war. Hiergegen erhob der Beklagte Erinnerung gemäß § 766 ZPO. Das Amtsgericht stellte sich nach Rücksprache mit dem Beklagten auf den Standpunkt, daß die Reichsbahn nicht zu den im angeführten Art. 2 genannten juristischen Personen gehöre, und gab seinem Antrag am 25. März 1925 statt. Auf Beschwerde der Klägerin setzte das Landgericht die Vollziehung des angefochtenen Beschlusses am 26. März aus; dieser Beschluß wurde dem Beklagten am 27. März zugestellt. Am 26. März beantragte der Beklagte die Pfändung und Überweisung einer Forderung der Klägerin aus einem Guthaben bei der Reichsbankstelle in Mainz, nachdem er dieser und der zuständigen Postbehörde in Frankfurt a. M. eine Pfändungsankündigung hatte zustellen lassen. Am 30. März gab das Amtsgericht Mainz diesem Antrag statt; am 1. April stellte der Gerichtsvollzieher den Beschluß der Reichsbankstelle in Mainz zu. Zugleich mit dem Gerichtsvollzieher erschien dort der Beklagte und zog den Forderungsbetrag mit 7752,90 RM. ein. Der Beklagte behauptet, daß er an demselben Tage mit seiner Auftraggeberin abgerechnet, die eingezogene Summe zum Teil zur Vorschußzahlung an den Prozeßbevollmächtigten der Revisionsinstanz, zum Teil zur Deckung seiner Forderungen gegen seine Auftraggeberin aus verschiedenen Prozessen verwendet und den Restbetrag ihr an demselben Tage durch Scheck überwiesen habe.

Am 3. April 1925 wurde dem Beklagten ein Beschluß des Landgerichts Mainz vom 30. März zugestellt, durch den der Beschluß des Amtsgerichts vom 25. März 1925, der die Zwangsvollstreckung für zulässig erklärt hatte, aufgehoben und die Erinnerung des Beklagten zurückgewiesen wurde. Am 6. April wurde ihm der Beschluß des Reichsgerichts zugestellt, der die einstweilige Einstellung der Zwangsvollstreckung aus dem Urteil des Oberlandesgerichts Darmstadt vom 26. Februar 1925 anordnete.

Die Klägerin verlangt vom Beklagten Rückerstattung der 7752,90 RM. nebst 8% Zinsen seit dem 1. April 1925 mit der Begründung, daß er diesen Betrag zu Unrecht im Bewußtsein der Unzulässigkeit der Zwangsvollstreckung und unter Verstoß gegen ein Schutzgesetz, Art. 2 hess. AusfGes. zur ZPO., beigetrieben habe. Das Landgericht wies die Klage ab. Es verneinte eine ungerechtfertigte Bereicherung wie auch eine unerlaubte Handlung des Beklagten. In der Berufungsinstanz machte die Klägerin besonders geltend, daß der Beklagte ohne Vollmacht der französischen Firma gehandelt habe. Im Laufe des Berufungsverfahrens im jetzigen Rechtsstreit wurde das Urteil des Oberlandesgerichts Darmstadt vom 26. Februar 1925 vom Reichsgericht zum Teil aufgehoben. Die von der Klägerin geschuldete Summe wurde auf 2500 RM. nebst 5% Zinsen seit dem 11. August 1919 festgestellt; die Kosten der Berufungs- und der Revisionsinstanz wurden zu 1/4 der Klägerin und zu 3/4 der französischen Firma auferlegt. Die Klägerin hielt jedoch ihren früheren Antrag gegenüber dem Beklagten aufrecht, weil sie gegen die rechtskräftig festgestellte Forderung der Firma mit Gegenforderungen aufrechnete. Ihre Berufung wurde zurückgewiesen. Auch ihre Revision blieb erfolglos.

Gründe:

Zur Frage der Anwendbarkeit des § 823 BGB. nimmt das Berufungsgericht folgendes an: Nach Art. 2 hess. AusfGes. zur ZPO. dürfe eine Zwangsvollstreckung gegen den Fiskus, gegen eine Körperschaft, Stiftung oder Anstalt öffentlichen Rechts oder gegen eine unter der Verwaltung einer öffentlichen Behörde stehende Körperschaft oder Stiftung nur beginnen, nachdem der betreibende Gläubiger die Behörde, welche den Schuldner zu vertreten berufen sei, von der Erteilung einer vollstreckbaren Ausfertigung des Schuldtitels benachrichtigt habe, und wenn seit dem Empfang der Benachrichtigung ein Monat verstrichen sei. Diese Vorschrift sei unbedenklich als ein Schutzgesetz im Sinne des § 823 Abs. 2 BGB. anzusehen. Zweifelhafter erscheine dagegen die Frage, ob die Reichsbahn-Gesellschaft als eine Anstalt des öffentlichen Rechts im Sinne des Art. 2 anzusehen sei. Das Berufungsgericht bejaht diese Frage, nachdem es den Rechtszustand der Reichsbahn vor dem Reichsbahngesetz vom 30. August 1924 und auf Grund dieses Gesetzes erörtert hat. In letzterer Beziehung schließt es sich dem Urteil des 1. Strafsenats des Reichsgerichts vom 19. März 1926 (RGSt. Bd. 60 S. 139) an und geht davon aus, daß das Reichsbahnunternehmen trotz seiner Annäherung an die Form einer dem Privatrecht angehörenden Gesellschaft seinem inneren Wesen nach dem öffentlichen Recht angehöre, daß sein Betrieb und die damit verbundene Erfüllung der Reparationsverpflichtungen Angelegenheiten des Reiches seien und daß die Reichsbahn-Gesellschaft eine zur Besorgung dieser Angelegenheiten errichtete, mit eigener Rechtspersönlichkeit und mit dem Rechte der Selbstverwaltung ausgestattete, aber in die Reichsverfassung eingegliederte und der Aufsicht des Reiches unterstehende öffentlichrechtliche Anstalt in der Form einer Handelsgesellschaft sei. Das Berufungsgericht verneint jedoch ein fahrlässiges Zuwiderhandeln gegen das der Klägerin zukommende Zwangsvollstreckungs-Privileg. Es erwägt, daß das Reichsbahngesetz erst am 30. August 1924 erlassen, daß die Rechtsnatur der Reichsbahn-Gesellschaft streitig gewesen und letztere vielfach als privatwirtschaftliche Handelsgesellschaft angesehen worden sei. Die Gründe, die zur Einführung eines Zwangsvollstreckungs-Privilegs für den Fiskus und für staatliche und Gemeindeanstalten geführt hätten, paßten nicht auf ein privatwirtschaftlich organisiertes Verkehrs- und Frachtunternehmen, wie die Reichsbahn es sei. Ferner sei ein Rechtsanwalt verpflichtet, zur Wahrung der Rechte seiner Partei von allen Rechtsbehelfen zu ihren Gunsten Gebrauch zu machen. Die Entscheidung stehe dem Gericht zu, das neben den vom Anwalt als Vertreter seiner Partei zu deren Gunsten vorzutragenden Umständen auch die Gegengründe zu beachten habe. Dementsprechend sei auch im vorliegenden Falle verfahren worden. Sowohl die Anweisung des Gerichts an den Gerichtsvollzieher, die Zwangsvollstreckung vorzunehmen, als auch der Pfändungs- und Überweisungsbeschluß sei nach schriftlichen und mündlichen Erörterungen mit dem Beklagten erfolgt. Der letzterwähnte Beschluß sei bereits ein Akt der Zwangsvollstreckung, die der Beklagte dann nur fortgesetzt habe. Hieran habe sich der Beklagte auch nicht durch den Beschluß des Landgerichts vom 26. März 1925 hindern zu lassen brauchen, da diese Entscheidung nur die Anweisung des Amtsgerichts an den Gerichtsvollzieher zur Vornahme der Mobiliarpfändung vorläufig in Wegfall gebracht, zur Rechtsfrage selbst aber keine Stellung genommen habe. Dazu komme, daß die Klägerin selbst gegen die Benachrichtigung vom Bevorstehen der Pfändung keine Schritte unternommen, sondern nur den Beklagten aufgefordert habe, die Forderungspfändung bei der Postbehörde in Frankfurt aufzuheben. Am 1. April habe der Beklagte von dem Beschluß des Landgerichts vom 30. März, in dem das Zwangsvollstreckungs-Privileg der Klägerin bejaht sei, noch keine Kenntnis gehabt. Daß der Beklagte die Zwangsvollstreckung in größter Eile betrieben habe, erkläre sich daraus, daß er in dem seit 6 Jahren schwebenden Prozeß endlich einmal zu einem — wenigstens teilweisen — praktischen Erfolg habe gelangen und dem mit allen Rechtsmitteln kämpfenden Gegner habe zuvorkommen wollen.

Der Annahme der Revision, daß sich aus diesen Darlegungen eine Verletzung der §§ 823, 276 BGB. ergebe, kann nicht beigetreten werden. Die Einbeziehung der Klägerin unter die Anstalten des öffentlichen Rechts, denen das in Art. 2 hess. AusfGes. zur ZPO. auf der Grundlage des § 15 Nr. 3 EinfGes. zur ZPO. festgesetzte Zwangsvollstreckungs-Privileg zukommt, ist in der Revisionsinstanz gemäß § 549 ZPO. nicht nachzuprüfen. Dagegen unterliegt der Beurteilung des Revisionsgerichts die Frage, ob das genannte Ausführungsgesetz ein Schutzgesetz im Sinne des § 823 Abs. 2 BGB. ist und ob der Begriff der Fahrlässigkeit im angefochtenen Urteil verkannt ist. Die erste Frage ist mit dem Berufungsgericht unbedenklich zu bejahen, da das Zwangsvollstreckungs-Privileg offensichtlich den Schutz der dort genannten Körperschaften und Anstalten bezweckt. Was die Verneinung der Fahrlässigkeit des Beklagten angeht, so beschäftigt sich das Berufungsgericht im wesentlichen mit der Frage, ob die unrichtige Auslegung des Art. 2 a. a. O. durch den Beklagten bei Erwirkung des Pfändungs- und Überweisungsbeschlusses und bei seiner Durchführung eine Verletzung der im Verkehr erforderlichen Sorgfalt bedeute. Daß auch ein Rechtsirrtum ein Verschulden im Sinne des § 276 BGB. ausschließen kann, ist anerkannten Rechts (RGZ. Bd. 110 S. 17, Bd. 73 S. 337 und dort angeführte Rechtsprechung). Dazu ist aber erforderlich, daß der Irrtum entschuldbar ist. Der Irrende muß also bei Beobachtung der im Verkehr erforderlichen Sorgfalt zu der rechtsirrigen Auffassung haben gelangen können, seine schädigende Handlung sei erlaubt. Diese Voraussetzung liegt nach den vom Berufungsgericht ohne Rechtsirrtum getroffenen Feststellungen vor, und zwar zunächst, soweit es sich um die Erwirkung des Pfändungs- und Überweisungsbeschlusses handelt. Das Reichsbahngesetz, das für die Anwendbarkeit des Art. 2 a. a. O. wesentlich in Frage kam, war noch nicht lange in Kraft. Zweifel wegen seiner Auslegung konnten sehr wohl bestehen. Die Frage, ob die Reichsbahn-Gesellschaft trotz ihrer Form als Handelsgesellschaft eine öffentlichrechtliche Anstalt sei, ist vom Reichsgericht erst in der späteren Zeit geklärt worden, wie das Urteil des 1. Strafsenats vom 19. März 1926 (RGSt. Bd. 60 S. 139) ergibt. Die Auffassung des Beklagten wurde vom Amtsgericht geteilt. Es ist auch nicht rechtsirrtümlich, wenn das Berufungsgericht meint, der Beklagte habe von dem am 25. März erlassenen Pfändungs- und Überweisungsbeschluß Gebrauch machen dürfen, wiewohl das Landgericht auf die Erinnerung der Klägerin gegen die vom Amtsgericht angenommene Zulässigkeit der Mobiliarzwangsvollstreckung die Vollziehung des hierauf bezüglichen Beschlusses vorläufig aussetzte. Die von der Revision vertretene Auffassung, daß hiernach jede Zwangsvollstreckungshandlung zu unterbleiben gehabt habe, entbehrt der Begründung. Der vorläufige Beschluß konnte eine Rechtswirkung nur auf die Angelegenheit ausüben, in der er erlassen war, und das war nicht die Forderungspfändung. Aber auch wenn aus der Erlassung dieses vorläufigen Beschlusses auf eine Zweifelhaftigkeit der in beiden Angelegenheiten etwa gleichliegenden Rechtsfrage geschlossen werden konnte — auf einen Unterschied wird später noch hinzuweisen sein —, so ist kein Rechtsirrtum in der Annahme zu erblicken, daß der Beklagte unter den vorliegenden Umständen von dem zugunsten seiner Auftraggeberin ergangenen Beschluß des Amtsgerichts trotzdem habe Gebrauch machen dürfen. Den Grund für die Beschleunigung der Einziehung des Geldbetrags sieht das Berufungsgericht darin, daß der Beklagte in dem seit 6 Jahren schwebenden Prozeß zugunsten seiner Auftraggeberin dem erlassenen Urteil zu dem von ihm bezweckten Erfolg habe verhelfen wollen, und das gegenüber einem Gegner, der mit allen Rechtsmitteln gekämpft habe. Soweit diese Ausführung eine tatsächliche Feststellung enthält, ist sie der Nachprüfung in der Revisionsinstanz entzogen. Vom Rechtsstandpunkt aus ist sie nicht zu beanstanden, da es sich um ein vorläufig vollstreckbares Urteil handelt. Ein solches alsbald zu vollstrecken, ist ein Recht der Partei; der Schutz des Gegners ist in § 717 Abs. 2 und 3 ZPO. gesetzlich geregelt. Ferner hat der in Anspruch genommene Schuldner vor Erlaß des Urteils das Recht, Anträge aus § 714 ZPO. zu stellen.

Die Revision rügt ferner, daß das Berufungsgericht den § 4 des Reichsbahngesetzes vom 30. August 1924 übersehen habe. Die Rüge kann nicht durchgreifen. Nach dieser Vorschrift besteht zugunsten der Gläubiger der Reparations-Schuldverschreibungen eine erststellige Gesamthypothek an allen Grundstücken, die Eigentum der Gesellschaft sind und die zum Reichsbahnvermögen gehören. Die Hypothek erstreckt sich auf alles Zubehör dieser Grundstücke, soweit es Eigentum des Reiches oder der Gesellschaft ist, und als Zubehör im Sinne dieser Bestimmungen gelten auch alle Fahrzeuge und alle sonstigen beweglichen Sachen der Reichseisenbahnen und der Gesellschaft. Danach unterliegen Forderungen, die zum Gesellschaftsvermögen gehören, nicht der Reparationshypothek, deren Begriff ohnehin schon weit gefaßt und die keine Hypothek im Sinne des Bürgerlichen Gesetzbuchs ist (vgl. Sarter-Kittel, Die deutsche Reichsbahn-Gesellschaft S. 124, 125; Archiv für Rechtspflege in Sachsen 1927 S. 112, 115). Die Überweisung der Forderung zur Einziehung bewirkte die Befugnis der Gläubigerin, vom Drittschuldner die Leistung zu verlangen; durch die Leistung des Drittschuldners wurde sie befriedigt. Die Vorschrift des § 865 ZPO., daß die Zwangsvollstreckung in das unbewegliche Vermögen auch die Gegenstände umfaßt, auf die sich bei Grundstücken die Hypothek erstreckt, und daß diese Gegenstände, soweit sie Zubehör sind, nicht gepfändet werden können, stand also der Pfändung und Überweisung der fraglichen Forderung nicht entgegen. Nicht weiter eingegangen zu werden braucht darauf, daß die Realisierung der Reparationshypothek besonderen Vorschriften folgt (vgl. Drucks. des Reichstags, 2. Wahlperiode 1920/24, Bd. 383, Anlagen zu den stenographischen Berichten S. 18 von Nr. 452).

Die Revision bittet endlich um Nachprüfung, ob nicht § 826 BGB. anzuwenden gewesen wäre. Das Berufungsgericht konnte nicht feststellen, daß der Beklagte gewußt habe, die Zwangsvollstreckung aus dem in Rede stehenden Urteil sei unzulässig oder letzteres selbst sei nicht haltbar. Es verneinte auch ein Bewußtsein des Beklagten davon, daß die Klägerin durch Herabsetzung der Urteilssumme in der Revisionsinstanz geschädigt werden könnte. Der Vorderrichter konnte ferner nicht feststellen, daß der Beklagte damals schon von der Zahlungsunfähigkeit seiner Auftraggeberin Kenntnis gehabt habe. Es ist daher nicht ersichtlich, inwiefern trotz dieser dem Gebiet der Tatsachen angehörenden Darlegungen die Anwendbarkeit des § 826 in Frage kommen könnte. Daß die von der Revision hervorgehobenen Beweisanträge vom Berufungsgericht übersehen worden seien, ist aus dem Urteil nicht zu entnehmen. Das Berufungsgericht hat eine ausdrückliche Feststellung dahin getroffen, daß der Beklagte am 1. April von dem am 30. März ergangenen Beschlusse des Landgerichts keine Kenntnis gehabt hat, und es hat den Umstand, daß der Beklagte die Zwangsvollstreckung mit großer Eile betrieben hat, ausdrücklich gewürdigt. Daß diese Würdigung nicht auf Rechtsirrtum beruht, ist bereits dargelegt.

25. Wann beginnt die Verjährung von Schadensersatzansprüchen, die sich auf das Kraftfahrzeuggesetz gründen?

KFG. § 14 Abs. 1. BGB. §§ 404, 412.

VI. Zivilsenat. Urt. v. 8. April 1929 i. S. Nahrungsmittelindustrie-Berufsgenossenschaft zu M. (Kl.) w. die Aktienbrauerei N.-M. u. Gen. (Bekl.). VI 635/28.

I. Landgericht Magdeburg.
II. Oberlandesgericht Naumburg a. S.

Am 27. Dezember 1923 ist der im Dienste der Firma D. stehende Kutscher F., als er in der Halberstädterstraße in Magdeburg neben dem von ihm gelenkten Fuhrwerk ging, von einem ihm entgegenkommenden, der Beklagten gehörigen Lastkraftwagen angefahren und verletzt worden. Die Firma D. ist wegen der in ihrem Betrieb eintretenden Unfälle pflichtmäßig bei der Klägerin versichert. Letztere hat wegen der dem Verletzten gemäß § 544 RVO. gewährten Entschädigungen Ersatz von der verklagten Aktienbrauerei gefordert. Das Landgericht hat diese Beklagte auf Grund des Kraftfahrzeuggesetzes, den im jetzigen Rechtszuge nicht mehr beteiligten Kraftwagenführer auch aus § 823 BGB. verurteilt. Auf die Berufung der verklagten Aktienbrauerei hat das Oberlandesgericht die gegen sie gerichtete Klage abgewiesen. Die Revision der Klägerin führte zur Aufhebung und Zurückverweisung.

Gründe:

Das Berufungsgericht hat die von der verklagten Aktienbrauerei (im folgenden schlechthin als Beklagte bezeichnet) im zweiten Rechtszug erhobene Einrede der Verjährung für begründet erachtet. Es hat angenommen, der Verletzte, der allein als Ersatzberechtigter im Sinne des § 14 Abs. 1 KFG. in Frage komme, habe am 2. Januar 1924 gewußt, daß er von einem Lastkraftwagen der Beklagten angefahren worden sei. Mit diesem Tage habe daher der Lauf der Verjährungsfrist begonnen. Nur vom 27. Januar 1925 bis zum 23. Februar 1925 sei ihr Lauf gehemmt gewesen, da die Klägerin als Ersatzberechtigte im Sinne des § 14 Abs. 2 KFG. in dieser Zeit mit der Beklagten über den zu leistenden Schadensersatz verhandelt habe. Bei der am 20. Mai 1926 erfolgten Erhebung der Klage sei mithin der Anspruch der Klägerin auf Grund des Kraftfahrzeuggesetzes bereits verjährt gewesen. Ein Anspruch aus § 831 BGB. komme nicht in Frage, weil das Berufungsgericht in Übereinstimmung mit dem Landgericht den Entlastungsbeweis der Beklagten aus § 831 Abs. 1 Satz 2 BGB. als geführt ansehe. Ohne Bedeutung für die Frage der Verjährung sei es, ob eine Klage aus dem Kraftfahrzeuggesetz gegen die Beklagte etwa daran habe scheitern können, daß der Lastkraftwagen nicht fähig gewesen sei, die in § 8 Nr. 2 KFG. vorgesehene Geschwindigkeit von 20 km in der Stunde zu übersteigen; denn die Frage der erzielbaren Höchstgeschwindigkeit gehöre nicht zu den anspruchbegründenden Tatsachen, sondern sei nur einredeweise vom Haftpflichtigen geltendzumachen.

Die Revision wendet hiergegen ein: Ersatzberechtigt im Sinne des § 14 Abs. 1 KFG. sei im Falle des § 1542 RVO. die Klägerin, da der Entschädigungsanspruch sofort auf die Berufsgenossenschaft übergegangen sei. Aber auch dem Verletzten gegenüber habe der Lauf der Verjährungsfrist auf Grund des Kraftfahrzeuggesetzes nicht am 2. Januar 1924 begonnen, weil der Verletzte das zu einer Klage gegen eine bestimmte Person erforderliche Material insofern nicht vollständig gekannt habe, als die Beklagte am 21. Februar 1925 der Klägerin erklärt habe, ihr Kraftwagen erreiche höchstens eine Stundengeschwindigkeit von 20 km. Erst als sich im Laufe des Prozesses die Unrichtigkeit dieser Behauptung herausgestellt habe, sei die Klage vorsorglich auch auf die Vorschriften des Kraftfahrzeuggesetzes gestützt worden. Außerdem habe sich das Berufungsgericht von einer falschen Auffassung der Beweislast leiten lassen, indem es daraus, daß die Mutter des Verletzten am 2. Januar 1924 gewußt habe, wem der Kraftwagen gehöre, auf die gleiche Kenntnis bei dem Verletzten geschlossen habe.

Dem Berufungsgericht ist darin beizutreten, daß es die Frage des Beginnes der Verjährung darauf abstellt, wann der Verletzte — der Verunglückte J. — die in § 14 Abs. 1 KFG. vorausgesetzte Kenntnis von dem Schaden und der Person des Ersatzpflichtigen erlangt hat. Ersatzberechtigter im Sinne des § 14 Abs. 1 KFG. ist in erster Linie der Verletzte selbst, da in ihm der Anspruch auf Schadensersatz zur Entstehung gelangt. Ist der Verletzte versichert, so geht dieser Anspruch allerdings gemäß § 1542 RVO. mit dem Augenblick, in dem er in seiner Person entsteht, auf den Träger der Versicherung über (RGZ. Bd. 60 S. 200, Bd. 76 S. 218, Bd. 91 S. 143; RGUrteile vom 6. Januar 1918 I 244/17 und vom 8. Januar 1920 VI 254/19). Der Revision ist daher zuzugeben, daß insofern auch die klagende Berufsgenossenschaft vorliegendenfalls als ersatzberechtigt im Sinne des § 14 Abs. 1 KFG. gelten kann. Scheidet nun aber auch nach dem gesetzlichen Übergang der Forderung des Verletzten auf die Klägerin jener für die Verfolgung des Anspruchs aus, so ist damit doch seine etwaige Kenntnis von dem Schaden und der Person des Ersatzpflichtigen nicht bedeutungslos geworden. Nach der Vorschrift des § 404 BGB., die nach § 412 das. auch auf die Übertragung einer Forderung kraft Gesetzes Anwendung findet, kann der Schuldner dem neuen Gläubiger die Einwendungen entgegensetzen, die zur Zeit der Abtretung der Forderung gegen den bisherigen Gläubiger begründet waren. Nach den Motiven zum Bürgerlichen Gesetzbuch (Bd. 2 S. 129) kommt es für diese Vorschrift nicht allein darauf an, zu welcher Zeit die Tatsachen eingetreten sind, auf die sich die Einreden gründen, sondern darauf, ob es Tatsachen sind, die, ohne in ausschließlicher Beziehung zum Wechsel des Gläubigers zu stehen, nach Wesen und Inhalt des Schuldverhältnisses den Schuldner zu einer Einrede berechtigen. Darauf, ob die den Einwand begründenden Tatsachen vor oder nach der Abtretung eingetreten sind, kommt es nicht an, falls nur die Einwirkung der erst nachträglich eingetretenen Umstände auf das Schuldverhältnis in dessen Inhalt — unabhängig von der Abtretung — ihren Grund findet. Dies gilt auch für die erst nach der Abtretung sich vollendende Verjährung (vgl. RGRKomm. zu § 404 BGB. Nr. 2 und die dort angeführte Rechtsprechung). Mit der bezeichneten Maßgabe ist es dem Schuldner nicht verwehrt, sich dem neuen Gläubiger gegenüber auf die Verjährung zu berufen, wie sie sich — aus der Person des bisherigen Gläubigers beurteilt — vollendet hat.

Dagegen ist der Revision darin beizupflichten, daß das Berufungsgericht unter den vorliegenden Umständen mit Unrecht als bedeutungslos für den Beginn der Verjährung ein Eingehen auf die Frage abgelehnt hat, wann der Ersatzberechtigte Kenntnis davon erlangt habe, daß die Geschwindigkeit des Kraftwagens nicht auf 20 km in der Stunde begrenzt war. Nach der zu § 852 BGB. ständig festgehaltenen Rechtsprechung des Reichsgerichts muß die dort — wie in § 14 KFG. — geforderte Kenntnis des Ersatzberechtigten so weit reichen, daß er auf Grund des ihm bekannten Materials eine Klage gegen eine bestimmte Person zu begründen in der Lage ist (RGRKomm. zu § 852 Anm. 4b; JW. 1912 S. 640 Nr. 12). Dies muß auch für § 14 KFG. gelten. Hatte nun die Beklagte in ihrem Schreiben vom 21. Februar 1925 der Klägerin erklärt, daß sie von einer Ersatzpflicht frei sei, weil ihr Kraftwagen höchstens eine Stundengeschwindigkeit von 20 km erreiche, und hatte die Klägerin auf eine Anfrage bei der Lieferfirma am 21. März 1925 die Bestätigung erhalten, daß der Lastkraftwagen, sofern sich der Motor in normalem Zustand befinde, eine Höchstgeschwindigkeit von nur 18 bis 20 km entwickle, so wurde die Klägerin dadurch in den Glauben versetzt, daß eine Klage gegen die Aktienbrauerei auf Grund des Kraftfahrzeuggesetzes aussichtslos wäre. Demgemäß hat sie ihre Klage gegen die Aktienbrauerei auch nur auf §§ 823, 831 BGB. gestützt. Erst mit ihrem Schriftsatz vom 7. Juli 1926 hat sie die Aktienbrauerei auch als Halter des Kraftfahrzeugs in Anspruch genommen, während diese noch in ihrer Entgegnung vom 5. August 1926 daran festgehalten hat, daß gemäß § 8 Nr. 2 KFG. die Vorschriften des § 7 keine Anwendung fänden. Nachdem dann das Landgericht eine Beweiserhebung über diese Frage angeordnet hatte, hat der Sachverständige in seinem Gutachten erklärt, daß das Fahrzeug, wenn der Regulator ausgeschaltet werde, auf eine höhere Stundengeschwindigkeit als 20 km gebracht werden könne. Der in § 8 Nr. 2 KFG. bezeichnete Umstand, daß das Fahrzeug auf ebener Bahn eine auf 20 km begrenzte Geschwindigkeit in der Stunde übersteigen kann, gehört zu den Voraussetzungen, von denen rechtlich der Schadensersatzanspruch und die Schadensersatzpflicht abhängen, wie sie im Kraftfahrzeuggesetz geregelt sind. Daß auf die Vorschrift des § 8 Nr. 2 zumeist ein Einwand des auf Schadensersatz in Anspruch Genommenen gestützt zu werden pflegt, ändert hieran nichts. Ob sich auch der Verunglückte selbst in einem Irrtum über die Höchstgeschwindigkeit des Wagens befunden hat, steht dahin; es kommt auch nicht darauf an. Hat sich die Klägerin durch die erwähnte unrichtige Angabe der Beklagten von der Erhebung des durch das Kraftfahrzeuggesetz geregelten Anspruchs abhalten lassen, so kann sich die Beklagte der Klägerin gegenüber auf den so — gleichviel ob absichtlich — verursachten Eintritt der Verjährung schon deshalb nicht berufen, weil mit einem solchen Verhalten die Erhebung des Verjährungseinwands nach Treu und Glauben nicht vereinbar ist (RGZ. Bd. 115 S. 137 und die daselbst angeführte Rechtsprechung; vgl. auch RGUrt. vom 10. Juni 1925 V 427/24). Da das auf § 8 Nr. 2 KFG. bezügliche Vorbringen sachlich noch nicht gewürdigt ist, war das Urteil aufzuheben und die Sache an das Berufungsgericht zurückzuverweisen.

---

26. 1. Zum Begriff der Unverzüglichkeit der Irrtumsanfechtung.

2. Kommt es auch auf den Irrtum des Kommittenten an, wenn ein vom Kommissionär mit einem Dritten abgeschlossener Kaufvertrag vom Kommissionär und vom Kommittenten wegen Irrtums angefochten wird?

BGB. § 121. HGB. § 396.

II. Zivilsenat. Urt. v. 22. Februar 1929 i. S. R. (Kl.) w. W. (Bekl.). II 357/28.

I. Landgericht I Berlin.
II. Kammergericht daselbst.

Im Frühjahr 1925 übergab Frau F. in Berlin durch ihren Ehemann dem Warenhaus W. daselbst zwei chinesische Vasen zum kommissionsweisen Verkauf. Im Einverständnis mit der Eigentümerin stellte diese Firma die Vasen in ihrer Abteilung für moderne China- und Japanwaren zum Verkauf aus. Dort kaufte sie der Beklagte am 1. August 1925 zu dem geforderten Preis von 390 RM. Er verkaufte sie alsbald mit größerem Gewinn (nach Angabe des Klägers für 15000 holl. Gulden) weiter nach Holland. Bei einer von dem holländischen Erwerber veranstalteten Versteigerung wurden sie durch das Kensington-Museum in London zum Gegenwert von 200000 RM. ersteigert. Durch Schreiben vom 19. November 1925 focht Rechtsanwalt Dr. St. namens der Beteiligten, nämlich der früheren Eigentümerin und der Kommissionärin, den Kaufvertrag wegen Irrtums an, da diese bei Abschluß des Kaufvertrags der Meinung gewesen seien, daß es sich um Stücke aus dem Anfang des 19. Jahrhunderts handle, während die Vasen in Wirklichkeit aus der Zeit der Mingdynastie, d. h. aus der Zeit von 1380 bis 1644 stammten, in der das chinesische Reich die höchste Blüte in der Kunst erreicht hatte. In dem Schreiben wurde weiter erklärt, der Beklagte sei verpflichtet, die Vasen zurückzuliefern oder im Falle der Unmöglichkeit ihren Wert zu ersetzen oder zum mindesten den erzielten Erlös an die Beteiligten abzuführen; die Firma W. habe ihre sämtlichen Ansprüche an Frau F. abgetreten.

Mit der Klage verlangte der Kläger, dem Frau F. ihre Ansprüche bis zur Höhe von 5000 RM. abgetreten hat, Verurteilung des Beklagten zur Zahlung dieses Betrags als Werterſatz gemäß § 818 Abs. 2 BGB. Das Landgericht wies die Klage ab. Die Berufung des Klägers war erfolglos. Seine Revision führte zur Aufhebung und Zurückverweisung.

Gründe:

Das Kammergericht geht davon aus, daß das etwaige Anfechtungsrecht wegen Irrtums ebenso wie der aus der Nichtigkeit des Verkaufs abgeleitete Anspruch aus ungerechtfertigter Bereicherung nur in der Person der Firma W. als der in eigenem Namen handelnden Verkäuferin entstanden sei. Die auf dem Alter einer Sache beruhende Seltenheit sei als Eigenschaft der Sache anzusehen. Daß die beiden Vasen einen Seltenheitswert in diesem Sinne hätten, unterliege keinem Zweifel. Die Firma W. habe sich über diesen Wert im Irrtum befunden, die für sie maßgebenden Persönlichkeiten hätten ihnen jeden Altertums- und besonderen Kunstwert abgesprochen. Das hiernach entstandene Anfechtungsrecht sei jedoch verwirkt, weil die Anfechtung nicht unverzüglich erfolgt sei. Die Eheleute F. hätten am 12. Oktober 1925 von dem Anfechtungsgrund Kenntnis erlangt. Durch sie sei die Firma W. am 13. Oktober darüber unterrichtet worden. Diese habe die Eheleute F. ermächtigt, die weiteren Schritte für sie nach freiem Ermessen zu unternehmen. Spätestens am 22. Oktober hätten die Eheleute F. die Wohnung des Beklagten ermittelt. Jedenfalls an diesem Tage sei die Anfechtung möglich gewesen. Wenn die Eheleute F. dann noch zugewartet hätten, bis auch der Vollzug des von ihnen beantragten Arrestbefehls möglich gewesen sei, so hätten sie damit die Interessen des Anfechtungsgegners nicht ausreichend berücksichtigt. Die Verzögerung sei auch nicht dadurch entschuldigt, daß sich die Ausbringung des Arrests wegen der geforderten Sicherheitsleistung verzögert habe. Es habe kein genügender Grund vorgelegen, wegen des Arrests mit der Anfechtung zu warten. Außerdem seien auch beim Betreiben der Anordnung des Arrestes und bei seinem Vollzug unnötige Verzögerungen eingetreten. Wenn sich die Firma W. selbst der Sache angenommen haben würde, hätte die Aufbringung der Sicherheit auch keine Schwierigkeiten verursacht. Frau F., welche die Anfechtung kraft Vollmacht der Firma W. in ihrem eigenen Interesse betrieben habe, könne sich daher nicht damit entschuldigen, daß ihr die Aufbringung der Sicherheit Schwierigkeiten bereitet habe.

Die Revision rügt Verletzung des § 121 BGB. Wenn Frau F. — so wird geltendgemacht — die Anfechtung erklärt hätte, ohne den Arrestbefehl abzuwarten, so hätte sie damit rechnen müssen, daß der Beklagte die kostbaren Vasen ins Ausland verbringe, und daß sie damit das Gegenteil von dem erreichen würde, wozu ihr die Anfechtung verhelfen sollte. Daher liege keine schuldhafte Verzögerung vor. Das Interesse der Anfechtungsberechtigten an der Verzögerung sei hier so schwerwiegend, daß die Belange des Beklagten hinreichend berücksichtigt seien, wenn er die Anfechtungserklärung erst nach vier Wochen erhalten habe.

Wie der erkennende Senat in Übereinstimmung mit dem V. Zivilsenat des Reichsgerichts schon früher ausgesprochen hat, ist die Frage, ob in bestimmten Vorgängen ein schuldhaftes Verzögern zu erblicken sei, eine Rechtsfrage, die der Nachprüfung des Revisionsgerichts unterliegt (RGZ. Bd. 49 S. 395, Bd. 64 S. 161). Zum Begriff der Unverzüglichkeit gehört nach der letztgenannten Entscheidung grundsätzlich ein nach den Umständen des Falles zu bemessendes beschleunigtes Handeln, durch das dem Interesse des Anfechtungsgegners an Klarstellung des durch die Anfechtung in Frage gestellten Rechtsverhältnisses Rechnung getragen wird. Die Verpflichtung zur unverzüglichen Erklärung bedeutet also nicht, daß der Berechtigte die Anfechtungserklärung „sofort" abzugeben hat. Es kommt nicht darauf allein an, welcher Zeitraum zwischen Erlangung der Kenntnis vom Anfechtungsgrund und der Person des Anfechtungsgegners einerseits und der Abgabe der Anfechtungserklärung anderseits liegt. So hat das Reichsgericht im Urteil vom 28. Februar 1908 III 289/07 eine über einen Monat nach Erlangung solcher Kenntnis erklärte Anfechtung noch für zulässig erklärt, weil der Prozeßbevollmächtigte der Partei, auf dessen Kenntnis es ankam, noch eine Entschließung der Partei selbst für notwendig hielt (vgl. auch RGUrt. vom 8. November 1907 VII 47/07). Ein Zögern schließt die Anfechtung nur aus, wenn es schuldhaft ist. Letzteres trifft nur zu, wenn das Zuwarten nicht durch die Umstände des Falles geboten ist. Die Rücksicht auf den Anfechtungsgegner, zu dessen Schutze das Gesetz die unverzügliche Abgabe der Anfechtungserklärung vorschreibt, braucht nicht so weit zu gehen, daß dadurch das Anfechtungsrecht selbst vereitelt wird. Bei Berücksichtigung der Interessen des Anfechtungsgegners wird unter Abwägung der Belange beider Parteien zu prüfen sein, ob im einzelnen Falle der Anfechtungsgegner Grund hat, in einem bestimmten Zeitpunkt Klarheit über den Bestand des Geschäfts zu erhalten, oder ob seine Lage durch Hinausschiebung der Anfechtungserklärung nicht berührt wird. Danach ist eine Hinausschiebung der Anfechtungserklärung dann nicht schuldhaft, wenn die Anfechtung nur durch sie ihr Ziel, die Wiederherstellung des früheren Zustands, erreichen kann. Die Hinausschiebung kann namentlich dann geboten sein, wenn durch frühere Abgabe der Erklärung die Vollstreckung des Anspruchs vereitelt würde. Die Rücksicht darauf, daß der Beklagte Ausländer ist, daß seine Wohnung nicht ohne weiteres zu ermitteln war, daß Kunstgegenstände vielfach ins Ausland verkauft werden und daß dies nach dem im Arrestverfahren vorgelegten Zeitungsausschnitt auch im gegenwärtigen Fall nahelag, konnte daher die Frau F. und ihren Rechtsanwalt wohl veranlassen, die Vollstreckung des Anspruchs zu sichern, bevor sie dem Beklagten die Anfechtungserklärung zugehen ließen. Das Landgericht hat auch das Vorliegen eines Arrestgrundes bejaht. Das Berufungsgericht hat den Arrest nur deshalb aufgehoben, weil die Anfechtung zu spät erfolgt sei; die Frage aber, ob ein Arrestgrund vorliege, hat der Berufungsrichter dahingestellt gelassen.

Soweit es sich um die Verzögerung bei Erlassung des Arrestbefehls handelt, kann es der Frau F. nicht zum Verschulden angerechnet werden, daß die Sicherheit nicht von der Firma W. geleistet wurde, wodurch die bei Frau F. bestehende Schwierigkeit der Beschaffung der Sicherheitsmittel allerdings vermieden worden wäre. Wenn auch die Firma W. als Kommissionärin im Verhältnis zur Kommittentin verpflichtet war, deren Interessen zu wahren, so brauchte sie doch keine Aufwendungen für die Rechtsverfolgung zu machen, wenn ihr nicht vorher die erforderlichen Mittel zur Verfügung gestellt wurden (Staub-Koenige HGB. Anm. 14 zu § 396 HGB.; § 669 BGB.). Nach dem unter Beweis gestellten Vortrag des Klägers hat aber die Firma W. ausdrücklich erklärt, durch die zu unternehmenden Schritte dürften ihr keine Kosten entstehen. Die Erlassung des Arrestsbefehls wäre also nicht beschleunigt worden, wenn die Firma W. den Antrag gestellt hätte. Da sie erklärt hatte, sie müsse das Vorgehen der Frau F. überlassen, blieb dieser nichts anderes übrig, als auf Grund der Forderungsabtretung ihre Interessen selbst zu wahren. Nun sind allerdings jeweils mehrere Tage vergangen, bis Frau F. die ihr im Arrestverfahren gemachten gerichtlichen Auflagen erledigte, und von der Zustellung des Arrestbefehls an, die am 16. November erfolgte, hat es wieder drei Tage gedauert, bis der Arrest vollzogen wurde. Auch dadurch ist eine kleine Verzögerung eingetreten, daß die Antragstellerin nicht zugleich mit der Bürgschaftsurkunde einen Nachweis darüber vorgelegt hat, daß die Unterzeichner der Urkunde zur Vertretung der bürgenden Bank ermächtigt waren. Berücksichtigt man aber, daß der Verkehr mit dem Gericht durch einen Anwalt vermittelt wurde, daß erst mit der Bank verhandelt werden mußte, daß die bürgende Bank eine Großbank war, von der man die Ausstellung einer dem Gericht genügenden Urkunde erwarten konnte, so kann auch in dieser Verzögerung kein Verschulden der Gläubigerin gefunden werden. Daß die Interessen des Beklagten unter dem um einige Wochen verzögerten Zugehen der Anfechtungserklärung gelitten hätten, ist nicht ersichtlich.

Hiernach ist das angefochtene Urteil aufzuheben und die Sache an die Vorinstanz zurückzuverweisen. Bei der künftigen Verhandlung wird folgendes zu beachten sein. Wie der Berufungsrichter zutreffend annimmt, ist eine Anfechtung nur zulässig, wenn sich die Firma W. über eine im Verkehr als wesentlich angesehene Eigenschaft der Sache im Irrtum befunden hat. Frau F. wird sich aber auf einen Irrtum der Kommissionärin nicht berufen können, wenn sie nicht selbst im Irrtum war. Es wird also zu prüfen sein, ob sie oder ihr Ehemann, der die Verhandlungen mit der Firma W. führte, bei Abschluß des Kommissionsvertrags mit der Möglichkeit rechnete, daß es sich um Sachen handle, die aus früheren Jahrhunderten stammen und einen besonderen Altertumswert haben, und ob bei Erkenntnis dieser Möglichkeit der Kommissionsvertrag mit der gegebenen Preisbestimmung nicht abgeschlossen worden wäre.

---

27. 1. Sind Subjekte des deutschen Privatfürstenrechts nur die ehemals reichsunmittelbaren und reichsständischen oder auch die ihnen durch die Deutsche Bundesakte und die Wiener Kongreßakte gleichgestellten Häuser?

2. Über das Recht der Ebenbürtigkeit nach gemeinem Privatfürstenrecht und Hausrecht.

3. Kann autonomes Hausrecht auch in einer Fideikommißstiftungsurkunde gesetzt werden?

4. Ist zu einer Zustiftung von Gegenständen des freien Vermögens zum Hausvermögen die Zustimmung der Anwärter erforderlich?

5. Welche Folgen hat das Fehlen der Zustimmung von Anwärtern zu einem Hausgesetz?

EG. z. BGB. Art. 58. Preuß. Ges. über die Aufhebung der Standesvorrechte des Adels und die Auflösung der Hausvermögen vom

23. Juni 1920 (GS. S. 367) § 2. Deutsche Bundesakte vom 8. Juni 1815 Art. 14. Preuß. Verordnung betreffend die Verhältnisse der vormals unmittelbaren deutschen Reichsstände in den Preußischen Staaten vom 21. Juni 1815 (GS. S. 105) Nr. 1. Instruktion wegen Ausführung dieser Verordnung vom 30. Mai 1820 (GS. S. 81) §§ 1, 2, 21.

IV. Zivilsenat. Urt. v. 25. Februar 1929 i. S. Herzog von Croy u. Sohn (Bekl.) w. Prinz von Croy (Kl.). IV 584/27.

I. Landgericht Münster.
II. Oberlandesgericht Hamm.

Der Erstbeklagte ist der gegenwärtige Besitzer des Herzoglich Croyschen Hausvermögens und Familienfideikommisses. Der Zweitbeklagte ist sein Sohn aus seiner im Jahre 1913 geschlossenen, im Laufe dieses Rechtsstreits rechtskräftig geschiedenen Ehe mit einer Amerikanerin. Der Kläger ist sein ältester Bruder und im Falle der von ihm geltendgemachten Unebenbürtigkeit des Zweitbeklagten der nächste Agnat. Dem Antrag des Klägers gemäß hat das Berufungsgericht festgestellt, daß die angegebene Ehe eine Mißheirat im Sinne des deutschen Privatfürstenrechts war und daß daher der aus dieser Ehe hervorgegangene Zweitbeklagte nicht nachfolgeberechtigt in das Gesamthausvermögen des herzoglichen Hauses Croy ist, insbesondere auch nicht in das herzogliche Familienfideikommiß.

Auf die Revision des Erstbeklagten wurde die Klage gegen ihn wegen fehlenden Feststellungsinteresses abgewiesen. Die Revision des Zweitbeklagten wurde zurückgewiesen aus folgenden

Gründen:

Der Klaganspruch stützt sich auf das deutsche Privatfürstenrecht als das nach Maßgabe des Art. 58 EG. z. BGB., § 2 Abs. 2 preuß. Ges. über die Aufhebung der Standesvorrechte des Adels und die Auflösung der Hausvermögen vom 23. Juni 1920 fortgeltende, insoweit auch von Art. 109 RVerf. (RGZ. Bd. 101 S. 173, 185 Abs. 2) nicht berührte Sonderrecht des deutschen hohen Adels.

1. Es fragt sich zunächst, ob das Haus von Croy zum deutschen hohen Adel gehört, oder, anders ausgedrückt, ob seine Mitglieder Subjekte des deutschen Privatfürstenrechts sind.

Das ist früher nicht bezweifelt worden. In RGZ. Bd. 22 S. 247 (vgl. auch die Überschrift des in demselben Rechtsstreit ergangenen Urteils Bd. 17 S. 235) ist das Haus als ein „vormals unmittelbares reichsständisches" bezeichnet. Im Urteil des Reichsgerichts vom 22. September 1887 IV 96/87 ist auf die Rechtsverhältnisse des Hauses das Privatfürstenrecht angewendet. Erörtert ist die Frage erstmals in dem im Jahre 1902 vom Vater des Klägers und des Erstbeklagten beim Landgericht in Münster anhängig gemachten, vom Erstbeklagten selbst (während seiner damaligen Minderjährigkeit durch einen Pfleger) fortgesetzten Rechtsstreit gegen zwei Söhne eines ausländischen Agnaten aus dessen Ehe mit einer Engländerin. Das Landgericht hat damals, wie in diesem Prozeß, die Frage verneint. Das Oberlandesgericht in Hamm und das Reichsgericht haben sie schon damals bejaht, und zwar das Reichsgericht im Urteil vom 20. Juni 1907 IV 587/05. An der bejahenden Meinung ist auf Grund der folgenden Erwägungen festzuhalten.

Nach der in der Zeit des „Heiligen römischen Reiches deutscher Nation" herrschend gewordenen Ansicht setzte die Zugehörigkeit zum deutschen hohen Adel Reichsunmittelbarkeit und Reichsstandschaft voraus (RGZ. Bd. 18 S. 204). Ein reichsunmittelbares Gebiet hat ein Vorfahr der Parteien, Anna Emanuel Herzog von Croy (Stammbaum im Goth. Hofkalender 1913 S. 122), im Jahre 1803 in dem ihm durch den Reichsdeputationshauptschluß zugeteilten Reste des Amtes Dülmen erworben. Er und sein Sohn August Philipp sind bis zur Auflösung des alten Reichs im Jahre 1806 Landesherren von Dülmen gewesen. Reichsstandschaft haben sie niemals ausgeübt. Man kann nach den jetzt urkundlich feststehenden Tatsachen auch nicht aufrechterhalten, was im ersten Berufungsurteil des angeführten Vorprozesses als unstreitig bezeichnet und in das Urteil des Reichsgerichts vom 20. Juni 1907 übernommen ist, daß dem Herzog von Croy das Recht auf Sitz und Stimme im Reichstag zugesichert gewesen sei. Richtig ist, daß Herzog Anna Emanuel Anspruch auf die Reichsstandschaft erhoben hat, und zwar durch einen der Reichsdeputation in Regensburg eingereichten Antrag vom 15. November 1802 auf Erhebung des Amtes Dülmen zur Grafschaft mit Stimmrecht im westfälischen Grafenkollegium und durch ein Gesuch um Aufnahme in den Reichsfürstenrat vom 20. Oktober 1803. Die Entscheidung über den ersten Antrag wurde von der Reichsdeputation bis zur Reorganisation der Grafenkollegien hinausgeschoben. Zur Entscheidung hierüber und über das zweite Gesuch ist es bis zur Auflösung des alten Reiches nicht gekommen. Es kann daher nur so viel gesagt werden, daß jener Antrag oder dieses Gesuch mit Rücksicht auf die Größe der Herrschaft Dülmen und die frühere Zugehörigkeit des Amtes Dülmen zum reichsunmittelbar und reichsständisch gewesenen, durch den Reichsdeputationshauptschluß auf 7 oder 8 Teilhaber verteilten Bistum Münster Aussicht auf Erfolg hatte oder, wie es von Heffter (Die Sonderrechte der souveränen und der mediatisierten vormals reichsständischen Häuser Deutschlands S. 341) ausgedrückt wird, daß die Herrschaft Dülmen ihren Besitzer zur Reichsstandschaft qualifizierte.

Die ehemalige Reichsstandschaft hat nach dem Untergang des heiligen römischen Reiches weder von dem Wiener Kongreß oder dem Deutschen Bund noch durch Landesgesetze verliehen werden können. Es trifft jedoch zu, was von Rehm (Die Ebenbürtigkeitsfrage im Hause Croy S. 11 flg.), Laband (ArchÖffR. Bd. 37 S. 123 flg.) und Schücking (in seinem zu den Prozeßakten eingereichten, ungedruckten Gutachten betr. Ebenbürtigkeitsfragen im Hause Croy-Dülmen vom 7. August 1926) ausgeführt worden ist: Die durch die Verfassung des alten deutschen Reiches, insbesondere die durch die Reichsstandschaft bedingten Vorrechte, waren mit der Auflösung des alten Reiches im August 1806 erloschen. Der deutsche hohe Adel als ein unter Sonderrecht stehender Stand wurde erst auf Grund der in der Deutschen Bundesakte und der Wiener Kongreßakte von den Vertragsstaaten eingegangenen Verpflichtung durch übereinstimmende Akte der Landesgesetzgebung (mit alten und neuen Mitgliedern) wieder ins Leben gerufen. In denjenigen Staaten des Deutschen Bundes, in denen Standesherrschaften lagen, ergingen besondere Verordnungen. Zur innerstaatlichen Inkraftsetzung der einschlägigen Bestimmungen der Bundes- und Kongreßakte genügte aber ihre an keine bestimmte Veröffentlichungsform gebundene Kundmachung. Daß in allen deutschen Staaten, die sämtlich durch die Bestimmungen über die territorialen Verhältnisse, über die Aufenthalts- und Wegzugsfreiheit der Standesherren u. a. betroffen wurden, die pflichtmäßige Kundmachung irgendwie erfolgt ist, wenn auch nur durch Abdruck in irgendwelchen Nachrichten oder durch irgendwelche sonstige ihr Ziel erreichende Mitteilung an die Behörden, die Beteiligten oder die Untertanen schlechthin, ist so selbstverständlich, daß es auch ohne Feststellung im einzelnen nicht zu bezweifeln ist. Das auf völkerrechtlicher Bindung beruhende, gemäß der völkerrechtlichen Verpflichtung gesetzte und deshalb mit rechtlicher Notwendigkeit übereinstimmende Landesrecht bildete fortan die Rechtsgrundlage des Sonderrechts ebensowohl für die ehemals reichsständischen wie für die ihnen gleichgestellten Häuser. Es ist deutsches Recht geworden in demselben Sinne wie das Allgemeine deutsche Handelsgesetzbuch und die Allgemeine deutsche Wechselordnung.

Die Deutsche Bundesakte vom 8. Juni 1815 bildet mit der Wiener Kongreßakte vom folgenden Tage eine juristische Einheit (vgl. Art. 118 Nr. 9 der Kongreßakte, wo die Bundesakte für eine „partie intégrante" der Kongreßakte erklärt und ihr „partout la même force et valeur" zugeschrieben wird, wie wenn sie Wort für Wort in die Kongreßakte eingerückt worden wäre). Die Bundesakte stellt in Art. 14 die Rechtsgrundsätze über die Stellung des hohen Adels auf, ohne die ihm zugehörigen Häuser aufzuzählen. Dagegen rechnet die Kongreßakte in Art. 43 die Besitzungen, die der Herzog von Croy durch den Reichsdeputationshauptschluß erhalten hat, zu den „territoires médiatisés" und damit dem Sinne nach den Herzog von Croy zu den deutschen Standesherren; sie weist ihn nicht nur in Ansehung der territorialen, sondern auch in Ansehung der persönlichen Verhältnisse in dieselbe Rechtsstellung mit den „im Jahre 1806 und seitdem mittelbar gewordenen ehemaligen Reichsständen", von denen in Art. 14 der Bundesakte die Rede ist. Das ist gegenüber der abweichenden Ausführung im landgerichtlichen Urteil des Vorprozesses insbesondere von Rehm (a. a. O. S. 16 flg.) näher dargelegt, wird auch von Zorn (Die staatsrechtliche Stellung des Herzoglichen Hauses Croy S. 15 flg.) als richtig anerkannt (wenn er auch jener Zuweisung S. 16 flg. die rechtliche Kraft abspricht, eine Rechtsstellung zu schaffen, die wegen des Mangels ehemaliger Reichsstandschaft nach dem alten Reichsstaatsrecht nicht vorhanden war).

Entsprechend den in Art. 14 der Bundesakte und in den ergänzenden Bestimmungen der Kongreßakte übernommenen Verpflichtungen hat der König von Preußen die Verordnung betreffend die Verhältnisse der vormals unmittelbaren deutschen Reichsstände in den Preußischen Staaten vom 21. Juni 1815 (GS. S. 105) und die Instruktion wegen Ausführung dieses Edikts vom 30. Mai 1820 (GS. S. 81) erlassen. Die Verordnung von 1815, die den Artikel 14 der Bundesakte wörtlich wiedergibt und „bestätigt", beginnt mit den Worten: „Da nach den Unterhandlungen auf dem Kongresse zu Wien verschiedene Besitzungen der vormals unmittelbaren deutschen Reichsstände Unserer Monarchie einverleibt sind, namentlich... Dülmen dem Herzog von Croy... gehörend; ... so haben Wir durch ein besonderes Edikt die Rechte und Vorzüge aussprechen und festsetzen wollen, welche jene uns nun angehörigen vormaligen deutschen Reichsstände als eine ihrem Stande gemäße Auszeichnung genießen sollen." Die Instruktion von 1820 bestimmt in § 1:

„Als vormals unmittelbare deutsche Reichsstände, auf welche Unsere Verordnung vom 21. Juni 1815 Anwendung findet, sind zu betrachten:

I. In der Provinz Westfalen:

... 5. der Herzog von Croy wegen der Herrschaft Dülmen."

Ferner heißt es in § 2:

„Die vorgenannten, Unserer Hoheit (Souveränität) als erste Standesherren unterworfenen, vormals unmittelbar deutschen Reichsstände genießen für ihre Personen und Familien, sofern sie zu den Fürstlichen und Gräflichen Häusern gehören, und für ihre standesherrlichen Besitzungen diejenigen besonderen Rechte und Vorzüge, welche ihnen durch Unsere Verordnung vom 21. Juni 1815 und durch den in selbige aufgenommenen Artikel 14 der deutschen Bundesakte zugesichert sind."

Verordnung und Instruktion sind Gesetze, denen in dem oben (S. 123 Abs. 2) dargelegten Sinne konstitutive Wirkung zukommt (vgl. RGZ. Bd. 2 S. 154). Soweit im Urteil des jetzt erkennenden Senats vom 20. Juni 1907 IV 587/05 eine abweichende Ansicht ausgesprochen ist, wird sie nicht aufrechterhalten.

Hiernach ist die Unterscheidung abzulehnen, welche Zorn (a. a. O. S. 16 flg.) und Kekule von Stradonitz (Das Ebenbürtigkeitsrecht des Herzoglichen Hauses Croy S. 21 flg.) wegen der Anwendbarkeit des Privatfürstenrechts zwischen den ehemals reichsständischen und den ihnen gleichgestellten Mediatisierten machen, und zusammenfassend zu sagen: Die Bundesakte und die Kongreßakte, deren einschlägiger Inhalt durch Vorgänge der Landesgesetzgebung zu gemeinsamem deutschem Rechte geworden ist, haben die ehemals reichsunmittelbaren Herren von Dülmen, das Haus Croy, in dieselbe Rechtsstellung eingesetzt, in welche gleichzeitig die mediatisierten ehemaligen Reichsstände (wieder) eingesetzt wurden. Das deutsche Privatfürstenrecht als Sonderrecht dieses Standes findet auf alle seine Mitglieder, die alten und die neuen, in gleicher Weise Anwendung. Es hat daher (im Rahmen des Art. 58 EG. z. BGB. und des § 2 Abs. 2 preuß. Adelsgesetzes vom 23. Juni 1920) beim Fehlen abweichender hausrechtlicher Normen Geltung, ohne daß seine einzelnen Grundsätze kraft Autonomie erst besonders hätten eingeführt werden müssen.

Dem Vorstehenden kann das Urteil des Staatsgerichtshofs für das Deutsche Reich vom 10. Mai 1924 (RGZ. Bd. 111 Anh. S. 1) nicht entgegengehalten werden. Dort findet sich allerdings (S. 10) der an Art. 14 der Bundesakte geknüpfte Satz: „Nur die ehemaligen Reichsstände sollten zum hohen Adel Deutschlands gerechnet werden und das Recht der Ebenbürtigkeit behalten". Der Zusammenhang ergibt aber, daß damit nur der Gegensatz hervorgehoben wurde zu den in Art. 14 auch genannten „Reichsangehörigen", dem ehemaligen Reichsadel, der im wesentlichen aus der Reichsritterschaft bestand und einen Bestandteil des niederen Adels bildete. Ein Gegensatz zwischen den ehemaligen Reichsständen und den ihnen durch die Bundesakte und die Kongreßakte gleichgestellten Mediatisierten kam in der damals entschiedenen Verfassungsstreitigkeit nicht in Frage. Der Ausdruck „ehemalige Reichsstände" in jenem Satze der Entscheidungsgründe ist daher zwanglos in demselben weiten Sinne zu verstehen, in dem der Ausdruck „vormals unmittelbare deutsche Reichsstände" in den Überschriften und den Texten der Verordnung vom 21. Juni 1815 und der Instruktion vom 30. Mai 1820 gebraucht ist.

2. Infolge der Anwendbarkeit des deutschen Privatfürstenrechts auf das Haus Croy fragt es sich weiter, ob die Heirat des Erstbeklagten mit der Mutter des Zweitbeklagten eine Mißheirat im Sinne der allgemeinen Grundsätze des Privatfürstenrechts war, und für den Fall, daß dies zu bejahen ist, ob das von Croysche Hausrecht eine die Anwendung der allgemeinen Grundsätze ausschließende Norm enthält.

a) Diese Frage ist in ihrem ersten Teil wegen der bürgerlichen Abkunft der Ehefrau unbedenklich zu bejahen. Es ist ein seit der

Wahlkapitulation Kaiser Karls VII. von 1742 (Art. 22 § 4) in der Praxis der deutschen Gerichtshöfe zur Anerkennung gelangter, auch vom Reichsgericht in wiederholten Entscheidungen (RGZ. Bd. 2 S. 145, 150 flg., Bd. 101 S. 180; JW. 1890 S. 298) bestätigter Rechtssatz, daß die Ehe eines Mannes von hohem Adel mit einer Frau des Bürgerstandes, ohne Unterscheidung eines höheren oder gemeinen Bürgerstandes, eine Mißheirat darstellt (vgl. auch den „Schiedsspruch“ in dem Rechtsstreit über die Thronfolge im Fürstentum Lippe“ vom 22. Juni 1897, Abdr. S. 12 flg.). Daß die Mutter des Zweitbeklagten den Vereinigten Staaten von Amerika, also einem Lande entstammt, das den Adel als Rechtseinrichtung nie gekannt hat, kann nicht dazu führen, sie im Sinne des Privatfürstenrechts als adlig anzusehen.

Nach den allgemeinen Grundsätzen des Privatfürstenrechts sind die Abkömmlinge aus einer solchen Ehe ohne Zustimmung der Agnaten nicht folgeberechtigt.

b) Daß im Hause Croy kraft des in erster Linie maßgebenden Hausrechts, sei es Satzung oder Observanz (RGZ. Bd. 2 S. 155), etwas anderes gelte, wird vom Berufungsgericht verneint. Es geht dabei von dem zutreffenden Standpunkt aus, daß es nicht darauf ankomme, ob eine autonome Satzungsbestimmung oder ein Hausherkommen bestehe, wodurch der nach Privatfürstenrecht geltende Grundsatz der Unebenbürtigkeit der Ehe eines Familienmitglieds mit einer Frau bürgerlicher Abkunft für das Haus Croy anerkannt sei, sondern darauf, ob eine Hausrechtsnorm die Anwendung dieses für das Haus Croy als eine Familie des deutschen hohen Adels ohne weiteres, wenn auch nur hilfsweise geltenden Grundsatzes ausschließe. Eine derartige Hausrechtsnorm wird vom Berufungsgericht weder in der durch die Verordnung des Herzogs August Philipp vom 23. Februar 1806 als „ein ewiges Familiengesetz“ bestätigten Primogenitur-Ordnung des Herzogs Anna Emanuel vom 22. Oktober 1803 (bei Kekule von Stradonitz a. a. O. S. 23), noch in der Fideikommißstiftungsurkunde des Herzogs Alfred vom 10. Februar 1860 gefunden. Es handelt sich bei der Auslegung dieser Urkunden (insbesondere, wie sich aus der unter Nr. 3 folgenden Ausführung ergibt, auch der Fideikommißstiftungsurkunde) wie bei der Prüfung des Vorhandenseins eines Hausherkommens um die Feststellung von autonomischen Rechtsnormen eines standesherrlichen Hauses. Solche Rechtsnormen sind nach § 549 ZPO., § 1 Vo. vom 28. September 1879 (RGBl. S. 299) jedenfalls insoweit nicht revisibel, als sie, was hier allein in Betracht kommt, die Rechtsverhältnisse der Hausgüter ordnen (vgl. RGZ. Bd. 43 S. 412, Bd. 101 S. 180; JW. 1902 S. 422 Nr. 22 und dazu Loening, Die Autonomie der standesherrlichen Häuser Deutschlands S. 70 Anm. 2).

3. Schließlich ist darauf einzugehen, ob der unter Nr. 2 behandelte Grundsatz der Ebenbürtigkeit auch Geltung hat für die durch die Fideikommißstiftung von 1860 betroffenen, einschließlich der damals aus dem freien Vermögen des Herzogs Alfred zum Hausvermögen zugestifteten Güter.

Wäre diese Frage mit der Revision schlechthin zu verneinen, so würde die Nachfolgeberechtigung des Zweitbeklagten in das gesamte Hausvermögen zu bejahen sein. Denn das Berufungsgericht stellt fest, daß Hausvermögen und Familienfideikommiß tatsächlich gleichbedeutend sind, daß die Fideikommißstiftungsurkunde sich auf das gesamte Hausvermögen bezieht. Die Revision kommt mit der von ihr vertretenen Meinung auf die Unterscheidung zurück, die im ersten Urteil des Vorprozesses zwischen der Nachfolge in die Standesherrlichkeit und der Nachfolge in das Fideikommiß gemacht worden ist. Diese Unterscheidung, die das Reichsgericht schon im Urteil vom 20. Juni 1907 IV 587/05 verworfen hat, ist unberechtigt. Der Herzog Alfred (der Urgroßvater des Klägers und des Erstbeklagten) hat in der Stiftungsurkunde die Rechtsverhältnisse am Hausgut geregelt als einem „durch das Hausrecht zu einem einheitlichen Inbegriff zusammengefaßten und gebundenen Sondervermögen, das rechtlich dazu bestimmt ist, die wirtschaftliche Grundlage zu bilden, um die Macht, das Ansehen und die gesellschaftliche Stellung des standesherrlichen Hauses und seiner Mitglieder in der Gegenwart und Zukunft zu erhalten und zu erhöhen" (Loening a. a. O. S. 129). Er hat als Haupt des standesherrlichen Hauses von der diesem Hause durch die Deutsche Bundesakte (Art. 14 unter c Nr. 2) und die Wiener Kongreßakte und in deren Vollziehung durch die preuß. Verordnung vom 21. Juni 1815 (Nr. 1) und die preuß. Instruktion vom 30. Mai 1820 (§ 21) zugesicherten Autonomie Gebrauch machen wollen. Das erhellt klar aus den Sätzen, mit denen er die Stiftungsurkunde vom 10. Februar 1860 eingeleitet hat:

„Durch die provisorische Verordnung vom 22. Oktober 1803 hatte mein in Gott ruhender Großvater die von alters her in meiner Familie bestandene Sukzessionsordnung nach dem Rechte der Erstgeburt auch auf das meinem Hause durch den Reichsdeputationshauptschluß vom 23. Februar 1803 ... angewiesene Amt Dülmen übertragen und sukzedierte kraft dieser Verordnung mein seliger Vater als dessen Erstgeborener in die Landeshoheit des Landes Dülmen und in alle Landes- und Domäneneinkünfte.

Diese Rechte und Einkünfte erlitten durch die im Jahre 1806 erfolgte Mediatisierung meines Hauses und durch die die gutsherrlichbäuerlichen Verhältnisse wesentlich alterierenden Legislationen empfindliche Schmälerungen und beträchtliche Verluste.

Es war daher schon seit vielen Jahren mein stetes Bestreben, die bedeutenden Verluste und Schmälerungen, welche mein Haus in seinen deutschen Besitzungen, Einkünften und Gerechtsamen erlitten, durch anderweitige Akquisitionen auszugleichen, und es ist mir auch gelungen, zu diesem Zwecke mehrere Güter zu erwerben.

Da nun Se. Majestät, der jetzt regierende König, mittelst Allerhöchster Kabinettsorder vom 20. Februar 1846 mich nach Art. 14 der Deutschen Bundesakte und § 21 der Instruktion vom 30. Mai 1820 für wohl befugt erachtet, ein Fideikommiß zu stiften, ohne dabei durch die Vorschriften des Allgemeinen Landrechts hinsichtlich des Pflichtteils beschränkt zu sein, und demnächst durch die Verordnung vom 12. November 1855 diejenigen durch die Gesetzgebung seit dem 1. Januar 1848 verletzten Rechte und Vorzüge der vormals reichsunmittelbaren Fürsten und Grafen, welche denselben auf Grund ihrer früheren staatsrechtlichen Stellung im Reiche und der von ihnen besessenen Landeshoheit zustehen und namentlich durch den Art. 14 der Deutschen Bundesakte vom 8. Juni 1815 und die Art. 23 und 43 der Wiener Kongreßakte vom 9. Juni 1815 sowie durch die spätere Landesgesetzgebung zugesichert und von den Beteiligten nicht durch rechtsbeständige Verträge ausdrücklich aufgegeben sind, wiederhergestellt worden:

So habe ich einen Teils, um dem künftigen Chef meines Hauses eine standesgemäße Existenz und nicht minder den Nachgeborenen ein anständiges Auskommen zu sichern, das ... in seiner Substanz und daher auch in seinen Einkünften, wie oben angeführt, so bedeutend geschmälerte Fideikommiß durch die von mir erworbenen, im Kgl. Preuß. Staate gelegenen Besitzungen ergänzen, ja selbst vergrößern wollen, anderen Teils aber auch, um den ... in der vorbezogenen Verordnung vom 22. Oktober 1803 ausgesprochenen ... Intentionen gemäß jeglichen künftigen Familienstreitigkeiten vorzubeugen, ein Familienfideikommiß, zunächst für den Mannesstamm, stiften wollen, und stifte ein solches kraft gegenwärtiger Urkunde, wie folgt ..."

Der so in der Stiftungsurkunde selbst ausgesprochenen Absicht des Stifters, in der Form der Fideikommißstiftung autonome Festsetzungen zu treffen, kann nicht entgegengehalten werden, daß eine den §§ 62, 29 flg. II 4 PrALR., § 1 preuß. Ges. über die Kompetenz der Gerichtsbehörden in Familienfideikommißsachen vom 5. März 1855 entsprechende Verlautbarung und Bestätigung der Stiftungsurkunde stattgefunden habe. Denn bei der Verhandlung vor der Kreisgerichtskommission vom 7. März 1860 hat der Herzog Alfred ausdrücklich bemerkt, daß er durch diese Verlautbarung in keiner Hinsicht die Bestätigung der Stiftung durch den Fideikommißrichter herbeiführen wolle, sondern seine frühere Protestation dagegen wiederholen müsse, indem in den bezüglichen Gesetzen nur die Allerhöchste Bestätigung vorbehalten sei. Das Appellationsgericht in Münster hat diesem Standpunkt des Stifters dadurch Rechnung getragen, daß es in dem Bestätigungsbeschluß vom 17. April 1860 die „nach § 21 der Instruktion vom 30. Mai 1820 nachzusuchende Allerhöchste Genehmigung" vorbehalten hat. Daraufhin ist die „landesherrliche Genehmigung und Bestätigung" vom 18. Juni 1860 erfolgt. Mit Recht hat das Berufungsgericht hiernach die Stiftungsurkunde als eine hausrechtliche Satzung angesehen, bei deren Beurteilung nicht das allgemeine bürgerliche Recht, sondern das Privatfürstenrecht ergänzend heranzuziehen ist (vgl. RGZ. Bd. 18 S. 202 flg., Bd. 26 S. 154).

Daß, wie die Revision meint, zu einer Zustiftung von Gegenständen des freien Vermögens zum Stammgut die Zustimmung der Agnaten notwendig sei, kann nicht anerkannt werden. Das Rechtsgeschäft, durch das gewisse Gegenstände in das Hausvermögen einbezogen werden, steht selbst nicht unter der Herrschaft des Hausrechts. Es handelt sich dabei nicht um einen Akt der Selbstgesetzgebung der Familie, sondern um eine Verfügung über die Gegenstände durch denjenigen, der bisher ihr verfügungsberechtigter Eigentümer war. Schutzwürdige Interessen der Anwärter werden durch eine solche Verfügung nicht berührt (Oertmann, Die standesherrliche Autonomie S. 58, 65). Andere Bestimmungen der Stiftungsurkunde, so die über die Sukzession (§ 4) und die über Wittum, Apanagen und Sustentationsrenten (§§ 14, 15), mögen allerdings zu ihrer vollen Wirksamkeit der Zustimmung der volljährigen Agnaten bedurft haben. Eine solche allgemeine Zustimmung ist nicht festgestellt. Das Fehlen der Zustimmung hat aber nur die Folge, daß diejenigen zur Zeit der Setzung des neuen Hausrechts lebenden Agnaten, welche nicht zugestimmt haben, für sich und ihre Agnaten nicht gebunden sind. Für die Agnaten, die zugestimmt haben, und für ihre Nachkommen ist ein Hausgesetz auch ohne Zustimmung der übrigen volljährigen Agnaten gültig (Loening a. a. O. S. 36, 87; Schücking im Wörterbuch des Deutschen Staats- und Verwaltungsrechts 2. Aufl. Bd. 1 S. 297 unter D). Die Parteien sind Nachkommen des im Jahre 1823 geborenen Herzogs Rudolf (des in § 4 Abs. 1 der Stiftungsurkunde genannten ältesten Sohnes des Stifters) und seines Sohnes, des im Jahre 1859 geborenen, also zur Zeit der Fideikommißstiftung noch minderjährig gewesenen Herzogs Karl. Herzog Rudolf hat die Nachfolge in das Hausgut auf Grund der Stiftungsurkunde seines Vaters angetreten und damit dieser Stiftungsurkunde zugestimmt. Unter den Parteien ist die Stiftungsurkunde deshalb als Hausgesetz gültig. Wegen dieser Rechtsnatur der Stiftungsurkunde ist die eingangs dieses Abschnitts 3 aufgeworfene Frage im Anschluß an das unter 2 Ausgeführte zu bejahen.

---

28. Wie weit reicht die rechtliche Bindung an ein Urteil, das den Grund eines Papiermarkanspruchs rechtskräftig feststellt?

ZPO. §§ 304, 318.

VI. Zivilsenat. Urt. v. 11. April 1929 i. S. Sch. (Kl.) w. E. B. Aktienverein (Bekl.). VI 685/28.

I. Landgericht Zwickau.
II. Oberlandesgericht Dresden.

Auf dem Grundstück des Klägers Sch. in B. brannten am Nachmittag des 10. April 1918 ein Schuppen und das Wohngebäude nieder. An der Ostseite des Grundstücks führt in unmittelbarer Nähe eine Werkbahn des Beklagten vorbei. Der Kläger behauptet, der Schuppen und mittelbar das Wohnhaus seien in Brand geraten durch Funkenflug aus der Lokomotive „Muldental" des Beklagten, welche an jenem Nachmittag 1 Uhr 40 Min. die Strecke mit einem Zuge durchfahren habe. Der Kläger nimmt den Beklagten auf Schadensersatz in Anspruch und hat mit der im September 1918 erhobenen Klage Zahlung von 86860,30 M. verlangt. Das Landgericht hat durch rechtskräftig gewordenes Urteil vom 13. Januar 1920 den Anspruch des Klägers dem Grunde nach festgestellt. Im Betragsverfahren hat der Kläger infolge der Geldentwertung seinen Antrag mehrfach geändert; schließlich hat er 99434 GM. nebst Zinsen gefordert. Hiervon hat ihm das Landgericht unter Abweisung der Mehrforderung 57390 GM. zugebilligt. Das Oberlandesgericht hat die Berufung des Klägers zurückgewiesen und auf die auch vom Beklagten verfolgte Berufung die Klage gänzlich abgewiesen. Die Revision des Klägers hatte teilweise Erfolg.

Aus den Gründen:

Zutreffend geht das Oberlandesgericht davon aus, daß das rechtskräftige Zwischenurteil vom 13. Januar 1920 nicht bindend sei für die Beurteilung der Ansprüche, welche die ursprünglich in der Klage geltendgemachten Forderungen des Klägers von 86860,30 M. übersteigen. Da diese Forderungen jetzt nur den Wert des Bruchteils eines Pfennigs ausmachten, so spiele die Rechtskraft jenes Urteils keine Rolle für die gegenwärtige Entscheidung.

Die Revision greift den letzteren Gesichtspunkt an. Die Vorabentscheidung stelle dem Grunde nach den Betrag fest, der in der letzten mündlichen Verhandlung vorher gefordert worden sei. Maßgebend sei der Goldmarkwert der vom Kläger geforderten Summe, berechnet für den Tag der mündlichen Verhandlung, den 30. Dezember 1919. In Höhe dieses Betrags nebst Zinsen sei der Anspruch dem Grunde nach rechtskräftig bejaht. Da in dieser Höhe nach den Ermittlungen unzweifelhaft ein Schaden entstanden sei, hätte insoweit die Klage nicht mehr abgewiesen werden dürfen.

Die Revision ist in diesem Punkte begründet.

Wäre die Tragweite der in Papiermark ergangenen Urteile lediglich nach den heutigen Geldverhältnissen zu beurteilen, so hätten allerdings die Urteile aus der Zeit des Währungsverfalls regelmäßig jede Bedeutung verloren. Zu prüfen ist aber, inwieweit Entscheidungen, die auf Papiermark lauten, der Goldmarkwert zur Zeit ihrer Erlassung zugrundezulegen ist. Nicht entscheidend ist, daß für die Zulässigkeit der Revision der Nennbetrag der Urteilssumme nach den jeweiligen Vorschriften maßgebend war (RGZ. Bd. 109 S. 156). In den ersten, im Jahre 1924 über die Rechtskraft von Papiermarkurteilen erlassenen Entscheidungen des Reichsgerichts sind zwar nur die Papiermarksummen untereinander verglichen, und das Urteil vom 30. Januar 1925 (RGZ. Bd. 110 S. 148) stellt darauf ab, ob das Gericht dem Kläger die Papiermarksumme als solche oder in ihrem Goldwert habe zusprechen wollen, welche Frage regelmäßig im ersteren Sinne zu beantworten sei. Die Fortentwicklung der Lehre von der Rechtskraft solcher Urteile, durch die der Beklagte zur Zahlung von Papiermarkbeträgen verurteilt worden ist, geht aber dahin, daß sich die Rechtskraft auf den Goldmarkwert erstrecke, welcher der Papiermark zur Zeit des Urteilserlasses innewohne, sodaß der Kläger den Ersatz der nach dem Urteil eingetretenen Geldentwertung ohne weiteres fordern dürfe, und daß Einwendungen des Beklagten gegen das Bestehen des Anspruchs durch die Rechtskraft des Urteils ausgeschlossen seien. Das ist in einer Reihe von Urteilen des Reichsgerichts ausgesprochen (RGZ. Bd. 111 S. 364, Bd. 113 S. 326, Bd. 119 S. 365, Bd. 123 S. 47; Zeiler Aufw.Fälle Nr. 277; JRsch. 1927 Nr. 1475) und hat im Schrifttum Zustimmung gefunden (Stein-Jonas zu Note 149a bei § 322 ZPO.; Mügel AufwRecht S. 240). Dem ist beizupflichten. Aus der Rechtskraftwirkung von Urteilen, die auf Zahlung lauten, folgt nun allerdings nicht ohne weiteres, daß das gleiche für Urteile gelte, die zur Zeit des Währungsverfalls über den Grund des Anspruchs ergangen sind. Denn wenn auch solche Urteile der formellen Rechtskraft zugänglich sind (§ 304 Abs. 2 ZPO.), so stellen sie doch den Klaganspruch nicht rechtskräftig fest (Komm. v. RGR. Bem. 1 zu § 218 BGB.), und die Aufwertung einer Urteilssumme kann nicht in Betracht kommen, weil eine solche bei Grundurteilen gar nicht bestimmt wird. Wohl aber ist das Gericht in dem weiteren Verfahren über den Betrag des Anspruchs an das Grundurteil nach § 318 ZPO. in der Weise gebunden, daß grundsätzlich Einwendungen gegen den Grund des Anspruchs unzulässig sind, es sei denn, daß sie erst nach Erlassung des Zwischenurteils entstanden sind. Die letztere Ausnahme trifft hier nicht zu, da es sich von vornherein nur darum gehandelt hat, ob der Brand durch Funkenflug aus der Lokomotive des Beklagten verursacht worden ist. Die Bindung an das Zwischenurteil erstreckt sich nach der ständigen Rechtsprechung des Reichsgerichts auf den Anspruch in dem Umfang, in dem er rechtshängig war zur Zeit der mündlichen Verhandlung, auf Grund deren das Urteil erging (RGZ. Bd. 109 S. 155, 290, Bd. 112 S. 97). Danach scheidet die Geldentwertung aus, die in der Zeit zwischen der Klagerhebung und der letzten mündlichen Verhandlung vor dem Zwischenurteil eingetreten ist. Dagegen ist die Frage, ob die bindende Wirkung des Grundurteils den Goldmarkwert des Anspruchs im Augenblick der letzten mündlichen Verhandlung ergreift, in RGZ. Bd. 112 S. 98 offen gelassen und, soviel zu ersehen, vom Reichsgericht bisher nicht entschieden. Für die bindende Wirkung eines Urteils kann es aber keinen Unterschied begründen, ob dem Grunde nach ein Anspruch bis zu einem gewissen Betrag festgestellt oder ob zu dessen Zahlung der Beklagte verurteilt worden ist. Die Rechtsfolge ist in beiden Fällen dieselbe, daß Einwendungen gegen den Grund des Anspruchs im weiteren Verfahren nicht mehr zulässig sind. Danach ist ebenso wie bei Urteilen, die auf Zahlung lauten, der Goldmarkwert für die bindende Wirkung eines Grundurteils maßgebend. Wollte man das nicht annehmen, so würde die Tragweite des Grundurteils völlig schwankend und abhängig sein von der zufälligen Dauer des Verfahrens über den Betrag und würde im Laufe des Instanzenzugs nach Maßgabe der fortschreitenden Geldentwertung an Bedeutung einbüßen, sodaß allein durch den Zeitablauf die Verteidigungsmöglichkeit des Beklagten von selbst gestärkt würde. Dieser ungünstigen Verschiebung seiner Rechtsstellung im Rechtsstreit könnte der Kläger auch durch Erweiterung der Klaganträge im Betragsverfahren nicht entgegenwirken, da sich die Wirksamkeit des Grundurteils auf die Erweiterung des Klagbegehrens nicht erstrecken würde. Eine so weitgehende verfahrensrechtliche Unsicherheit ist mit dem Zwecke des § 304 ZPO. unvereinbar. Denn diese Vorschrift soll nach der Begründung zu § 266 des Entwurfs der Vereinfachung des Verfahrens dienen und sie ist, wie es in den Protokollen der ersten Kommission heißt, durch Zweckmäßigkeitsgründe geboten, da es sich empfehle, über den Grund des Anspruchs eine sichere und unabänderliche Feststellung zu gewinnen, bevor man dazu schreite, über die Größe des Anspruchs zu entscheiden (Hahn Materialien zur Zivilprozeßordnung Bd. I S. 284, 601).

Nach alledem ist das unangefochten gebliebene Grundurteil dahin zu verstehen, daß dem Kläger die Papiermarksumme im Werte zur Zeit der letzten mündlichen Verhandlung dem Grunde nach zugebilligt worden ist. In diesem Umfang ist das Urteil rechtskräftig geworden. Danach wird das Oberlandesgericht zu prüfen haben, welche Kaufkraft dem Betrag der Forderung des Klägers am 30. Dezember 1919 unter den gegebenen Umständen zukam und ob dem Revisionskläger Sch. in dieser Höhe ein Schaden erwachsen ist. Das Urteil war in entsprechendem Umfang aufzuheben. . . .

---

29. Zum Begriff der Rechtsnachfolge im Sinne des Arbeitsgerichtsgesetzes.

ArbGG. § 2 Abs. 2.

III. Zivilsenat. Urt. v. 19. April 1929 i. S. R. u. Gen. (Kl.) w. Deutschen Apothekerverein u. Gen. (Bekl.). III 333/28.

I. Landgericht I Berlin.
II. Kammergericht daselbst.

Am 13. August 1927 haben die beiden dem Apothekerberuf angehörenden beklagten Verbände, ein Verband von Arbeitgebern und ein solcher von Arbeitnehmern, miteinander einen Tarifvertrag geschlossen. Darin haben sie u. a. die Gründung einer Zuschußkasse und deren Satzungen vereinbart. Am 29. Oktober 1927 hat der Reichsarbeitsminister den Tarifvertrag einschließlich des die Zuschußkasse betreffenden Teils für allgemein verbindlich erklärt mit dem beruflichen Geltungsbereich für die in Apotheken als Assistenten tätigen, approbierten und nichtapprobierten Pharmazeuten und Pharmazeutinnen und mit dem räumlichen Geltungsgebiet für das Gebiet des Deutschen Reiches. Die Kläger, teils Apothekenbesitzer, also Arbeitgeber, teils deren Angestellte, sind sämtlich nicht Mitglieder eines der beklagten Verbände. Nach §§ 4, 11 des Tarifvertrags ist der

Arbeitgeber verpflichtet, den Angestellten das Tarifgehalt zu zahlen, vermindert um einen Lohnabzug zugunsten der Zuschußkasse (im folgenden mit ZK. bezeichnet). Diesen Lohnabzug sowie einen gleich hohen Betrag aus eigenen Mitteln hat der Arbeitgeber an die ZK. abzuführen. Die ZK. soll vornehmlich verheirateten und älteren Angestellten Lohnzuschüsse gewähren. Inhaber der ZK. sind die beiden Beklagten, die zu diesem Zweck eine Gesellschaft des bürgerlichen Rechts miteinander eingegangen sind. Die Kläger sind der Meinung, daß die Bestimmungen des Tarifvertrags über die Beitragspflicht für sie keine Geltung haben. Mit der Klage haben sie deshalb beantragt festzustellen, daß die Kläger 1 bis 14 als Arbeitgeber der Kläger 15 bis 32 nicht verpflichtet seien, zu der ZK. Beiträge in der Form von Abzügen vom Gehalt ihrer Angestellten und von eigenen Zuschüssen zu leisten, sowie daß die Kläger zu 15 bis 32 nicht verpflichtet seien, Gehaltsabzüge zum Zweck der Beitragszahlung an die ZK. zu dulden. Das Landgericht hat die Klage abgewiesen, da für die Entscheidung des Streites nicht das ordentliche Gericht, sondern die Arbeitsgerichtsbehörden zuständig seien. Das Kammergericht hat die Berufung der Kläger zurückgewiesen. Ihre Revision blieb erfolglos.

Gründe:

Gegen die Verfassungsmäßigkeit des Arbeitsgerichtsgesetzes bestehen keine Bedenken.

Nach der Annahme des Berufungsrichters läßt sich die Zuständigkeit der Arbeitsgerichtsbehörden nicht auf § 2 Abs. 1 Nr. 1 ArbGG. gründen. Diese Annahme beschwert die Kläger nicht und bedarf daher hier keiner Nachprüfung.

Dagegen erachtet der Berufungsrichter auf Grund des § 2 Abs. 1 Nr. 2 verbunden mit Abs. 2 das. die Arbeitsgerichtsbehörden für zuständig. Die nämliche Ansicht hat das Reichsarbeitsgericht in der Amtl. Samml. Bd. 2 S. 279 ausgesprochen. Von dieser Ansicht abzugehen, bieten die Ausführungen der Revision keine Veranlassung.

In dem vom Reichsarbeitsgericht entschiedenen Falle hatten die beiden jetzt verklagten Verbände als Gesellschafter der ZK. von zwei Arbeitgebern die Entrichtung der satzungsmäßigen Beiträge gefordert. Im gegenwärtigen Rechtsstreit wollen die Kläger den Beklagten gegenüber festgestellt wissen, daß die Kläger nicht verpflichtet seien (als Arbeitgeber), die Beiträge zu leisten und (als Arbeitnehmer) die

Abführung der Beiträge zu dulden. In beiden Fällen geht der Streit einzig darum, ob den Beklagten auf Grund des für allgemein verbindlich erklärten Tarifvertrags das Recht zusteht, die Leistung der satzungsmäßigen Beiträge an die ZK. zu verlangen. Daß hier der angeblich verpflichtete Teil im Wege der Feststellungsklage die streitige Verbindlichkeit verneint wissen will, begründet keinen Unterschied in der rechtlichen Beurteilung, weder in der Sache, noch insbesondere auch für die Zuständigkeit der zur Entscheidung berufenen Behörden.

Die Beklagten haben den Klägern gegenüber ein Recht für sich (als Gesellschafter der ZK.) in Anspruch genommen. Über das Bestehen dieses Rechts haben sich die Beklagten auszuweisen. Sie stützen es auf §§ 4, 11 des für allgemein verbindlich erklärten Tarifvertrags. Dort ist in der Tat vorgesehen, daß der Arbeitgeber gewisse Teile des Lohnes seiner Angestellten an die ZK. abzuführen, der Arbeitnehmer diese Abführung zu dulden arbeitsvertraglich verpflichtet ist. Ob das auch für Außenseiter gilt, das ist die sachliche Meinungsverschiedenheit. Der Berufungsrichter läßt sie unentschieden. Ihm genügt die bloße Behauptung der Beklagten, daß jene Pflicht der Kläger bestehe; denn es handle sich vorerst noch nicht um die Sachentscheidung, sondern nur um die Gerichtszuständigkeit; für die letztere müsse die bloße Behauptung der Beklagten genügen, denn nur gegen die Behauptungen der Beklagten richte sich die Klage. Darin tritt kein Rechtsirrtum zutage.

Die Zuständigkeit der Arbeitsgerichtsbehörden nach § 2 Abs. 1 Nr. 2 erfordert einen Streit zwischen Arbeitgebern und Arbeitnehmern. Im gegenwärtigen Rechtsstreit stehen nicht Arbeitgeber auf der einen und Arbeitnehmer auf der anderen Seite als Prozeßparteien einander gegenüber. Vielmehr stehen auf seiten der Kläger Einzelarbeitgeber wie -nehmer miteinander im Bunde, und verklagt ist gemeinschaftlich je ein Verband der Arbeitgeber und der Arbeitnehmer, und zwar die letzteren als die beiden Teilhaber der Gesellschaft bürgerlichen Rechts (§§ 705flg. BGB.), welche die ZK. darstellt. Gerade in dieser Eigenschaft haben aber die Beklagten nach der Ansicht des Berufungsrichters als Rechtsnachfolger sowohl von Arbeitgebern wie von Arbeitnehmern zu gelten, sodaß sich hieraus die Zuständigkeit der Arbeitsgerichtsbehörden gemäß § 2 Abs. 2 ArbGG. ergibt.

Im einzelnen führt der Berufungsrichter aus: Den klagenden Arbeitgebern stünden die Beklagten als Rechtsnachfolger der Arbeitnehmer gegenüber. Der Begriff der Rechtsnachfolge sei im Sinne des Arbeitsgerichtsgesetzes nicht streng juristisch zu nehmen. Der Gesetzgeber wolle grundsätzlich alle inhaltlich arbeitsrechtlichen Sachen vor die Arbeitsgerichte bringen. Deshalb komme es nur darauf an, ob der geltendgemachte Anspruch mit dem Anspruch aus dem Arbeitsverhältnis wirtschaftlich wesensgleich sei. Das sei der Fall. Die Beklagten nähmen einen Teil des Gehalts für sich in Anspruch, den die Arbeitgeber den Arbeitnehmern schuldeten. Die Beklagten hätten freilich diesen Anspruch nicht im Wege einer Abtretung erworben, sondern durch Vertrag zugunsten Dritter. Der Anspruch möge daher erst unmittelbar in der Person des Dritten, der ZK., entstanden sein (§ 328 BGB.). Dem Arbeitgeber stünden jedoch gemäß § 334 BGB. alle etwaigen Einwendungen aus dem Arbeitsverhältnis auch gegenüber der ZK. als Drittem zu. Das bedeute, daß es auf die Forderung aus dem Arbeitsverhältnis selbst ankomme.

Dem ist dahin beizupflichten, daß schon im eigentlichen Rechtssinne eine Rechtsnachfolge als vorliegend anerkannt werden muß. Aus dem jeweiligen tarifmäßigen Gehaltsanspruch des Angestellten hat der Tarifvertrag — darüber läßt sein Inhalt keinen Zweifel — einen Teil abgezweigt, den der Arbeitgeber nicht an den Angestellten in bar zu entrichten, sondern an die ZK. zur Verwendung für ihre (gemeinnützigen, gerade auch dem Angestellten zugute kommenden) Zwecke abzuführen hat. Gleichwohl bleibt auch der zugunsten der ZK. abgezweigte Teil des Anspruchs seiner rechtlichen Natur nach Gehaltsforderung des Angestellten. Die ZK. erwirbt ihren Teil als Teil des Gehaltsanspruchs; sie erwirbt ihn auf abgeleitetem Wege. Dies zeigt sich, wie der Berufungsrichter richtig bemerkt hat, vor allem darin, daß dem Arbeitgeber seine Einwendungen gegen den Lohnanspruch auch in seinem Verhältnis zur ZK. gewahrt bleiben; es gilt aber auch sonst, was z. B. steuerrechtlich zutage treten wird. Es ist der Dienstvergütungsanspruch des Angestellten selbst (§ 611 BGB.), der zum satzungsmäßigen Teilbetrag auf die ZK. übergeht. Die ZK. erwirbt mithin diesen Teilanspruch auf abgeleitetem Wege; sie ist deshalb Rechtsnachfolgerin des Arbeitnehmers. Zum Begriff der Rechtsnachfolge gehört es nicht, daß das Recht in seinem vollen Umfang übergeht, auch nicht, daß das abgeleitete Recht in der Person des Erwerbers oder neuen Berechtigten ganz dasselbe ist wie in der Person des Rechtsvorgängers, ebensowenig, daß es zeitlich schon vor dem Rechtsübergang in der Person des Rechtsurhebers bestanden hat. Vollends belanglos ist endlich der Weg, auf dem sich der Rechtsübergang vollzieht. Rechtsnachfolge liegt nicht bloß vor, wenn das Recht durch Übertragungsvertrag, sondern auch wenn es kraft Gesetzes übergeht (§§ 412, 413 BGB.) oder wenn der Richter es überträgt. Es ist kein Grund ersichtlich, warum dies anders sein soll, wenn im Wege des Vertrags zugunsten Dritter eine Teilabtretung erfolgt und wenn diese nicht durch Einzelabtretungsvertrag, sondern vermöge der Rechtswirkung eines für allgemein verbindlich erklärten Tarifvertrags geschieht. Nur in der Eigenart der die Übertragung vermittelnden Vorgänge liegt aber die Besonderheit des zur Entscheidung stehenden Falles; sie kann, wie gezeigt, nicht entscheidend sein.

Da die dargelegte Bedeutung des Begriffs der Rechtsnachfolge schon der rein rechtlichen Beurteilung entspricht, bedurfte es nicht des im Berufungsurteil enthaltenen Hinweises darauf, daß der Begriff hier nicht streng juristisch, sondern mehr wirtschaftlich auszulegen sei. Es bedarf daher auch keines Eingehens auf die Angriffe, welche die Revision gegen diese Ausführungen des Berufungsurteils erhoben hat. Übrigens entsprechen auch diese Ausführungen einer Auffassung, die, wennschon in Anwendung auf einen anderen Fall, die Billigung des Reichsarbeitsgerichts gefunden hat (vgl. Amtl. Samml. Bd. 1 S. 10).

Nach dem Tarifvertrag haben die Arbeitgeber nicht bloß einen Teil des Lohnes ihrer Angestellten an die ZK. abzuführen, sondern außerdem noch einen Betrag in gleicher Höhe, den sie aus eigenen Mitteln zuzuschießen haben. Insofern können Zweifel entstehen, ob die ZK. auch hier den Arbeitgebern als Rechtsnachfolgerin der Arbeitnehmer gegenübersteht. Die Rechtslage ist hier etwas anders und eigenartig. Jedoch kann dem Berufungsrichter nicht entgegengetreten werden, wenn er ausführt, daß es sich auch hier um Beträge handle, die der Arbeitnehmerschaft zugute kommen sollten und daher einen Teil ihrer Entlohnung bildeten. Jedenfalls verbietet es die Sachlage sowie der Inhalt und Zweck des Tarifvertrags, diesen Teil des Rechtsstreits in bezug auf die Zuständigkeit der Arbeitsgerichtsbehörden anders zu behandeln als die sonstigen Fragen.

Daß die Beklagten als Gesellschafter der ZK. den klagenden Arbeitnehmern auch als Rechtsnachfolger der Arbeitgeber gegenüberstehen, nimmt der Berufungsrichter gleichfalls ohne einen die Kläger beschwerenden rechtlichen Verstoß an. Man kann nur bezweifeln, ob es einen Anspruch der ZK. gegen die Arbeitnehmer auf „Duldung“ der Abführung überhaupt gibt. Aber darüber ist jetzt nicht zu entscheiden. Gibt es einen solchen Anspruch, wie dies allerdings die Meinung des Tarifvertrags und der Parteien zu sein scheint, dann ist zweifellos auch für ihn die Zuständigkeit der Arbeitsgerichtsbehörden, nicht die der ordentlichen Gerichte begründet. Denn die Beklagten machen ihn namens der ZK. aus dem kraft Tarifvertrags auf sie übergegangenen Rechte der Arbeitgeber geltend.

---

30. Ist im Falle der Abtretung einer Eigentümergrundschuld und ihrer Umwandlung in eine Darlehenshypothek die Abtretung mit der Umwandlung und der Ausstellung der Schuldverschreibung als ein rechtlich einheitliches Geschäft anzusehen?

Preuß. Stempelsteuergesetz vom 27. Okt. 1924 (GS. S. 627) § 10 Abs. 3.

VII. Zivilsenat. Urt. v. 23. April 1929 i. S. von G. (Kl.) w. Preuß. Staat (Bekl.). VII 447/28.

I. Landgericht Neiße.
II. Oberlandesgericht Breslau.

Laut notarieller Urkunde vom 31. Oktober 1926 trat der Kläger an die preußische Zentral-Bodenkredit-Aktiengesellschaft in Berlin drei auf seinem Rittergut eingetragene Hypotheken von 100000, 90000 und 145000 GM. ab, die durch Zahlung Eigentümergrundschulden geworden waren, und wandelte sie zugleich in Hypotheken für Darlehen von gleicher Höhe um, die er von der Gesellschaft empfangen zu haben erklärte. Auf die Aufforderung des Finanzamts vom 30. Juni 1927 zahlte er dafür am 23. Juli 1927 den Abtretungsstempel nach Tarifstelle 1 des preußischen Stempelsteuergesetzes in Höhe von 335 RM. Er erhob aber im September 1927 Klage auf Erstattung dieses Betrags, weil nicht nur die Befreiungsvorschrift der Tarifstelle 14 Abs. I 3d preuß. StempelStG., sondern auch Abs. 10 der Tarifstelle 1 Anwendung finde. Die Klage wurde vom Landgericht zugesprochen, auf die Berufung des Beklagten aber vom Oberlandesgericht abgewiesen. Die Revision des Klägers führte zur Wiederherstellung des landgerichtlichen Urteils.

Gründe:

Das Berufungsgericht ist der Ansicht, daß die Befreiung vom Schuldverschreibungsstempel der Tarifstelle 14 gemäß Abs. I 3d das. Platz greife, weil die in der Anerkennung der Darlehensschuld liegende Schuldverschreibung zur Grundlage für die Ausreichung reichssteuerpflichtiger Renten- oder Schuldverschreibungen der Darlehensgläubigerin gedient habe. Dagegen hält es wegen der Abtretung der Eigentümergrundschulden den vom Finanzamt erhobenen Stempel für „Abtretung von Rechten" aus Tarifstelle 1 für anwendbar und den Befreiungsfall des Abs. 10 dieser Tarifstelle deshalb nicht für gegeben, weil er nur Urkunden über Abtretung von Forderungen treffe und die Eigentümergrundschuld eine solche nicht darstelle. Das Berufungsgericht verneint auch, daß die Abtretung mit der Ausstellung der Schuldverschreibung ein einheitliches Rechtsgeschäft bilde und deshalb gemäß § 10 Abs. 3 preuß. StStG. von dem für diese bestimmten Stempel gedeckt sei.

Der Revision ist zuzugeben, daß jedenfalls der letzte Teil dieser Ausführungen auf Rechtsirrtum beruht. Gegenstand der Stempelpflicht nach Tarifstelle 14 ist nicht nur die persönliche Schuldverschreibung für sich allein, sondern die hypothekarische Schuldverschreibung als ganzes, die Ausstellung der persönlichen Schuldverschreibung nebst der Beschaffung ihrer Sicherung durch eine Hypothek. Diese Sicherung konnte der Kläger an der vom Vertragsgegner verlangten bevorzugten Stelle nach dem Stande des Grundbuchs und der grundbuchrechtlichen Vorschriften nur beschaffen, indem er die an dieser Stelle stehende Eigentümergrundschuld unter Umwandlung in eine Hypothek für die neue Forderung an deren Gläubiger abtrat. Die Abtretung der Eigentümergrundschuld bildete also mit ihrer Umwandlung und mit der Begründung der persönlichen Schuld die Bestandteile des einheitlichen Rechtsgeschäfts der Ausstellung einer hypothekarischen Schuldverschreibung, ebenso wie im Falle der Bestellung einer neuen Hypothek für die neue Schuld die Hypothekbestellung und das Schuldversprechen Bestandteile der hypothekarischen Schuldverschreibung gewesen wären. Daß es sich hierbei nicht bloß um einen wirtschaftlichen Zusammenhang, sondern um ein rechtlich einheitliches Geschäft handelt, folgt auch aus der Erwägung, daß das abstrakte Geschäft der Abtretung der Grundschuld seinen Rechtsgrund nur in dem der Ausstellung der Schuldverschreibung zugrundeliegenden Vorgang findet. Der Umstand, daß, wie das Kammergericht in seinem Beschluß vom 16. Juni 1905 (Jahrb. Bd. 31 B S. 34) hervorhebt, die die Abtretung mit der Begründung der persönlichen Schuld verbindende Umwandlung der Eigentümergrundschuld in eine Hypothek für die neue Schuld für sich allein keiner Stempelsteuer unterliegt, hindert nicht, die Abtretung nebst der Umwandlung und der Schuldverschreibung zusammen als Bestandteile des einheitlichen Aktes der hypothekarischen Schuldverschreibung zu behandeln.

Ist hiernach die Erhebung eines Stempels für die Abtretung schon auf Grund des § 10 Abs. 3 a. a. O. ausgeschlossen, so kann dahingestellt bleiben, ob auch nach Abs. 10 der Tarifstelle 1 Befreiung vom Abtretungsstempel einzutreten hätte. Daß im vorliegenden Falle auch die Schuldverschreibung gemäß Tarifstelle 14 Abs. I 3d von der Stempelsteuer befreit ist, würde die Ausschließung des Abtretungsstempels an sich nicht hindern (RGU. vom 22. März 1929 VII 412/28).

Hiernach ist das Berufungsurteil aufzuheben und das landgerichtliche Urteil in der Hauptsache wiederherzustellen, ohne daß es weiterer Erörterungen bedarf. Dabei ist jedoch der Anspruch auf Verzinsung des zu Unrecht erhobenen Stempelbetrags gemäß der feststehenden Rechtsprechung des Reichsgerichts auf die Zeit seit der Klagezustellung zu beschränken.

---

31. 1. Muß das Reichsgericht die Parteien hören, bevor es seine Absicht erklärt, ohne mündliche Verhandlung zu entscheiden?

2. Kann das Reichsgericht diese Absicht später wieder ändern?

3. Sind schriftliche Äußerungen der Parteien nur beachtlich, wenn sie von einem beim Reichsgericht zugelassenen Rechtsanwalt gemacht werden?

4. Welche Mindestanforderungen sind an den Beitrittsschriftsatz eines Nebenintervenienten zu stellen?

Weiteres Gesetz zur Entlastung des Reichsgerichts vom 8. Februar 1929 (RGBl. I S. 19) Art. I. ZPO. §§ 70, 74.

VII. Zivilsenat. Urt. v. 26. April 1929 i. S. Zw. Fahrzeug-Fabrik (Nebeninterv.) w. H. als Verwalter im Konkurse über das Vermögen des K. Z. (Kl.). VII 645/28.

I. Landgericht Plauen.
II. Oberlandesgericht Dresden.

Der Kläger verlangt mit der Klage vom Beklagten Herausgabe eines angeblich zur Konkursmasse gehörigen Kraftwagens. Der Beklagte hat sich u. a. damit verteidigt, daß er den Wagen an die wahre Eigentümerin, die jetzige Revisionsklägerin, herausgegeben habe; sie habe das von ihm gefordert. Aus diesem Anlaß hat der Beklagte der jetzigen Revisionsklägerin mit Schriftsatz vom 30. April 1928 den Streit verkündet und dabei erklärt, daß er sich im Falle seines Unterliegens im Rechtsstreit bei ihr schadlos halten werde. Die Revisionsklägerin ist im ersten Rechtszug nicht als Nebenintervenientin aufgetreten. Als aber das Landgericht durch Urteil vom 21. Mai 1928 der Klage stattgab, hat der Rechtsanwalt Br. in Dresden mit Schriftsatz vom 30. Juli 1928 „für die Firma Zw. Fahrzeug-Fabrik als Nebenintervenientin" Berufung eingelegt. Antrag und Begründung blieben vorbehalten. Weitere Ausführungen sind in dem Schriftsatz auch zur Frage der Nebenintervention nicht enthalten, wohl aber in einem Schriftsatz vom 13. Oktober 1928, der dem Kläger am 15. desselben Monats zugestellt worden sein soll. Der Kläger kündigte am 3. Oktober 1928 den Antrag auf Zurückweisung der Berufung, am 8. Oktober 1928 aber den Antrag an, die Berufung als unzulässig zu verwerfen. Er führte aus, daß die Berufungsschrift den Formerfordernissen des § 70 ZPO. nicht genüge. Das Oberlandesgericht hat die Verhandlung auf die Zulassung der Berufung und der Nebenintervention beschränkt, beide Fragen verneint und die Berufung als unzulässig verworfen. Dagegen richtet sich die Revision mit dem Antrag, das angefochtene Urteil aufzuheben und die Klage abzuweisen. Durch Beschluß vom 26. Februar 1929 hat das Reichsgericht erklärt, in vorliegender Sache gemäß Art. I des Gesetzes vom 8. Februar 1929 (RGBl. I S. 19) eine Entscheidung ohne vorgängige mündliche Verhandlung treffen zu wollen, und zwar nach Ablauf von vier Wochen seit Zustellung des Beschlusses. Der Beschluß ist der Revisionsklägerin am 28. Februar, dem Revisionsbeklagten am 1. März 1929 zugestellt; beiden ist damit Gelegenheit zur schriftlichen Äußerung gegeben worden. Eine solche ist nur von der Revisionsklägerin eingegangen. Sie beantragte u. a., eine mündliche Verhandlung stattfinden zu lassen. Der Revisionsbeklagte hat angezeigt, daß er auf die Bestellung eines beim Reichsgericht zugelassenen Rechtsanwalts verzichte. Das Reichsgericht erklärte die Nebenintervention unter Aufhebung des Berufungsurteils für zulässig.

Gründe:

I. Zu Unrecht beanstandet die Revision das vom Reichsgericht eingeschlagene Verfahren.

1. Art. I des Gesetzes vom 8. Februar 1929 gibt dem Revisionsgericht die Befugnis, ohne mündliche Verhandlung zu entscheiden. Will es das tun, so hat es den Parteien Gelegenheit zur schriftlichen Äußerung zu geben. Zuerst muß sich also das Revisionsgericht über seinen Willen schlüssig werden, ohne mündliche Verhandlung zu entscheiden, dann erst hat es den Parteien Gelegenheit zur schriftlichen Äußerung zu geben. So ist das Reichsgericht auch vorgegangen. Die Revision meint, daß die Parteien bei diesem Verfahren mit ihren Äußerungen zu spät kämen, weil das Revisionsgericht seinen Beschluß nur fassen könne, indem es sich schon auf eine bestimmte Entscheidung — sei es für, sei es gegen die Revision — festlege. Jedoch der Beschluß des Gerichts kann und muß sogar, wie die Revision es ausdrückt, in abstracto, d. h. ohne gleichzeitige Inaussichtnahme einer bestimmten Sach-Entscheidung, gefaßt werden; denn der beschließende Senat vermag den später erkennenden nicht zu binden.

2. Deshalb kommen die Parteien auch nicht zu spät mit ihren Bemerkungen, die sich auf die Frage der mündlichen Verhandlung beziehen. Das Reichsgericht ist jederzeit in der Lage, von dem zunächst gefaßten Beschluß wieder abzugehen, wenn es sich von der Notwendigkeit der mündlichen Verhandlung überzeugt. Die Revision hat denn auch einen Antrag auf Anberaumung eines Termins zur mündlichen Verhandlung gestellt. Ihm konnte aber nicht entsprochen werden, da er nur auf allgemeine Erwägungen über den Grundsatz der Mündlichkeit der Verhandlung, über das Interesse des Anwaltstandes und die Entlastung des Reichsgerichts gestützt wird. Gegenüber dem Gesetz vom 8. Februar 1929 müssen diese Erwägungen versagen. Dafür, daß gerade in der vorliegenden Sache die mündliche Verhandlung geboten wäre, ist nichts angeführt worden.

3. Der klagende Konkursverwalter hat sich in seiner im Tatbestand erwähnten Anzeige auch noch zur Sache selbst geäußert. Diese Darlegungen können nicht beachtet werden, weil sie nicht von einem beim Reichsgericht zugelassenen Rechtsanwalt gemacht sind. Sie sind deshalb auch nicht geeignet, den Gegenstand einer Antwort des Prozeßgegners zu bilden. Dem Antrag der Revisionsklägerin, ihr Gelegenheit zu dieser Antwort zu bieten, brauchte also nicht stattgegeben zu werden.

II. In der Sache selbst ist der Revision beizutreten.

1. Allerdings ist es nicht richtig, wenn sie meint, daß § 74 Abs. 1 ZPO. die Grundsätze über die Nebenintervention nicht auch schon für den Beitritt des Dritten in Kraft setze, dem der Streit verkündet worden ist. Auch dieser Beitritt gehört bereits zum „Verhältnis des Dritten zu den Parteien", von welchem § 74 Abs. 1 ZPO. spricht. Der den Beitritt enthaltende Schriftsatz der Revisionsklägerin mußte also den Erfordernissen des § 70 ZPO. genügen. Das ist aber auch der Fall.

2. Ob der „Beitritt erklärt" worden ist (§ 70 Abs. 1 Satz 2 Nr. 3 ZPO.), läßt das Berufungsgericht offen. Es ist aber geschehen. Denn, wie das Reichsgericht in RGZ. Bd. 102 S. 277 ausführt, versteht es sich von selbst, daß jemand, der ein Rechtsmittel einlegt und sich dabei als Nebenintervenienten bezeichnet, damit auch seinen Beitritt erklärt. Ob die Bezeichnung „in Parenthese" geschieht, hier zwischen zwei Gedankenstrichen, ist gewiß unerheblich. Ebenso kann der Zweifel des Oberlandesgerichts auf sich beruhen, ob die Revisionsklägerin etwa des Glaubens gewesen sei, ihren Beitritt schon früher erklärt zu haben. Entscheidend ist, wie die Erklärung auf den Kläger wirken mußte und gewirkt hat. Nach seinem Schriftsatz vom 8. Oktober 1928 hat er aber sofort erkannt, daß hier ein Dritter als neuer Nebenintervenient in den Rechtsstreit eintreten wollte.

3. Über das „Interesse an dem Beitritt" (§ 70 Abs. 1 Satz 2 Nr. 2 ZPO.) ist im Beitrittsschriftsatz ausdrücklich nichts gesagt worden. Der Hinweis auf eine vorangegangene Streitverkündung genügt aber in der Regel als Angabe des Interesses (RGZ. Bd. 102 S. 278), und dieser Hinweis kann schließlich auch stillschweigend bewirkt werden. Das Interesse am Beitritt soll angegeben werden, um dem Gegner der unterstützten Partei den Grund des Beitritts sofort erkennbar zu machen. Dazu kann es genügen, wenn ein Dritter, dem der Streit

verkündet worden ist, der andern, von dieser Streitverkündung in Kenntnis gesetzten Partei einfach erklärt, daß er nunmehr dem Gegner des Erklärungsempfängers beitrete. Im gegenwärtigen Falle hat diese Erklärung genügt, um den Kläger über die Zusammenhänge zu unterrichten. Er hat zunächst überhaupt keine Bedenken geäußert und am 3. Oktober 1928 einen Antrag auf Zurückweisung der Berufung angekündigt. Am 8. Oktober 1928 hat er dann allerdings Bedenken erhoben, aber auch keine sachlichen, sondern nur verfahrensrechtliche. Darüber, daß der Beitritt auf die Streitverkündung hin erklärt werden sollte, war er nicht im Zweifel; er hat nur gemeint, daß die Erklärung nicht in der genügenden Form abgegeben worden sei. Wenn der Kläger daran auch jetzt noch festhält, wenn er verlangt, daß alles, was zwischen den Zeilen zu lesen ist und was er dort auch selbst gelesen hat, noch mit ausdrücklichen Worten gesagt werden soll, so ist das „leerer Formalismus" im Sinne von RGZ. Bd. 102 S. 278. Zu dessen Übung zwingen auch die Formvorschriften der Zivilprozeßordnung nicht. Sachlich muß ihnen genügt werden, nicht dem Buchstaben nach.

(Es wird dargelegt, daß ein rechtliches Interesse der Revisionsklägerin am Beitritt besteht und aus der Streitverkündung zu ersehen ist.)

---

32. 1. Welchen Einfluß hat die Vollbeendigung einer offenen Handelsgesellschaft, die während eines gegen diese anhängigen Rechtsstreits eintritt, auf die Wirksamkeit des Urteils gegen die persönlich haftenden Gesellschafter?

2. Wann besteht ein Rechtsschutzbedürfnis für eine besondere Klage gegen die Gesellschafter?

3. Kann der verklagte Gesellschafter trotz der Rechtskraft des im Gesellschaftsprozeß ergangenen Urteils Einwendungen gegen die Höhe der Verzugszinsen erheben?

HGB. §§ 124, 128, 129. ZPO. §§ 86, 265, 323, 325, 727, 767.

II. Zivilsenat. Urt. v. 19. Februar 1929 i. S. R. von Sch. (Bekl.) w. H. Kreditversicherungsbank AG. (Kl.). II 296/28.

I. Landgericht I Berlin.
II. Kammergericht daselbst.

Die seit 1881 bestehende offene Handelsgesellschaft R. Sch., die ihren Sitz in Vöslau in Österreich und eine Zweigniederlassung in Wien hatte, unterhielt auch eine Zweigniederlassung in Berlin, die als solche seit 1900 in das dortige Handelsregister eingetragen war. Im Mai 1924 erhob die Klägerin gegen die offene Handelsgesellschaft Klage auf Zahlung von 200000 GM. nebst $^4/_{10}$ % täglicher Zinsen seit 30. April 1924. Sie stützte den Anspruch darauf, daß sie für ein am 15. Februar 1924 von der Berliner Zweigniederlassung der offenen Handelsgesellschaft bei der Deutschen Verkehrskreditbank AG. in Berlin aufgenommenes Darlehen von 200000 GM. Bürgschaft übernommen und auf Grund dieser Bürgschaft am 30. April 1924 an die Gläubigerin 200000 GM. gezahlt habe. Weiter machte die Klägerin geltend, die Gläubigerin habe ihr die Forderung abgetreten; die offene Handelsgesellschaft habe sich am 1. Mai verpflichtet, ihr den Betrag am 2. Mai 1924 zurückzuzahlen und ihn bis zur Rückzahlung mit $^4/_{10}$% täglich zu verzinsen, sei aber dieser Verpflichtung nicht nachgekommen. Durch rechtskräftig gewordenes Urteil vom 11. Oktober 1924 verurteilte das Landgericht die offene Handelsgesellschaft nach dem Klagantrag. In einem am 23. Oktober 1924 zwischen der Klägerin und dem einen Gesellschafter der offenen Handelsgesellschaft, O. von Sch., getroffenen Abkommen verpflichtete sich die Klägerin, von dem Urteil keinen Gebrauch zu machen, solange O. von Sch. die von ihm in dem Abkommen übernommenen Verpflichtungen pünktlich erfülle. Mit der Behauptung, daß die Firma die gewährten Zahlungstermine nicht eingehalten habe, daß im November 1926 bereits mehr als 70000 RM. rückständig gewesen seien und daß der Beklagte R. von Sch. als Gesellschafter der Firma für deren Verbindlichkeiten als Gesamtschuldner hafte, beantragte die Klägerin, den Beklagten als Gesamtschuldner mit der offenen Handelsgesellschaft zunächst zur Zahlung eines Teilbetrags von 20000 RM. nebst $^4/_{10}$% täglicher Zinsen seit 30. April 1924 zu verurteilen. Das Landgericht sprach die Klage zu. In der Berufungsinstanz erweiterte die Klägerin den Klagantrag um 30000 RM. nebst $^4/_{10}$ % täglicher Zinsen seit 30. April 1924. Das Kammergericht entsprach diesem Antrag und wies die Berufung des Beklagten zurück. Die Revision des Beklagten hatte nur wegen der Höhe der Zinsen teilweise Erfolg.

Gründe:

Der Berufungsrichter geht davon aus, daß die Hauptniederlassung der Beklagten in Vöslau bereits am 31. August 1923 aufgelöst und im Wiener Handelsregister gelöscht worden sei. Die Zweigniederlassung in Berlin habe aber den Gewerbebetrieb selbständig fortgesetzt, und zwar bis zu ihrer am 6. Oktober 1924 erfolgten Löschung im dortigen Handelsregister. Das gegen die Gesellschaft am 11. Oktober 1924 ergangene Urteil müsse nach § 129 HGB. auch der Beklagte in der Weise gegen sich gelten lassen, daß er Einwendungen, die der Gesellschaft zustanden, nicht mehr geltendmachen könne.

Die Revision bezeichnet den § 325 ZPO. sowie das materielle Recht (§§ 129, 156 flg. HGB.) als verletzt. Die Rüge der Verletzung des § 325 ZPO. ist unbegründet. Auf diese Vorschrift hat der Berufungsrichter das Urteil nicht gestützt. Sie handelt u. a. von der Wirkung des rechtskräftigen Urteils gegen diejenigen, welche nach Eintritt der Rechtshängigkeit Rechtsnachfolger der Parteien geworden sind. Der Beklagte wird aber nicht als Rechtsnachfolger der offenen Handelsgesellschaft in Anspruch genommen, sondern auf Grund der Vorschrift des § 128 HGB., wonach die Gesellschafter den Gläubigern für die Verbindlichkeiten der Gesellschaft als Gesamtschuldner persönlich haften. Diese Haftung entsteht schon mit der Begründung der Gesellschaftsschuld und tritt nicht erst mit der Auflösung der offenen Handelsgesellschaft ein. Eine Haftung des Beklagten als Rechtsnachfolgers und die Wirkung eines gegen den Rechtsvorgänger ergangenen Urteils kommt somit nicht in Frage. Soweit sich die Revision gegen die Anwendung des § 129 HGB. richtet, kann unerörtert bleiben, ob sich die Haftbarkeit der Gesellschafter einer österreichischen offenen Handelsgesellschaft, die in Deutschland eine Zweigniederlassung hat, für die von dieser Zweigniederlassung gemachten Geschäfte nach österreichischem oder nach deutschem Rechte bestimmt. Denn nach den Feststellungen des Berufungsrichters bestand die österreichische Gesellschaft überhaupt nicht mehr, als das den Gegenstand des Rechtsstreits bildende Darlehensgeschäft zustande kam. Dagegen betrieben die Gesellschafter nach wie vor ein Handelsgeschäft in Berlin in der Form einer offenen Handelsgesellschaft. Nach Auflösung der österreichischen Gesellschaft konnte die frühere Zweigniederlassung nur als selbständige Gesellschaft weitergeführt werden. Da sie ihren Sitz in Berlin hatte, unterstand sie ohne weiteres deutschem Recht. Für die Beurteilung des vorliegenden Falls ist es jedoch gleichgültig, ob deutsches oder österreichisches Recht anwendbar ist. Denn nach Art. 112 des in Österreich geltenden Allgemeinen Handelsgesetzbuchs, das bis zum 1. Januar 1900 auch im Gebiete des Deutschen Reiches galt, haften die Gesellschafter einer offenen Handelsgesellschaft für alle Verbindlichkeiten der Gesellschaft solidarisch und mit ihrem ganzen Vermögen. Allerdings enthält das österreichische Recht keine dem § 129 Abs. 1 HGB. entsprechende Vorschrift. Das Reichsgericht hat aber in ständiger Rechtsprechung den Art. 112 Allg. HGB. dahin ausgelegt, daß das gegen die offene Handelsgesellschaft ergangene Urteil, soweit es sich um die Feststellung einer Gesellschaftsschuld handelt, auch Rechtskraftwirkung für und gegen die einzelnen Gesellschafter hat (vgl. RGZ. Bd. 34 S. 365, Bd. 49 S. 342 und die in der letztgenannten Entscheidung enthaltene Ausführung, daß durch § 129 HGB. kein neues Recht geschaffen worden sei). Auch die österreichische Rechtsprechung hat den Art. 112 Allg. HGB. immer so verstanden, wie es jetzt § 129 HGB. vorschreibt.

Das Berufungsgericht ist der Ansicht, daß ein gegen eine offene Handelsgesellschaft ergangenes Urteil nur wirksam sei und die Einwendungen des Gesellschafters nach § 129 HGB. nur ausschließe, wenn die offene Handelsgesellschaft im Zeitpunkt der letzten mündlichen Verhandlung im Gesellschaftsprozeß noch bestanden habe. Es erörtert und bejaht dann die Frage, ob die offene Handelsgesellschaft R. Sch. in dem hiernach maßgebenden Zeitpunkt noch vorhanden gewesen sei. Nur die auf die Frage des Fortbestehens der offenen Handelsgesellschaft sich beziehenden Ausführungen des Berufungsgerichts werden von der Revision als auf Rechtsirrtum beruhend bekämpft. Es kommt aber auf den Fortbestand der offenen Handelsgesellschaft gar nicht an. Allerdings wird im Anschluß an eine Entscheidung des Kammergerichts (ROLG. Bd. 28 S. 348) auch in den neueren Auflagen von Staub (Anm. 20 zu § 124 HGB.) die Ansicht vertreten, daß gegen eine zur Zeit der Schlußverhandlung durch Liquidation oder in anderer Weise vollbeendete offene Handelsgesellschaft kein rechtswirksames Urteil mehr ergehen könne. Diese Auffassung wäre nur möglich, wenn man mit den früheren Auflagen von Staub (6. und 7. Aufl. § 124 Anm. 13) annehmen würde, daß mit der Vollbeendigung der Gesellschaft die Partei weggefallen, der Prozeß also erloschen sei. Die Ansicht steht im Widerspruch mit der im übrigen von den neueren Auflagen Staubs (Anm. 20 zu § 124) ebenfalls geteilten Auffassung des Reichsgerichts (vgl. RGZ. Bd. 64 S. 79 und die dort genannten Entscheidungen), daß die Gesellschafter Träger der Rechte und Pflichten der Gesellschaft seien, und daß bei Auflösung des durch die Gesellschaft begründeten Bandes der Rechtsstreit einfach gegen die Gesellschafter weitergehe. Denn man kann nicht einerseits den Parteienwechsel zugestehen, anderseits ein gegen die Gesellschaft ergangenes Urteil für unwirksam erklären. Im Gegensatz zum Kammergericht nehmen Jaeger, Die offene Handelsgesellschaft im Zivilprozeß (Festgabe der Leipziger Juristenfakultät für Sohm) S. 56 flg. und Rosenberg, Lehrbuch des Zivilprozeßrechts 2. Aufl. S. 112 flg. an, daß die Parteifähigkeit der offenen Handelsgesellschaft notwendig bis zur Beendigung des Gesellschaftsprozesses fortdauere. Sie kommen zu diesem Ergebnis in Anwendung des dem § 265 ZPO. zugrundeliegenden Gedankens, daß — in der Regel wenigstens — eine Partei außerstande ist, einseitig aus dem Prozeßrechtsverhältnis, also aus einer im öffentlichen Recht begründeten Gebundenheit, auszuscheiden. Diese Lösung hat wegen ihres praktischen Ergebnisses und auch deshalb manches für sich, weil sie die Stellung der physischen Personen im Rechtsstreit folgerichtig weiterführt auf juristische Personen und parteifähige Personenvereinigungen, soweit deren Eigenart nicht notwendig entgegensteht. Für die hier zu entscheidende Frage kommt man jedoch zum gleichen Ergebnis, wenn man an der bisherigen Auffassung des Reichsgerichts festhält. Treten mit der Auflösung der Gesellschaft an deren Stelle ohne weiteres die Gesellschafter, so verhält es sich gerade so, wie wenn im Anwaltsprozeß die verklagte Partei stirbt. Auch wenn der Tod unbekannt bleibt, treten die Rechtsnachfolger einfach an die Stelle des Verstorbenen. Da die Prozeßvollmacht nicht erlosch (§ 86 ZPO.), ist ein auf den Namen der verstorbenen Partei ergangenes Urteil nicht unwirksam, sondern bedeutet ein Urteil für und gegen die Erben (vgl. Lehrbücher von Hellwig Bd. 2 S. 301, 465 und von Rosenberg 2. Aufl. S. 107). Ebenso sind statt der beendeten Gesellschaft nunmehr die Gesellschafter Parteien geworden. Haben sie persönliche Einwendungen, so ist es ihre Sache, sie nach Beendigung der Gesellschaft noch im anhängigen Rechtsstreit vorzubringen (RGZ. Bd. 64 S. 80), nötigenfalls durch Einlegung eines Rechtsmittels.

Wird die Beendigung dem Gericht angezeigt, so hat dieses von Amts wegen die Parteienbezeichnung zu ändern (vgl. OLG. Hamburg in LZ. 1924 Sp. 48). Sachliche Folgen sind aber mit einer solchen Berichtigung nicht verbunden.

Hiernach kommt es nur darauf an, ob die offene Handelsgesellschaft bei Beginn des Gesellschaftsprozesses noch bestanden hat. Dies ist hier unbestritten. Gemäß § 129 Abs. 1 HGB. kann daher der Beklagte solche Einwendungen nicht mehr erheben, die auf Grund der Rechtskraft des Urteils im Gesellschaftsprozeß auch nicht mehr von der Gesellschaft erhoben werden können.

Die Revision hat sodann geltendgemacht, es fehle an einem Rechtsschutzbedürfnis für die Klage gegen den Gesellschafter, wenn man mit der reichsgerichtlichen Rechtsprechung davon ausgehe, daß bei Auflösung der Gesellschaft während des gegen sie anhängigen Rechtsstreits dieser einfach gegen die Gesellschafter weitergehe und das Urteil gegen die Gesellschafter wirke. Denn die Klägerin könne das gegen die Gesellschaft ergangene Urteil nach § 727flg. ZPO. auf die Gesellschafter umstellen lassen und zur Vollstreckung gegen die Gesellschafter verwenden. Ein Rechtsschutzbedürfnis für die Erwirkung eines neuen Vollstreckungstitels kann aber auch bereits dann vorliegen, wenn erhebliche Zweifel bestehen, ob ein schon vorhandener Titel verwendbar ist, und wenn deshalb mit Schwierigkeiten und Bedenken bei den Vollstreckungsorganen zu rechnen ist. Der Beklagte will jedoch dem Urteil im Gesellschaftsprozeß jede Wirksamkeit versagen. Die Klägerin mußte auch damit rechnen, daß sie bei der Stellungnahme des führenden Kommentars von Staub und des Kammergerichts eine Umschreibung des Vollstreckungstitels bei den Instanzgerichten nicht erreichen werde und daß ihr im Umschreibungs- und im Vollstreckungsverfahren die Anrufung des Reichsgerichts nicht möglich sei. Hiernach war das Rechtsschutzbedürfnis für die Klage zu bejahen.

Der Berufungsrichter hält auch die Ermäßigung des Zinssatzes für unmöglich, weil der Klägerin die Zinsen durch das Urteil vom 11. Oktober 1924 rechtskräftig zugesprochen worden seien.

Die Rechtskraft des gegen die offene Handelsgesellschaft ergangenen Urteils steht aber dem verklagten Gesellschafter dann nicht im Wege, wenn auch die offene Handelsgesellschaft trotz der Rechtskraft des Urteils seiner Vollstreckung wider sie mit Einwendungen gegen das Bestehen des Anspruchs entgegentreten könnte. Hierher gehören die Einwendungen nach § 767 ZPO., also solche, die auf Gründen beruhen, welche erst nach dem Schlusse der letzten mündlichen Verhandlung entstanden sind. Allerdings ist die Höhe der Zinsen in der Vereinbarung vom 1. Mai 1924 festgelegt. Trotzdem ist eine Einwendung nicht aussichtslos. Die Zinsen sind in der Vereinbarung als Verzugszinsen bezeichnet. Daneben erhielt die Klägerin nach dem Kreditversicherungsvertrag noch eine vorauszahlbare Bereitstellungs-Provision von $1^1/_2$ % und eine laufende Provision von $^3/_4$ % pro Monat, wohl für 2 Monate. Dazu zog der Darlehensgeber selbst nach dem Darlehensvertrag die Zinsen für 2 Monate und Spesen mit 16500 Rentenmark im voraus ab. Die Zinsen sollten also nur den der Klägerin entstehenden Verzugsschaden ausgleichen. Außerdem war nur an eine kurzfristige Dauer des Schuldverhältnisses gedacht. Denn schon auf den folgenden Tag war Zahlung versprochen. Danach könnte die offene Handelsgesellschaft dem Zinsanspruch, der heute schon mehr als das sechsfache des Kapitals beträgt, mit der Einwendung entgegentreten, der Vertrag vom 1. Mai 1924 sei nach Treu und Glauben dahin auszulegen, daß der Zinsfuß nach der inzwischen eingetretenen bedeutenden Zinsermäßigung herabzusetzen sei. Die Einwendungen könnten allerdings, soweit sie auf § 767 ZPO. beruhen, nur für die Zeit nach der Schlußverhandlung im Vorprozeß geltendgemacht werden. Von der offenen Handelsgesellschaft könnte dies nur durch Klage nach § 767 ZPO. geschehen. Dagegen kann der verklagte Gesellschafter die Einwendungen zur Erwirkung der Klagabweisung als Verteidigungsmittel geltendmachen (Stein Anm. III zu § 323 ZPO.; Staub Anm. 6 zu § 129 HGB.). Hiernach hätte die Rechtskraft des Urteils im Vorprozeß der sachlichen Nachprüfung der Höhe des Zinsanspruchs vom 4. Oktober 1924 an keinesfalls im Weg gestanden. Insoweit ist das angefochtene Urteil aufzuheben und die Sache in die Vorinstanz zurückzuverweisen. Zurückzuweisen ist die Revision, soweit es sich um die Verurteilung zur Hauptsache handelt. Das gleiche muß für die Zinsen vom 30. April bis 4. Oktober 1924 gelten.

33. Ist § 551 Nr. 1 ZPO. anzuwenden, wenn bei der mündlichen Verhandlung ein blinder Richter mitgewirkt hat?

ZPO. § 551 Nr. 1.

VIII. Zivilsenat. Urt. v. 18. März 1929 i. S. H. (Kl.) w. H. (Bekl.) VIII 36/29.

I. Landgericht Gleiwitz.
II. Oberlandesgericht Breslau.

Der Sachverhalt ergibt sich aus den

Gründen:

Die Revision rügt Verletzung des § 551 Nr. 1 ZPO., weil das Berufungsgericht bei der mündlichen Verhandlung, auf die das Urteil erging, nicht vorschriftsmäßig besetzt gewesen sei. Denn ein Mitglied des erkennenden Senats, der Oberlandesgerichtsrat Dr. X., sei infolge körperlichen Gebrechens nicht fähig gewesen, in der Sache als Richter tätig zu sein. Er sei seit längerer Zeit vollständig erblindet und nicht in der Lage, Geschriebenes zu lesen, Urkunden zu prüfen, den persönlichen Eindruck eines Zeugen zu beurteilen und dergleichen mehr. In einer vom Kläger vorgetragenen Äußerung des Rechtsanwalts Dr. H. in B. sind diese Angaben als richtig bestätigt. Hiernach ist, ohne daß es der beantragten Anhörung des zuständigen Oberlandesgerichtspräsidenten bedurfte, als richtig anzunehmen, daß bei der Verhandlung und Entscheidung der vorliegenden Sache ein Mitglied des Berufungsgerichts mitgewirkt hat, das an Störungen des Sehvermögens in einem Grade leidet, den man im gewöhnlichen Leben als Blindheit bezeichnet.

Das berechtigt jedoch nicht dazu, hier den § 551 Nr. 1 ZPO. anzuwenden. In der Begründung des Gesetzes heißt es: „Die Nr. 1 begreift alle Fälle, in denen die Besetzung des Gerichts den Vorschriften des Gerichtsverfassungsgesetzes widerspricht; auch gehört hierher ein Verstoß wider den § 270" (den jetzigen § 309 ZPO.). Damit ist für die Auslegung des Begriffes der vorschriftsmäßigen Besetzung im Sinne von Nr. 1 ein Hinweis darauf gegeben, daß das Gesetz nur dann den Gegenbeweis der Ursächlichkeit des Verstoßes für die Urteilsfindung ausschließen wollte, wenn ausdrückliche, die Besetzung des Gerichts regelnde Vorschriften unbeachtet gelassen worden sind. Dafür aber, ob und inwieweit Richter, die an körperlichen Gebrechen leiden, noch fähig sind, ihr Amt auszuüben, sind keine bestimmten Vorschriften gegeben. Richter können, wenn nicht eigenes Pflichtgefühl und Gewissenhaftigkeit sie dazu veranlaßt, in Krankheits- und Gebrechlichkeits-Fällen auszuscheiden, nur nach Maßgabe der in Art. 104 Abs. 1 RVerf., § 8 GVG. genannten Gesetze dauernd oder zeitweise ihres Amtes enthoben oder auf eine andere Stelle oder in den Ruhestand versetzt werden. Nicht aber sind diese Gesetze, die ein besonderes Verfahren vorsehen, schon vor dessen Durchführung und unter seiner Vorwegnahme im Wege der Verfahrensrüge als Vorschriften im Sinne von § 551 Nr. 1 ZPO. anzusehen. Bei den Fällen des § 551, insbesondere auch in den die persönliche Ausschließung für den Einzelfall regelnden Nummern 2 und 3, handelt es sich um klare, ohne weiteres feststellbare verfahrensrechtliche Tatbestände. Allerdings hat auch ohne deren Vorliegen der 1. Strafsenat des Reichsgerichts den ebenfalls den Begriff der vorschriftsmäßigen Besetzung gebrauchenden § 338 Nr. 1 StPO. angewendet (JW. 1928 S. 821 Nr. 46) und hat, ebenso wie in RGSt. Bd. 60 S. 63, gleichzeitig ausgesprochen, daß Blinde und Taube nicht das Amt eines Richters ausüben können. Doch handelt es sich hier nur um eine beiläufige, bei Beurteilung eines anderen Gesetzes und abweichender Fälle gemachte Bemerkung, die nicht dazu führen kann, den § 551 Nr. 1 ZPO. anders als geschehen auszulegen und auf einen Sachverhalt anzuwenden, der einer klaren und ausdrücklichen Gesetzesvorschrift entbehrt.

Wollte man aber auch aus allgemeinen Grundsätzen im Bereich des bürgerlichen Rechtsstreits die Ausübung des Richteramtes von der Möglichkeit abhängig machen, die Vorgänge beim Verfahren in ausreichendem Maße wahrzunehmen und zu beurteilen, so müßte doch bei der Mannigfaltigkeit der denkbaren Fälle jeweils im Einzelfall nachgeprüft werden, ob die mehr oder minder erhebliche, dauernde oder zeitweilige Unfähigkeit sinnlicher Wahrnehmung den Richter behindert hat, sich ausreichend am Verfahren zu beteiligen. Diese Nachprüfung hat hier ein dem Kläger ungünstiges Ergebnis. Denn in der Berufungsinstanz kam keineswegs eine Verhandlung in Betracht, bei der die Unfähigkeit eines blinden Richters, Personen oder Dinge zu beurteilen, eine Rolle spielte. Vielmehr standen lediglich in Schriften erörterte Tatsachen und Rechtsfragen zur Entscheidung, die unter Zuhilfenahme jedenfalls verfahrensrechtlich nicht zu beanstandender Ersatzmittel für das fehlende Augenlicht und der selbst vom Gewährsmann des Klägers bestätigten außerordentlichen Gedächtniskraft und Willensstärke des Richters diesen instandsetzten, an der Verhandlung und Entscheidung des Berufungsgerichts teilzunehmen . . . .

---

34. 1. Wann hat ein Amt infolge Umbildung einer Reichsbehörde aufgehört?

2. Bestimmt die Zuweisung eines Arbeitsgebiets und die Zuteilung an eine Ministerialabteilung das Amt des einem Reichsministerium angehörenden Beamten?

3. Ist es für die Zulässigkeit der Aufrechnung gegen eine Forderung des Reiches von Belang, daß die Zuständigkeit der in Betracht kommenden Kassen nach Entstehung der aufzurechnenden Forderung geändert worden ist?

RBG. § 24. BGB. § 395.

III. Zivilsenat. Urt. v. 9. April 1929 i. S. S. (Bekl.) w. Deutsches Reich (Kl.). III 263/28.

I. Landgericht I Berlin.
II. Kammergericht daselbst.

Der Beklagte war Oberregierungsrat im Reichsschatzministerium. Zum 1. April 1922 ist er in den einstweiligen Ruhestand versetzt, das Wartegeld ist ihm zuletzt von der Kasse des Hauptversorgungsamtes in Berlin gezahlt worden. Obgleich er zeitweise bei der Direktion der Diskontogesellschaft in Berlin gegen Bezahlung tätig gewesen und später beim preußischen Handelsministerium beschäftigt und besoldet worden ist, hat der Beklagte das volle Wartegeld erhoben. Der Kläger hat deshalb Rückzahlung der hiernach als überhoben angesehenen Beträge verlangt und beim Landgericht Verurteilung des Beklagten erzielt. Auf dessen Berufung ist im zweiten Rechtszuge ein Zwischenurteil ergangen, das den Klaganspruch dem Grunde nach für gerechtfertigt erklärt hat. Die Revision des Beklagten ist zurückgewiesen worden.

Gründe:

Der Klaganspruch ist auf § 34 Abs. 4 des Reichsbesoldungsgesetzes vom 30. April 1920 (RGBl. S. 805) in der für die fragliche Zeit maßgebenden Fassung sowie auf § 823 BGB. gestützt; seine Berechtigung bestreitet der Beklagte nach beiden Richtungen.

Dieser Abs. 4 ist der erwähnten Gesetzesstelle durch Art. 9 Nr. V der Reichs-Personal-Abbau-Verordnung vom 27. Oktober 1923 (RGBl. I S. 999) angefügt worden. Er lautet, indem er eine hier nicht in Betracht kommende Ausnahme sondert:

> In allen übrigen Fällen sind zuviel erhobene Dienstbezüge, Wartegelder, Ruhegehälter und Hinterbliebenenbezüge zurückzuzahlen.

Die Verordnung vom 28. Januar 1924 über die Änderung der Personal-Abbau-Verordnung (RGBl. I S. 39) hat die genannte Nr. V des Art. 9 zur Nr. III gemacht, aber inhaltlich unverändert gelassen. Der Beklagte hat bestritten, daß die bezeichnete Gesetzesstelle dem Kläger ein selbständiges Rückforderungsrecht verleihe, und hat ferner behauptet, die Kürzungsbestimmungen der Personal-Abbau-Verordnung seien durch das Gesetz vom 4. August 1925 über die Einstellung des Personalabbaues und Abänderung der Personal-Abbau-Verordnung (RGBl. I S. 181) mit rückwirkender Kraft aufgehoben worden. Sowohl das eine wie das andere Vorbringen hat das Berufungsgericht als rechtlich unzutreffend zurückgewiesen. Dem ist lediglich beizutreten. Hiernach ist der Kläger berechtigt und die ihn vertretende Behörde verpflichtet, zuviel gezahlte Wartegelder dem Beklagten abzufordern, und dieser muß sie zurückzahlen, ohne sich darauf berufen zu dürfen, daß er nicht mehr bereichert sei. Der Umstand, daß Nr. 95 der jetzigen Besoldungsvorschriften (ReichsbesBl. 1928 S. 33) die Berufung auf § 818 Abs. 3 BGB. wieder zuläßt, führt zu keiner anderen Beurteilung der für den gegenwärtigen Fall maßgebenden Rechtslage.

Der Beklagte bestreitet seine Zahlungspflicht, indem er das Vorgehen des Klägers als arglistig bezeichnet und ausführt: wenn er auch an sich zur Rückzahlung überhobener Wartegelder verpflichtet sein möge, so könne doch der Kläger deshalb keine Rückzahlung verlangen, weil er ihm, dem Beklagten, mindestens diese Beträge als Schadensersatz dafür schulde, daß er ihn als Wartestandsbeamten behandle, obwohl seine Versetzung in den einstweiligen Ruhestand zu Unrecht erfolgt und nicht als rechtswirksam geschehen zu erachten sei. Der Revision ist zuzugeben, daß dieses Vorbringen, zu dem das Berufungsgericht erst in anderem, später zu erörterndem Zusammenhang Stellung genommen hat, vorweg als Einwand gegen das Klagvorbringen zu würdigen ist. Das Vorbringen geht jedoch fehl; denn die Versetzung des Beklagten in den einstweiligen Ruhestand ist rechtlich nicht zu beanstanden.

Der Beklagte ist nicht erst infolge der durch Verordnung vom 21. März 1923 (RGBl. I S. 233) zum 31. jenes Monats erfolgten Auflösung des Reichsschatzministeriums, sondern schon aus Anlaß der Verordnung vom 31. Januar 1922 betreffend Umgestaltung der Reichsschatzverwaltung (RGBl. I S. 207) in den einstweiligen Ruhestand versetzt worden. Die letztgenannte Verordnung überweist umfangreiche, bisher dem Reichsschatzministerium obliegende Dienstgeschäfte dem Reichsfinanzministerium und anderen Dienststellen, eine Maßnahme, die sie selbst als Umgestaltung des Reichsschatzministeriums bezeichnet und die unbedenklich als eine Umbildung im Sinne des § 24 RBG. anzusehen ist. Auch die Revision zieht das nicht in Zweifel. Sie befaßt sich nur mit dem Umfang jener Umbildung und führt aus, daß sich die Umbildung nicht auf das vom Beklagten verwaltete Amt erstreckt, mit anderen Worten, daß dieses nicht infolge der Umbildung aufgehört habe. Letzteres wird daraus gefolgert, daß der Beklagte keiner der Ministerialabteilungen angehört habe, welche durch die in der Verordnung vom 31. Januar 1922 vorgesehenen Dienständerungen sachlich berührt worden seien. Hierauf kommt es jedoch nicht entscheidend an. Der Geschäftskreis des Reichsschatzministeriums wurde damals in einem derartigen Maße eingeengt, daß notwendig eine Mehrzahl von Ministerialbeamten ausscheiden mußte. Wenn dann die Verwaltung glaubte, im Gange der Umbildung nunmehr überhaupt Referate sparen zu sollen und infolgedessen fortan nicht mehr so viele Ministerialbeamte nötig zu haben und demgemäß auch solche entbehren zu können, die in anderen Abteilungen geführt wurden, so ist nicht abzulehnen, daß auch deren Ausscheidung aus Anlaß und im Zusammenhang mit der Umbildung erfolgte, daß mithin auch ihr Amt infolge jener Umbildung aufhörte. Die Zuteilung von Dezernaten oder Referaten an die in einem Ministerium beschäftigten Beamten und die Zuweisung der letzteren an die einzelnen Ministerialabteilungen hat nicht die Bedeutung einer Stellenübertragung im Sinne einer rechtlichen Verbindung des Beamten mit dem betreffenden Arbeitsgebiet. Ein Wechsel oder gar der Wegfall des letzteren kann deshalb den Fortbestand der Stelle unberührt lassen und ebenso kann die Stelle wegfallen, das Arbeitsgebiet aber dem Ministerium erhalten bleiben. Wesentlich ist, daß die Ersparung der in Frage stehenden Stelle, ihr „Aufhören", infolge der vorliegenden Umbildung eingetreten ist. Ob es angemessen war und ob es sich demnächst als sachlich gerechtfertigt erwiesen hat, damals eine solche Amtsstelle eingehen zu lassen, die vielleicht später wieder zu besetzen angezeigt erscheinen mochte, kann hier nicht nachgeprüft werden.

Die Versetzung des Beklagten in den einstweiligen Ruhestand ist somit zu Recht erfolgt. Sie berechtigt ihn daher nicht, Schadensersatzansprüche gegen den Kläger zu erheben; das Klagbegehren ist vielmehr, wie es das angefochtene Urteil im Ergebnis zutreffend ausspricht, dem Grunde nach gerechtfertigt.

Eines Eingehens auf den aus § 823 BGB. hergeleiteten Klagegrund bedarf es sonach nicht.

Die Vorinstanzen haben das Vorbringen des Beklagten schon um deswillen nicht durchgreifen lassen, weil er mit seinen Forderungen gemäß § 395 BGB. nicht habe aufrechnen können. Die von der Revision gerügte Heranziehung dieser Gesetzesstelle ist indessen rechtlich nicht zu bemängeln. Die Ansprüche, die der Beklagte hat geltendmachen wollen, richten sich gegen den Reichsfinanzminister. Sollte er mit ihnen durchdringen, so würde ihre Begleichung nicht durch die Kasse des Hauptversorgungsamtes in Berlin zu erfolgen haben, an welche der Beklagte den eingeklagten Betrag, wenn zugesprochen, zu zahlen hat. Eine Aufrechnung ist also nach § 395 BGB. ausgeschlossen. Nun ist das genannte Amt erst vom 1. Oktober 1924 ab für die Zahlungen an den Beklagten zuständig geworden. Unter Hinweis hierauf macht der Beklagte geltend, daß er seine Schadensersatzforderung u. a. auch wegen der bereits vor dem 1. Oktober 1924 ihm angeblich widerfahrenen Vorenthaltung vermeintlich zustehender Bezüge erhoben habe, und meint, wenigstens insoweit könne eine einmal begründete Aufrechnungsfähigkeit nicht durch eine spätere Verschiebung der Kassenzuständigkeit beseitigt werden. Dabei übersieht er aber, daß die Aufrechenbarkeit keine einer Forderung ohne weiteres innewohnende (immanente) Eigenschaft ist, sondern einen

Einfluß auf den Bestand der Forderung erst dadurch erlangt, daß eine hierauf abzielende Erklärung gemäß § 388 BGB. abgegeben wird. Hier ist diese Erklärung erst im Laufe des Rechtsstreits erfolgt. Darauf kommt es an, nicht auf den Inhalt und die Entstehung der Forderung. Ist es infolge der rechtlich nicht zu beanstandenden Umgestaltung des Zahlungswesens dem Beklagten unmöglich geworden, eine verjährte Forderung, die er sonst nach § 390 Satz 2 BGB. noch hätte aufrechnen können, nunmehr geltendzumachen, so hat der Kläger das nicht zu verantworten. Dem Beklagten stand es frei, seine Forderung nicht verjähren zu lassen. Somit scheitert auch dieser Revisionsangriff.

---

35. Sind Mitglieder freiwilliger Feuerwehren, wenn sie sich im Löschdienste befinden, nach preußischem Recht als Gemeindebeamte anzusehen?

RVerf. Art. 131.

III. Zivilsenat. Urt. v. 16. April 1929 i. S. B. (Bekl.) w. 1. H. (Kl.), 2. Stadtgemeinde E. (Nebeninterv.). III 479/28.

I. Landgericht Essen.
II. Oberlandesgericht Hamm.

Der Beklagte ist Mitglied der Freiwilligen Feuerwehr in E. Am 11. Oktober 1925 wurde der Löschzug II, dem der Beklagte zugeteilt war, infolge des Ausbruchs eines Brandes gegen $11^1/_2$ Uhr nachts alarmiert. Der Beklagte, der von seinem vorgesetzten Brandmeister beauftragt war, ein zur Hilfeleistung an Ort und Stelle benötigtes Rohr schnellstens herbeizuschaffen, fuhr, das Rohr in der linken Hand, auf seinem unbeleuchteten Fahrrad zur Brandstätte. Auf der Fahrt dorthin stieß er mit dem Rohr so heftig gegen den Hinterkopf des in der Fahrtrichtung auf dem Fahrdamm gehenden Klägers, daß dieser hinstürzte, an wässeriger Hirnhautentzündung erkrankte und am 1. Oktober 1927 in den Ruhestand versetzt werden mußte. Der Kläger führt den Zusammenstoß und seine Folgen auf ein Verschulden des Beklagten zurück und hat klagend Schadensersatz verlangt. Der Beklagte bestritt ein Verschulden seinerseits und machte vor allem geltend, daß er sich zur Zeit des Zusammenstoßes als Gemeindebeamter auf einer Dienstfahrt befunden habe und daher gemäß Art. 131 RVerf. nicht persönlich haftbar sei. Das Landgericht billigte diese Ansicht und wies den Kläger, welcher der Stadtgemeinde E. den Streit verkündet hatte, mit der Klage ab. Die Stadtgemeinde schloß sich nunmehr dem Kläger als Streitgehilfin an und legte Berufung ein. Das Oberlandesgericht erklärte die bezifferten Ansprüche des Klägers dem Grunde nach für berechtigt und gab dem Feststellungsantrag statt. Die Revision des Beklagten blieb erfolglos.

Gründe:

Die Revision rügt in erster Reihe Verletzung des Art. 131 RVerf. und vertritt die Auffassung, daß der Beklagte durch die Einreihung in die freiwillige Feuerwehr, die das Berufungsgericht selbst als Schutzwehr und, soweit sie im Feuerlöschdienste tätig sei, als ausführendes Organ der Polizei bezeichne, polizeiliche Befugnisse erhalten und, wenn überhaupt, in deren Ausübung fahrlässig gehandelt habe. Dem kann nicht beigestimmt werden.

Wie sich aus der Polizeiverordnung des E.er Bürgermeisters vom 29. Juni 1898 ergibt, sind in E. neben der städtischen Feuerwehr mehrere freiwillige Feuerwehren vorhanden. Schon aus sachlichen Gründen, um die Einheitlichkeit des Feuerlöschwesens in Brandfällen zu gewährleisten, wurden die freiwilligen Feuerwehren seit jeher von den Stadt- und Polizeiverwaltungen in den Gesamtorganismus des örtlichen Feuerlöschwesens eingegliedert. Dieses zeigt nämlich ein doppeltes Gesicht; es ist sowohl eine polizeiliche als auch eine Gemeindeangelegenheit. Brände zu verhüten und zu bekämpfen, also auch die zu ihrer Unterdrückung erforderlichen Maßnahmen und Anordnungen zu treffen, ist Sache der Polizei. Das ist aus dem für das Polizeiwesen grundlegenden und seine Aufgaben umschreibenden § 10 ALR. II 17 in Verbindung mit § 6g des preußischen Gesetzes über die Polizeiverwaltung vom 11. März 1850 (GS. S. 265) zu folgern. Denn daß Brände zu den gemeinschädlichen und gemeingefährlichen Ereignissen gehören, auch die öffentliche Ordnung und Sicherheit zu gefährden geeignet und mit Gefahren für das Publikum oder dessen einzelne Glieder verknüpft sind, dürfte nicht zweifelhaft sein (vgl. Entsch. des preuß. OVG. Bd. 30 S. 427 und Bd. 67 S. 100). Die Gemeinden aber, die nach

§ 3 des genannten Gesetzes die Kosten der örtlichen Polizeiverwaltung zu tragen haben, sind kraft Gesetzes oder kraft Herkommens verpflichtet, die zum Löschen von Bränden erforderlichen Einrichtungen in persönlicher und sachlicher Hinsicht zu schaffen, zu unterhalten und im Bedarfsfalle der Polizei zur Verfügung zu stellen (ebenso Entsch. des preuß. OVG. Bd. 38 S. 179 sowie Bd. 67 S. 100 und S. 453). Dieser Verpflichtung kann die Gemeinde durch Errichtung einer Berufs- oder einer aus Gemeindeangehörigen gebildeten Pflichtfeuerwehr oder schließlich dadurch genügen, daß sie einen nach außen und bezüglich der inneren Organisation selbständigen Verein, dessen Mitglieder sich freiwillig zur Verrichtung von Feuerlöschdiensten zusammengeschlossen haben, mit den zur Erfüllung dieser Aufgabe nötigen Gerätschaften und Mitteln versieht, vorausgesetzt, daß der Verein die öffentlichrechtliche Verpflichtung übernimmt, sich bei Feuersgefahr widerspruchslos dem Leiter der Feuerpolizei zu unterstellen. Richtlinien in dieser Hinsicht enthält die Allgemeine Verfügung betr. die Regelung des Feuerlöschwesens vom 28. Dezember 1898 (Pr.MinBl. f. d. inn. Verw. 1899 S. 6). An dieser Rechtslage hat auch das preußische Gesetz vom 21. Dezember 1904 (GS. S. 291) nichts geändert. Nach ihm kann das Feuerlöschwesen durch Ortsstatut oder durch Polizeiverordnungen in der Weise geregelt werden, daß dem Ortsstatut, auch dem nach Erlaß von Polizeiverordnungen beschlossenen, in jedem Falle der Vorrang gebührt. Ein das Feuerlöschwesen allgemein regelndes Ortsstatut besteht in E. nicht.

In Übereinstimmung mit obigen Ausführungen bildet die E.er freiwillige Feuerwehr nach ihrer nicht nur vom Bürgermeister, sondern auch vom Regierungspräsidenten genehmigten Satzung „ein selbständiges Ganzes unter eigener Verwaltung, untersteht aber dem Bürgermeister, in dessen Auftrage der Branddirektor die Oberleitung der ganzen Wehr übernimmt und über sie den Oberbefehl führt" (§ 1b a. a. O.). Der Branddirektor und die Brandmeister werden jedoch ohne zeitliche Feststellung der Amtsdauer vom Bürgermeister ernannt und vom Landrat bestätigt. Die stellvertretenden Brandmeister und ersten Abteilungsführer werden dagegen von ihren Löschzügen auf 3 Jahre gewählt, bedürfen aber auch der Bestätigung durch den Bürgermeister. Ob diese Führer oder einzelne von ihnen auf Grund des Ernennungs- oder Bestätigungsaktes Gemeindebeamte werden, steht hier nicht zur Entscheidung. Den sonstigen Mitgliedern der freiwilligen Feuerwehren kommt diese Eigenschaft keinesfalls zu. Auf ihren Eintritt in die freiwillige Feuerwehr, die sich nach außen, wie bemerkt, als selbständiger Verein darstellt, hat die Stadt, wie überhaupt auf die innere Vereinsorganisation, auch nicht den geringsten Einfluß. Über die Aufnahme entscheidet der Vorstand desjenigen Löschzugs, dem der sich Meldende zugeteilt werden will, in geheimer Abstimmung (§ 4 Abs. 1, § 14b der Satzung). Der Stadtgemeinde steht auch kein Einspruchsrecht zu. Sie erfährt nicht einmal die Namen der Aufgenommenen. Daß diese unter solchen Umständen keine Kommunalbeamten im Sinne des preuß. Kommunalbeamtengesetzes vom 30. Juli 1899 werden, bedarf keiner Ausführung. Der Beamtenbegriff ist aber kein absolut einheitlicher, sondern kann nach Sinn und Zweck der Gesetze, in denen er verwendet wird, weiter oder enger sein. Soweit die in Art. 131 RVerf. anerkannte Verantwortlichkeit öffentlichrechtlicher Körperschaften für Pflichtwidrigkeiten ihrer Beamten in Betracht kommt, sind als solche alle diejenigen anzusehen, welche das Reich, der Staat oder die Gemeinde mit der Ausübung obrigkeitlicher Befugnisse betraut hat (RGZ. Bd. 105 S. 335). Die fehlerhafte und pflichtwidrige Handhabung der öffentlichen Gewalt bildet die gesetzgeberische Grundlage der Reichs-, Staats- oder Gemeindehaftung.

Nun sind aber die Angehörigen freiwilliger Feuerwehren weder durch Gesetze, Verordnungen oder Ministerialverfügungen schlechthin mit obrigkeitlicher Gewalt ausgestattet, noch ist das nach der einwandfreien Feststellung des Berufungsgerichts für die E.er freiwillige Feuerwehr im besonderen oder in Ansehung ihrer keine Führerstellung bekleidenden Mitglieder geschehen. Weder ihrer Satzung noch der von ihrem Oberleiter, dem Bürgermeister, erlassenen Dienstordnung ist zu entnehmen, daß eine amtliche Übertragung hoheitsrechtlicher Befugnisse auf die Feuerwehrmänner für die Zeit stattgefunden hat, in der sie bei Löscharbeiten oder deren Vorbereitung tätig sind. Nach dem, was vorstehend über die Einrichtung und die Aufgaben der Feuerwehren gesagt ist, sind sie einschließlich der freiwilligen Feuerwehren organisierte und disziplinierte Hilfstruppen der Polizei. Mit Recht bezeichnet sich daher auch die E.er Feuerwehr in § 1a ihrer Satzung als „ausführendes

Organ der Polizeibehörde". In dieser Eigenschaft hat die Feuerwehr als ganzes und haben die einzelnen Feuerwehrleute den Anordnungen und Weisungen der Polizei bei Ausführung von Lösch-, Rettungs- und Bergungsarbeiten zu folgen. Abgesehen von diesen rein technischen Hilfeleistungen können die Feuerwehrleute von der Polizei auch zu Absperrungen, Entfernung unbeteiligter Dritter und ähnlichen Maßnahmen verwendet werden. Solche Maßnahmen aber von sich aus ohne polizeiliche Anweisung und Unterstützung dem Publikum gegenüber durch Anwendung obrigkeitlicher Zwangsmittel durchzusetzen, dazu sind sie nicht berechtigt, es sei denn, daß ihnen die Befugnis dazu durch Polizeiverordnung ausdrücklich übertragen ist. An einer solchen fehlt es jedoch im vorliegenden Falle. Selbstverständlich sind die einzelnen Feuerwehrleute bei Ausbruch eines Schadenfeuers nicht nur der Polizeibehörde, sondern auch ihren unmittelbaren Vorgesetzten, dem Branddirektor und dem Brandmeister, Gehorsam schuldig. Dadurch und durch ihre Unterordnung unter die Polizei werden sie aber nicht Beamte, weil sie nicht kraft eigener hoheitsrechtlicher Gewalt öffentliche Obliegenheiten erledigen. Deshalb läßt sich ihre Beamteneigenschaft auch nicht aus dem Gesichtspunkt der staatlichen Fürsorge herleiten. Denn diejenigen Beamten, denen sie obliegt, sind zugleich auch mit der — den Mitgliedern der freiwilligen Feuerwehr fehlenden — Befugnis zur Anwendung staatlicher Macht- oder Zwangsmittel ausgestattet. An dem gewonnenen Ergebnis wird auch dadurch nichts geändert, daß freiwillige Feuerwehren, wenn sie ihrer Berufspflicht gemäß in Tätigkeit treten, den Schutz des § 113 StGB. genießen. Andernfalls wäre der Absatz 3 des § 113 a. a. O. gegenüber dem Abs. 1 überflüssig. Der Feuerwehrverein E. mißt auch selbst den Wehrmännern keine Beamteneigenschaft bei. Das erhellt daraus, daß er sie gegen Brandunfälle versichert und zugleich die Haftpflichtversicherung übernommen hat (§ 18a und c der Satzung).

Durch Erteilung einer Brandhilfeanordnung oder eines Brandhilfeauftrags durch den Wehrführer oder die Polizei wird also zwischen der Gemeinde und dem beauftragten Mitglied der freiwilligen Feuerwehr ebensowenig wie vorher durch seinen Eintritt in sie ein Beamtenrechts- und Beamtentreuverhältnis geschaffen. Der einzelne Feuerwehrmann tritt lediglich zu dem Feuerwehrverein in rechtliche Beziehungen. Der Verein hat, wie schon betont, der Gemeinde gegenüber öffentlichrechtliche Verpflichtungen, deren Erfüllung aber keine öffentlichrechtlichen Beziehungen zwischen ihr und dem einzelnen Feuerwehrmann erzeugt und diesem keine öffentlichrechtliche Beamtenstellung zu verschaffen vermag. Im gegebenen Falle liegt die Sache nicht anders, als wenn der Brandmeister die Herbeischaffung eines Feuerlöschgeräts nicht dem Beklagten in seiner Eigenschaft als Feuerwehrmann, sondern einem beliebigen Dritten aufgegeben und dieser sich dazu bereit erklärt hätte.

Der Beklagte ist daher mit Recht als derjenige in Anspruch genommen, der die Körperverletzung und Gesundheitsschädigung des Klägers herbeigeführt hat. Seine Passivlegitimation unterliegt keinem Bedenken. Schadensersatzpflichtig ist er aber nur, wenn und soweit ihn ein Verschulden trifft. Ein solches hat der Berufungsrichter ohne Rechtsirrtum festgestellt. (Wird näher ausgeführt) ...

---

36. 1. In welcher Weise haftet der Verkäufer sämtlicher Geschäftsanteile einer Grundstücksgesellschaft mbH. für Rechtsmängel?

2. Nach welchen Gesichtspunkten ist der Beitrag zu bemessen, den der Käufer dem zu seiner Befreiung von Aufwertungslasten verpflichteten Verkäufer zu leisten hat?

BGB. §§ 242, 433, 434, 439. AufwG. § 20.

II. Zivilsenat. Urt. v. 19. April 1929 i. S. Immobilienbank B.-W. GmbH. (Bekl.) w. St. u. Gen. (Kl.). II 477/28.

I. Landgericht III Berlin.
II. Kammergericht daselbst.

Die Kläger kauften durch notariellen Vertrag vom 13. März 1924 die sämtlichen Geschäftsanteile der „Haus Rankestraße Nr. 20 Grundstücksgesellschaft mbH." in Berlin für 109200 GM. Verkäuferin war die Beklagte. Hinter ihr standen die damaligen Gesellschafter L. u. S., beide Italiener; durch Abtretung ihrer Geschäftsanteile wurde der Verkauf erfüllt. Im Vertrag übernahm die Beklagte die Gewähr dafür, daß das der Gesellschaft gehörige Grundstück gleichen Namens frei sei von fremden

Belastungen der Abt. III des Grundbuchs und daß die Gesellschaft mbH. außer den laufenden Verwaltungsverbindlichkeiten keinerlei Verpflichtungen habe. Bei Vertragsschluß wurde die Löschungsbewilligung für eine auf dem Grundstück ruhende Hypothek des Rittmeisters He. ausgehändigt; am 20. April 1924 geschah dasselbe in Ansehung einer für Frau von Ha. eingetragenen, im Jahre 1922 an den früheren Mitbeklagten Dr. W., den Geschäftsführer der verklagten Gesellschaft, abgetretenen Hypothek. Beide Hypotheken von 350000 M. und 150000 M, die im Jahre 1922 beim Erwerb des Grundstücks von der Gesellschaft mbH. übernommen worden waren, wurden gelöscht. Nach Inkrafttreten des Aufwertungsgesetzes forderte Frau von Ha. von den Klägern Aufwertung ihrer Hypothek von 150000 M.; sie ließ im Grundbuch einen Widerspruch gegen die Löschung eintragen.

In der Folge verlangten die Kläger von der Beklagten Herbeiführung der Löschung dieses Widerspruchs, Befreiung der Grundstücksgesellschaft von dem persönlichen Aufwertungsanspruch der Frau von Ha. und Zahlung des angemeldeten Aufwertungsanspruchs von 11761,50 GM. in Höhe des noch näher zu errechnenden Barwertes. Vom Landgericht und vom Kammergericht abgewiesen, erwirkten sie das Revisionsurteil dieses Senats vom 9. März 1928 (RGZ. Bd. 120 S. 283), wodurch das damalige Berufungsurteil aufgehoben und die Sache zur anderweiten Verhandlung und Entscheidung an die Vorinstanz zurückverwiesen wurde.

Nunmehr beseitigten die Kläger die Hypothek der Frau von Ha. durch Zahlung eines Aufwertungsbetrags von rund 12000 RM. und ebenso die Hypothek des Rittmeisters He. durch Zahlung von 50000 RM. Sie erklärten sich bereit, rund 12000 RM. von dieser der Beklagten aufzuerlegenden Aufwertungslast als ihren Beitrag zu übernehmen, und verlangten jetzt in Ausdehnung ihres neuen Antrags auf die Hypothek des Rittmeisters He. von der Beklagten Erstattung der für die Beseitigung der beiden Aufwertungshypotheken gezahlten Summe in Höhe von 50000 RM. nebst Zinsen. Das Kammergericht verurteilte die Beklagte nach dem neuen Antrag. Die Revision der Beklagten war erfolglos.

Gründe:

1. Die Revision bemerkt mit Recht, das Urteil vom 9. März 1928 sei allein über den damals im Streit befangenen Anspruch

betreffend das Aufwertungsbegehren der Frau von Ha. ergangen und habe daher das Berufungsgericht nur insoweit an die rechtliche Beurteilung des Revisionsgerichts gebunden. Höchstens insoweit ist auch das Revisionsgericht selbst an sein früheres Urteil gebunden. Und zwar beschränkt sich diese Bindung auf die Beurteilung, die der Aufhebung des Berufungsurteils zugrundeliegt, und ergreift nicht diejenigen Teile, in denen rechtliche Beurteilungen des Berufungsgerichts gebilligt worden sind (JW. 1929 S. 509 Nr. 9, S. 853 Nr. 11). Soweit der Klaganspruch jetzt auf die ältere und höhere Hypothek des Rittmeisters He. erstreckt ist, besteht für den erkennenden Senat kein Anlaß, von jener Auffassung abzuweichen. Inzwischen hat sich der I. Zivilsenat im Urteil vom 5. Dezember 1928 (RGZ. Bd. 122 S. 378) in einer Sache, in der es sich um den Verkauf sämtlicher Aktien einer Grundstücksgesellschaft an mehrere Erwerber handelte, die Grundsätze des Urteils vom 9. März 1928 zu eigen gemacht. Der erkennende Senat selbst hat in einem Urteil vom 15. Februar 1929 (JW. 1929 S. 1374 Nr. 10) die gleichen Grundsätze angewendet. Es kann weiter verwiesen werden auf das Urteil des VI. Zivilsenats vom 30. Januar 1928 (RGZ. Bd. 119 S. 133), das einen unter der Geltung der Dritten Steuernotverordnung geschlossenen Kaufvertrag betrifft, sowie auf die Urteile des V. und VI. Zivilsenats vom 10. März und 24. September 1928 (JW. 1928 S. 1200 Nr. 3 und 1929 S. 577 Nr. 5), in welchen es sich um Kaufverträge handelt, bei denen infolge der schon vor Vertragsabschluß geschehenen Löschung der Hypotheken die Aufwertung des dinglichen Anspruchs an § 20 AufwG. scheiterte und nur noch die Inanspruchnahme des Verkäufers auf Grund der persönlichen Forderung offen stand. Wenn nun die Revision betont, zur Zeit des Vertragsschlusses der Parteien seien zufolge der Vorschriften der Dritten Steuernotverordnung die Hypotheken wirklich erloschen gewesen, so ist dem entgegenzuhalten, daß eben diese Wirklichkeit durch die mit rückwirkender Kraft ausgestatteten Anordnungen des späteren Aufwertungsgesetzes beseitigt, nunmehr zum bloßen Schein geworden ist. Eine vertragliche Gewähr für Schulden- und Hypothekenfreiheit hatte die Beklagte nach der Feststellung des ersten Berufungsurteils (an die das Revisionsgericht gebunden war und an deren Zugrundelegung im jetzt angegriffenen Berufungsurteil die Revision selbstverständlich nicht rüttelt) freilich nicht im Hinblick auf die Möglichkeit einer Gesetzesänderung übernommen; sonst wäre jeder Anspruch auf Heranziehung der Kläger zur Mittragung an der Aufwertungslast entfallen (vgl. Zeiler Aufwfälle Nr. 642 und RGZ. Bd. 119 S. 133 [137]). Aber die Gewähr muß doch ebenso wie die gesetzliche Haftung nach §§ 434, 439 Abs. 2 BGB. wirksam sein, wenn nach einer späteren Gesetzesvorschrift eine Aufwertungslast schon für den Zeitpunkt des Vertragsschlusses als bestehend anzunehmen ist (so auch RGZ. Bd. 122 S. 378 [382]). Dies muß um so mehr gelten, wenn die Freiheit von der Belastung auf einer den allgemeinen Aufwertungsgedanken einschränkenden gesetzlichen Anordnung beruht, wie es § 11 der Dritten StNVo. war, und wenn eine solche Anordnung später von einem billiger denkenden Gesetzgeber rückwirkend aufgehoben wird. Mag auch die Annahme zutreffen, daß unter der Geltung der Dritten Steuernotverordnung die Forderung wirklich erloschen gewesen ist, so ändert das doch nichts daran, daß sie auf Grund des späteren Gesetzes wieder aufgelebt und als nie erloschen zu betrachten ist.

2. Indem die Kläger nach dem ersten Revisionsurteil die Abfindung der beiden Hypothekengläubiger mit den Beträgen von 12000 und 50000 RM., zusammen 62000 RM., selbst vornahmen, führten sie die Geschäfte der Beklagten, der — vorbehaltlich des Anrechts auf einen Beitrag der Kläger — die vertragliche und gesetzliche Pflicht zu deren Befreiung von den Aufwertungsansprüchen oblag. Die Beklagte hat daher den Klägern unter Abzug des diesen zuzumutenden Beitrags die aufgewendete Summe zu erstatten. Da die Kläger selbst einen Beitrag von 12000 RM. auf sich genommen und abgezogen haben, ist deren Beitragspflicht im Grunde anerkannt und dreht sich der Streit weiterhin nur darum, ob ihr Beitrag höher anzusetzen ist bis zur völligen Erschöpfung ihres in der jetzigen Klagforderung verkörperten Mehraufwands.

Die Revision macht hierzu geltend: Der Verkäufer eines — wirklich oder vermeintlich — lastenfreien Grundstücks sei erfahrungsgemäß mehr geneigt, den Wünschen des Käufers nach einem niedrigeren Preis nachzugeben als der Verkäufer eines belasteten Grundstücks, dessen Lasten ihm verblieben. Im Jahre 1924 seien wegen der Zwangswirtschaft und wegen weitgehender Unsicherheit auf dem Grundstücksmarkt die Grundstücke unter ihrem Wert abgegeben worden. Man dürfe nicht, wie es der Vorderrichter entgegen der Anweisung des Revisionsgerichts getan habe, als angemessenen Preis den zur Zeit des Vertragsschlusses üblichen Preis ansehen, sondern müsse denjenigen Preis in Betracht ziehen, der nach den jetzigen Erfahrungen in damaliger Zeit angemessen gewesen wäre. Diese Gesichtspunkte laufen auf eine Höhersetzung des Wertes des — wirtschaftlich gesehen — verkauften Grundstücks oder auch des Wertes der Geschäftsanteile hinaus, der sich nach diesem Hauptvermögensstück der Gesellschaft richtet. Weiter wird verlangt, man müsse auch die inzwischen eingetretene Wertsteigerung berücksichtigen. Hierzu ist sogleich zu bemerken, daß sich diese Wertsteigerung um den Betrag verringert, um den der Wert des Kaufgegenstands bei Vertragsschluß höher gesetzt wird. Besonders fordert die Revision die Beachtung der eigenartigen Verhältnisse, unter denen die Beklagte verkauft habe. Sie habe, worauf das Berufungsgericht nicht eingegangen sei, von dem eingenommenen Preis von 109200 RM. nur 13400 RM. für sich behalten und das übrige zur Befriedigung der Verkäufer verwenden müssen. Man könne sie also nicht so behandeln, als ob sie den vollen Kaufpreis zur freien Verfügung gehabt und nutzbringend angelegt hätte; bei der Frage, was nach Treu und Glauben richtig sei, dürften keine Fiktionen verwendet werden. Endlich wird geltendgemacht, der volle Aufwertungsbetrag der Hypotheken habe 122000 RM., also 13000 RM. mehr als der Kaufpreis betragen und am 6. Juli 1928 sei der Beklagten von den Klägern mitgeteilt worden, daß nun auch der Vorbesitzer des Grundstücks Aufwertungsansprüche gegenüber der Gesellschaft mbH. zu erheben versuche.

Mit Ausnahme des letzten Punktes ist all dies schon in der Vorinstanz geltendgemacht worden. Der letzterwähnte Umstand stellt ein neues tatsächliches Vorbringen dar, das in der Revisionsinstanz nicht beachtet werden kann, übrigens auch nicht geeignet wäre, nach der jetzigen Sachlage begründete Ansprüche der Kläger an die Beklagte zu mindern. Wenn der Vorbesitzer, der neben der Übernahme der Hypotheken in bar abgefunden worden ist, mit einem Aufwertungsanspruch Erfolg hätte und wenn das Zusammentreffen einer Mehrzahl von Aufwertungsansprüchen die Beitragslast wegen des einzelnen Anspruchs verringerte, so wäre bei einem künftigen Mehranspruch der Kläger die durch die neue Sachlage gebotene Regelung am neuen Anspruch vorzunehmen. Zunächst steht nur das fest, daß die Kläger 62000 RM. zur Abfindung von zwei Hypothekengläubigern haben aufwenden müssen. Ob die volle Aufwertungsschuld höher gewesen wäre, sich auf 122000 RM. belaufen hätte, spielt für die Ausmittlung der Beitragslast des einen und des anderen Vertragsteils keine Rolle, da die Kläger es zu beider Vorteil verstanden hätten, den Aufwand für ihre Befreiung zu mindern. Im übrigen kann zwar den Ausführungen des Vorderrichters nicht überall gefolgt werden; sein Ergebnis aber, wodurch der Beitrag der Kläger auf rund $^1/_5$ dieser Aufwertungslast beschränkt wird, läßt sich nicht als unverträglich mit der Rechtslage und der Billigkeit bezeichnen. Die Einwendungen der Revision, die auf eine Höhersetzung des Kaufpreises abzielen, können wegen der schon festgestellten Wirkung, daß die spätere Wertsteigerung um eben so viel verringert wird, auf sich beruhen, wenn die ganze Wertsteigerung vom vertraglich bestimmten Kaufpreis an nicht zu einer anderen Lastenverteilung führt. In dem Punkte der Berücksichtigung der inzwischen eingetretenen Steigerung des Grundstückswertes setzt sich der Vorderrichter, der den vereinbarten Kaufpreis als in Übereinstimmung mit der üblichen Berechnung nach dem dreifachen Betrag der Friedensmiete befindlich und so als angemessen erklärt, anscheinend in Widerspruch mit dem Urteil des Reichsgerichts in RGZ. Bd. 112 S. 329 (334); vgl. auch RGZ. Bd. 119 S. 133 (138) und Bd. 122 S. 378 (383). Denn er erklärt, „danach" — nämlich bei der Angemessenheit des vereinbarten Kaufpreises — könne sich die Beklagte nicht auf die inzwischen eingetretene Wertsteigerung des Grundstücks berufen. Auch bei Zahlung des Kaufpreises in Festwährung ist durch das infolge nachträglicher, beiderseits unerwarteter Gesetzesänderung geschehene Hinzukommen eines die Verkäuferin treffenden, zur Befreiung der Käufer von Aufwertungsschulden dienenden Aufwands von 62000 RM. (mehr als die Hälfte des Kaufpreises) eine Erschütterung der Geschäftsgrundlage eingetreten. Das nimmt bei solchem Verhältnis des neuen Aufwands zum Kaufpreis offenbar auch der VI. Zivilsenat (RGZ. Bd. 119 S. 133) an. Trotz der Ausführungen über das bei wertbeständiger Kaufpreisvereinbarung seltenere Eintreten einer erheblichen Veränderung der Geschäftsgrundlage hat das auch der erkennende Senat bei dem Vorbringen der Parteien über die Höhe der Aufwertungslast seiner Entscheidung zugrundegelegt. Endlich lehnt dies auch der Vorderrichter nicht ganz ab, wenn er zwar für den Fall der Entziehung etwa der Hälfte des Erlöses die Erschütterung der Geschäftsgrundlage verneint, aber doch nach einem gerechten Ausgleich der beiderseitigen Interessen gesucht hat. Dann kann aber bei der Suche nach einem Ausgleich eine Wertsteigerung, wie sie hier vorliegt, nicht als gleichgültig angesehen werden. Die Parteien sind darüber einig, daß zur Zeit der letzten Verhandlung in der Vorinstanz der Wert des lastenfreien Grundstücks 275000 RM. betrug; die Beklagte will durch Sachverständige einen Wert von 300000 RM. erweisen. Hiernach haben die Kläger mindestens einen Mehrwert von 165000 RM. gleich dem $1^1/_2$fachen des Kaufpreises und dem $2^1/_2$fachen der Aufwertungsabfindung in Händen. Der Grund, warum das Berufungsgericht der Beklagten die Verwertung dieser Wertsteigerung nicht gestatten will, liegt nach dem Zusammenhang seiner Ausführungen darin, daß es die Beklagte mit allen wirtschaftlichen Wirkungen als Empfängerin des Kaufpreises behandeln zu können glaubt, wie wenn sie das Geld zu ihrer Verfügung behalten und in ihrem Geschäftsbetrieb als Grundstückshändlerin nutzbringend angelegt hätte. Dabei geht der Vorderrichter davon aus, daß die Beklagte dadurch die gleiche Wertsteigerung erzielt habe, wie wenn sie das Grundstück selbst behalten hätte. Wenn sich Wertsteigerung des Grundstücks und Nutzen des Erlöses ausgleichen, so heben sich allerdings beide Umstände gegenseitig auf und muß die Entscheidung über die Lastenverteilung anderweitig gewonnen werden.

Mit Recht wendet sich indessen die Revision dagegen, daß die Rechtsstellung, welche die Beklagte bei dem Geschäft mit den Klägern eingenommen hat, unerachtet des den Käufern bekannten Umstands, daß sie noch einen anderen Verkäufer hinter sich hatte, so weit festgehalten werden soll, daß sie auch wirtschaftlich im Widerspruch mit den von ihr unter Beweis gestellten Behauptungen als Nutznießerin des gesamten Geldes betrachtet wird. Sie konnte in ihrem Geschäftsbetrieb nur insoweit mit dem Erlös arbeiten, als sie ihn behalten hat. Wenn das nur 13400 RM. waren, so konnte sie damit nach der Annahme des Berufungsgerichts über den von ihr erzielten Nutzen hinaus nur das $1^1/_2$fache dieses Betrags, also rund 20000 RM. als Mehrwert erzielen. Daneben wäre zu fragen gewesen, was ihre Hintermänner aus dem von ihr an diese abgeführten

Teil des Erlöses gezogen haben; das müßte sich die Beklagte allerdings auch anrechnen lassen. Hierüber steht aber nichts fest, und bei einem Verhältnis der Wertsteigerung und des Nutzens von 165000 : 20000 ließe sich die völlige Ausschaltung der Wertsteigerung des Grundstücks als eines beim Ausgleich zu beachtenden Umstands rechtlich nicht halten. Nach der Anweisung, die der erkennende Senat im früheren Revisionsurteil gegeben hat, kommt aber nicht nur das nachvertragliche Schicksal der ausgetauschten Werte in Betracht, sondern auch das Verhältnis des gezahlten Preises zum Erwerbspreis des Grundstücks. Die Kläger hatten geltendgemacht, die Beklagte oder vielmehr ihre Hintermänner hätten das Grundstück in der Inflationszeit zu Spekulationszwecken für einen äußerst billigen Preis gekauft und machten auch bei der Übernahme der vollen Aufwertungslast noch ein gutes Geschäft. Auch dieses Parteivorbringen sollte geklärt werden. Wenn nach RGZ. Bd. 112 S. 329 (335), Bd. 122 S. 378 (384) ein in Ansehung der Geldwertänderung spekulativer Charakter des Geschäfts dem Veräußerer den Anspruch auf Ausgleichung der Aufwertungslast nimmt, so gilt das gleiche nicht schon dann, wenn das Anschaffungsgeschäft des Veräußerers dem Spekulationszweck gedient hat. Geschäftsgrundlage ist und bleibt beim Weiterverkauf das Wertverhältnis zwischen dem nun einmal in Händen des Verkäufers befindlichen Wert und der Gegenleistung, das von den Beteiligten regelmäßig als ein Gleichwert-Verhältnis betrachtet wird. Wenn aber dieses Gleichwert-Verhältnis durch das Auftreten von Aufwertungslasten zerstört wird, die auf der vom Verkäufer mit entwertetem Geld vorgenommenen Abfindung alter Gläubiger beruhen, so muß billigerweise gerade sein durch den Weiterverkauf erzielter Gewinn zur Deckung dieser Lasten herangezogen werden. Das war auch im Falle des Urteils vom 15. Februar 1929 II 330/28 geschehen und ist damals nicht mißbilligt worden. Zu beanstanden war dort nur das, daß dieser Gewinn, wiewohl er hinter dem Betrag der Aufwertungslast beträchtlich zurückblieb, allein zur Grundlage genommen war, um dem Verkäufer die ganze höhere Aufwertungslast aufzubürden. Schon das frühere in der gegenwärtigen Sache ergangene Revisionsurteil bemerkt, die Beklagte könne für das Grundstück nicht mehr verlangen als den ihr nach Abzug der wirklichen Lasten verbleibenden Rest des angemessenen Preises. Hätte sie die Hypothekengläubiger voll abgefunden, so wäre die Aufwertungslast ausgeblieben, aber auch ihr Gewinn um den höheren Abfindungsbetrag gemindert gewesen.

Nun haben die Kläger im weiteren Verfahren geltendgemacht, die vertraglichen Zahlungen an den Vorbesitzer des Grundstücks hätten nach dem Erwerbsvertrag vom 30. Mai 1922 6002 GM., die Papiermarkzahlungen auf die beiden Hypotheken aber 745,50 und 28,50 GM., alles zusammen also 6876 GM. ausgemacht, so daß bei dem verlangten Beitrag von 50000 RM. immer noch 59000 RM. weniger 6876 GM., also über 50000 RM. als Gewinn für die Verkäuferin frei blieben. Das wäre ein Vielfaches des Aufwandes für den Erwerb. Gegen diese Berechnungen hat die Beklagte weder in der Vorinstanz noch in der Revisionsverhandlung etwas eingewendet. Sie hat nur die unrichtige Ansicht vertreten, es sei nicht dargetan, daß der Einstandspreis der italienischen Anteilsinhaber für die ihr zuzumutende Belastung irgendwie in Betracht komme. Die Beklagte muß sich aber gefallen lassen, daß sie in dieser Hinsicht als Einheit zusammen mit ihren Hintermännern betrachtet wird, die sie beim Verkauf nach außen gedeckt hat und an die sie sich künftig halten mag.

Muß nach der Entscheidung des Vorderrichters vom Gewinn von rund 100000 RM. nur die Hälfte herausgegeben werden und bleibt dieser Betrag noch hinter dem zunächst auf Kosten der Hypothekengläubiger erzielten Gewinn von wenigstens 62000 RM. zurück, so kann von einer Verletzung der Billigkeit keine Rede sein. Wertsteigerungen nach dem Vertragsvollzug gebühren doch in aller Regel dem am Gegenstand Berechtigten; auf sie darf erst hinter solchem Gewinn zurückgegriffen werden. Allerdings ist der Vorderrichter auf diesen Gesichtspunkt nicht eingegangen. Aber dem Revisionsgericht steht es zu, den Sachverhalt auch nach dieser Seite zu prüfen und danach das Ergebnis des Vorderrichters als gerechtfertigt anzuerkennen. Wenn demgegenüber gesagt werden mag, vor allem anderen müsse bei dem Geschäft auf den richtigen Preis gesehen werden und mit dem Betrag, um den dieser den gezahlten Preis übersteige, sei und bleibe der Verkäufer verkürzt, er müsse also verhältnismäßig besser gestellt werden, so ist dazu folgendes zu bemerken. Der Vorderrichter hat den Preis an einem Maßstab geprüft, der im Verkehr ohne Zweifel schon unter Berücksichtigung der Tatsache der Zwangswirtschaft festgestellt worden ist. Diese besteht aber noch heute in beträchtlichem Umfang und kann unmöglich allgemein die Bildung eines gültigen Verkehrswerts hindern. Eine bestimmte Behauptung der Beklagten über den Betrag des Mehrwerts liegt nicht vor; es wird nur gesagt, die Wertsteigerung während der kurzen Zeit von vier Jahren zeige, daß der gezahlte Preis infolge der Unsicherheit aller Verhältnisse aus der Inflationszeit her und der damals noch stark gedrückten gesetzlichen Mieten viel zu niedrig gewesen sei. Welche Umstände aber diese Wertsteigerung zuwege gebracht haben, steht durchaus dahin.

Aus alledem ergibt sich, daß man sich hier völlig auf dem Gebiet des tatsächlichen Ermessens bewegt und daß dem Vorderrichter bei seinem Ausspruch über die Angemessenheit des gezahlten Preises kein Rechtsirrtum nachgewiesen werden kann. Insbesondere kann bei der auf Auslegung beruhenden Annahme des Berufungsrichters, daß mit der Gewährübernahme der Beklagten nicht die Gefahr einer Gesetzesänderung in Ansehung des Aufwertungsrechts habe übernommen werden sollen, in dem Preis auch nicht ein Entgelt für die Übernahme dieser Gefahr stecken und demnach nicht gesagt werden, um dieses Entgelt sei der Verkaufsgegenstand zu niedrig bezahlt worden. Mit der Feststellung der Angemessenheit des gezahlten Preises fällt dann aber auch die Behauptung zusammen, wegen der vermeintlichen Lastenfreiheit sei ein zu niedriger Preis genehm gewesen. Erst nach allen aus den vorliegenden Rechtsgeschäften zu entnehmenden Erwägungen könnte die allgemeine Vermögenslage der Parteien bei der Lastenverteilung eine Rolle spielen. Daß diese Vermögenslage ihrer Ungunst halber bei der Beklagten für eine Ermäßigung ihrer Leistung ins Gewicht fallen müsse, ist von ihr nicht geltendgemacht worden. Die Übergehung dieses Punktes ist daher nicht zu beanstanden.

---

37. Sind die reichsgesetzlichen und die landesgesetzlichen Vorschriften Preußens rechtsgültig, durch welche die Entscheidung über Versorgungsansprüche von Schutzpolizeibeamten den ordentlichen Gerichten entzogen wird?

Reichsgesetz über die Schutzpolizei der Länder vom 17. Juli 1922 (RGBl. I S. 597) §§ 7 u. 8. Preuß. Schutzpolizeibeamtengesetz von 16. August 1922 (GS. S. 251)/30. Mai 1925 (GS. S. 57) § 89. Reichsgesetz zur Aufhebung des Reichsgesetzes über die Schutzpolizei der Länder vom 10. Juli 1926 (RGBl. I S. 402) § 3. Preuß. Polizeibeamtengesetz vom 31. Juli 1927 (GS. S. 151) § 59. RVerf. Art. 129 Abs. 1 Satz 4.

III. Zivilsenat. Urt. v. 19. April 1929 i. S. Preuß. Staat (Bekl.) w. N. (Kl.). III 255/28.

I. Landgericht Königsberg.
II. Oberlandesgericht daselbst.

Der Kläger stand vom 13. Oktober 1909 bis zum 22. August 1911 und vom 15. Oktober 1911 bis zum 30. Mai 1920 im Heeresdienst. Vom 31. Mai 1920 bis zum 31. Dezember 1921 war er Polizeiwachtmeister bei der Schutzpolizei, aus deren Dienst er zum 1. Januar 1922 entlassen wurde. Der Beklagte, der die Gewährung der gesetzlichen Übergangsgebührnisse aus § 38 des preußischen Schutzpolizeibeamtengesetzes abgelehnt hatte, wurde durch rechtskräftiges Urteil des Versorgungsgerichts in Allenstein vom 18. Juni 1925 zu deren Entrichtung verurteilt. Durch Verfügung des Regierungspräsidenten in Königsberg vom 9. November 1925 wurden die Übergangsgebührnisse für die Zeit vom 1. Januar 1922 bis zum 30. November 1923 in Papiermark und für die Zeit vom 1. Dezember 1923 bis zum 31. Dezember 1924 auf 859,50 GM. festgesetzt. Letztere sind an den Kläger abgeführt; später ist noch eine Zahlung von 23 RM. geleistet worden. Gegen die Festsetzungsverfügung legte der Kläger beim Versorgungsgericht in Allenstein Berufung ein. Das Verfahren wurde jedoch auf seinen Antrag ausgesetzt. Der Kläger beziffert sein zuletzt bezogenes ruhegehaltsfähiges Diensteinkommen, von dem die Übergangsgebührnisse zu berechnen seien, auf 22880 PM. und begehrt mit der Klage Aufwertung der teilweise überhaupt nicht, teilweise verspätet gezahlten Übergangsgebührnisse. Er geht davon aus, daß für das Jahr 1924 $^4/_8$ seines letzten Jahresdiensteinkommens mit 859,50 RM. gezahlt und daher von diesem noch $^6/_8$ für das Jahr 1922 und $^5/_8$ für das Jahr 1923, d. h. insgesamt für die beiden Jahre noch 2363,68 RM., rückständig seien. Diesen Betrag abzüglich der darauf erhaltenen 23 RM. hat er im ersten Rechtszug verlangt.

Der Beklagte erhob die Einreden der Unzulässigkeit des Rechtswegs und der Rechtshängigkeit. Das Landgericht und das Oberlandesgericht erachteten sie für unbegründet und gaben der Klage teilweise statt, das Berufungsgericht in Höhe von 1503,25 RM. Auf die Revision des Beklagten wurde das zweitinstanzliche Urteil aufgehoben und der Rechtsstreit an das Berufungsgericht zurückverwiesen.

Gründe:

Das Reichsgesetz über die Schutzpolizei der Länder vom 17. Juli 1922 legte diesen in §§ 7 und 8 die Pflicht auf, die Durchführung der durch künftige Landesgesetze begründeten, den Vorschriften des Reichsversorgungs- oder des Wehrmachtgesetzes entsprechenden Versorgungsansprüche der Schutzpolizeiangehörigen unter Ausschluß des ordentlichen Rechtswegs den im Gesetz über das Verfahren in Versorgungssachen vom 10. Januar 1922 vorgesehenen Verwaltungs- und Spruchbehörden zu übertragen. Demgemäß ist in §§ 79 flg. des preuß. Schutzpolizeibeamtengesetzes vom 16. August 1922/30. Mai 1925 das Verfahren in Ansehung der Versorgung ausgeschiedener Schutzpolizeibeamter geregelt. Zu ihr gehören auch die Übergangsgebührnisse (§§ 38, 27 Nr. 3 das.). Ihre Feststellung hat vor der Entlassung durch den Regierungspräsidenten zu erfolgen (§ 38 Abs. 2, § 83 das.). Gegen dessen Bescheid ist Berufung an das Versorgungsgericht zulässig (§ 88 Abs. 1 das.; §§ 6 flg. des Reichsgesetzes vom 10. Januar 1922). Der ordentliche Rechtsweg ist ausgeschlossen (§ 89 preuß. SchPBG.).

Bezüglich der streitigen Übergangsgebührnisse des Klägers ist zunächst diesen Vorschriften entsprechend verfahren worden. Das Versorgungsgericht hat aber nur ein Grundurteil oder, anders ausgedrückt, ein die Verpflichtung des Beklagten zur Zahlung der Gebührnisse feststellendes Urteil gefällt und deren Berechnung dem Regierungspräsidenten überlassen. Der Regierungspräsident hat sich dieser Aufgabe unterzogen. Der Kläger ist jedoch mit dem ihm gewordenen Bescheid nicht zufrieden. Die Entscheidung des Streits über die Höhe der Aufwertung der vom Regierungspräsidenten teilweise in Papiermark festgesetzten und deshalb wertlosen Beträge würde, wie das Oberlandesgericht zutreffend ausführt, nach §§ 88, 89 preuß. SchPBG., deren Rechtsgültigkeit vorausgesetzt, lediglich zur Zuständigkeit der Versorgungsgerichte gehören, da der Aufwertungsanspruch nichts weiter enthält als die Forderung auf richtige Berechnung der dem Kläger gesetzlich zustehenden Gebührnisse. Das Berufungsgericht erachtet aber mit dem Kläger die Vorschrift, „daß in Versorgungssachen der Rechtsweg vor den ordentlichen Gerichten ausgeschlossen sei", mit der Vorschrift des Art. 129 Abs. 1 Satz 4 RVerf., die ihn für vermögensrechtliche Ansprüche der Beamten aus dem Dienstverhältnis schlechthin gewährleiste, für unvereinbar, da das Reichsschutzpolizeigesetz vom 17. Juli 1922, das die Länder zu seinem Ausschluß ermächtige, kein verfassungsänderndes Gesetz sei. Dem ist beizutreten. Zwischen Art. 129 Abs. 1 Satz 4 RVerf. und den angezogenen Vorschriften des Reichsschutzpolizeigesetzes sowie seines preußischen Ausführungsgesetzes, des preußischen Schutzpolizeibeamtengesetzes vom 16. August 1922, klafft ein unlösbarer Widerspruch. Im Schrifttum wird er durch die Unterstellung zu überbrücken gesucht, daß Art. 129 Abs. 1 und 4 RVerf. unter dem Rechtsweg für die Ansprüche der Beamten und Heeresangehörigen die Anrufung der ordentlichen oder der Verwaltungsgerichte verstehe. Es wird, soweit diese Ansicht überhaupt eine Begründung gefunden hat, darauf hingewiesen, daß Art. 129 a. a. O. in den Absätzen 1 und 4 nur von „Rechtsweg" schlechthin spreche, während die Art. 131 und 153, die von der Entschädigungspflicht öffentlichrechtlicher Körperschaften bei Amtspflichtverletzungen und Enteignung handeln, ausdrücklich den „ordentlichen Rechtsweg" oder „den Rechtsweg bei den ordentlichen Gerichten" offenhalten. Diese Auffassung ist entschieden abzulehnen. Schon der Sprachgebrauch versteht unter „Rechtsweg" regelmäßig das mit besonderen Rechtsgarantien ausgestattete und durch sie gesicherte Verfahren vor den aus unabhängigen, unabsetzbaren Richtern zusammengesetzten ordentlichen Gerichten, im Gegensatz zum Verfahren vor den diese Garantien nicht oder nicht in vollem Maße besitzenden Verwaltungsbehörden und Verwaltungsgerichten (RGZ. Bd. 104 S. 139). Es kommt aber noch hinzu, daß Art. 129 Abs. 1 Satz 4 RVerf. die durch § 149 RBG. und dessen Vorbild, den § 1 des preußischen Gesetzes vom 24. Mai 1861, geschaffene prozessuale Rechtsstellung der Beamten nicht verschlechtern oder abändern, sondern im Gegenteil aufrechterhalten und als Beamtengrundrecht verfassungsmäßig feststellen wollte. Daß aber § 149 RBG. den Reichsbeamten und § 1 des preußischen Gesetzes vom 24. Mai 1861 den preußischen Beamten zur Geltendmachung ihrer vermögensrechtlichen Forderungen aus dem Dienstverhältnis den Rechtsweg gerade vor den ordentlichen Gerichten eröffneten oder vorbehielten, war und ist nicht zweifelhaft.

Von diesen Gesichtspunkten aus hat das Reichsgericht in ständiger Rechtsprechung daran festgehalten, daß Art. 129 RVerf. in Abs. 1 und ebenso in Abs. 4 nur den Rechtsweg vor den ordentlichen Gerichten im Auge habe (RGZ. Bd. 109 S. 286 und Bd. 119 S. 300). Es ist völlig ausgeschlossen, daß die Reichsverfassung in Art. 129 auch die Verwaltungsgerichte — und zu ihnen gehören die Versorgungsgerichte — zur endgültigen Entscheidung über vermögensrechtliche Ansprüche von Beamten und Berufssoldaten für grundsätzlich zuständig hat erklären wollen.

Im Urteil des erkennenden Senats vom 20. Dezember 1927 (RGZ. Bd. 119 S. 296) ist allerdings in eingehender Begründung dargelegt, daß nach der Rechtsentwicklung auf dem Gebiete des Militärversorgungswesens anzunehmen sei, die Verfassunggebende Nationalversammlung habe die Versorgungsansprüche der Berufssoldaten unter die nach Art. 129 Abs. 4 a. a. O. den Rechtsschutz der ordentlichen Gerichte genießenden vermögensrechtlichen Ansprüche weder einreihen wollen noch eingereiht. Diesen Willen des Gesetzgebers hat der Senat im wesentlichen daraus gefolgert, daß die Nationalversammlung die Aufhebung der Verordnung der Reichsregierung vom 1. Februar 1919, welche die Militärversorgungsgerichte und das Spruchverfahren vor ihnen in Militärversorgungssachen erst geschaffen hatte, nicht nur nicht verlangt, sondern sie selbst durch Gesetz vom 15. Mai 1920, also nach Verkündung der Reichsverfassung, geändert hat, ohne bei der Beratung darüber verfassungsrechtliche Bedenken gegen die Übertragung der Entscheidung über Versorgungsansprüche der Berufssoldaten an die Versorgungsgerichte zu äußern. Diese Erwägungen lassen sich aber nicht zugunsten des Ausschlusses des Rechtswegs auch für Versorgungsansprüche der Schutzpolizeibeamten verwerten. Deren Rechtslage ist eine andere. Sie gehören nicht zu den Berufssoldaten im Sinne des Abs. 4, sondern zu den im Abs. 1 Satz 4 des Art. 129 RVerf. genannten Beamten, und das Gesetz vom 17. Juli 1922 über die Schutzpolizeibeamten der Länder ist nicht von der Nationalversammlung beschlossen worden, die wiederholt ihr Einverständnis mit der

Fortgeltung der oben erwähnten Verordnung vom 1. Februar 1919 zu erkennen gegeben hat, sondern von einem späteren Reichstag. Dieser konnte aber Versorgungsansprüche von Beamten oder bestimmten Beamtenklassen dem ordentlichen Richter nur durch ein verfassungänderndes Gesetz entziehen (Art. 76 RVerf.). Ein solches ist das Gesetz vom 17. Juli 1922 nicht. Seine Anweisung an die Länder, das Verfahren in Versorgungssachen der Schutzpolizeibeamten unter Ausschluß des Rechtswegs zu regeln, verstößt daher gegen Art. 129 RVerf. und ist unwirksam. Infolgedessen vermochte auch das preußische Schutzpolizeibeamtengesetz vom 16. August 1922/30. Mai 1925 das den Schutzpolizeibeamten verfassungsmäßig gewährleistete Recht nicht zu schmälern, zur Durchsetzung ihrer vermögensrechtlichen Ansprüche aus dem Dienstverhältnis die ordentlichen Gerichte anzurufen. Aus demselben Grunde entbehren auch § 3 des Reichsgesetzes vom 10. Juli 1926 und § 59 des neuen preußischen Polizeibeamtengesetzes vom 31. Juli 1927 der Rechtsgültigkeit, soweit sie diese Schmälerung für einen Teil der Schutzpolizeibeamten aufrechterhalten. Ist aber der ordentliche Rechtsweg durch die Reichs- und die preußische Gesetzgebung für Schutzpolizeibeamte nicht ausgeschlossen, so vermag der Umstand, daß der Kläger seinen Aufwertungsanspruch auch vor dem Versorgungsgericht erhoben hat, die Einrede der Rechtshängigkeit nicht zu begründen.

Insoweit ist daher dem Oberlandesgericht in der Beurteilung der Rechtslage beizutreten. Trotzdem ist der Rechtsstreit zur Endentscheidung noch nicht reif. Der Beklagte hat nämlich geltendgemacht, daß der Kläger die im preußischen Gesetz vom 24. Mai 1861 vorgeschriebene Frist zur Erhebung der Klage, die erst im März 1927 anhängig geworden sei, nicht gewahrt habe. In dieser Hinsicht enthält das Berufungsurteil nur die kurze Bemerkung, „die nach dem genannten Gesetze erforderliche Entscheidung des Verwaltungschefs sei im Laufe des Rechtsstreits eingeholt worden." Welche Entscheidung das Oberlandesgericht im Auge gehabt hat, ist nicht erkennbar . . . .

(Deshalb erfolgte zur Nachholung der Feststellung, ob und wann die Vorentscheidung des Ministers nachgesucht und erlassen worden sei, die Zurückverweisung der Sache an das Berufungsgericht.)

38. 1. Ist die im § 7a des Reichshaftpflichtgesetzes bestimmte Haftungsgrenze noch in Geltung?
2. Wie ist der Haftungs-Höchstbetrag auf Grund der Verordnung vom 24. Oktober 1923 (RGBl. I S. 993) zu errechnen?

VI. Zivilsenat. Urt. v. 18. März 1929 i. S. R. (Bekl.) w. Berliner Straßenbahn-Gesellschaft (Kl.). VI 237/28.

I. Landgericht I Berlin.
II. Kammergericht daselbst.

Am 24. Juli 1926 wurde der Beklagte von einem elektrischen Straßenbahnzug der Klägerin überfahren und schwer verletzt. Er verlangt von der Klägerin Ersatz des Schadens. Diese erhob Klage auf Feststellung, daß ihm keine Schadensersatzansprüche zuständen; der Beklagte verlangte widerklagend u. a. Zahlung einer jährlichen Unterhaltsrente von 12000 RM. Die Vorinstanzen erklärten den Widerklageanspruch zu 40% dem Grunde nach für gerechtfertigt. Die von beiden Parteien eingelegten Revisionen wurden zurückgewiesen.

Aus den Gründen:

... Die Revision der Klägerin hat um Nachprüfung des Standpunkts des Berufungsgerichts gebeten, daß zurzeit keine Haftungsgrenze nach § 7a RHaftpflG. mehr bestehe, da die Verordnung vom 24. Oktober 1923 (RGBl. I S. 993), auf welcher § 7a beruhe, ihre Geltung verloren habe. Das Berufungsgericht hat sich in dieser Beziehung im wesentlichen einem bei Eger, Eisenbahn- und verkehrsrechtliche Entscheidungen und Abhandlungen Bd. 44 S. 137 erschienenen Aufsatz von Heucke angeschlossen, der die Auffassung vertritt, daß die Verordnung nur für die Inflationszeit erlassen worden und der auf ihr beruhende § 7a heute nicht mehr anwendbar sei, zumal da er in seiner jetzt noch bestehenden Fassung auf Papiermarkwährung abgestellt sei, die es rechtlich und wirtschaftlich nicht mehr gebe und die nicht mehr angewendet werden dürfe. Das Reichsgericht hat sich dieser Auffassung nicht anschließen können. Das Reichshaftpflichtgesetz kannte in seiner ursprünglichen Fassung keine Haftungsgrenze. Erst am 8. Juli 1923 erging das den § 7a einführende Gesetz mit einer Haftungsgrenze des Unternehmers bis zu einer Jahresrente von 50 Millionen Mark. Nach der Begründung zum Gesetzentwurf

(Reichstagsdrucks. Nr. 6029 Wahlperiode 1920/1923) hielt man die Einführung der Haftungsgrenze für geboten wegen des Verfalls der deutschen Währung und der finanziellen Lage der deutschen Eisenbahnen, deren Einnahmen aus allgemeinwirtschaftlichen Gründen nicht im Verhältnis zur Geldentwertung gesteigert werden konnten. In der Begründung wird weiter bemerkt, die berechtigten Interessen der Bevölkerung blieben dabei gewahrt, wenn die Grenze so gezogen werde, daß für die Fälle, mit denen im allgemeinen zu rechnen sei, noch der volle Schadensersatz gewährt werde, und daß nur außergewöhnlich hohe Schadensersatzansprüche auf ein für die Beteiligten erträgliches Maß herabgesetzt würden. Durch Verordnung vom 6. August 1923 (RGBl. I S. 762) ist der Höchstbetrag auf 500 Millionen Mark, durch Verordnung vom 19. September 1923 (RGBl. I S. 893) auf 50 Milliarden Mark erhöht worden. Die Verordnung vom 24. Oktober 1923 (RGBl. I S. 993) hat den ziffermäßig festgesetzten Höchstbetrag durch einen Betrag ersetzt, der sich durch Vervielfältigung der Grundzahl von 10000 M. mit der jeweiligen Teuerungszahl ergibt. Die Teuerungszahl ist für jede Kalenderwoche die in der vorangegangenen Woche vom Statistischen Reichsamt veröffentlichte wöchentliche Reichsindexziffer für die Lebenshaltungskosten unter Abrundung auf den nächst höheren durch eine Million teilbaren Betrag.

Bei der letzteren Bestimmung ist es geblieben im Gegensatz zu den im Kraftfahrzeuggesetz und im Luftverkehrsgesetz festgesetzten Haftungsgrenzen, die durch die Verordnung vom 6. Februar 1924 (RGBl. I S. 42) von der Papiermark auf Goldmark umgestellt worden sind. Da auf der anderen Seite der § 7a RHaftpflG. nicht ausdrücklich aufgehoben wurde, ist vom Fortbestand dieser Vorschrift auszugehen. Daß sie, wie Heucke a. a. O. meint, eine reine Inflationserscheinung sei, kann nach der dem Gesetzentwurf seinerzeit beigegebenen Begründung nicht angenommen werden. Die Einführung des § 7a ist dort keineswegs lediglich mit den Inflationsverhältnissen begründet, sondern auch mit der ungünstigen Lage der Reichsbahn schlechthin und mit der Verarmung. Die beiden letzteren Umstände bestehen auch weiter fort. Ebensowenig kann die Erwägung, daß § 7a in seiner jetzt geltenden Fassung auf Papiermarkwährung abgestellt sei, die es rechtlich und wirtschaftlich nicht mehr gebe und die nicht mehr angewendet werden dürfe, zu der Folgerung führen, daß trotz des Weiterbestehens der Gesetzesbestimmung eine Haftungsgrenze praktisch nicht mehr in Frage komme. Zwar ist eine buchstäbliche Anwendung der Vorschrift nicht möglich, da die im Gesetze festgelegte Grundzahl von 10000 M. eine auf Papiermark lautende Ziffer ist. Indessen läßt die Vorschrift auch auf die heutigen Verhältnisse eine sinngemäße Anwendung zu, solange eine gesetzliche Neuregelung der Haftungsgrenze in Reichsmark noch nicht erfolgt ist. In der gleichen Weise, in der durch die Verordnung vom 24. Oktober 1923 der Haftungs-Höchstbetrag für § 7a RHaftpflG. festgesetzt ist, sind durch die Verordnung vom 23. Oktober 1923 (RGBl. 1923 I S. 990) auch die in §§ 68, 74a, 75b HGB. und in § 133ab GewO. in Betracht kommenden Beträge auf wertbeständige Grundlage gestellt. Auch hier ist der jeweils maßgebende Betrag durch Vervielfältigung einer bestimmten Grundzahl mit der jeweils maßgebenden Reichsindexziffer zu finden. Die dort in Papiermark festgesetzten Grundzahlen von 5000 und 1500 und von 8000 und 5000 M. entsprechen ziffermäßig den Friedensmarkbeträgen, wie sie ursprünglich in den einzelnen Vorschriften enthalten waren. Der Gesetzgeber hat damit den ursprünglich in Friedensmark festgesetzten Betrag der jeweiligen Kaufkraft des Geldes angepaßt. Es ist anzunehmen, daß er, indem er durch die nur einen Tag später erlassene Verordnung für die Haftungs-Höchstgrenze nach § 7a RHaftpflG. eine Grundzahl von 10000 M. festsetzte, von den gleichen Grundsätzen ausgegangen ist und als Haftungsgrenze einen Betrag hat bestimmen wollen, der in seiner Kaufkraft einem Friedensmarkbetrag von 10000 M. zur Vorkriegszeit entspricht. Dadurch ergibt sich als maßgebende Haftungsgrenze nach § 7a RHaftpflG. ein Betrag in Reichsmark, der an der jeweils maßgebenden Reichsindexzahl gemessen in seiner Kaufkraft dem Friedensmarkbetrag von 10000 M. gleichkommt. Da eine wöchentliche Feststellung der Reichsrichtzahlen für Lebenshaltungskosten nicht mehr stattfindet, ist die letzte vor dem jeweils in Betracht kommenden Zeitpunkt veröffentlichte Reichsindexzahl zu berücksichtigen. Die Anwendung dieses Verfahrens auf den vorliegenden Fall ergibt, da die letzte vor dem Unfall des Beklagten festgesetzte Reichsindexziffer für Juni 1926 (Wirtschaft und Statistik 1926 S. 425) 140,5 betrug, für die Zeit des Unfalls eine Haftungsgrenze von 14050 RM. Da die vom Beklagten begehrte jährliche Schadensersatzrente unter diesem Betrag bleibt, bedurfte es nicht der Bestimmung einer Höchstgrenze durch das Berufungsgericht.

39. 1. Kann in der Stellung eines Antrags gemäß § 717 Abs. 2 ZPO. die Erhebung einer Widerklage gefunden werden?
2. Über die Pflichtbeteiligung nach Staffeltarif bei eingetragenen Genossenschaften mit beschränkter Haftpflicht.

ZPO. §§ 33, 717. GenG. §§ 43, 134.

II. Zivilsenat. Urt. v. 23. April 1929 i. S. Landbundgenossenschaft L. mbH. (Kl.) w. H. (Bekl.). II 377/28.

I. Landgericht Cottbus.
II. Kammergericht Berlin.

Die klagende Genossenschaft ist am 12. November 1920 in das Genossenschaftsregister eingetragen worden. Gegenstand ihres Unternehmens ist hauptsächlich „der Bezug und Absatz sämtlicher ländlicher Bedarfsgegenstände und Erzeugnisse". In den Zeiten der Geldentwertung ist der Geschäftsanteil von anfänglich 30 und 100 M. bis auf 500 M., die Haftsumme von 100 M. auf 5000 M., die Höchstzahl der Geschäftsanteile, mit denen sich ein Genosse beteiligen konnte, von 100 auf zuletzt 5000 Stück erhöht worden. Von einer Verpflichtung der Mitglieder zur Beteiligung mit mehreren Geschäftsanteilen enthielt die Satzung ursprünglich nichts. Eine Generalversammlung der Klägerin vom 30. September 1922 hat nun aber unter gleichzeitiger entsprechender Änderung der Satzung, unbeschadet der Höchstbeteiligungszahl, als satzungsmäßige Pflicht der Genossen weiter beschlossen die Verpflichtung:

Geschäftsanteile nach der Größe der landwirtschaftlich genutzten Fläche (Acker und Wiese) zu erwerben und sofort voll einzuzahlen.

Es sind zu zeichnen:

von 1 bis 100 Morgen landwirtschaftlich genutzter Fläche für je 20 Morgen 1 Geschäftsanteil,

von 101 bis 400 Morgen solcher Fläche für je 30 Morgen 1 weiterer Geschäftsanteil,

von 401 bis 800 Morgen solcher Fläche für je 40 Morgen 1 weiterer Geschäftsanteil,

über 800 Morgen solcher Fläche für je 50 Morgen 1 weiterer Geschäftsanteil.

In besonders begründeten Fällen ist der Vorstand ermächtigt, die Zahl der Geschäftsanteile herabzusetzen.

Bei juristischen Personen setzt der Vorstand die Zahl der Geschäftsanteile nach der Größe der Organisation fest.

Der Beschluß ist am 5. Februar 1923 in das Genossenschaftsregister eingetragen worden. Mit der Pflichtbeteiligung hat sich dann auch eine Generalversammlung der Klägerin vom 21. April 1923 befaßt und hat sie, wiederum auf der Grundlage der Größe der landwirtschaftlich genutzten Fläche (Acker und Wiese), neu dahin geregelt, daß für je einen Morgen solchen Landes ein Geschäftsanteil zu erwerben und sofort voll einzuzahlen sei. Zusammen mit anderen damals gefaßten satzungsändernden Beschlüssen ist dieser Beschluß am 7. Juli 1923 in das Genossenschaftsregister eingetragen worden. Durch Beschlüsse der Generalversammlung vom 14. März 1924 ist der Geschäftsanteil auf eine Rentenmark, die Haftsumme auf 10 Rentenmark umgestellt und gleichzeitig die Umwertung der Geschäftsguthaben nach dem an Hand des nordamerikanischen Dollars zu errechnenden Goldmarkwert am Einzahlungstag angeordnet worden. Durch Generalversammlungs-Beschluß vom 4. März 1926 ist sodann der Geschäftsanteil auf 4 RM. und durch ebensolchen Beschluß vom 7. Mai 1927 weiter auf 5 RM. erhöht worden. Die Umstellungsbeschlüsse sind am 10. April 1924, die Erhöhungsbeschlüsse vom 4. März 1926 und 7. Mai 1927 am 5. Mai 1926 und am 23. Mai 1927 in das Genossenschaftsregister eingetragen worden. An der Pflichtbeteiligung hat sich seit April 1923 nichts mehr geändert.

Der Beklagte ist im Sommer 1922 der Klägerin als Genosse beigetreten und unterm 14. August 1922 auf Grund seiner Beitritts- und Übernahmeerklärung mit insgesamt 10 Geschäftsanteilen in die gerichtliche Liste der Genossen eingetragen worden. Obwohl er 857 Morgen als Acker und Wiese nutzt, hat er die Übernahme weiterer Geschäftsanteile abgelehnt. Er hat am 15. Mai 1925 gekündigt und ist, da satzungsgemäß eine 12monatige Kündigungsfrist einzuhalten war, mit Ablauf des 31. Dezember 1926 bei der Klägerin wieder ausgeschieden. Die im Mai 1926 erhobene Klage ging auf Übernahme weiterer Geschäftsanteile und auf Leistung der entsprechenden Einzahlungen. Der schließliche Klagantrag lautete im ersten Rechtszug dahin, den Beklagten zur Abgabe seiner Beteiligungserklärung auf weitere 847 Geschäftsanteile und zur Zahlung von 3388 (4 × 847) RM. nebst Zinsen zu verurteilen. Der Beklagte erhob eine Reihe von Einwendungen. Er bestritt die Gültigkeit der Generalversammlungs-Beschlüsse über die Pflichtbeteiligung und die Festsetzung und Erhöhung der Geschäftsanteile aus formellen und sachlichen Gründen und machte vor allem geltend, daß eine Satzungsänderung durch Mehrheitsbeschluß zur Einführung einer Pflichtbeteiligung mit mehreren Geschäftsanteilen rechtlich nicht zulässig sei.

Das Landgericht verurteilte den Beklagten antragsgemäß. Der Beklagte zahlte zur Abwendung der Zwangsvollstreckung aus diesem Urteil 3738,65 RM. einschließlich Zinsen und verlangte im Berufungsverfahren Rückzahlung dieses Betrags nebst Zinsen und Feststellung dahin, daß ihm die Klägerin den Schaden zu ersetzen habe, der ihm durch die Zahlung der 3738,65 RM. erwachsen sei. Das Kammergericht gab den Anträgen des Beklagten statt. Die Revision der Klägerin hatte keinen Erfolg.

Gründe:

I. Die vom Beklagten bestrittene Zulässigkeit der Revision ist abhängig davon, ob der Wert des Beschwerdegegenstands 4000 RM. übersteigt. Gegenstand der Klage war in der Berufungsinstanz nach wie vor der Anspruch auf Zahlung von 3388 RM. nebst Zinsen; ihn verfolgt die Klägerin auch mit der Revision. Zinsen und Kosten sind gemäß § 4 Abs. 1, § 546 Abs. 2 ZPO. nicht mitzurechnen, wenn sie, wie es bei der Klage der Fall ist, als Nebenforderungen geltendgemacht werden. Würde der vom Beklagten in der Berufungsinstanz erhobene Schadensersatzanspruch aus § 717 Abs. 2 ZPO. nur als sog. einfacher Prozeßantrag geltendgemacht, so müßte er, wenigstens nach der bisherigen Rechtsprechung, bei Berechnung des Wertes des Beschwerdegegenstands ebenfalls außer Betracht bleiben (RGZ. Bd. 9 S. 410, Bd. 63 S. 367; Gruch. Bd. 53 S. 1116; WarnRspr. 1909 Nr. 260; RGUrt. vom 14. Februar 1921 VI 308/20; Stein-Jonas Anm. III 1 zu § 717 ZPO.; a. M. Rosenberg ZPR. 2. Aufl. S. 280; Hellwig Lehrbuch 3. Bd. S. 53 Anm. 5; derselbe System 1. Teil S. 316). Jedenfalls konnte aber auch der Schadensersatzanspruch aus § 717 ZPO., wie ihn der Beklagte im zweiten Rechtszug erhoben hat, an und für sich nicht nur mittels sog. einfachen Prozeßantrags, sondern ebenso wie durch selbständige Klage auch im Wege der Widerklage verfolgt werden

(RGZ. Bd. 63 S. 367; Stein-Jonas Anm. III 1 zu § 717 ZPO.). Wenn dies geschehen ist, dann muß bei Berechnung des Wertes des Beschwerdegegenstands allerdings auch der widerklageweise geltendgemachte Anspruch insoweit mitberücksichtigt werden, als er nicht mit dem Klaganspruch selbst sich deckt. Die Erhebung einer Widerklage erfordert nicht, daß sie ausdrücklich als solche bezeichnet wird; Voraussetzung ist nur, daß das Rechtsschutzbegehren in der dem Gericht und Gegner deutlich erkennbaren und betätigten Absicht gestellt wurde, eine Widerklage anzustrengen (Hellwig Lehrbuch 3. Bd. S. 53). So liegt aber der Fall hier. Dem Prozeßbevollmächtigten des Beklagten war unzweifelhaft bekannt, daß nach der herrschenden Rechtsprechung ein bloßer Prozeßantrag nach § 717 Abs. 2 ZPO. bei Berechnung des Streitwerts außer Betracht zu bleiben hätte, daß also auf diesem Wege dem Beklagten, für den Fall seines Unterliegens im Berufungsverfahren, der Rechtsmittelzug an das Revisionsgericht nicht eröffnet werden konnte. Wenn er bei dieser Sachlage den ursprünglichen Berufungsantrag um den Antrag auf Schadensfeststellung erweiterte und zu letzterem unter näherer Begründung noch die Wertangabe von 400 RM. hinzufügte, so konnte dies, für Gegner und Gericht deutlich erkennbar, nur so verstanden werden, daß er die Gesamtansprüche des Beklagten aus § 717 ZPO. nunmehr als einheitlichen Schadensersatzanspruch widerklageweise geltendgemacht wissen wollte und geltendgemacht hat. Die Klägerin hat dem nicht widersprochen. Daß das Kammergericht die schließlichen Anträge des Beklagten, soweit er damit Schadensersatz aus § 717 ZPO. begehrte, nicht als Widerklage behandelt hat, ist unerheblich und für das Revisionsgericht nicht bindend. Denn dieses ist bei Auslegung und Würdigung der Sachanträge als rein verfahrensrechtlicher Erklärungen frei und nicht an die Auffassung des Vorderrichters gebunden (RGZ. Bd. 86 S. 377 [380], Bd. 104 S. 133 [136]). Liegt aber eine Widerklage vor, so ist der Wert des Beschwerdegegenstands zur Klage mit dem der Widerklage, soweit letztere nicht das einfache Widerspiel der ersteren ist, zusammenzurechnen, da die Klägerin die Widerklage abgewiesen haben will. Dann ergibt sich, da zur Widerklage die vom Beklagten gezahlten Zinsen und Kosten als Rechnungsposten seines einheitlichen Anspruchs mitzurechnen sind, unter Zugrundelegung eines glaubhaft gemachten Beschwerdewertes von mindestens

400 RM. für den Feststellungsantrag ein den Betrag von 4000 RM. übersteigender Gesamtbeschwerdewert.

Die Revision ist mithin zulässig.

II. Das Kammergericht ist, ohne sich mit den sonstigen Einwendungen des Beklagten zu befassen, zur Klagabweisung gelangt, indem es grundsätzlich annimmt, daß eine Verpflichtung zur Beteiligung mit mehreren Geschäftsanteilen nach Staffeltarif, wenn sie nicht schon von vornherein in der Satzung vorgesehen sei, nachträglich nur mit Zustimmung oder Genehmigung aller Genossen eingeführt werden könne. Das gleiche Erfordernis stellt der Berufungsrichter für die Erweiterung der ursprünglichen Pflichtbeteiligung auf. Diese Voraussetzung hält er hier nicht für gewahrt. Im einzelnen führt das Kammergericht unter Bezugnahme auf RGZ. Bd. 47 S. 154, Bd. 62 S. 309, Bd. 90 S. 403 und Bd. 106 S. 403 aus, es handle sich um eine Frage der Abgrenzung des Herrschaftsbereichs der Körperschaft gegenüber demjenigen der einzelnen Genossen. Hierbei sei davon auszugehen, daß der einzelne durch den Beitritt seine Freiheit nur insoweit verliere, als Gesetz und Satzung dies ausdrücklich anordneten. Der einzelne Genosse müsse darauf vertrauen können, daß er vor neuen, nicht in Rechnung zu nehmenden Pflichten bewahrt bleibe. Dies sei für die Kapitalgesellschaften in § 212 HGB. und § 53 Abs. 3 GmbHG. ausdrücklich bestimmt und müsse in gleicher Weise auch für Genossenschaften gelten, deren Zweck nicht auf Kapitalvermehrung, sondern auf Förderung der Wirtschaft ihrer Mitglieder gerichtet sei. Es könnten deshalb nur solche Generalversammlungs-Beschlüsse als rechtsverbindlich angesehen werden, die im Gesetz ihre Stütze fänden oder bei „richtiger Auslegung schon in der ursprünglichen Satzung enthalten gewesen seien". Die Satzung der Klägerin habe nun aber zur Zeit des Beitritts des Beklagten nichts von einer Verpflichtung zum Erwerb mehrerer Geschäftsanteile enthalten. Ebensowenig sei für eine Satzungsänderung, wie sie hier in Frage stehe, im Gesetze selbst eine Stütze zu finden. Sie lasse sich namentlich nicht mit dem Hinweis darauf rechtfertigen, daß im Wege des satzungsändernden Beschlusses Geschäftsanteil und Haftsumme erhöht, auch eine Genossenschaft mit beschränkter Haftpflicht in eine solche mit unbeschränkter Haftpflicht und Nachschußpflicht umgewandelt werden könne. Denn hierbei handle es sich immerhin um Maßnahmen, von denen alle Genossen gleichmäßig betroffen würden. Die Interessen bei der Beschlußfassung über solche Maßnahmen seien durchschnittlich dieselben, und die einzelnen Genossen seien nicht nur dem Recht, sondern auch der Sache nach Genossen desselben Schicksals. Daher sei in solchem Falle auch damit zu rechnen, daß ein Mehrheitsbeschluß im wesentlichen dem wohlverstandenen Durchschnittsinteresse jedes einzelnen Genossen dienen werde. Anders liege es aber, wenn die Leistungspflicht in einer Form erhöht werde, die, wie hier, jeden Genossen anders treffe, weil sie je nach Größe der landwirtschaftlichen Nutzungsfläche verschieden bestimmt sei. Sei hier in der Generalversammlung oder in der Genossenschaft der Kleinbesitz sehr stark vertreten, so würden solche Genossen zum Zweck der Deckung eines etwaigen Geldbedarfs der Genossenschaft wohl in der Regel eher geneigt sein, Pflichtanteile nach der Morgenzahl einzuführen, als die Geschäftsanteile zu erhöhen. Wenn daher im Schrifttum die Ansicht vertreten werde, es sei rechtlich belanglos, in welcher Form die Geldzahlungsverpflichtung durch die Satzung nachträglich erweitert werde, so sei dies mit § 43 Abs. 2 GenG. nicht vereinbar, wonach jeder Genosse ohne Rücksicht auf die Zahl seiner Geschäftsanteile nur eine Stimme habe.

Gegen diese Ausführungen richten sich die Angriffe der Revision.

Wie auch der erkennende Senat schon wiederholt ausgesprochen hat, ist grundsätzlich davon auszugehen, daß gegen eine satzungsmäßige Festlegung der Pflichtbeteiligung auf mehrere Geschäftsanteile überhaupt, sofern dabei eine Höchstbeteiligungsziffer festgesetzt ist, keine rechtlichen Bedenken bestehen (RGZ. Bd. 62 S. 303, Bd. 73 S. 403, Bd. 117 S. 116). Daß diese Pflichtbeteiligung je nachdem verschieden, z. B. nach Umfang und Größe des Betriebs oder des Umsatzes der Genossen abgestuft sein kann, ist vom Reichsgericht ebenfalls schon des öfteren anerkannt oder mindestens nicht beanstandet worden (RGZ. Bd. 62 S. 303, Bd. 117 S. 116, Bd. 118 S. 218; ferner Rieß bei Ehrenberg Bd. III 2 S. 149 unter b; Deumer, Recht der eingetr. Genossenschaften S. 217/218; teilweise auch Waldecker, Die eingetr. Genossenschaft S. 158 unter 1a mit Anm. 4). Eine solche Staffelung, die einerseits auf die wirtschaftliche Leistungsfähigkeit der Genossen, anderseits auf die mutmaßlich größere oder kleinere Inanspruchnahme der genossenschaftlichen Einrichtungen und die daraus für die Wirtschaft des einzelnen sich ergebenden Vorteile abstellt, beruht, wie nicht zu verkennen ist, an sich auf einem wirtschaftlich gesunden und vernünftigen Gedanken. Sie ist auch geeignet, der Genossenschaft eben durch die vermehrte Heranziehung der wirtschaftlich leistungsfähigeren Genossen geldlich einen größeren Rückhalt zu geben, und kann, namentlich bei Erzeuger- und Absatzgenossenschaften, der Zusammenarbeit von Klein-, Mittel- und Großbesitz nur förderlich sein. Wenn sodann § 134 GenG. bei der eingetragenen Genossenschaft mbH. die Beteiligung mit mehreren Geschäftsanteilen zuläßt, so ist daraus in Verbindung mit der Regelung der Einzahlungspflicht (§ 136 GenG.) so viel zu entnehmen, daß das Gesetz den Grundsatz der Gleichbehandlung der Genossen nicht in dem Sinn aufgefaßt haben will, daß das kapitalistische Beteiligungsrecht der Genossen schlechthin, formell und sachlich, stets nur dasselbe sein könne. Ohnehin wäre auch die Begründung einer Verpflichtung zu mehrfacher Beteiligung durch besondere, mit den einzelnen Genossen abzuschließende schuldrechtliche Verträge als zulässig anzusehen. Endlich mag darauf hingewiesen werden, daß die Pflichtbeteiligung in gestaffelter Form bekanntermaßen weit verbreitet ist, daß das in RGZ. Bd. 62 S. 303 abgedruckte Urteil des I. Zivilsenats, das eine solche Regelung grundsätzlich als möglich anerkannt hat, über 20 Jahre zurückliegt, und daß inzwischen mehrere Novellen zum Genossenschaftsgesetz ergangen sind, ohne daß der Gesetzgeber sich insoweit zu einem Eingreifen veranlaßt gesehen hätte.

Nach alledem besteht kein Anlaß, die Zulässigkeit einer derartigen Gestaltung des genossenschaftlichen Beteiligungsverhältnisses schlechthin zu verneinen. Nur muß sie wegen ihrer grundlegenden Umgestaltung der genossenschaftlichen Leistungs- und Haftpflicht gegenüber der gesetzlichen Regelung in der ursprünglichen Satzung wenigstens schon vorgesehen sein oder im Fall späterer Einführung die Zustimmung aller Genossen gefunden haben. Mehrheitsbeschlüsse reichen dagegen nicht aus, selbst wenn sie den Erfordernissen der § 16 Abs. 2, §§ 132, 144 GenG. genügen. Gewiß ist bei der eingetragenen Genossenschaft mbH. die genossenschaftliche Zahlungs- und Haftpflicht nicht unabänderlich, sondern im weitesten Maße der Mehrheitsherrschaft unterworfen. Allein diese Mehrheitsherrschaft und damit die genossenschaftliche Duldungspflicht ist nicht unbeschränkt. Sie findet ihre Grenze im Gesetz, gegebenenfalls auch in der Satzung, sofern diese noch besondere Schranken zieht. Nun ist das geltende Genossenschaftsgesetz vom Grundsatz der gleichen Behandlung der Genossen beherrscht. Unzweifelhaft können Geschäftsanteil und Haftsumme für alle Genossen nur gleich sein. Dem entspricht die Regelung des Stimmrechts und die Verteilung der Stimmenmacht, sofern jeder Genosse nach § 43 Abs. 2 GenG. eine Stimme, aber auch nur eine Stimme hat. Der Möglichkeit einer verschiedenen kapitalistischen Beteiligung, die durch § 134 GenG. an sich geschaffen ist, trägt das Gesetz bei der Stimmrechtsverteilung keine Rechnung. Die mehrfache Beteiligung, wie sie § 134 GenG. vorsieht, ist zudem freiwillig. Der Genosse, der sich zu ihr entschließt, weiß, daß ihr nicht auch ein Zuwachs an Stimmenmacht entspricht. Er nimmt dabei weiter auf sich, daß ihn eine etwaige Erhöhung von Geschäftsanteil und Haftsumme wegen seiner mehrfachen Beteiligung im Ergebnis schärfer trifft als Genossen mit nur einem Anteil. Dem allem liegt aber seine freie Willensentschließung zugrunde, nicht dagegen eine genossenschaftliche Bindung und Duldungspflicht. Im Falle des § 134 GenG. bleibt es sodann immer noch dabei, daß durch eine Erhöhung von Anteil und Haftsumme alle Genossen betroffen werden. Ganz anders verhält es sich bei der Pflichtbeteiligung nach irgendeinem Staffeltarif. Das Gesetz selbst befaßt sich mit dieser eigenartigen Form der genossenschaftlichen Geldbeitrags- und Haftpflicht überhaupt nicht; ihm ist eine genossenschaftliche Verpflichtung zum Erwerb mehrerer Geschäftsanteile unbekannt. Es hat auch den Fall nicht ins Auge gefaßt oder jedenfalls nicht klar durchdacht, daß ein oder mehrere „Großgenossen", d. h. Genossen mit vielen Geschäftsanteilen, einer großen Kopfzahl von Kleingenossen gegenüberstehen. Sonst hätte es sich, zumal angesichts des die Stimmrechtsverteilung regelnden § 43 Abs. 2, nicht mit dem § 134 begnügen können. Die gesetzlichen Vorschriften sind zugeschnitten auf ein Gleichmaß der Rechte (Stimmrecht), aber auch der Pflichten, insbesondere der genossenschaftlichen Zahlungs- und Haftpflicht. In diesem Gleichmaß liegt auch unverkennbar eine besondere und sehr wirkungsvolle Sicherung des einzelnen Genossen in Hinsicht auf die geldliche Geschäftsgebahrung der Genossenschaft und auf die Erweiterung und Erhöhung der genossenschaftlichen Beitrags- und Haftpflicht durch die Mehrheit. Die Möglichkeiten, welche die § 16 Abs. 2, §§ 132, 144 der Mehrheit bieten, sind naturgemäß für den einzelnen Genossen sehr viel ungefährlicher, weil sie eben alle Genossen treffen, gegebenenfalls bis zur finanziellen Leistungsunfähigkeit. Die Interessen sämtlicher Genossen sind insofern gleichgerichtet und aufs engste miteinander verknüpft. Der gleichen Stimmenmacht entspricht die Gleichheit der finanziellen Beteiligung.

Ganz anders verhält es sich bei der Pflichtbeteiligung nach irgendeinem Staffeltarif. Gleich geblieben ist auch bei ihr die Verteilung der Stimmenmacht, aufgegeben ist dagegen der Grundsatz der gleichmäßigen Behandlung der Genossen in Ansehung der Beitrags- und Haftpflicht. Daran ändert nichts der Umstand, daß der Maßstab der Pflichtbeteiligung ein objektiver ist. An die Stelle der gleichmäßigen Heranziehung der Genossen für die geldlichen Bedürfnisse der Genossenschaft tritt dabei ein System, das die Genossen je nach dem Maßstab und nach ihren Verhältnissen ganz verschieden erfaßt. Dabei handelt es sich, anders als im Fall des § 134 GenG., nicht mehr um eine freiwillige, sondern um eine Pflicht-Beteiligung. Die Interessengleichheit bei der Ausgestaltung der finanziellen Beitrags- und Haftpflicht ist weitgehend gelockert und die darin liegende selbsttätige Sicherung gegen eine Überspannung der Mehrheitsherrschaft in Fragen der geldlichen Belastung der einzelnen Genossen ist sehr wesentlich abgeschwächt, ohne daß sich nach dem damaligen Rechtszustand eine andere, gleichwertige Sicherung einschalten würde und einschalten ließe. Es ist nicht zu verkennen, daß um deswillen die gestaffelte Pflichtbeteiligung für den einzelnen Genossen sowohl wie für das genossenschaftliche Leben überhaupt besondere Gefahren birgt, denen an Hand der allgemeinen Vorschriften (§§ 138, 826 BGB.) auch unter stärkster Berücksichtigung der Eigenart des genossenschaftlichen Verhältnisses (§ 1 GenG.) doch nur unvollkommen begegnet werden kann. Dabei darf endlich nicht übersehen werden, daß die Bindung des einzelnen Genossen an die Genossenschaft sehr viel enger und fester ist als z. B. die der Aktionäre an die Aktiengesellschaft. Die Mitglieder der Genossenschaft sind auf Kündigung unter Einhaltung einer Kündigungsfrist angewiesen, die mindestens 3 Monate betragen muß (§ 65 Abs. 2 Satz 1 GenG.). Diese Kündigung kann ferner nur zum Schluß des Geschäftsjahres erfolgen und löst in den Fällen des § 75 und der §§ 141, 125 GenG. die genossenschaftlichen

Bindungen und Verpflichtungen auch dann noch nicht endgültig und restlos.

Nach alledem verändert die Pflichtbeteiligung nach einem Staffeltarif die Rechtslage der Genossen gegenüber der gesetzlichen Regel so einschneidend, daß ihre Einführung nicht der Mehrheitsherrschaft unterliegen kann, wenn in der ursprünglichen Satzung die Einzahlungs- und Haftpflicht für alle Genossen auf der Grundlage der Gleichmäßigkeit festgesetzt ist. In letzterem Falle darf sich jeder einzelne Genosse darauf verlassen, daß diese wesentlichste Grundlage des genossenschaftlichen Lebens nicht ohne seine Zustimmung geändert und nicht durch ein System ersetzt wird, das ihm eine bei seinem Beitritt nicht absehbare Belastung bringen kann. Dieselbe Auffassung ist grundsätzlich auch im Urteil des erkennenden Senats RGZ. Bd. 90 S. 403 vertreten. Zwar hat es sich damals nicht um die Geldeinzahlungs- oder Haftpflicht gehandelt, sondern um eine Verpflichtung anderer Art. Die Begründung jenes Urteils, die sich auf § 53 Abs. 3 GmbHG. aufbaut, reicht aber sehr viel weiter und deckt auch den vorliegenden Fall (vgl. übrigens auch den Beschluß des Zivilsenats I b des Kammergerichts vom 16. Juni 1927 in JW. 1928 S. 1604 Nr. 2).

Was hier zur Frage der Zulässigkeit und Möglichkeit der nachträglichen Einführung der Pflichtbeteiligung nach Staffeltarif ausgeführt ist, gilt gleicherweise auch für die Verschärfung des Tarifs und für die Wahl eines anderen Tarifmaßstabs. Soweit nicht die ursprüngliche Satzung die Zulässigkeit solcher Änderungen durch satzungsändernden Mehrheitsbeschluß vorgesehen hat oder hinterher unter Billigung aller Genossen ein dahin lautender Beschluß gefaßt worden ist, reichen die gewöhnlichen Voraussetzungen der Satzungsänderung wiederum nicht aus. Beschlüsse, die dagegen verstoßen, sind nicht bloß anfechtbar, sondern schlechthin unwirksam, und diese Unwirksamkeit kann jederzeit auch einredeweise geltendgemacht werden.

Zusammenfassend ist hiernach zu sagen, daß Maßstab und Staffel, wonach sich die Zahlungs- und Haftpflicht der Genossen mit Rücksicht auf den verschiedenen Umfang ihres Besitzes, die Größe des Ertrags usw. richten soll, für jeden Genossen bei seinem Eintritt ersichtlich sein müssen und beim Fehlen einer anderweitigen rechtsgültigen Satzungsbestimmung ohne seine Zustimmung nicht geändert werden dürfen. Stimmen nicht alle Genossen einer Verschärfung des Tarifs oder des Maßstabs zu, so ist der Beschluß auch für die Zustimmenden nicht verbindlich (RGZ. Bd. 90 S. 403). Genossen, die auf Grund eines solchen Beschlusses schon Geschäftsanteile gezeichnet haben, bleiben an diese Zeichnung allerdings gebunden.

Durch die bisherigen Ausführungen erledigen sich im wesentlichen die Revisionsangriffe. Es ist richtig, wenn die Revision darauf hinweist, daß gegenüber etwaigen willkürlichen Maßnahmen der Kopfmehrheit die Minderheit und der einzelne Genosse ohnehin nicht schutzlos sind. Die Frage der Statthaftigkeit der nachträglichen Einführung der Pflichtbeteiligung unter Staffelung nach irgendeinem sachlichen Maßstab und der Verschärfung eines solchen Tarifs hat aber mit Willkür oder sittenwidrigem Machtmißbrauch an sich nichts zu tun. Es handelt sich vielmehr zunächst nur darum, ob sie noch in den körperschaftlichen Machtbereich und damit in die genossenschaftliche Duldungspflicht fällt oder nicht. Ob die gestaffelte Pflichtbeteiligung im Zeitpunkt ihrer Einführung oder Verschärfung für den einzelnen Genossen eine mehr oder weniger spürbare Mehrbelastung bedeutete, ist ebenfalls unerheblich. Nicht das größere oder kleinere Maß der Belastung oder Mehrbelastung, sondern die eigenartige Gestaltung des genossenschaftlichen Verhältnisses bei Einführung und Verschärfung der Pflichtbeteiligung nach Staffeltarif ist das Entscheidende. Aus den von der Revision angezogenen Bestimmungen der ursprünglichen Satzung läßt sich auch nichts zugunsten ihres Standpunkts herleiten.

---

40. 1. Sind Verwaltungshandlungen, welche die Anstellung oder Zurruhesetzung eines Beamten betreffen, wegen eines Willensmangels der Behörde anfechtbar?

2. Hat eine solche Anfechtung rückwirkende Kraft?

BGB. § 119.

III. Zivilsenat. Urt. v. 23. April 1929 i. S. G. (Kl.) w. Stadtgemeinde B. (Bekl.). III 345/28.

I. Landgericht Breslau.

Im März 1925 ist der Kläger, der bis dahin im Dienste der verklagten Stadtgemeinde gestanden hat, auf seinen Antrag zum

1. April jenes Jahres wegen Dienstunfähigkeit in den Ruhestand versetzt worden; dabei wurde ihm die Höhe des ihm — unter Vorbehalt der Genehmigung der Stadtverordnetenversammlung — zugedachten Ruhegehalts mitgeteilt. Ehe noch die letztere ihre Zustimmung erteilt hatte, stellte sich heraus, daß der Kläger umfangreiche Unterschlagungen zum Nachteil der Beklagten verübt hatte. Deshalb ist er rechtskräftig zu einer Gefängnisstrafe von 1 Jahr und 6 Monaten verurteilt worden. Auf Grund dieses Sachverhalts hat der Magistrat durch Schreiben vom 3. März 1926 seine Erklärungen in der dem Kläger gemachten Mitteilung wegen arglistiger Täuschung und Irrtums angefochten und deshalb sowie mit Rücksicht darauf, daß der Beklagten ein Zurückbehaltungs- und Aufrechnungsrecht zustehe, Zahlung verweigert. Der Kläger hat den Bezirksausschuß angerufen. Dieser hat aber die begehrte Feststellung abgelehnt, daß dem Kläger ein Ruhegehalt entsprechend dem oben erwähnten Bescheid zustehe und daß der Magistrat nicht berechtigt sei, wie beabsichtigt, aufzurechnen oder zurückzubehalten. Der Kläger hat nunmehr den Rechtsweg beschritten und jene Feststellung vom Gericht verlangt. Die Klage ist abgewiesen worden. Mit Zustimmung der Beklagten die Berufungsinstanz umgehend hat der Kläger Revision eingelegt. Diese hatte keinen Erfolg.

Gründe:

Der Magistrat der verklagten Stadtgemeinde hat nach der Feststellung des angefochtenen Urteils durch Beschluß vom 25. März 1925 dem Antrag des Klägers zugestimmt, ihn wegen Dienstunfähigkeit zum 1. April jenes Jahres in den Ruhestand zu versetzen. Gegen die Rechtswirksamkeit dieses Beschlusses sind Bedenken in formeller oder materieller Hinsicht weder erhoben noch ersichtlich geworden. Gleichwohl will die Beklagte die ihm entsprechende Mitteilung ihres Magistrats an den Kläger nicht gelten lassen, weil dieser sie nach Kundwerden der Verfehlungen des Klägers und seiner deshalb erfolgten Bestrafung angefochten habe und sie hierdurch nichtig geworden sei. Der Kläger bestreitet, daß eine solche Anfechtung einer bereits wirksam gewordenen Zurruhesetzung rechtlich möglich und daß es überhaupt angängig sei, die Grundsätze des bürgerlichen Rechts über Anfechtung und ihre Wirkungen auf das öffentliche Recht, insbesondere auf Beamtenverhältnisse, zu übertragen. Letztere sind allerdings auch in ihren vermögensrechtlichen

Beziehungen ausschließlich nach öffentlichem Recht zu beurteilen und unterliegen weder der Anwendung noch der Übertragung von Grundsätzen des bürgerlichen Rechts (RGZ. Bd. 107 S. 189). Diejenigen Rechtsgedanken aber, die sich sowohl im bürgerlichen wie im öffentlichen Recht finden und im ersteren eine auch auf letzteres anwendbare Fassung gefunden haben, finden auch im öffentlichen Recht Anwendung, dann aber als zu ihm gehörende Rechtssätze (RGZ. Bd. 110 S. 294). Ein solcher, auch auf dem Gebiete des öffentlichen Rechts wirksamer Rechtsgedanke ist der einer Anfechtbarkeit von Verwaltungshandlungen wegen Willensmängel, jedenfalls insoweit, als diese Mängel bei der Anstellung von Beamten obwalten. Das ist inhaltlich schon in der RGZ. Bd. 83 S. 429flg. abgedruckten Entscheidung des erkennenden Senats (S. 432, 433) anerkannt worden. Begründete Bedenken gegen diese Rechtsauffassung haben sich nicht ergeben. An ihr ist daher festzuhalten und folgerichtig ergibt sich aus ihr, daß, wie die zur Begründung des Beamtenverhältnisses führende Anstellung der Anfechtung wegen Willensmängel unterliegen kann, so auch die zur Beendigung des Beamtenverhältnisses führende Zurruhesetzung, wenn von Willensmängeln beeinflußt, anfechtbar ist.

Der Beklagten ist daher zuzugeben, daß ihr Magistrat rechtlich in der Lage gewesen ist, seine hier in Frage stehende Erklärung anzufechten. Er hat das unter Bezugnahme darauf getan, „daß der Kläger im vollen Bewußtsein seiner Verfehlungen das Pensionsgesuch eingereicht und die auf dasselbe bezügliche Erklärung des Magistrats entgegengenommen habe." Das angefochtene Urteil hat in diesem Vorgang eine Anfechtung wegen Täuschung und Irrtums erblickt und sie durchgreifen lassen. Die Annahme eines der Anfechtung Raum gebenden Irrtums begegnet keinem rechtlichen Bedenken. Denn die Beklagte war, wenn sie den Kläger auch wegen Dienstunfähigkeit so, wie geschehen, in den Ruhestand versetzen konnte, doch, wie der Revision entgegenzuhalten ist, keineswegs verpflichtet, das schon damals und ohne weiteres zu tun. Im angefochtenen Urteil ist als tatsächliche und für den gegenwärtigen Rechtszug bindende Annahme des Instanzgerichts ausgesprochen, daß der Magistrat der Beklagten zum Eingehen auf das Pensionierungsgesuch durch seinen Irrtum über wesentliche Eigenschaften des Klägers veranlaßt worden sei, und zwar habe er sich über die Pflichttreue des

Klägers geirrt. Die Pflichttreue eines Beamten ist aber als dessen im Dienstverkehr wesentlichste Eigenschaft anzusehen. Daher unterliegt es bei dem festgestellten Sachverhalt keinem rechtlichen Bedenken, daß angenommen worden ist, der Magistrat würde bei Kenntnis des Umstands, in wie hohem Maße dem Kläger diese unerläßliche Eigenschaft mangelte, von der Zurruhesetzung, wie sie damals erfolgte, abgesehen haben; zur Erklärung der Zurruhesetzung sei er durch seinen Irrtum über diese Eigenschaft des Klägers veranlaßt worden und er sei daher befugt, sie wegen dieses Irrtums anzufechten.

Diese Anfechtung beseitigte mithin die Rechtswirksamkeit des Magistratsbescheids, auf den der Kläger seinen Klaganspruch stützt, und zwar hob sie ihn mit rückwirkender Kraft auf. Gegenüber den von der Revision gegen diese Rechtsauffassung vorgebrachten Bedenken ist darauf hinzuweisen, daß auch im Gebiete des öffentlichen Rechts die Notwendigkeit besteht, mit einem Willensmangel behaftete und deswegen angefochtene Rechtshandlungen in der Weise beseitigen zu können, daß sie auch für die zurückliegende Zeit der Wirkung entkleidet und so behandelt werden, als ob sie nie vorgenommen worden wären. Welchen Einfluß diese Beseitigung auf solche Verhältnisse und Gestaltungen ausübt, die in Ansehung Dritter auf Grund der nunmehr beseitigten Rechtshandlung inzwischen entstanden waren, braucht bei der Lage des gegenwärtigen Falles nicht erörtert zu werden (vgl. etwa § 78 ALR. II, 10 und für das bürgerliche Recht § 142 Abs. 2 BGB.).

---

41. Wird durch die Erwerbung eines realen Teils von einem einheitlich verpachteten Grundstück, die sich durch Zuschlag in der Zwangsversteigerung vollzieht, das Pachtverhältnis über das ganze Grundstück beeinflußt?

BGB. § 571. ZVG. §§ 57, 57a.

VIII. Zivilsenat. Urt. v. 29. April 1929 i. S. F. (Bekl.) w. Deutsche R.-Bank AG. (Kl.). VIII 96/29.

I. Landgericht I Berlin.
II. Kammergericht daselbst.

Durch Vertrag vom 23. April 1917 hat der Vater des Beklagten von dem Rittergutsbesitzer B. den Gutsteil „der Zootzen", den er und seine Rechtsvorgänger schon lange Jahre in Pachtbesitz hatten, für die Zeit bis zum 30. Juni 1937 weiter gepachtet. Der Beklagte ist Rechtsnachfolger seines Vaters in der Pacht geworden; das Rittergut, zu dem „der Zootzen" gehörte, haben die Eheleute St. erworben. In dem gegen diese Eigentümer eingeleiteten Zwangsversteigerungsverfahren erstand die Klägerin laut Zuschlagsbeschluß vom 1. April 1927 900 Morgen des „Zootzen". Mit Schreiben vom 23. April 1927 kündigte sie dem Beklagten den Pachtvertrag zum 30. Juni 1928. Der Beklagte widersprach der Kündigung und machte geltend, daß zu dem ihm verpachteten „Zootzen" außer den der Klägerin zugeschlagenen 900 Morgen noch weitere etwa 250 Morgen gehörten. Die Klägerin verlangte mit der Klage Verurteilung des Beklagten zur Räumung des von ihm gepachteten Grundstücks „der Zootzen", soweit es der Klägerin zugeschlagen ist. Das Landgericht gab der Klage statt. Die Berufung des Beklagten blieb ohne Erfolg, ebenso seine Revision.

Gründe:

Der Berufungsrichter unterstellt, daß außer dem der Klägerin zugeschlagenen, 900 Morgen großen Stück weitere 250 Morgen zu dem an den Beklagten verpachteten Besitz gehörten, und folgert daraus, daß die Klägerin nach §§ 581, 571 BGB. nur für einen Teil der Pachtung in die Rechte des Verpächters eingetreten sei. Er läßt unentschieden, ob aus einer realen Teilung des Pachtguts im Fall der freiwilligen Veräußerung von Teilen eine Zerreißung des bisher einheitlichen Pachtvertrags in zwei (oder mehr) Pachtverträge folge. Für den Fall der Zwangsversteigerung, also eines zwangsweisen obrigkeitlichen Eingriffs, biete eine solche Einwirkung auf Rechte Dritter nichts besonderes. Das Kündigungsrecht nach § 57a ZVG. sei dem Ersteher mit im Interesse der dinglich Berechtigten zur Erzielung eines besseren Steigpreises gewährt. Diese Zweckbestimmung lasse es nicht zu, den Pachtvertrag auch nach der Abtrennung des versteigerten Teils durch den Zuschlag als einheitlichen Vertrag anzusehen und etwa die Zustimmung des oder der Resteigentümer zur Kündigung zu verlangen.

Die Revision meint, die Teilkündigung eines Miet- oder Pachtverhältnisses sei dem deutschen Recht fremd; zu einer Kündigung des Pachtverhältnisses im ganzen sei die Klägerin nicht befugt und sie habe eine solche auch nicht erklärt.

Diese Angriffe treffen nicht die entscheidende Erwägung des Berufungsrichters, der davon ausgeht, daß die Kündigung des Erstehers für ein Pachtverhältnis erfolgte, das schon durch den Eigentumsübergang mittels Zuschlags vom ursprünglichen Gesamtpachtverhältnis abgespalten und auf das ersteigerte Grundstück gegenständlich beschränkt ist. Diese beiden Vorgänge, Eigentumserwerb in der Versteigerung mit der Folge des § 571 BGB. und Kündigung des Erstehers, sind in ihrer Einwirkung auf das Mietverhältnis klar voneinander zu scheiden. In der bis zum Reichsgesetz vom 8. Juni 1915 (RGBl. S. 327) geltenden Fassung wurden beide Begleiterscheinungen des Übergangs in § 57 ZVG. durch die Verbindung „jedoch" gegenübergestellt. Das Änderungsgesetz hat ohne den Willen, sachlich zu ändern, die Abscheidung beider Gedanken durch die Stellung in die besonderen §§ 57 und 57a betont. Soweit es sich um den Eintritt in die Vermieterstellung durch Zuschlag handelt, kann seine Einwirkung auf das Mietverhältnis nicht anders beurteilt werden als im Falle freiwilliger Veräußerung. Der Wortlaut des § 57 ZVG., der die entsprechende Anwendung des § 571 BGB. anordnet, mag für eine abweichende Auslegung in dem und jenem Falle Raum lassen. Die Betrachtung der Sachlage gibt dazu keinen Anlaß. Wenn der Ersteher die Kündigungsbefugnis des § 57a nicht oder nicht rechtzeitig ausübt, so bleibt das Mietverhältnis in einem Ruhezustand, der die Annahme fernlegt, daß sich der Erwerb durch Versteigerung in ihm ausprägen müßte. Nach der Gesetzesgeschichte ist eine besondere Gestaltung des Satzes „Heuer geht vor Kauf" für das Zwangsversteigerungsrecht ausschließlich durch Zulassung der gesetzlichen Kündigung zur Geltung gelangt. Nach den Protokollen S. 163flg. ist bei Beratung der bürgerlichrechtlichen Gestaltung dieser Rechtsregel auch der kommenden Ordnung des Zwangsversteigerungsrechts vorgearbeitet worden. In diesen Beratungen war nach der Feststellung auf S. 168 zu 3 der Antrag gestellt worden, den Ersteher in die Verpflichtungen des Vermieters nur insoweit eintreten zu lassen, als sich diese Verpflichtungen auf die Überlassung des Gebrauchs beziehen. Dieser Antrag wurde damit begründet, daß zwar zu § 509 (der dem § 571 BGB. entsprechenden Vorschrift) ein ähnlicher Antrag verworfen worden sei, daß sich aber der Vorschlag für das Verhältnis des Erstehers zum Mieter doch durch die Rücksicht auf die bei der Zwangsversteigerung beteiligten Gläubiger rechtfertige. Der Antrag wurde abgelehnt, weil durch die vorgeschlagene Beschränkung der Pflichten des Erstehers eine Zerreißung des Mietverhältnisses eintrete, wie die Kommission sie bei ihren zu § 509 gefaßten Beschlüssen hauptsächlich habe vermeiden wollen. Der vollständige Eintritt des Erstehers in die Pflichten des Vermieters entspreche sowohl der Konkursordnung als auch der Auffassung des preußischen Rechts (§§ 350flg. ALR. I, 21) in der reichsgerichtlichen Rechtsprechung (RGZ. Bd. 17 S. 284).

Das Reichsgericht (RGZ. Bd. 71 S. 404, Bd. 103 S. 168) hat denn auch zwischen dem Eintritt des Erwerbers auf Grund freihändiger Veräußerung und dem durch Zuschlag in bezug auf den Inhalt der Rechte und Pflichten, in die er eintritt, keinen Unterschied gemacht. Es kann deshalb für die Gestalt, die das Miet- oder Pachtverhältnis im Fall der Versteigerung eines realen Teils des Pachtlandes durch den Zuschlag annimmt, nur auf die Gesichtspunkte ankommen, welche § 571 BGB. allgemein und die Eigenart des Pacht- und Mietverhältnisses im besonderen an die Hand geben.

Hierzu wird von Zimmermann, Die Rechtswirkungen der Veräußerung und der Belastung des vermieteten Grundstücks auf das Mietsverhältnis nach deutschem Recht, von Staudinger § 571 B I 4b, von Mittelstein, Die Miete S. 620 und von Hoeniger im Archiv für bürg. Recht Bd. 35 S. 284 die Auffassung vertreten, daß bei realer Abveräußerung nach der Natur der Sache eine Spaltung des Miet- (Pacht-) Verhältnisses eintreten müsse. Wie Mittelstein nicht verkennt, kann die von ihm unterstellte Spaltung des Mietverhältnisses zur Folge haben, daß dem Mieter nicht mehr der volle vertragsmäßige Gebrauch gewährt wird. Es ist aber gerade der Gedanke des im bürgerlichen Recht angenommenen Satzes „Kauf bricht nicht Miete", daß der Mieter (Pächter) durch den Übergang des Eigentums im Wege der Einzelfolge (oder des originären Erwerbs) in seiner Rechtsstellung nicht beeinträchtigt werden soll (RGZ. Bd. 102 S. 180, Bd. 103 S. 167). Es ist nicht zu erkennen, weshalb diese Wahrung der Mieterrechte da Halt machen sollte, wo die Beeinträchtigung durch Zerreißung des einheitlich begründeten Rechtsverhältnisses droht. Hand in Hand mit dieser Erwägung geht die andere, daß aus der Teilung des Eigentums noch nicht die Zerteilung des Miet- (Pacht-) Vertrags folgt, dessen Ziel von der Mieterseite aus die Erlangung eines einheitlichen und unteilbaren wirtschaftlichen Wertes ist (JW. 1916 S. 849 Nr. 4; Gruch. Bd. 59 S. 469) und der die dem Vermieter gebührenden Mietzinsansprüche mit der Gebrauchsüberlassung als ganzem verknüpft. Es ist offenbar, daß ein Pächter, der ein Landgut auf Grund eines Pachtvertrags bewirtschaftet, in der Abhängigkeit von der Person des Verpächters (§ 21 KO.), in der Geltendmachung der Mängelrechte nach §§ 537, 538, 542 BGB. und noch in vielen anderen rechtlichen und tatsächlichen Beziehungen ganz anders gestellt ist, als wenn er dieselbe Gesamtfläche gestückelt auf Grund mehrerer Pachtverträge besäße.

Die Wirkung, welche die nachträgliche reale Teilung des Eigentums am Pachtgegenstand durch einen unter § 571 BGB. fallenden Vorgang auf das Vertragsverhältnis ausübt, kann deshalb keine andere sein, als daß ohne Beeinträchtigung und Änderung des Vertragsinhalts nunmehr auf der Vermieterseite eine Personengesamtheit steht (Komm. v. RGR. § 571 Anm. 3 S. 205). Soweit es sich um den Bestand des Schuldverhältnisses im ganzen handelt, sind diese mehreren Vermieter in der Aktivstellung Gläubiger einer unteilbaren Leistung im Sinne von § 432 BGB.

Ob daraus für den Regelfall folgt, daß zur Ausübung des Kündigungsrechts aus dieser Gemeinschaftsstellung heraus alle Teilnehmer zusammenwirken müssen, bedarf für den vorliegenden Fall nicht der Entscheidung. Denn die Sonderregelung des § 57a ZVG. hat das dort gewährte außerordentliche Kündigungsrecht auf andere Grundlagen als die der Vertragskündigung gestellt, so daß es sich auch in der erörterten bürgerlichrechtlichen Gestaltung durchsetzt. Die Besonderheit dieses Kündigungsrechts erschöpft sich nicht darin, daß es sich um ein außerordentliches Kündigungsrecht des Vermieters handelt, wie es etwa das bürgerliche Recht in § 569 BGB. den beiden Mietparteien zugesteht. Seine Bedeutung beruht auf der Stellung im prozessualen Zwangsversteigerungsrecht. Die Bewilligung des Kündigungsrechts nach § 57a ist eine gesetzliche Versteigerungsbedingung. Soweit die Beteiligten, zu denen nach § 9 Nr. 2 ZVG. der sein Recht anmeldende Mieter (Pächter) gehört, sie nicht im Wege des § 59 das. abändern, liegt sie der Erteilung des Zuschlags zugrunde und umgrenzt seine Wirkung. Der Zuschlag enthält aber nach der Rechtsprechung des Reichsgerichts (Seuff. Arch. Bd. 63 Nr. 192) „die staatliche Verleihung des Eigentums, die für sich allein maßgebend ist für den Umfang und für sämtliche Beziehungen dieser Verleihung". Eine der durch die Verleihung erfaßten Beziehungen ist das Verhältnis zum Mieter (Pächter). Insoweit gibt der Zuschlag zu den gesetzlichen Bedingungen dem Ersteher die öffentliche Gewähr, daß er das Recht aus § 57a in bezug auf das versteigerte Grundstück ausüben darf, und zwar mit der im Gesetz geregelten Wirkung, daß das Grundstück von der Miets- (Pacht-) Last frei wird. Die im Verfahren nicht einmal anmeldungsfähige Verbindung des Pachtrechts mit dem Pachtrecht an anderen Grundstücken darf dem durch Zuschlag erworbenen dinglich gedachten Kündigungsrecht nicht entgegengehalten werden. Kann danach der Ersteher kraft der dinglichen und öffentlichrechtlichen Eigenart des Rechts aus § 57a ohne Rücksicht auf die besondere schuldrechtliche Gestaltung Freistellung seines Grundstücks aus der Pacht nach ordnungsmäßiger Kündigung beanspruchen, so mag für das einheitliche Pachtverhältnis eine Einwirkung dieses Umstands nach den Vorschriften über Unmöglichkeit der Leistung in Frage kommen. Einer Stellungnahme hierzu bedarf es indessen nicht, weil es für die zu treffende Entscheidung nur auf die Kraft der Kündigung in bezug auf das ersteigerte Grundstück ankommt.

---

42. 1. Ist im Sinne des § 7 Abs. 4 AufwG. die Hypothekenvormerkung einem Recht am Grundstück gleichzuachten?

2. Darf der Grundstückseigentümer, der gegen Bewilligung einer Hypothekenvormerkung Kredit aufgenommen hatte, einen Rangvorbehalt, in dessen Stelle die Vormerkung eingerückt war, noch einmal für sich ausnützen, wenn die Vormerkung nach Zurückzahlung des durch sie gesicherten Darlehens gelöscht wurde, ohne daß Umschreibung in das endgültige Recht erfolgt war?

V. Zivilsenat. Beschl. v. 2. Mai 1929 in einer Grundbuchsache. V B 2/29.

I. Amtsgericht Köln.
II. Landgericht daselbst.

Der Sachverhalt und die Entscheidung ergeben sich aus folgenden Gründen:

Auf dem Grundstück der Beschwerdeführerin hatte an erster Stelle eine Darlehens-Gesamthypothek von 4100 M. gehaftet, die nach Auszahlung in Papiermark am 21. Februar 1923 gelöscht worden war. Bei der Wiedereintragung dieser Hypothek mit ihrem Aufwertungsbetrag — in Abt. III Nr. 8 — wurde am 11. September 1926 gleichzeitig unter Nr. 9 daselbst der Rangvorbehalt für die Eigentümerin gemäß § 7 AufwG. in Höhe von 1025 Goldmark vermerkt. Damals war in Abt. III Nr. 7 seit dem 20. April 1925 eine Sicherungshypothek von 650 Goldmark für die Stadtgemeinde K. vorgemerkt. Als nun am 25. Februar 1928 die Grundstückseigentümerin von dem Rangvorbehalt Nr. 9 zugunsten einer von ihr einem anderen Gläubiger zugesagten Darlehenshypothek von 700 Goldmark Gebrauch machen wollte, wurde ihr vom Grundbuchamt eröffnet, die Rangstelle Nr. 9 werde durch die Vormerkung Nr. 7 in Höhe von 650 Goldmark in Anspruch genommen, so daß dem Eigentümer nur für den Betrag von 375 Goldmark eine Befugnis verbleibe. Zur Entschließung darüber, ob die neue Hypothek an bereiter Stelle und nur in Höhe des noch offenen Betrags an der Rangstelle eingetragen werden solle, wurde eine Frist von drei Wochen gesetzt. Zugleich wurde im Grundbuch das Einrücken der Post Nr. 7 in die Rangstelle Abt. III Nr. 9 vermerkt. Nach fruchtlosem Ablauf der Frist wurde der Eintragungsantrag zurückgewiesen. Inzwischen hatte die Eigentümerin Löschungsbewilligung der Stadtgemeinde K. erwirkt, worin die Zurückzahlung des Darlehens bescheinigt und auf Grund deren die Vormerkung Abt. III Nr. 7 gelöscht wurde. Die Eigentümerin wiederholte nunmehr ihren Antrag vom 25. Februar 1928. Das Grundbuchamt verharrte jedoch bei der Ablehnung, da der Rangvorbehalt zu dem Betrag, den die Vormerkung beansprucht habe, verbraucht sei. Die Beschwerde der Eigentümerin blieb erfolglos. Ihre weitere Beschwerde möchte das Kammergericht als unbegründet zurückweisen; es sieht sich aber daran gehindert durch einen Beschluß des Oberlandesgerichts Dresden vom 12. Juli 1926 (AufwRspr. 1926 S. 581), wonach bloßen Hypothekenvormerkungen die Anerkennung als Recht am Grundstück im Sinne des § 7 Abs. 4 AufwG. versagt wird. Das Kammergericht hat deshalb die weitere Beschwerde dem Reichsgericht zur Entscheidung vorgelegt.

Die Voraussetzungen der Vorlegung nach § 79 GBO. sind gegeben; die Zuständigkeit des Reichsgerichts zur Entscheidung auf die weitere Beschwerde ist daher begründet. Sachlich mußte der Beschwerde der Erfolg versagt bleiben, weil in der streitigen Rechtsfrage, jedenfalls für einen Fall von der besonderen Gestaltung des vorliegenden, der Ansicht des Kammergerichts vor der des Oberlandesgerichts Dresden der Vorzug gebührt. Im Zusammenhang mit der Durchführung der Aufwertung wird dem Grundstückseigentümer durch § 7 AufwG. die Möglichkeit einer Befriedigung seines Kreditbedürfnisses gewährt. Sie wird jedoch durch Abs. 4 daselbst insoweit eingeschränkt, als das Grundstück seinem Kreditbedürfnis durch Belastung mit Rechten, die auf Reichsmark, auf eine ausländische Währung, auf Feingold, auf Roggen oder auf einen anderen wertbeständigen Maßstab lauten, bereits dienstbar gemacht ist. Diese Einschränkung wird in der Weise verwirklicht, daß die vorbezeichneten Rechte in der Reihenfolge ihres Ranges die für den Eigentümer vorbehaltene Rangstelle einnehmen. Es handelt sich demnach bei den Vorschriften des § 7 um eine unmittelbar kraft Gesetzes wirksam werdende Ordnung des Ranges bestimmter Rechte am Grundstück. Die Vormerkung ist nun zwar nicht selbst ein Recht am Grundstück und es ist ihr die Anerkennung als solches Recht gerade auch auf dem Gebiete des Aufwertungsrechts von der Rechtsprechung des erkennenden Senats namentlich in dem Sinne abgesprochen worden, daß sie nicht geeignet ist, die Anrufung des öffentlichen Glaubens des Grundbuchs nach § 22 Abs. 2 AufwG. zu begründen (RGZ. Bd. 116 S. 238, Bd. 120 S. 13). Anderseits ist aber immer unbezweifelt geblieben und auch in der Entscheidung des Senats vom 1. Juni 1927 (RGZ. Bd. 116 S. 238 [239]) ausdrücklich ausgesprochen worden, daß die Wirkungen der Vormerkung in bestimmter Richtung denen eines dinglichen Rechtes gleichartig sind (vgl. auch wegen der Anwendbarkeit der Vorschriften über den öffentlichen Glauben des Grundbuchs auf Vormerkungen außerhalb des Aufwertungsrechts das Urteil des Senats vom 19. Oktober 1927, RGZ. Bd. 118 S. 230). Nach § 883 Abs. 3 BGB. besteht einer der vornehmsten Zwecke der Vormerkung und eine ihrer hauptsächlichen Wirkungen darin, daß sie dem Recht, auf dessen Einräumung der ihr zugrundeliegende Anspruch gerichtet ist, den Rang gemäß ihrer Eintragung sichert. Daraus ergibt sich unmittelbar die Rechtfertigung dafür, sie im Bereich der Vorschriften, die eine Rangordnung bestimmen, den Rechten am Grundstück in ihren Wirkungen auch dort gleichzustellen, wo dies vom Gesetz nicht ausdrücklich angeordnet ist. Demnach ist es unbedenklich zu billigen, wenn das Kammergericht die von den Rechten am Grundstück handelnden Vorschriften des § 7 Abs. 4 AufwG. auf Vormerkungen gleicher Rechte ausdehnend angewandt hat (Beschluß vom 24. Juni 1926 in AufwRspr. 1926 S. 456, vgl. auch RGZ. Bd. 116 S. 240).

Der abweichenden Meinung des Oberlandesgerichts Dresden kann hiernach nicht beigepflichtet werden. Freilich will auch dieses nicht soweit gehen, im Falle des § 7 Abs. 4 AufwG. der Vormerkung ihre rangsichernde Wirkung selbst dann abzusprechen, wenn es nachträglich, d. h. nach Inkrafttreten des Aufwertungsgesetzes, zur endgültigen Eintragung des vorgemerkten Rechtes gekommen ist. Dem hält jedoch das Kammergericht mit Recht entgegen, die Erhaltung der Einrückungsmöglichkeit für Rechte am Grundstück, die erst nach Inkrafttreten des Aufwertungsgesetzes vermöge der Vormerkung entstanden sind, sei notwendig dadurch bedingt, daß der Vormerkung schon beim Inkrafttreten des Aufwertungsgesetzes die rangsichernde Wirkung im Sinne des § 7 Abs. 4 AufwG. zukam, mit anderen Worten, daß auf sie die Vorschriften des § 7 Abs. 4 entsprechend anzuwenden sind. Unterläge danach die Geltung des § 7 Abs. 4 auch für bloße Vormerkungen keinem Bedenken in allen Fällen, wo die endgültige Eintragung des vorgemerkten Rechts nachgefolgt oder wenigstens noch in der Schwebe ist, so konnte sie doch auch vom Standpunkt des Kammergerichts zweifelhaft erscheinen, wenn die Vormerkung sich anders als durch die nachfolgende endgültige Eintragung des Rechts erledigt hatte. Im vorliegenden Fall war die Vormerkung ohne vorgängige Umschreibung in das endgültige Recht auf Bewilligung des Gläubigers wieder gelöscht worden, nachdem das gesicherte Darlehen zurückgezahlt worden war. Während ihr vom Standpunkt des Oberlandesgerichts bei dieser Sachlage jede Wirkung im Sinne des § 7 Abs. 4 AufwG. zu versagen gewesen wäre, hat das Kammergericht sie trotzdem der endgültig eingetragenen Hypothek völlig gleichgestellt, insbesondere in bezug auf die Ausschließung einer nochmaligen Geltendmachung des Rangvorbehalts durch den Eigentümer in ihrem Bereich. Beizutreten ist dem in der Rechtsprechung des Kammergerichts ausgebildeten Grundsatz, daß der Rangvorbehalt des Eigentümers nur einmal geltendgemacht werden kann, sei es vom Eigentümer selbst durch Gebrauch nach § 7 Abs. 1 AufwG., sei es durch Einrücken nach § 7 Abs. 4 daselbst. Ob dieser Grundsatz auf jede Vormerkung Anwendung leidet, sofern sie nur einmal rechtswirksam entstanden ist und gleichviel, welches ihre späteren Schicksale waren, bedarf hier in dieser Allgemeinheit nicht der Entscheidung. Jedenfalls muß der Grundsatz mit dem Kammergericht nach dem Zweck der Vorschriften des § 7 für anwendbar erachtet werden auf einen Fall, in dem, wie hier, schon die Vormerkung der Befriedigung eines Kreditbedürfnisses des Eigentümers in wertbeständiger Form gedient und demnach ihrerseits die dem endgültigen Recht zugedachte Aufgabe bereits voll erfüllt hatte.

Hiernach ist das Verlangen der Beschwerdeführerin, den Rangvorbehalt nochmals für ihren Kredit ausnützen zu dürfen, unberechtigt, soweit jener schon durch die Hypothekenvormerkung in Abt. III Nr. 7 in Anspruch genommen gewesen war. Die Beschwerde gegen den ablehnenden Bescheid des Grundbuchamts ist daher mit Recht zurückgewiesen worden, und die weitere Beschwerde mußte dem gleichen Schicksal verfallen. Die Zurückweisung der Beschwerde erübrigte ein Eingehen auf die Sonderfrage der Gestaltung des Rangvorbehalts nach einer Gesamthypothek, da der Beschwerdeführerin der beanspruchte Rangvorbehalt im Umfang der ehemaligen Hypothekenvormerkung überhaupt zu versagen war.

---

43. Haftet die Deutsche Reichsbahn-Gesellschaft für Personen- und Sachschäden aus einem Eisenbahnunfall, der einen Durchgangszug im polnischen Korridor betroffen hat?

Abkommen über den freien Durchgangsverkehr zwischen Ostpreußen und dem übrigen Deutschland vom 21. April 1921 (RGBl. S. 1069). Reichshaftpflichtgesetz § 1. BGB. §§ 157, 831.

VI. Zivilsenat. Urt. v. 2. Mai 1929 i. S. Eheleute K. (Kl.) w. Deutsche Reichsbahn-Gesellschaft (Bekl.). VI 641/28.

I. Landgericht Königsberg i. Pr.
II. Oberlandesgericht daselbst.

Der Sohn der Kläger benutzte am 1. Mai 1925 den Nachtschnellzug von Königsberg i. Pr. nach Halle, wozu er sich in Königsberg eine Fahrkarte gelöst hatte. Unterwegs verunglückte der Zug im polnischen Korridor bei Preußisch-Stargard; der Sohn der Kläger wurde getötet. Die Kläger verlangen von der Beklagten Schadensersatz. Sie klagen auf Zahlung von 2528,50 RM. nebst Zinsen und auf Feststellung der Ersatzpflicht für den ihnen entgangenen Unterhalt sowie für allen ihnen aus dem Tode ihres Sohnes noch entstehenden Schaden. Die Beklagte bestreitet den Anspruch nach Grund und Höhe. Das Landgericht wies die Klage ab. Auf die Berufung der Kläger billigte ihnen das Oberlandesgericht Ersatz zu für Verlust und Beschädigung des aufgegebenen Reisegepäcks und Erstattung der Fahrkosten sowie der Gepäckfracht dem Grunde nach, beließ es aber im übrigen bei der Klagabweisung. Die Revision, mit der die Kläger den abgewiesenen Teil ihrer Ansprüche weiterverfolgen, blieb erfolglos.

Gründe:

Die Kläger glauben ihre Ansprüche auf das Reichshaftpflichtgesetz, auf die allgemeinen Vorschriften über Haftung aus unerlaubter Handlung, sowie auf Haftung aus dem Beförderungsvertrag stützen zu können. Keiner dieser Gesichtspunkte, die auch von der Revision geltendgemacht werden, kann ihnen jedoch zum Erfolg verhelfen.

Das Berufungsgericht geht bei der Beurteilung der Rechtslage von dem Abkommen zwischen Deutschland, Polen und der Freien Stadt Danzig über den freien Durchgangsverkehr zwischen Ostpreußen und dem übrigen Deutschland aus. Dieses Abkommen war in Art. 98 des Versailler Vertrags vorgesehen und enthält dessen Durchführung. Es wurde am 21. April 1921 in Paris zwischen den beteiligten Staaten geschlossen. Das Reich erteilte durch Gesetz vom 12. Juli 1921 (RGBl. S. 1069) unter gleichzeitiger Veröffentlichung des Abkommens seine Zustimmung; am 27. April 1922 wurde es ratifiziert (Bekanntmachung vom 6. Mai 1922, RGBl. II S. 132). Das Zusatzabkommen vom 15. Juli 1922 (Bekanntmachung vom 4. Dezember 1923, RGBl. II S. 483) kommt hier nicht in Betracht. Die Ansicht der Revision, daß das Abkommen nur zwischen den vertragschließenden Parteien Recht geschaffen habe, trifft nicht zu. Zwar ist später, am 27. März 1926, ein Abkommen über den gegenseitigen Eisenbahnverkehr zwischen Deutschland einerseits, Polen und der Freien Stadt Danzig anderseits geschlossen worden (Gesetz vom 13. Dezember 1926, RGBl. II S. 755), das in Art. 1 Abs. 3 ausdrücklich bestimmt:

„Dritte Personen können aus diesem Abkommen Rechte nicht herleiten." Eine solche Beschränkung enthält aber das Abkommen vom 21. April 1921 nicht. Ebenso wie der Versailler Vertrag, dessen unmittelbarer Durchführung es dient, ist das Abkommen vom 21. April 1921 innerdeutsches Recht geworden, auf das sich jeder berufen kann, wenn die einzelne Vorschrift nach Inhalt, Zweck und Fassung, ohne daß es noch völker- oder staatsrechtlicher Akte bedarf, privatrechtliche Wirkungen auszuüben geeignet ist (RGZ. Bd. 117 S. 284). Das trifft, wie auch in der dem Gesetzentwurf beigegebenen Denkschrift angenommen wird (Reichstagsdrucks. Nr. 2191 I. Wahlperiode 1921 S. 104), auf die hier in Betracht kommenden Bestimmungen über Haftung für Personen- und Gepäckschäden, Erstattung von Fahrgeld und Gepäckfracht unbedenklich zu. Daß es auf manche anderen Bestimmungen nicht zutrifft, kann daran nichts ändern. Das Abkommen ist für alle von den Klägern geltendgemachten Gesichtspunkte von Bedeutung, unter denen sie Ansprüche erheben.

Zunächst gilt das für die Haftung aus § 1 des Reichshaftpflichtgesetzes. Dieses Gesetz war nach der Feststellung des Berufungsgerichts an dem (Polen zugefallenen) Orte des Unfalls in Geltung geblieben, zwar nicht mehr als deutsches, aber doch als polnisches Recht. Die Beklagte könnte daraus aber nur in Anspruch genommen werden, wenn sie am Orte und zur Zeit des Unfalls Betriebsunternehmerin gewesen wäre. Das hat das Berufungsgericht ohne Rechtsirrtum verneint; der gegenteiligen Meinung der Revision läßt sich nicht folgen. Nach dem Versailler Vertrag und dem Abkommen ist der Betrieb so geregelt, daß am Unfallorte die polnische, nicht die deutsche Eisenbahnverwaltung die Betriebsunternehmerin war. Entsprechend der Mehrheit von Staatsgebieten, durch welche der Durchgangsverkehr geht, unterscheidet das Abkommen eine Mehrheit von „betriebführenden Verwaltungen" (Art. 36 §§ 6, 7, 8), die nach Art. 8 Abs. 2 voneinander völlig unabhängig und nach dem Sinn und Zweck des Abkommens einander nur wechselseitig zur Ermöglichung des Durchgangsverkehrs (Art. 1) verpflichtet sind. Die betriebführende Verwaltung ist nach der Denkschrift (S. 104) nicht diejenige, die eine Strecke befährt, sondern diejenige, der die Verwaltung und Unterhaltung der Strecke, die Leitung des Fahrdienstes, die Regelung des Signalwesens usw. obliegt. Zu einer von der Denkschrift abweichenden Auslegung besteht kein Grund. Die Selbständigkeit des Betriebs der polnischen Verwaltung schließt es aus, für den Unfall, der dem Zug auf polnischer Strecke zugestoßen ist, die Beklagte als Betriebsunternehmerin aus dem Reichshaftpflichtgesetz haftbar zu machen. Daran wird weder durch die Verwendung durchgehender Wagen noch durch die Ausgabe durchgehender Fahrkarten etwas geändert. Die Verwendung durchgehender Wagen und Züge beruht hier auf den Art. 4, 28, 31, 32 des Abkommens (vgl. die Ausführungsbestimmungen zu den letztgenannten drei Artikeln in Kapitel X). Sie wird auch sonst im internationalen Eisenbahnverkehr angestrebt, wie sich aus dem am 9. Dezember 1923 geschlossenen, durch Gesetz vom 31. Oktober 1927 (RGBl. II S. 909) und Bekanntmachung vom 30. Januar 1928 (RGBl. II S. 14) für Deutschland am 5. März 1928 in Kraft gesetzten Übereinkommen und Statut über die internationale Rechtsordnung der Eisenbahnen (Art. 5 und 9) ergibt. Für die Haftung nach dem Reichshaftpflichtgesetz hat sie keine Bedeutung. Auch für denjenigen Teil des Durchgangsverkehrs, der im Interesse der Reisenden „privilegiert" ist (Art. 4 flg. des Abkommens vom 21. April 1921), gilt in dieser Hinsicht nichts besonderes. Ebensowenig macht die Ausgabe durchgehender Fahrkarten auf Grund eines direkten Tarifs (Art. 39 des Abkommens) die Beklagte zur Betriebsunternehmerin auf der Durchgangsstrecke. Der auf diese Strecke entfallende Anteil wird an die polnische Verwaltung abgeführt (vgl. die Ausführungsbestimmungen zu Art. 39). Wenn sich dabei infolge eines Unterschieds zwischen den deutschen und den polnischen Beförderungssätzen ein Vorteil für die Beklagte herausstellen kann (was nach der Feststellung des Berufungsgerichts nicht einmal notwendig der Fall ist), so berechtigt das doch nicht zu der Annahme, daß die Beklagte die polnische Beförderungsstrecke für ihre Rechnung betreiben läßt. Es fehlt also an allen Voraussetzungen, um in der Beklagten die Betriebsunternehmerin der Durchgangsstrecke im Sinne des Reichshaftpflichtgesetzes zu sehen (vgl. RGZ. Bd. 66 S. 376, Bd. 75 S. 7). Das wird denn auch durch § 8 des Art. 36 völlig klargestellt. Denn danach übernimmt die „betriebführende" Verwaltung — nicht, wie es nach Meinung der Revision der Fall sein müßte, die deutsche — die Haftung gegenüber Personen, die durch einen Betriebsunfall irgendwelchen Schaden erlitten haben. Auf die in § 8 unberührt gelassenen Rückgriffsrechte, die sich aus Verschulden einer anderen Verwaltung (vgl. §§ 2 bis 5 des Art. 36) ergeben können, braucht hier nicht eingegangen zu werden. Sie betreffen das Verhältnis der Verwaltungen untereinander, während die Bestimmung des § 8 nach Ausweis der Denkschrift (S. 104) gerade die hier in Betracht kommende Haftung gegenüber dem Beschädigten hat regeln sollen. Das ergibt noch klarer als die deutsche Übersetzung der maßgebende französische Text: „Sous réserve des droits de recours, l'administration ferroviaire qui exploite la ligne sera responsable vis-à-vis des personnes qui ont subi un dommage quelconque à cause d'un accident de chemin de fer". Endlich handelt es sich nicht um einen „gemeinsamen" Betrieb mehrerer Eisenbahnunternehmer, sodaß auch keine gesamtschuldnerische Haftung (RGZ. Bd. 52 S. 144) in Frage kommt.

Die Selbständigkeit der polnischen Eisenbahnverwaltung schließt es ebenso aus, die Beklagte für den Unfall nach § 831 BGB. haftbar zu machen. Diese Vorschrift macht denjenigen, der einen anderen zu einer Verrichtung bestellt, für den von diesem angerichteten Schaden haftbar, sofern er sich selbst nicht genügend entlasten kann. Die polnische Eisenbahnverwaltung war aber von der Beklagten nicht zu einer Verrichtung bestellt, sondern führte den Betrieb auf ihrer Strecke nach dem Abkommen selbst und unabhängig von der Beklagten. Die Revision will denn auch den Gesichtspunkt des § 831 BGB. nur für den Fall angewendet wissen, daß die Beklagte auf der Durchgangsstrecke als Betriebsunternehmerin anzusehen sei. Diese Voraussetzung trifft aber nach dem Gesagten nicht zu. Daß die Beklagte die Reisenden vor dem Befahren der Durchgangsstrecke hätte warnen müssen, wie die Kläger in den Vorinstanzen geltendgemacht hatten, ist vom Berufungsgericht aus tatsächlichen Erwägungen verneint worden, die keinen Rechtsirrtum enthalten. Die Revision kommt hierauf nicht zurück.

Aber auch der zwischen der Beklagten und dem Sohn der Kläger geschlossene Beförderungsvertrag kann die Haftung der Beklagten nicht begründen. Die Revision will aus dem Umstand, daß die Beklagte den Fahrpreis einheitlich nach dem deutschen Tarif berechnet und eine durchgehende Fahrkarte verabfolgt hat, auf eine Vertragspflicht der Beklagten auch für die Durchgangsstrecke schließen, zum mindesten bei den Durchgangszügen. Dieser Schluß ist nicht gerechtfertigt, wie das Berufungsgericht ohne Rechtsirrtum annimmt. Es legt den Vertrag, der Verkehrssitte entsprechend, dahin aus, daß die Beklagte sich selbst nur für die von ihr betriebenen Strecken, für die Durchgangsstrecke aber die polnische Eisenbahnverwaltung verpflichtet habe, indem sie beim Vertragsschluß erkennbar zugleich als deren Vertreterin aufgetreten sei. Hiergegen sind keine Bedenken zu erheben, da bei jedem Reisenden die Kenntnis vorausgesetzt werden mußte, daß er durch polnisches Gebiet fahren werde und die Beklagte daselbst keine eigenen Eisenbahnstrecken habe. Die Auslegung entspricht auch dem Art. 36 § 8 des Abkommens vom 21. April 1921 und weiter, worauf das Berufungsgericht zutreffend hingewiesen hat, dem Art. 28 des Internationalen Übereinkommens über den Eisenbahn-, Personen- und Gepäckverkehr vom 23. Oktober 1924, das zwar zur Zeit des Unfalls noch nicht galt, dem aber das Reich durch Gesetz vom 12. Juni 1925 (RGBl. II S. 483) zugestimmt hat und das laut Bekanntmachung vom 16. März 1928 (RGBl. II S. 161) am 1. Oktober 1928 in Kraft getreten ist. Nach Art. 28 § 3 dieses Übereinkommens ist eine Haftungsgemeinschaft der Eisenbahnen für die Beförderung der Reisenden und der in die Personenwagen mitgenommenen Gegenstände ausgeschlossen; jede der beteiligten Eisenbahnen haftet insoweit nach Art. 28 §§ 1 und 2 nur für sich selbst (vgl. hierzu die Denkschrift in der Reichstagsdrucks. Nr. 862 III. Wahlperiode 1924/25 S. 37). Diese Bestimmung bildet ein wertvolles Auslegungsmittel auch für die vor dem Inkrafttreten des Übereinkommens geschlossenen Beförderungsverträge. Warum die Art der Fahrpreisberechnung dieser Auslegung entgegenstehen soll, ist nicht einzusehen. Daß der geringe Gewinn, den die Beklagte dabei möglicher-, nicht einmal notwendigerweise machte, sie nicht veranlassen konnte, eine vertragliche Haftung für die polnische Bahnstrecke zu übernehmen, leuchtet ein und wird vom Berufungsgericht ausdrücklich festgestellt. Ebensowenig kann ein grundsätzlicher Unterschied darin gefunden werden, ob die Beförderungspflicht an der Grenze endgültig abläuft, oder ob sie, wie hier, nach Durchlaufen der Durchgangsstrecke von neuem beginnt. Zutreffend ist auch in dieser Hinsicht der Hinweis des Berufungsgerichts auf das letztgenannte Übereinkommen, das einen solchen Unterschied nicht macht, sondern den Durchgangsverkehr in Art. 1 § 2 nur dann einer besonderen Behandlung unterwirft, wenn er entweder von einer Eisenbahn des Abgangsstaates betrieben wird oder wenn nach besonderem Abkommen die Durchgangsbeförderung nicht als internationale angesehen werden soll. Weder das eine noch das andere ist nach dem Abkommen vom 21. April 1921 der Fall. Die Verwendung durchgehender Züge ist für die vertragliche Haftung ebenso bedeutungslos wie für die außervertragliche.

Hiernach hat das Berufungsgericht rechtlich nicht geirrt, indem es eine gesetzliche Haftungsgrundlage für die Beklagte nur in den besonderen Vorschriften der Ausführungsbestimmungen zu Art. 38 des Abkommens über die Erstattung von Fahrgeld und Gepäckfracht, sowie über den Schadensersatz für Verlust und Beschädigung des aufgegebenen Gepäcks gefunden, im übrigen aber eine solche Grundlage vermißt hat. Auf das erstere ist nicht weiter einzugehen, da die Kläger insoweit nicht beschwert sind. Wie für den Personenschaden, so ist die Beklagte auch für den Schaden am Handgepäck und an den Sachen, die der Verunglückte am Körper getragen hat, gesetzlich nicht haftbar. Dem Berufungsgericht ist auch darin beizutreten, daß die Haftung für Sachschaden nach § 25 des preuß. Gesetzes über die Eisenbahnunternehmungen vom 3. November 1838 (GS. S. 505) nur die polnische Eisenbahnverwaltung treffen kann. Insoweit müssen dieselben Erwägungen gelten wie für die Anwendung des Reichshaftpflichtgesetzes.

---

44. Schließt der Umstand, daß bei Verteilung des Vermögens einer Gesellschaft mbH. in Liquidation die Vorschriften des § 73 Abs. 1 und 2 GmbHG. gewahrt worden sind, bei späterem Hervortreten eines nicht berücksichtigten Gläubigers die Annahme aus, daß die bei der Verteilung bedachten Gesellschafter in Höhe derjenigen Beträge ungerechtfertigt bereichert sind, um welche sie bei Mitberücksichtigung jenes Gläubigers weniger erhalten hätten?

II. Zivilsenat. Urt. v. 23. April 1929 i. S. Bergbrauerei M. GmbH. i. Liqu. (Kl.) w. 1. S. Nähmaschinen-AG., 2. T.-AG. für Haus- u. Grundbesitz i. Liqu., 3. H. GmbH. (Bekl.). II 406/28.

I. Landgericht München I.
II. Oberlandesgericht daselbst.

Für die Spar- und Kreditbank Oe. wurde am 15. November 1920 wegen eines Darlehens von 500000 M. eine Buchhypothek auf dem Anwesen Kaufingerstr. Nr. 11 in München eingetragen. Dieses Anwesen war damals Eigentum der Klägerin, die am 2. Januar 1917 in Liquidation getreten war. Das Darlehen wurde in Raten zurückgezahlt, und zwar: 100000 M. vor dem 15. Juni 1922, 50000 M. am 3. Oktober 1922, weitere 4400 M. am 23. November 1922 und die restlichen 345600 M. am 28. Dezember 1922. Die Heimzahlung der 345600 M. geschah zum Teilbetrag von 300000 M. durch die Beklagte zu 2, weshalb ihr die Gläubigerin am 30. Dezember 1922 die Hypothekenforderung in Höhe von 300000 M. abtrat. Diese Abtretung wurde am 16. Februar 1923 in das Grundbuch eingetragen. Am gleichen Tage wurden 150000 M. von der Hypothekenforderung im Grundbuch gelöscht, nachdem schon am 6. Februar dasselbe in Ansehung des Teilbetrags von 50000 M. geschehen war. Am 17. November 1924 verkaufte die Klägerin das Haus Kaufingerstr. 11 für 949600 GM. an die Beklagte zu 1. Im Kaufvertrag verpflichtete sich die Verkäuferin, die auf dem Grundstück noch lastenden Hypotheken, darunter die an die Beklagte zu 2 abgetretene Darlehenshypothek im Restbetrag von 300000 M., alsbald auf ihre Kosten löschen zu lassen. Sodann heißt es in dem Vertrag:

> ... Die sämtlichen vorstehend aufgeführten Hypothekenlöschungen sind seitens der Gläubiger ohne jeden Vorbehalt erfolgt.
>
> Sollte jedoch in Zukunft infolge einer veränderten Gesetzgebung oder auf Grund der Entwicklung der Rechtsprechung trotz der geschehenen vorbehaltlosen Löschung seitens der Hypothekengläubiger gegen die Verkäuferin, deren Liquidatoren oder Gesellschafter Ansprüche irgendwelcher Art gestellt werden, so hat die Käuferin für die sich für die Genannten ergebenden Verpflichtungen zur Hälfte aufzukommen bzw., falls von diesen auf Grund solcher Verpflichtungen Zahlungen geleistet werden müßten, diese ihnen zur Hälfte zu ersetzen.

Am 29. November 1924 wurden die restlichen 300000 M. im Grundbuch gelöscht. Am 30. Dezember gleichen Jahres wurde die Liquidationsmasse der Klägerin an die Gesellschafter, darunter an die Beklagten zu 2 und 3, im Verhältnis zu ihren Geschäftsanteilen ausgeschüttet. In der Schlußversammlung vom 16. Februar 1925 wurde der Beklagten zu 2 ein Restbetrag von 7907,61 RM. ausgehändigt gegen die Verpflichtung, die Bücher der Klägerin aufzubewahren. Am gleichen Tage beschloß die Gesellschafterversammlung die Beendigung der Liquidation. Am 20. Februar 1925 wurde die Firma der Klägerin im Handelsregister gelöscht.

Am 15. Dezember 1925 meldete die Spar- und Kreditbank Oe. ihre Aufwertungsansprüche bei der Aufwertungsstelle an, und zwar gegen die Beklagte zu 1 als Grundstückseigentümerin und gegen eben diese, die Klägerin und die Beklagte zu 2 als persönliche Schuldner. Sie berechnete ihren Anspruch auf 25% von 400000 M. oder 23320 GM., also auf 5830 GM., und zog davon Zahlungen von insgesamt 328,50 GM. ab, so daß noch 5501,50 GM. verblieben. Die drei Beklagten erhoben dagegen Einspruch. Durch Beschluß des Registergerichts vom 13. September 1926 wurde auf Antrag der Spar- und Kreditbank Oe. das Liquidationsverfahren in Ansehung der Bergbrauerei M. GmbH. wieder eröffnet. Der bestellte Liquidator verlangt nunmehr von den Beklagten zu 2 und 3 als früheren Gesellschaftern Zahlung von 5501,50 RM. unter Gesamthaftung und von der Beklagten zu 1 auf Grund einer besonderen Abrede Zahlung der Hälfte dieses Betrags unter Gesamthaftung mit den beiden anderen Beklagten.

Der erste Richter erklärte diese Ansprüche dem Grunde nach für gerechtfertigt mit der Maßgabe, daß die Beklagten zu 2 und 3 weder untereinander noch mit der Beklagten zu 1 als Gesamtschuldner haften sollten. Auf die Berufungen der drei Beklagten wies das Oberlandesgericht die Klage den Beklagten zu 2 und 3 gegenüber ab und erklärte den gegen die Beklagte zu 1 erhobenen Anspruch (auf die Hälfte dessen, was die Klägerin der Spar- und Kreditbank Oe. infolge Aufwertung der Hypothekenforderung zu zahlen hat) dem Grunde nach für gerechtfertigt. Die Revision der Klägerin hatte keinen Erfolg.

Gründe:

Mit Recht nimmt das Berufungsgericht an, daß der Liquidator der klagenden Gesellschaft mbH. in Liquidation bei der am 30. Dezember 1924 vorgenommenen Verteilung des Vermögens der Gesellschaft dem § 73 Abs. 2 GmbHG. nicht zuwidergehandelt hat, indem er es unterließ, die Spar- und Kreditbank Oe. als Gläubigerin zu berücksichtigen. Denn diese Bank war Ende Dezember 1924 nicht mehr Gläubigerin der Gesellschaft, nachdem sie im Lauf des Jahres 1922 die vollen 500000 M., teils von der Darlehensschuldnerin selbst, teils durch die Beklagte zu 2, zurückgezahlt erhalten hatte und die ganze zur Sicherung der Darlehensforderung im November 1920 eingetragene Hypothek bis Ende November 1924 nach und nach gelöscht worden war. Daß die zur Zeit der Ausschüttung des Vermögens geltende Dritte Steuernotverordnung, nach welcher der Oe.er Bank wegen vorbehaltloser Bewilligung der Hypothekenlöschung kein Anspruch auf Aufwertung zustand, in absehbarer Zeit zugunsten der Aufwertungsgläubiger so, wie durch das spätere Aufwertungsgesetz geschehen, werde abgeändert werden, konnte Ende Dezember 1924 niemand mit Bestimmtheit wissen. Der Umstand aber, daß das Aufwertungsgesetz vom 16. Juli 1925 der Oe.er Bank einen Aufwertungsanspruch verliehen hat, macht sie nicht nach rückwärts im Sinne des § 73 Abs. 2 GmbHG. zu einem bekannten Gläubiger, der sich nicht gemeldet hat. Es muß also davon ausgegangen werden, daß die Ende Dezember 1924 bewirkte Verteilung des Vermögens der Klägerin im Einklang mit den gesetzlichen Vorschriften vorgenommen worden ist.

Da der Sperrfrist des § 73 Abs. 1 GmbHG. keine Ausschlußwirkung zukommt, ist jedoch damit die Frage noch nicht erledigt, ob nicht bei späterem Hervortreten eines bei der Verteilung nicht berücksichtigten Gesellschaftsgläubigers die Gesellschafter, an welche das Vermögen ausgeschüttet wurde, um diejenigen Beträge ungerechtfertigt bereichert sind, die sie bei Mitberücksichtigung dieses Gläubigers weniger erhalten hätten. Denn die Annahme einer solchen Bereicherung hängt nicht davon ab, daß bei der Verteilung des Vermögens an die Gesellschafter gegen gesetzliche Vorschriften verstoßen worden ist. Die gleiche Frage erhebt sich auf Grund der mit § 73 GmbHG im wesentlichen übereinstimmenden Vorschriften der §§ 51 bis 53 BGB. beim rechtsfähigen Verein. Hier wird vom Schrifttum — unabhängig davon, ob bei der Verteilung die §§ 51, 52 a. a. O. eingehalten oder verletzt worden sind — eine Bereicherungshaftung anerkannt, nur daß der eine Teil der Schriftsteller Bereicherung des Anfallberechtigten, dem gezahlt worden ist, auf Kosten des übergangenen Gläubigers, der andere Teil Bereicherung auf Kosten des Vereins annimmt (vgl. die Anführungen bei Oertmann, BGB. § 52 Anm. 4a; dazu RGRKomm. einerseits § 51 Anm. 1, anderseits

§ 812 Anm. 3). Dagegen bejahen die handelsrechtlichen Schriftsteller für das Rechtsgebiet der Gesellschaft mbH. und ebenso für das der Aktiengesellschaft (§ 301 HGB.) eine ungerechtfertigte Bereicherung des Gesellschafters, an den Vermögen ausgeschüttet worden ist, überhaupt nur für den Fall der Mißachtung der gesetzlichen Vorschriften über die Verteilung des Gesellschaftsvermögens. Im andern Fall sehen sie gerade in der Erfüllung dieser Vorschriften den Rechtsgrund des Empfangs und erklären es für den Willen des Gesetzes, daß die ehemaligen Gesellschafter das ihnen so Zugeteilte ungeschmälert sollen behalten dürfen (vgl. für die Gesellschaft mbH.: Brodmann § 73 Anm. 2; Hachenburg 5. Aufl. § 73 Anm. 13, 21; Liebmann-Saenger 7. Aufl. § 73 Anm. 3; Scholz § 73 II 3 Abs. 2; Feine in Ehrenbergs Handbuch Bd. 3 III S. 664; für die Aktiengesellschaft: Brodmann Aktienrecht § 301 Anm. 4c; Staub-Pinner § 217 Anm. 20, § 301 Anm. 12; Goldschmit § 301 Anm. 3; Ring-Schachian Praxis der Aktiengesellschaft S. 92).

Der erkennende Senat schließt sich diesen handelsrechtlichen Schriftstellern an, verneint also eine ungerechtfertigte Bereicherung der mit einer Vermögensausschüttung bedachten Gesellschafter für den hier vorliegenden Fall, daß die Verteilung des Vermögens der Gesellschaft unter Wahrung der dafür in Frage kommenden gesetzlichen Vorschriften vorgenommen worden ist. Diese Auffassung wird allein den Bedürfnissen des Verkehrs und dem auf dem Gebiete des Handelsrechts besonders hervortretenden Gedanken gerecht, daß durch eine unter Beachtung der gesetzlichen Vorschriften vollzogene Regelung bestimmter Verhältnisse nach Möglichkeit ein endgültiger, unantastbarer Rechtszustand geschaffen werden soll. Das Gesetz hat, namentlich durch die Einführung des Sperrjahrs, so gut wie möglich für die unbekannten Gläubiger gesorgt. Erweist sich diese Fürsorge im einzelnen Falle als nicht ausreichend, so ist das gewiß bedauerlich. Aber nichts, nicht einmal eine Billigkeitserwägung, spricht dafür, daß die Gesellschafter, welche Vermögensauszahlungen erhalten haben, noch jahrelang der Ungewißheit ausgesetzt sein sollen, einem nachträglich hervortretenden, bisher unbekannt gewesenen Gläubiger der aufgelösten Gesellschaft haften zu müssen, wenn auch nur in Höhe der Bereicherung. Hier muß die Rücksicht auf den nachträglich sich meldenden Gläubiger den Interessen derjenigen früheren Gesellschafter weichen, die ohne Verletzung gesetzlicher Vorschriften einer Vermögensausschüttung teilhaftig geworden sind. Dies ist um so mehr anzunehmen, als das Gesetz bei Vorliegen der Voraussetzungen der §§ 72, 73 GmbHG. den Liquidatoren nicht bloß die Möglichkeit einräumt, sondern die Verpflichtung auferlegt, das Gesellschaftsvermögen unter die Gesellschafter zu verteilen, die ihrerseits dann einen Rechtsanspruch auf die Ausschüttung haben. All dies rechtfertigt die Annahme, daß die Einhaltung der Vorschriften des § 73 GmbHG. einen durch dieses Gesetz anerkannten Rechtsgrund für den Empfang von Ausschüttungen darstellt. In diesem Falle kann es sich also nicht darum handeln, daß die Gesellschafter auch nur einen Teil der empfangenen Beträge ohne rechtlichen Grund (§ 812 BGB.) erlangt hätten. Die in § 1973 Abs. 2 BGB. enthaltene Anordnung der Bereicherungshaftung des Erben gegenüber dem im Aufgebotsverfahren ausgeschlossenen Nachlaßgläubiger läßt sich nicht für die gegenteilige Auffassung verwerten. Denn dort ist, soweit nicht die §§ 1975 flg. BGB. eingreifen, keine Sperrfrist für die Vereinigung des Nachlaßvermögens mit dem Eigenvermögen des Erben vorgeschrieben; die Haftung des Erben nach Bereicherungsgrundsätzen ist also etwas ganz Natürliches.

In RGZ. Bd. 109 S. 391/392 hat der erkennende Senat für den Fall gesetzwidriger, gegen § 73 Abs. 2 GmbHG. verstoßender Verteilung des Gesellschaftsvermögens einen Bereicherungsanspruch der Gesellschaft anerkannt gegenüber den Gesellschaftern, die eine Ausschüttung empfangen haben. Der Fall der rechtmäßigen Verteilung des Gesellschaftsvermögens ist dort überhaupt nicht behandelt. Es ist also unrichtig, wenn Brodmann Aktienrecht § 301 Anm. 4c sagt, jene Entscheidung billige der Gesellschaft auch bei rechtmäßiger Verteilung ihres Vermögens einen Bereicherungsanspruch gegen die Gesellschafter zu. Dagegen vertritt die in RGZ. Bd. 92 S. 77 (82) abgedruckte Entscheidung des vormaligen VI. Zivilsenats des Reichsgerichts allerdings die Ansicht, daß die Gesellschaft mbH. auch im Falle rechtmäßiger Verteilung des Gesellschaftsvermögens einen Bereicherungsanspruch gegen den Gesellschafter habe. Das Urteil beruht aber nicht hierauf, so daß — ganz abgesehen von der späteren Aufhebung des vormaligen VI. Zivilsenats — keine Notwendigkeit vorliegt, die Vereinigten Zivilsenate anzurufen.

Ist demnach die Bereicherungshaftung des Gesellschafters im Falle der Wahrung der Vorschriften in § 73 Abs. 1 und 2 zu verneinen, so muß das auch dann gelten, wenn — wie hier — der frühere Gläubiger (die Oe.er Bank) diese Eigenschaft bei Ausschüttung der Liquidationsmasse gar nicht mehr besessen, sondern sie erst durch ein längere Zeit nach der Verteilung in Kraft getretenes Gesetz — das Aufwertungsgesetz — wiedererlangt hat. Die Rechtslage ist dann keine andere, als wenn ein Gläubiger aus Zufall oder Unachtsamkeit unbekannt geblieben war. Enthält doch auch gerade das Aufwertungsgesetz Vorschriften, nach denen an gewissen abschließenden Tatsachen fernerhin nicht mehr gerüttelt werden soll; vgl. § 67 Abs. 1 Satz 1, § 68 Abs. 1 das.

45. Ist Art. 7 der 12. Ergänzung zum Reichsbesoldungsgesetz vom 12. Dezember 1923 durch § 44 Abs. 2 des Reichsbesoldungsgesetzes vom 16. Dezember 1927 aufgehoben worden?

III. Zivilsenat. Urt. v. 7. Mai 1929 i. S. Deutsche Reichsbahn-Gesellschaft (Bekl.) w. K. (Kl.). III 380/28.

I. Landgericht Breslau.
II. Oberlandesgericht daselbst.

Während das Landgericht die Klage abgewiesen hat, hat das Oberlandesgericht dem Kläger die von ihm geforderten Dienstbezüge eines außerplanmäßigen Beamten im Betrage von 2113,44 RM. nebst 7% Zinsen seit Zustellung der Klage zugesprochen. Die Revision der Beklagten wurde mit der Maßgabe zurückgewiesen, daß ihre Verurteilung zur Zahlung von Zinsen fortfalle.

Aus den Gründen:

... Fortzufallen hat die Verurteilung der Beklagten zur Zahlung von Zinsen an den Kläger. Denn auch ein Rechtsanspruch auf Prozeßzinsen, auf deren Zubilligung sich das Berufungsgericht beschränkt hat, steht den Beamten für ihre Dienstbezüge nach Art. 7 der 12. Ergänzung zum Reichsbesoldungsgesetz vom 12. Dezember 1923 (RGBl. I S. 1181) nicht zu. Diese Vorschrift gilt noch heute, da sie von der in § 44 Abs. 2 des Reichsbesoldungsgesetzes vom 16. Dezember 1927 (RGBl. I S. 349) ausgesprochenen Aufhebung des Reichsbesoldungsgesetzes vom 30. April 1920 nicht betroffen worden ist. Denn wenn auch die Verordnung vom 12. Dezember 1923 in ihrer Überschrift als „12. Ergänzung des Besoldungsgesetzes" bezeichnet ist, so enthält doch nur ihr Art. 1 eine unmittelbare Änderung des Reichsbesoldungsgesetzes. Art. 7 ist dagegen eine Bestimmung, die zwar besoldungsrechtlichen Charakter trägt, dem Reichsbesoldungsgesetz vom 30. April 1920 aber nicht angehört hat. Das ergibt sich schon aus seinem Wortlaut, der jede Verbindung mit dem genannten Gesetz vermissen läßt, wird aber auch durch seinen Inhalt bestätigt. Das Reichsbesoldungsgesetz vom 30. April 1920 regelte nur die Diensteinkünfte der Reichsbeamten, Art. 7 dagegen gibt eine Vorschrift nicht bloß für die Beamten, Angestellten und Arbeiter des Reiches, sondern auch für die der Länder, Gemeinden und sonstigen öffentlichen Körperschaften. Der Umstand, daß Art. 7, der den Verhältnissen der Inflationszeit seine Entstehung verdankt, in der Zeit wiederbefestigter Währung sachlich nicht mehr als gerechtfertigt erscheint, mag den Gesetzgeber zu seiner Aufhebung veranlassen, gibt dem Richter aber nicht die Befugnis, ihn unangewendet zu lassen.

---

46. 1. Erlangt der Gläubiger ein gesetzliches Pfandrecht, wenn zu seiner Sicherheit ein für ihn gesperrtes Sparbuch hinterlegt wird?

2. Wie erwirbt der Gläubiger ein vertragliches Pfandrecht an der Forderung des Schuldners gegen die Sparkasse? Ist dies durch Vertrag zwischen Schuldner und Sparkasse möglich?

3. Welche Bedeutung hat die Sperrung?

4. Welchen Einfluß hat es auf die Sicherheit des Gläubigers, wenn die Forderung des Schuldners gegen die Sparkasse nur eine solche auf Darlehensgewährung ist?

5. Besteht ursächlicher Zusammenhang zwischen der Sicherheitsleistung und der Aufhebung einer Vollstreckungsmaßnahme, wenn der Aufhebungsbeschluß die Sicherheitsleistung nur hilfsweise erwähnt?

BGB. §§ 233, 328, 405, 610, 1205, 1274flg.

VI. Zivilsenat. Urt. v. 8. Mai 1929 i. S. P. & Co. GmbH. (Kl.) w. Kreis S. (Bekl.). VI 405/28.

I. Landgericht Lyck.
II. Oberlandesgericht Königsberg i. Pr.

Die Klägerin betrieb gegen den Holzhändler Dz. in S. die Zwangsvollstreckung aus einem vollstreckbaren Vergleich vom 16. Juli 1924. Dz. erhob beim Amtsgericht S. Vollstreckungsgegenklage und erwirkte am 7. Januar 1925 einen Beschluß, durch den die Zwangsvollstreckung bis zum Erlaß des Urteils ohne Sicherheitsleistung einstweilen eingestellt wurde. Mittels Antrags vom gleichen Tage hinterlegte er beim Amtsgericht „zum Zwecke der Abwendung der Zwangsvollstreckung" ein Sparbuch über 15000 RM., das von einem Sparkassenbeamten des Beklagten, W., nach Behauptung des Beklagten noch von einem andern Angestellten, auf den Namen des Dz. ausgestellt und mit einem Sperrvermerk zugunsten der Klägerin versehen war. Am 12. Januar 1925 pfändete der Gerichtsvollzieher, der von der Einstellung nichts wußte, für die Klägerin bei Dz. Holz im Werte von etwa 9000 RM. Darauf erwirkte Dz. beim Prozeßgericht einen zweiten Beschluß vom 14. Januar 1925, durch den die Zwangsvollstreckung „als unzulässig aufgehoben" wurde, weil sie bereits durch den Beschluß vom 7. Januar 1925 einstweilen eingestellt sei, Dz. zudem die Hinterlegung von 15000 RM. nachgewiesen habe. Die Hinterlegung blieb einstweilen bestehen. Am 1. Februar 1925 ließ sich die Klägerin vom Beklagten telegraphisch bestätigen, daß „15000 RM. für sie gesperrt hinterlegt" seien, und bestätigte den Telegrammwechsel durch Schreiben vom 2. Februar 1925. Am 11. Mai 1925 erwirkte Dz. die Herausgabe des Sparbuchs mit der Begründung, die Hinterlegung sei versehentlich erfolgt, da keine Sicherheitsleistung angeordnet worden sei. Der Hinterlegungsstelle hatte er die Beschlüsse vorgelegt. Er gab das Sparbuch an W., der es vernichtete. Es war unstreitig ohne Einzahlung eines Geldbetrags ausgestellt; nach Behauptung der Klägerin war es von W. gefälscht. Der Rechtsstreit zwischen Dz. und der Klägerin endigte mit der rechtskräftigen Abweisung der Vollstreckungsgegenklage durch Versäumnisurteil des Landgerichts vom 21. Dezember 1925. Inzwischen war Dz. in Vermögensverfall geraten.

Die Klägerin nimmt wegen ihres Ausfalls den Beklagten in Anspruch, weil er für W. nach § 31 oder doch nach § 831 BGB. einzustehen habe und überdies als Schuldner der ihr verpfändeten Forderung hafte. Sie verlangt 15892,15 RM. nebst Zinsen. Der Beklagte hält den Anspruch für rechtlich unbegründet, bestreitet eine Fälschung des Buches und wendet ein, die Klägerin habe das gepfändete Holz ohnehin nicht verwerten können, da es schon vorher ihm zur Sicherheit übereignet worden sei, auch habe sie gegen Dz. keine Forderung gehabt. Für den Notfall tritt er Entlastungsbeweis aus § 831 BGB. an. Die Klägerin erwidert, daß die Sicherungsübereignung unwirksam sei und daß Dz. noch andere Vermögensstücke gehabt habe, an die sie sich gegebenenfalls hätte halten können, wenn nicht Dz. mit Hilfe des W. die Einstellung und Aufhebung der Zwangsvollstreckung erwirkt hätte; ihre Forderung gegen Dz. stehe rechtskräftig fest, nötigenfalls erbiete sie sich zum Beweis.

Die Klägerin wurde in beiden Vorinstanzen abgewiesen. Auch ihre Revision blieb erfolglos.

Gründe:

Die Revision will den Anspruch in erster Linie auf den Klagegrund stützen, der in den Vorinstanzen erst an zweiter Stelle geltendgemacht worden war, nämlich darauf, daß der Beklagte der Klägerin aus einem ihr eingeräumten Pfandrecht an der Forderung des Dz. oder aus Verletzung dieses Pfandrechts hafte. Das Berufungsgericht hat die Entstehung eines Pfandrechts für die Klägerin verneint, weil ein gesetzliches Pfandrecht nach § 233 BGB. nur bei Hinterlegung von Geld oder Wertpapieren, nicht aber bei Hinterlegung eines Legitimationspapiers entstehe und zwischen Dz. und der Klägerin kein Verpfändungsvertrag geschlossen sei, wie auch die Parteien auf Befragen erklärt hätten. Die Revision erhebt gegen die Verneinung eines gesetzlichen Pfandrechts keine Bedenken; solche liegen auch nicht vor. Dagegen sieht sie den Abschluß eines Verpfändungsvertrags darin, daß ihr die zugunsten der Klägerin vorgenommene Sperrung des Sparbuchs mit Wissen und Willen des Dz. durch das Gericht mitgeteilt worden sei. Die nach § 1280 BGB. erforderliche Anzeige oder doch den Beweis dafür, daß sie erfolgt sei, erblickt sie in dem Sperrvermerk.

Zur richtigen Beurteilung der Sachlage bedarf es der Klarstellung, welche Forderung Dz. an den Beklagten gehabt haben kann. Daß er eine Forderung von 15000 RM. gegen ihn gehabt habe, entnimmt die Revision aus den Erklärungen des Beklagten in der Vorinstanz. In der Tat hat der Beklagte in der Berufungsinstanz erklärt, das Sparbuch sei nicht gefälscht, sondern ordnungsmäßig ausgestellt worden. Schon im ersten Rechtszug hatte er erklärt, er hätte ein Pfandrecht der Klägerin beachten müssen, sei jedoch dieser Pflicht durch die Herausgabe des unnötigerweise hinterlegten Sparbuchs enthoben worden. Die Revision entnimmt aber aus diesen Erklärungen mit Unrecht, daß die Forderung des Dz. eine solche aus Sparguthaben gewesen sei. Das hat der Beklagte niemals erklärt. Vielmehr hat er angegeben, das Buch sei zu Kreditzwecken ausgestellt und die Ausstellung sei darum ordnungsmäßig gewesen, weil sie sich innerhalb des Kredits gehalten habe, der dem Dz. habe gewährt werden dürfen. Die Begründung eines Sparguthabens, also einer Darlehensforderung, kam für Dz. schon deshalb nicht in Frage, weil das Buch unstreitig ohne Einzahlung eines Geldbetrags ausgestellt war. Wurde es aber zu Kreditzwecken ausgestellt, so konnte das nur heißen, daß der Beklagte dem Dz. ein Darlehensversprechen (§ 610 BGB.) gab, und zwar dahin, er werde dem berechtigten Vorleger des Buches nach dessen Inhalt Zahlung leisten und damit dem Dz. ein Darlehen gewähren, das dieser zurückzuzahlen habe (vgl. Enneccerus Lehrbuch 23.—27. Aufl. I 2 S. 436flg. und RGZ. Bd. 68 S. 356). Der sich daraus ergebende Zahlungsanspruch konnte nach dem Zweck des Abkommens von Dz. zur Sicherung der Klägerin verwandt werden, und dies wäre, wie die Revision mit Recht bemerkt, dadurch möglich gewesen, daß Dz. den Anspruch ihr vertraglich verpfändete und das Sparbuch hinterlegte. Letzteres wäre zur Wirksamkeit der Verpfändung nach § 1280 BGB. nicht einmal nötig gewesen, aber es diente zur Verstärkung der Sicherheit, wenn auch nicht ganz so wie eine Übergabe des Buches, die ebenfalls für die Verpfändung nicht wesentlich war.

Aus dem festgestellten Sachverhalt läßt sich nun aber der Abschluß eines Verpfändungsvertrags zwischen Dz. und der Klägerin nicht entnehmen. Dz. hinterlegte das zugunsten der Klägerin gesperrte Buch anscheinend in der irrigen Meinung, daß er ihr schon damit eine pfandrechtliche Sicherheit verschaffe. Irgendwelche Mitteilung machte er der Klägerin davon nicht; das nimmt auch die Revision nicht an. Ebensowenig geschah das durch die Hinterlegungsstelle, die dazu keinen gesetzlichen Anlaß hatte (vgl. § 11 der preußischen Hinterlegungsordnung vom 21. April 1913, GS. S. 225). Darin aber, daß auf Antrag des Dz. die Zwangsvollstreckung eingestellt und dann aufgehoben wurde und daß die Beschlüsse vom 7. und 14. Januar 1925 der Klägerin zugestellt wurden, lag kein Vertragsantrag des Dz. an die Klägerin. Wenn sie auch aus dem letzteren Beschluß von der Hinterlegung erfuhr, so war das Gericht dabei doch nicht Übermittler einer rechtsgeschäftlichen Erklärung des Dz., die dieser nicht erkennbar hatte abgeben wollen und zu deren Übermittlung das Gericht auch nicht berufen gewesen wäre. Überdies enthielt der Beschluß vom 14. Januar 1925 nichts über eine Sperrung des Sparbuchs, auf welche die Revision besonderen Wert legt und in deren Mitteilung sie den Abschluß eines Verpfändungsvertrags erblickt. Das Sparbuch war darin nicht einmal erwähnt, sondern es war nur gesagt, daß Dz. „die Hinterlegung von 15000 RM. (in H. L. 1/25 des Amtsgerichts) nachgewiesen" habe. Auf welchem Wege die Klägerin sich über die näheren Einzelheiten unterrichtet hat, die sie in ihrem Telegramm vom 31. Januar 1925 an den Beklagten anführte (Nummer des Sparbuchs, Sperrung), kann dahingestellt bleiben, da sie eine Mitteilung des Dz. an sie nicht behauptet, sondern in der Vorinstanz auf Befragen erklärt hat, es sei kein Verpfändungsvertrag geschlossen worden. Auf das Erfordernis der Anzeige (§ 1280 BGB.) braucht daher nicht eingegangen zu werden.

Die Sperrung des Buches selbst war ein Vorgang, der sich nur zwischen Dz. und dem Beklagten abspielte und kein Pfandrecht für die Klägerin zur Entstehung bringen konnte, da ein Vertrag zugunsten eines Dritten grundsätzlich keine sachenrechtliche Wirkung hat (RGZ. Bd. 66 S. 97, Bd. 98 S. 279). Die Verträge über Leistungen an einen Dritten gehören dem Schuldrecht an (§§ 328flg. BGB.) und lassen keine entsprechende Anwendung auf die Bestellung eines Pfandrechts zu, wo die Einigung zwischen dem Besteller und dem Erwerber vorgeschrieben ist (§§ 1205, 1274 BGB.). Des näheren braucht hierauf nicht eingegangen zu werden, weil die Revision selbst nicht annimmt, daß die Klägerin auf solchem Wege ein Pfandrecht erworben habe. Die Revision glaubt aber auf die Sperrung ein Forderungsrecht der Klägerin stützen zu können, zumal da der Beklagte der Klägerin auf deren telegraphische Anfrage vom 31. Januar 1925 am 1. Februar 1925 telegraphisch geantwortet hat: „15000 RM. für Euch gesperrt hinterlegt" und da er ferner auf das Bestätigungsschreiben der Klägerin vom 2. Februar 1925 geschwiegen hat. Darin hatte sie gesagt, sie habe dankend davon Kenntnis genommen, daß Dz. ein Sparkassenbuch über 15000 RM. für sie gesperrt bei Gericht hinterlegt habe und daß diese Hinterlegung und die Sperrung so lange gültig seien, bis eine Entscheidung in ihrem gegen Dz. schwebenden Prozesse herbeigeführt sei. Das Berufungsgericht legt aber die Sperrung dahin aus, daß die Klägerin daraus nur dann ein Recht habe erwerben sollen, wenn das Gericht eine Sicherheitsleistung anordne, und daß auch der unmittelbare Telegrammwechsel zwischen den Parteien und die widerspruchlose Entgegennahme des Bestätigungsschreibens kein weitergehendes Recht für die Klägerin habe begründen sollen. Die Angriffe der Revision gegen diese durchaus mögliche Auffassung sind nicht gerechtfertigt. Die Auslegung läßt keinen Rechtsverstoß erkennen.

Aber selbst wenn man diese Auslegung beanstanden und mit der Revision annehmen wollte, der Beklagte habe die unbedingte Verpflichtung übernommen, nicht ohne Zustimmung der Klägerin zu leisten, ja selbst wenn man unterstellen wollte, daß die Klägerin auf einem bisher nicht ersichtlichen Wege ein Pfandrecht an der Forderung des Dz. erworben habe, so würde das immer noch keine Grundlage für ihren jetzigen Zahlungsanspruch geben. Denn die Klägerin beachtet nicht, daß Dz. keine Forderung aus einem Sparguthaben hatte und daß daher auch ihr kein Recht an einer solchen Forderung erwachsen sein kann. Etwas anderes käme für sie nur dann in Frage, wenn sie sich auf den Schutz des guten Glaubens nach § 405 BGB. berufen könnte. Aber die Anwendung dieser Vorschrift scheitert schon daran, daß ihr das Sparbuch nicht vorgelegt worden ist (RGZ. Bd. 111 S. 46; Planck-Siber BGB. 4. Aufl. § 405 Anm. 3). Es kann daher dahingestellt bleiben, inwieweit diese Vorschrift auf Pfandrechtsbestellungen und andere Rechtsgeschäfte außerhalb der eigentlichen Abtretung anwendbar ist (vgl. für Verpfändung WarnRspr. 1914 Nr. 245). Die Klägerin hatte daher einen Auszahlungsanspruch, wenn überhaupt, so doch nur unter denselben Voraussetzungen, unter denen Dz. die Gewährung eines Darlehens vom Beklagten beanspruchen konnte. Aus dem vorgetragenen Sachverhalt ergibt sich nicht, daß der Beklagte die 15000 RM. an Dz. ausgezahlt hätte, sondern nur, daß der Sparkassenbeamte W. das ihm zurückgegebene Sparkassenbuch vernichtet hat. Es mag der Klägerin zugegeben werden, daß weder diese Vernichtung noch andere, ohne ihre Zustimmung getroffene Maßnahmen ihr etwaiges Recht hätten beeinträchtigen können. Aber zu der Zeit, als sie es zuerst hätte geltendmachen können, nämlich nach der Beendigung ihres Rechtsstreits mit Dz. durch das Versäumnisurteil vom 21. Dezember 1925, war Dz. in seinem Vermögen bereits zusammengebrochen und war ihm vom Beklagten jeder Kredit entzogen. So wenig wie Dz. damals und später die Gewährung eines Darlehens vom Beklagten noch hätte beanspruchen können (§ 610 BGB.), so wenig hätte die Klägerin, sei es auf Grund eines Pfandrechts, sei es auf Grund einer besonderen Verpflichtungserklärung des Beklagten, verlangen können, daß die Darlehenssumme an sie ausgezahlt werde. Ihr etwaiges Recht, selbst wenn sie ein solches gehabt hätte, wäre damit erloschen gewesen.

Soweit die Revision auf den ursprünglichen Klagegrund zurückkommt, nämlich auf die Haftung des Beklagten für eine unerlaubte Handlung ihres Sparkassenbeamten W., steht ihr die tatsächliche Feststellung des Berufungsgerichts entgegen. Die unerlaubte Handlung des W. soll darin gelegen haben, daß er den Dz. bei Leistung der — für die Klägerin tatsächlich wertlosen — Sicherheit unterstützt und dadurch gemeinsam mit ihm das Gericht bestimmt habe, die Pfändung der Holzbestände aufzuheben. Allein nach der Feststellung des Berufungsgerichts ist das Amtsgericht S. zur Aufhebung der Pfändung nicht durch die Sicherheitsleistung bestimmt worden. Die Zwangsvollstreckung war zunächst, noch bevor sie begonnen hatte, durch den Beschluß vom 7. Januar 1925 ohne Sicherheitsleistung eingestellt worden. Wie es zu erklären war, daß sie trotzdem am 12. Januar 1925 vorgenommen wurde, warum Dz. sie nicht mit Hilfe des Einstellungsbeschlusses verhindert hatte, war nicht ohne weiteres ersichtlich. Ob der Einstellungsbeschluß der Klägerin noch nicht zugestellt war, wie die Revision entgegen der Annahme des Berufungsgerichts geltendmacht, mag dahingestellt bleiben. Jedenfalls entnimmt das

Berufungsgericht aus der Begründung des Beschlusses vom 14. Januar 1925, daß für den Entschluß des Amtsgerichts, die Pfändung als unzulässig aufzuheben, allein der vorangegangene Einstellungsbeschluß entscheidend gewesen, die Leistung der Sicherheit aber nur daneben als Hilfsgrund genannt worden ist. Es mag der Revision zugegeben werden, daß die Leistung der Sicherheit als durch den Beschluß vom 14. Januar 1925 angeordnet hätte gelten können, wenn sich aus dem Beschluß ergeben haben würde, daß das Amtsgericht auf die geleistete Sicherheit entscheidendes Gewicht legte. Auch das mag zugegeben werden, daß dem Amtsgericht die Art der geleisteten Sicherheit als ausreichend erscheinen mochte, sei es infolge Rechtsirrtums oder in der Annahme, daß ein Verpfändungsvertrag abgeschlossen sei. Aber alles das kann nichts daran ändern, daß nach der Auslegung, die das Berufungsgericht dem Beschluß gibt und die auf dem Gebiete der Tatsachenwürdigung liegt, die geleistete Sicherheit für das Amtsgericht keine entscheidende Bedeutung gehabt und daß es keine Sicherheitsleistung angeordnet hat. Nach dieser Feststellung hat also das Amtsgericht in der Sicherheitsleistung eine freiwillige und überflüssige Handlung des Dz. gesehen. Derselben Auffassung muß die Hinterlegungsstelle gewesen sein. Denn sie hat nach Vorlegung der Beschlüsse die Herausgabe des Sparbuchs an Dz. mit der Begründung verfügt, die Hinterlegung sei versehentlich erfolgt, da keine Sicherheitsleistung angeordnet sei. Danach hat das Berufungsgericht ohne Rechtsirrtum den ursächlichen Zusammenhang zwischen der Sicherheitsleistung und der Aufhebung der Pfändung verneint, sodaß dahingestellt bleiben kann, ob in der Beteiligung des W. an der Sicherheitsleistung eine unerlaubte Handlung zu finden wäre. Was ihm sonst im Verhältnis zur Klägerin zur Last fallen könnte, ist nicht ersichtlich. Daß diese durch die Vernichtung des Sparbuchs nicht geschädigt ist, ergibt sich aus dem oben Gesagten.

47. 1. Ist die durch Vergleich der Mietparteien vor dem Mieteinigungsamt bestimmte „Friedensmiete" eine vereinbarte oder eine gesetzliche Miete?

2. Welche Wirkungen hatte bei langfristigen Verträgen die Berufung auf die gesetzliche Miete in der Zeit seit Inkrafttreten des Änderungsgesetzes zum Reichsmietengesetz vom 10. Juli 1926 (RGBl. I S. 403) bis zum Inkrafttreten des weiteren Änderungsgesetzes vom 14. Februar 1928 (RGBl. I S. 21)?

VIII. Zivilsenat. Urt. v. 28. Februar 1929 i. S. Deutsche Reichspost (Bekl.) w. Eheleute E. (Kl.). VIII 2/29.

I. Landgericht München-Gladbach.
II. Oberlandesgericht Düsseldorf.

Im Jahre 1896 hat die Oberpostdirektion in D. von den Klägern ein Hausgrundstück in Gr. für den Betrieb eines Postamts gemietet. Am 4. Juni 1923 erneuerten die Parteien den Mietvertrag mit der Bestimmung, daß er vom 1. Juli 1922 an auf unbestimmte Zeit mit zweijähriger Kündigungsfrist laufen, die Kündigung aber frühestens zum 1. Juli 1937 zulässig sein solle. Die Miete sollte sich seit dem 1. Juli 1922 nach dem Reichsmietengesetz regeln. Die Vermieter behielten sich vor, die Friedensmiete durch das Mieteinigungsamt bestimmen zu lassen. Das Mieteinigungsamt in Gr. setzte dann am 11. Juli 1923 die Friedensmiete auf 8400 GM. fest. Nach diesem Satz entrichtete die Beklagte die Miete bis zum Jahre 1926, dann beantragte sie beim Mieteinigungsamt ihre Herabsetzung. In dem Verfahren auf diesen Antrag schlossen die Parteien am 9. November 1926 vor dem Mieteinigungsamt einen Vergleich, durch den die Friedensmiete mit Wirkung vom 1. Oktober 1926 ab auf 7000 RM. bestimmt wurde. Im September 1927 ersuchte die Beklagte die Kläger um Entlassung aus dem Vertrag, da sie inzwischen ein anderes Grundstück für den Postbetrieb gekauft habe, und stellte neuerlich einen Antrag an das Mieteinigungsamt, die Friedensmiete unter den Betrag der Vergleichssumme herabzusetzen. Nachdem die Kläger die Entlassung aus dem Vertrag abgelehnt hatten, schrieb am 22. Dezember 1927 die Beklagte den Klägern, die bislang gezahlte Miete sei keine gesetzliche, sondern eine vereinbarte Miete; die Beklagte verlange daher gemäß § 1 RMG. die gesetzliche Mietzinsberechnung unter Zugrundelegung der wirklichen gesetzlichen Friedensmiete. Diesem Schreiben folgte am 29. Dezember 1927 ein zweites, worin sich die Beklagte darauf berief, daß infolge des vorangegangenen Schreibens der Vertrag als auf unbestimmte Zeit geschlossen gelte, und Kündigung zum 31. März 1928 aussprach. Die Kläger verlangten darauf Feststellung, daß das zwischen den Parteien bestehende Mietverhältnis bis zum 31. Juli 1937 weiter bestehe.

Das Landgericht gab der Klage statt. Die Berufung der Beklagten wurde zurückgewiesen, ebenso ihre Revision.

Gründe:

Die Erklärung im Schreiben der Beklagten vom 22. Dezember 1927 bezieht sich auf § 1 RMG. in der Fassung, die er durch das Änderungsgesetz vom 10. Juli 1926 (RGBl. I S. 403) erhalten hat. Danach schloß sich an die Vorschriften über die Erklärung, daß gesetzliche Miete gelten solle, und über den darauf folgenden Eintritt dieser Geltung die weitere Vorschrift an:

> Wird die Erklärung von dem Mieter nach dem 15. Juli 1926 abgegeben, so hat sie ferner die Wirkung, daß der Vertrag als auf unbestimmte Zeit geschlossen gilt.

Der Berufungsrichter spricht dieser Vorschrift für den vorliegenden Fall die Wirkung ab, weil die erwähnte Erklärung die Geltung der gesetzlichen Miete nicht habe herbeiführen können, da diese zwischen den Parteien schon vorher gegolten habe. In § 8 des Mietvertrags von 1923 sei das ausdrücklich bestimmt. Der Vergleich vom 9. November 1926 habe daran nichts geändert; er habe nur die Höhe der Friedensmiete und damit die Grundlage für die Berechnung der gesetzlichen Miete betroffen.

Mit dieser Ausführung stellt sich der Berufungsrichter in Widerspruch zur Rechtsprechung des Reichsgerichts. Im Urteil vom 17. Januar 1928 (RGZ. Bd. 120 S. 21) hat der III. Zivilsenat eingehend dargelegt, daß als gesetzliche Miete im Sinne des Reichsmietengesetzes nur die nach dessen Vorschriften berechnete Miete in Frage komme, während die zwischen den Parteien vertraglich als Friedensmiete festgesetzte Miete eine vereinbarte Miete sei. An dieser Entscheidung hat der III. Zivilsenat auch im Erkenntnis vom 16. März 1928 III 296/27 festgehalten, und der VIII. Zivilsenat hat sich im Urteil vom 24. Januar 1929 VIII 317/28 dieser Auffassung angeschlossen.

Die Umstände des vorliegenden Falles geben keinen Anlaß, von diesem Standpunkt abzugehen, der, wie die Darlegungen des Urteils vom 17. Januar 1928 beweisen, den Zwecken des Reichsmietengesetzes allein gerecht wird; insbesondere kann auch die Tatsache, daß das Abkommen in einem vor dem Mieteinigungsamt geschlossenen Vergleich enthalten ist, keine abweichende Auffassung rechtfertigen.

Ist insoweit der Revision beizustimmen, so hält doch die Hilfsbegründung des Berufungsrichters und damit das Ergebnis seiner Entscheidung dem Revisionsangriff stand.

Es steht außer Zweifel, daß das Änderungsgesetz vom 10. Juli 1926 das Ziel verfolgte, dem Übelstand vorzubeugen, daß ein Mieter sich durch Zusage höheren Mietzinses einen langfristigen Vertrag verschaffen und dann durch Berufung auf das Reichsmietengesetz die eben vereinbarte Miete auf den Stand der gesetzlichen Miete herabdrücken konnte. Trat nach der Novelle auf die Erklärung des Mieters, daß er die Geltung der gesetzlichen Miete beanspruche, ohne weiteres die Ersetzung des langfristigen Vertrags durch einen auf unbestimmte Zeit geschlossenen ein, so war allerdings eine Hemmung gegen die Vertragsabkehr des Mieters geschaffen, wenn ihm an der Langfristigkeit des Vertrages lag. Gleich nach Inkrafttreten des Änderungsgesetzes war aber klar, daß die gegenteilige Wirkung eintreten mußte, wenn der Mieter das vom Gesetzgeber von 1926 unterstellte Interesse, an einem langjährigen Vertrag festzuhalten, nicht hatte, sondern vom Vertrag loskommen wollte. Solche Fälle, die häufiger eintraten, haben zu dem weiteren Änderungsgesetz vom 14. Februar 1928 (RGBl. I S. 21) geführt, das nach seinem Art. III am 16. Februar 1928 in Kraft getreten ist. Die neue Vorschrift von 1926 wurde dahin geändert:

> Wird die Erklärung von dem Mieter nach dem 15. Juli 1926 abgegeben, so hat sie ferner die Wirkung, daß der Vertrag auf Verlangen des Vermieters als auf unbestimmte Zeit geschlossen gilt.

Danach tritt jedenfalls nach dem 16. Februar 1928 durch die Erklärung des Mieters die Umwandlung des langfristigen Vertrags in einen solchen auf Kündigung nicht mehr von selbst, sondern nur noch nach dem Willen des Vermieters ein.

Der Berufungsrichter legt dieser Bestimmung Rückwirkung bis zum 10. Juli 1926 und damit auch für die hier vorliegende Erklärung des Beklagten vom 22. Dezember 1927 bei. Er entnimmt die gewollte Rückwirkung daraus, daß die im Jahre 1928 ergangene Novelle als Anfangsdatum für die nunmehr neu bestimmte Wirkung den Anfangstermin des Gesetzes von 1926, den 15. Juli 1926, übernommen hat. Nicht klar ist die weitere Erwägung, daß das Änderungsgesetz von 1928 eine Lockerung der Zwangswirtschaft zugunsten des Vermieters bezweckt habe und daß es mit diesem Zweck nicht verträglich sei, auch jetzt noch dem Mieter gegen den Willen des Vermieters das Recht der Umwandlung des Vertrags in einen kündbaren zuzugestehen. Denn diese Möglichkeit besteht nach dem Inkrafttreten des Gesetzes vom 14. Februar 1928 offenbar auch dann nicht, wenn man die Rückwirkung verneint.

Dennoch ist dem Berufungsrichter zuzustimmen. Der Wille des Gesetzgebers von 1926 war in dem damaligen Änderungsgesetz zu unvollkommenem Ausdruck gelangt. Das aus dem Wortlaut folgende Ergebnis für den (nicht in Betracht gezogenen) Fall, daß dem Mieter an einem kurz kündbaren Vertrag gelegen war, führte zu einer weiteren Benachteiligung des Vermieters, den das Änderungsgesetz von 1926 doch hatte schützen wollen. Aus dieser Erkenntnis heraus wurde schon für den Rechtsstand des Gesetzes von 1926 im Wege der Auslegung der Sinn vertreten, den das Änderungsgesetz von 1928 festlegt.

Das allein würde indes nicht zur Annahme einer authentischen Auslegung und damit der Rückwirkung ausreichen, wenn dieser Wille nicht auch in dem neuen Gesetz zum Ausdruck käme. Hier setzt aber mit Recht die Erwägung des Berufungsrichters ein. Das Gesetz von 1926 hatte seiner Neuregelung die Rückwirkung unzweideutig versagt, indem es nur den nach dem 15. Juli 1926 abgegebenen Erklärungen die umgestaltende Wirkung beimaß. Wenn der Gesetzgeber von 1928 den nach dem 15. Juli 1926 bis zum 16. Februar 1928 abgegebenen Erklärungen die Tragweite hätte erhalten wollen, die sich aus der damaligen umstrittenen Fassung ergeben mochte, und wenn er die neu geordnete Wirkung nur neuen Erklärungen vorbehielt, so hätte es nahe gelegen, nach dem Beispiel des Gesetzes von 1926 die Wirkungen zeitlich abzugrenzen. Übernahm statt dessen das Gesetz von 1928 das zurückliegende Datum des 15. Juli 1926, das für die Abgrenzung gegenüber dem Zustand vor dem Änderungsgesetz von 1926 kaum noch Bedeutung haben konnte, so rechtfertigt das die Annahme, daß das Gesetz von 1928 sich an die Stelle des Gesetzes von 1926 setzt und dessen Fassung neu gestaltet.

Ob diese Annahme einer authentischen Auslegung auch die Einwirkung auf Rechtsverhältnisse zuläßt, die im Sinne des früheren Gesetzeswortlauts abgewickelt sind, ist eine Frage, die nur nach der Lage des besonderen Falles und nach der Tragweite beurteilt werden kann, die der gesetzlichen Erläuterung beizumessen ist (RGZ. Bd. 94 S. 162). Der vorliegende Sachverhalt gibt zu Bedenken dieser Art keinen Anlaß.

---

48. Können Beamte einer Landesversicherungsanstalt, die auf deren Wunsch und in deren Interesse seit April 1923 ihr Gehalt bei Fälligkeit nicht auf einmal, sondern nach und nach je nach Bedarf abhoben, Ersatz der durch das Stehenlassen von Gehaltsteilen und durch den Währungsverfall erlittenen Geldwertverluste im Wege der Aufwertung verlangen?

BGB. § 242. AufwG. §§ 63, 65. Vo. v. 12. Dezember 1923 Art. 7.

III. Zivilsenat. Urt. v. 7. Mai 1929 i. S. Gr. u. Gen. (Kl.) w. Landesversicherungsanstalt Sch. (Bekl.). III 392/28.

I. Landgericht Breslau.
II. Oberlandesgericht daselbst.

Die Kläger sind Beamte der verklagten Landesversicherungsanstalt und waren es schon zu Beginn des Jahres 1923. Die Beklagte entnimmt die Mittel zur Deckung der Verwaltungskosten, insbesondere auch zur Zahlung der Beamtengehälter, im wesentlichen den Versicherungsbeiträgen. Da Anfang 1923 infolge der Inflation die Ausgaben ziffermäßig immer mehr anschwollen, reichten zu ihrer Deckung die Beitragseinnahmen wegen ihres späten Eingangs nicht mehr aus. Die Beklagte sah sich deshalb gezwungen, Kredite in Anspruch zu nehmen. Sie beschloß, in der Beamtenschaft anzuregen, die nicht alsbald benötigten Gehaltsbeträge bei der Hauptkasse der Beklagten zu belassen. In einer daraufhin einberufenen Versammlung, an der von der Beamtenschaft mehrere Mitglieder des Beamtenausschusses teilnahmen, wurde dieser Vorschlag bekanntgegeben und betont, daß die Beschaffung der für eine sofortige Auszahlung der Gehälter erforderlichen Mittel zwar nicht unmöglich sei, der Beklagten jedoch erhebliche Schwierigkeiten bereite, zu deren Überwindung die Beamtenschaft helfen könne, wenn sie sich auf das vorgeschlagene Verfahren einlasse. Nachdem die überwiegende Mehrheit der Beamten zugestimmt hatte, erließ der Vorstand der Beklagten am 11. April 1923 eine Anordnung, deren wesentliche Teile wie folgt lauten:

Aus praktischen Gründen verschiedener Art soll denjenigen Beamten und Beamtenanwärtern, die ihre Gehaltsbezüge vierteljährlich oder monatlich im voraus beziehen, Gelegenheit gegeben werden, ihre Gehaltsbezüge bei der Hauptkasse der Landesversicherungsanstalt verzinslich anzulegen.

Es wird daher folgendes angeordnet:

1. Die Endsummen der nach den Gehaltslisten den in Betracht kommenden Beamten und Beamtenanwärtern zustehenden Gebührnisse (Nachzahlungen usw.) werden bei der Hauptkasse in Einnahme auf ein gemeinsames Konto „Beamtengehaltsguthaben" übernommen. Die von den Beamten usw. abgeforderten Beträge erscheinen auf diesem Konto in Ausgabe.
2. Für jeden Beamten usw. wird ein Einzelkonto in Form einer Kartothek (sogenanntes fliegendes Konto) eröffnet, das das Guthaben des Betreffenden jederzeit erkennen läßt.

. . .

5. Einzahlungen auf das Gehaltskonto können weder von dem Inhaber noch von Dritten erfolgen.

. . .

7. Der dem Gehaltskonto überwiesene Betrag gilt als „tägliches" Geld. Seine Verzinsung erfolgt bis auf weiteres in Höhe des jeweils von der Reichsbank für Reichsschatzanweisungen mit mehr als 30tägiger Zahlungsfrist festgesetzten Zinsfußes, zurzeit und bis Ende Juni dieses Jahres mit 11%. Die Erhöhung oder Herabsetzung des Zinsfußes findet durch mich statt.

. . .

8. Die aufgelaufenen Zinsen werden den Konten am 30. Juni und 31. Dezember jeden Jahres gutgeschrieben. . . .

Ich hoffe, daß von der getroffenen, Vorteile bietenden Einrichtung allgemeiner Gebrauch gemacht wird. . . .

Die Kläger folgten, ebenso wie der größte Teil der anderen Beamten, dem vorstehend ausgesprochenen Wunsche. Es wurden ihnen demgemäß die nicht am Fälligkeitstag zur Barzahlung kommenden Gehaltbeträge auf einem besonderen Konto gutgeschrieben. Sie verlangen nunmehr aufgewertete Auszahlung der mit der verspäteten Gehaltsabhebung verbunden gewesenen Geldentwertungsverluste. Der von den Klägern zunächst angerufene Bezirksausschuß hat ihren Antrag, die Verpflichtung der Beklagten zu dieser Nachzahlung festzustellen, zurückgewiesen, weil es sich um einen Darlehensanspruch handle, die Zuständigkeit des Bezirksausschusses also nicht gegeben sei. Mit fristgerecht erhobener Klage haben die Kläger Zahlung von insgesamt 8463,42 RM. nebst angemessenen Zinsen seit dem 20. November 1923 — der Festigung der Mark — verlangt.

Das Landgericht gab der Klage statt. Das Oberlandesgericht billigte den Klägern unter Abweisung ihrer Mehrforderung nur 15% der begehrten Vollaufwertung nebst 6% Zinsen seit Klagezustellung zu. Auf die Revision der Kläger und die Anschlußrevision der Beklagten wurde die Sache zur anderweiten Verhandlung an das Berufungsgericht zurückverwiesen.

Gründe:

Zutreffend geht das Oberlandesgericht davon aus, daß die Kläger durch die zeitweilige Belassung von Gehaltsteilen in der Kasse der Beklagten ihren öffentlichrechtlichen Gehaltsanspruch weder aufgegeben noch sonst verloren und ihn seines ursprünglichen Rechtscharakters nicht entkleidet haben. Wie die Entstehungsgeschichte der Anordnung vom 11. April 1923 und diese selbst ergibt, beabsichtigten weder die Kläger noch die Beklagte, über die nicht abgehobenen Gehaltsreste miteinander privatrechtliche Darlehensverträge einzugehen. Aus der Anlage von Gehaltskonten, auf die nicht einmal die Konteninhaber, geschweige denn Dritte etwas einzahlen durften, sowie aus einzelnen Wendungen der genannten Anordnung das Gegenteil zu folgern, geht nicht an. Als ganzes war sie nach Form und Inhalt ein einseitiger öffentlichrechtlicher Verwaltungsakt, der den Beamten anheimgab, ihre Gehälter im Interesse der Beklagten nicht schon am Fälligkeitstag auf einmal, sondern je nach Bedarf nach und nach abzuheben, und der die Aufforderung dazu (um sie, wie das Berufungsgericht ausdrücklich betont, den Beamten „schmackhafter zu machen") mit der öffentlichrechtlichen Zusage einer Verzinsung der stehengebliebenen Beträge verband. Im übrigen enthält sie nur Anweisungen zur bürotechnischen und buchmäßigen Durchführung der neuen Einrichtung.

Wegen des öffentlichrechtlichen Charakters der Anordnung fallen die Ansprüche der Kläger auch nicht unter die §§ 63 oder 65 AufwG. Ansprüche aus laufender Rechnung, von denen § 65 spricht, setzen eine privatrechtliche Vereinbarung zwischen Kaufleuten oder Nichtkaufleuten voraus, ihre Geschäftsverbindung kontokorrentähnlich, d. h. dergestalt zu regeln, daß das Ergebnis periodischer Abrechnungen eine selbständige, von der ursprünglichen Leistungsschuld losgelöste Forderung erzeugen soll. An einer solchen privatrechtlichen Vereinbarung fehlt es aber hier, abgesehen davon, daß periodische Abrechnungen überhaupt nicht stattgefunden haben.

Soweit die Beamten von der neuen Einrichtung Gebrauch machten, blieb die Beklagte also, wenn auch nicht schuldhaft, so doch auf ihren Wunsch und in Wahrnehmung eigener Interessen mit der Zahlung von Gehaltsteilen im Rückstand. Fällige, während der Inflationszeit rückständig gebliebene Gehaltsbeträge unterliegen aber der Aufwertung, und zwar der sog. freien Aufwertung nach Maßgabe der auch im öffentlichen Recht geltenden Grundsätze von Treu und Glauben, wie sie im bürgerlichen Recht auf Grund des § 242 BGB. zur Anwendung zu bringen sind. Diese Aufwertung wird nach der ständigen Rechtsprechung des Reichsgerichts auch durch Art. 7 der Verordnung vom 12. Dezember 1923 (RGBl. I S. 1181) nicht ausgeschlossen (RGZ. Bd. 109 S. 127, Bd. 112 S. 105; JW. 1927 S. 450 Nr. 16). Die Verneinung eines Aufwertungsverzichts und einer Aufwertungsverwirkung läßt sich rechtlich nicht beanstanden. Mit Unrecht vermißt die Revision die Begründung dieses Ausspruchs. Sie ergibt sich aus der Natur der Sache. Die Annahme, daß die vorbehaltlose Abhebung der rückständigen Gehälter noch im Jahre 1923 keinen Verzicht auf spätere Aufwertung enthält, steht mit der Rechtsprechung des Reichsgerichts in Einklang, und der im privaten Rechtsverkehr geltende Grundsatz, daß eine ungebührliche Verzögerung der Geltendmachung eines Aufwertungsanspruchs als gegen Treu und Glauben verstoßend unter Umständen dessen Verwirkung zur Folge habe, findet auf öffentlichrechtliche Gehaltsansprüche gegenüber dem Staat oder sonstigen öffentlichrechtlichen Körperschaften keine Anwendung. Vorstehende Ausführungen lassen, wenn man zunächst von dem später zu erörternden Zinsenpunkt absieht, die Angriffe der Anschlußrevision in der Hauptsache als unbegründet erscheinen.

Was den Aufwertungsbetrag anlangt, so hat das Oberlandesgericht den Klägern 15% der verlangten Vollaufwertung zugesprochen, weil die Beklagte infolge des Währungsverfalles „offenbar" gewaltige Vermögensverluste erlitten habe und weil die Kläger auch bei rechtzeitiger Auszahlung der Gehälter sie nur in geringem Maße der Geldentwertung hätten entziehen können. Was das Berufungsgericht über die Verluste der Beklagten sagt, steht aber mit den gegnerischen Behauptungen über ihre Vermögenslage in unlöslichem Widerspruch. Eine Auseinandersetzung mit diesen — rechtlich erheblichen — Behauptungen hat nicht stattgefunden, ist aber unbedingt erforderlich, um einen gerechten Ausgleich der beiderseitigen Interessen zu finden. Die zweite Erwägung des Berufungsgerichts widerstreitet allgemeinen Lebenserfahrungen. Schon im Frühjahr 1923 suchte fast jeder Beamte die nicht unbedingt zur Befriedigung der Nahrungsbedürfnisse notwendigen Teile des Gehalts möglichst schnell in Sachwerte umzusetzen. Ist also das, was der Berufungsrichter zur Begründung des auffallend geringen Aufwertungssatzes ausführt, nicht geeignet, das angefochtene Urteil in dieser Hinsicht zu tragen, so hat er außerdem auch folgende wesentliche Punkte übersehen.

Bei jeder Aufwertung ist von der Eigenart des in Rede stehenden Rechtsverhältnisses und Schuldgrundes auszugehen, die dem Einzelfall sein Gepräge gibt. Von diesem Ausgangspunkt aus ist zu ermitteln, welchen Aufwertungsmaßstab Treu und Glauben und die Verkehrssitte unter billiger Rücksichtnahme auf die Interessen beider Teile als angemessen erscheinen lassen. In bezug auf ihn lassen sich rückständige Beamtengehälter mit rückständigen Kaufpreis-, Werklohn- oder ähnlichen Forderungen des Wirtschaftsverkehrs nicht auf gleiche Stufe stellen. Für die Kläger handelt es sich nicht eigentlich um eine Aufwertung im gewöhnlichen Sinne, sondern um eine Umrechnung der verspätet ausgezahlten Gehälter in ihre in Wirklichkeit geschuldeten Geldwerte. Beamtengehälter sind nicht Entgelt für geleistete Dienste, sondern werden gewährt in Erfüllung der öffentlichrechtlichen Pflicht der gerade in Frage kommenden öffentlichrechtlichen Körperschaft, für einen angemessenen Lebensunterhalt ihrer Beamten Sorge zu tragen. Um ihn zu ermöglichen, pflegt die Körperschaft nach Maßgabe einer Besoldungsordnung jedem Beamten einen bestimmten Geldbetrag auszuwerfen. Hat dieser zwischen Fälligkeit und Auszahlung infolge Währungsverfalls dermaßen an Wert verloren, daß er den mit seiner Entrichtung angestrebten Zweck nicht mehr erfüllen kann, so ist es eine aus dem Treuverhältnis zwischen Beamten und Körperschaft sich ergebende Pflicht der letzteren, ihn nunmehr so zu bemessen oder aufzufüllen, daß er annähernd zur Beschaffung derjenigen Werte ausreicht, zu deren Beschaffung er zur Zeit der Fälligkeit ausgereicht hätte. Ob und wieweit ein etwaiger Annahmeverzug der Beamten die Körperschaft von dieser Pflicht befreien würde, kann dahingestellt bleiben. Denn von einem solchen kann im gegebenen Falle keine Rede sein, da die Nichtabhebung kleinerer oder größerer Gehaltsteile, wie schon hervorgehoben, lediglich dem Wunsche und den Interessen der Beklagten entsprach. Die Kläger wollen also mit ihrem Aufwertungsanspruch nichts anderes erreichen als die Auszahlung des ihnen für die Fälligkeitstage gesetzlich gewährleisteten Gehalts in dem Werte, den der Gesetzgeber zur Zeit der Fälligkeit zur angemessenen Lebenshaltung für erforderlich erachtete. Dabei ist allerdings zu berücksichtigen, daß die Beamten durch die sog. Nachzahlungen innerhalb einer Gehaltsperiode schon einen gewissen Ausgleich der Geldentwertung erhalten haben (JW. 1927 S. 450 Nr. 16). Diesem Verlangen widerstreitet nicht der Rechtssatz „in praeteritum non vivitur“. Das Gehalt dient nicht nur zur Befriedigung der täglichen Nahrungsbedürfnisse, sondern auch zur Anschaffung von Kleidern, Wäsche, Möbeln und sonstigen zur Lebenshaltung nötigen Gegenständen. Wenn sich die Kläger nach dieser Richtung im Interesse der Beklagten, um ihr die Aufnahme teurer Bankkredite zu ersparen und die Verwendung der zurückbehaltenen Gehaltsteile zur Bestreitung anderer notwendiger Ausgaben zu ermöglichen, zeitweise auf das Nötigste beschränkt haben, so darf die Beklagte dieses Entgegenkommen nicht zu ihrem Vorteil und zum Nachteil der Beamten ausnutzen. Deshalb ist die Behauptung der Anschlußrevision, die Tatsache der Nichtabhebung von Gehaltsteilen spreche gegen die Annahme, daß die Kläger sie, wenn sie die Beträge am Fälligkeitstag erhalten hätten, in Sachwerten angelegt haben würden, abwegig, unschlüssig und nicht geeignet, das Aufwertungsverlangen zu Fall zu bringen.

Dagegen können die Kläger nicht neben der Aufwertung noch Verzinsung der Aufwertungssumme fordern, ebensowenig Zahlung von Prozeßzinsen. Einem solchen Anspruch steht Art. 7 der Verordnung vom 12. Dezember 1923 entgegen. Ein privatrechtliches Zinsversprechen, auf das die Revision ihn zu stützen sucht, liegt, wie schon betont, nicht vor. Soweit aber eine öffentlichrechtliche Verzinsungspflicht der Beklagten aus der Anordnung vom 11. April 1923 herzuleiten ist, endete sie nach deren Wortlaut, Sinn und Zweck mit der — unstreitig noch im Jahre 1923 erfolgten — endgültigen Abhebung der Papiermarkgehälter.

Das angefochtene Urteil war also aufzuheben. Das Berufungsgericht wird die Frage der Aufwertungshöhe an Hand vorstehender Richtlinien und unter Berücksichtigung der wirtschaftlichen Leistungsfähigkeit der Beklagten noch einmal zu prüfen haben. Der von der Revision zu ihren Gunsten in Anspruch genommene § 1402 RVO. hat als für die Entscheidung dieses Rechtsstreits unerheblich bei Beurteilung der Rechtslage auszuscheiden. ...

---

49. Über den Umfang der Vorschußpflicht des Versicherers nach § 150 des Gesetzes über den Versicherungsvertrag.

VII. Zivilsenat. Urt. v. 14. Mai 1929 i. S. H. Allg. Versicherungs-AG. (Kl.) w. S. (Bekl.). VII 63/29.

I. Landgericht II Berlin.
II. Kammergericht daselbst.

Die Klägerin hatte mit dem Beklagten für 5 Jahre vom 14. Oktober 1924 ab eine „kombinierte Automobilversicherung", auf Fahrzeug- und auf Haftpflichtversicherung, abgeschlossen, wobei die Haftpflicht-Versicherungssumme für Tötung oder Verletzung eines oder auch mehrerer Menschen durch dasselbe Ereignis auf 150000 RM. festgesetzt worden war. Im Januar 1925 ereignete sich ein Zusammenstoß zwischen dem vom Beklagten gelenkten versicherten Wagen und einem Autobus, wobei eine größere Zahl von Personen zu Schaden kam. Diese gingen mit Klagen auf Schadensersatz in Höhe von zusammen rund 500000 RM. gegen den Beklagten vor. Beide Prozeßparteien halten diese Ansprüche für unbegründet und der Beklagte hat sich auf Veranlassung der Klägerin auf die Prozesse eingelassen und überall Klagabweisung beantragt. Der Beklagte verlangt von der Klägerin Zahlung der für die Führung dieser

Prozesse erforderlichen Vorschüsse, die sie ihm in voller Höhe ohne Rücksicht auf die Versicherungssumme von 150000 RM. zu leisten habe. Die Klägerin hält sich dagegen zur Leistung von Vorschüssen nur soweit für verpflichtet, als sich solche bei einem Rechtsstreit über 150000 RM. auf Klage eines Geschädigten ergeben würden, und hat nur in diesem Umfang Zahlung geleistet. Sie verlangt die Feststellung, daß auf Grund der abgeschlossenen Haftpflichtversicherung ihre Verpflichtung, Prozeßkosten für Rechtsstreitigkeiten aus einem und demselben Unfall vorzuschießen, auf Vorschüsse entsprechend einem Streitobjekt von insgesamt nicht mehr als 150000 RM. beschränkt sei. Die Vorinstanzen wiesen die Klage ab. Auch die Revision der Klägerin blieb erfolglos.

Gründe:

Das Kammergericht hat von einer Berücksichtigung des Gesetzes über den Versicherungsvertrag und der allgemeinen Grundsätze der Haftpflichtversicherung abgesehen und seine Entscheidung allein auf die zwischen den Parteien vereinbarten Vertragsbedingungen gestützt, besonders auf Nr. III 1 und 2 des Antrags und auf § 1 Abs. 1 und 2, sowie § 3 Abs. 1 der „Allgemeinen Haftpflicht-Versicherungsbedingungen für Halter von Kraftfahrzeugen". Daß die von der Klägerin bei anderen Verträgen zugrundegelegten abweichenden Allg. Versicherungsbedingungen für unbeachtlich erklärt worden sind, ist unbedenklich richtig. Dagegen vermag der erkennende Senat nicht zuzustimmen der Auslegung der vertraglichen Bestimmungen, die er selbständig nachzuprüfen hat, weil es sich um sog. typische Vertragsbedingungen handelt. Allerdings sind in § 1 Abs. 2 der Allg. Haftpflicht-Versicherungsbedingungen deutlich die beiden allgemein üblichen und auch hier offensichtlich von den Vertragsteilen gewollten Seiten des Versicherungsschutzes bei der Haftpflichtversicherung hervorgehoben: die Befriedigung begründeter, wie auch die Abwehr unbegründeter Ansprüche. Ersteres bedeutet die Versicherung gegen den wirklich eingetretenen eigentlichen Haftpflichtschaden, letzteres eine Art Rechtsschutzversicherung, zu der, wie das Kammergericht zutreffend annimmt und die Klägerin grundsätzlich nicht bestreitet, namentlich die Leistung der erforderlichen gerichtlichen und anwaltlichen Vorschüsse für die gegen den Beklagten als Haftpflichtigen eingeleiteten Prozesse gehört. Wenn nun auch in diesem § 1 Abs. 2 nicht von einer Versicherungssumme die Rede ist, der § 3 Abs. 1 der

Allg. Haftpflicht-Versicherungsbedingungen aber, wie auch die Nr. III 1 und 2 des Antrags, ihrem Wortlaut nach sich nur auf den eigentlichen Haftpflichtschaden, auf die dem oder den Dritten auf Grund der Haftpflicht des Beklagten zu gewährenden Beträge beziehen, nicht dagegen auf die Verpflichtung der Klägerin zur Rechtsschutzgewährung, so ist doch die Vereinbarung einer bestimmten Versicherungssumme als Höchstgrenze der Verpflichtung der Klägerin, wie sie hier vorliegt, nach Treu und Glauben im Verkehr auf beide Seiten der abgeschlossenen Versicherung zu erstrecken. Denn wenn sich einmal die Vertragsparteien bei der Wahl zwischen einer unbeschränkten und einer der Höhe nach beschränkten Haftpflichtversicherung für letztere entscheiden, so ist anzunehmen, daß sie diese Beschränkung für das ganze Vertragsverhältnis gewollt haben.

Der abgeschlossene Vertrag ist aber durch die Bestimmungen des Versicherungsvertrags-Gesetzes zu ergänzen, soweit in ihm nicht eine vom Gesetz abweichende Regelung erfolgt ist, und in dieser Beziehung kommt § 150 VVG. in Betracht. Nach dieser Vorschrift, die sich als eine für die Haftpflichtversicherung besonders geregelte Anwendung der §§ 62, 63 des Gesetzes darstellt, umfaßt die Versicherung die gerichtlichen und außergerichtlichen Kosten, die durch die Verteidigung gegen den von einem Dritten geltendgemachten Anspruch entstehen, soweit die Aufwendung der Kosten den Umständen nach geboten ist. Und zwar gilt dies auch dann, wenn sich der Anspruch als unbegründet erweist. Die Versicherung umfaßt also für den Fall des Unterliegens des Versicherungsnehmers die gerichtlichen, die eigenen und die dem Gegner zu erstattenden Kosten, und für den Fall des Obsiegens die eigenen Kosten einschließlich der Gerichtskostenvorschüsse, falls deren Erstattung durch den Gegner nicht zu erlangen ist. Soweit aber auf solche Kosten schon im Laufe des oder der Prozesse Zahlungen zu leisten sind, hat der Versicherer nach dem Schlußsatz des § 150 Absatz 1 die Kosten auf Verlangen des Versicherungsnehmers vorzuschießen. Dies gilt unbeschränkt, wenn keine Versicherungssumme bestimmt ist. Ist dagegen eine Versicherungssumme vereinbart, so hat nach Absatz 2 Satz 1 der Versicherer Kosten, die in einem auf seine Veranlassung geführten Rechtsstreit entstehen, auch insoweit zu ersetzen, als sie zusammen mit der übrigen Entschädigung die Versicherungssumme übersteigen. Daraus ergibt sich, daß, wenn der Versicherungsnehmer den oder die Prozesse nur auf Grund eigenen Entschlusses führt, die vereinbarte Versicherungssumme die Grenze der Verpflichtung des Versicherers für die an Dritte zu zahlenden Entschädigungen und der Kosten der oben erwähnten Art zusammengenommen bildet. Dagegen besteht trotz der vereinbarten Versicherungssumme eine solche Beschränkung nicht, wenn der Versicherungsnehmer die Prozesse auf Veranlassung der Versicherers führt, wie es vorliegend der Fall ist, wo sich der Beklagte auf alle aus Anlaß des Zusammenstoßes vom Januar 1925 gegen ihn angestrengten Klagen auf Veranlassung der Klägerin eingelassen hat. In einem solchen Falle würde allerdings der Versicherer für die Entschädigungen selbst, die durch rechtskräftige Urteile zu Lasten des Versicherungsnehmers dritten Personen zugesprochen werden, nur bis zur Höhe der vereinbarten Versicherungssumme haften. Für alle Kosten, die dem Versicherungsnehmer zur Last fallen, hätte er aber in vollem Umfang einzustehen, auch über die Versicherungssumme hinaus, und er kann deshalb auch in einem solchen Falle in keiner Weise eine Beschränkung seiner Vorschußpflicht bezüglich der Kosten geltendmachen. Aber auch wenn sich der Versicherungsnehmer nur aus eigenem Antrieb auf Rechtsstreitigkeiten einläßt, ist die Verpflichtung des Versicherers zur Kostentragung und insbesondere auch zur Vorschußzahlung erst dann erschöpft, wenn durch seine Zahlungen die Versicherungssumme erreicht ist. Denn die beiden Seiten der Haftpflichtversicherung sind nicht etwa so zu bewerten, daß im Interesse der Dritten die Verpflichtung des Versicherers zum Einstehen für den eigentlichen Haftpflichtschaden den Vorrang vor der Rechtsschutzversicherung zu beanspruchen hätte. Trotz der Vorschriften in §§ 156, 157 VVG. wird eine Haftpflichtversicherung durchaus im Interesse des Versicherungsnehmers, nicht im Interesse der Dritten abgeschlossen. Mit der Rechtsschutzseite der Haftpflichtversicherung will aber der Versicherungsnehmer die Nachteile von seinem Vermögen abwehren, die schon aus der Geltendmachung von Haftpflichtansprüchen gegen ihn erwüchsen, wenn er zur Verteidigung gegen solche Ansprüche Aufwendungen aus eigener Tasche machen müßte. Diese Aufwendungen drücken ihn zunächst; von ihnen hat ihn deshalb der Versicherer zuerst freizustellen. Es ist rechtlich nicht zutreffend, daß die Verpflichtung des Versicherers auch nur in einem solchen Falle, wo der Versicherungsnehmer den oder die Prozesse aus eigenem Entschlusse führt, auf Vorschußzahlungen entsprechend einem Streitgegenstand in Höhe der vereinbarten Versicherungssumme zu beschränken wäre.

Da keine Vertragsbestimmung die Ergänzung des zwischen den Parteien abgeschlossenen Versicherungsvertrags durch den § 150 VVG. ausschließt, erscheint für beide Fälle (sowohl für die vom Beklagten auf Veranlassung der Klägerin im Anschluß an den Zusammenstoß vom Januar 1925 oder etwaige spätere Haftpflichtfälle geführten Rechtsstreitigkeiten, wie auch für etwaige von ihm nach anderweitigen Haftpflichtfällen aus eigener Entschließung geführte Prozesse) der Feststellungsantrag der Klägerin nicht gerechtfertigt.

---

50. 1. Schließt das in § 36 RGewO. für die sog. Urkundsmessungen (Messungen mit erhöhter Glaubwürdigkeit und rechtlicher Beachtlichkeit) aufgestellte Erfordernis der Ausführung durch vereidigte selbständige Landmesser aus, daß den von kommunalen Vermessungsämtern durch beamtete Landmesser für Private vorgenommen Vermessungsarbeiten der gleiche privilegierte Charakter zukommt?

2. Begeht die ein Vermessungsamt unterhaltende Kommunalbehörde gegenüber den vereidigten selbständigen Landmessern einen Verstoß wider § 1 oder § 3 UWG., wenn sie für Privatpersonen Messungen ausführen läßt oder sich solchen Personen gegenüber zur Vornahme von Messungen erbietet, bei denen es auf den privilegierten Charakter der Arbeit ankommt?

II. Zivilsenat. Urt. v. 10. Mai 1929 i. S. Landkreis D. (Bekl.) w. Verband selbständiger vereidigter Landmesser u. Gen. (Kl.). II 459/28.

I. Landgericht Düsseldorf.
II. Oberlandesgericht daselbst.

Der verklagte Landkreis unterhält ein Vermessungsamt, das unter der Leitung des als Kreisbeamter angestellten vereidigten Landmessers W. steht. Dieser hat die gesetzlichen Voraussetzungen für die Vorbildung zu seinem Beruf erfüllt, und der Landkreis hat ihm die Amtsbezeichnung „Oberlandmesser" verliehen. Das Vermessungsamt erledigt durch seinen Leiter nicht nur Vermessungsarbeiten, die für den Landkreis erforderlich sind, sondern gegen Vergütung auch solche, die dem Amt von Dritten übertragen werden. Die Gebühren hierfür fließen in die Kreiskasse.

Der klagende Verband, der satzungsgemäß den Schutz der Berufsinteressen selbständiger vereidigter Landmesser verfolgt, und der Zweitkläger fordern Verurteilung des Landkreises zur Unterlassung, solche Handlungen eines Landmessers, denen die Vorschriften der Gesetze eine besondere Glaubwürdigkeit beilegen oder an die sie besondere rechtliche Wirkungen knüpfen, für dritte Personen durch einen von ihm angestellten Beamten ausüben zu lassen. Hilfsweise verlangen die Kläger, der Landkreis habe es zu unterlassen, sich zur Vornahme derartiger Arbeiten und Handlungen durch öffentliche Bekanntmachung zu erbieten und solche Handlungen zu anderen Tarifsätzen als denen der selbständigen vereidigten Landmesser ausführen zu lassen. Sie sind der Ansicht, daß die im § 36 Abs. 2 RGewO. hervorgehobene erhöhte Glaubwürdigkeit nur Messungen zukomme, die von vereidigten selbständigen Landmessern ausgeführt werden, und daß deshalb solche Messungen, sog. Urkundsmessungen, nicht von beamteten Landmessern ausgeführt werden dürften, soweit es sich nicht um Messungen innerhalb ihres amtlichen Geschäftsbereichs, sondern um die Ausführung von Aufträgen Dritter handle. Insoweit stehe daher den vereidigten selbständigen Landmessern ein ausschließliches Recht auf die Erledigung solcher Arbeiten zu. Die Kläger erblicken in dem beanstandeten Verhalten des Beklagten einen widerrechtlichen Eingriff in den Gewerbebetrieb der selbständigen vereidigten Landmesser (§§ 823, 826 BGB.), außerdem einen Verstoß gegen das Wettbewerbsgesetz, da der Beklagte im Publikum fälschlicherweise den Eindruck erwecke, als ob die von seinem Vermessungsamt für Dritte vorgenommenen Messungen mit der in § 36 Abs. 2 RGewO. vorgesehenen besonderen Glaubwürdigkeit ausgestattet seien. Zur Begründung des Hilfsantrags machen die Kläger geltend, daß die vom Beklagten für die Übernahme von Vermessungsarbeiten für Dritte veranstaltete Reklame sowie die Verwendung der Bezeichnungen „Kreisausschuß", „Kreisvermessungsamt", „Oberlandmesser" für diese Reklame und auf den für Dritte angefertigten Lageplänen einen Mißbrauch des behördlichen Ansehens darstelle und daher nicht nur den Anschein eines besonders günstigen Angebots bewirke, sondern auch gegen die guten Sitten verstoße. Endlich finden die Kläger darin, daß der Beklagte für die beanstandeten Messungsarbeiten niedrigere Gebühren berechne als die selbständigen Landmesser, einen Verstoß gegen das Wettbewerbsgesetz. Der Beklagte hatte zunächst den Einwand der Unzulässigkeit des Rechtswegs erhoben. Diese Frage ist durch Urteil des erkennenden Senats vom 13. April 1926 (RGZ. Bd. 116 S. 1) zugunsten der Kläger entschieden worden. In der Sache selbst hat das Landgericht die Klage abgewiesen, dagegen hat das Berufungsgericht dem Beklagten verboten: bei Ankündigung oder Vornahme von urkundlichen Messungen für Dritte die Bezeichnungen „Kreisausschuß", „Kreisvermessungsamt" und „Oberlandmesser" zu verwenden und dabei auf die Anwendung des besonders billigen Katastergebührentarifs hinzuweisen. Im übrigen verblieb es bei der Entscheidung des ersten Richters.

Beide Teile legten Revision ein. Diejenige der Kläger war erfolglos. Die Revision des Beklagten dagegen führte zur Abweisung der Klage in vollem Umfang.

I. Zur Revision der Kläger:

Die Hauptfrage des Rechtsstreits ist die, ob, wie die Kläger behaupten, durch § 36 GewO. nur den Vermessungsarbeiten der Landmesser, soweit sie vereidigt und damit im Sinne dieser Gesetzesvorschrift „öffentlich angestellt" sind (RGZ. Bd. 79 S. 85, RGSt. Bd. 17 S. 293, Bd. 18 S. 40; Landmann Komm. z. GewO. § 36 Note 7 Abs. 3), d. h. der vereidigten selbständigen Landmesser das Privileg der erhöhten Glaubwürdigkeit und der rechtlichen Beachtlichkeit beigelegt und ob damit diesen Landmessern tatsächlich ein Monopol zur Vornahme der sog. Urkundsmessungen für Private verliehen ist. Der Beklagte meint, nicht nur den Arbeiten der vereidigten selbständigen Landmesser, für welche die Reichsgewerbeordnung gelte, sondern auch den Arbeiten der von kommunalen Körperschaften eingerichteten Vermessungsämter, welche diese Arbeiten zur Erledigung von Aufträgen Dritter durch beamtete Landmesser ausführten, komme jenes Privileg zu, falls die beamteten Landmesser die gesetzlichen Voraussetzungen für die Vorbildung zu ihrem Beruf erfüllten; denn die Behörden als solche seien ohne weiteres der Glaubwürdigkeit für ihre Handlungen teilhaftig. Das Berufungsgericht verneint das Bestehen des von den Klägern für die Arbeiten der selbständigen vereidigten Landmesser in Anspruch genommenen ausschließlichen Vorzugsrechts. Es geht auf die geschichtliche Entwicklung des Landmesserstandes ein und bemerkt, daß ursprünglich gemäß den Reskripten vom 31. Januar und 26. Oktober 1820 sowie der Anweisung zur Ausführung der Gewerbeordnung vom 21. Juni 1869 unter Nr. 9 (Anl. a der Zirkularverfügung vom 4. September 1869 im MinBl. für die innere Verwaltung S. 202) sämtliche Landmesser nach bestandener Prüfung als Beamte vereidigt worden seien. Durch den Zirkularerlaß des Staatsministeriums vom 9. Juni 1883 ist nach der weiteren Feststellung des Berufungsgerichts diese Bestimmung dahin abgeändert, daß die eidliche Verpflichtung eines Landmessers als Beamten nur dann erfolgen solle, wenn er von einer Staatsbehörde als solcher verpflichtet und angestellt werde. Die Vereidigung der übrigen geprüften Landmesser beziehe sich nur noch auf die „Beobachtung der bestehenden Vorschriften" (vgl. § 36 GewO.). Nach § 30 der „Geschäftsanweisung für die Prüfungskommission für Landmesser" habe der Kandidat nach bestandener Prüfung seine eidliche Verpflichtung als Landmesser unter Vorlegung der Bestallung und des Prüfungszeugnisses bei derjenigen Staatsbehörde nachzusuchen, in deren Dienst er trete, oder bei derjenigen Provinzialbehörde, in deren Bezirk er das Landmessergewerbe ausüben wolle.

Das Berufungsgericht nimmt an, die Vorschrift des § 36 Abs. 2 GewO. über die erhöhte Glaubwürdigkeit von Arbeiten der Landmesser beziehe sich nur auf den Fall, daß die Vermessungen von selbständigen, d. h. von gewerblich tätigen Landmessern vorgenommen würden; für diesen Fall mache die Vorschrift das Privileg der erhöhten Glaubwürdigkeit von der Vornahme durch beeidigte Landmesser abhängig. Weiter ist der Vorderrichter der Ansicht, diese Vorschrift betreffe nicht die Frage, wie in dieser Beziehung Vermessungen zu behandeln seien, die von Vermessungsämtern öffentlicher Körperschaften durch beamtete Landmesser für Dritte vorgenommen würden. Deshalb ist nach Ansicht des Berufungsgerichts durch diese Vorschrift kein Privileg des behaupteten Inhalts für die Arbeiten der selbständigen gewerbetreibenden Landmesser gegenüber denen der beamteten Landmesser auf Grund von Privataufträgen gegeben.

Die Revision meint, das Berufungsgericht habe die geschichtliche Entwicklung des Landmesserstandes nicht richtig dargestellt. Der Landmesser sei vor Inkrafttreten der Reichsgewerbeordnung nicht Beamter im jetzigen Sinne des Wortes gewesen, sondern freier Gewerbetreibender, dessen Glaubwürdigkeit durch die Beeidigung als

Beamter nur habe erhöht werden sollen. Die Einrichtung der öffentlich angestellten Landmesser sei durch die Gewerbeordnung geschaffen worden. Die öffentliche Anstellung könne daher nur solchen Personen verliehen werden, die diesem Gesetz unterständen, mithin nur selbständigen gewerbetreibenden Landmessern. Zwar seien auch die Beamten des Landmesserstandes zum Teil auf Grund des § 36 a. a. O. öffentlich angestellt, d. h. auf die Beobachtung der Vorschriften beeidigt worden, so z. B. die Beamten des Katasteramts. Aber ihre für Dritte ausgeführten Arbeiten seien in den Geschäftsanweisungen ausdrücklich als amtliche Arbeiten der Katasterverwaltung bezeichnet, jedoch unter Hinweis darauf, daß sie genau wie bisher auch durch vereidigte öffentlich angestellte Landmesser ausgeführt werden dürften. Die hier in Betracht kommenden Arbeiten dagegen seien weder amtliche Arbeiten noch selbständige Arbeiten der Beamten im Nebenberuf, sondern nichtamtliche Arbeiten einer Amtsstelle. Die Berechtigung zu solchem Betrieb hätte durch Gesetz oder Verordnung geschaffen werden müssen. Daran fehle es; insbesondere bestehe auch kein Anhalt dafür, daß die Ausführung von Fortschreibungs-Vermessungen oder von anderen Urkundsmessungen zum Geschäftskreis irgendeiner Behörde außer der Katasterverwaltung gehöre, sie gehöre also sicher auch nicht zum Geschäftskreis einer Kommunalbehörde. Die Ausführung von Fortschreibungs-Vermessungen durch andere Personen oder Behörden sei ein Eingriff in die Rechte der selbständigen Landmesser. Auch der vom Berufungsgericht herangezogene § 30 der Geschäftsanweisung für die Prüfungskommission der Landmesser vom 28. November 1883 ergebe den gewollten Unterschied zwischen beamteten und freischaffenden Landmessern. Denn die ersteren, die in den Staatsdienst einträten, würden als Staatsdiener vereidigt, die letzteren dagegen blieben Gewerbetreibende im Sinne des § 36 GewO. Man vereidige sie auf die Beobachtung der für Landmesser bestehenden Vorschriften, um ihnen bei Ausübung ihres Gewerbes eine besondere Glaubwürdigkeit beizulegen; sie würden durch diese Beeidigung zu öffentlich angestellten Landmessern und seien daher nach § 36 Abs. 2 allein zu den dort bezeichneten sog. Urkundsmessungen befugt. Der Umstand, daß z. B. in Preußen fast sämtliche Landmesser-Kandidaten nach bestandener Prüfung ohne Rücksicht darauf, ob sie in den Staatsdienst einträten oder ob sie selbständige Landmesser werden wollten, nach

§ 36 Abs. 1 auf die Beobachtung der für Landmesser bestehenden Vorschriften — also unrichtig — beeidigt worden seien, ändere nichts am ausschließlichen Recht der selbständigen Landmesser auf Vornahme von Urkundsmessungen für Dritte. Die Tatsache der — unrichtigen — Beeidigung der beamteten Landmesser spiele für die hier zu entscheidende Streitfrage keine Rolle. Denn mit der Anstellung eines Landmessers als Beamten hörten die Rechte aus der Beeidigung als Landmesser und aus der damit geschehenen öffentlichen Anstellung auf zu bestehen. Daher dürfe auch der Landmesser W. oder ein anderer beamteter Landmesser, der zunächst nach § 36 Abs. 1 als solcher beeidigt worden sei, keine solchen Arbeiten für Dritte ausführen, welche die nach § 36 Abs. 2 a. a. O. vorgesehene besondere Glaubwürdigkeit beanspruchten. Abgesehen hiervon dürfe er es auch deshalb nicht, weil er nur Angestellter eines Gewerbebetriebs sei, dessen Leiter — der Kreisausschuß — als juristische Person weder vereidigt noch öffentlich angestellt werden könne. Die Rechte eines öffentlich angestellten Landmessers seien als persönliche Rechte auch nicht übertragbar.

Der Standpunkt der Revision ist nicht begründet.

Vor dem Erlaß des preußischen Reglements für die öffentlich anzustellenden Feldmesser (Landmesser) vom 2. März 1871 (GS. S. 101) sind die Landmesser in Preußen im allgemeinen als Beamte angesehen worden, und zwar auch dann, wenn sie für Private arbeiteten (vgl. Erkenntnis des Gerichtshofs zur Entscheidung der Kompetenzkonflikte vom 8. April 1854 im preuß. JMBl. S. 355 und RGZ. Bd. 79 S. 85). Sie leisteten nach den älteren Vorschriften (Reskripte vom 31. Januar und 26. Oktober 1820 sowie Anweisung zur Ausführung der Gewerbeordnung vom 21. Juni 1869 Nr. 9) den allgemeinen Beamteneid. Das die Stellung der Feldmesser ordnende erwähnte Reglement von 1871 beruht ebenso wie seine Änderungen und Nachträge (Erlasse vom 26. August 1885, vom 22. Dezember 1887, vom 26. Februar 1894 und vom 25. März 1913 [GS. 1885 S. 319, 1888 S. 4, 1894 S. 18, 1913 S. 36]) auf § 36 GewO. vom 21. Juni 1869. Der Zweck des Abs. 1 dieser Vorschrift, wonach neben der Schaffung des grundsätzlich freien Gewerbebetriebs für Landmesser die verfassungsmäßig dazu befugten Staats- oder Kommunalbehörden oder Korporationen auch ferner berechtigt bleiben, Personen, die dieses Gewerbe betreiben wollen, auf die

Beobachtung der bestehenden Vorschriften zu beeidigen und öffentlich anzustellen, ist in der Hauptsache der, eine Klasse von an sich freien Gewerbetreibenden zu schaffen, deren Handlungen gesetzlich eine besondere Glaubwürdigkeit besitzen oder an deren Handlungen besondere rechtliche Wirkungen geknüpft sind (RGSt. Bd. 4 S. 421 [423]). Die Bestallung dieser Gewerbetreibenden erfolgt nur im Interesse des Publikums, um ihm die Möglichkeit zu gewähren, sich solcher Personen zu bedienen, denen bei Ausübung ihres Gewerbes gesetzlich eine besondere Glaubwürdigkeit beigelegt ist oder die doch vermöge der öffentlichen Anstellung für Zuverlässigkeit und berufliche Tüchtigkeit eine besondere Gewähr bieten (vgl. RGSt. Bd. 4 S. 421, Bd. 17 S. 291, Bd. 18 S. 37; preuß. OVG. Bd. 21 S. 336, Landmann GewO. Anm. 7 zu § 36). Die öffentliche Anstellung der Feldmesser im Sinne des § 1 des erwähnten Reglements und des § 36 GewO. erfolgt nach der Allgemeinen Verfügung des Ministers der öffentlichen Arbeiten vom 27. April 1880 (MinBl. f. d. inn. Verw. S. 116) durch die Vereidigung, ohne daß es eines besonderen Anstellungsakts oder der Erteilung eines Patents bedürfte. Die Bestallung zum Landmesser ist von der Oberprüfungskommission auszustellen. Diese Bestallung und die Beeidigung begründen nach § 27 der Prüfungsvorschriften vom 4. September 1882 (MinBl. f. d. inn. Verw. S. 202) die in § 36 Abs. 2 bezeichneten Rechte der öffentlich angestellten Landmesser. Die Beeidigung ist nach der Zirkularverfügung vom 9. Juni 1883 (MinBl. f. d. inn. Verw. S. 143) nur auf die in § 36 angegebene „Beobachtung der bestehenden Vorschriften" zu richten.

Der innere Zusammenhang der beiden Absätze des § 36 ist danach der, daß nach Abs. 1 der Landmesser als solcher nicht mehr die Beamteneigenschaft besitzt, sondern die Landmesser-Tätigkeit nunmehr als freies Gewerbe ausüben kann, daß aber durch Abs. 2 wieder eine Einschränkung insofern geschaffen wird, als die Arbeiten der das Gewerbe ausübenden Landmesser nur dann erhöhte Glaubwürdigkeit genießen oder eine besondere rechtliche Wirkung begründen, wenn sie von besonders geeigneten, nämlich von beeidigten Landmessern ausgeführt sind. Es fehlt an jedem Anhalt dafür, daß mit der letzteren Einschränkung eine ausschließliche Befugnis der selbständigen Landmesser im Gegensatz zu den beamteten Landmessern für die dort genannte besondere Art von Vermessungsarbeiten hätte begründet werden sollen. Die Gewerbeordnung wäre auch zu einer sich auf die Tätigkeit der nicht gewerbetreibenden, sondern beamteten Landmesser beziehenden Regelung gar nicht zuständig gewesen. Im übrigen ist der Standpunkt der Kläger in sich widerspruchsvoll. Denn er selbst billigt solchen Messungen, welche kommunale Vermessungsämter durch beamtete Landmesser auf den eigenen Grundstücken der betreffenden staatlichen oder kommunalen Verbände, deren Beamte jene Landmesser sind, vornehmen, also den Vermessungen für den eigenen Bedarf dieser Verbände, die in § 36 Abs. 2 bezeichnete besondere Glaubwürdigkeit zu, obgleich die Art der Tätigkeit hier selbstverständlich die gleiche ist wie bei Urkundsmessungen für Privatpersonen. Dazu kommt, daß solche Arbeiten in vielen Fällen den Privatgrundbesitz keineswegs unberührt lassen. Denn die Aufträge des Kreises beschränken sich nicht auf Messungsarbeiten innerhalb des geschlossenen Grundbesitzes des Kreises, sondern erstrecken sich, z. B. bei Straßenbauten, auf Meßarbeiten zwischen öffentlichem und privatem Besitz.

Hiernach hat das in § 36 GewO. für die sog. Urkundsmessungen von selbständigen Landmessern aufgestellte Erfordernis der Ausführung durch vereidigte selbständige Landmesser keine Bedeutung für Messungen kommunaler Vermessungsämter, die durch beamtete Landmesser im Auftrag Dritter ausgeführt werden. Deshalb kommt es auf die Ausführungen der Revision über das Ruhen der Rechte der beamteten Landmesser aus ihrer früheren Beeidigung nach § 36 Abs. 1 nicht an, ebensowenig darauf, ob eine Abtretung der Rechte des W. aus seiner früheren Beeidigung als Landmesser zulässig wäre, falls diese Rechte trotz seiner Anstellung als Beamter noch fortbeständen. Unbeachtlich ist daher auch die Ansicht der Revision, daß der Kreisausschuß, der Leiter des Vermessungsamts, als juristische Person weder vereidigt noch öffentlich angestellt werden könne.

Durch die Vorschriften der Reichsgewerbeordnung wurden die Rechte der beamteten Landmesser nicht berührt.

Für ihre Arbeiten im Dienste ihrer Behörden, gleichgültig ob sie innerhalb des eigentlichen Geschäftsbereichs oder für private Dritte vorgenommen werden, gelten in bezug auf die hier streitige Frage die Grundsätze des allgemeinen Verwaltungsrechts. Im einen wie im andern Fall wird der beamtete Landmesser in seiner behördlichen Eigenschaft tätig. Dieser Umstand ist es, der den Wert und die Geltung seiner Arbeiten bestimmt und ihnen den Charakter amtlicher Arbeiten gibt, auch wenn es sich um die Ausführung von Aufträgen von Privatpersonen handelt, die der Dienststelle erteilt sind. Daß dies für die Ausführung von privaten Messungsaufträgen durch die auf Grund der preußischen Gesetze über das Grundbuchwesen vom 5. Mai 1872 allmählich geschaffenen staatlichen Vermessungsämter (sog. Katasterämter) gilt, haben die Kläger ausdrücklich zugegeben; das ist auch eine allgemein bekannte Tatsache. Selbstverständlich beruht dieser Rechtszustand nicht, wie die Kläger meinen, darauf, daß in den Geschäftsanweisungen für die Katasterämter die Arbeiten zur Ausführung der Aufträge von Privatpersonen ausdrücklich als amtliche Arbeiten der Katasterverwaltung bezeichnet werden. Die nur für die Regelung des inneren Dienstes bestimmten Geschäftsanweisungen können nicht einen allgemein maßgebenden Rechtszustand schaffen, sondern nur das Bestehen eines solchen den Beamten zur Beachtung in Erinnerung bringen. Auch die Kläger geben zu, daß die zur Erledigung von Privataufträgen vorgenommenen Messungsarbeiten der Katasterämter in Preußen allgemein den privilegierten Charakter von Urkundsmessungen haben, da es sich dabei um amtliche Arbeiten handle. Die gleichen Grundsätze sind auch für den vorliegenden Fall maßgebend. Danach besitzen die von den Vermessungsämtern öffentlichrechtlicher Verbände vorgenommenen Vermessungsarbeiten schon deshalb, weil es sich um Arbeiten einer der unmittelbaren oder mittelbaren Staatsverwaltung angehörenden öffentlichen Einrichtung handelt, die erhöhte Glaubwürdigkeit und begründen die besondere rechtliche Wirkung, wovon in § 36 Abs. 2 GewO. die Rede ist. Der Umstand, daß die öffentliche Stelle, die das Vermessungsbüro unterhält, bei Vermessungsarbeiten für Privatpersonen keine Hoheitsrechte, sondern eine privatwirtschaftliche Tätigkeit ausübt, ist nicht geeignet, solchen Arbeiten den privilegierten Charakter zu nehmen.

Die Grundbuchämter und Notare stehen, was beide Parteien zugeben, auf dem gleichen Standpunkt. Ebenso der Reichswirtschaftsminister, der in seiner Antwort vom 27. Oktober 1927 auf Anfrage des klagenden Verbands wiederholt erklärt hat, daß es auf die Voraussetzung des § 36 Abs. 2 GewO. nicht ankomme, weil die von den kommunalen Vermessungsämtern angefertigten Arbeiten ohne weiteres den öffentlichen Glauben besäßen, der den in § 36 Abs. 2

a. a. O. bezeichneten Vorschriften entspreche (ebenso Schreiben vom 5. Mai 1927). Gegenüber der besonders in der Berufungsinstanz vertretenen Auffassung der Kläger, der verklagte Landkreis sei keine Behörde, sondern ein Selbstverwaltungskörper, ist zu bemerken, daß der Kreis als solcher zwar eine Körperschaft des öffentlichen Rechts ist, daß aber die Kreisverwaltung — der Kreisausschuß — doch eine Behörde, d. h. eine Stelle der Staatsgewalt ist, die, wenn auch nur mittelbar, unter öffentlicher Autorität für die Zwecke des Staates tätig ist. Das trifft auch auf ein vom Kreise selbst eingerichtetes, seinen Zwecken dienendes Vermessungsamt zu.

Für die Entscheidung der Frage, ob ein beamteter Landmesser imstande ist, Vermessungsarbeiten auch für Privatpersonen mit der Wirkung besonderer Glaubwürdigkeit und rechtlicher Beachtlichkeit vorzunehmen, kommt es danach nicht auf die Erfordernisse des § 36 GewO. an, vielmehr beruht die Annahme dieser Fähigkeit auf dem öffentlichen Glauben, welcher seiner Arbeit als der eines Beamten zukommt. Dabei ist allerdings selbstverständliche Voraussetzung, daß als beamteter Landmesser nur angestellt werden kann, wer die gesetzlichen Voraussetzungen für die Vorbildung zum Landmesserberuf erfüllt hat, was im vorliegenden Fall unstreitig geschehen ist. Ob der beamtete Landmesser einen Diensteid geleistet hat, ist dagegen nicht von Bedeutung, da ein solcher für das Beamtenverhältnis nach § 359 StGB. nicht wesentlich ist. Unerheblich ist weiter, daß der beamtete Landmesser des Beklagten, W., den Eid nach § 36 Abs. 1 GewO. geleistet hat. Wäre er etwa nur auf Grund seiner Prüfung amtlich angestellt worden, so käme seinen Arbeiten dieselbe Bedeutung zu, die sie jetzt haben. Die Vereidigung beruht anscheinend auf der (allerdings eine gewisse Verwirrung verursachenden) Bestimmung des § 30 der Geschäftsanweisung für die Prüfungskommission der Landmesser in Preußen vom 28. November 1883 mit abändernden Zusatzbestimmungen vom 30. Juni 1893 und 14. August 1894 und Nachtrag vom 15. Februar 1896. Danach soll jeder geprüfte Landmesser, sei es, daß er in den Staatsdienst oder in den Dienst einer Gemeinde, Stadt, eines Kreises oder einer Provinz tritt, sei es, daß er das Gewerbe als Landmesser frei auszuüben beabsichtigt, „seine eidliche Verpflichtung als Landmesser nachsuchen". Es handelt sich bei dieser Verordnung aber nur um eine preußisch-rechtliche Besonderheit, welche die Voraussetzungen der Vorschrift des § 36 GewO. nicht scharf beachtet und daher die notwendige Unterscheidung zwischen beamteten und selbständigen, d. h. das Gewerbe frei ausübenden Landmessern nicht macht.

Da hiernach die Vermessungsarbeiten von kommunalen Vermessungsämtern mit beamteten Landmessern in der oben erörterten Weise privilegiert sind, auch wenn sie für Privatpersonen vorgenommen werden, so wird beim Publikum kein falscher Eindruck erweckt, wenn der beamtete Landmesser W. Messungen vornimmt zu Zwecken, bei denen es auf diesen privilegierten Charakter ankommt. Wie das Berufungsgericht mit Recht annimmt, kommt auch kein unlauterer Wettbewerb in Frage, weil der die Vermessungsarbeiten erledigende Landmesser die gesetzlichen Voraussetzungen für die Vorbildung zu seinem Beruf erfüllt hat und auch keine besonderen Umstände geltendgemacht sind, welche die Art des Hereinholens von Aufträgen durch den Beklagten als unlauter erscheinen lassen würden. Es liegt daher auch kein widerrechtlicher Eingriff in den Gewerbebetrieb der vereidigten selbständigen Landmesser vor.

Hiernach ist der Hauptanspruch vom Berufungsgericht mit Recht zurückgewiesen worden.

Das gleiche gilt von der Zurückweisung des Hilfsantrags, soweit dieser auf Unterlassung der Reklame und der Tarifunterbietung gerichtet ist. Soweit es sich um die Sittenwidrigkeit öffentlicher Reklame handelt, die ein Landmesser oder ein Vermessungsamt ausübt, kann auf die Begründung des Berufungsgerichts verwiesen werden, die keinen Rechtsirrtum enthält und von der Revision auch nicht angegriffen wird. Danach sind die Bestimmungen des Verbands der vereidigten Landmesser über Art und Umfang der Reklame für Außenstehende nicht verbindlich. Diese Bestimmungen können aber auch nicht insofern mittelbar maßgebend sein, als sie den Niederschlag der in den Kreisen der vereidigten Landmesser auf dem Gebiet der Reklame herrschenden Anschauungen darstellen und deshalb für den Beklagten Geltung haben sollen. Die Reklame an sich kann, wie das Berufungsgericht ohne Rechtsirrtum annimmt, für einen vereidigten Landmesser nicht schon als Verstoß gegen die guten Sitten des Standes angesehen werden, eine Auffassung, die nach der Feststellung des Vorderrichters auch in den Kreisen der nicht dem Verband angehörenden vereidigten Landmesser geteilt wird. Die Kläger haben sodann die besondere Art der vom Beklagten für sein

Vermessungsamt gemachten Reklame, nämlich die Anbringung von Plakaten in den Räumen anderer öffentlicher Einrichtungen (Sparkassen usw.) aus dem Grunde beanstandet, weil hierin eine Empfehlung durch die betreffende öffentliche Stelle und daher ein Mißbrauch der behördlichen Autorität zu erblicken sei. Das Berufungsgericht nimmt zwar an, daß in der Duldung der Anbringung solcher Plakate in der Tat eine von dieser öffentlichen Stelle (Behörde) ausgehende stillschweigende Empfehlung erblickt werden könne. Das Urteil stellt aber fest, daß das Publikum die Anbringung solcher Plakate an jenen Stellen nicht als unzulässige Beeinflussung empfinde, mithin in diesem Verhalten des Beklagten nichts Anstößiges finde. Diese Begründung liegt auf tatsächlichem Gebiet, wird übrigens auch von der Revision nicht beanstandet.

Frei von Rechtsirrtum sind auch die Ausführungen, mit denen das Berufungsgericht die Auffassung der Kläger zurückweist, daß in der Tarifunterbietung ein unlauterer Wettbewerb, insbesondere ein Verstoß gegen die guten Sitten liege. Sie sind übrigens im wesentlichen tatsächlicher Art, und die Revision läßt sie gleichfalls unangefochten.

II. Zur Revision des Beklagten:

Dem Beklagten ist durch das angefochtene Urteil verboten, bei der Ankündigung oder Vornahme von urkundlichen Messungen für Dritte die Bezeichnungen „Kreisausschuß", „Kreisvermessungsamt" und „Oberlandmesser" zu verwenden und dabei auf die Anwendung des besonders billigen Katastergebührentarifs hinzuweisen. Zur Begründung dieses Verbots führt der Berufungsrichter aus, der Beklagte erwecke, obgleich er sich bei Vornahme der Urkundsmessungen für private Dritte privatwirtschaftlich betätige, dennoch beim Publikum den Eindruck behördlicher Tätigkeit und damit zugleich den einer besonders zuverlässigen und gediegenen Arbeit. Denn er bediene sich auf Rechnungen und Plakaten der genannten behördlichen Bezeichnungen und der Amtsbezeichnung „Oberlandmesser", welch letztere nach vorherrschender Ansicht des Publikums auf eine gehobene Stellung des Ausführenden hinweise. Weiter erweckt der Beklagte nach Annahme des Berufungsgerichts durch die Betonung des Umstands, daß er seine Kosten nach der Katastergebührenordnung berechne, und durch Hervorhebung der besonderen Billigkeit dieser Sätze beim Publikum den Eindruck, daß es sich um eine behördliche, im öffentlichen Interesse geleistete Tätigkeit handle, die in erster Linie eine Hilfeleistung für die Minderbemittelten darstelle. In Wahrheit gehe aber das Bestreben des Beklagten im wesentlichen auf Erhöhung der Rentabilität seines nicht voll beschäftigten Vermessungsamtes. In diesem Verhalten des Beklagten erblickt das Berufungsgericht ein zum Zwecke des Wettbewerbs mit den frei arbeitenden Landmessern unternommenes, gegen die guten Sitten verstoßendes Handeln.

Die Revision des Beklagten weist darauf hin, daß die Bezeichnung „Kreisvermessungsamt" nun einmal der Name der die Messungen ausführenden Stelle sei und deshalb auf Rechnungen und Ankündigungen nicht fehlen dürfe, und daß die Bezeichnung „Oberlandmesser" nicht zu beanstanden sei, weil die Behörden berechtigt seien, ihre Beamten mit einer ihrem Ermessen unterliegenden Dienstbezeichnung zu versehen. Auch die Vorsteher der staatlichen Katasterämter, die ebenfalls Messungen für Private ausführten, bedienten sich, ohne je auf Widerspruch gestoßen zu sein, auf den Abrechnungen usw. für Private der Amtsbezeichnungen „Katasterdirektor", „Katasterinspektor" u. dgl. Endlich wendet sich die Revision des Beklagten gegen die Folgerungen, die das Berufungsgericht aus der Anwendung des billigen Katastergebührentarifs und daraus zieht, daß der Beklagte die Kostenberechnung nach diesem Tarif besonders hervorhebt.

Das Berufungsgericht hat in der Tat den Begriff des Verstoßes gegen die guten Sitten verkannt. Die Bezeichnungen, die der Beklagte verwendet, sind teils gegeben, teils nicht zu beanstanden. Berücksichtigt man, daß die in § 36 Abs. 2 GewO. den Vermessungsarbeiten der vereidigten selbständigen Landmesser beigelegte besondere Glaubwürdigkeit und rechtliche Wirkung den Arbeiten des Kreisvermessungsamts nur deshalb zukommt, weil es sich bei diesen um Arbeiten einer der mittelbaren Staatsverwaltung zugehörenden öffentlichen Einrichtung handelt, so kann man dem Beklagten nicht den Vorwurf machen, er begehe etwas Anstößiges oder Unlauteres, wenn er durch den Gebrauch amtlicher Bezeichnungen auf die amtliche Ausführung hinweise. Der Vermessungsbeamte handelt, auch wenn er Privataufträge erledigt, in behördlicher Eigenschaft. Diese ist es, die den besonderen Wert seiner Arbeit begründet. Der Gesichtspunkt der Ausnutzung behördlicher Autorität zu Wettbewerbszwecken durch Verwendung amtlicher Bezeichnungen muß deshalb hier ganz ausscheiden. Der Beklagte ist somit berechtigt, auch in solchen Schriftstücken, die sich auf Privatmessungen beziehen, die Bezeichnungen „Kreisausschuß" und „Kreisvermessungsamt" zu verwenden. Damit folgt er einem Brauch, der bei den staatlichen Vermessungsämtern in Preußen, den sog. Katasterämtern, auch bei Ausführung von Privataufträgen seit Jahrzehnten geübt wird. Vom Standpunkt des lauteren Wettbewerbs mit den freien selbständigen Landmessern unbedenklich ist auch der von jeher geübte Gebrauch der Beamten dieser Ämter, sich auch in diesen Fällen ihrer Tätigkeit der Amtsbezeichnung „Katasterdirektor", „Katasterkontrolleur" neben der Amtsbezeichnung der Dienststelle „Preußisches Katasteramt" (früher „Königlich Preußisches Katasteramt") zu bedienen. Daß die Geschäftsanweisungen für die preußischen Katasterämter keine von den allgemeinen Rechtsgrundsätzen abweichende Beurteilung des Verfahrens und Verhaltens dieser Ämter begründen können, bedarf keiner weiteren Ausführung. Endlich verstößt auch die Verwendung der Bezeichnung „Oberlandmesser" für und durch den Vermessungsbeamten W., der die Arbeit ausführt, nicht gegen die guten Sitten, es sei denn, daß der Beklagte mit der Verleihung dieser Amtsbezeichnung den Zweck verfolgt hätte, dadurch unwahrerweise einen höheren Wert seiner Leistungen im Vergleich zu denen der selbständigen vereidigten Landmesser zum Ausdruck zu bringen. In dieser Beziehung hat aber das Berufungsgericht nichts festgestellt.

Auf welche Tatsache das Berufungsgericht sein Verbot an den Beklagten gründet, auf die Anwendung des besonders billigen Katastergebührentarifs hinzuweisen, ist nicht ersichtlich. Daß die Gebühren des Beklagten tatsächlich mäßig sind, bestreiten die Kläger nicht; sie bezeichnen nur das als wider die guten Sitten verstoßend, daß der Beklagte seine Freiheit von der die freien Landmesser stark belastenden Umsatz- und Einkommensteuer zum Wettbewerb im privaten geschäftlichen Verkehr ausnutze, indem er die Preise für Vermessungen niedriger berechne, als letztere es könnten. Eine wahre Angabe über die Preisberechnung kann aber nicht als verwerflich bezeichnet werden, ebensowenig wie die Kläger berechtigt wären, einem Berufsgenossen gleicher Art, der billiger arbeiten will, als der Verband festsetzt, die Bekanntgabe seiner der Wahrheit entsprechenden niedrigeren Preise zu untersagen. Daß die Berechnung von niedrigeren Gebühren, als die freien Landmesser sie in Ansatz bringen (die sog. Tarifunterbietung), keinen Verstoß gegen die Grundsätze des lauteren Wettbewerbs darstellt, hat das Berufungsgericht, wie schon oben dargelegt, ohne Rechtsirrtum angenommen.

---

51. Über Zulässigkeit und Voraussetzungen der vorbeugenden Unterlassungsklage, insbesondere zur Verhütung von Anzeigen, die gegen einen Beamten bei seiner vorgesetzten Dienstbehörde erstattet werden.

BGB. §§ 823, 824, 826. StGB. §§ 186, 187, 193.

VI. Zivilsenat. Urt. v. 13. Mai 1929 i. S. B. u. Gen. (Bekl.) w. M. (Kl.). VI 571/28.

I. Landgericht Freiburg i. Br.
II. Oberlandesgericht Karlsruhe.

Der Kläger ist Bezirksbaumeister in Em. Zwischen ihm und den Beklagten, die in seinem Amtsbezirk Baugeschäfte betreiben, besteht ein gespanntes Verhältnis. Der Kläger meint, er habe sich durch strenge Handhabung der baupolizeilichen Vorschriften die Feindschaft der Beklagten zugezogen, die ihn mit gehässigen und unbegründeten Angriffen verfolgten; um seine dienstliche Stellung zu untergraben. Dagegen sind die Beklagten der Ansicht, daß der Kläger durch parteiische Handhabung der Bauaufsicht ihnen Schaden zugefügt und sie beruflich in Mißkredit gebracht habe, sodaß sie Gefahr liefen, ihren Ruf als Architekten einzubüßen und so ihre Verdienst- und Existenzmöglichkeit zu verlieren.

Unter dem 5. September 1925 ließen die Beklagten durch den Rechtsanwalt Sch. beim badischen Ministerium des Innern den Antrag auf Einleitung des Disziplinarverfahrens gegen den Kläger stellen. In dieser Eingabe werden ungefähr 10 Fälle geschildert, in denen sich der Kläger schikanöser Amtsausübung zuungunsten der Beklagten schuldig gemacht haben soll; u. a. habe der Kläger ohne Genehmigung seiner vorgesetzten Dienstbehörde für die Stadtgemeinde En. Pläne zu einem Neubau angefertigt, der dem Beklagten zu 4 übertragen gewesen sei, und für diese Arbeit einen Betrag von 225 RM. in Rechnung gestellt. Gegen Schluß der sehr eingehend gehaltenen Eingabe findet sich der Satz:

„Bei kritischer Betrachtung drängt sich einem die Vermutung auf, daß M. (der Kläger) aus seinen Machinationen materielle Vorteile sich zusichert."

Rechtsanwalt Sch. ergänzte seinen Antrag vom 5. September 1925 durch einen weiteren Schriftsatz vom 10. Dezember 1925. Der Minister des Innern ließ durch das Bezirksamt in Em. die von den Beklagten erhobenen Vorwürfe prüfen und faßte in dem Erlaß vom 26. Januar 1926 das Ermittlungsergebnis dahin zusammen: In den meisten Fällen sei der Beweis für die Angaben der Beklagten nicht erbracht. Es sei aber dem Kläger zum Vorwurf zu machen, daß er die zur Fertigung der Pläne für die Gemeinde En. gegen Entgelt notwendige Genehmigung nicht eingeholt habe; über die Erforderlichkeit dieser Genehmigung habe er nicht im Zweifel sein können. Ferner erscheine es angezeigt, daß sich der Kläger bei der Ausübung seiner dienstlichen Tätigkeit in seinen Äußerungen künftig eine größere Zurückhaltung auferlege. Endlich habe der Kläger eigenmächtig gehandelt, indem er in einem Falle von sich aus die Erlaubnis zum Beginn von Grabarbeiten bei einem Neubau erteilt habe. Zur Einleitung eines förmlichen Disziplinarverfahrens gegen den Kläger liege keine Veranlassung vor, dagegen sei es Sache des Bezirksamts, aus Anlaß des Falles En. gegen den Kläger in geeigneter Weise vorzugehen.

Das Bezirksamt erteilte darauf dem Kläger wegen Nichteinholung der Genehmigung im Falle En. eine ernstliche Verwarnung, wenn er auch in einem gewissen guten Glauben gehandelt haben möge, und eröffnete ihm, daß bei künftigen Zuwiderhandlungen Disziplinarstrafen ausgesprochen werden müßten.

Unter dem 5. Mai 1926, ergänzt durch Eingaben vom 7. Juni 1926 und 16. August 1926, erstattete der Beklagte zu 1 gegen den Kläger bei der Staatsanwaltschaft Anzeige wegen Verletzung der Eidespflicht. Der Staatsanwalt stellte jedoch das Verfahren am 15. Oktober 1926 ein, da das in Frage kommende Gutachten des Klägers keine objektiven Unrichtigkeiten enthalte. Am 9. Oktober 1926 wurden die vier Beklagten erneut beim Ministerium des Innern vorstellig und brachten eine Reihe weiterer Fälle zur Sprache, in denen sich ihrer Meinung nach der Kläger Dienstpflichtverletzungen zuungunsten der Beklagten habe zuschulden kommen lassen. In dieser Eingabe heißt es:

„... Auf unsere früheren Beschwerden ... ist in Verfolg des Disziplinarverfahrens nichts geschehen, da M. (der Kläger) sein Unwesen weiter treibt, sehr zu unserem Nachteil. M. glaubt offenbar, sich auf seine Protektion bei dem Herrn Referenten stützen zu können... Wir sind zur Erhaltung unserer Existenz gezwungen, wiederholt bei hohem Ministerium ... vorstellig zu werden. ... Die parteiische Einstellung des M. und einseitige Bevorzugung eines gewissen skrupellosen Architekten G. hier zwingt uns die Vermutung auf, daß M. durch seine Machenschaften sich materielle Vorteile sichert, die er zu seiner kostspieligen Lebensweise wohl nötig hat. ... M. versteht es, unter der Flagge „Bauberatung", die er je nach Umständen Bauherrn aufzwingt, ihm mißliebigen Architekten, d. h. uns, fest übertragene Aufträge durch Beeinflussung der Bauherren zu entziehen und anderen zuzuweisen. Dies beweist der Fall ... der Gemeinde F. betr. Rathausneubau ... Von der geringen Moral des Herrn M. gibt nachfolgender Fall einen schlagenden Beweis ... (M.) hat in seinem schriftlich zu erstattenden Gutachten unter Eid wissentlich falsche ... Angaben gemacht, die den Stempel der Parteilichkeit an der Stirne trugen, und dies alles nur, um (den Beklagten zu 1) moralisch und materiell zu schädigen und damit seiner Clique dienlich zu sein, zu deren willenlosem Werkzeug er sich erniedrigt. ..."

Am Schluß dieser Eingabe wird behufs ungestörter Berufsausübung durch die Beklagten die Abberufung des Klägers erbeten. Die gleiche Bitte wurde in Schriftsätzen vom 25. November 1926 beim Bezirksamt Em. unter Mitteilung weiterer angeblicher Verfehlungen des Klägers und vom 5. Januar 1927 beim Ministerium wiederholt.

Im Auftrag des Ministers untersuchte das Bezirksamt die Angaben der Beklagten in ihrer Eingabe vom 9. Oktober 1926 und erstattete unter dem 13. Dezember 1926 über das Ermittlungsergebnis Bericht. In diesem heißt es:

„... Unseres Erachtens ist es im öffentlichen und staatlichen Interesse unerträglich, daß einige Privatpersonen aus persönlichen und beruflichen Interessen, weil ihnen die Diensttätigkeit eines Beamten und seine Person nicht passen, nun einen derartigen Feldzug der Verdächtigung und Verleumdung bei dem Herrn Minister erheben und fortsetzen, sodaß darunter notwendig die Dienstfreudigkeit des Beamten und damit seine Diensttätigkeit selbst leiden muß ... ist es die unverhohlen ausgesprochene Absicht der Beschwerdeführer, den ihnen unliebsamen Bezirksbaumeister durch ihre Verdächtigungen bei dem Herrn Minister von seinem Amt im Bezirke wegzubringen ..."

Der Minister gab auf diesen Bericht dem Bezirksamt auf, Strafantrag gegen die vier Beklagten wegen der in der Eingabe vom 9. Oktober 1926 enthaltenen Beleidigungen des Klägers zu stellen, und behielt sich die Bescheidung der Beklagten auf ihre Beschwerdeschrift bis nach Beendigung des Strafverfahrens vor. Das Bezirksamt stellte darauf bei der Staatsanwaltschaft rechtzeitig Antrag auf strafrechtliche Verfolgung der Beklagten; der Staatsanwalt ließ jedoch auf ihre Anregung das Verfahren bis zur Erledigung des gegenwärtigen Rechtsstreits ruhen.

Im Dezember 1926 hat der Kläger Klage erhoben, deren Antrag (unter Einschaltung der einschränkenden Worte „auf Grund seiner bisherigen Amtsführung" in die ursprüngliche Fassung) schließlich dahin gegangen ist:

> Die Beklagten als Gesamtschuldner zu verurteilen, bei Vermeidung einer Geld- oder Haftstrafe für jeden Fall der Zuwiderhandlung zu unterlassen, über den Kläger auf Grund seiner bisherigen Amtsführung die Behauptung aufzustellen oder zu verbreiten, insbesondere auch in Eingaben an Behörden, daß der Kläger als Bezirksbaumeister sein Amt in einer Weise führe, welche die Vermutung begründe, daß er sich Verletzungen seiner Amtspflichten zur Sicherung materieller Vorteile zuschulden kommen lasse.

Die Beklagten bestritten in erster Linie, daß für den Kläger neben dem strafrechtlichen Rechtsschutz noch ein bürgerlich-rechtliches Rechtsschutzbedürfnis im Wege der Unterlassungsklage bestehe. Ferner machten sie geltend, daß sie zur Wahrnehmung berechtigter Interessen gehandelt hätten. Endlich traten sie den Wahrheitsbeweis für die in ihren Eingaben gegen den Kläger erhobenen Vorwürfe an.

Das Landgericht hat die Klage mangels bürgerlichrechtlichen Rechtsschutzbedürfnisses abgewiesen.

Im Laufe der Berufungsinstanz ließen die Beklagten vortragen: Der unerhörte Vorfall betreffend den Rathausbau in F. sei nur so zu erklären, daß der Kläger gedacht habe, er selbst bekomme vom Ministerium doch nicht die Genehmigung zur privaten Bauausführung; er habe daher unter Mißbrauch seiner amtlichen Stellung einen anderen Architekten vorgeschoben, mit dem er entsprechende Abmachungen wegen seiner Entschädigung getroffen gehabt habe. Der Kläger sitze viel im Wirtshaus; er habe sich von G. Getränke bezahlen lassen; er besitze als einziger seiner Amtsgenossen ein Auto; zu einer derart kostspieligen Lebensweise reiche das Gehalt des Klägers unmöglich aus; nach alledem habe die Beurteilung der Beklagten nicht anders ausfallen können. Ferner richtete der Beklagte zu 1 während des Berufungsverfahrens unter dem 18. Januar 1928 eine Eingabe an das Bezirksamt in Em., in welcher dem Kläger unter Darstellung mehrerer Fälle parteiische Amtsführung vorgeworfen wird. Der gleiche Vorwurf wurde von den vier Beklagten in einer Eingabe vom 23. Januar 1928 an das Ministerium des Innern wiederholt, ebenfalls unter Mitteilung von weiteren Fällen.

Das Oberlandesgericht hat nach dem Schlußantrag der Klage erkannt. Die Revision der Beklagten führte zur Wiederherstellung des landgerichtlichen Urteils.

Gründe:

Es handelt sich im vorliegenden Falle um eine auf entsprechende Anwendung der §§ 12, 862, 1004 BGB. gestützte vorbeugende Unterlassungsklage und nicht, wie die Revision meint, um eine vor dem Zivilrichter geführte Strafklage wegen Beleidigung im Sinne des § 193 StGB. Demgemäß erübrigt sich ein Eingehen auf alle die Angriffe, welche die Revision im Zusammenhang mit ihrer verfehlten Grundauffassung vom Wesen dieser Klage erheben zu können glaubt. (Wird näher ausgeführt.)

Das Oberlandesgericht untersucht zunächst die Zulässigkeit der Klage und gelangt im Gegensatz zu der Auffassung des Landgerichts zur Bejahung dieser Frage, da vom Kläger ein objektiv rechtswidriger Eingriff in das vom Gesetz geschützte Rechtsgut der Ehre (§ 823 Abs. 2 BGB., § 186 StGB.) behauptet werde und eine ernstliche Gefahr der Wiederholung der Angriffe der Beklagten auf die Ehre des Klägers gegeben sei. Bezüglich des letzteren Erfordernisses haben der frühere VI. Zivilsenat des Reichsgerichts, aber auch andere Zivilsenate dieses Gerichtshofs bisher in ständiger

Rechtsprechung den Standpunkt vertreten, daß die einem dringenden Rechtsschutzbedürfnis dienende Unterlassungsklage nur zuzulassen sei, wenn im Einzelfall der bürgerlichrechtliche Schadensersatzanspruch sowohl wie die Strafverfolgung des Täters im Wege der öffentlichen Klage oder der Privatklage wegen Verletzung etwa eingreifender strafgesetzlicher Normen nicht ausreichen würden, um den Verletzten für die Zukunft gegen Beeinträchtigungen gleicher Art zu schützen; nur ausnahmsweise, z. B. wenn die Strafantragsfrist abgelaufen sei oder der Täter sich im Ausland aufhalte oder ungewöhnlich hartnäckige Wiederholungen der Angriffe dargetan seien, könne in jenen Fällen die Klage auf Unterlassung gewährt werden (RGZ. Bd. 71 S. 85, Bd. 77 S. 217, Bd. 78 S. 210 und S. 256, Bd. 82 S. 59, Bd. 88 S. 129, Bd. 91 S. 265 und S. 350, Bd. 95 S. 268 und S. 339, Bd. 98 S. 36, Bd. 101 S. 335; JW. 1911 S. 586 Nr. 31, 1912 S. 290 Nr. 11 und S. 587 Nr. 7, 1913 S. 34 Nr. 23, 1915 S. 29 Nr. 13, 1919 S. 993 Nr. 3, 1925 S. 1393 Nr. 23; WarnRspr. 1914 Nr. 17, 1915 Nr. 20, 1918 Nr. 95; Gruchot Bd. 57 S. 966; JRsch. 1925 Nr. 573; SeuffArch. Bd. 69 Nr. 105). Nachdem der I. Zivilsenat die in der bisherigen Rechtsprechung gemachte Einschränkung der Zulässigkeit der Unterlassungsklage bei möglicher Strafverfolgung des Täters in RGZ. Bd. 115 S. 84 in Zweifel gezogen hatte, hat der II. Zivilsenat in RGZ. Bd. 116 S. 151 auch für die außerhalb des gewerblichen Rechtsschutzes (RGZ. Bd. 96 S. 245, Bd. 98 S. 269, Bd. 109 S. 276) liegenden Rechtsgebiete den Satz ausgesprochen, daß die Unterlassungsklage, sofern nur Wiederholungsgefahr gegeben sei, auch dann ohne weiteres zulässig erscheine, wenn die zu untersagende Handlung unter öffentliche Strafe gestellt sei. Ob dieser auch im RGRKomm. 6. Aufl. Vorbem. 6 IIIc vor § 823 vertretenen Auffassung beizutreten sein möchte (vgl. aber Planck-Flad 4. Aufl. Bd. II 2 S. 1750/2 unter 2c), kann im vorliegenden Falle ebenso dahingestellt bleiben wie in dem vom IV. Zivilsenat entschiedenen Falle in JW. 1927 S. 2422 Nr. 12. Denn auch von dem grundsätzlichen Standpunkt des II. Zivilsenats aus würde die Klage der Abweisung unterliegen.

Zutreffend hebt das Berufungsgericht hervor, daß im Hinblick auf das Klagbegehren von den zahlreichen in den Eingaben der Beklagten gegen die Amtsführung des Klägers erhobenen Vorwürfen unmittelbar nur diejenigen in Betracht kommen, die zu der

Behauptung in Beziehung stehen, der Kläger habe seine Amtspflichten aus Eigennutz verletzt, daß dagegen der übrige Inhalt jener Eingaben nur mittelbar — bei Würdigung des Gesamtverhaltens der Beklagten — von Bedeutung sei. Das angefochtene Urteil führt sodann aus, daß hiernach nur die Fälle En. und F. der näheren Untersuchung bedürften sowie die Vorwürfe, der Kläger lebe über seine dem Diensteinkommen entsprechenden Verhältnisse und er habe sich von G. Getränke bezahlen lassen. Im Falle En. nun habe sich der Kläger, wie im einzelnen dargelegt wird, lediglich einer Ordnungswidrigkeit schuldig gemacht, die noch dadurch gemildert erscheine, daß er mit dem Ministerialrat St. über diese von ihm beabsichtigte Nebenbeschäftigung Rücksprache genommen habe; von einer Verletzung der Amtspflicht aus Eigennutz könne keine Rede sein. Nach dem — eingehend gewürdigten — Beweisergebnis im Falle F. ferner handle es sich nur um haltlose Vermutungen der Beklagten; ihre Behauptung, der Kläger habe hier aus Eigennutz pflichtwidrig gehandelt, sei widerlegt. Nach den angestellten Ermittlungen lebe der Kläger sehr einfach und sparsam; daß er sich von G. habe Getränke bezahlen lassen, sei nicht bewiesen und nicht erweislich. Demnach und da die Beklagten sich des ehrenkränkenden Charakters ihrer Behauptungen zweifellos bewußt gewesen seien, sei der Tatbestand des § 186 StGB. erfüllt und folgeweise die Anwendung des § 823 Abs. 2 BGB. gerechtfertigt; dagegen komme § 824 BGB. aus den in RGZ. Bd. 115 S. 79 erörterten Gründen nicht in Betracht und ebensowenig begründeten die Umstände des Falles die Anwendbarkeit des § 826 BGB. Die Widerrechtlichkeit der Handlungsweise der Beklagten würde allerdings dann entfallen, wenn die Voraussetzungen des § 193 StGB. vorlägen. Das sei aber nicht der Fall. Wohl sei den Beklagten als Architekten ein berechtigtes Interesse daran zuzubilligen, daß Amtspflichtverletzungen des Bezirksbaumeisters festgestellt, geahndet und für die Zukunft verhütet würden. Aber die begleitenden (näher dargelegten) Umstände sowohl wie die Form der Äußerungen der Beklagten ergäben, daß es den letzteren darum zu tun gewesen sei, den Kläger in seiner Ehre anzugreifen. Die dem Kläger zur Last gelegten sonstigen dienstlichen Verfehlungen seien nicht erwiesen, die Behauptungen der Beklagten seien vielmehr zumeist widerlegt. Der Senat teile die Überzeugung des Bezirksamts, daß die Beklagten aus persönlichen Beweggründen einen Feldzug der Verdächtigung und Verleumdung gegen den Kläger führten mit dem offen ausgesprochenen Ziele, den ihnen unliebsamen Beamten aus dem Bezirk zu entfernen. Hieraus und aus dem Umstand, daß die Beklagten ihre ehrenrührigen Behauptungen im Prozeß noch erweitert hätten und fortgesetzt weitere Eingaben ähnlichen Inhalts gegen den Kläger an die Behörden richteten, ergebe sich endlich auch die ernstliche Wiederholungsgefahr.

In diesen Ausführungen hat der Berufungsrichter zunächst, und zwar zuungunsten des Klägers, insofern rechtlich geirrt, als er die Frage, ob die Beklagten zur Wahrnehmung berechtigter Interessen oder richtiger zur Ausführung oder Verteidigung von Rechten (§ 193 StGB.) gehandelt haben, als wesentlich erachtet für die Entscheidung über den Unterlassungsanspruch. Hätte der Kläger einen Schadensersatzanspruch geltendgemacht, so käme es allerdings auf die Anwendbarkeit des § 193 StGB. an; denn der Schutz des § 193 nähme den Äußerungen den Charakter der Widerrechtlichkeit (vgl. auch § 824 Abs. 2 BGB.). Für den Unterlassungsanspruch dagegen genügt die Feststellung, daß die behaupteten Tatsachen unrichtig sind; denn an der weiteren Verbreitung unrichtiger Behauptungen kann niemand ein berechtigtes Interesse haben. Demgemäß kann die Revisionsrüge auf sich beruhen, der Berufungsrichter habe die Absicht der Beleidigung zu Unrecht aus den begleitenden Umständen und der Form der Äußerungen entnommen. Immerhin mag aber bemerkt werden, daß diese Rüge insoweit, als die Eingabe vom 9. Oktober 1926 in Betracht kommt, zweifellos unbegründet ist.

Das Oberlandesgericht hat ferner zu Unrecht den Klagantrag nur im ganzen gewürdigt, ohne das Begehren des Klägers in seine einzelnen Teile zu zerlegen. Der Kläger hat im allgemeinen Verurteilung der Beklagten zu der im Klagantrag näher bezeichneten Unterlassung verlangt und aus diesem allgemeinen Begehren die Fälle der Eingaben an Behörden herausgehoben. Beide Anträge sind von völlig verschiedenen rechtlichen Gesichtspunkten aus zu beurteilen.

Was das allgemeine Unterlassungsbegehren anlangt, so müßte auch vom Standpunkt des Urteils RGZ. Bd. 116 S. 151 aus zum mindesten die Wahrscheinlichkeit dargetan werden, daß die Beklagten

— von Eingaben an die Behörden abgesehen — ihre Behauptungen über die Amtspflichtverletzungen des Klägers wiederholen würden. Der Kläger hat aber auch nicht einen Fall behauptet, in welchem die Beklagten die den Gegenstand der Klage bildenden Behauptungen oder auch nur ihre sonstigen Angaben über Amtspflichtverletzungen des Klägers anders als in Eingaben an seine vorgesetzten Dienstbehörden aufgestellt hätten. Im Gegenteil, auch in der Klagschrift ist nur von Eingaben an die Behörden die Rede, wobei noch besonders betont wird, diese Eingaben würden jeweils an das Ministerium gerichtet, um unter dem Schutze des § 193 StGB. die dolosen Angriffe straflos erheben zu können. Hiernach kommt insoweit eine Wiederholungsgefahr wegen der noch gar nicht begonnenen oder in Aussicht genommenen Angriffe der Beklagten nicht in Frage. Für das allgemeine Unterlassungsbegehren des Klägers fehlt es sonach bisher an einem Rechtsschutzbedürfnis.

Soweit Eingaben an Behörden in Betracht kommen, soll den Beklagten aufgegeben werden und ist ihnen durch das angefochtene Urteil auch aufgegeben worden, sie hätten zu unterlassen, Behauptungen des fraglichen Inhalts auf Grund der bisherigen Amtsführung des Klägers aufzustellen, und zwar schlechthin. Gesetzt also den Fall, die Beklagten erhielten nunmehr aus der bisherigen amtlichen Tätigkeit des Klägers wenn auch noch so glaubhafte Kenntnis von neuen Vorgängen, welche Amtspflichtverletzungen des Klägers der in Rede stehenden Art darstellen würden, oder es würden ihnen neue Beweismittel für die bereits zur Sprache gebrachten angeblichen Verfehlungen des Klägers bekannt, so dürften sie hiervon den dienstlichen Vorgesetzten des Klägers deshalb keine Mitteilung zukommen lassen, weil ein gerichtliches Urteil ihnen dies bei Vermeidung von Geld- oder Freiheitsstrafen untersagt hätte. Eine solche Folge aber ist im Hinblick auf die staatsbürgerlichen Rechte der Beklagten ebensosehr abzulehnen wie im allgemeinen staatlichen Interesse. Danach bedürfte der Klagantrag jedenfalls der Einschränkung auf solche Fälle, in denen die Beklagten lediglich ihre alten Beschuldigungen gegen den Kläger ohne Angabe neuer Beweismittel wiederholen würden. Es mag dahinstehen, ob der Kläger an einem in dieser Weise eingeschränkten Urteil noch ein Interesse haben könnte, obwohl ihm bei der anzunehmenden sachgemäßen Behandlung derartiger wiederholter Anträge durch die Behörden ein Nachteil aus solchen

Eingaben schwerlich erwachsen könnte. Überdies ist bisher nichts hervorgetreten, was die Annahme rechtfertigen könnte, daß die Beklagten lediglich alte Beschuldigungen mit alten Beweismitteln den Behörden unterbreiten würden. Danach fehlt es auch insoweit an der Wiederholungsgefahr.

Aber auch noch ein zweiter rechtlicher Gesichtspunkt steht dem Klagbegehren entgegen, soweit es sich um Eingaben an zuständige Behörden handelt. In der reichsgerichtlichen Rechtsprechung ist anerkannt, daß die Anrufung der Gerichte mittels einer Strafanzeige, die in Ausübung eines staatsbürgerlichen Rechts erstattet zu werden pflegt, zum mindesten demjenigen, der durch eine strafbare Handlung verletzt zu sein glaubt, im Wege der bürgerlichrechtlichen Unterlassungsklage entweder überhaupt nicht oder doch nur unter ganz besonderen Voraussetzungen verwehrt werden kann (RGZ. Bd. 78 S. 215, Bd. 88 S. 131; SeuffArch. Bd. 69 S. 198; JW. 1912 S. 290 und S. 587; Urteil vom 1. Mai 1911 VI 180/10). Der gleiche Grundsatz muß für den rechtsähnlich liegenden Fall in Anwendung kommen, in dem der Verletzte über einen Beamten, insbesondere aus Anlaß seiner dienstlichen Tätigkeit, bei dessen vorgesetzter Dienstbehörde, also bei der zuständigen Stelle, Beschwerde führt (an eine unzuständige Behörde haben die Beklagten keine Beschwerden über den Kläger gerichtet). Auch hierbei handelt es sich um die Ausübung eines staatsbürgerlichen Rechts. Ob und unter welchen Voraussetzungen der Beamte einem Mißbrauch dieses Rechts im Wege der Unterlassungsklage entgegentreten könnte, bedarf im vorliegenden Falle (der übrigens, soweit sich hat ermitteln lassen, als erster dieser Art der Entscheidung des Reichsgerichts unterbreitet worden ist) keiner grundsätzlichen Stellungnahme. Denn zum mindesten müßte dann die Sache so liegen, daß die Beschwerde gegen den Beamten entweder aus Schikane (§ 226 BGB.) oder wider besseres Wissen erhoben wird. Ein derartiger Tatbestand ist hier nach den Feststellungen des Berufungsgerichts offensichtlich nicht gegeben. Denn wenn auch das angefochtene Urteil an einer Stelle etwas unvermittelt in Anlehnung an den Bericht des Bezirksamts vom 13. Dezember 1926 von einem „Feldzuge der Verdächtigung und Verleumdung" spricht, so erkennt doch der Berufungsrichter im Gegensatz hierzu an anderer Stelle an, daß die Umstände des Falles die Anwendbarkeit des § 826 BGB. nicht begründen. Weiter ist aber nur festgestellt, daß die Beklagten gegen § 186 StGB. — nicht gegen § 187 das. — verstoßen haben, und der Berufungsrichter hat eingehend erörtert, ob den Beklagten der Schutz des § 193 StGB. zur Seite stehe, eine Untersuchung, die sich, zum mindesten der Regel nach, erübrigt hätte, wenn der Tatbestand der verleumderischen Beleidigung für erwiesen erachtet worden wäre. Hiernach muß angenommen werden, daß sich der Satz von dem Feldzuge der Verleumdung nicht auf die den Gegenstand der Klage bildenden Ehrverletzungen, sondern nur im allgemeinen auf das von den Beklagten beobachtete Verfahren und ihre damit verfolgten Ziele beziehen kann und soll. Ferner wird auch nur festgestellt, daß die Behauptungen der Beklagten, wie auch der Ministerialerlaß vom 26. Januar 1926 ergibt, nur „zumeist" widerlegt seien. Vor allem aber ist dem Kläger wegen des Falles En. eine ernstliche Verwarnung erteilt worden. Wenn auch der milden Beurteilung dieses Falles durch das Oberlandesgericht keineswegs entgegengetreten werden soll und kann, so läßt sich doch die Tatsache nicht aus der Welt schaffen, daß dem Kläger hier eine Amtspflichtverletzung zur Last fällt, die mit der Erlangung eines Vermögensvorteils im Zusammenhang steht. Bei solcher Sachlage entfällt hier schon die objektive Unbegründetheit der Beschwerde der Beklagten.

Es bedarf endlich keiner Prüfung der Frage, ob gerade die den Gegenstand der Klage bildenden Behauptungen der Beklagten in ehrverletzender Form den dienstlichen Vorgesetzten des Klägers unterbreitet worden sind und ob deswegen dem Kläger das Recht zustände, gegen eine Wiederholung dieser Angriffe in so ungehöriger Form im Wege der Unterlassungsklage vorzugehen. Denn abgesehen davon, daß die Klagbegründung und insbesondere der Klagantrag keinen zweifelfreien Anhalt für die Annahme gewähren, es sei dem Kläger darum zu tun, den Beklagten die Wiederholung ihrer Angriffe in der gewählten Form verbieten zu lassen, hat der Kläger jedenfalls nichts dafür vorgetragen, daß gerade die den Gegenstand der Klage bildenden Angriffe der Beklagten ihrer Form nach eine besondere Beschwerung für den Kläger bildeten. Ob eine solche, auf ungehörige Form von Beschwerden gegründete Klage zulässig gewesen wäre, kann daher auf sich beruhen, und es bedarf auch weiter keiner Erörterung der Schwierigkeiten, die der Fassung der Urteilsformel in solchen Fällen und der Zwangsvollstreckung aus solchen Urteilen entgegenstehen würden. Im allgemeinen wird es auch bei formalen Beleidigungen für einen Beamten der gegebene Weg sein, den Schutz seiner vorgesetzten Dienstbehörde in Anspruch zu nehmen, sofern er auf eine Verfolgung derartiger Anwürfe Wert legt. Die Behörde ist in der Lage, durch Stellung des Strafantrags nach § 196 StGB. dem Beamten Genugtuung zu verschaffen und ihn damit zugleich der Regel nach vor Wiederholung der Beleidigungen wirksam zu schützen.

---

52. Unterliegen Stammeinlage-Forderungen, die einer Gesellschaft mbH. gegen ihre Gesellschafter zustehen, der Aufwertung kraft Rückwirkung?

GmbHG. §§ 5, 19, 55 flg. AufwG. § 63. Zweite DurchfVo. zur GoldbilVo. § 26.

II. Zivilsenat. Urt. v. 17. Mai 1929 i. S. H.-Vereinigung von Hi.-Aktionären GmbH. i. Liqu. (Kl.) w. Direktion der D. Gesellschaft (Bekl.). II 448/28.

I. Landgericht I Berlin, Kammer für Handelssachen.
II. Kammergericht daselbst.

Die Klägerin wurde im Jahre 1904 mit einem Stammkapital von 36000000 M. gegründet; Gesellschafter waren das Rheinisch-Westfälische Kohlensyndikat, Aktiengesellschaft in Essen, und 5 Großbanken, darunter die Beklagte, die eine Stammeinlage von 3600000 M. übernahm. Im Jahre 1908 wurde das Stammkapital um 6000000 M., also auf 42000000 M. erhöht; davon übernahm die Beklagte weitere 600000 M. als Stammeinlage. Eingezahlt wurden auf das ursprüngliche und das erhöhte Stammkapital 25 %, die restlichen 75 % sollten nach dem Gesellschaftsvertrag auf Beschluß der Gesellschafterversammlung die Geschäftsführer einfordern. Gegenstand des Unternehmens der Klägerin war „der Erwerb und die gemeinsame Verwaltung von Aktien der Bergwerksgesellschaft Hi.". Zur Erreichung dieses Zweckes sollte die Klägerin berechtigt sein, Bank- und Finanzgeschäfte aller Art abzuschließen, insbesondere Schuldverschreibungen auszugeben, und zwar bis zur Höhe von vier Dritteln des Stammkapitals und so, daß nicht mehr Schuldverschreibungen ausgegeben werden durften, als durch vier Fünftel des Ankaufswertes der im Besitz der Gesellschaft befindlichen Hi.-Aktien oder mündelsicheren Wertpapiere oder Guthaben bei ersten inländischen Bankfirmen gedeckt waren. In der Folge gab die Klägerin für 55000000 M. Schuldverschreibungen aus, deren Erlös im wesentlichen zur Deckung des Kaufpreises für die von ihr erworbenen Hi.-Aktien, und zwar von 23530000 M. Stamm- und 10000000 M. Vorzugsaktien, diente. Die Ausgabe der Schuldverschreibungen geschah u. a. mit der ihnen aufgedruckten „Bedingung", daß sie nur erfolgen dürfe,

„sofern zur Deckung einer jeden derselben in Höhe der Hälfte ihres Nennwertes Aktien der Bergwerksgesellschaft Hi. zum Nennwert gerechnet unbelastet im Eigentum der Gesellschaft vorhanden sind und in Höhe der anderen Hälfte ihres Nennwertes entweder noch nicht zur Einforderung gelangte Einzahlungen auf die Stammeinlage der Gesellschafter ausstehen oder für letzteren Betrag mündelsichere Wertpapiere . . . . . . unbelastet vorhanden sind."

Die Schuldverschreibungen sollten am 31. Dezember 1934 zur Rückzahlung fällig sein. Durch Vertrag vom 18./20. Oktober 1916, genehmigt durch das preuß. Gesetz betreffend den Erwerb dieser Bergwerksgesellschaft vom 26. Februar 1917 veräußerte die Klägerin ihren Besitz an Hi.-Aktien an den preußischen Staat für 68750000 M. in $4\frac{1}{2}$ % preußischen Schatzanweisungen. Vom Erlös waren bestimmt:

1.	Zur Rückzahlung der Schuldverschreibungen einschließlich des Aufgelds von 3%	56650000 M.
2.	zur Deckung der Gesellschaftereinlagen	10500000 M.
3.	Die restlichen	1600000 M

blieben als Reserve.

Ende 1923 waren von den Schuldverschreibungen noch insgesamt 29302000 M. in Umlauf, wogegen die Klägerin noch 37237000 M. sogenannte Hi.-Schätze besaß. In einer Gesellschafterversammlung vom 23. November 1923 wurde die Liquidation der klagenden Gesellschaft mbH. und die Einforderung der rückständigen 75% Stammeinlagen beschlossen. Diese wurden demnächst auch eingezahlt, und zwar von der Beklagten mit 3150000 M., also dem Papiermarkbetrag des Nennwertes. Die anderen Gesellschafter leisteten ihre Zahlungen in gleicher Weise. Eine weitere Gesellschafterversammlung der Klägerin vom 10. Dezember 1926 genehmigte die Goldmark-Eröffnungsbilanz zum 1. Januar 1924 und stellte gleichzeitig das Stammkapital als volleingezahlt auf 21000 RM. und den Geschäftsanteil der Beklagten auf 2100 RM. um. Für die 37237000 M. Hi.-Schätze erhielt die Klägerin 930925 RM. Anleiheablösungs-Schuldverschreibungen des Reiches mit Auslosungsrechten. Sie sind — als einziges Aktivum — in der Goldmark-Eröffnungsbilanz mit 2746228,75 RM. bewertet; ihnen stehen in dieser Bilanz als Schulden gegenüber: Kreditoren mit 1643 RM., eine Umstellungsreserve in Höhe von 86405,19 RM. und die 29302000 M. Schuldverschreibungen mit einem Aufwertungsbetrag von 2637180 RM. (= 9%). Versuche der Klägerin, vom Reich oder vom Land Preußen eine höhere Aufwertung für die Hi.-Schätze zu erhalten, blieben erfolglos.

Die Klägerin stellte dann bei der Aufwertungsstelle des Amtsgerichts Güstrow gemäß § 34 AufwG. den Antrag, den regelmäßigen Aufwertungssatz von 15% für ihre Schuldverschreibungen auf 9% herabzusetzen. Diesen Antrag lehnte die Aufwertungsstelle durch Beschluß vom 7. August 1927 ab, weil der Klägerin wegen der in völlig entwertetem Geld geleisteten 75% ihrer ursprünglichen Einlageschuld Aufwertungsansprüche kraft Rückwirkung gegen ihre Gesellschafter zuständen. Die Klägerin legte gegen diesen Beschluß Beschwerde ein. Das Landgericht setzte die Entscheidung über die Beschwerde bis zur Erledigung des vorliegenden Rechtsstreits aus, in dem die Klägerin von der Beklagten wegen des Einlagerückstands von 450000 M. aus der Kapitalerhöhung von 1908 eine Aufwertung zu 6%, also Zahlung von 27000 RM. verlangt, weil die Papiermarkzahlung vom Dezember 1923 völlig wertlos gewesen sei und nicht schuldtilgend gewirkt habe.

Das Landgericht wies die Klage ab. Die Berufung der Klägerin war erfolglos. Ihre Revision führte zur Aufhebung und Zurückverweisung.

Gründe:

Sachlich dreht sich der Streit darum, ob der Klägerin gegen ihre Gesellschafter, insbesondere gegen die Beklagte, ein Aufwertungsanspruch kraft Rückwirkung zusteht wegen der im Dezember 1923 zum Nennwert in Papiermark gezahlten, aus der Kapitalerhöhung von 1908 noch rückständig gewesenen Stammeinlage.

Das Landgericht hat in Übereinstimmung mit der Aufwertungsstelle die Möglichkeit eines solchen Anspruchs grundsätzlich bejaht. Das Berufungsgericht hat diese Frage offen gelassen. Es vertritt, insoweit in Übereinstimmung mit dem Landgericht, den Standpunkt, daß ein etwaiger Anspruch dieser Art mit Rücksicht auf die Umstellungsbeschlüsse jedenfalls zur Zeit unbegründet sei. Das Stammkapital der Klägerin sei, so führt das angefochtene Urteil aus, als voll eingezahlt auf 21000 RM. unter entsprechender Änderung des Gesellschaftsvertrags umgestellt und Einzahlungen darauf seien nicht vorgesehen. Diese Beschlüsse hätten für das Verhältnis zwischen Gesellschaft und Gesellschaftern zunächst als maßgebend zu gelten; weitere Einforderungen auf die Stammeinlagen wären nur dann möglich, wenn durch neuen Gesellschafterbeschluß das Stammkapital und die Stammeinlagen über die im Umstellungsbeschluß festgelegten Beträge hinaus erhöht würden; eine etwaige Unrichtigkeit der Goldmark-Eröffnungsbilanz reiche dagegen nicht aus. Es müßten vielmehr aus dieser Unrichtigkeit zunächst die Folgerungen gezogen und die Umstellung und der Gesellschaftsvertrag erst wieder geändert werden. Solange dies nicht geschehen sei, stehe der Gesellschaft kein Anspruch auf Nachzahlung der Einlagen gegen die Gesellschafter zu. Dies müsse auch im Fall der Nichtigkeit der Umstellungsbeschlüsse gelten, da die Höhe der auf das Stammkapital zu leistenden Einzahlungen nur im Rahmen der Umstellung geregelt werden könne. Der Klaganspruch sei daher zur Zeit nicht begründet.

Die Revision hält dem entgegen, daß ein etwaiger, auf die Geldentwertung zwischen der Begründung und der Zahlung der Einlageforderung gestützter Anspruch der Klägerin durch die Goldmarkumstellung weder beseitigt, noch auch nur vorübergehend in seiner Geltendmachung gehemmt werden könne. Inwiefern die Gesellschafter befugt sein sollten, sich durch die Umstellungsbeschlüsse von ihren Einzahlungsverpflichtungen zu befreien, sei nicht einzusehen; der Nachzahlungsanspruch stütze sich auf die Verpflichtung der Beklagten zur Leistung der im Jahr 1908 übernommenen Stammeinlage. Jeder Versuch, eine andere Goldmarkumstellung herbeizuführen, scheitere an der Weigerung der Gesellschafter, welche die Aufwertungsansprüche bestritten. Es bleibe deshalb nichts anderes übrig, als diese Frage im Prozeßweg auszutragen. Auf den Beschluß der Aufwertungsstelle hin sei den Gesellschaftern in der Versammlung vom 14. September 1927 die Frage vorgelegt worden, ob sie den Aufwertungsanspruch nunmehr anerkennen wollten, worauf sie ihn nach wie vor bestritten hätten. Darauf habe man mit den Gesellschaftern vereinbart, daß die Liquidatoren gegen einen von ihnen klageweise vorgehen sollten und daß das Ergebnis des Prozesses auch für das Verhältnis der nicht verklagten Gesellschafter zur Klägerin maßgebend sein solle.

Der Revisionsangriff ist begründet. Zunächst bedarf der Prüfung, ob (von der Goldmarkumstellung einmal abgesehen) rechtsgrundsätzlich für Aufwertungsansprüche der Gesellschaft gegenüber dem einzelnen Gesellschafter überhaupt Raum ist. Die Beklagte hat ihre im Jahr 1908 entstandene Stammeinlageschuld im restlichen Betrag von 450000 M. auf Grund der Beschlüsse der Gesellschafterversammlung vom 23. November 1923, die für die Einforderung der rückständigen Papiermarkeinlagen offensichtlich nur formale Bedeutung hatten, im Dezember 1923, lange vor der Umstellung, zum Nennbetrag in Papiermark gezahlt, wirtschaftlich betrachtet also mit einem Nichts. Die Frage ist mithin vor allem, ob diese Zahlung wirklich zum Nennbetrag schuldtilgend gewirkt und damit die Stammeinlageforderung der Gesellschaft zum Erlöschen gebracht hat. Dabei muß eine Haftung aus anderen rechtlichen Gesichtspunkten als dem der Um- oder Aufwertung kraft Rückwirkung, insbesondere eine solche aus Verzug, ausscheiden, weil es insoweit unbestrittenermaßen an allen tatsächlichen Voraussetzungen fehlt.

Ob wegen der Einlageforderungen einer Gesellschaft mbH. auf das Stammkapital oder einer Aktiengesellschaft auf das Grundkapital Aufwertungsansprüche kraft Rückwirkung erhoben werden können, ist, soweit ersichtlich, vom Reichsgericht bisher noch nicht entschieden worden. Die Urteile des erkennenden Senats RGZ. Bd. 113 S. 152, Bd. 119 S. 271, Bd. 120 S. 363, Bd. 122 S. 339 betreffen die Frage der Umwertung noch offenstehender Papiermark-Einzahlungen auf Aktien. Hierzu wurde ausgeführt, daß grundsätzlich eine Umwertung, und zwar nach Aufwertungsgrundsätzen, jedoch der Eigenart des Rechtsverhältnisses entsprechend schematisch stattzufinden habe und daß hierüber zunächst die Generalversammlung zwar nicht vor, wohl aber im Rahmen der Umstellung, beschließen müsse, was gegebenenfalls (vom Konkursfall abgesehen) auch noch nach der Umstellung geschehen könne. Bei dem ebenfalls eine aktienrechtrechtliche Sache betreffenden Urteil des erkennenden Senats in JW. 1928 S. 622 Nr. 3 handelte es sich um einen Sonderfall, nämlich darum, ob Einzahlungen, die nach Abschluß des Gründungsvertrags, jedoch vor Eintragung einer Aktiengesellschaft im Handelsregister auf das vorgesehene Aktienkapital gemacht worden waren, trotz zwischenzeitlicher Geldentwertung noch als Vollzahlungen zu gelten hätten. Der Senat hat dies bejaht und damit einen Aufwertungsanspruch kraft Rückwirkung verneint, weil die Teilnehmer bei der Gründergesellschaft trotz der weiteren Geldentwertung an dem anfänglich vorgesehenen Grundkapital festgehalten und von seiner Erhöhung Abstand genommen hätten, und weil daher das Verhältnis nach dem Parteiwillen so aufgefaßt werden müsse, wie wenn die Einlageverpflichtung erst im Augenblick der Zahlung begründet worden wäre.

Um einen Fall dieser Art handelt es sich hier nicht. Unzweifelhaft entspringen die Ansprüche auf Zahlung von Stammeinlagen einer Gesellschaft mbH. einem Gesellschaftsverhältnis im Sinne des § 63 Abs. 2 Nr. 1 AufwG., gerade so, wie das bei rückständigen Einzahlungen auf Aktien der Fall ist. So gesehen würde also freie Aufwertung zu gelten haben, in deren Anwendungsgebiet die sog. Aufwertung kraft Rückwirkung grundsätzlich Anerkennung gefunden hat. Sie kann im allgemeinen dann Platz greifen, wenn in der Zeit zwischen Entstehung der Schuld und ihrer Begleichung eine solche Verschlechterung des Geldwertes eingetreten ist, daß nach Treu und Glauben unter Berücksichtigung der berechtigten Belange beider Teile die erfolgte Geldleistung nicht mehr als Volleistung angesehen werden kann. Hier handelt es sich um eine Vorkriegsforderung, also um eine vollwertige Forderung, der gegenüber die geleistete Papiermarkzahlung gänzlich wertlos war. Nach der Veränderung des Geldwerts zwischen Begründung der Schuld und Zahlung wäre also die Wertverschiebung, die grundsätzlich eine Aufwertung kraft Rückwirkung rechtfertigen könnte, zweifellos vorhanden. Es fragt sich nur, ob eine solche Aufwertung etwa wegen der Eigenart des Rechtsverhältnisses ausgeschlossen ist. Dies ist zu verneinen.

Daß es sich bei dem Anspruch auf Einzahlung rückständiger Stammeinlagen einer Gesellschaft mbH. um einen auf Zahlung einer bestimmten Geldsumme gerichteten Anspruch handelt, ist nicht zu bezweifeln (§§ 3, 5, 19 GmbHG.). Die Rechtslage ist insoweit dieselbe wie bei rückständigen Einzahlungen auf Aktien (§ 211 HGB.; RGZ. Bd. 120 S. 363, Bd. 122 S. 339). Gesetzliche Sondervorschriften über die Frage der Um- oder Aufwertbarkeit solcher Ansprüche bestehen nicht. § 26 Abs. 2 der 2. DurchfVo. zur GoldbilVo. enthält nur die Vorschrift, daß Abs. 1 das. auf die Geschäftsanteile einer Gesellschaft mbH. entsprechend anwendbar sei. Er bestimmt also mit anderen Worten, daß nicht volleingezahlte Geschäftsanteile einer Gesellschaft mbH. im Verhältnis zueinander bei der Umstellung als volleingezahlt zu gelten hätten, daß aber hierdurch der Anspruch der Gesellschaft auf die ausstehenden Einzahlungen nicht berührt werde. Dies hat jedoch nichts mit der Frage zu tun, ob und inwieweit Papiermarkzahlungen auf rückständige Einlagen trotz Veränderung des Geldwertes zwischen Begründung und Zahlung noch als Volleistung zu gelten haben. Insbesondere kann aus dieser Vorschrift nicht geschlossen werden, daß Zahlungen, die während der Papiermarkzeit geleistet wurden, schlechthin als Vollzahlungen zum Nennwert angesehen werden müßten und etwaige Geldentwertungsansprüche, gleichgültig welchen Rechtsgrunds, ausgeschlossen sein sollten. Auch die sonstigen Umstellungsvorschriften bieten für eine solche Auffassung keinen Anhalt (anders z. B. bei Genossenschaften nach §§ 47, 48 der 2. DurchfVo. zur GoldbilVo.). Die Rechtsfrage ist deshalb auf Grund des Gesetzes über die Gesellschaften mbH. und der sonst in Betracht kommenden Vorschriften des allgemeinen Rechts zu beantworten.

Der erkennende Senat hat in verschiedenen aktienrechtlichen Urteilen die Auffassung vertreten, daß die Umwertung rückständiger Einzahlungen auf Aktien nach Aufwertungsgrundsätzen unter Berücksichtigung der Eigenart des Rechtsverhältnisses zu erfolgen habe (RGZ. Bd. 122 S. 339 und die dort angeführten weiteren Urteile). Gleiches muß auch für die Rückstände auf Stammeinlagen einer Gesellschaft mbH. gelten, bei denen insoweit die Verhältnisse nicht wesentlich anders liegen als bei der Aktiengesellschaft. Damit ist grundsätzlich anerkannt, daß auch für diese Rechtsbeziehungen Aufwertungsrecht und zwar das Recht der freien Aufwertung gilt. Der Senat hat weiter in den Urteilen RGZ. Bd. 120 S. 363 und JW. 1928 S. 630 Nr. 7 (die gleichfalls aktienrechtliche Fälle betreffen) ausgesprochen, daß solche rückständigen Einlagen auch dann, wenn es nicht zu einer rechtsgültigen Umstellung gekommen ist, der Aufwertung unterliegen, daß also dem Aufwertungsanspruch in solchem Fall nicht durch den Hinweis auf § 211 HGB. und auf die Fortgeltung der Papiermark-Kapitalziffer mit Erfolg begegnet werden kann. Gleiches muß wiederum für die Rückstände auf Stammeinlagen bei der Gesellschaft mbH. gelten. Es ist richtig, daß nach § 3 Abs. 1 Nr. 3 GmbHG. der Gesellschaftsvertrag den Betrag des Stammkapitals festzusetzen hat, daß nach § 5 Abs. 3 Satz 3 das. der Gesamtbetrag der Stammeinlagen mit dem Stammkapital übereinstimmen muß und daß die Gesellschafter auch beim Fehlen anderweitiger Bestimmungen des Gesellschaftsvertrags, abgesehen von den Fällen des § 24 GmbHG., nicht zu sonstigen Zahlungen herangezogen werden können. Für die Zeit der Geldentwertung bedeutet dies jedoch nur, daß die auf Stammeinlage geschuldeten Beträge dem Werte nach nicht den Wert der von Anfang geschuldeten Summe übersteigen können. Der Satz „Mark gleich Mark" kann auch insofern nicht schlechthin weitergelten. Zahlungen, die ziffermäßig die Summe der rückständigen Papiermarkeinlagen übersteigen, würden deshalb allerdings ihren Charakter als Zahlungen auf die Stammeinlage nicht verlieren, sondern hätten in der Papiermarkzeit dem gesetzlichen Reservefonds zufließen müssen und wären dementsprechend gebunden gewesen. Es ist demnach grundsätzlich die Möglichkeit der Aufwertung kraft Rückwirkung anzuerkennen für Einzahlungen, die in entwertetem Geld auf Stammeinlagen einer Gesellschaft mbH. geleistet worden sind. Ob auch im Aktienrecht im Fall der Leistung von Einlagerückständen in entwertetem Geld für eine Aufwertung kraft Rückwirkung Raum ist, braucht hier nicht entschieden zu werden. Jedenfalls ist nicht zu verkennen, daß sich aus den Verhältnissen und Bedürfnissen des aktienrechtlichen Verkehrs gegen eine solche Wiederaufrollung anscheinend abgewickelter Rechtsbeziehungen besondere Bedenken ergeben. Diese gelten nicht für die Gesellschaft mbH., die ihrem Aufbau nach zwischen der Personal- und der reinen Kapitalgesellschaft steht.

Verschieden von der grundsätzlichen Frage der Aufwertbarkeit kraft Rückwirkung bei Stammeinlage-Forderungen einer Gesellschaft mbH. ist die Frage, ob nach den Umständen des vorliegenden Falles ein solcher Anspruch gemäß § 242 BGB. begründet ist. Zu ihr müßte zunächst in der Tatsacheninstanz Stellung genommen werden. Bei den Schuldverschreibungen, welche die Beklagte ausgegeben hat, handelt es sich zweifellos um solche, die der Aufwertung nach §§ 33 flg. AufwG. unterliegen, dagegen nicht um Pfandbriefe und verwandte Schuldverschreibungen im Sinne der §§ 47 flg. AufwG. Eine entsprechende Anwendung der letzteren Vorschriften ist ihres Ausnahmecharakters wegen abzulehnen. Die Beklagte kann deshalb dem Aufwertungsanspruch des Liquidators nicht damit begegnen, daß die Schuldverschreibungs-Gläubiger gegen die Klägerin schlechthin keine Aufwertungsansprüche über die vorhandene Deckung in Anleiheablösungs-Obligationen hinaus geltendmachen könnten.

Danach ist für die Revisionsinstanz zu unterstellen, daß die Zahlung vom Dezember 1923 auf die in Friedensmark begründete Stammeinlage-Forderung von 450000 M. nicht schuldtilgend gewirkt hat, sondern einen der freien Aufwertung kraft Rückwirkung unterliegenden Anspruch der Gesellschaft weiter bestehen ließ, der seinen Charakter als Stammeinlage-Forderung nach wie vor behalten hat.

Weiterhin fragt es sich, ob und welchen Einfluß auf diesen Anspruch, der einen Aktivposten der Gesellschaft bildete, die beschlossene und im Register eingetragene Goldmarkumstellung gehabt hat. Unbestrittenermaßen hat die Gesellschafterversammlung diesen Anspruch bei der Goldmarkumstellung nicht berücksichtigt. Sie hat vielmehr einen solchen Anspruch verneint; sie hat ihn demgemäß auch in der Bilanz nicht aktiviert und hat anderseits angenommen, daß das Stammkapital und damit die einzelnen Geschäftsanteile voll eingezahlt seien. Daraus folgt aber nicht, daß die Umstellungsbeschlüsse etwa unheilbar nichtig wären. Die Frage der Aufwertung kraft Rückwirkung für Einlagerückstände, die in entwertetem Geld zum Nennbetrag gezahlt worden sind, war rechtlich völlig ungeklärt. Ob, selbst im Fall ihrer grundsätzlichen Bejahung, im Hinblick auf die hier vorliegenden besonderen Umstände ein solcher Anspruch begründet ist, steht noch offen. Die Entscheidung der Aufwertungsstelle war zur Zeit der Fassung der Umstellungsbeschlüsse noch nicht ergangen. Die Umstellung als solche mag so, wie geschehen, sachlich vielleicht fehlerhaft gewesen sein. Sie ist aber nicht mit einem Mangel behaftet, der ohne weiteres ihre unheilbare Nichtigkeit nach sich ziehen würde, weil etwa gegen zwingende, in erster Linie im öffentlichen Interesse gegebene Vorschriften verstoßen wäre, auf deren Einhaltung nicht verzichtet werden konnte. Es ist sonach von der Gültigkeit der beschlossenen Umstellung auszugehen. Sie steht aber der Geltendmachung eines Aufwertungsanspruchs kraft Rückwirkung nicht entgegen. Bestand ein solcher Anspruch, so ist er durch die Umstellung, so wie sie nun einmal vorliegt, nicht erloschen. Gewiß konnte die Gesellschafterversammlung im Rahmen der Umstellung auch über die Frage der Aufwertung kraft Rückwirkung Beschluß fassen. Damit, daß sie einen solchen Anspruch verneint hat, ist er indessen nicht beseitigt, falls er überhaupt bestand. Ein Verzicht darauf konnte im Hinblick auf § 19 Abs. 2 GmbHG. auch im Rahmen der Umstellung weder von der Gesellschafterversammlung noch vom Liquidator rechtsgültig ausgesprochen werden. Wenn er je gewollt und erklärt worden wäre, wofür aber nichts vorliegt, so wäre er weder für die Gesellschafter noch für den Liquidator oder für die Gläubiger rechtlich beachtlich. Der Streit über seinen Bestand kann sodann angesichts der Stellungnahme der Gesellschafterversammlung zwischen Gesellschafter und Gesellschaft auch nur im ordentlichen Rechtsweg ausgetragen werden. Gewiß handelt es sich nach wie vor um einen Anspruch auf rückständige Stammeinlage mit der Folge, daß Einzahlungen darauf dem gesetzlichen Reservefonds zufließen müßten. Der Liquidator ist aber rechtlich nicht gehindert, auch auf solche Ansprüche zurückzugreifen und sie gegenüber den Gesellschaftern geltendzumachen, wenn er dieser Mittel zur Durchführung der Liquidation, insbesondere zur Befriedigung der Gläubiger bedarf. Dies behauptet er im Hinblick auf die Ansprüche der Gläubiger der Schuldverschreibungen. Unzweifelhaft würde das vorhandene Gesellschaftsvermögen zur Befriedigung dieser Gläubiger in Höhe des gesetzlichen Normal-Aufwertungssatzes von 15% nicht ausreichen. Daß sie sich mit einem geringeren, den Massebestand nicht übersteigenden Aufwertungssatz begnügen müßten, steht jedenfalls zur Zeit nicht fest. Bei dieser Sachlage bestehen keine grundsätzlichen Bedenken gegen die Befugnis des Liquidators zur Geltendmachung des Aufwertungsanspruchs.

---

53. 1. Wann wird eine unterirdisch lagernde flüssige Ware durch eine oberhalb der Erde angebrachte Warenbezeichnung mit dem dabei benutzten Warenzeichen „versehen“?

2. Wann liegt Warenbezeichnung und wann Ankündigung einer Ware vor?

WZG. § 12.

II. Zivilsenat. Urt. v. 12. April 1929 i. S. Rh.-O. AG. (Kl.) w. E. (Bekl.). II 416/28.

I. Landgericht Düsseldorf.
II. Oberlandesgericht daselbst.

Die Klägerin vertreibt seit 1922 in Deutschland unter dem für sie eingetragenen Zeichen „Stellin" einen Automobilbrennstoff, den sie in neuerer Zeit unter der international bekannten Marke „Shell" in den Handel bringt, in der Art, daß sie die Ware vorwiegend in eigenen über das Land verstreuten Tankstellen durch Händler verkaufen läßt, mit denen sie nach Vordruck Tankstellen-Verträge abschließt. Einen Vertrag dieser Art hat die Klägerin im Dezember 1924 auch mit dem Beklagten abgeschlossen. Nach einiger Zeit wurde der Vertrag zugunsten des Beklagten abgeändert und infolge von Streitigkeiten der Parteien durch die Klägerin am 1. Juni 1926 fristlos gekündigt. Schon seit April 1926 hatte die Klägerin den Beklagten nicht mehr mit „Stellin" beliefert.

Der Beklagte hat dann in der von ihm selbst in B. erbauten Tankstelle, deren oberirdisches Gehäuse zur Aufnahme der Pumpen sich von den entsprechenden Gehäusen der Klägerin nach Form und farbigem Anstrich wesentlich unterscheidet, neben fünf anderen Brennstoffarten auch „Stellin" feilgehalten und vier von diesen sechs Brennstoffen durch Aufschriften mit dem Wort „Stellin" an drei Seiten des Gehäuses kundgemacht. Darin erblickt die Klägerin eine Verletzung ihres Warenzeichens und unlauteren Wettbewerb. Sie beantragte mit der Klage, dem Beklagten die Benutzung des Wortes „Stellin" in öffentlichen Anpreisungen, insbesondere auf Reklameschildern an seiner Tankanlage in B. zu untersagen. Der Beklagte wandte ein: er verkaufe nur echtes „Stellin" unter dieser Bezeichnung und sei dazu sehr wohl in der Lage, weil er sich diesen Brennstoff jederzeit von Händlern und anderen Abnehmern in beliebiger Menge beschaffen könne und auch beschafft habe; unter diesen Umständen seien seine Ankündigungen einwandfrei.

Das Landgericht erkannte nach dem Klagantrag. Im zweiten Rechtszug erklärte die Klägerin, sie behaupte nicht, daß der Beklagte ihre Ware „Stellin" oder deren Verpackung oder Umhüllung mit dem Zeichen „Stellin" versehen habe; das Verhalten des Beklagten werde aber zeichenrechtlich deshalb beanstandet, weil der Gebrauch des Wortes „Stellin" als Ankündigung unzulässig sei. Der Beklagte nimmt ein solches Benutzungsrecht für sich in Anspruch; er erklärte aber, daß er die Ware unter der Aufschrift „Rhenania-Benzin" ankündige und vertreibe, seit und solange die Klägerin die Ware unter der Bezeichnung „Shell" in den Handel bringe. Das Oberlandesgericht wies die Klage ab. Die Revision der Klägerin hatte keinen Erfolg.

Aus den Gründen:

Die Klage ist in erster Linie auf Verletzung des Zeichenrechts der Klägerin an dem Worte „Stellin" gestützt. Die Klägerin hat demgemäß beantragt, dem Beklagten zu verbieten, an seiner Tankanlage als Aufschrift oder auf Schildern das Wort „Stellin" zu verwenden. Zur Erläuterung dieses Antrags hat die Klägerin nach dem Tatbestand des Berufungsurteils erklärt, sie stütze die Klage zeichenrechtlich allein auf den gegen § 12 WZG. verstoßenden Gebrauch des Wortes „Stellin" als Ankündigung, behaupte aber nicht, daß der Beklagte die Ware „Stellin" oder ihre Verpackung oder Umhüllung mit ihrem Zeichen versehen habe. Das Berufungsgericht hat ferner festgestellt, der Beklagte habe echtes „Stellin" trotz der Lieferungssperre der Klägerin angekauft und jeweils in genügender Menge beziehen können, und er könne es sich auch weiterhin verschaffen. Die Revision beanstandet das nicht, ebensowenig die Schlußfolgerung des Vorderrichters, daß der Beklagte stets nur echtes Stellin unter dieser Bezeichnung angekündigt und verkauft habe. Trotzdem hält sie dieses Verhalten für unzulässig; in der gegenteiligen Ansicht des Berufungsgerichts erblickt sie eine Verletzung des § 12 WZG.

Dem kann nicht zugestimmt werden. Das Berufungsgericht hat nicht verkannt, daß der Beklagte nicht berechtigt wäre, das nicht unmittelbar von der Klägerin gekaufte „Stellin" mit dieser Bezeichnung zu versehen. Denn das Bezeichnungsrecht des Warenzeicheninhabers wird durch jede Handlung verletzt, durch welche die nicht gekennzeichnete (wenn auch echte) Ware mit dem Zeichen versehen wird. Das geschieht insbesondere bei Flüssigkeiten auch schon dadurch, daß die Ware in ein ohne Genehmigung des Zeicheninhabers mit dem Zeichen versehenes Behältnis gebracht wird (Pinzger-Heinemann Anm. 13 zu § 12 WZG.). Dabei ist es völlig gleichgültig, ob sich die Ware vorher in einem vom Zeicheninhaber selbst mit dem Zeichen versehenen anderen Behältnis (Faß, Tankwagen) befunden hat oder ob sie trotz Echtheit gar nicht gekennzeichnet war. Denn wenn auch durch das Inverkehrbringen der mit dem Zeichen versehenen Ware für das einzelne Stück oder für die bestimmte Menge des Inhalts einer Umhüllung das Recht erschöpft ist, die Ware mit dem Zeichen in Verkehr zu bringen (RGZ. Bd. 103 S. 363), so besteht doch das Bezeichnungsrecht des Zeicheninhabers im verborgenen fort und wird für die einzelne Ware jeweils wieder wirksam, sobald die vom Zeicheninhaber ausgehende Bezeichnung fortfällt.

Damit darf jedoch das Recht, die Ware auf Ankündigungen mit dem Zeichen zu benennen, nicht verwechselt werden. Dieses Recht ist in § 12 WZG. ausdrücklich dem Zeicheninhaber vorbehalten und bezieht sich auf jede Art urkundlicher Benutzung des Zeichens im geschäftlichen Verkehr. Aber das Recht bedeutet nur einen Schutz des Zeicheninhabers gegen unlauteren Wettbewerb durch falsche Herkunftsangaben und will deshalb nur eine solche Benutzung des fremden Zeichens in geschäftlichen Ankündigungen verbieten, die geeignet ist, das Publikum über die Herkunft der Ware aus einer bestimmten Betriebsstätte irrezuführen. Wer also echte Ware führt und zu ihrer Lieferung imstande ist, darf unter dem Warenzeichen auch die Ware ankündigen, ohne einem Verbot des Zeicheninhabers ausgesetzt zu sein (Hagens Anm. 21, 24 zu § 12 WZG.). Diesen Unterschied des Ankündigungsrechts vom Bezeichnungsrecht beachtet die Revision nicht ausreichend; das erstere hat nichts zu tun mit der Frage, ob die Ware gekennzeichnet war oder nicht und ob sie unmittelbar oder auf Umwegen an den ankündigenden Händler gelangt ist.

Die Entscheidung des Rechtsstreits hängt deshalb davon ab, ob man die beanstandeten Aufschriften auf dem Tankschrank des Beklagten als Bezeichnung der im unterirdischen Tank enthaltenen Waren („Stellin" usw.) oder als Ankündigung dieser Waren ansehen muß. Nach dem Tatbestand des angefochtenen Urteils hat die Klägerin erklärt, sie sehe die Aufschriften als Ankündigungen an, wolle aber nicht behaupten, daß der Beklagte die Ware „Stellin" oder deren Verpackung oder Umhüllung mit ihrem Zeichen versehen habe. Mit Recht legt das Oberlandesgericht darauf allein nicht das entscheidende Gewicht, sondern prüft selbständig, ob in der Anbringung des Wortes „Stellin" an mehreren Stellen des Tankschrankes des Beklagten eine Bezeichnung oder eine Ankündigung der Ware zu erblicken ist. Denn die Erklärung der Klägerin war keine das Gericht bindende Erklärung über Tatsachen, sondern nur rechtliche Würdigung eines tatsächlichen Vorgangs. Deshalb ist die Revision nicht gehindert, diesen Vorgang anders zu würdigen, und aus dem gleichen Grunde ist auch das Revisionsgericht in der Lage, die rechtliche Würdigung des Vorgangs nachzuprüfen.

Die Ausführung des Berufungsgerichts, wonach das Anbringen des Wortes „Stellin" am Tankschrank als Ankündigung anzusehen ist, enthält indessen keinen Rechtsirrtum. Mit Recht hat das Berufungsgericht ausgeführt, daß der Beklagte nicht berechtigt wäre, Umhüllungen der Ware mit dem Zeichen zu versehen. Das folgt ohne weiteres aus dem Wortlaut des Gesetzes. Die Frage ist nur, ob man nach dem Gesetz den Tankschrank als eine Umhüllung der Ware anzusehen hat, die sich in flüssigem Zustand unterirdisch im Tank befindet. Die Umhüllung schließt begrifflich die Ware ein, sodaß beliebige Behältnisse von Flüssigkeiten (wie Flaschen, Fässer, Tanks) ohne weiteres eine Umhüllung der Ware darstellen. Man könnte auch in Fällen der vorliegenden Art, wie bei den Zapfhähnen für das im Keller lagernde Bier, annehmen, daß die oberirdische, für den Handel mit der Ware unentbehrliche und mit ihr fest verbundene Zapfstelle noch zur Umhüllung der Ware im weiteren Sinne gehört, die das Gesetz im Auge hat. Würde also an dieser Stelle, die durch die Leitung mit dem eigentlichen Warenbehältnis verbunden ist, ein Warenzeichen, z. B. „Stellin" oder „Salvator", angebracht, so würde der Senat darin eine Handlung erblicken, durch welche die Umhüllung der Ware mit dem Zeichen versehen wird. Das hat der Beklagte aber nicht getan. Es genügt auch keineswegs, wie die Revision meint, jede räumliche Beziehung des Trägers der Bezeichnung zur Ware für die Annahme, daß die Umhüllung der Ware mit dem Zeichen versehen sei. Diese Beziehung muß vielmehr so eng sein, daß eine — wenn auch nur vorübergehende — körperliche Verbindung der Ware mit dem Zeichen unmißverständlich hergestellt ist. Das ist bei den beanstandeten Angaben des Beklagten an seinem Tankschrank nicht der Fall. Zunächst kann das bei den seitlich an den Wänden des Schrankes angebrachten Angaben keinem Zweifel unterliegen. Die hier befindlichen Tafeln geben außer sechs verschiedenen Betriebsstoffen noch andere Waren an, die in dem nahe gelegenen Betriebe des Beklagten zu haben sind. Damit wird also nur den herankommenden Interessenten angekündigt, daß im Betrieb des Beklagten unter anderem die Ware Stellin zu finden ist. Wenn der Beklagte dazu aus praktischen Gründen die Wände des Tankschrankes benutzt und nicht besondere Reklametafeln aufstellt, so kann ihm das nicht verwehrt werden, weil keine körperliche Verbindung oder Beziehung zu einer bestimmten Zapfstelle besteht. Aber auch die Aufschrift „Stellin" neben der Angabe der Warennamen anderer Betriebsstoffe oben an der Vorderseite des Schrankes ist nur eine Ankündigung im Sinne des Gesetzes. Dazu genügt schon, daß hier nur vier Betriebsstoffe angegeben sind, während sich darunter sechs Zapfstellen befinden und es deshalb, wie auch sonst, keineswegs sicher ist, auf welche Zapfstelle sich die einzelne Angabe bezieht. Insgesamt ergeben die Aufschriften des Tankschrankes nur, daß an dieser Stelle (echtes) Stellin neben anderen Betriebsstoffen vertrieben wird. Das ist aber keine so enge körperliche Beziehung der Ankündigung zur Umhüllung der Ware, daß man zur Vermeidung unlauterer Machenschaften annehmen müßte, die Umhüllung der Ware selbst sei mit dem Worte „Stellin" versehen worden.

Das deckt sich im wesentlichen mit den Ausführungen des Berufungsgerichts, das in einer der Auffassung der Klägerin entsprechenden Auslegung des Wortes „Umhüllung" eine Überspannung des Begriffs erblickt. Es ist dabei auch nicht entscheidend, ob man hier mit dem Oberlandesgericht vom Verkehrsbedürfnis ausgeht oder — richtiger — den Begriff der Umhüllung aus dem wettbewerblichen Zweck heraus, der die ganze Vorschrift beherrscht, gegen die Ankündigung abgrenzt. Sicherlich unzutreffend ist die Annahme einer stillschweigenden Lizenz; von einer solchen kann in Fällen der vorliegenden Art keine Rede sein. Die Rechtsprechung ist in voller Übereinstimmung mit dem Schrifttum darüber einig, daß es im Warenzeichenrecht keine Lizenzen im Sinne positiver Benutzungsrechte gibt und daß auch die stillschweigende Lizenz nur den Verzicht auf das Verbietungsrecht des Zeicheninhabers durch schlüssige Handlungen bedeutet. Wenn nun die Ware ohne das Zeichen in Verkehr gebracht oder im Handel des Zeichens entkleidet wird, so kann man schwerlich von einem Verzicht des Zeicheninhabers auf sein Bezeichnungsrecht reden. Bei Ankündigung der echten Ware durch die Zwischenhändler bedarf es aber keiner solchen Erwägung, weil hier der Benutzung des Zeichens kein Recht des Zeicheninhabers entgegensteht, auf das dieser erst verzichten müßte. Vielmehr handelt es sich nur um die natürlichen Grenzen des Zeichenrechts, die nicht über die berechtigten Interessen des Zeicheninhabers hinausreichen. Nicht auf die Verkehrsüblichkeit, wie das Oberlandesgericht meint, sondern auf das Schutzbedürfnis des Zeicheninhabers kommt es an. Richtig ist aber, daß der redliche Geschäftsverkehr grundsätzlich die berechtigten Interessen des Zeicheninhabers achtet und anerkennt und daß deshalb meist nur das verkehrsüblich ist, was diesen Interessen Rechnung trägt.

Deshalb ist im Ergebnis den Ausführungen des Oberlandesgerichts zuzustimmen. Denn der Beklagte hat unter dem Warenzeichen der Klägerin nur Ware angekündigt, die zu liefern er tatsächlich imstande ist. Und das ist zulässig ....

---

54. 1. Steht der Erhebung oder Weiterverfolgung der Anfechtungsklage gegen Kapitalerhöhungs-Beschlüsse die Eintragung der Durchführung dieser Beschlüsse im Handelsregister im Wege?

2. Wann liegt im Sinne des § 303 Abs. 1 HGB. Verwertung des Gesellschaftsvermögens durch Veräußerung des Vermögens im ganzen vor?

3. Ist eine Verschmelzung nach § 306 HGB. auch dann noch möglich, wenn sich die aufzunehmende Gesellschaft schon in Liquidation befindet?

4. Über Vollverschmelzung unter Verwendung von Vorratsaktien der aufnehmenden Gesellschaft.

HGB. §§ 271, 292 flg., 303, 305, 306.

II. Zivilsenat. Urt. v. 13. Mai 1929 i. S. G. (Kl.) w. G.er Bergwerks-AG. (Bekl.). II 313/28.

I. Landgericht Essen, Kammer für Handelssachen.
II. Oberlandesgericht Hamm.

Die Aktiengesellschaft Bochumer Verein für Bergbau und Gußstahlfabrikation in Bochum, die Deutsch-Luxemburgische Bergwerks- und Hüttenaktiengesellschaft daselbst (Deutsch-Lux) und die Gelsenkirchener Bergwerksaktiengesellschaft in Gelsenkirchen (Gelsenberg) hatten je auf Grund von Ermächtigungsbeschlüssen ihrer Generalversammlungen vom 27. März 1926 unter dem 5. und 7. Mai 1926 mit der Aktiengesellschaft Vereinigte Stahlwerke in Düsseldorf Verträge abgeschlossen über die Einbringung von Betriebs- und Werkanlagen sowie anderen Vermögensstücken gegen Überlassung von Aktien und Genußscheinen der Vereinigten Stahlwerke. Die Verträge sind in der Folge durchgeführt worden. Am 7. Dezember 1926 sind dann zwischen der Beklagten Gelsenberg und dem Bochumer Verein, sowie zwischen ersterer und der Deutsch-Lux, je vorbehaltlich der Genehmigung der Generalversammlungen, zwei weitere Verträge geschlossen worden, nach denen das gesamte Vermögen des Bochumer Vereins und der Deutsch-Lux als ganzes unter Ausschluß der Liquidation auf die Beklagte Gelsenberg übergehen sollte gegen Gewährung von Gelsenberg-Aktien an die Aktionäre des Bochumer Vereins und der Deutsch-Lux im Austausch, Nennwert gegen Nennwert. Das Grundkapital des Bochumer Vereins betrug 56000000 RM.; es bestand nur aus Stammaktien. Deutsch-Lux hatte ein Grundkapital von 97500000 RM., wovon 91000000 RM. aus Stamm-, 6500000 RM. aus Vorzugsaktien bestanden, letztere mit 6% Dividendenvorrecht, Vorzugs-Anrecht zu 115% am Liquidationserlös und 14fachem Stimmrecht. Nach den Fusionsverträgen sollte Gelsenberg ihr Grundkapital von 138100000 RM., eingeteilt in 131600000 RM. Stamm- und 6500000 RM. Vorzugsaktien, letztere ausgestattet mit denselben Vorrechten wie die Vorzugsaktien der Deutsch-Lux, um 118400000 RM. Stammaktien und 6500000 RM. Vorzugsaktien mit gleichem Recht wie die bisherigen Vorzugsaktien erhöhen; die zur Abfindung der Stammaktionäre des Bochumer Vereins und der Deutsch-Lux rechnungsmäßig erforderlichen weiteren 28600000 RM. standen der Gelsenberg aus eigenen Vorratsaktien ohnehin zur Verfügung.

Der Bochumer Verein, Deutsch-Lux und Gelsenberg hatten auf den 9. Dezember 1926 außerordentliche Generalversammlungen einberufen, und zwar der Bochumer Verein und die Deutsch-Lux je mit der Tagesordnung:

„Beschlußfassung über einen mit Gelsenberg abzuschließenden Verschmelzungsvertrag, wonach das Vermögen der Gesellschaft als ganzes unter Ausschluß der Liquidation auf Gelsenberg gegen Gewährung von Aktien derselben, Nennwert gegen Nennwert, übergehen soll",

während die Tagesordnung von Gelsenberg u. a. folgende Punkte enthielt:

„1. Beschlußfassung über die mit dem Bochumer Verein und mit Deutsch-Lux abzuschließenden Fusionsverträge; das Vermögen beider Gesellschaften soll als ganzes unter Ausschluß der Liquidation gegen Gewährung von Gelsenbergaktien, Nennwert gegen Nennwert, übernommen werden.

2. Erhöhung des Grundkapitals unter Ausschluß des gesetzlichen Bezugsrechts der Aktionäre durch Ausgabe

a) neuer auf den Inhaber lautender Stammaktien über 118400000 RM.,

b) desgl. neuer Vorzugsaktien über 6500000 RM.

3. Festsetzung der Bedingungen für die Ausgabe der neuen Aktien und Beschlußfassung über die zur Durchführung der Kapitalerhöhung erforderlichen Maßnahmen.

Die neuen Stamm- und Vorzugsaktien sollen zur Durchführung der Fusionsverträge verwendet werden.

(4—6 betreffen Verlegung des Geschäftsjahrs, Entlastung ausgeschiedener Vorstandsmitglieder und Wahlen zum Aufsichtsrat.)

7. Änderungen des Gesellschaftsvertrags (z. B. über Höhe und Zusammensetzung des Grundkapitals u. a. m.)."

Zu den Punkten 3 und 7 waren von Verwaltungsseite noch besondere Anträge angekündigt.

In der zeitlich ersten Generalversammlung des Bochumer Vereins waren 41769940 RM. Grundkapital mit 4176994 Stimmen, in der darauffolgenden Generalversammlung von Deutsch-Lux 66185700 RM. in Stammaktien mit 1323614 Stimmen und das ganze Vorzugsaktienkapital mit 1820000 Stimmen, in der Generalversammlung der Gelsenberg endlich 48931520 RM. Stammaktien mit 2446576 Stimmen und die 6500000 RM. Vorzugsaktien mit 4550000 Stimmen vertreten.

In allen drei Generalversammlungen war auch der Kläger anwesend, und zwar verfügte er an Aktien, die auf seinen eigenen

Namen angemeldet waren, durchweg Stammaktien, beim Bochumer Verein über 411000 RM. mit 41100 Stimmen, bei Deutsch-Lux über 295300 RM. mit 5906 Stimmen und bei Gelsenberg über 11000 RM. mit 550 Stimmen. In den Generalversammlungen des Bochumer Vereins und der Deutsch-Lux stellte er gleichlautende Anträge dahin:

I. festzustellen und zu beschließen:

1. daß die Gesellschaft infolge der Veräußerung des Gesellschaftsvermögens im ganzen an die Vereinigten Stahlwerke-AG., die Genehmigung dieses Vertrags vorausgesetzt, bereits seit mehreren Monaten, spätestens jedoch vom 9. Dezember 1926 ab aufgelöst sei;
2. es habe demgemäß eine Liquidation der Gesellschaft stattzufinden;
3. die Liquidation solle durch die Mitglieder des Vorstands als Liquidatoren erfolgen;
4. die Liquidatoren sollten für den Beginn der Liquidation und weiterhin für den Schluß eines jeden Jahres eine Bilanz aufstellen.

Für den Fall der Ablehnung dieser Anträge beantragte der Kläger weiter:

Die Beschlußfassung über die Tagesordnung mit der Maßgabe zu vertagen, daß die Verwaltung der neuen Generalversammlung vorzulegen habe:

1. den mit der Gelsenberg und der Deutsch-Lux abgeschlossenen Interessenvereinigungs-Vertrag,
2. den mit den Vereinigten Stahlwerken-AG. im Mai 1926 geschlossenen Vertrag über die Veräußerung des Vermögens im ganzen an diese, zur Kenntnisnahme und Genehmigung,
3. eine Bilanz der Gelsenberg für das Geschäftsjahr 1925/26 zur Kenntnisnahme und Prüfung.

Demgegenüber wurde aus der Mitte der Versammlung beantragt, zu beschließen, daß die den Aktionären über die Grundlagen der Verschmelzungsverträge, insbesondere der beiderseitigen Leistungen und Gegenleistungen gegebenen „Informationen" ausreichend seien, um über den Antrag der Tagesordnung abzustimmen.

In sämtlichen Generalversammlungen wurden die Anträge der Verwaltung angenommen, und zwar bei Bochumer Verein und

Deutsch-Lux gegen die Stimmen des Klägers allein, bei Gelsenberg gegen sie und teilweise auch gegen weitere 2900 Stimmen eines anderen Aktionärs. Gegen die Beschlüsse über alle vorstehend angeführten Anträge hat der Kläger sofort zu Protokoll Widerspruch erhoben. Die Beschlüsse sind in der Folge, soweit vorgeschrieben, im Handelsregister eingetragen worden, und zwar die Beschlüsse der Generalversammlungen des Bochumer Vereins und der Deutsch-Lux über die Verschmelzung mit der Gelsenberg, sowie der Beschluß der letzteren über die Kapitalerhöhung noch im Dezember 1926, während die Eintragung über die Durchführung des letzteren Beschlusses unter dem 12. Januar 1927 geschehen ist. Die jungen Aktien aus der Kapitalerhöhung vom 9. Dezember 1926 sind seit März 1927 an der Börse eingeführt und seit April 1927 amtlich notiert. Wegen des Umtauschs der Aktien des Bochumer Vereins und der Deutsch-Lux in solche von Gelsenberg ist nach § 305 Abs. 3, § 290 HGB. verfahren worden. Der Kläger hat je eine seiner Aktien des Bochumer Vereins und der Deutsch-Lux zurückbehalten; im übrigen ist der Umtausch nahezu restlos erfolgt. An der Börse werden die Bochumer Vereins- und Deutsch-Lux-Aktien seit Mai 1927 nicht mehr notiert. Die Kurse dieser Aktien und der Gelsenberg-Aktien waren am 7. und 9. Dezember 1926 nahezu dieselben; am 5. Januar 1927 stand Bochumer Verein auf 181 %, Deutsch-Lux auf 180,75 % und Gelsenberg auf 180,75 %.

Der Kläger bestreitet die Rechtsgültigkeit der Verschmelzungsverträge und der darauf bezüglichen Beschlüsse der Generalversammlungen vom 9. Dezember 1926. Er hat deswegen drei Anfechtungsklagen und Klagen auf Feststellung der Nichtigkeit erhoben, die im Lauf des Berufungsverfahrens zu einheitlicher Verhandlung und Entscheidung verbunden worden sind. In den beiden ersten Prozeßsachen, die sich mit den Beschlüssen der Generalversammlungen des Bochumer Vereins und der Deutsch-Lux befassen, geht das Klagbegehren dahin:

1. den Beschluß vom 9. Dezember 1926, wonach der Fusionsvertrag vom 7. Dezember 1926 über die Übertragung des Vermögens als ganzes unter Ausschluß der Liquidation auf Gelsenberg genehmigt wurde, im ganzen Umfang für ungültig und nichtig zu erklären,

in zweiter Linie:

2. den angefochtenen Beschluß vom 9. Dezember 1926 insoweit für ungültig und nichtig zu erklären, als die vereinbarte Gegenleistung gegenüber Deutsch-Lux aus 28600000 RM. im Eigentum der Gelsenberg befindlichen Stammaktien besteht bzw. soweit er die vereinbarte Gegenleistung von Gelsenberg für die Verschmelzungsverträge mit Bochumer Verein und Deutsch-Lux in Höhe von neu auszugebenden Aktien von Gelsenberg im Betrag von 118400000 RM. Stamm- und 6500000 RM. Vorzugsaktien übersteigt, mithin insoweit für ungültig und nichtig zu erklären, als Gelsenberg dem Bochumer Verein und der Deutsch-Lux als teilweise Gegenleistung 28600000 RM. alte Stammaktien zu gewähren hat,

in dritter Linie:

3. den angefochtenen Beschluß, soweit er den Ausschluß der Liquidation enthält, in seinem ganzen Umfang für ungültig und nichtig zu erklären.

In der dritten Prozeßsache, die sich auf die Beschlüsse der Generalversammlung der Gelsenberg bezieht, beantragt der Kläger:

1. den Beschluß betreffend die Genehmigung der mit der Deutsch-Lux und dem Bochumer Verein abgeschlossenen Fusionsverträge vom 7. Dezember 1926,
2. die Erhöhung des Grundkapitals unter Ausschluß des Bezugsrechts der Aktionäre durch Ausgabe neuer Inhaber-Stammaktien im Nennbetrag von 118400000 RM. und ebensolcher mit 14fachem Stimmrecht ausgestatteter Vorzugsaktien im Nennbetrag von 6500000 RM.,
3. die Beschlüsse über die Annahme der zu Punkt 3 und 7 der Tagesordnung gestellten, in Anlage 6 und 10 des Generalversammlungs-Protokolls niedergelegten Anträge betreffend Änderung des Gesellschaftsvertrags

für nichtig und ungültig zu erklären.

Der Kläger behauptet Gesetz- und Sittenwidrigkeit der angegriffenen Beschlüsse aus einer Reihe von Gründen. Er beruft sich u. a. darauf, daß Bochumer Verein und Deutsch-Lux schon kraft zwingender Vorschrift des § 303 Abs. 2 HGB. durch Abschluß und Genehmigung der Einbringungsverträge mit den Vereinigten Stahlwerken sich im Mai 1926 aufgelöst hätten und in Liquidation getreten seien; denn jene Verträge hätten eine Veräußerung des

Vermögens im ganzen bedeutet. Eine Fusion, wie sie durch die Verschmelzungsverträge vom 7. Dezember 1926 habe ins Werk gesetzt werden sollen, sei deshalb rechtlich und wirtschaftlich unmöglich. Außerdem werde hierdurch das durch Mehrheitsbeschluß nicht entziehbare Sonderrecht der Aktionäre von Bochumer Verein und Deutsch-Lux auf den Liquidationserlös verletzt. Die Beschlüsse verstießen ferner sowohl nach der Art ihres Zustandekommens wie durch ihren Inhalt gegen die guten Sitten. Die Aktionäre seien geflissentlich über das Vermögen des Bochumer Vereins und der Deutsch-Lux im unklaren gelassen worden. Der Übergang des Vermögens beider Gesellschaften durch die Maiverträge auf die Vereinigten Stahlwerke-AG. wie auch die Tatsache, daß sich der Bochumer Verein und die Deutsch-Lux seither in Liquidation befunden hätten, sei absichtlich und planmäßig verheimlicht worden. Die Vorstände der Gesellschaften hätten in den Generalversammlungen wider besseres Wissen behauptet, Gelsenberg habe nach einem im Jahre 1926 abgeschlossenen Interessengemeinschafts-Vertrag ein Anrecht auf das Vermögen des Bochumer Vereins und der Deutsch-Lux. Von einem solchen Anrecht könne keine Rede sein. Zu alledem sei der Interessengemeinschafts-Vertrag längst überholt und gegenstandslos gewesen. Bei einer Ausschüttung der Liquidationsmasse von Bochumer Verein und Deutsch-Lux wären auf Aktien im Nennbetrag von 1000 RM. etwa 2000 RM. entfallen, während die Aktionäre nach den Dezemberverträgen und -beschlüssen nur 1300 RM. und auch diese nur in Form von Aktien der Gelsenberg erhalten hätten, die als Spekulationspapiere anzusehen seien. Alles dies sei den Verwaltungs- und den Großaktionär-Mehrheitsgruppen bekannt gewesen, die bei den drei Gesellschaften im wesentlichen dieselben gewesen seien. Sie hätten es darauf abgesehen gehabt, unter Schädigung der Gesamtheit der Aktionäre des Bochumer Vereins und der Deutsch-Lux, und im besonderen der Kleinaktionäre, das Vermögen dieser beiden Gesellschaften und namentlich die darin liegenden großen „Pakete" von Aktien der Vereinigten Stahlwerke-AG. gegen geringes Entgelt in den Besitz von Gelsenberg zu bringen, um dann die Vereinigten Stahlwerke-AG. zu beherrschen. Diesem Endziel habe die Mehrheit in rücksichtsloser Ausnützung ihrer Stimmenmacht und ebensolcher Verfolgung ihrer eigennützigen Interessen bewußt und gewollt das Gesamtinteresse geopfert. Dies alles sei sittenwidrig und verstoße gegen die §§ 138, 826 BGB. Von den 6500000 RM. Vorzugsaktien von Gelsenberg seien 2666700 RM. im Besitz von Deutsch-Lux, anderseits sei von den 6500000 RM. Vorzugsaktien der letzteren Gesellschaft derselbe Betrag im Besitz von Gelsenberg gewesen. Durch Ausgabe und Erwerb weiterer 6500000 RM. Vorzugsaktien hätten die führenden Gruppen bei Gelsenberg eine erdrückende Mehrheit erlangt und die Stammaktionäre tatsächlich entrechtet. Der Generalversammlung sei der Besitz Gelsenbergs an Vorzugsaktien von Deutsch-Lux verschwiegen worden. In Höhe dieses Betrags sowie von 800800 RM. Stammaktien des Bochumer Vereins, welche die Deutsch-Lux besessen habe, sei übrigens der Kapitalerhöhungs-Beschluß auf alle Fälle nichtig, weil eine Aktiengesellschaft keine eigenen Aktien zeichnen dürfe und der Gelsenberg kein entsprechender Kapitalbetrag zugeflossen sei. Die Verschmelzungsverträge vom 7. Dezember 1926 und damit auch die angefochtenen Beschlüsse seien ferner insoweit nichtig, als Gelsenberg 28600000 RM. in Stammaktien als Gegenleistung zu gewähren habe; denn insoweit habe keine Kapitalerhöhung stattgefunden. Nichtig seien endlich auf alle Fälle die Beschlüsse über den Ausschluß der Liquidation bei Bochumer Verein und Deutsch-Lux. Unerheblich sei, daß die Beschlüsse inzwischen eingetragen und durchgeführt worden seien; der frühere Zustand lasse sich sehr wohl wiederherstellen.

Das Landgericht hat die Klagen abgewiesen, das Oberlandesgericht die Berufungen des Klägers zurückgewiesen. Dessen Revision hatte keinen Erfolg.

Aus den Gründen:

I.

Das Berufungsgericht hat bei der sachlichen Erörterung des Prozeßstoffs zwischen Nichtigkeits- und Anfechtungsklagen unterschieden. Die letzteren Klagen will es schon daran scheitern lassen, daß inzwischen die Durchführung des Kapitalerhöhungs-Beschlusses im Handelsregister eingetragen worden ist. Der Vorderrichter erwägt hierzu, daß, wer aus aktienrechtlichen Zeichnungsscheinen hafte, sich nach feststehender Rechtsprechung nicht mehr auf Willensmängel (Irrtum, arglistige Täuschung, widerrechtliche Drohung, Schein) berufen könne, wenn die Durchführung des Kapitalerhöhungs-Beschlusses im Handelsregister eingetragen sei. Dasselbe müsse, so meint das Berufungsgericht, wegen Gleichheit des Rechtsgrundes auch für die Anfechtungsklage aus § 271 HGB. gelten. Zwar handle es sich im vorliegenden Fall nicht um Zeichnungsscheine, allein die Fusionsverträge vom 7. Dezember 1926 seien vollständig ausgeführt und die Vollziehung des Kapitalerhöhungs-Beschlusses der Beklagten sei ins Handelsregister eingetragen, ein Eintrag, welcher der Öffentlichkeit gegenüber die Ordnungsmäßigkeit und Rechtmäßigkeit der Kapitalerhöhungen verbürgen solle. Die neuen Aktien seien ausgegeben und als Inhaberpapiere im freien Handel. Müßten die Fusionsverträge, weil mit Recht angefochten, als ungültig behandelt werden, so würde damit den jungen Gelsenberg-Aktien die Unterlage entzogen und die Verkehrssicherheit in unerträglicher Weise beeinträchtigt. Ob die jungen Aktien mit barem Geld, wie bei der Zeichnung, oder mit Sacheinlagen, wie bei der Fusion, einzulösen seien, mache keinen Unterschied; ebensowenig sei es von Bedeutung, daß bei der Fusion die Aktionäre der aufgenommenen Aktiengesellschaft die Bezugsberechtigten für die im übrigen frei weiter veräußerlichen Aktien seien. Die Gründe, aus welchen den Zeichnern von Aktien der sonst stets zulässige Rechtsbehelf der Anfechtung wegen Betrugs abgeschnitten sei, müßten demnach auch zur Versagung der Anfechtungsklage aus § 271 HGB. führen; denn es lägen keine Anhaltspunkte dafür vor, daß der Gesetzgeber zwar die bürgerlichrechtlichen Vorschriften über die Anfechtung wegen Betrugs, nicht aber auch die aktienrechtliche Vorschrift des § 271 über die Anfechtung von Generalversammlungs-Beschlüssen habe ausgeschaltet wissen wollen. Auch dieser Rechtsbehelf müsse hinter dem Erfordernis der Verkehrssicherheit zurückstehen.

Mit Recht rügt die Revision insoweit Verletzung des § 271 HGB. Richtig ist zwar, daß nach erfolgter Eintragung der Gründung einer Aktiengesellschaft oder einer Gesellschaft mbH. oder der Durchführung einer Kapitalerhöhung Gründer und Zeichner sich den übernommenen Einbringungs- und Zahlungspflichten nicht mehr durch Anfechtung ihrer Übernahme- oder Zeichnungserklärungen wegen Irrtums, Betrugs oder widerrechtlicher Drohung entziehen können. Ebenso abgeschnitten ist in diesem Falle der Einwand des Scheingeschäfts und (wie der erkennende Senat in RGZ. Bd. 123 S. 102 ausgesprochen hat) auch die Berufung auf Wucher und Sittenwidrigkeit, soweit sie sich auf die Beziehungen des Gründers zu

Mitgründern oder Dritten stützt. Diese in ihren Wurzeln schon mehrere Jahrzehnte alte, ständig festgehaltene Rechtsprechung kann sich zwar nicht auf eine ausdrückliche Sondervorschrift stützen. Eine solche findet sich weder im Bürgerlichen Gesetzbuch, noch im Handelsgesetzbuch noch sonstwo. Aus den Vorschriften, welche z. B. die Sammlung und Erhaltung des Grundkapitals bei der Aktiengesellschaft sichern sollen, sowie daraus, daß Gründungs-, Zeichnungs- und Sacheinlage-Erklärungen nicht nur für den Vertragsgegner, sondern darüber hinaus für die Allgemeinheit bestimmt sind und ihr gegenüber durch Registereintragungen und Einreichung zu den Registerakten verlautbart werden, in Verbindung mit Art. 2 Abs. 2 EGzHGB. muß aber gefolgert werden, daß die allgemeinbürgerlichen Rechtsbehelfe aus §§ 117, 119, 122, 138 BGB. im Interesse der Verkehrssicherheit hier ebenso zurücktreten müssen, wie dies z. B. im Grundbuchverkehr nach § 892 BGB. und im Recht über Wertpapiere gegenüber dem gutgläubigen Erwerber im Gesetz ausdrücklich vorgeschrieben ist. Gewiß stellt die Verschmelzung zweier Aktiengesellschaften nach § 306 HGB., soweit der Übergang des Vermögens der aufgenommenen Gesellschaft gegen Gewährung von Aktien der aufnehmenden Gesellschaft aus einer zu diesem Zweck vorgenommenen Kapitalerhöhung geschieht, einen wenn auch eigenartigen Fall des Sacheinbringens auf das erhöhte Grundkapital dar, bei dem der Fusionsvertrag die Stelle des Zeichnungsscheins vertritt und ebendeshalb, wie dieser, gemäß § 305 Abs. 2 HGB. der Anmeldung der Erhöhung zum Handelsregister in Urschrift oder öffentlich beglaubigter Abschrift beizufügen ist.

Dem Berufungsgericht kann weiter zugegeben werden, daß im Fall der Nichtigkeit oder Unwirksamkeit des Fusionsvertrags in Ansehung der Möglichkeit der Zurückforderung des eingebrachten Vermögens der aufgenommenen Gesellschaft ähnliche Rechtsfragen und Gesichtspunkte auftreten, wie bei behaupteter Nichtigkeit oder Anfechtbarkeit eines Gründungsvertrags oder der Verpflichtung aus einem Zeichnungsschein im Fall eines nichtigen oder mit Erfolg angefochtenen Kapitalerhöhungs-Beschlusses. Alles dies hat aber — und insofern irrt das Berufungsgericht — mit der Möglichkeit der aktienrechtlichen Anfechtungsklage gegen die hier angegriffenen Generalversammlungs-Beschlüsse nichts zu tun. Die Eintragung der Durchführung eines gewöhnlichen Kapitalerhöhungs-Beschlusses steht weder der Erhebung noch der Weiterverfolgung der Anfechtungsklage aus § 271 HGB. im Wege. Entsprechendes gilt auch hier. Welche weiteren Rechtsfolgen sich aus einer etwaigen Nichtigkeit oder Ungültigkeit des einen oder anderen Beschlusses oder aller angegriffenen Beschlüsse ergeben würden, ist eine ganz andere Frage. Hier handelt es sich zunächst um die innergesellschaftliche Anfechtung von Generalversammlungs-Beschlüssen, durch welche angeblich die Mitgliedsschaftsrechte eines Aktionärs gesetz-, sitten- und satzungswidrig verletzt worden sind. Als besonderen Rechtsbehelf zum Austrag solcher innergesellschaftlicher Streitigkeiten zwischen Gesellschaft und Einzelmitglied hat das Gesetz gerade die Anfechtungsklage des § 271 HGB. geschaffen, die keinen anderen und weitergehenden Beschränkungen als den in §§ 271 flg. angeführten unterliegt. Denn alle Erwägungen, die zur Versagung der Behelfe des allgemeinen Rechts (Anfechtung wegen Irrtums, Betrugs, Drohung, Nichtigkeit wegen Scheingeschäfts und wegen Wuchers oder Sittenwidrigkeit bei Verpflichtungen aus Gründungsverträgen und Zeichnungsgeschäften) geführt haben, treffen nicht zu für den Streit über die innergesellschaftliche Wirksamkeit der Generalversammlungs-Beschlüsse, um die es sich zunächst allein dreht. Insoweit kommen die Rücksichten auf den gutgläubigen Verkehr nicht in Betracht.

Die Ansicht des Berufungsgerichts wird allerdings von Staub-Pinner Anm. 3a zu § 308 HGB. geteilt, der unter Berufung auf einen damals noch nicht veröffentlichten Aufsatz von Flechtheim (Zentralbl. f. HR. von 1926 S. 45) ausführt, die Anfechtung eines Fusionsbeschlusses sei nur dann zulässig, wenn bei der aufnehmenden Gesellschaft keine Kapitalerhöhung erfolgt sei. In diesem Fall stehe der Anwendung der Vorschriften des Bürgerlichen Gesetzbuchs über Geltendmachung von Willensmängeln nichts im Wege. Wenn dagegen ein Kapitalerhöhungs-Beschluß vorliege und die neuen Aktien gegen Übertragung des Vermögens der aufgenommenen Gesellschaft begeben seien, kämen die bei Staub-Pinner Anm. 25 zu § 189 HGB. dargelegten Grundsätze zur Anwendung, nach denen wegen der in der Übernahme der Aktien liegenden Erklärung gegenüber der Allgemeinheit die Anfechtung zu versagen sei. Dem kann für die Frage der Anfechtbarkeit der Generalversammlungs-Beschlüsse nicht gefolgt werden. Flechtheim untersucht a. a. O. nur die Frage, wie es sich mit der Anfechtbarkeit eines Fusionsvertrags wegen arglistiger Täuschung der aufgenommenen Gesellschaft durch die Organe der aufnehmenden Gesellschaft verhalte. Er führt aus, daß die Nichtigkeit des Fusionsvertrags die Nichtigkeit der Fusion selbst nach sich ziehe, da der Abschluß eines gültigen Verschmelzungsvertrags wesentliches Erfordernis der Fusion sei und nicht etwa durch die Generalversammlungs-Beschlüsse beider Gesellschaften ersetzt werde. Dem ist durchaus beizustimmen. Weiter wird dort dargelegt, daß es bei Nichtigkeit des Fusionsvertrags im Fall des § 306 HGB. rechtlich überhaupt nicht zu einer Verschmelzung der beiden Gesellschaftsvermögen gekommen sei, daß sich aber bei der Durchführung dieses Grundsatzes wegen zwischenzeitlicher Handlungen der Geschäftsführung praktisch die größten Weiterungen ergeben müßten, wie solche auch im Fall der Anfechtung des Fusionsbeschlusses auftauchen. Anschließend hieran erörtert dann Flechtheim die Frage, wie es sich verhalte, wenn mit der Fusion eine Kapitalerhöhung der aufnehmenden Gesellschaft verbunden sei. Für diesen Fall lehnt er die Möglichkeit einer Anfechtung des Verschmelzungsvertrags wegen arglistiger Täuschung ab unter Bezugnahme auf die oben wiedergegebene ständige Rechtsprechung des Reichsgerichts. Mit der Frage der Anfechtbarkeit der Gesellschafterbeschlüsse befaßt sich der Flechtheim'sche Aufsatz überhaupt nicht; er erörtert weiterhin nur noch die Möglichkeit der Geltendmachung von Schadensersatzansprüchen durch die aufgenommene Gesellschaft und ihre Aktionäre. Wohl aber ist diese Frage von demselben Verfasser in der Festschrift für Zitelmann von 1913 S. 26 angeschnitten und von einem grundsätzlich bejahenden Standpunkt aus behandelt. Auf diesem Boden steht auch, soweit ersichtlich, das übrige Schrifttum (vgl. z. B. Hueck Anfechtbarkeit und Nichtigkeit von Generalversammlungs-Beschlüssen S. 216; Heymann Zeitschrift f. d. ges. HR. Bd. 92 S. 238; Ullmann Veräußerung des Vermögens einer Aktiengesellschaft S. 88 [99/100]; Brodmann Aktienrecht Anm. 1a zu § 308 HGB.; Brand Anm. 1—4 zu § 308; Makower Anm. I, II zu § 308; Goldmann Anm. 1, 2 zu § 308). Endlich hat der erkennende Senat in RGZ. Bd. 115 S. 379 in einem Falle, wo ebenfalls der Kapitalerhöhungs-Beschluß schon durchgeführt war, die Möglichkeit einer Anfechtungsklage nicht beanstandet, sondern stillschweigend bejaht.

Daran ist festzuhalten. Die Zulässigkeit der innergesellschaftlichen Anfechtung eines Generalversammlungs-Beschlusses hat eben mit der Frage der unmittelbaren und mittelbaren Folgen der Vernichtung eines solchen Beschlusses nach außen nichts zu tun. Selbst wenn es hier beim Übergang des Vermögens der aufgenommenen Gesellschaft verbleiben müßte, wäre die Ungültigerklärung der Genehmigungsbeschlüsse jedenfalls in Ansehung etwaiger Schadensersatzansprüche der geschädigten Aktionäre gegen Vorstands- und Aufsichtsratsmitglieder der fusionierten Gesellschaft immer noch rechtlich von Bedeutung. Der einzigen Schwierigkeit, die sich im Fall einer Fusion nach § 306 HGB. für die Möglichkeit von Anfechtungsklagen gegen die Beschlüsse der aufgenommenen Gesellschaft hätte ergeben können, nämlich der, daß diese Gesellschaft mit Eintragung der Durchführung des Erhöhungsbeschlusses untergegangen ist, begegnet § 308 HGB., der damit unzweideutig auch gegen die Richtigkeit der Ansicht des Berufungsgerichts spricht (vgl. Denkschrift zum HGB. von 1897 S. 170). Das Berufungsgericht hält im übrigen die Geltendmachung „absoluter" Nichtigkeitsgründe nach wie vor für möglich; solche können aber auch im Zug der Anfechtungsklage verfolgt werden. Die Fragen des Schutzes des gutgläubigen Verkehrs treten in gleicher Weise bei Gründen dieser Art auf. Nur soviel ist dem Berufungsgericht zuzugeben, daß der Kläger zur Geltendmachung etwaiger dem Bochumer Verein und der Deutsch-Lux erwachsenen Anfechtungsrechte aus §§ 119, 123 BGB. keinesfalls befugt wäre. Was er auf solcher Grundlage anfechten könnte, wäre allenfalls nur seine eigene Abstimmung in der Generalversammlung. Diese Anfechtung würde, wenn erfolgreich, weiterhin zur Ungültigkeit der gefaßten Beschlüsse führen, wenn das Abstimmungsergebnis auf der Abstimmung des Klägers beruhte. Davon kann aber hier schon um deswillen keine Rede sein, weil der Kläger nicht für, sondern gegen die angegriffenen Beschlüsse gestimmt hat. Zur Geltendmachung von solchen Anfechtungsrechten anderer Aktionäre wäre er von vornherein nicht befugt (RGZ. Bd. 115 S. 379).

Sein Vorbringen über arglistige Täuschung kann demnach nur im Rahmen der angeblichen Sittenwidrigkeit der fraglichen Beschlüsse und unter dem Gesichtspunkt der Verletzung der aktienrechtlichen Auskunftspflicht sachlichrechtliche Bedeutung gewinnen. Im übrigen ist, entgegen der Ansicht des Berufungsgerichts, rechtsgrundsätzlich davon auszugehen, daß durch die Eintragung der Durchführung des Kapitalerhöhungs-Beschlusses der Beklagten Gelsenberg weder die Erhebung noch die Weiterverfolgung der Anfechtungsklage gegen die bezeichneten Generalversammlungs-Beschlüsse gehindert wird.

Das Berufungsgericht hat sich jedoch nicht auf diesen Entscheidungsgrund beschränkt. Es ist vielmehr in eine weitere sachliche Nachprüfung der Anfechtungsgründe eingetreten.

II.

Eine der Hauptgrundlagen der Anfechtungs- wie übrigens auch der Nichtigkeitsklage bildet die Behauptung des Klägers, daß Bochumer Verein und Deutsch-Lux zur Zeit des Abschlusses der Verschmelzungsverträge und der Fassung der angefochtenen Beschlüsse schon längst aufgelöst gewesen seien und daß deshalb eine Verschmelzung unter Ausschluß der Liquidation nach § 306 HGB. rechtlich gar nicht mehr möglich gewesen sei.

1. Diese Auflösung will der Kläger zunächst daraus herleiten, daß der Bochumer Verein und die Deutsch-Lux sich zufolge der Beschlüsse ihrer Generalversammlungen vom 27. März 1926 über die Veräußerung von Werkanlagen und weiteren Vermögensstücken an die Vereinigten Stahlwerke-AG., die in Wahrheit eine Veräußerung des Vermögens im ganzen bedeutet habe, kraft Gesetzes aufgelöst hätten. Das Berufungsgericht hat dies verneint. Es führt aus, die Maiverträge grenzten zwar stark an eine solche Verwertung; immerhin seien aber alle Außenstände von der Veräußerung ausgeschlossen worden, bei der Deutsch-Lux auch gewisse Beteiligungen. Ferner habe, wie außer Zweifel stehe, damals nicht die Absicht vorgelegen, den Bochumer Verein und die Deutsch-Lux aufzulösen. Das Ziel der Maiverträge (und der Märzbeschlüsse) sei vielmehr offenbar dahin gegangen, an die Stelle der eigenen Betriebe eine Beteiligung am großen Gesamtbetrieb der Vereinigten Stahlwerke zu setzen. Wäre eine Auflösung erfolgt, so hätte sie auch alsbald zum Handelsregister angemeldet werden müssen. Es sei aber weder eine solche Anmeldung noch auch die Einleitung einer Liquidation von irgendeiner Seite angeregt worden; vom Mai bis Dezember 1926 sei insoweit nicht das geringste geschehen. Beim Bochumer Verein und bei der Deutsch-Lux sei auch keine Satzungsänderung erforderlich gewesen, um den veränderten Betrieb mit der Satzung in Einklang zu bringen. Denn unter den satzungsmäßigen Zwecken sei bei beiden Gesellschaften die Beteiligung an anderen Unternehmungen des Bergbaues aufgeführt,

und es sei nicht ersichtlich, weshalb eine solche Beteiligung für sich allein nicht zur Erfüllung des Gesellschaftszweckes genügen sollte, der ohnehin nach dem Wortlaut der Satzung möglichst weit habe umgrenzt werden sollen. Es sei dem Kläger zwar zuzugeben, daß der Betrieb der Gesellschaften durch die Maiverträge wirtschaftlich auf eine ganz andere Grundlage gestellt worden sei, die Gesellschaften hätten aber auch im Rahmen der Satzung als sog. Rentner-Gesellschaften weiter bestehen können.

Die Revision greift diese Ausführungen als rechtsirrtümlich an. Sie macht einmal geltend, daß es für die Entscheidung der Frage, ob die Beschlüsse der Generalversammlung vom 27. März 1926 über die mit den Vereinigten Stahlwerken abzuschließenden Verträge gemäß § 303 HGB. zu einer Auflösung der beiden Gesellschaften geführt hätten, nicht auf die hierbei verfolgte Absicht ankomme. Habe man bei diesen Beschlüssen sachlich eine Vermögensveräußerung im ganzen im Auge gehabt, so sei die Auflösung ihre gesetzlich notwendige Folge gewesen, selbst wenn hieran nicht gedacht, ja selbst wenn das Gegenteil gewollt gewesen wäre. Es ist der Revision zuzugeben, daß ein Beschluß, der inhaltlich die Veräußerung des Gesellschaftsvermögens im ganzen bezweckt, gemäß § 303 Abs. 2 HGB. von selbst die Auflösung der Gesellschaft nach sich zieht, ganz ohne Rücksicht darauf, ob diese Folge gewollt oder nicht gewollt war. Selbst dann, wenn die Veräußerung nicht in der Absicht und zum Zweck der Verteilung des Erlöses, sondern deshalb geschieht, um mit ihr den Betrieb der Gesellschaft auf einen anderen Gegenstand umzustellen, wäre wiederum gemäß § 303 Abs. 2 nichtsdestoweniger die Auflösung der Gesellschaft die notwendige Folge eines solchen Beschlusses (vgl. Denkschrift von 1897 S. 165; Brodmann Aktienrecht Anm. 4 zu § 303 HGB.; Staub-Pinner Anm. 9, 10 zu § 303; ebenso Goldmann Anm. 13 zu § 303 und Brand Anm. 4a zu § 303; Urteil des erk. Senats vom 15. Januar 1929 II 271/28 in JW. 1929 S. 1371 Nr. 8).

Auf einem ganz anderen Gebiete liegt es, welche Bedeutung den von der Generalversammlung oder ihrer Mehrheit erkennbar verfolgten Absichten bei Prüfung und Entscheidung der Frage beizumessen ist, ob überhaupt ein Beschluß über die Verwertung des Gesellschaftsvermögens im ganzen vorliegt. Die Beschlüsse der Generalversammlungen des Bochumer Vereins und der Deutsch-Lux vom 27. März 1926 gingen wörtlich genommen unzweifelhaft nicht auf eine Veräußerung des Gesellschaftsvermögens im ganzen. Beschlossen wurde vielmehr nur, „den Vorstand und den Aufsichtsrat der Gesellschaft zum Abschluß eines Vertrags mit den Vereinigten Stahlwerken auf Übernahme der Werkanlagen und des größten Teils der Beteiligungen gegen Gewährung von Aktien und Genußscheinen der Vereinigten Stahlwerke-AG. zu ermächtigen". Werkanlagen und Beteiligungen bildeten aber bei beiden Gesellschaften unstreitig nicht die alleinigen Vermögenswerte. Nach dem Wortlaut handelte es sich also gerade nicht um eine Veräußerung des Vermögens im ganzen, sondern um die Veräußerung einzelner, wenn auch sehr wesentlicher und betrieblich wichtigster Vermögensstücke. Ob es über diesen Wortlaut hinaus sachlich in Wahrheit um eine Vermögensveräußerung im ganzen ging, war demnach an Hand der Begleitumstände klarzustellen. Wenn das Berufungsgericht den von ihm angeführten Tatsachen Anhaltspunkte für das Gegenteil entnimmt, so liegt dies auf dem Gebiete der rein tatsächlichen Sachwürdigung. Im übrigen wird die Entscheidung des Berufungsgerichts insoweit schon dadurch getragen, daß unbestrittenermaßen die Außenstände der beiden Gesellschaften, die sich je auf viele Millionen Reichsmark beliefen, nicht übergehen sollten und auch nicht übergegangen sind.

Wie der erkennende Senat im Anschluß an RGZ. Bd. 69 S. 284 in dem schon erwähnten Urteil vom 15. Januar 1929 dargelegt hat, liegt eine Vermögensveräußerung im ganzen im Sinne des § 303 Abs. 1 und 2 HGB. nur dann vor, wenn das Vermögen als ganzes Gegenstand der Veräußerung ist. Der Annahme einer solchen Veräußerung steht allerdings nicht im Weg, wenn dieses oder jenes einzelne Vermögensstück von untergeordneter, nebensächlicher Bedeutung von der Veräußerung ausgeschlossen wird. Zwischen den Parteien herrscht im einzelnen Streit darüber, was alles nach den Generalversammlungs-Beschlüssen vom März 1926 und den Maiverträgen Gegenstand der Veräußerung an die Vereinigten Stahlwerke gewesen ist; insbesondere ist bestritten, ob beim Bochumer Verein eine Geschoßfabrik ausgenommen werden sollte und ausgenommen worden ist. Das Berufungsgericht hat darüber und über die Frage der zurückbehaltenen Beteiligungen im einzelnen keine Feststellungen getroffen. Darauf kommt es aber auch nicht an. Denn jedenfalls sollten nach den Märzbeschlüssen die auch im Verhältnis zu den sonstigen Vermögenswerten beider Gesellschaften unstreitig sehr beträchtlichen, in viele Millionen gehenden Außenstände nicht mit Gegenstand der Veräußerung sein und sind das auch nicht gewesen. Dann handelte es sich aber bei den Beschlüssen vom 27. März 1926 unzweifelhaft nicht um eine Veräußerung des Vermögens im ganzen. Der Umstand, daß durch diese Veräußerungen das Vermögen des Bochumer Vereins und der Deutsch-Lux zum größeren Teil umgestaltet worden ist, insofern an die Stelle der werbenden Anlagen mit unbeweglichem und beweglichem „Zubehör" nunmehr eine aktienmäßige Beteiligung bei den Vereinigten Stahlwerken trat, spielt für die Frage der Anwendbarkeit der Vorschriften des § 303 keine Rolle. Ausschlaggebend kann immer nur sein, ob von der Veräußerung erhebliche Bestandteile des Gesellschaftsvermögens nicht umfaßt sein sollten. Dies ergibt sich deutlich einmal aus dem Wortlaut des § 303 Abs. 1 und 2, sodann aber auch aus seiner Entstehungsgeschichte. In der Denkschrift von 1897 S. 165 ist als Grund dieser Vorschrift angeführt, daß das Vermögen einer Gesellschaft die notwendige Voraussetzung ihres Bestehens bilde und eine Fortdauer der Gesellschaft zum Zweck der Ausnützung der Gegenleistung des Unternehmens nicht in Frage kommen könne; eines besonderen Auflösungsbeschlusses bedürfe es daher bei einer solchen Vermögensübertragung nicht. Der gesetzgeberische Gedanke, Entäußerung des ganzen bisherigen Gesellschaftsvermögens (Brodmann Zeitschr. f. HR. 1927 S. 126), trifft aber selbstverständlich da nicht zu, wo in Wahrheit neben den Schulden noch erhebliche Stücke und Teile des vorhandenen Vermögens zurückbehalten wurden und nicht Gegenstand der Veräußerung sein sollten und sind (Brodmann Aktienrecht Anm. 2a zu § 303 HGB.). Damit steht in unlöslichem Widerspruch die vom Kläger versuchte Auslegung, daß es nicht sowohl auf den Umfang der Veräußerung, also auf die „quantitative", als vielmehr auf die „qualitative" Bedeutung der zu übertragenden Vermögensbestandteile ankomme und daß § 303 nicht das „ganze" Vermögen, sondern nur das sog. Substanzvermögen (Betriebs- oder Sachvermögen) meine. Es kommt aber noch hinzu, daß eine Auslegung, wie sie der Kläger vertritt, zu bedenklicher Rechtsunsicherheit führen müßte. Häufig wäre schon äußerst zweifelhaft, was alles zum Substanzvermögen und damit zu dem für den Fortbestand der Gesellschaft unerläßlichen „Fundus" gehören würde. Dabei ist zu berücksichtigen, daß der Gegenstand des Unternehmens nicht unabänderlich ist, sondern der Mehrheitsherrschaft unterliegt. Ebenso zweifelhaft müßte vielfach sein, wann eine Veräußerung des Substanzvermögens im ganzen gegeben wäre. Davon soll es aber abhängen, ob sich die Gesellschaft von selbst aufgelöst hat oder nicht. Es liegt auf der Hand, daß eine Regelung, welche die Frage des Bestandes oder der Auflösung einer Aktiengesellschaft so ins Ungewisse stellt, nicht gewollt sein kann. Gesetzliche, von selbst wirkende Gründe für die Auflösung der Aktiengesellschaft können vernünftigerweise nur Tatbestände sein, die einfach und klar liegen. Daß darauf auch die Regelung im Handelsgesetzbuch abgestellt war, bestätigt weiterhin die Entstehungsgeschichte des § 292 das., auf die in anderem Zusammenhang noch einzugehen sein wird.

2. Die Revision kann aber auch insoweit keinen Erfolg haben, als sie auf Grund der Beschlüsse der Generalversammlung des Bochumer Vereins und der Deutsch-Lux sowie der mit den Vereinigten Stahlwerken geschlossenen Maiverträge eine Auflösung beider Gesellschaften aus § 292 herleiten will. Zunächst trifft hier keinesfalls einer der in § 292 Abs. 1 Nr. 1—3 aufgeführten Tatbestände zu. Insbesondere wurde damals kein ausdrücklicher Beschluß auf Auflösung der Gesellschaften gefaßt, wie ihn § 292 Abs. 1 Nr. 2 voraussetzen würde, und es sollte auch kein solcher Beschluß gefaßt werden, wie das Berufungsgericht zutreffend annimmt. Die in § 292 Abs. 1 Nr. 1—3 genannten drei Auflösungsgründe sind allerdings nicht die einzigen Fälle der Auflösung. In Abs. 2 das. ist vielmehr noch von „anderen" solchen Gründen die Rede, ohne daß sie aber des näheren aufgezählt wären. Der Kläger sucht nun darzutun, daß die Beschlüsse vom März 1926 in Verbindung mit den Maiverträgen jenes Jahres und ihrer Durchführung rechtlich einem förmlichen Auflösungsbeschluß gleichzuachten seien. Er ist unter Berufung auf Brodmann der Ansicht, daß die restlose Veräußerung des Betriebs einer Aktiengesellschaft zwangsläufig die Auflösung nach sich ziehe; um eine solche Veräußerung habe es sich aber nach den Maiverträgen bei beiden Gesellschaften gehandelt. Daran ist nur so viel richtig, daß, wenn eine derartige Betriebsveräußerung eine Veräußerung des Vermögens im ganzen im Sinne des § 303 Abs. 1 HGB. bedeutet, dann allerdings nach dieser Vorschrift mit dem

Genehmigungsbeschluß der Generalversammlung die Auflösung als notwendige gesetzliche Folge eintritt. Davon abgesehen kann aber die Veräußerung des bisherigen Betriebs oder Unternehmens einer Aktiengesellschaft an sich nicht als von selbst wirkender Auflösungsgrund anerkannt werden. Dagegen spricht schon die Entstehungsgeschichte des § 292. In den Motiven zum Gesetz vom 18. Juli 1884 ist bei Erörterung des § 292 Abs. 2 eingehend die Frage behandelt, ob etwa nach den bisherigen Vorschriften des Allg. Handelsgesetzbuchs der einzelne Aktionär das Recht habe, die Auflösung der Gesellschaft im Weg der Klage zu erzwingen. Dabei ist u. a. darauf hingewiesen, daß ein solches Klagerecht des Aktionärs teils gänzlich versagt, teils (beispielsweise) dann angenommen werde, wenn der satzungsmäßige Zweck des Unternehmens nicht mehr erreicht werden könne, während eine dritte Meinung es überall da zulassen wolle, wo „wichtige Gründe" vorlägen. Weiterhin wird dort ausgeführt, daß einem solchen Klagerecht des einzelnen Aktionärs die erheblichsten Bedenken entgegenständen, daß insbesondere die Vorschrift des Art. 125 Allg. HGB. keine entsprechende Anwendung auf die Aktiengesellschaft gestatte, da die Fälle der Nr. 2—5 das. für sie überhaupt nicht paßten und die Beurteilung, ob der Gesellschaftszweck unerreichbar geworden oder sonst ein wichtiger Grund für die Auflösung anzunehmen sei, bei den verwickelten und vielverzweigten Verhältnissen der Aktiengesellschaft nicht zur richterlichen Entscheidung verstellt werden könne. Demnach sei von einem solchen Klagerecht des einzelnen Aktionärs oder einer Minderheit abzusehen. Vielmehr sei es Sache der Generalversammlung, von Fall zu Fall darüber zu befinden, ob zweckmäßigerweise die Auflösung der Gesellschaft zu beschließen sei. Es ist dann auch im Gesetz von der Einführung eines solchen Klagerechts der Aktionäre abgesehen worden.

Schon hiernach kann keine Rede davon sein, daß Umstände, wie die Veräußerung der Betriebsanlagen, kraft Gesetzes die Auflösung der Aktiengesellschaft nach sich ziehen könnten. Einer solchen Annahme steht auch die Erwägung entgegen, daß dann die Frage des Bestandes oder der Auflösung der Aktiengesellschaft häufig ins Ungewisse gestellt wäre. Dabei braucht nur darauf hingewiesen zu werden, daß die gewerbliche Betätigung einer Aktiengesellschaft nicht selten die mannigfachsten Gebiete umfaßt. Der Kläger übersieht endlich auch hier wieder, daß der satzungsmäßige Gegenstand des Unternehmens nicht unwandelbar ist, sondern der Mehrheitsherrschaft unterliegt, und daß sich eine Änderung des Gegenstandes des Unternehmens nicht selten in der Abstoßung der ganzen bisherigen Betriebseinrichtungen äußert. Ob der satzungsändernde Beschluß vorausgeht oder nachfolgt, ist unerheblich. Das Reichsgericht hat denn auch schon unter der Herrschaft des Art. 242 Allg. HGB. ausgesprochen, daß selbst der endgültige Wegfall des Gegenstandes des Unternehmens der Aktiengesellschaft nicht von selbst ihre Auflösung nach sich ziehe (SeuffArch. Bd. 37 Nr. 55; vgl. auch RGU. vom 18. Juni 1915 II 9/15). Auch wenn schon bei Fassung der Märzbeschlüsse von 1926 die spätere Verschmelzung mit dem Bochumer Verein und der Deutsch-Lux von der Generalversammlung ins Auge gefaßt und gebilligt worden sein sollte, würde daraus immer noch nicht gefolgert werden können, daß deshalb die Märzbeschlüsse zugleich stillschweigend einen Auflösungsbeschluß im Sinne des § 292 Abs. 1 Nr. 2 HGB. enthalten sollten und enthalten würden; die Sachlage wäre dann vielmehr ganz offensichtlich die, daß eine sofortige Auflösung damals gerade nicht gewollt und eben deshalb auch nicht zum ausdrücklichen Beschluß erhoben wurde.

3. Verfehlt ist der Hinweis des Klägers auf § 96 RAbgO. Diese Vorschrift deckt sich weder wörtlich noch inhaltlich mit § 303 HGB. Während letztere Vorschrift eine Verwertung des Gesellschaftsvermögens durch Veräußerung im ganzen im Auge hat, handelt § 96 RAbgO. davon, daß, wenn sich die Steuerpflicht auf den Betrieb eines Unternehmens gründet und das Unternehmen im ganzen veräußert wird, der Erwerber neben dem Veräußerer für die laufenden und die festgesetzten, aber noch nicht entrichteten Steuern haftet. Veräußerung des Vermögens im ganzen und Veräußerung des betrieblichen Unternehmens sind aber nicht entfernt dasselbe. Das Unternehmen kann und wird nicht selten nur einen Teil des Gesamtvermögens des Veräußerers bilden, mag es sich um eine natürliche oder um eine juristische Person handeln. Im übrigen dreht es sich bei der Frage, ob bestimmte Tatbestände die Auflösung einer Aktiengesellschaft kraft Gesetzes nach sich ziehen, oder ob bei gewissen Steuern die Haftung des Erwerbers des Betriebsunternehmens neben die des Veräußerers tritt, um zwei völlig verschiedene Dinge, die nach ganz verschiedenen Gesichtspunkten und Bedürfnissen geregelt und zu beurteilen sind.

4. Völlig unerheblich ist in diesem Zusammenhang, ob die Märzbeschlüsse mit den Satzungen von Bochumer Verein und Deutsch-Lux im Einklang waren oder ob etwa insofern, als sie gleichzeitig auf eine Änderung des Gegenstands des bisherigen Unternehmens hinausliefen, ohne daß dem sofort durch einen Beschluß auf entsprechende Satzungsänderung Rechnung getragen worden wäre, ein Widerspruch mit den Satzungen vorliegt. Denn darauf hätte bestenfalls eine Anfechtung jener Beschlüsse gestützt werden können. Sie sind aber unstreitig nicht angefochten worden und deshalb unter allen Umständen rechtswirksam geworden. Daß die Satzungswidrigkeit von Beschlüssen kein gesetzlicher Auflösungsgrund ist, bedarf keiner weiteren Ausführung; daß der Wegfall oder die Unmöglichkeit der Weiterverfolgung des satzungsmäßigen Zweckes keinen solchen Grund bildet, ist schon dargelegt. Im übrigen kann nicht anerkannt werden, daß die Märzbeschlüsse im Zusammenhalt mit den Maiverträgen eine solche Unmöglichkeit nach sich gezogen hätten. Es ist nicht einzusehen, weshalb der Bochumer Verein und die Deutsch-Lux nicht mit Hilfe der ihnen verbliebenen erheblichen flüssigen Mittel gegebenenfalls wieder zum unmittelbaren bergbaulichen Betrieb usw. hätten übergehen können. Es kann deshalb dahingestellt bleiben, ob der vom Berufungsgericht vertretenen Auslegung des § 2 der Satzungen des Bochumer Vereins und der Deutsch-Lux beizupflichten ist, daß sie sich auch als reine „Holding"-Gesellschaften immer noch im Rahmen des bisherigen satzungsmäßigen Gegenstands des Unternehmens gehalten hätten. Jedenfalls hätte grundsätzlich kein Hindernis bestanden, daß durch Generalversammlungs-Beschluß die Satzung den veränderten Verhältnissen angepaßt worden wäre. Unerheblich ist endlich für die Entscheidung der Frage, ob der Bochumer Verein oder die Deutsch-Lux zur Zeit der Fassung der Fusionsbeschlüsse schon aufgelöst waren, die Art und Weise der Zusammensetzung ihres damaligen Vermögens. Selbst wenn es größtenteils oder zum weitaus überwiegenden Teil aus flüssigen, leicht in Geld umsetzbaren Werten bestanden hätte, so wäre dieser Umstand wiederum kein Grund, der von selbst, kraft Gesetzes, die Auflösung hätte nach sich ziehen können oder der Möglichkeit einer Verschmelzung im Sinne des § 306 HGB. im Wege stünde.

Als Ergebnis der bisherigen Ausführungen ist demnach festzuhalten, daß der Bochumer Verein und die Deutsch-Lux zur Zeit der

Fusionsbeschlüsse noch nicht aufgelöst waren. Damit fallen alle Revisionsangriffe ohne weiteres zusammen, die den gegenteiligen Standpunkt des Klägers zur Grundlage haben.

Im übrigen stünde einer Verschmelzung nach § 306 HGB. der Umstand nicht entgegen, daß die aufzunehmenden Gesellschaften aus anderem Grunde schon aufgelöst und in Liquidation getreten sind. § 306 HGB. stellt einen Unterfall des § 305 und damit des § 303 dar. Aus § 303 Abs. 2 folgt aber ohne weiteres, daß eine Veräußerung des Vermögens im ganzen auch noch nach erfolgter Auflösung möglich ist und von der Generalversammlung mit qualifizierter Mehrheit beschlossen werden kann. Es handelt sich insoweit um einen vom Gesetz zugelassenen und der Mehrheitsherrschaft unterstellten besonderen Fall der Vollbeendigung der Gesellschaft. Die Liquidation ist nicht Selbstzweck, sondern nur Mittel zu dem Zweck, die Rechtsbeziehungen der aufgelösten Gesellschaft nach innen und außen abzuwickeln. Diese Beziehungen werden aber, soweit die aufzunehmende Gesellschaft in Frage kommt, gerade im Fall des § 306 durch den Untergang der Gesellschaft als Rechtsträger endgültig erledigt. Der hier vertretenen Auffassung steht der Wortlaut des § 306 nicht im Wege; unter „Ausschluß der Liquidation" kann sehr wohl auch der Ausschluß ihrer weiteren Durchführung verstanden werden (Brodmann Aktienrecht Anm. 1b zu § 306 HGB.; Staub-Pinner Anm. 1 zu § 306; Brand Anm. 3e zu § 306; Goldmann Anm. 3 zu § 306; Ullmann a. a. O. S. 68). Demgegenüber könnte sich der Kläger auch nicht auf § 300 HGB. berufen. Gewiß kann ihm sein Anteil am Gesellschaftsvermögen nicht durch Mehrheitsbeschluß entzogen werden. Wohl aber hat die Mehrheit im Rahmen der §§ 298flg., 303, 306 HGB. insbesondere darüber zu befinden, ob dieser Anteil in Form von barem Geld nach Versilberung der Masse oder in Aktien einer anderen Gesellschaft (§§ 305, 306) zur Ausschüttung kommen soll. Zuzugeben ist dem Kläger nur so viel, daß, wenn die Liquidation schon bis zur Versilberung der Masse vorgeschritten ist, diese also im wesentlichen aus barem Gelde besteht, eine Fusion nach §§ 305, 306 nicht mehr möglich ist, weil dann von einer Sacheinlage, wie diese Vorschriften sie voraussetzen, nicht mehr die Rede sein könnte. Es mag im Einzelfalle zweifelhaft sein, ob die Liquidation schon diesen Abschnitt erreicht hat. Hier würde dies schon angesichts der noch vorhandenen großen aktienmäßigen Beteiligungen des Bochumer Vereins und der Deutsch-Lux keinesfalls zutreffen.

III.

Der Kläger stützt seine Anfechtungs- und Nichtigkeitsklage u. a. noch auf die Verletzung weiterer aktienrechtlicher Einzelvorschriften.

1. Er greift die Fusionsbeschlüsse zunächst deshalb an, weil ein Teil der den Aktionären der Deutsch-Lux zu gewährenden Aktien, und zwar ein Posten im Nennwert von 28600000 RM., aus Vorratsaktien entnommen werden sollte und entnommen worden ist, während § 306 HGB. zur unerläßlichen Voraussetzung habe, daß die sämtlichen zur Abfindung der Aktionäre der aufzunehmenden Gesellschaft benötigten Aktien einer ausschließlich für den Zweck der Verschmelzung vorgenommenen Kapitalerhöhung entstammen müßten. Wie zuzugeben ist, hat man bei Abfassung der §§ 305, 306 nicht an den Fall gedacht, daß die übernehmende Gesellschaft ohnehin schon ganz oder teilweise über die zur Abfindung der Aktionäre der übertragenden Gesellschaft erforderlichen eigenen Aktien verfügt, zumal da nach § 226 HGB. die Aktiengesellschaft keine eigenen Aktien erwerben soll. Man ging vielmehr ersichtlich davon aus, daß bei einer Fusion stets eine Kapitalerhöhung bei der übernehmenden Gesellschaft nötig sei, um die für die Aktionäre der übertragenden Gesellschaft bestimmten weiteren Mitgliedschafts-Berechtigungen zu schaffen. So ist denn auch im § 305 Abs. 1 nicht etwa von „einer" Kapitalerhöhung, sondern von „der" Kapitalerhöhung die Rede. Es ist ferner zutreffend, daß die Feststellung des Zeitpunkts, in dem die Gesamtrechtsnachfolge und der Untergang der übertragenden Gesellschaft eintritt, dann gewisse Schwierigkeiten bereiten kann, wenn von einer Kapitalerhöhung überhaupt abgesehen worden ist (vgl. hierzu Schmitt Zeitschr. f. HR. 1927 S. 24). Weitere Bedenken werden daraus hergeleitet, daß die Verschmelzung ein körperschaftliches Geschäft sei, ein solches aber nicht vorliege, wenn die Gesellschaft ganz oder teilweise eigene Vorratsaktien hergebe; dann handle es sich vielmehr um ein einfaches Tauschgeschäft individualrechtlicher Natur, bei dem die übernehmende Gesellschaft die Aktien als Wertpapiere veräußere (vgl. Heymann Zeitschr. f. HR. Bd. 92 S. 232; Brodmann Aktienrecht Anm. 7a zu § 306 HGB.; Fischer bei Ehrenberg III Abt. 1 S. 417). Wäre dem beizutreten, so würde die nächste Folge die sein, daß eine Verschmelzung nach §§ 305, 306,

wie sie durch die Beschlüsse der drei Gesellschaften bezweckt und genehmigt werden sollte, in Wirklichkeit allerdings nicht vorläge. Vorab wäre der Beschluß der Deutsch-Lux wegen Ausschlusses der Liquidation unzulässig; auch eine Gesamtrechtsnachfolge, wie sie allerseits gewollt war, wäre nicht möglich gewesen. Damit würde die Gültigkeit auch der Genehmigungsbeschlüsse überhaupt und des Kapitalerhöhungs-Beschlusses der Gelsenberg in Frage gestellt, der sich auf jenen Beschlüssen, insbesondere auf dem Genehmigungsbeschluß der Gelsenberg selbst aufbaut. Dabei kommt weiter in Betracht, daß die Fusion Bochumer Verein-Gelsenberg im Verschmelzungsvertrag ausdrücklich vom Zustandekommen der Verschmelzung von Deutsch-Lux mit Gelsenberg abhängig gemacht war und daß diese gegenseitige Bedingtheit notwendig auch Inhalt der Fusionsbeschlüsse selbst geworden ist.

Allein der Rechtsauffassung des Klägers kann nicht gefolgt werden. Zunächst ist außer Zweifel, auch von keiner Seite ernstlich in Abrede gezogen, daß ein Vermögensveräußerungs-Vertrag im Sinne des § 303 HGB. auch in der Weise möglich ist, daß die Gegenleistung des Erwerbers in eigenen Vorratsaktien der übernehmenden Gesellschaft bestehen kann. Ein gesetzliches Verbot dieser Art von Gegenleistung besteht nicht und ist namentlich nicht in den §§ 305, 306 ausgesprochen. Diese Art der Fusion wird auch im Schrifttum selbst von den Vertretern der dem Kläger sonst günstigen Auffassung als nicht unerlaubt bezeichnet (Brodmann a. a. O. Anm. 7b zu § 306 HGB.); sie nehmen nur den Standpunkt ein, daß dabei ein Ausschluß der Liquidation nicht möglich sei. Jedenfalls liegt aber auch hier zunächst ein Vermögensveräußerungs-Vertrag vor, der auf Verwertung des Vermögens der Aktiengesellschaft im ganzen durch dessen Übertragung an eine andere Aktiengesellschaft gerichtet ist (§§ 303, 305, 306 HGB.). Auch dem weiteren besonderen Tatbestandserfordernis der §§ 305, 306, daß die Gegenleistung in Aktien der übernehmenden Gesellschaft besteht, ist Genüge geschehen. Fraglich kann also nur sein, ob es wirklich nach Sinn und Zweck der §§ 305, 306 unerläßliches Erfordernis ist, daß diese Aktien ausschließlich gerade aus einer zum Zweck der Verschmelzung vorgenommenen Kapitalerhöhung stammen, m. a. W., daß insoweit die Kapitalerhöhung ein begriffsnotwendiges und rechtswesentliches Stück des Tatbestands der Verschmelzung überhaupt ist.

Dafür bietet die Entstehungsgeschichte der bezeichneten Vorschriften keinen Anhalt. Denn aus ihr ergibt sich nur, daß damals mit der Möglichkeit, die übernehmende Gesellschaft könne ohnehin die genügende Anzahl eigener Aktien besitzen, überhaupt nicht gerechnet worden ist. Daraus kann aber nicht gefolgert werden, daß nun für diesen nicht in Rechnung gezogenen Fall eine Verschmelzung ohne Liquidation überhaupt ausgeschlossen sein sollte. Es ist ferner, vollends nachdem das Rechtsgebilde der Vorratsaktien durch die Goldbilanzverordnung nebst Durchführungsverordnung ausdrückliche gesetzliche Anerkennung gefunden hat, nicht abzusehen, warum die Möglichkeit einer Verschmelzung unter Liquidationsausschluß und mit Gesamtrechtsnachfolge, wie sie § 306 bietet, deshalb wegfallen sollte, weil die übernehmende Aktiengesellschaft ohnehin schon über einen ausreichenden Aktienbesitz verfügt, es also nicht erst der Schaffung von Mitgliedsrechten durch eine Kapitalerhöhung bedarf. Die Folge wäre doch nur die, daß die aufnehmende Aktiengesellschaft zu einer wirtschaftlich nicht erforderlichen Kapitalerhöhung gezwungen und damit das zur bloßen Form würde, was bei Abfassung der §§ 305, 306 zur Ermöglichung der „Gegenleistung" unzweifelhaft als sachlich unentbehrlich erschien. Nach der Entstehungsgeschichte der §§ 305, 306 weist der Zug der Entwicklung unverkennbar auf eine Erweiterung und Erleichterung dieser Art der Verschmelzung hin. Ursprünglich nur für den Fall des Übergangs des Vermögens einer Aktiengesellschaft auf Staat oder Kommunalverbände ins Auge gefaßt, wurde sie dann auch für die Verschmelzung zweier Aktiengesellschaften zugelassen. In der Folge wurde sie auf die Verschmelzung zwischen Aktiengesellschaft und Kommanditgesellschaft auf Aktien ausgedehnt und endlich weiter ausgestaltet in der Weise, daß je nachdem eine Liquidation der übertragenden Gesellschaft vorauszugehen hat oder nicht. Gerade in der Frage des Ausschlusses der Liquidation ist damit den Parteien vom Gesetz schließlich weithin freier Spielraum gelassen worden, offensichtlich um den wirtschaftlichen Bedürfnissen und Interessen der beteiligten Gesellschaften oder der übernehmenden Gesellschaft möglichst Rechnung zu tragen. Die Vorschriften der §§ 305, 306 über die Erfordernisse der Kapitalerhöhung bei der übernehmenden Gesellschaft im besonderen sind ersichtlich nicht im Sinne einer Erschwerung, sondern gerade umgekehrt im Sinne einer Erleichterung dieser Maßnahme getroffen. Bei solcher Sachlage darf unbedenklich angenommen werden, daß die Kapitalerhöhung, wie sie § 306 vorsieht, nicht zwingendes Recht in dem Sinn ist, daß eine Vollverschmelzung mit Gesamtrechtsnachfolge der übernehmenden Gesellschaft unter Ausschluß der Liquidation ohne sie unstatthaft wäre, sondern dieser Fall ist nur als der gesetzliche Regelfall anzusehen. Die Kapitalerhöhung ist daher nicht wesentliches Tatbestandsmerkmal der Fusion als solcher.

Dieser Auffassung stehen keine Bedenken im Hinblick auf die Gläubiger der aufzunehmenden Gesellschaft entgegen. Ihre Rechtslage wird dadurch nicht berührt, gleichviel ob die Vollfusion mit oder ohne Kapitalerhöhung geschieht. Die Schutzvorschriften für die Gläubiger im § 306 sind insoweit unmittelbar anwendbar. Anlangend den Zeitpunkt des Eintritts der Gesamtrechtsnachfolge, so bietet seine Bestimmung dann keine besonderen rechtlichen Schwierigkeiten, wenn, wie hier, die Verschmelzung mit einer Kapitalerhöhung verbunden war. Dann hat es bei der Regel des § 306 sein Bewenden. Ob dann, wenn überhaupt keine Kapitalerhöhung erfolgt, etwa der Zeitpunkt der Eintragung des Beschlusses über Ausschluß der Liquidation maßgebend ist, braucht hier nicht entschieden zu werden.

Demnach ist in Übereinstimmung mit der auch im Schrifttum überwiegend vertretenen Meinung (Staub-Pinner Anm. 14 zu § 305 HGB.; Makower Anm. If 3 zu § 305; Goldschmit Anm. 12 zu § 305; Horrwitz Recht der Generalversammlung S. 453; Ullmann Veräußerung des Vermögens einer Aktiengesellschaft S. 42flg.; Müller-Erzbach Handelsrecht S. 314; vgl. auch Flechtheim Zeitschr. f. HR. 1926 S. 46) davon auszugehen, daß grundsätzlich eine Vollverschmelzung unter Ausschluß der Liquidation auch in der Weise möglich ist, daß die aufnehmende Gesellschaft nur einen Teil der zur Abfindung der Aktionäre erforderlichen Mitgliedschaftsrechte durch eine Kapitalerhöhung schafft, im übrigen aber hierzu Vorratsaktien verwendet. Daß der Kläger auch für den Fall der Verschmelzung ohne Kapitalerhöhung nicht zur Geltendmachung etwaiger Anfechtungsrechte des Bochumer Vereins und der Deutsch-Lux wegen Irrtums, Betrugs usw. befugt wäre, ergibt sich schon aus den oben zu I am Schluß gemachten Ausführungen.

Auch dieser Revisionsangriff kann daher weder ganz noch teilweise Erfolg haben.

2. Weitere Angriffe gegen die Gültigkeit der Fusionsbeschlüsse, insbesondere des Kapitalerhöhungs-Beschlusses, hat der Kläger auf das Maß der Erhöhung und deren Grundlagen gestützt.

Die Beklagte hat ihr Kapital bei Gelegenheit der Fusion mit Deutsch-Lux um 6500000 RM. Vorzugsaktien mit 14fachem Stimmrecht erhöht. Nötig wäre das nicht gewesen; denn von dem ebenso hohen und mit gleichen Rechten ausgestatteten Vorzugsaktienkapital der Deutsch-Lux besaß sie schon 2666700 RM., während umgekehrt auch die Deutsch-Lux 2666700 RM. gleichberechtigte Gelsenberg-Vorzugsaktien besaß. Da die ersteren Aktien nach Eintragung der Beschlüsse auf liquidationslose Verschmelzung vernichtet werden konnten, die Gelsenberg-Vorzugsaktien der Deutsch-Lux aber durch die Verschmelzung an die Beklagte selbst fielen, die es in der Hand hatte, die zu eigenen Aktien gewordenen 2666700 RM. zur Befriedigung der übrigen Vorzugsaktionäre der Deutsch-Lux zu verwenden, hätten nur noch 6500000 — (2666700 + 2666700) = 1166600 RM. neue Vorzugsaktien geschaffen zu werden brauchen. Dadurch, daß statt dessen solche im Nennwert von 6500000 RM. geschaffen wurden, sind die bisherigen Aktien der Beklagten verwässert, d. h. sowohl auf vermögensrechtlichem Gebiet wie namentlich auf dem Gebiet des Stimmrechts beeinträchtigt worden. Ähnlich verhält es sich mit einem Posten von 800800 RM. Stammaktien des Bochumer Vereins, die im Besitz von Deutsch-Lux waren und nach Durchführung beider Fusionen von der Beklagten hätten vernichtet werden können. Auch das Stammaktienkapital der Beklagten ist zu diesem Betrag in stärkerem Maße erhöht worden, als durch den Fusionszweck geboten war.

Der Kläger behauptet nun, die übermäßigen Erhöhungen seien durch arglistige Täuschung der Aktionäre herbeigeführt worden. In der Generalversammlung der Beklagten habe der Vorsitzende des Aufsichtsrats auf die Bemerkung eines Aktionärs, es sei nicht recht, daß jetzt wieder Vorzugsaktien mit hohem Stimmrecht geschaffen werden sollten, erwidert, die Vorzugsaktionäre der Deutsch-Lux hätten doch denselben Anspruch auf eine entsprechende Gegenleistung wie die Stammaktionäre. Daß zu den Vorzugsaktionären zu einem erheblichen Teil die Beklagte gehört habe und daß die Deutsch-Lux wiederum in demselben Maße an ihr beteiligt gewesen sei, habe man absichtlich verheimlicht. Ebenso habe die Verwaltung über die 800800 RM. Bochumer Stammaktien der Deutsch-Lux wohlweislich geschwiegen. Wären diese Behauptungen richtig, so würden die Kapitalerhöhungs-Beschlüsse der Beklagten zweifellos anfechtbar gewesen sein. Es ist, namentlich bei Fusionen, streng darauf zu halten, daß der Generalversammlung, die doch auch das Maß der Erhöhung beschließen soll, über die gegenseitigen Beteiligungen der Gesellschaften reiner Wein eingeschenkt wird. Aber die Behauptungen des Klägers sind erst nach Ablauf der Monatsfrist des § 271 Abs. 2 HGB. nachgeschoben worden. Die Anfechtungsfrist ist daher versäumt.

Als nichtig können die Kapitalerhöhungen auch bei Unterstellung der Wahrheit jener Behauptungen nicht angesehen werden. Sittenwidriges Zustandebringen eines Beschlusses macht diesen nicht nichtig, und für unheilbare Ungültigkeit liegt nichts vor. Die Ansicht des Klägers, daß die Beschlüsse im Umfang der unnötigen Erhöhung „ohne Sachgrundlage" gewesen seien, beruht auf Mißverständnis. Die Sachgrundlage besteht immer in dem Einbringen des Vermögens der aufgelösten Gesellschaften. Durch eine übermäßige Erhöhung des Kapitals der übernehmenden Gesellschaft können nur deren Aktionäre, kann aber nicht die Gesellschaft geschädigt werden. Gewiß trifft es zu, daß Aktiengesellschaften bei einer Kapitalerhöhung, durch die doch in aller Regel — wenn auch durchaus nicht immer — neues Geld gewonnen werden soll, sich nicht selbst bei der Übernahme der jungen Aktien beteiligen dürfen. Aber wenn sie es doch tun, ist die Kapitalerhöhung deshalb allein nicht nichtig. § 226 HGB. bezieht sich nur auf den abgeleiteten Rechtserwerb und findet keine Anwendung auf den ursprünglichen Erwerb, der durch Zuteilung junger Aktien bei der Gründung oder Kapitalerhöhung zustandekommt. Endlich liegt die Sache auch nicht so, daß zwei verschiedene Maßnahmen — einmal die Kapitalerhöhungen zum Zweck der Verschmelzung mit dem Bochumer Verein und der Deutsch-Lux, und davon getrennt Kapitalerhöhungen zum Zweck der Schaffung von Verwaltungsaktien — vorgenommen worden wären und daß die Generalversammlungen nur die Fusionen gebilligt hätten. Vielmehr sind zum Zweck der Fusionen die nach Angabe der Verwaltung erforderlichen Kapitalerhöhungen vorgeschlagen und von der Generalversammlung beschlossen worden.

3. Der Kläger macht weiter geltend, die Verschmelzungsverträge und Genehmigungsbeschlüsse seien um deswillen gesetz-

und sittenwidrig und daher nichtig, weil es sich weder wirtschaftlich noch rechtlich mehr um eine Fusion habe handeln können; denn Voraussetzung der §§ 305, 306 sei in erster Linie die Veräußerung des Betriebsunternehmens. Diese Vorschriften seien dann nicht mehr anwendbar, wenn das Vermögen bei der übertragenden Gesellschaft nur noch aus Geld oder dem baren Geld gleichzuachtenden Wertpapieren bestehe, wie dies beim Bochumer Verein und bei der Deutsch-Lux im Zeitpunkt der Fassung der Beschlüsse der Fall gewesen sei. Beide Gesellschaften hätten sich — so meint der Kläger — vielleicht in der Form gewöhnlicher Aktienzeichnung bei einer anderen Aktiengesellschaft beteiligen, dagegen hätten sie eine Verschmelzung im Rechtssinne nicht mehr vornehmen können, weil dabei nur Sacheinlagen zulässig seien.

Die Revision übersieht, daß Sacheinlage auch eine Vermögensgesamtheit sein kann. Um eine solche handelte es sich aber beim Bochumer Verein und bei der Deutsch-Lux. Das Vermögen dieser beiden Gesellschaften bestand keineswegs nur aus Bargeld, sondern setzte sich (wenn man beim Bochumer Verein von den umstrittenen Posten absieht) aus Bargeld, aus Forderungen und im übrigen aus der großen aktienmäßigen Beteiligung bei den Vereinigten Stahlwerken zusammen; dazu kommen bei Deutsch-Lux noch eine Reihe anderer Beteiligungen. Selbst wenn daher die nach ihrer Zugehörigkeit bestrittenen Vermögensteile (Geschoßfabrik u. a. mehr) ganz außer Betracht bleiben, stellten beide Vermögensmassen zweifellos Sachgesamtheiten dar, die als solche ohne weiteres Gegenstand einer Sacheinlage sein konnten. Gegenteiliges kann auch nicht aus den vom Kläger angezogenen Bemerkungen **Brodmanns** zu § 305 HGB. unter 1b entnommen werden. Insofern lassen sich daher keine begründeten rechtlichen Bedenken gegen die Zulässigkeit einer Fusion erheben. Weshalb sodann aktienmäßige Beteiligungen, vollends in Ausmaßen wie hier, welche weitgehende Einflußnahme auf die Gesellschaft selbst ermöglichten und gewisse Minderheitsrechte gewährleisteten, nicht die Sachunterlage einer Fusion sollten bilden können, ist nicht erkennbar, ganz gleich, ob die Papiere börsengängig waren oder nicht. Die Auslegung, die der Kläger den §§ 305, 306 geben will, findet weder im Wortlaut noch in der Entstehungsgeschichte dieser Vorschriften eine Stütze und würde schließlich wiederum nur zu völliger Rechtsunsicherheit über die Möglichkeit einer Fusion führen. Diese Rechtsunsicherheit wäre derjenigen ähnlich, welche die vom Kläger vertretene Auffassung über den Begriff der Vermögensveräußerung im ganzen in Ansehung des Bestands oder der Auflösung einer Aktiengesellschaft zur Folge haben müßte. Die vom Kläger auch hier gemachte Unterscheidung zwischen sog. Substanzvermögen und anderem Vermögen ist willkürlich und hat in den §§ 303 flg. HGB. keinen Anhalt. Demgegenüber versagt auch der Hinweis auf steuerrechtliche Vorschriften, insbesondere auf § 96 RAbgO. Damit erledigt sich zugleich die auf § 281 Abs. 1 Nr. 2 HGB. gestützte Rüge der Revision.

4. Endlich meint der Kläger, der Kapitalerhöhungs-Beschluß verstoße um deswillen gegen § 2 der Satzung der Beklagten, weil er auf die Verwirklichung von Zwecken gerichtet sei, die außerhalb des satzungsmäßigen Gegenstands ihres Unternehmens lägen. Zweck der verklagten Gesellschaft sei der Bergbau, die Verwertung von selbstgewonnenen oder anderweitig erworbenen Mineralien und die Erwerbung und Errichtung von Anlagen, die zur Erreichung dieses Zweckes erforderlich seien. Durch die Fusionen sei aber der Beklagten keine einzige ihrem satzungsmäßigen Zweck dienende Werkanlage zugeführt worden, sondern nur — neben großen Barmitteln — Aktienpakete, insbesondere die der Vereinigten Stahlwerke. Damit habe sich die Beklagte vollends in ein Finanzinstitut umgewandelt. Auch dieser Anfechtungsgrund versagt. Die Beklagte ist keineswegs eine bloße „Holdinggesellschaft" geworden; sie besaß und besitzt vielmehr außerdem noch eine wertvolle Werk- und Zechenanlage. Als Gegenstand ihres Unternehmens ist ausdrücklich auch die Beteiligung bei anderen Unternehmungen genannt, die mittelbar oder unmittelbar auf die Förderung der Zwecke des Bergbaues und der Verwertung bergbaulich gewonnener Mineralien gerichtet ist. Schon damit ist der Erwerb aktienmäßiger Beteiligungen bei anderen Berg- und Hüttengesellschaften satzungsgemäß gedeckt, ganz abgesehen davon, daß darunter nach der Satzung überhaupt alle Maßnahmen fallen sollen, die dem Vorstand zur Erreichung und Förderung der Zwecke der Gesellschaft als angemessen erscheinen. . . .

55. Über die Voraussetzungen der vorbeugenden Fürsorgeerziehung von hilfsbedürftigen Minderjährigen. Kann ein solcher zur Verhütung seiner Verwahrlosung durch eine Anordnung aus §§ 1666, 1838 BGB. außerhalb seiner bisherigen Umgebung auf Kosten des Fürsorgeverbandes untergebracht werden?

Reichsgesetz für Jugendwohlfahrt §§ 55, 63.

IV. Zivilsenat. Beschl. v. 6. April 1929 in der Fürsorgeerziehungssache S. IV B 8/29.

I. Amtsgericht Flensburg.
II. Landgericht daselbst.

Der Sachverhalt und die Entscheidung ergeben sich aus den

Gründen:

Aus der Ehe des Arbeiters S. mit seiner wegen Geisteskrankheit in der Landesheilanstalt in Schleswig untergebrachten Ehefrau sind fünf eheliche Kinder hervorgegangen, von denen das jüngste sich in einem Säuglingsheim befindet, während die vier älteren Kinder im Haushalt des Vaters leben. Auf Antrag des Städtischen Jugendamtes hat das Amtsgericht zwei von diesen Kindern, am 20. Oktober 1925 geborene Zwillinge, gemäß § 63 Abs. 1 Nr. 1 des Reichsgesetzes für Jugendwohlfahrt der Fürsorgeerziehung überwiesen. Das Landgericht hob auf sofortige Beschwerde des Landeshauptmanns der Provinz diese Entscheidung auf und lehnte den Antrag des Jugendamtes, die beiden Kinder in Fürsorgeerziehung zu bringen, mit folgender Begründung ab: Es genüge, wenn die Kinder in dem aus § 1666 BGB. eingeleiteten Verfahren demnächst anderweit untergebracht würden. Die dadurch entstehenden Kosten seien nötigenfalls auf Grund öffentlicher Fürsorge zu bestreiten. Besondere Aufwendungen im Sinne des § 55 JWG. kämen nicht in Frage, da die Kinder bei ihrem jugendlichen Alter keine besonderen Erziehungsschwierigkeiten machten. Es reiche zur Verhütung der Verwahrlosung aus, daß sie, was Kleidung, Reinigung und Verpflegung betreffe, wie andere normale Kinder gehalten würden.

Gegen diesen Beschluß des Landgerichts richtet sich die weitere sofortige Beschwerde des Städtischen Jugendamtes. Sie rügt Verletzung des § 55 JWG., indem sie ausführt, daß unter besonderen Aufwendungen im Sinne dieser Vorschrift solche zu verstehen seien, die nicht entstehen würden, wenn der hilfsbedürftige Minderjährige in seiner bisherigen Umgebung verbleiben könnte, mit anderen Worten, daß die öffentliche Unterstützung durch den Fürsorgeverband nur dann einzutreten habe, wenn ein Fall reiner Hilfsbedürftigkeit vorliege, ohne daß eine Entfernung des Minderjährigen aus seiner Umgebung zur Verhütung seiner Verwahrlosung erforderlich sei.

Das Kammergericht will die an sich zulässige und rechtzeitige sofortige weitere Beschwerde zurückweisen, sieht sich aber daran gehindert durch die Beschlüsse des Oberlandesgerichts Stuttgart vom 17. Dezember 1926 (Jahrb. FG. Bd. 4 S. 100) und vom 27. Januar 1928, in denen der Standpunkt des Jugendamtes vertreten wird. Das Kammergericht begründet seine Rechtsauffassung folgendermaßen:

Nach § 6d der Reichsgrundsätze über Voraussetzung, Art und Maß der öffentlichen Fürsorge vom 4. Dezember 1924 (RGBl. I S. 765), die nach Art. 1 der preuß. Verordnung über Fürsorgeleistungen vom 20. Dezember 1924 (GS. S. 764) für Preußen maßgebend sind, umfasse der notwendige Lebensbedarf eines hilfsbedürftigen Minderjährigen neben dem Lebensunterhalt auch die Erziehung und Erwerbsbefähigung. Nach §§ 10 und 11 das. sei bei der Unterbringung solcher Minderjährigen individuell zu verfahren und auf die erziehlichen Bedürfnisse des einzelnen sorgfältig Rücksicht zu nehmen. Eine derartige, den erziehlichen Bedürfnissen des einzelnen Minderjährigen angepaßte Unterbringung stelle sich daher lediglich als eine sinngemäße Erfüllung der Fürsorgepflicht dar, wie sie auch schon § 94 JWG. vorgesehen habe, und erfordere eben deshalb keine besonderen Aufwendungen im Sinne des § 55 JWG. Von solchen besonderen Aufwendungen könne nur dann die Rede sein, wenn über die erwähnten Grenzen der Fürsorgepflicht hinaus zur Verhütung der Verwahrlosung des Minderjährigen weitere mit Vermögensopfern verbundene Erziehungsmaßnahmen erforderlich seien. Nur unter dieser, zum Tatbestand des § 63 Abs. 1 Nr. 1 JWG. hinzutretenden Voraussetzung könne daher die vorbeugende Fürsorgeerziehung angeordnet werden. Unter anderweitiger Unterbringung könne sprachlich jede Unterbringung verstanden werden, die auf andere Weise als durch Fürsorgeerziehung durchführbar sei.

Die Unterbringung lasse sich also durch Mittel des Minderjährigen, seiner unterhaltspflichtigen Verwandten oder Dritter, aber auch durch Inanspruchnahme öffentlicher Mittel bewirken, die durch andere Gesetze als das Jugendwohlfahrtsgesetz bereit gestellt würden. Daß der Gesetzgeber nur eine Unterbringung gemeint habe, die ohne Inanspruchnahme öffentlicher Mittel bewerkstelligt werden könne, sei nicht aus dem Gesetze zu entnehmen. Dies folge insbesondere nicht aus § 62 JWG.; denn daraus, daß die Fürsorgeerziehung nach dieser Vorschrift unter öffentlicher Aufsicht und auf öffentliche Kosten durchgeführt werde, ergebe sich noch nicht, daß eine anderweitige Unterbringung nur eine solche sein solle, die nicht aus öffentlichen, wenn auch durch andere Gesetze bereit gestellten Mitteln bestritten werde. Auch die Vorgeschichte des § 63 Abs. 1 Nr. 1 JWG. stehe dieser Auslegung nicht entgegen.

Der Fall des § 28 Abs. 1 FGG. ist nach dem Gesagten gegeben. Bei der Entscheidung ist der Senat der Rechtsauffassung des Kammergerichts beigetreten, die vom Obersten Landesgericht München geteilt wird (Jahrb. FG. Bd. 4 S. 93).

Auszugehen ist davon, daß nach den maßgebenden tatsächlichen Feststellungen des Landgerichts (§ 27 FGG., § 561 Abs. 2 ZPO.) nicht eine bereits eingetretene Verwahrlosung der Kinder im Sinne des § 63 Abs. 1 Nr. 2 JWG. zu beseitigen ist, in welchem Falle die Fürsorgeerziehung nicht zu umgehen wäre, sondern daß es sich lediglich um den Fall der Vorbeugung gegenüber drohender Verwahrlosung im Sinne des Abs. 1 Nr. 1 das. handelt. Nach letzterer Vorschrift ist unter den Voraussetzungen des § 1666 oder des § 1838 BGB. die Fürsorgeerziehung dann zulässig, wenn die Entfernung des Minderjährigen aus seiner bisherigen Umgebung zur Verhütung der Verwahrlosung erforderlich ist und eine nach dem Ermessen des Vormundschaftsgerichts geeignete Unterbringung anderweit nicht erfolgen kann. Die Möglichkeit einer solchen, die vorbeugende Fürsorgeerziehung ausschließenden anderweitigen Unterbringung ist unzweifelhaft gegeben, wenn der Minderjährige oder seine unterhaltspflichtigen Verwandten ausreichende Mittel besitzen oder etwa Mittel der freien Liebestätigkeit zur Verfügung stehen. Die Streitfrage ist die, ob eine anderweitige Unterbringung im Sinne dieser Vorschrift auch dann möglich ist, wenn wie hier wegen Hilfsbedürftigkeit des Minderjährigen die Mittel im Wege der öffentlichen Fürsorge von dem dazu verpflichteten Fürsorgeverband aufgebracht werden müßten. Der Wortlaut des § 63 Abs. 1 Nr. 1 umfaßt unbedenklich beide Fälle, steht also der Auffassung des Kammergerichts nicht entgegen, und es kann sich hiernach nur fragen, ob etwas anderes aus der Vorschrift des § 55 JWG. zu entnehmen ist, die den Fall der Hilfsbedürftigkeit des Minderjährigen betrifft und die Grenzen zwischen allgemeiner Fürsorgepflicht und Fürsorgeerziehung ziehen will. Nach dieser Vorschrift bewendet es bei den Vorschriften über die Fürsorgeerziehung dann, wenn zur Verhütung der Verwahrlosung eines hilfsbedürftigen Minderjährigen besondere Aufwendungen durch Entfernung des Minderjährigen aus seiner bisherigen Umgebung erforderlich sind.

Das Verständnis dieser Vorschrift erfordert ein Zurückgehen auf den Umfang der öffentlichen Fürsorgepflicht. Zu dem einem Minderjährigen zu gewährenden notwendigen Lebensbedarf gehört nicht nur der Lebensunterhalt, insbesondere Unterkunft, Nahrung, Kleidung und Pflege, sondern auch die Erziehung und die Erwerbsbefähigung (§ 6 der Reichsgrundsätze vom 4. Dezember 1924, preuß. Verordnung über Fürsorgeleistungen vom 20. Dezember 1924). Falls das Vormundschaftsgericht auf Grund des § 1666 BGB. anordnet, daß ein Minderjähriger zur Verhütung seiner Verwahrlosung aus seiner Familie zu entfernen und anderweit unterzubringen ist, ergibt sich hieraus, daß nunmehr an sich die Leistungen des Fürsorgeverbandes sowohl für den notwendigen Lebensunterhalt als auch für die notwendigen Erziehungsmaßregeln einzusetzen haben. Was das Maß öffentlicher Fürsorge überhaupt anlangt, so beschränkt es sich auf den notwendigen Lebensunterhalt, d. h. auf diejenigen Leistungen, die eine in den einfachsten Verhältnissen, von ihrer Hände Arbeit lebende Familie ihren Angehörigen zu bieten vermag, und nur in dieser Beschränkung gehören auch Erziehung und Erwerbsbefähigung zu den Aufgaben der öffentlichen Unterstützung, wenn auch anderseits auf die erziehlichen Bedürfnisse des einzelnen Minderjährigen sorgfältig Rücksicht zu nehmen ist (§ 10 und 11 der Reichsgrundsätze; vgl. Entwurf eines Reichs-Jugendwohlfahrtsgesetzes, Begründung zu § 50, Reichstags-Drucks. 1920/21 Nr. 1666 S. 68).

Hieraus ergibt sich für die Auslegung des § 55 JWG., wenn man zunächst von seinem Wortlaut ausgeht, folgendes:

Die Vorschrift läßt die vorbeugende Fürsorgeerziehung nicht schlechthin für den Fall zu, daß ein hilfsbedürftiger Minderjähriger, dessen Entfernung aus seiner bisherigen Umgebung zur Verhütung seiner Verwahrlosung erforderlich wird, auf öffentliche Fürsorge angewiesen ist, sondern knüpft die Fürsorgeerziehung an die weitere Vorbedingung, daß diese Entfernung besondere Aufwendungen erfordert. Was unter besonderen Aufwendungen zu verstehen ist, sagt das Gesetz nicht. Aus der Natur der Sache kann aber entnommen werden, daß darunter solche mit Kosten verbundene Leistungen zu begreifen sind, die über den Rahmen des notwendigen Lebensbedarfs, wie ihn der Fürsorgeverband regelmäßig zu gewähren hat, hinausgehen. Nur wenn also eine vormundschaftsgerichtliche Anordnung in Frage kommt, die mit solchen besonderen Aufwendungen verbunden ist, kann die vorbeugende Fürsorgeerziehung des hilfsbedürftigen Minderjährigen angeordnet werden.

Die Rechtsentwicklung und die Entstehungsgeschichte des Jugendwohlfahrtsgesetzes bestätigen diese Auslegung.

§ 1 Nr. 1 des preuß. Gesetzes über die Fürsorgeerziehung Minderjähriger vom 2. Juli 1900 (GS. S. 264) erklärte die Fürsorgeerziehung für zulässig, wenn „die Voraussetzungen des § 1666 oder des § 1838 BGB. vorliegen und die Fürsorgeerziehung erforderlich ist, um die Verwahrlosung des Minderjährigen zu verhüten". Unter der Geltung dieser Vorschrift vertrat das Kammergericht in Übereinstimmung mit dem Bundesamt für das Heimatwesen die Auffassung, die Anwendbarkeit der Vorschrift setze nach ihrem klaren Wortlaut außer dem Vorliegen der Voraussetzungen des § 1666 oder § 1838 BGB. noch die weitere Feststellung voraus, daß gerade die besondere Fürsorgeerziehung notwendig sei, um die Verwahrlosung des Minderjährigen zu verhüten, mit anderen Worten: daß die Fürsorgeerziehung nur subsidiär zulässig sei, wenn Maßnahmen aus § 1666 oder § 1838 BGB. nicht ausreichten. Weiter hielt es das Kammergericht schon nach der damaligen Lage der Gesetzgebung in Preußen für möglich, einen Beschluß des Vormundschaftsgerichts, der die Trennung eines noch unverdorbenen Kindes von der gefährdenden Umgebung seiner Eltern ausspreche und seine anderweitige Unterbringung anordne, mit Hilfe des Armenverbandes durchzuführen, sofern keine rein erziehlichen Aufwendungen notwendig seien, sondern die von der Armenverwaltung darzubietende Hilfe unter Hinzunahme der erziehlichen Einwirkung des Vormundschaftsgerichts und anderer berufener Stellen ausreiche, um das den schlechten Einflüssen des Elternhauses entzogene Kind vor Verwahrlosung zu behüten. Demgegenüber stellte sich das preußische Oberverwaltungsgericht auf den Standpunkt, daß durch einen Beschluß des Vormundschaftsgerichts, der lediglich die Trennung eines Kindes von seinen Eltern ausspreche, eine armenrechtliche Hilfsbedürftigkeit nicht begründet werden könne und daß deshalb die Armenverbände nicht verpflichtet seien, einen derartigen Beschluß auszuführen. Das Oberverwaltungsgericht begründete seine Ansicht damit, daß sich die Armenfürsorge im Bereich der preußischen Landesgesetzgebung inhaltlich auf die Verschaffung einer notdürftigen Lebenshaltung beschränke, daß der Armenverband nicht für die Erziehung des Kindes zu sorgen habe und daß sein Eintreten von jeder schuldhaften Verletzung privater Sorgepflicht unabhängig sei (vgl. Entsch. des preuß. OVG. Bd. 57 S. 209). Diese Meinungsverschiedenheit der genannten höchsten Gerichtshöfe wurde im Wege der Gesetzgebung beseitigt, indem § 1 Nr. 1 des preuß. Fürsorgeerziehungsgesetzes durch die Novelle vom 7. Juli 1915 folgende Fassung erhielt:

Ein Minderjähriger ... kann der Fürsorgeerziehung überwiesen werden,

1. wenn die Voraussetzungen des § 1666 oder des § 1838 BGB. vorliegen und zur Verhütung der Verwahrlosung die anderweite Unterbringung erforderlich ist, eine nach dem Ermessen des Vormundschaftsgerichts geeignete Unterbringung aber ohne Inanspruchnahme öffentlicher Mittel nicht erfolgen kann.

Damit wurde der damals eingeschränkten Fürsorgepflicht der Armenverbände Rechnung getragen. Subsidiäre Bedeutung behielt die Fürsorgeerziehung im Falle der Entfernung des Minderjährigen aus seiner bisherigen Umgebung also nur, soweit private Mittel zu einer anderweitigen geeigneten Unterbringung vorhanden waren, also im wesentlichen nur für bemittelte Minderjährige, während bei hilfsbedürftigen Minderjährigen die Fürsorgeerziehung regelmäßig ohne weiteres Platz greifen mußte, wenn sie anderweit unterzubringen waren.

Die Voraussetzungen dieser Regelung erfuhren eine Änderung insofern, als durch § 49 Abs. 1 und 2 JWG. (vgl. Art. 2 der Verordnung über das Inkrafttreten dieses Gesetzes vom 14. Februar 1924) die öffentliche Fürsorgepflicht über den notwendigen Lebensbedarf hinaus auf Erziehung und Erwerbsbefähigung hilfsbedürftiger Minderjähriger ausgedehnt wurde. Die Begründung zu § 56 des Entwurfs (§ 55 des Ges.) a. a. O. S. 72 erkennt an, daß nunmehr die Träger der Unterstützungslast — Jugendämter oder Armenverbände — an sich verpflichtet seien, auch die zur Verhütung der Verwahrlosung Minderjähriger erforderlichen Aufwendungen im Falle ihrer Hilfsbedürftigkeit zu tragen. Im übrigen sagt auch die Begründung nichts darüber, was unter „besonderen Aufwendungen" im Sinne dieser Vorschrift gemeint sei. Durch § 64 Abs. 1 Nr. 1 des Entwurfs wurde dann freilich die Grenze zwischen Fürsorgepflicht und Fürsorgeerziehung in derselben Weise gezogen, wie sie im preußischen Fürsorgeerziehungsgesetz gezogen war. Wie nach jenem Gesetz sollte die Fürsorgeerziehung unter den sonstigen in den § 63 Abs. 1 Nr. 1 JWG. übergegangenen Voraussetzungen ebenfalls schon dann zulässig sein, „wenn eine nach dem Ermessen des Vormundschaftsgerichts geeignete Unterbringung" des Minderjährigen außerhalb seiner bisherigen Umgebung „ohne Inanspruchnahme öffentlicher Mittel nicht erfolgen kann". Diese Vorschrift ist aber nicht Gesetz geworden, und zwar aus einem Grunde, der für die Auslegung der beiden in innerem Zusammenhang stehenden Vorschriften des § 63 Abs. 1 Nr. 1 und des § 55 den Ausschlag geben muß. Nach dem Bericht des 29. Ausschusses (Reichstagsdrucks. 1920/22 Nr. 3959 S. 25) lagen zwei Änderungsanträge zu § 64 Abs. 1 Nr. 1 des Entwurfs vor, die beide bezweckten, „den Anschein einer Klassifizierung der Jugendlichen in bemittelte und unbemittelte zu vermeiden". Nach der Fassung des Entwurfs könne ein Kind bemittelter Eltern nicht in Fürsorgeerziehung gebracht werden, da für eine geeignete anderweitige Unterbringung öffentliche Mittel nicht in Anspruch genommen zu werden brauchten. Diesem Gedanken wurde durch Annahme desjenigen der beiden Änderungsanträge Rechnung getragen, der an Stelle der Worte „ohne Inanspruchnahme öffentlicher Mittel" das Wort „anderweit" setzte. In dieser durch Beschluß des Ausschusses geänderten Fassung ist § 64 Abs. 1 Nr. 1 des Entwurfs als § 63 Abs. 1 Nr. 1 in das Gesetz übergegangen. Daraus ergibt sich deutlich die Absicht des Gesetzgebers, eine unterschiedliche Behandlung von arm und reich in der Frage der Fürsorgeerziehung nach Möglichkeit zu verhindern. Diese Absicht, die mit genügender Deutlichkeit durch die abgeänderte Fassung des § 63 Abs. 1 Nr. 1 zum Ausdruck gelangt ist, muß auch für die Auslegung des die hilfsbedürftigen Minderjährigen betreffenden § 55 maßgebend sein. Es mag zutreffen, daß man ursprünglich mit der Vorschrift des § 55 eine Änderung der Rechtslage, wie sie bisher in Preußen bestand, nicht herbeiführen wollte (vgl. Hartmann im Zentralblatt für Jugendrecht und Jugendwohlfahrt Jahrgang XX S. 139). Dieser Standpunkt ist aber als durch die Änderung der Fassung des § 64 Abs. 1 Nr. 1 des Entwurfs überholt anzusehen.

Hiernach ist eine Auslegung des § 55 abzulehnen, die zur Folge haben kann, daß ein hilfsbedürftiger Minderjähriger im letzten Grunde nur deshalb, weil er hilfsbedürftig ist, in Fürsorgeerziehung gebracht werden muß, während ein bemittelter Minderjähriger unter sonst gleichen Verhältnissen mit der Fürsorgeerziehung zu verschonen wäre. Wenn auch nicht zu verkennen ist, daß sich eine völlige Gleichstellung von bemittelten und unbemittelten Minderjährigen nicht erreichen läßt, so sind doch Verschiedenheiten in der Behandlung abzulehnen, die nach der Fassung der §§ 55 und 63 Abs. 1 Nr. 1 JWG. nicht unbedingt geboten sind. Diese Erwägungen rechtfertigen die Auslegung des § 55 dahin, daß nicht jede Inanspruchnahme der Fürsorgeverbände bei der vorbeugenden Unterbringung eines Minderjährigen außerhalb seiner Familie ausgeschlossen ist, daß die Fürsorgeverbände vielmehr nur dann nicht einzutreten haben, wenn die anderweitige Unterbringung nach Lage des Falles besondere Aufwendungen erfordert, die über die Grenze der öffentlichen Fürsorgepflicht hinausgehen. Mit dieser Auslegung wird lediglich dem anerkannten Grundsatz der subsidiären Natur der Fürsorgeerziehung weitere Geltung verschafft.

Da im vorliegenden Fall die Geschwister S. keine besonderen Erziehungsschwierigkeiten bereiten, es also genügt, wenn sie im Rahmen der gewöhnlichen Fürsorgeleistungen anderweit untergebracht werden, ist die Beschwerde des Jugendamtes nicht begründet.

56. Muß der Käufer einer patentierten Maschine, der sich zur Zahlung eines einmaligen Preises und laufender „Lizenzgebühren" verpflichtet hat, Verlängerung des „Lizenzvertrags" verlangen, um die Maschine während der Zeit des verlängerten Patentschutzes benutzen zu dürfen?

Gesetz betr. eine verlängerte Schutzdauer bei Patenten usw. vom 27. April 1920 § 8. Gesetz über die patentamtlichen Gebühren vom 9. Juli 1923 Art. V Nr. 4.

I. Zivilsenat. Urt. v. 11. Mai 1929 i. S. A. u. Gen. (Kl.) w. M. (Bekl.). I 357/28.

I. Landgericht I Berlin.
II. Kammergericht daselbst.

Den Klägern stehen die Patente 242464 und 310983 auf eine Gleisrückmaschine zu, von denen das erste bis zum 3. Februar 1932 und das zweite bis zum 3. Januar 1937 läuft, nachdem der Patentschutz auf Grund des Gesetzes betr. eine verlängerte Schutzdauer bei Patenten usw. vom 27. April 1920 (RGBl. S. 675) um fünf Jahre verlängert und durch das Gesetz über die patentamtlichen Gebühren vom 9. Juli 1923 (RGBl. II S. 297) auf weitere drei Jahre erstreckt worden ist. Auf ein Angebot kaufte die Beklagte von den Klägern durch Brief vom 18. April 1921 eine unter Patentschutz stehende Maschine für 140000 M. unter der Zusage, „für die Benutzung der Maschine während der rechtmäßig laufenden Patentzeit der beiden Patente, also bis zum 31. Dezember 1928, eine Lizenz von 10000 M. pro Jahr zahlen" zu wollen, sofern die Maschine 14 Tage im Jahre im Betrieb sei. Die Maschine ist geliefert und von der Beklagten in Benutzung genommen worden. Die Parteien streiten jetzt nur noch über die Wirkung, welche die gesetzlichen Verlängerungen der Patente auf den Vertrag gehabt haben, und über die Höhe der etwa noch zu zahlenden Benutzungsgebühr. Die Kläger machen geltend, der Lizenzvertrag sei mit dem 31. Dezember 1928 abgelaufen, da die Beklagte seine Verlängerung innerhalb der gesetzlichen Fristen nicht verlangt habe. Das Klagebegehren ist deshalb darauf gerichtet, daß die Beklagte verurteilt werde, die Benutzung der Maschine bis zum 3. Januar 1937 (dem Endtage der verlängerten Schutzzeit) zu unterlassen und bis zur

Einstellung der Benutzung eine gewisse (zeitlich verschieden bemessene) Summe vierteljährlich zu zahlen. Die Beklagte, die bis zum Jahre 1922 Lizenzgebühren bezahlt und dann die Maschine, wie jetzt unstreitig ist, erst wieder im Mai 1927 in Benutzung genommen hat, hält sich nach wie vor zur Benutzung der Maschine für berechtigt und glaubt vom 1. Januar 1929 ab zur Zahlung einer Lizenzgebühr nicht mehr verpflichtet zu sein.

Das Landgericht hat die Beklagte, unter Klagabweisung im übrigen, verurteilt,

1. vom 18. Mai 1927 ab bis zum 31. Dezember 1928 für die Benutzung der Maschine vierteljährlich eine Gebühr von 750 RM., abzüglich bereits gezahlter 680,74 RM., zu zahlen,
2. vom 1. Januar 1929 an bis zum 3. Januar 1937 für die Benutzung der Maschine, falls sie 14 Tage im Jahre im Betrieb ist, eine Gebühr von vierteljährlich 1200 RM., im voraus zahlbar, zu entrichten.

Das Kammergericht hat die von beiden Parteien gegen dieses Urteil eingelegten Berufungen zurückgewiesen.

Die Revision der Kläger blieb ohne Erfolg. Die Anschlußrevision der Beklagten, die jetzt zugibt, für die Zeit bis zum 31. Dezember 1928 zur Zahlung eines nach richterlichem Ermessen festzusetzenden Betrags verpflichtet zu sein, hatte zum Teil Erfolg, indem daraufhin unter entsprechender Aufhebung des Berufungsurteils die Klage zu Nr. 2 des landgerichtlichen Urteils abgewiesen wurde.

Aus den Gründen:

... So viel ist klar, daß im Mittelpunkt des von den Parteien geschlossenen Vertrags die aus dem Kaufe folgende Übereignung der Maschine steht. Sie konnte nur zu dem Zwecke geschehen, daß die Beklagte die Maschine arbeiten lassen, also in einer Weise benutzen solle, welche die Anwendung der Patente der Kläger in sich schloß. Die Parteien haben ersichtlich bei Abschluß des Vertrags nicht daran gedacht, daß eine Zeit kommen könne, zu der die Beklagte — bei Einhaltung ihrer Vertragsverpflichtungen — nicht berechtigt sein sollte, die Maschine, die ihr gehörte, zu benutzen. Von der Benutzung hing nur bis zu einem gewissen Grade (Mindestbetriebszeit von 14 Tagen jährlich) die Zahlungspflicht der Beklagten ab, solange der Patentschutz noch währte, der sich nach dem Vertrag bis zum 31. Dezember 1928 erstrecken sollte. Lief die Schutzzeit ab, so wurde die Benutzung frei von der Rechtsfolge der Gebührenzahlung. Wenn unter diesen Umständen das Kammergericht die Übereignung der Maschine so sehr als den eigentlichen Inhalt des Vertrags ansieht, daß es folgert, es sei daneben für einen besonderen Vertrag über die Benutzung des Patents kein Raum mehr gewesen, diese sei vielmehr notwendige Folge des Kaufs und der auf ihm beruhenden Übereignung, so ist darin kein Rechtsirrtum zu erkennen. Daß die Zahlung der als Lizenzgebühren bezeichneten Kaufpreisteile (über den einmalig gezahlten Kaufpreis hinaus) von einer Mindestzeit der Benutzung in jedem Jahre abhängig gemacht wurde, ist möglich und zulässig. Ja, es ist sogar bezeichnend und spricht für die Kaufnatur des Vertrags, daß in diesem von vornherein eine Benutzung (bis zu 14 Tagen jährlich) ohne Zahlung jeglicher „Lizenzgebühr" vorgesehen war. Das Benutzungsrecht der Beklagten hört nach dieser Auslegung niemals auf. Die Beklagte kann es dann auch nicht durch Fristversäumung nach den Gesetzen vom 27. April 1920 und vom 9. Juli 1923 verwirkt haben. Dies wäre nur dann denkbar, wenn man annehmen wollte, die Parteien hätten neben dem Kaufvertrag einen Lizenzvertrag abgeschlossen für die Dauer des Patentschutzes, wie auch der Verkäufer der einem Dritten patentierten Maschine von diesem dem Käufer gemäß § 434 BGB. eine besondere Lizenz verschaffen muß. Damit wäre aber für die Kläger nichts gewonnen. Selbst die — ganz andere tatsächliche und rechtliche Verhältnisse betreffende — Entscheidung in PMZBl. 1924 S. 200[1]), auf welche die Kläger sich berufen, hebt ausdrücklich hervor, § 8 des Gesetzes vom 27. April 1920 finde auf Lizenzverträge Anwendung, sofern die besonderen Umstände des Falls nicht zu einer anderen rechtlichen Beurteilung nötigten. Diese Einschränkung trifft aber zweifellos auf alle Fälle wie den vorliegenden zu, wo der Lizenzvertrag, wenn man von einem solchen sprechen will, nur als Anhängsel des Kaufvertrags erscheint. Denn hier würde mit dem Wegfall des Benutzungsrechts der ganze Vertrag seinen Sinn verlieren.

Von solchem Wegfall kann um so weniger die Rede sein, als der Vertrag mit dem 31. Dezember 1928 als dem Endpunkte der Gebührenzahlung einen Tag bestimmt, an dem keines der beiden Patente ablief oder nach gesetzlicher Verlängerung abläuft. Und

1) RGUrt. vom 9. Februar 1924 I 915/22, auch abgedr. in M. u. W. XXIV S. 203 und JW. 1925 S. 950 Nr. 19. D. R.

wenn auch im Angebot das Wort „also" vor jenem Datum offenbar eine Beziehung zum Ablauf der vorher erwähnten „rechtmäßig laufenden Patentzeit der beiden Patente" andeuten soll, so bleibt dabei doch völlig im unklaren, auf welches der beiden, zu verschiedenen Zeiten ablaufenden Patente das entscheidende Gewicht gelegt wird. Das ältere Patent 242464, welches das wichtigere sein soll, lief ursprünglich mit dem 3. Januar 1924 ab. Doch muß zur Zeit des Vertragsschlusses seine Kriegsverlängerung um fünf Jahre schon beantragt gewesen sein, da der Antrag nach Art. I §§ 1, 2 Ges. vom 27 April 1920 innerhalb von sechs Monaten nach Inkrafttreten dieses Gesetzes (d. h. nach dem 14. Mai 1920), also bis zum 14. November 1920 zu stellen war. Daß es aber bereits verlängert gewesen wäre, haben die Kläger nicht behauptet. Seine Schutzzeit kann sich bei fünf- und dreijähriger Verlängerung nur bis zum 3. Februar 1932 erstrecken. Das jüngere Patent 310983 lief schon ohne die Kriegsverlängerung erst mit dem 3. Januar 1929 ab. Seine Schutzzeit dehnt sich also mit fünf- und dreijähriger Verlängerung bis zum 3. Januar 1937 aus. Darauf scheint der Klagantrag hinzudeuten, wonach das Verbot der Benutzung bis zum 3. Januar 1937 ausgesprochen werden soll. Auch angesichts dieser Unklarheit, die für die im Vertrag als maßgebend angesehene Schutzdauer entsteht, sobald man von dem bestimmten Datum des 31. Dezember 1928 abgehen und auf die Zeitpunkte des Patentschutzablaufs kommen wollte, erscheint es nicht angängig, die auf diesem Ablauf fußenden Gesetze vom 27. April 1920 und vom 9. Juli 1923 auf den gegenwärtigen Vertrag anzuwenden.

So ist es im letzten Grunde eine für den Streit der Parteien nicht entscheidende Frage, ob der Vertrag als reiner Kaufvertrag oder als Kauf- und Lizenzvertrag aufzufassen ist. In keinem Falle kann der Beklagten über den 31. Dezember 1928 hinaus die Benutzung der gekauften und zu Eigentum erworbenen Maschine untersagt werden. Damit erweist sich die Revision der Kläger als unbegründet.

Anderseits mußte der Anschlußrevision insoweit stattgegeben werden, als sie die Verurteilung der Beklagten zur Gebührenzahlung über den 31. Dezember 1928 hinaus angreift. Nach der Auslegung des Kammergerichts muß auch hier wiederum der Gesichtspunkt des Kaufs in den Vordergrund gestellt werden. Dann ergibt sich aber ein von vornherein bestimmter Kaufpreis nur in dem Fall, wenn eine Weiterzahlung seines in Raten festgesetzten Teils über den 31. Dezember 1928 hinaus keinesfalls in Betracht kam. Selbst wenn man jedoch wiederum annehmen wollte, daß die Parteien dem Kauf einen Lizenzvertrag angehängt hätten, so steht der Weiterzahlung von Gebühren über den 31. Dezember 1928 hinaus die ausdrückliche Anführung dieses Tages als Endpunkts für die Teilzahlungen entgegen. Was das Angebot vorher über die Patentzeit sagt, ist, wie schon ausgeführt, völlig unklar; und daß sich daraus („also") der Zeitpunkt des 31. Dezember 1928 ergeben soll, trifft für keines der beiden Patente zu. Den Klägern war aber nach dem, was vorher zur Antragsfrist des Gesetzes vom 27. April 1920 gesagt worden ist, zur Zeit der Abgabe des Angebots bekannt, daß die fünfjährige Kriegsverlängerung der beiden Patente bereits beantragt war. Sollte im Gegensatz zu dem bestimmten Zeitpunkt des 31. Dezember 1928 irgend etwas aus der Kriegsverlängerung der Patente für die Zahlung der Gebühren hergeleitet werden, so hätte das im Angebot hervorgehoben werden müssen. Allerdings stellt das Kammergericht fest, die Parteien hätten damals an eine Verlängerung der Patente nicht gedacht. Aber selbst wenn diese — mit der Sache kaum verträgliche — Feststellung zugrundegelegt wird, so hätten die Kläger bei gehöriger Sorgfalt eben an jene Tatsache denken und dafür sorgen müssen, daß die jetzt daraus gezogenen Folgerungen neben dem bestimmten Datum deutlich für die Beklagte hervortraten. Die Unklarheit des Angebots muß zuungunsten der Kläger bewertet werden. Sie erstreckt sich notwendigerweise auch auf die Anwendung des späteren Gesetzes vom 9. Juli 1923. Der Vertrag ist also so auszulegen, daß die Gebührenzahlungen in jedem Falle mit dem 31. Dezember 1928 aufhören sollten.

Daß die Beklagte bis zum 31. Dezember 1928 die vereinbarten Gebühren zu zahlen hat, gibt sie jetzt selbst zu. Was deren Höhe anlangt, so kann nicht anerkannt werden, daß das Kammergericht bei der Festsetzung die in der Rechtsprechung entwickelten Rechtsgrundsätze der Aufwertung verletzt hätte. Das Kammergericht ist, indem es die Ausführungen des Landgerichts hierzu billigt, von den vereinbarten Sätzen ausgegangen, hat aber auch mit Recht die heutigen Verhältnisse berücksichtigt, unter denen die Beklagte die Maschine nutzbringend arbeiten lassen kann.

---

57. Ist ein Oberlandesgericht, das auf weitere Beschwerde eine Sache an das Beschwerdegericht zurückverwiesen hatte, an seine dieser Entscheidung zugrundegelegte Rechtsauffassung gebunden, wenn die neue Entscheidung des Beschwerdegerichts wiederum mit der weiteren Beschwerde angefochten wird?

FGG. § 28.

IV. Zivilsenat. Beschl. v. 13. Mai 1929 in der Fürsorgeerziehungssache H. IV B 18/29.

I. Amtsgericht Landsberg a. W.
II. Landgericht daselbst.

Das Amtsgericht hatte nach § 63 Abs. 1 Nr. 1 des Gesetzes für Jugendwohlfahrt die fünf minderjährigen Kinder der unverehelichten H. zur Fürsorgeerziehung überwiesen. Auf die sofortige Beschwerde der Mutter hob das Landgericht die Anordnung des Amtsgerichts insoweit auf, als das jüngste Kind der Fürsorgeerziehung überwiesen worden war; im übrigen wies es die sofortige Beschwerde zurück. Gegen diesen Beschluß erhoben die Mutter der Minderjährigen und das Städtische Jugendamt sofortige weitere Beschwerde. Das Kammergericht hob daraufhin den Beschluß des Landgerichts auf und verwies die Sache zur anderweitigen Erörterung und Entscheidung an die Vorinstanz zurück. Zur Begründung führte es aus: Der § 55 JWG. sei vom Landgericht nicht in den Kreis seiner Erwägungen gezogen worden. Es müsse geprüft werden, ob die Kinder hilfsbedürftig im Sinne dieser Vorschrift seien; denn die nur zur Verhütung der Verwahrlosung bestimmte vorbeugende Überweisung eines hilfsbedürftigen Minderjährigen zur Fürsorgeerziehung sei unzulässig, wenn für diese Verhütung keine besonderen Aufwendungen erforderlich würden.

Nunmehr hob das Landgericht durch Beschluß vom 19. Dezember 1928 die amtsgerichtliche Entscheidung völlig auf und wies den Antrag des Jugendamts auf Überweisung sämtlicher Kinder zur Fürsorgeerziehung ab. Es erachtet zur Verhütung der Verwahrlosung die Entfernung der Minderjährigen aus der bisherigen Umgebung für erforderlich, weist aber den Antrag auf Anordnung der vorbeugenden Fürsorgeerziehung im Hinblick auf § 55 JWG.

zurück, weil die Minderjährigen als hilfsbedürftig anzusehen seien und ihre anderweitige Unterbringung mangels erheblicher Erziehungsschwierigkeiten keine besonderen, die Grenzen der Fürsorgepflicht überschreitenden Aufwendungen erfordere.

Gegen diesen Beschluß richtete sich die weitere Beschwerde des Städtischen Jugendamtes, mit der geltendgemacht wurde, daß nach § 63 Abs. 1 Nr. 1 JWG. die Fürsorgeerziehung einzutreten habe, wenn, wie hier, für die Entfernung eines hilfsbedürftigen Minderjährigen aus seiner bisherigen Umgebung keine privaten Mittel zur Verfügung ständen.

Das Kammergericht wollte die sofortige weitere Beschwerde zurückweisen, erachtete sich aber für gehindert durch zwei ihm inzwischen bekannt gewordene Beschlüsse des Oberlandesgerichts Stuttgart (einer davon abgedruckt im Jahrb. FG. Bd. 4 S. 100), in denen die Ansicht des Jugendamtes vertreten wird, und legte die Sache unter Bezugnahme auf § 28 Abs. 2 FGG. dem Reichsgericht zur Entscheidung vor. Dieses lehnte die Entscheidung ab aus folgenden

Gründen:

Das Reichsgericht ist zu einer Entscheidung über die weitere Beschwerde nicht in der Lage, da die Voraussetzungen des § 28 Abs. 2 FGG. nicht gegeben sind. Der angefochtene Beschluß des Landgerichts entspricht der Auslegung, die das Kammergericht in seinem die erste Entscheidung des Landgerichts aufhebenden Beschluß den §§ 55, 63 Abs. 1 Nr. 1 JWG. gegeben hat, und an diese Rechtsauffassung ist das Kammergericht auch jetzt noch gebunden, sodaß die Abweichung von der Rechtsauffassung des Oberlandesgerichts in Stuttgart bei der jetzt zu treffenden Entscheidung unvermeidlich und nicht mehr, wie § 28 Abs. 2 FGG. voraussetzt, vom Willen des Kammergerichts abhängig ist.

Zu der Frage, ob die gedachte Gebundenheit besteht, hat der Senat in einem Beschluß vom 21. Februar 1927 IV B 68/26 folgendes ausgeführt: Die Annahme der Gebundenheit läßt sich allerdings nicht ohne weiteres durch eine entsprechende Anwendung der für das streitige Verfahren geltenden Rechtssätze begründen (§ 565 Abs. 2 ZPO.; RGZ. Bd. 58 S. 288, Bd. 94 S. 13, Bd. 100 S. 60). Denn Zweck und Natur der freiwilligen Gerichtsbarkeit unterscheiden diese wesentlich von der streitigen. Das hat insbesondere in § 18 FGG. Ausdruck gefunden. Der Begriff der materiellen Rechtskraft ist für die Regel dem Gesetz über die freiwillige Gerichtsbarkeit fremd (KGJ. Bd. 32A S. 76). Das Rechtsmittel ist in diesem Gesetz besonders geregelt, teilweise allerdings unter Verweisung auf Vorschriften der Zivilprozeßordnung; unter ihnen findet sich aber § 565 Abs. 2 nicht, ebensowenig § 318 ZPO. Das Kammergericht hat denn auch in Abweichung von einer früheren Entscheidung des Feriensenats (ROLG. Bd. 1 S. 311) die Gebundenheit des Gerichts der weiteren Beschwerde in einem Falle wie dem vorliegenden verneint (KGJ. Bd. 45A S. 92flg.). Keidel (FGG. 3. Aufl.) hat sich dem (in Anm. 5 Abs. 2 zu § 27) ohne nähere Begründung angeschlossen. Derselben Meinung sind Josef in Pos. Monatsschrift 1913 S. 30 und Unger in Buschs Zeitschrift Bd. 41 S. 185 Anm. 99. Dieser Ansicht kann indessen nicht beigetreten werden. Auszugehen ist davon, daß auch im Verfahren der freiwilligen Gerichtsbarkeit im Falle der Aufhebung und Zurückverweisung an die Vorinstanz diese die im aufhebenden Beschluß niedergelegte Rechtsauffassung ihrer neuen Entscheidung zugrundezulegen hat (so das Kammergericht, ferner Josef a. a. O. und Keidel Abs. 1 a. a. O.). Es gilt also auch hier der Grundsatz des § 565 Abs. 2 ZPO. Dieser Grundsatz hat zur notwendigen Folge, daß auch das Gericht der weiteren Beschwerde an seine maßgeblich ausgesprochene Rechtsauffassung so lange gebunden bleibt, als das für die Vorinstanzen zutrifft, d. h. so lange eine dem Rechtsmittelverfahren zugrundeliegende und durch die Entscheidung des Gerichts der weiteren Beschwerde beeinflußte Verfügung einer Vorinstanz in Frage steht. Es handelt sich dann nicht, wie das Kammergericht annimmt, um eine neue selbständige Verfügung, die in allen Beziehungen erneuter Nachprüfung unterläge. Derselbe Gesichtspunkt ist auch in den vorher angeführten, zu § 565 Abs. 2 ZPO. ergangenen Urteilen des Reichsgerichts entscheidend gewesen. Auf die Vorschrift des § 318 ZPO. ist nur nebenher verwiesen, sodaß die Erwägung des Kammergerichts, das Gesetz über die freiwillige Gerichtsbarkeit kenne keine ihr entsprechende Bestimmung, nicht maßgebend sein kann. § 18 FGG. steht schon deshalb nicht entgegen, weil nach ihm nur das Gericht erster Instanz zur Abänderung seiner Verfügung — soweit sie nicht der sofortigen Beschwerde unterliegt — befugt ist. Das Kammergericht wäre nicht in der Lage gewesen, den einmal erlassenen Beschluß abzuändern. Erst recht kann eine Änderung nicht in Frage kommen, nachdem das Landgericht nunmehr erneut entschieden hat. Daß der abweichende Standpunkt allein den praktischen Bedürfnissen entspreche, wie das Kammergericht ausführt, ist nicht anzuerkennen. Im Gegenteil erscheint es schwer erträglich, wenn in einem Rechtsmittelverfahren, das eine und dieselbe Anordnung zum Gegenstand hat, von der höchsten Instanz bald so bald anders entschieden werden könnte. Eine Sache würde auch, wenn z. B. keine abweichende Entscheidung des Reichsgerichts oder eines anderen Oberlandesgerichts in Betracht kommt, unter Umständen überhaupt nicht zu Ende kommen. Ob nach Erledigung des Rechtsmittelzugs gegen eine Verfügung des Amtsgerichts dieses in der Lage ist, nunmehr abweichend zu beschließen, ist für die Beantwortung der vorliegenden Frage ohne rechtliche, aber auch ohne erhebliche praktische Bedeutung.

An dieser Rechtsansicht hält der Senat auch nach wiederholter Prüfung fest. Daraus ergibt sich die getroffene Entscheidung.

---

58. Ist der im gesetzlichen Güterstand lebende Ehemann berechtigt, einen von ihm gemeinschaftlich mit seiner Frau über ihr eingebrachtes Gut abgeschlossenen Mietvertrag ohne Zustimmung der Frau abzuändern?

BGB. §§ 397, 741 flg., 1374, 1375, 1383, 1395, 1399.
ZPO. §§ 829, 861.

VIII. Zivilsenat. Urt. v. 27. Mai 1929 i. S. W. (Bekl.) w. F. (Kl.). VIII 168/29.

I. Landgericht Düsseldorf.
II. Oberlandesgericht daselbst.

Die im gesetzlichen Güterstand lebenden Eheleute F. hatten zusammen ein ihnen beiden gemeinschaftlich gehörendes Anwesen vermietet. Später ermäßigte der Mann auf Verlangen des Mieters W., des Beklagten, in Abwesenheit der Frau den Mietzins. Diese verweigerte aber die Genehmigung der angeblich ohne ihr Wissen und ihre Zustimmung erfolgten Ermäßigung. Die beiden Eheleute klagten nun den Mietzinsunterschied ein. Die Klage der Frau wurde auf Grund des § 1383 BGB. rechtskräftig abgewiesen. Das Landgericht wies auch die Klage des Mannes ab. Das Oberlandesgericht machte ihm gegenüber den Zuspruch abhängig von der Leistung eines ihm auferlegten richterlichen Eides über die Kenntnis seiner Frau von der Herabsetzung des Mietzinses.

Die Revision des Beklagten führte zur Abweisung auch der Klage des Mannes.

Gründe:

Da das fragliche Anwesen — so führt das angefochtene Urteil aus — gemeinschaftliches Eigentum der Eheleute F. sei, stehe diesen gemäß §§ 741, 744 BGB. auch das Verwaltungsrecht an dem Anwesen gemeinschaftlich zu. Durch den gemeinschaftlichen Abschluß des Mietvertrags sei der Ehefrau ein Recht auf den ihrem Anteil an den vermieteten Räumen entsprechenden Teil des Mietzinses entstanden. Auch dieses Recht sei eingebrachtes Gut der Frau geworden. Nur der jeweils fällige Mietzins stehe während des gesetzlichen Güterstandes dem Ehemann zu. Über diesen Mietzins habe der Kläger frei verfügen können, nicht aber über die noch nicht fällige künftige Miete. Bei Abschluß des Erlaßvertrags habe der Kläger über die aus dem Mietvertrag hervorgehende Miete überhaupt und somit bezüglich des Anteils der Klägerin an den vermieteten Räumen über ihr eingebrachtes Gut verfügt, was nach § 1375 BGB. ohne ihre Zustimmung unwirksam sei. Zwar gebühre nach § 743 BGB. jedem Teilhaber an einer gemeinsamen Sache ein Anteil an ihren Früchten, über den er frei verfügen könne. Frucht des vermieteten Grundstücks sei aber nicht der Mietzins in seinem Nennbetrag, sondern der Reinertrag aus dem Mietzins nach Abzug aller Kosten und Lasten. Der Mietzins selbst stehe den Teilhabern gemeinschaftlich zu; nur gemeinschaftlich könnten sie über ihn verfügen.

Diese Ausführungen werden von der Revision mit Recht bekämpft. Ein Rechtsirrtum liegt in erster Linie darin, daß das Berufungsgericht von einem Erlaßvertrag spricht. Der Erlaßvertrag des § 397 Abs. 1 BGB. bezieht sich, wie alle Erlöschungsgründe der §§ 362flg., auf ein entstandenes Schuldverhältnis (die „geschuldete Leistung" in § 362). Hier kam aber, als sich der Kläger am 3. September 1926 mit dem Beklagten einigte, nur zum kleinsten Teil (für August und September 1926) ein Erlaß der im voraus fälligen Mietschuld in Betracht. Vielmehr lag eine Änderung des Mietvertrags vom 24. November 1924 bezüglich des Mietzinses als Vertragsbestandteils mit allen Erfordernissen einer solchen Änderung vor. Diese Änderung wirkte nur insoweit als Erlaß, als sie rückwirkend vereinbart wurde.

Die Kläger leben im Güterstand der sogenannten Verwaltungsgemeinschaft. Zum eingebrachten Gut der Klägerin gehört ihr hälftiger Anteil an dem den Eheleuten gehörigen Anwesen. Da ein güterrechtliches Gemeinschaftsverhältnis an diesem Anwesen nicht besteht, wäre es an sich rechtlich möglich, in Ansehung des Anwesens eine nach den Vorschriften des § 741 BGB. zu beurteilende Gemeinschaft anzunehmen. Aber die weiteren Vorschriften, die das Bürgerliche Gesetzbuch in den §§ 741flg. gibt, müssen zurücktreten hinter besonderen Vorschriften des gesetzlichen Güterrechts. Für den vorliegenden Fall scheiden insbesondere die §§ 743, 744 aus.

Wenn auch die Geschäftsfähigkeit einer Frau durch die Eheschließung in keiner Weise beeinträchtigt wird, so tritt doch als Folge der beim gesetzlichen Güterstand dem Manne zustehenden Verwaltung und Nutznießung am eingebrachten Gut eine dingliche Gebundenheit dieses Gutes zugunsten des Mannes ein, die sich in einer Beschränkung der der Frau als Eigentümerin an sich zustehenden Verfügungsbefugnis äußert. Der Mann verwaltet und nutzt das eingebrachte Gut, allerdings nicht zu eigenem Gewinn, sondern als treuer Haushalter für Zwecke des ehelichen Lebens. Den Stammwert des Vermögens hat der Mann zu erhalten, da der Reinertrag für den Lebensunterhalt der Familie bestimmt ist. Deshalb darf der Mann nach § 1375 BGB. über eingebrachtes Gut ohne Zustimmung der Frau auch nicht verfügen, d. h. keine Rechtsgeschäfte eingehen, die unmittelbar auf Übertragung, Belastung, Änderung oder Aufhebung eines Rechts abzielen (RGZ. Bd. 106 S. 112). Aber weder der Abschluß eines Mietvertrags noch auch die Besitz- und Gebrauchsüberlassung an den Mieter oder beides zusammen fällt unter diesen Begriff. Solche Verträge kann der Mann allein abschließen, weil durch sie nicht das eingebrachte Gut selbst betroffen, nicht die Frau als Eigentümerin belastet wird. Wenn der Mann ein zum eingebrachten Gut der Frau gehörendes Anwesen vermietet, so tut er dies, um das eingebrachte Gut ordnungsgemäß zu verwalten, es nutzbar zu machen.

Die Frau hingegen bedarf zur Verfügung über eingebrachtes Gut grundsätzlich der Einwilligung des Mannes (§ 1395 BGB.). Einen Mietvertrag kann sie wohl ohne diese Einwilligung abschließen; denn hierdurch allein wird in die Rechte des Mannes nicht eingegriffen. Die Erfüllung der aus diesem Abschluß sich ergebenden Pflicht, die Übertragung des Mietbesitzes, braucht jedoch der Mann wegen der ihm am eingebrachten Gut zustehenden Rechte nicht zu dulden (RGZ. Bd. 58 S. 38).

Die Kläger haben den Mietvertrag vom 24. November 1924 nach den Feststellungen des Berufungsurteils gemeinschaftlich abgeschlossen. Es ist daher unbedenklich anzunehmen, daß der Kläger der in diesem Vertrag enthaltenen Verpflichtung der Klägerin zugestimmt hat. Der Vertrag verpflichtet also die Klägerin als Vermieterin persönlich schuldrechtlich mit der Folge, daß sie bei Fortbestehen des Vertragsverhältnisses auch noch nach Aufhören der Verwaltung und Nutznießung des Mannes aus dem Vertrag haftet. Dieser ist in Ansehung des eingebrachten Gutes auch dem zustimmenden Manne gegenüber wirksam (§ 1399 Abs. 2 BGB.). Es fragt sich nun, welche Wirkungen dieser Vertrag für das güterrechtliche Verhältnis zwischen Mann und Frau gehabt hat und ob insbesondere der Kläger berechtigt war, den gemeinschaftlich geschlossenen Vertrag ohne Zustimmung seiner Frau zu ändern.

Das Berufungsgericht hat diese Frage zu Unrecht verneint.

Der Mietvertrag konnte an den güterrechtlichen Verhältnissen der Kläger nichts ändern und insbesondere dem Ehemann das Recht der Verwaltung und Nutznießung nicht nehmen. Diese Rechte erwirbt der Mann kraft Gesetzes durch den Abschluß der Ehe, ohne daß eine förmliche Übertragung erforderlich wäre; sie erlöschen nur unter den im Gesetze besonders bestimmten Voraussetzungen (§§ 1418flg. BGB.). Vorbehaltsgut, also durch Gesetz oder Vertrag vorbehaltenes Vermögen der Frau (§§ 1365flg. das.), steht nach den Feststellungen des Berufungsurteils nicht in Frage. Der Anteil der Klägerin am gemeinschaftlichen Anwesen war also nach wie vor eingebrachtes Gut, das der Verwaltung und Nutznießung des Mannes unterstand. In Ausübung dieses seines Verwaltungsrechts hat der Kläger den ursprünglichen Vertrag abgeändert; er hat damit nicht über das Anwesen „verfügt", sondern er hat es verwaltet. Der Kläger hatte, als er im ursprünglichen Vertrag die Räume an den Beklagten vermietete, auch nur eine Verwaltungstätigkeit ausgeübt. Er hat seiner Frau wohl gestattet, hierbei als Vertragsteil mitzuwirken mit dem Erfolg, daß sie nach § 1395 BGB. selbst Pflichten übernahm; sein eigenes Verwaltungsrecht wurde aber dadurch auch für die Zukunft nicht beeinträchtigt.

Nun meint das Berufungsgericht, durch den Abschluß des Mietvertrags sei der Klägerin ein Recht auf den ihrem Anteil an den vermieteten Räumen entsprechenden Teil des Mietzinses entstanden. Dieses Recht der Frau sei eingebrachtes Gut, das nach § 1375 BGB. ohne die Zustimmung der Frau der Verfügung des Mannes entrückt sei; er könne nur über den jeweils fälligen Mietzins verfügen. Auch das ist irrig. Die Nutzungen des eingebrachten Gutes erwirbt der Mann nach § 1383 BGB. in derselben Weise und in demselben Umfang wie ein Nießbraucher. Er erwirbt also die Früchte einer Sache mit der Trennung (§§ 954, 1068 BGB.); Früchte, die in der Vergütung für die Überlassung des Gebrauchs oder in anderen regelmäßig wiederkehrenden Leistungen bestehen, kraft Gesetzes fortlaufend zu dem der Dauer seines Nutzungsrechts entsprechenden Teil; bürgerliche Früchte mit der Fälligkeit. Dies betrifft aber nur den Erwerb des Eigentums an den Früchten selbst; was der Mann von seinen Nutzungen erübrigt, ist sein Eigentum. Anderseits tritt jedoch der Nießbraucher als Berechtigter schon kraft seines dinglichen Rechts — nicht etwa erst durch besondere Übertragung seitens des Eigentümers — in die Mietverhältnisse ein, die für das seinem Nießbrauch unterworfene Grundstück bestehen, und ebenso in die — wenn auch betagten — Mietzinsforderungen. Diese sind aus dem Vermögen des Eigentümers ausgeschieden und in das des Nießbrauchers übergegangen (RGZ. Bd. 68 S. 10, Bd. 80 S. 316).

Soweit also Nutzungen darin bestehen, daß der Mann wiederkehrende Leistungen von einem andern zu fordern berechtigt ist, z. B. Zinsen, gehen die darauf gerichteten, sich als Nutzungen darstellenden Ansprüche kraft Gesetzes auf den Mann über. Dieser Übergang erfolgt mit dem Zeitpunkt, in dem der Anspruch eingebrachtes Gut wird.

Den Anspruch auf Miet- oder Pachtzinsen hat demnach der Mann mit dem Vertragsschluß erworben, gleichviel ob er selbst oder ob die Frau den Vertrag abgeschlossen hat. Deshalb kann auch der Gläubiger des Mannes solche Forderungen, deren voller Erwerb nur noch von der Fortdauer des ehemännlichen Rechts bis zum Fälligkeitstermin abhängt, als bedingt nach § 829 ZPO. schon vorher pfänden (Stein-Jonas ZPO. Anm. II 2 zu § 861; Baumbach Anm. 2 zu § 861; Sydow-Busch Anm. 2 zu § 861).

Mit diesem Rechtszustand rechnete schon der Gesetzgeber, der nach den Motiven zum Bürgerlichen Gesetzbuch Bd. 4 S. 218 absichtlich davon absah, Vorschriften darüber zu treffen, ob und inwieweit schon vor der Fälligkeit Forderungen gepfändet werden könnten, die zu den Früchten der ehelichen Nutznießung gehören, z. B. die auf Grund eines von der Ehefrau vor Beginn der ehelichen Nutznießung und Verwaltung geschlossenen Miet- oder Pachtvertrags zufallenden Miet- oder Pachtgelder. Dies wurde damit begründet, daß die zu den Nutzungen gehörenden Ansprüche, soweit sie schon vor der Fälligkeit, wenn auch nur als bedingte oder betagte, vom Ehemann erworben seien, schon nach §§ 743, 733 (jetzt §§ 844, 832) ZPO. der Pfändung unterlägen.

Das Schwergewicht der Rechte des Mannes liegt in der Verwaltung des Frauengutes. Die Nutzung ist die rechtliche Form, in der er die Früchte des Eingebrachten bezieht. Als der Kläger am 3. September 1926 den Vertrag vom 24. November 1924 dadurch änderte, daß er den Mietzins herabsetzte, handelte er als Verwalter des eingebrachten Gutes seiner Frau. Er verfügte nicht über dieses Gut, sondern als Nutznießer über sein eigenes Recht. Der Nachtragsvertrag bedurfte mithin nicht der Zustimmung der Ehefrau.

---

59. 1. Unter welchen Voraussetzungen unterliegt die Auslegung der Allgemeinen Versicherungsbedingungen einer öffentlichen Feuerversicherungsanstalt der Nachprüfung durch das Revisionsgericht?

2. Welche Bedeutung hat für das Kündigungsrecht des Erwerbers bei annahmepflichtigen Versicherungen die Bestimmung der Allgemeinen Bedingungen einer solchen Gesellschaft, daß bei nicht annahmepflichtigen Versicherungen der Erwerber und die Gesellschaft mit einmonatiger Frist kündigen können?

Gesetz über den Versicherungsvertrag §§ 69, 70. Preuß. Ges. über die öffentlichen Feuerversicherungsanstalten v. 25. Juli 1910 § 22. Allgemeine Bedingungen der Feuersozietät der Provinz Brandenburg § 21.

VII. Zivilsenat. Urt. v. 28. Mai 1929 i. S. Feuersozietät der Provinz Brandenburg (Bekl.) w. B. (Kl.). VII 420/28.

I. Landgericht I Berlin.
II. Kammergericht daselbst.

Die Beklagte, eine dem Aufnahmezwang für Gebäude unterworfene öffentliche Feuerversicherungsanstalt, hat im § 21 ihrer „Allgemeinen Bedingungen" bestimmt, daß, „wenn der Versicherungsnehmer das versicherte Gebäude veräußert, an Stelle des Veräußerers der Erwerber in die während der Dauer seines Eigentums aus dem Versicherungsverhältnis sich ergebenden Rechte und Pflichten des Versicherungsnehmers eintritt" (Abs. 1) und „daß die Sozietät und der Erwerber die Versicherung, zu deren Annahme die Sozietät nicht verpflichtet ist, mit einmonatiger Frist kündigen können" (Abs. 4). Der Kläger erwarb am 4. August 1926 ein Rittergut, dessen Gebäude der Vorbesitzer bei der Beklagten bis zum 1. Januar 1936 gegen Feuersgefahr versichert hatte, und kündigte am 27. August 1926 den Versicherungsvertrag. Da die Beklagte die Kündigung als unzulässig zurückwies und Weiterzahlung der Prämien beanspruchte, klagte er auf Feststellung, daß er nicht verpflichtet sei, das Versicherungsverhältnis seines Vorgängers fortzusetzen, und daß zwischen ihm selbst und der Beklagten kein solches Verhältnis bestehe. Die Klage wurde vom Landgericht abgewiesen, vom Kammergericht aber auf Berufung des Klägers zugesprochen. Die Revision der Beklagten hatte keinen Erfolg.

Gründe:

Der Berufungsrichter versteht den § 21 Abs. 4 der Allgemeinen Bedingungen der Beklagten mit dieser dahin, daß bei der Veräußerung von Gebäuden, zu deren Annahme die Versicherungsanstalt verpflichtet ist, nicht nur sie selbst, sondern auch der Erwerber kein Kündigungsrechts haben solle. Er hält aber diese Bestimmung mit Bezug auf den Erwerber deshalb für unwirksam, weil kein Rechtssatz bestehe, wonach die Anstalt durch Vertrag mit dem Versicherungsnehmer dem Erwerber eine solche über die §§ 69, 70 VVG. hinausgehende Bindung auferlegen könnte, und weil im allgemeinen Verträge nur die Parteien, nicht Dritte verpflichteten. Die Revision greift die letzteren Erwägungen, gestützt auf ein Rechtsgutachten eines Hochschullehrers, deshalb an, weil sich die Unzulässigkeit der Ausschließung eines Kündigungsrechts des Erwerbers bei der Schadensversicherung nicht aus allgemeinen Rechtsgrundsätzen, sondern nur aus der Vorschrift des § 72 VVG. ableiten lasse, die auf die nach Landesrecht errichteten öffentlichen Versicherungsanstalten nach § 192 Abs. 2 VVG. keine Anwendung finde. Auf die Frage der Abdingbarkeit des Kündigungsrechts des Erwerbers bei den Verträgen solcher Anstalten braucht indessen nicht eingegangen zu werden, weil, entgegen der Auffassung des Berufungsrichters, eine Ausschließung dieses Rechts in § 21 der Allgemeinen Bedingungen der Beklagten nicht bedungen ist.

Die Allgemeinen Bedingungen der Beklagten haben typischen Inhalt und kommen, da deren Geschäftsbetrieb sich laut § 4 ihrer in der Revisionsverhandlung übergebenen Satzung auf die Provinzen Brandenburg und Grenzmark Westpreußen sowie auf einen pommerschen Kreis erstreckt, in den Bezirken mehrerer Oberlandesgerichte zur Anwendung. Ihre Auslegung unterliegt daher nach der ständigen Rechtsprechung des Reichsgerichts (RGZ. Bd. 81 S. 117, Bd. 83 S. 322 u. a.) der freien Nachprüfung durch dieses. Das Berufungsgericht will nun die Ausschließung des Kündigungsrechts des Erwerbers bei annahmepflichtigen Versicherungen in § 21 insofern ausgedrückt finden, als von dem im Abs. 1 aufgestellten Grundsatze des Eintritts des Erwerbers in die Rechte und Pflichten des Versicherungsnehmers im Abs. 4 eine Ausnahme bezüglich des Kündigungsrechts nur für nicht annahmepflichtige Versicherungen gemacht sei und die Fassung der Bestimmungen den Willen erkennen lasse, den Erwerber und die Sozietät bezüglich des Kündigungsrechts in allen Fällen gleichzustellen. Die Bestimmungen des Abs. 1 und 4 brauchen indessen keineswegs in diesem Sinne verstanden zu werden. Vielmehr liegt folgende Auslegung näher: Abs. 1 spricht ebenso wie § 69 Abs. 1 VVG. lediglich grundsätzlich den Eintritt des Erwerbers in die Rechte und Pflichten des Versicherungsnehmers aus, Abs. 4 wiederholt die diesen Grundsatz beschränkenden Kündigungsbestimmungen des § 70 VVG. mit Bezug auf die nicht annahmepflichtigen Versicherungen, bei denen keine gesetzlichen Sondervorschriften für die öffentlichen Anstalten bestehen; mit Bezug auf die annahmepflichtigen Versicherungen, bei denen das Kündigungsrecht dieser Anstalten in Preußen durch § 22 Satz 1 des Gesetzes vom 25. Juli 1910 ausgeschlossen ist, soll für die Anstalt diese Bestimmung und für den Erwerber § 70 VVG. Platz greifen. Daß das dem Erwerber nach der letzteren Vorschrift zustehende Kündigungsrecht für die Fälle der annahmepflichtigen Versicherung wegbedungen werden sollte, kann aus dem Schweigen des § 21 über diese Fälle nicht geschlossen werden, zumal da mindestens für das Verständnis der großen Mehrzahl der Versicherten der im Abs. 1 verfügte Eintritt des Erwerbers in die Rechte des Versicherungsnehmers nicht ohne weiteres einen Eintritt ohne das gesetzliche Kündigungsrecht bedeutete. Zum mindesten konnte der Versicherungsnehmer die Bestimmungen des § 21 in dem Sinne verstehen, daß durch sie das gesetzliche Kündigungsrecht des Erwerbers auch bei annahmepflichtigen Versicherungen nicht beseitigt werden sollte. Die Beklagte, deren rechtskundigen Beiräten diese Auslegungsmöglichkeit nicht entgehen konnte, hätte daher, wenn sie selbst den Bestimmungen einen anderen Sinn beigemessen wissen wollte, den von ihr entworfenen Bedingungen eine andere, zweifelfreie Fassung geben müssen (RGZ. Bd. 94 S. 29, Bd. 116 S. 274). Sie hatte hierzu um so mehr Anlaß, als auf jene Auslegungsmöglichkeit schon vor Jahren im Schrifttum hingewiesen worden war (Könige in der LZ. 1912 Sp. 748).

Die Klage stellt sich daher als begründet und die Revision als unbegründet dar, ohne daß es eines Eingehens auf die Frage der Unabdingbarkeit des Kündigungsrechts des Erwerbers bedarf.

---

60. Wen trifft die Beweislast für den Zeitpunkt der Zahlung, wenn der Gläubiger auf Grund des § 15 AufwG. die Aufwertung seiner zurückgezahlten, aber noch nicht gelöschten Hypothek verlangt?

AufwG. § 15.

V. Zivilsenat. Urt. v. 29. Mai 1929 i. S. W. u. Gen. (Bekl.) w. U. (Kl.). V 298/28.

I. Landgericht Neiße.
II. Oberlandesgericht Breslau.

Auf den Namen der Klägerin und ihres im Verlauf des Rechtsstreits verstorbenen und von der Klägerin allein beerbten Mannes steht im Grundbuch auf Grundbesitz der Beklagten zu 1 und 2 seit 1913 eine Tauschgelder-Hypothek von 11000 M. eingetragen. 4000 M.

sind unstreitig am 29. Dezember 1920 gezahlt und vorbehaltlos angenommen worden. Die Klägerin verlangt Aufwertung wegen der überschießenden 7000 M. mit der Behauptung, dieser Teilbetrag sei im Dezember 1922 gezahlt worden. Die Beklagten verweigern die Aufwertung, weil die Zahlung schon im Dezember 1919 erfolgt und ohne Vorbehalt angenommen worden sei. Das Landgericht hat die Klage abgewiesen, weil nicht dargetan sei, daß die 7000 M. erst im Dezember 1922 und nicht schon im Dezember 1919 gezahlt worden seien. Das Oberlandesgericht hat auf den der Klägerin zugeschobenen und von ihr angenommenen Eid erkannt, es sei nicht wahr, daß die 7000 M. vor dem 15. Juni 1922 gezahlt worden seien. Die Revision der Beklagten führte zur Aufhebung und Zurückverweisung.

Gründe:

Das Oberlandesgericht hält das Ergebnis der Beweisaufnahme nicht für ausreichend, um den Zeitpunkt der Zahlung der 7000 M. feststellen zu können. Es liege aber auch keine Veranlassung vor, der einen oder der anderen Partei einen richterlichen Eid über ihre Behauptung anzuvertrauen. Es komme also darauf an, welche der beiden Parteien die Beweislast für den Zeitpunkt der Zahlung treffe. Das seien die Beklagten. Grundsätzlich hätten alle Zahlungen in minderwertiger Papiermark nur Teilleistungen dargestellt; die Zahlung der 7000 M. hätte also nur dann zu einer völligen Tilgung eines entsprechenden Teils der Forderung der Klägerin führen können, wenn — was die Beklagten beweisen müßten — die Klägerin und ihr damals noch lebender Mann die Zahlung als Erfüllung angenommen hätten. Dieser Beweis könne aber von den Beklagten nicht geführt werden, denn im Dezember 1919 habe schon jedermann gewußt, daß die Papiermarkzahlung keine wirkliche Erfüllung einer in Goldmark vereinbarten Leistung gewesen sei.

Diese Ausführungen werden mit Grund von der Revision als rechtsirrig beanstandet. In RGZ. Bd. 121 S. 318 hat der VI. Zivilsenat ausgesprochen, daß der Gläubiger, der Aufwertung einer Hypothek und der ihr zugrundeliegenden Forderung gemäß § 15 AufwG. verlangt, das Vorliegen der besonderen Voraussetzungen dieser Vorschrift beweisen muß. Der dort behandelte Fall lag nur insofern anders als der jetzt zur Entscheidung stehende, als dort die Hypothek gelöscht worden war, wenn auch erst nach dem 14. Juni 1922, während hier die Hypothek noch unverändert im Grundbuch eingetragen steht. Jener Entscheidung ist beizutreten, und zwar auch für den Fall, daß die Hypothek noch nicht gelöscht ist. Der VI. Zivilsenat geht davon aus, daß nach der grundsätzlichen Einstellung des Aufwertungsgesetzes Hypotheken und hypothekarisch gesicherte Forderungen nur aufgewertet würden, wenn ihr Betrag noch nicht gezahlt und der Gläubiger der Meinung gewesen sei, daß Zahlungen grundsätzlich zum Nennbetrag zu bewerten seien und daß eine Ausnahme nur eintrete, wenn entweder die Zahlung unter Vorbehalt der Rechte (§ 14) oder nach dem 14. Juni 1922 (§ 15) angenommen worden sei. Die besonderen Voraussetzungen dieser Ausnahmen müsse derjenige beweisen, der sich auf sie berufe. § 891 BGB. ergebe keine gesetzliche Vermutung dahin, daß das Recht bis zum Zeitpunkt seiner Löschung dem eingetragenen Gläubiger zugestanden habe. Auch aus Art. 3 DurchfVo. z. AufwG. sei nichts Gegenteiliges zu entnehmen.

. Widerspruch gegen diese Entscheidung hat sich, soweit zu sehen, nicht erhoben. Der vom Berufungsgericht im angefochtenen Urteil angeführte Aufsatz von Gummel liegt vor der Entscheidung des VI. Zivilsenats und ist dort schon widerlegt. Das weiter vom Berufungsgericht angeführte Urteil des Oberlandesgerichts Celle vom 10. Februar 1928 (Ring III S. 239) liegt ebenfalls zeitlich vor dem Urteil RGZ. Bd. 121 S. 318 und betrifft außerdem einen Fall der freien Aufwertung, für den allerdings die positivrechtlichen Einschränkungen der Aufwertung nicht gelten, wie sie das Aufwertungsgesetz für Hypotheken und hypothekarisch gesicherte Forderungen vorschreibt.

Es fragt sich nur, ob etwa anders zu entscheiden ist, wenn die Hypothek, wie hier, noch nicht gelöscht ist. Hier gilt an sich die Vermutung des § 891 BGB. Danach ist bis zum Beweis des Gegenteils zu vermuten, daß die streitige Hypothek noch in voller Höhe besteht. Es steht aber fest, daß 4000 M. am 29. Dezember 1920 gezahlt und vorbehaltlos angenommen worden sind, sodaß in dieser Höhe die Forderung endgültig getilgt ist. Außerdem steht fest, daß weitere 7000 M. — der streitige Betrag — gezahlt und ohne Vorbehalt angenommen worden sind. Nach der grundsätzlichen Auffassung des Aufwertungsgesetzes ist damit ungeachtet der noch bestehenden Eintragung im Grundbuch auch in dieser Höhe die

Forderung erloschen, wenn nicht die Ausnahme des § 15 AufwG. gegeben ist. Denn es müssen eben im Gebiet der Hypotheken und der hypothekarisch gesicherten Forderungen, anders als im Bereich der freien Aufwertung, grundsätzlich alle Papiermarkzahlungen als Volleistungen behandelt werden, und wer eine ausnahmsweise vom Gesetz zugelassene Aufwertung begehrt, muß die besonderen Voraussetzungen dieser Ausnahme dartun. Die Berufung auf den Stand des Grundbuchs befreit ihn nicht von dieser Beweispflicht. Verfehlt ist, wie nicht näher darzulegen, die Annahme des Berufungsgerichts, schon im Dezember 1919 habe jedermann gewußt, daß durch eine Papiermarkzahlung eine in Friedensmark begründete Forderung nicht getilgt werde.

---

61. Wann liegt eine nur von einem der Vertragschließenden unterzeichnete Beurkundung von Veräußerungen beweglicher Sachen vor und wann die Beurkundung eines bloßen Vertragsangebots?

Preußisches Stempelsteuergesetz vom 27. Oktober 1924, Tarifstelle 7 Abs. 5.

VII. Zivilsenat. Urt. v. 31. Mai 1929 i. S. Preuß. Staat (Bekl.) w. D. (Kl.). VII 542/28.

I. Landgericht Breslau.
II. Oberlandesgericht daselbst.

Der Kläger betreibt in B. ein Möbelgeschäft. Er hat einer Frau W. in B. Möbel unter Eigentumsvorbehalt und gegen Teilzahlung verkauft. Zugrunde liegt ein von der Käuferin unterzeichneter „Bestellschein" mit „Allgemeinen Verkaufsbedingungen". In deren § 1 heißt es:

1. Der Vertrag kommt ohne weitere Beurkundung allein durch die Annahme der Bestellung seitens des Geschäftsinhabers ... entsprechend der vorliegenden Fassung dieser allgemeinen Verkaufsbedingungen gesetzlich zustande, § 151 BGB.
2. Das Aussuchen der Sachen und das ganze Kaufbegehren stellt mit der Unterzeichnung des Bestellscheins ohne Ausnahme ein Vertragsangebot dar.

3. Der Besteller ist von vornherein an die Bestellung gebunden, § 145 BGB.
4. Der Geschäftsinhaber ... behält sich stets eine Annahmefrist von 8 Tagen ausdrücklich vor, gleichviel, ob er oder einer seiner Angestellten die Bestellung entgegengenommen hat.
5. Die Annahme gilt durch Lieferung oder stets dann als erfolgt, wenn nicht binnen obiger Frist die Ablehnung seitens des Geschäftsinhabers ... schriftlich geschieht; die Lieferpflicht für die vor Ablauf dieser Frist vorgeschriebenen, aber noch nicht ausgeführten Lieferungen tritt stets dann erst ein.
6. Auf eine Annahmeerklärung verzichtet der Besteller.

Der Kläger hat für diesen „Bestellschein" 1,50 RM. Stempelsteuer gezahlt. Mit der gegenwärtigen Klage verlangt er die Zurückzahlung. Beide Vorinstanzen haben dem Klagantrag stattgegeben. Die Revision des Beklagten blieb ohne Erfolg.

Gründe:

1. Der „Bestellschein" und die darin enthaltenen „Allgemeinen Verkaufsbedingungen" stellen nach der übereinstimmenden Angabe der Parteien das sog. Pattbergsche Muster dar, das vielleicht noch etwas ergänzt ist. Über die Stempelpflichtigkeit dieses Musters haben, wie von den Parteien mitgeteilt wurde, bereits das Kammergericht, der Präsident des Landesfinanzamts in Magdeburg und die Regierungskommission des Saargebiets entschieden. Es handelt sich also um typische Vertragsbedingungen, die in verschiedenen Teilen des Deutschen Reichs benutzt werden. Sie unterliegen deshalb der freien Auslegung durch das Reichsgericht.

2. Nach den im Tatbestand mitgeteilten Bestimmungen kommt der Kaufvertrag in folgender Weise zustande. Der Kaufliebhaber sucht sich Sachen aus, erklärt, sie kaufen zu wollen, und macht mit Unterzeichnung des Bestellscheins ein Vertragsangebot, das ihn bindet. Dem Geschäftsinhaber wird eine Annahmefrist von 8 Tagen bestimmt. Die bloße Annahme des Angebots während der Frist genügt; auf eine Erklärung der Annahme verzichtet der Antragende. Als Annahme gilt es, wenn der Geschäftsinhaber die verlangten Sachen liefert oder das Angebot nicht während der Annahmefrist schriftlich ablehnt.

Auf einen „Bestellschein" dieses Inhalts ist Tarifstelle 7 Abs. 5 StStG. nicht anwendbar. Es heißt dort:

„Beurkundungen von Veräußerungen beweglicher Sachen unterliegen dem Stempel dieser Tarifstelle auch dann, wenn sie nur von einem der Vertragschließenden im Sinne des zweiten Absatzes des § 1 dieses Gesetzes unterzeichnet und dem anderen Vertragschließenden ausgehändigt sind."

Nach dieser Vorschrift genügt die Unterschrift eines der Vertragschließenden unter der Urkunde, um den Stempelansatz zu rechtfertigen; es muß aber das Veräußerungsgeschäft abgeschlossen und aus der Urkunde ersichtlich sein, daß der andere Vertragsteil, der nicht unterschrieben hat, sein Einverständnis bereits erklärt hat (RGZ. Bd. 117 S. 92 und Urteil vom 28. Juni 1921 VII 17/21). Beides ist bei dem „Bestellschein" nach den Allgemeinen Verkaufsbedingungen nicht der Fall. Die eine Vertragspartei macht mit der Unterzeichnung des Bestellscheins nur ein Vertragsangebot und die andere Vertragspartei nimmt dieses Angebot erst später an, in der Regel wohl durch Lieferung der gewünschten Sachen oder auch nur durch Schweigen während der Annahmefrist.

3. Die Revision ist anderer Meinung. Sie geht richtig davon aus, daß auch im Falle des § 151 BGB. der Antragende eine Annahmefrist setzen kann und daß der Antrag erlischt, wenn er nicht bis zum Ablauf der Frist angenommen ist. Sie meint aber, daß es im vorliegenden Fall anders sei, weil hier der Antrag des Käufers nicht erlösche und auch der Verkäufer nach Ablauf der Frist an das sog. Angebot gebunden sei. Darin liege eben die den Kaufvertrag von vornherein zustandebringende Abrede. Die Revision übersieht dabei, daß der Käufer nur während der Annahmefrist und der Verkäufer überhaupt nicht an das Angebot gebunden ist. Erlöschen kann das Angebot allerdings nicht, weil die Allgemeinen Verkaufsbedingungen dafür gesorgt haben, daß es während der Annahmefrist entweder zu einer klaren Ablehnung, für welche Schriftlichkeit ausbedungen ist, oder aber zur Annahme des Angebots kommt, für die bereits das Schweigen des Verkäufers genügt. Hat der Verkäufer das Angebot nicht während der Annahmefrist schriftlich abgelehnt, so sind nach Ablauf der Frist allerdings beide Teile gebunden, aber nicht an das Angebot, sondern an den spätestens mit Ablauf der Frist zustandegekommenen Kaufvertrag. Gewiß haben die Vertragsparteien hier eine Regelung getroffen, die von der des Gesetzes abweicht. Nach dem Gesetz gilt das Schweigen auf ein Angebot

als Ablehnung; nach den Allgemeinen Verkaufsbedingungen soll es als Annahme gelten. Die Parteien waren aber bei der Nachgiebigkeit des in den §§ 145flg. gesetzten Rechts zu einer solchen Abrede befugt.

4. In Übereinstimmung mit Loeck-Eiffler in Anm. 51c zu Tarifstelle 7 StStG. (S. 171 der 10. Aufl. des Erläuterungsbuchs) vertritt die Revision ferner den Standpunkt, daß in dem Bestellschein ein fester, aber durch das Nichtwollen, die Ablehnung des Verkäufers auflösend bedingter Kaufvertrag beurkundet worden sei. Darüber hinaus meint die Revision noch, daß man auch einen festen, aber unter Vorbehalt des Rücktritts geschlossenen Vertrag annehmen könne. Es ist der Revision unbedenklich zuzugeben, daß derartige Verträge möglich sind. Das genügt aber nicht. Notwendig ist noch der Nachweis, daß die Vertragsparteien eine der beiden Möglichkeiten gewählt haben. Dazu bemerkt die Revision: „Naturgemäß ist der Wille der Verkäuferin von vornherein darauf gerichtet, das sich ihr bietende Geschäft abzuschließen (denn darin liegt ihre Erwerbsmöglichkeit) und dem Käufer die Möglichkeit zu verschließen, die Bestellung als erloschen zu erklären, wenn ihn der Kauf nachträglich etwa reut." Es ist schon zweifelhaft, ob diese wirtschaftliche Erwägung hinreichen könnte, die Allgemeinen Verkaufsbedingungen gegen ihren klaren und unzweideutigen Wortlaut auszulegen. Die Revision hat aber auch nicht beachtet, daß gerade das Erwerbsinteresse des Klägers ihn abhalten muß, sofort einen bindenden Vertrag abzuschließen. Ihm ist besser gedient, wenn er sich überhaupt nicht sofort entschließt und zu entschließen braucht, wenn er vor der Zusage noch Zeit gewinnt, um sich über die Zuverlässigkeit und Kreditwürdigkeit des Kauflustigen zu unterrichten, vgl. RGZ. Bd. 117 S. 90. Auf die Bindung des Kaufliebhabers braucht der Verkäufer auch bei der von den Allgemeinen Verkaufsbedingungen gewählten Art des Vorgehens nicht zu verzichten.

5. In den Vorinstanzen hat der Beklagte auch den § 5 der Reichsabgabenordnung heranzuziehen versucht. Die Revision hat sich auf diese Vorschrift nicht mehr berufen. Sie gilt auch nach der feststehenden Rechtsprechung des Reichsgerichts nicht für Landessteuern, vgl. RGZ. Bd. 117 S. 92 und Urteil vom 28. Juni 1921 VII 17/21. Es braucht also nicht erörtert zu werden, ob die Vertragsparteien die Formen und Gestaltungsmöglichkeiten des bürgerlichen Rechts mißbraucht haben.

---

62. Zur Anwendung des Aufwertungsgesetzes auf eine in Berlin eingeklagte Forderung, die dort zu erfüllen und durch eine saarländische Hypothek gesichert ist.

AufwG. § 1. DurchfVo. z. AufwG. vom 29. November 1925 Art. 118.

V. Zivilsenat. Urt. v. 24. April 1929 i. S. E. (Kl.) w. S. (Bekl.). V 69/28.

I. Landgericht II Berlin.
II. Kammergericht daselbst.

Mit Vertrag vom 11. September 1911 verkaufte der Kläger sein Apothekengrundstück samt Apotheke in Saarbrücken an den Beklagten. Der Beklagte wurde Eigentümer und führte die Apotheke weiter. Gemäß dem Vertrag zahlte er einen Teil des Kaufpreises bar, im übrigen übernahm er eingetragene Hypothekenschulden und bestellte zwei Kaufgeldresthypotheken. Nach dem Kaufvertrag hatten die Zahlungen zu erfolgen „in deutscher Goldwährung portofrei zu Händen und am jeweiligen Wohnort des Verkäufers, der für alle Fälle als Erfüllungsort für den Käufer gilt". Der Beklagte zahlte die Hypotheken in den Jahren 1918, 1919 und im Oktober 1922 aus. Der Kläger berechnete den Wert der Zahlungen in Goldmark und verlangte mit einer in Berlin erhobenen Klage Zahlung des Restbetrags nebst Zinsen, und zwar voll in Reichsmark, und ferner Bewilligung der Eintragung einer entsprechenden Hypothek. Er berief sich auf die Zahlungsklausel des Vertrags, die eine Goldwertklausel sei, und auf allgemeines Aufwertungsrecht, das anzuwenden sei, weil das Aufwertungsgesetz im Saargebiet nicht gelte. Die Klage wurde in beiden Rechtszügen abgewiesen. Die Revision des Klägers hatte im wesentlichen Erfolg.

Gründe:

(Es wird zunächst ausgeführt, daß eine Goldmünzklausel, nicht eine Goldwertklausel vereinbart worden sei, und sodann fortgefahren:)

In zweiter Linie hat der Kläger seinen Zahlungsanspruch auf das Verlangen einer Aufwertung gestützt. Er meint, die durch die Hypothek gesichert gewesene Kaufpreisrestforderung müsse ihm nach allgemeinem bürgerlichen Recht zum vollen Betrag aufgewertet werden. Das ergebe sich auch aus § 62 des in Berlin geltenden Aufwertungsgesetzes, dessen einschränkende Vorschriften aber für ihn nicht in Betracht kämen, weil eine Aufwertungsstelle für dingliche Rechte an Grundstücken, die im Saargebiet liegen, nicht bestehe und das Aufwertungsgesetz dort nicht gelte.

Das Berufungsgericht hat dazu ausgeführt: Eine Aufwertung von Hypotheken außerhalb des Aufwertungsgesetzes gebe es im Deutschen Reiche nicht. Allerdings könne der Kläger die Aufwertung nach diesem Gesetz zur Zeit nicht betreiben, da das Grundstück im Saargebiet liege und dort eine nach § 16 AufwG. und Art. 117, 118 DurchfVo. z. AufwG. anzugehende Aufwertungsstelle nicht eingesetzt sei. Daraus ergebe sich zwar nicht, wie der Beklagte meine, daß das Saargebiet im Sinne des Art. 118 Abs. 2 Satz 2 DurchfVo. als Ausland und der Kläger wegen Nichtanmeldung der Aufwertung als seines Anspruchs verlustig gegangen anzusehen sei. Aber ebensowenig sei daraus zu entnehmen, daß der Kläger deswegen eine Aufwertung nach allgemeinen Grundsätzen verlangen könne. Das Aufwertungsgesetz gelte für das ganze Reich, also auch für das Saargebiet, nur könne es im Saargebiet noch nicht angewendet werden, weil die dortige Regierungskommission es nicht eingeführt habe. Die Gläubiger saarländischer Hypotheken müßten mit ihren Aufwertungsansprüchen noch warten, es bestehe ein Schwebezustand; ein Fristenlauf habe infolgedessen noch nicht begonnen (Kammergericht in AufwRspr. 1926 Nr. 385 S. 766; Mügel Aufwertungsrecht 5. Aufl. S. 255 flg. und zu Art. 118 DurchfVo.; Quassowski AufwG. 5. Aufl. zu Art. 118 a. a. O.). Der Anspruch des Klägers sei nicht nur zur Zeit unbegründet, sondern überhaupt nicht im Prozeßweg zu verfolgen.

Dieser Beurteilung der Rechtslage kann nicht beigestimmt werden.

Wenn der Kläger, statt in Saarbrücken zu klagen (vgl. Bindewald in DJZ. 1928 S. 1582 über die dortige Gerichtsübung in Aufwertungsangelegenheiten), in Berlin einen dort zu erfüllenden, in deutscher Mark ausgedrückten, angeblich aufzuwertenden Anspruch mit einem Nebenanspruch auf Wiederverschaffung einer Sicherheit geltendmacht, so ist das in Berlin geltende Recht anzuwenden. In Berlin gilt aber das Aufwertungsgesetz. Es schreibt die Anrufung der Aufwertungsstelle vor. Eine solche gibt es für die im Saargebiet eingetragenen Hypotheken und die ihnen zugrundeliegenden Forderungen nicht. Denn das Aufwertungsgesetz und die zu ihm ergangene

Durchführungsverordnung vom 29. November 1925 sind im Saargebiet nicht Gesetz geworden (Bindewald a. a. O.), und es geht nicht an, unter Ausland im Sinne des Art. 118 a. a. O. das Saargebiet deshalb zu verstehen, weil dort das Aufwertungsgesetz nicht gilt. Zur Anwendung der Vorschriften, welche Ausschlußfristen festsetzen, bedarf es einer klaren Regelung. Aus dem Fehlen der Aufwertungsstelle ist aber nicht zu entnehmen — wie der Vorderrichter will —, daß für den persönlichen Anspruch aus der saarländischen Hypothek, wenn man das Recht des Berliner Erfüllungsorts zugrundelegt, ein Schwebezustand besteht, der die Geltendmachung des Anspruchs zeitweise verhindert. Denn irgendein Recht muß nach dem jetzigen Rechtszustand für den erhobenen Anspruch am Erfüllungsort gelten; es kann nicht in der Schwebe sein, welches Recht gilt. Auf der anderen Seite ist aber auch nicht mit dem Kläger aus dem Fehlen der Aufwertungsstelle die Folgerung zu ziehen, daß das Aufwertungsgesetz in seinem ganzen Umfang ausscheide und lediglich das allgemeine bürgerliche Recht zur Anwendung komme. Vielmehr ergibt sich nur, daß die verfahrensrechtlichen Vorschriften über die Anrufung der Aufwertungsstelle und die damit in unlösbarem Zusammenhang stehenden Vorschriften, insbesondere über die Beschränkungen wegen Unterlassung oder Verspätung ausreichender Anmeldung, hier keine Beachtung finden können. Im übrigen aber bleibt es bei der Anwendung des Aufwertungsgesetzes selbst mit der Maßgabe, daß das Prozeßgericht insoweit auch die Aufgaben der fehlenden Aufwertungsstelle wahrzunehmen hat.

Die Prüfung des Zahlungsverlangens des Klägers (§ 563 ZPO.) ergibt, daß zwar kein Bedenken wegen der Rechtzeitigkeit der Klagerhebung besteht, daß sich aber schon jetzt ein Teil des Anspruchs als unbegründet erweist. Die Teilzahlungen aus den Jahren 1918 und 1921 sind nicht mehr aufzuwerten, weil sie vor dem 15. Juni 1922 auf eine durch Hypothek gesicherte Forderung ohne Vorbehalt angenommen worden sind (§ 14 AufwG.). Dasselbe ist bezüglich eines Viertels der übrigen Raten zu sagen, da die Kaufgeldforderung aus dem Jahre 1911 stammt, also nicht höher als zu 75% aufzuwerten ist (§ 10 Abs. 3 AufwG.).

Auch über den Nebenanspruch auf Beschaffung einer Sicherheit durch Wiedereintragung der Hypothek konnte sogleich entschieden werden. Wie das Sitzungsprotokoll vom 16. Dezember 1926 ergibt, hat der Beklagte auch zu diesem Anspruch streitig verhandelt, ohne die Zuständigkeit zu rügen. Die nach dem landgerichtlichen Urteil anscheinend später erfolgte Bemänglung der Zuständigkeit mit der Begründung, es handle sich um eine Klage aus § 24 ZPO., ist vom ersten Richter zutreffend dahin beschieden worden, daß nicht diese dingliche Klage, sondern ein aus Vertrag und Aufwertungsrecht sich angeblich ergebender persönlicher Verschaffungsanspruch vorliege. Der Beklagte hat hiergegen nichts vorgebracht. Ein solcher Verschaffungsanspruch ist nach dem allein anzuwendenden Aufwertungsgesetz unbegründet und daher abzuweisen.

---

63. Zur Auslegung der Klausel in Feuerversicherungsverträgen, daß der Versicherer von der Verpflichtung zur Leistung frei ist, wenn sich der Versichungsnehmer bei Ermittlung des Schadens einer arglistigen Täuschung schuldig macht.

VII. Zivilsenat. Urt. v. 7. Juni 1929 i. S. J. Allgem. Versicherungs-AG. (Bekl.) w. G. (Kl.). VII 67/29.

I. Landgericht I Berlin.
II. Kammergericht daselbst.

Auf Grund eines Versicherungsscheins vom 19. Juni 1926 versicherte die Klägerin ihr häusliches Mobiliar und die Waren zum Handel mit elektrischen Artikeln sowie die gesamte Einrichtung ihres Ladengeschäfts bei der verklagten Gesellschaft gegen Feuersgefahr. Die Gesamtversicherungssumme war auf 27000 RM. festgesetzt. Am 10. Mai 1927 brannte das Haus, in dem sich die Wohnung und der Geschäftsbetrieb der Klägerin befanden, fast ganz nieder. Als Ersatz für die dabei vernichteten versicherten Sachen beanspruchte die Klägerin nach einer Verhandlung mit dem von der Beklagten zu ihr entsandten Oberinspektor U. am 20. und 21. Mai 1927 den Betrag von 8000 RM. Die Beklagte lehnte den Anspruch ab, weil sich die Klägerin bei der Ermittlung des Brandschadens einer arglistigen Täuschung schuldig gemacht habe.

Der auf Zahlung von 8000 RM. nebst Zinsen gerichteten Klage haben die Vorinstanzen stattgegeben. Die Revision der Beklagten führte zur Aufhebung und Zurückverweisung.

Aus den Gründen:

... Die Beklagte hat sich auf die Bestimmung im § 12 Abs. 2 ihrer Allgemeinen Versicherungs-Bedingungen berufen („Der Versicherer ist ferner von der Verpflichtung zur Leistung frei, wenn der Versicherungsnehmer ... sich bei Ermittlung des Schadens einer arglistigen Täuschung schuldig macht"). In dieser Hinsicht beschäftigt sich der Vorderrichter zunächst mit einer Schadensaufstellung der Klägerin vom 14. Mai 1927, die rechnerisch einen Ersatzanspruch in Höhe von 25971 RM. ergab. Er meint, diese Aufstellung würde nur dann zur Schadensermittlung gehört haben, wenn die Klägerin sie der Beklagten zugesandt hätte. Tatsächlich sei dies aber unterblieben, die Aufstellung sei vielmehr nur dem Oberinspektor U. vorgelegt worden, der nur Beamter, nicht Organ der Beklagten gewesen sei und die Aufgabe gehabt habe, sich an Ort und Stelle des Brandfalles von der Sachlage zu überzeugen und den Schaden zu ermitteln. Für die zu diesem Zweck erforderlichen Verhandlungen des U. mit der Klägerin hätten deren Aufzeichnungen lediglich eine Unterlage gebildet, während die für die Beklagte maßgebenden Aufstellungen erst bei diesen Verhandlungen hätten aufgestellt werden sollen und aufgestellt worden seien. Für den von der Beklagten erhobenen Vorwurf der arglistigen Täuschung bei der Schadensermittlung kämen also nach der gegebenen Sachlage nur die von U. gefertigten, von der Klägerin und ihrem Ehemann schließlich anerkannten Aufstellungen vom 21. Mai 1927 in Betracht, die mit einem Ersatzanspruch von 8000 RM. abschlössen.

Gegen diese Ausschaltung der Schadensaufstellung der Klägerin vom 14. Mai 1927 wendet sich die Revision. Sie führt aus, derartige Schadensformulare — wie sie die Klägerin ausgefüllt und unterschrieben habe — würden bei Eintritt eines Versicherungsfalls dem Versicherungsnehmer regelmäßig übersandt und bildeten die Grundlage für die Festsetzung der Schadenshöhe, worauf die Klägerin ausdrücklich hingewiesen worden sei. Der Versicherer müsse sich darauf verlassen können, daß solche Aufstellungen nicht wissentlich falsch angefertigt seien. Die Klägerin habe aber — wie unter Beweis gestellt sei — zugegeben, daß ihre Aufstellung vom 14. Mai absichtlich übersetzt gewesen sei, um auf diese Weise Mittel zur Abdeckung ihrer Schulden zu erlangen.

Der Revisionsangriff ist gerechtfertigt. Über die Auslegung gleichlautender Klauseln in Feuerversicherungsbedingungen, die als „typische" der freien Nachprüfung des Revisionsrichters unterliegen, hat sich der erkennende Senat bereits mehrfach ausgesprochen (Urteile vom 23. März 1915 VII 317/14, vom 21. März 1916 VII 7/16, vom 8. Dezember 1916 VII 207/16, vom 31. Mai 1921 VII 326/20, vom 11. Oktober 1927 (VII) VI 244/27). Zur Annahme einer arglistigen Täuschung im Sinne derartiger Verwirkungsabreden genügt es danach, wenn der Versicherte in der Absicht, den Versicherer zu täuschen, wissentlich unwahre Angaben gemacht hat. Ob er damit den Erfolg einer Schädigung des Versicherers erreicht hat, ist unerheblich; schon das die Ermittlung des Brandschadens gefährdende arglistige Verhalten soll nach der mit der Vertragsbestimmung verfolgten Absicht die Verwirkung des gesamten Entschädigungsanspruchs nach sich ziehen. An dieser Auffassung ist um so mehr festzuhalten, als sie dem vom Reichsgericht häufig betonten Grundsatz entspricht, daß bei Versicherungen das Vertragsverhältnis in besonderem Maße auf der Wahrung von Treu und Glauben aufgebaut ist. Demnach rechtfertigt sich hier die Annahme, daß die Klausel im § 12 Abs. 2 der Allgemeinen Versicherungs-Bedingungen anwendbar ist, wenn die Klägerin dem Oberinspektor U. in Täuschungsabsicht die in ihrer Aufstellung vom 14. Mai 1927 enthaltenen etwa wissentlich unwahren Angaben gemacht hat. Daß sie — oder ihr in ihrem Einverständnis für sie handelnder Ehemann — in dieser Weise bei den mündlichen Verhandlungen vom 20. und 21. Mai 1927 dem Zeugen U. gegenüber vorgegangen sei, ist für die Revisionsinstanz zu unterstellen, da der Berufungsrichter die Frage absichtlich offen gelassen hat. Die Erwägung, aus der er geglaubt hat, tatsächlicher Feststellungen in dieser Richtung entraten zu können, kann nicht gebilligt werden. Ob die Klägerin die täuschenden Angaben einem mit der Schadensermittlung betrauten Beamten oder einem verfassungsmäßigen Vertreter der Versicherungsgesellschaft gegenüber gemacht hat, kann keinen Unterschied begründen. Da die letzteren in der Regel keine Verhandlungen über die Einzelheiten der Schadensaufstellungen zu führen pflegen, würde bei so enger Auslegung die in Rede stehende Verwirkungsklausel ihre Bedeutung großenteils einbüßen. Die Mehrzahl der Fälle, die der erkennende Senat durch die angeführten Urteile entschieden hat, lag auch so, daß die wissentlich unrichtigen Angaben lediglich Versicherungsbeamten gegenüber gemacht worden waren, die von den Gesellschaften mit der Schadensermittlung beauftragt waren. Daß die persönlichen Verhandlungen solcher Beamter mit den von einem Brandunfall betroffenen Versicherten zur „Ermittlung des Schadens" im Sinne des § 12 Abs. 2 Allg. Vers.-Bed. und gleichlautender sonstiger Klauseln gehören, kann nicht zweifelhaft sein. Der im Urteil des Senats vom 11. Oktober 1927 enthaltene Satz: „Allerdings ist eine Betätigung des Täuschungsvorsatzes durch Abgabe falscher oder irreführender Erklärungen gegenüber dem Versicherer zu erfordern" ist nicht in dem Sinne gemeint, daß ein derartiges Verhalten gegenüber einem Beamten der Versicherungsgesellschaft nicht ausreichte. Die nachträgliche, im Einverständnis mit dem Versicherten vorgenommene Richtigstellung der übersetzten Schadensforderung durch den Beamten ist nicht geeignet, den Verwirkungseinwand des Versicherers wieder zu beseitigen. Dies hat der erkennende Senat schon in seinem Urteil vom 8. Dezember 1916 angenommen.

Hiernach ist das angefochtene Urteil aufzuheben und die Sache an das Berufungsgericht zurückzuverweisen, damit dieses unter Beachtung der vorstehenden Darlegungen tatsächlich erörtere, ob die Klägerin bei ihren Verhandlungen mit dem Zeugen U. diesem wissentlich unwahre Angaben in Täuschungsabsicht gemacht hat oder durch ihren Ehemann hat machen lassen. Wäre dies zu bejahen, so könnte der Beklagten die Berufung auf § 12 Abs. 2 ihrer Allgemeinen Versicherungs-Bedingungen nicht versagt werden.

---

64. War unter der Herrschaft der Geschäftsaufsicht-Verordnung bei Berechnung der Frist des § 55 Abs. 1 Nr. 3 Satz 2 und des § 33 der Konkursordnung die Zeit nicht mitzurechnen, während deren die Geschäftsaufsicht bestand?

KO. § 33, § 55 Nr. 3. Verordnung über die Geschäftsaufsicht zur Abwendung des Konkurses vom 14. Dezember 1916 (RGBl. S. 1363) § 75. Gesetz über den Vergleich zur Abwendung des Konkurses (Vergleichsordnung) vom 5. Juli 1927 (RGBl. I S. 139) § 87 Abs. 2.

VII. Zivilsenat. Urt. v. 7. Juni 1929 i. S. E.-H. GmbH. Konkurs (Kl.) w. F. Kr. AG. (Bekl.). VII 547/28.

I. Landgericht Essen.
II. Oberlandesgericht Hamm.

Die Firma E.-H. GmbH. geriet im Jahre 1925 in Schwierigkeiten und wurde am 24. August 1925 unter Geschäftsaufsicht gestellt. Anfang 1926 wurde über ihr Vermögen das Konkursverfahren eröffnet. Sanierungsversuche hatten zu keinem Ergebnis geführt. Während dieser Versuche war am 20. November 1925 zwischen der Beklagten einerseits und der Firma E.-H. sowie dem klagenden Konkursverwalter als damaliger Geschäftsaufsichtsperson anderseits ein Abkommen getroffen worden. Darin wird erklärt, daß die Beklagte der Firma E.-H. an Kaufpreis für gewisse Beteiligungen 184000 RM., an Vergütung für abgetretene Forderungen — vorbehaltlich genauer buchmäßiger Feststellung der Forderungen — 226000 RM. verschulde und dagegen mit ihren Forderungen aus Warenlieferung und aus Miete bis 31. Dezember 1925 von etwa 150000 RM. aufrechne, sodaß eine Restschuld der Beklagten von 260000 RM. verbleibe. Dann wird fortgefahren: „Diese rund 260000,00 RM., bzw. der sich nach buchmäßiger Abstimmung obengenannter Posten ergebende Betrag, sind von Kr. nebst Zinsen .... in vier gleichen Raten bis spätestens am 15. Februar, 15. März, 15. April und 15. Mai 1926 zu zahlen." .... (folgen erledigte Vorbehalte). „Wegen der übrigen Forderungen erhält Kr. die anteilmäßige Befriedigung wie alle übrigen Gläubiger."

Der genaue Betrag der Restschuld der Beklagten wurde später auf 276658,54 RM. ermittelt. Mit der gegenwärtigen Klage fordert der Kläger als erste der vier vereinbarten Raten 69164,64 RM. nebst Zinsen. Die Beklagte hat mit drei Gegenforderungen aufgerechnet, darunter mit einer von der Westf. Dr.-Ind. AG. — WDJ. — ihr abgetretenen Forderung aus Warenlieferung, die bei Konkurseröffnung einschließlich Zinsen 244589,42 RM. betrug. Der Kläger hat diese Aufrechnung aus verschiedenen Gründen für unzulässig erklärt. Das Landgericht hat sie zugelassen, hat weiter angenommen, daß die Beklagte mit anderen Forderungen nicht aufrechnen könne, und hat deshalb die Beklagte verurteilt, an den Kläger 276658,54 — 244589,42 = 32069,12 RM. nebst Zinsen zu zahlen, die Klage im übrigen aber abgewiesen. Die wegen des abgewiesenen Betrags vom Kläger eingelegte Berufung wurde zurückgewiesen. Seine Revision hatte Erfolg.

Gründe:

1. Der Kläger hält die Aufrechnung mit der Forderung in Höhe von 244589,42 RM. in erster Linie deshalb für unzulässig, weil die Gemeinschuldnerin ihre Zahlungen bereits eingestellt hatte und die Beklagte dieses wußte, als sie die Forderung von der WDJ. erwarb (§ 55 Nr. 3 KO.). Die Beklagte hat diese Behauptungen bestritten, sich aber auch auf den letzten Satz von § 55 Abs. 1 Nr. 3 KO. berufen, weil sie die Forderung von der WDJ. bereits am 15. Juni 1925, also länger als sechs Monate vor der Konkurseröffnung, erworben habe, und sie hat endlich noch den § 55 Abs. 2 KO. herangezogen, weil sie zur Übernahme der Forderung verpflichtet gewesen sei. Das Oberlandesgericht hat gegenüber dem Bestreiten des Klägers festgestellt, daß die Beklagte die Forderung von der WDJ. tatsächlich schon am 15. Juni 1925 abgetreten erhalten hat. Die Fragen, ob die Firma E.-H. damals schon ihre Zahlungen eingestellt hatte und ob die Beklagte schon darum wußte, hat der Berufungsrichter offen gelassen, ebenso die weitere Frage, ob die Beklagte zur Übernahme der Forderung verpflichtet war. Er hat aber die Aufrechnung zugelassen, weil der Erwerb der Forderung durch die Beklagte länger als sechs Monate vor der Konkurseröffnung liege; die Ansicht des Klägers, daß die Zeit der Geschäftsaufsicht in die Frist nicht einzurechnen sei, hat das Berufungsgericht abgelehnt. Dagegen wendet sich mit Recht die Revision.

2. Nach § 33 KO. darf eine Rechtshandlung, die früher als sechs Monate vor der Eröffnung des Verfahrens vorgenommen worden ist, aus dem Grunde einer Kenntnis der Zahlungseinstellung nicht mehr angefochten werden. In § 55 Nr. 3 KO. wird eine Aufrechnung im Konkursverfahren für unzulässig erklärt, wenn jemand vor Eröffnung des Verfahrens dem Gemeinschuldner etwas schuldig war und eine Forderung an den Gemeinschuldner durch .... Rechtsabtretung .... erworben hat, falls ihm zur Zeit des Erwerbes bekannt war, daß der Gemeinschuldner seine Zahlungen eingestellt hatte .... Dann heißt es weiter: „Die Vorschrift des § 33 findet entsprechende Anwendung." Wenn nur der Wortlaut der Rechtssätze

in der Konkursordnung zugrundegelegt wird, bedeutet das in der Tat dasselbe, als ob der § 55 Nr. 3 KO. fortführe: „es sei denn, daß die Rechtsabtretung früher als sechs Monate vor der Eröffnung des Verfahrens vorgenommen worden ist." So hat es die Revisionsbeantwortung ausgedrückt. Nun hatte aber die — am 1. Oktober 1927 wieder außer Kraft getretene — Verordnung über die Geschäftsaufsicht zur Abwendung des Konkurses vom 14. Dezember 1916 im § 75 bestimmt: „Soweit nach den Vorschriften der Konkursordnung .... die Anfechtbarkeit von Rechtshandlungen davon abhängt, daß sie innerhalb bestimmter Fristen vor der Eröffnung des Konkurses .... vorgenommen sind, wird bei der Berechnung der Fristen die Zeit nicht mitgerechnet, während deren die Geschäftsaufsicht besteht." Der Berufungsrichter hat es abgelehnt, diese Vorschrift zugunsten des Klägers anzuwenden, weil hier die Fristenberechnung nur für die Anfechtbarkeit von Rechtshandlungen, nicht aber auch für die Aufrechenbarkeit von Forderungen geregelt sei. Dabei ist jedoch übersehen, daß § 55 Nr. 3 KO. den § 33 das. nicht in der von der Revisionsbeantwortung angedeuteten Weise aufgelöst hat, daß dort vielmehr auf diesen § 33 verwiesen wird. Nach den Regeln der Gesetzgebung und Gesetzesauslegung ist damit gesagt, daß § 33 im Rahmen des § 55 Nr. 3 KO. in seiner jeweils geltenden Fassung anwendbar sein soll, falls sich nicht etwa zwingende Gegengründe ergeben. Der Wortlaut des § 33 wurde durch § 75 GAVo. allerdings nicht geändert; in ihrem Zusammenhalt ergeben aber die beiden Vorschriften den neuen Rechtssatz: „Bei Berechnung der Frist des § 33 KO. ist die Zeit nicht mitzurechnen, während deren die Geschäftsaufsicht besteht." Das war gleichsam der Abs. 2 des § 33 KO. geworden, und wenn § 55 Nr. 3 das. auf den § 33 verweist, so wurde davon in der Zeit der Geltung der Geschäftsaufsicht-Verordnung auch jener Abs. 2 betroffen.

3. Ein innerer Grund, warum jener Abs. 2 im Rahmen des § 55 Nr. 3 KO. nicht anwendbar gewesen sein sollte, ist nicht ersichtlich. Das Anfechten von Rechtshandlungen ist zugelassen und das Aufrechnen von Forderungen ist in gewissen Fällen verboten worden, um ungerechten Benachteiligungen der Konkursmasse entgegenzutreten. Namentlich soll niemand, der die Zahlungseinstellung des Gemeinschuldners schon kennt, noch in der Lage sein, eine Rechtsstellung zu erlangen, die ihn vor den übrigen Konkursgläubigern bevorzugt,

sei es, daß er das durch eine Rechtshandlung mit dem Gemeinschuldner, sei es, daß er es durch Erwerb einer Forderung erreichen will, die ihm die Aufrechnungsmöglichkeit gibt. Einer Überspannung dieses Gedankens tritt § 33 KO. entgegen. Was früher als sechs Monate vor Eröffnung des Konkursverfahrens liegt, darf wegen angeblicher Kenntnis einer bereits geschehenen Zahlungseinstellung nicht mehr als unrechtmäßig angezweifelt werden. Für die Fälle einer dem Konkurse vorangehenden Geschäftsaufsicht zur Abwendung des Konkurses erwiesen sich die sechs Monate aber wiederum als eine zu kurze Frist. Deshalb wurde sowohl für die Anfechtbarkeit von Rechtshandlungen als auch für die Aufrechenbarkeit von Forderungen verordnet, daß die Zeit der Geschäftsaufsicht in jene sechs Monate nicht einzurechnen sei. Die Gleichheit des gesetzgeberischen Grundgedankens führt hier stets zu gleichen Ergebnissen.

4. Auch aus § 8 GAVo. läßt sich kein Gegengrund entnehmen. Hier waren die Nr. 1 und 2 des § 55 KO. nachgebildet, nicht auch die Nr. 3 das. Es durfte also ein Gläubiger während der Dauer der Geschäftsaufsicht seine Forderung gegen den Schuldner nicht aufrechnen, wenn er dem Schuldner erst nach Anordnung der Geschäftsaufsicht etwas schuldig geworden war oder wenn er vor Anordnung der Geschäftsaufsicht dem Schuldner etwas schuldig gewesen war und erst nachher seine Forderung erworben hatte. Er durfte aber aufrechnen, wenn er vor Anordnung der Geschäftsaufsicht seine Schuld begründet und seine Forderung erworben hatte, mochte auch das letztere in Kenntnis einer bereits geschehenen Zahlungseinstellung erfolgt sein. Diese Besonderheit der Geschäftsaufsicht-Verordnung hatte darin ihren Grund, daß § 55 Nr. 3 KO., wie oben dargelegt, eine mit dem Anfechtungsrecht des Konkursverwalters gleichlaufende Vorschrift ist und daß es während Bestehens der Geschäftsaufsicht keine Stelle gab, welche Rechtshandlungen des Gemeinschuldners wie ein Konkursverwalter anfechten konnte. Führte die Geschäftsaufsicht nicht zum Ziele und kam es schließlich doch zum Konkurs, dann griffen zugunsten der Masse die Vorschriften der Konkursordnung ein. Der Verwalter konnte sein Anfechtungsrecht ausüben, und Aufrechnungen, die dem § 55 Nr. 3 KO. widersprachen, erwiesen sich als unzulässig, mochten sie auch schon vor Eröffnung des Konkursverfahrens erklärt worden sein (RGZ. Bd. 85 S. 40), also z. B. während Schwebens der Geschäftsaufsicht. So bot das Fehlen

einer dem § 55 Nr. 3 KO. entsprechenden Vorschrift im § 8 GAVo. nichts Auffallendes; es fand im § 55 Nr. 3 KO. selbst seinen Ausgleich, und gerade § 8 GAVo. erforderte von diesem Standpunkt des Gesetzes aus, daß die sechs Monate des § 55 Nr. 3 und des § 33 KO. möglichst weit vor die Konkurseröffnung zurückreichten.

5. Am 1. Oktober 1927 ist an die Stelle der Geschäftsaufsicht-Verordnung die Vergleichsordnung vom 5. Juli 1927 getreten. Dem § 75 GAVo. entspricht hier § 87, in dessen Abs. 2 es heißt: „In die im § 31 Nr. 2, in den §§ 32, 33, 55 Nr. 3 und im § 183 Abs. 2 der Konkursordnung bezeichneten Fristen wird die seit der Eröffnung des Vergleichsverfahrens verstrichene Zeit nicht eingerechnet." Gewiß ist dadurch, daß neben § 33 auch § 55 Nr. 3 KO. besonders erwähnt wird, jeder Zweifel beseitigt worden, aber nach den früheren Darlegungen wäre das Gesetz auch völlig klar, wenn es nur den § 33 KO. angeführt und es der entsprechenden Anwendung dieses § 33 im Rahmen des § 55 Nr. 3 KO. überlassen hätte, dem Grundgedanken des § 87 der Vergleichsordnung auch hier Raum zu verschaffen. Keinesfalls kann aus der Fassung der Vergleichsordnung durch einen sog. Schluß vom Gegenteil etwas gegen den oben gefundenen Inhalt und Sinn des § 75 GAVo. hergeleitet werden.

6. Danach war die Zeit der Geschäftsaufsicht in die Frist von sechs Monaten nicht einzurechnen. Deshalb muß das angefochtene Urteil aufgehoben und die Sache an das Berufungsgericht zurückverwiesen werden. Dieses wird nunmehr, soweit erforderlich, auch diejenigen Fragen zu prüfen haben, die es bisher hatte offen lassen dürfen.

---

65. 1. Inwieweit sind Einwendungen der wegen Zahlung von Gerichtskosten in Anspruch genommenen Personen gegen ihre Zahlungspflicht im Verfahren des § 4 des Reichs-Gerichtskostengesetzes oder mit den für das Verwaltungszwangsverfahren bestimmten Rechtsbehelfen geltendzumachen?

2. Können im Wege des § 4 RGKG. auch Einwendungen des Konkursverwalters gegen die Verpflichtung geltendgemacht werden,

die gegen ihn angesetzten Gerichtskosten eines der Konkurseröffnung vorhergegangenen Geschäftsaufsicht-Verfahrens als Massekosten zu begleichen?

RGKG. §§ 4, 88. KO. §§ 57 bis 60. Preuß. Verordnung v. 15. November 1899 betr. das Verwaltungszwangsverfahren zur Beitreibung von Geldbeträgen (GS. S. 545) §§ 2, 3.

VII. Zivilsenat. Urt. v. 11. Juni 1929 i. S. Konkurs B.-B.er Eisenwerk A.G. (Kl.) w. Preußischen Staat (Bekl.). VII 544/28.

I. Landgericht I Berlin.

Am 31. Januar 1925 war vom Amtsgericht Berlin-Mitte ein Antrag auf Anordnung der Geschäftsaufsicht über das Vermögen der jetzt von dem klagenden Konkursverwalter vertretenen Gemeinschuldnerin abgelehnt worden. Nachdem dasselbe Gericht dann am 4. Februar 1925 das Konkursverfahren eröffnet hatte, forderte seine Gerichtskasse in diesem Verfahren die Kosten des Geschäftsaufsicht-Verfahrens als Massekosten vom Kläger an. Sie beharrte auf diesem Anspruch auch gegenüber einer Vorstellung des Klägers vom 18. November 1926 mit Schreiben des Kassenkurators vom 29. dess. Monats. In einer neuen Eingabe vom 26. dess. Monats an die Gerichtskasse erklärte der Kläger, daß er nunmehr Klage erheben werde; er bat um vorläufige Einstellung der Zwangsvollstreckung, weil die Masse zur Befriedigung der Massegläubiger nicht ausreiche (§ 60 KO.), und schloß für den Fall, daß dem nicht entsprochen werde, die weitere Bitte an, die Eingabe „als Beschwerde der übergeordneten Instanz weiterleiten zu wollen." Der Amtsgerichtspräsident, dem die Eingabe vorgelegt wurde, erließ am 8. November 1927 eine Entscheidung, laut der er die „Beschwerde als unbegründet abwies"; sie wurde dem Kläger nach dessen Angabe am 11. dess. Monats zugestellt. Mit der am 9. Dezember 1927 eingereichten Klage beantragte der Kläger nunmehr, die Zwangsvollstreckung für unzulässig zu erklären. Der Beklagte machte in erster Linie geltend, daß die Klage nach § 3 Abs. 3 der preuß. Verordnung vom 15. November 1899 über das Verwaltungszwangsverfahren unzulässig sei, weil der Kläger gegen die Entscheidung der Stelle, für deren Rechnung die Zwangsvollstreckung stattfinden solle, nämlich gegen die Entscheidung des Kassenkurators vom 29. November 1926, bereits die Aufsichtsbeschwerde mit seinem Schreiben vom 26. November 1926 ergriffen habe. Das Landgericht erkannte im Sinne dieser Auffassung. Die vom Kläger mit Einwilligung des Beklagten unmittelbar eingelegte Revision blieb erfolglos.

Gründe:

Das Landgericht bringt ohne besondere Begründung den § 3 der preuß. Verordnung vom 15. November 1899 betr. das Verwaltungszwangsverfahren wegen Beitreibung von Geldbeträgen (GS. S. 545) zur Anwendung; dieser regelt die Rechtsbehelfe dritter Personen, gegen welche jenes Verfahren auf Grund einer aus den Vorschriften des bürgerlichen Rechts hergeleiteten Verpflichtung zur Leistung oder zur Duldung der Zwangsvollstreckung angeordnet wird und die diese Verpflichtung bestreiten. Der Beklagte vertritt in seiner Revisionsbeantwortung die Auffassung, daß nicht diese, die Klage wahlweise zulassende Vorschrift zutreffe, sondern § 2 derselben Verordnung, der die Einwendungen wegen vermeintlicher Mängel des Verwaltungszwangsverfahrens behandelt und wegen dieser nur die Beschwerde bei der vorgesetzten Dienstbehörde vorsieht. Dagegen führt die Revision aus, weder § 2 noch § 3 der Verordnung sei maßgebend, es sei vielmehr über die Verpflichtung des Konkursverwalters zur Zahlung der streitigen Kosten, über deren Eigenschaft als Massekosten und über den Einwand der Unzulänglichkeit der Masse ausschließlich im Klageweg zu entscheiden.

Keiner von diesen Meinungen ist beizutreten. Schon die erste wegen der streitigen Kosten aufgestellte Kostenrechnung vom 10. März 1925 ist an den Konkursverwalter als Vertreter der Gemeinschuldnerin gerichtet, wie denn auch das angefochtene Urteil irgendeine an die Gemeinschuldnerin unmittelbar gerichtete Kostenanforderung nicht erwähnt. Das Zwangsverfahren wird also gegen den Konkursverwalter nicht wegen einer ursprünglich gegen die Gemeinschuldnerin angesetzten Kostenforderung auf Grund einer gegen ihn als einen Dritten erlassenen Anordnung der Gerichtskasse betrieben, sondern wegen einer von der Geschäftsstelle des Gerichts gegen ihn als Masseverwalter der Gemeinschuldnerin angesetzten Kostenforderung. Für Erinnerungen der Zahlungspflichtigen gegen den Ansatz von Gebühren und Auslagen ist aber das Verfahren ausschließlich im § 4 GKG. geregelt, der nach § 1 das. und § 14 GAVo. auf die Kosten des Geschäftsaufsicht-Verfahrens anzuwenden ist. Die Bestimmungen der preußischen Verordnung vom 15. November 1899 können demgegenüber nur Anwendung beanspruchen und beanspruchen sie auch nach ihrem Wortlaut nur auf Einwendungen, die sich nicht gegen den ursprünglichen Kostenansatz der Geschäftsstelle richten, sondern gegen die auf Grund dieses Ansatzes von der Gerichtskasse ergriffenen Beitreibungsmaßnahmen, was im vorliegenden Falle nach dem Gesagten nicht zutrifft.

Die Vorschrift des § 4 GKG., wonach „über Erinnerungen des Zahlungspflichtigen gegen den Ansatz von Gebühren oder Auslagen das Gericht der Instanz entscheidet" und gegen dessen Entscheidung Beschwerde stattfindet, gilt auch nicht etwa nur für Erinnerungen gegen die Höhe der Kosten oder über die Notwendigkeit der unter ihnen begriffenen Auslagen. Vielmehr greift sie, wie die Vereinigten Zivilsenate des Reichsgerichts im Beschluß vom 15. Februar 1886 (RGZ. Bd. 16 S. 291, bes. S. 302, 310) eingehend ausgeführt haben und wie seitdem erneut der VI. Zivilsenat in einer Entscheidung vom 20. November 1919 (RGZ. Bd. 97 S. 175) ausgesprochen hat, auch für den Streit darüber Platz, ob die Person, gegen welche die Kosten angesetzt worden sind, nach den Normen der Kostengesetze und des bürgerlichen Rechts und den anderen nach § 88 GKG. zur Ergänzung der Kostengesetze heranzuziehenden Vorschriften mit Recht als zahlungspflichtig in Anspruch genommen wird. Zu diesen nach § 88 GKG. als Ergänzung der Kostengesetze zu behandelnden Vorschriften, deren Verletzung auf dem im § 4 bezeichneten Wege geltendzumachen ist, gehören nun aber die §§ 57 bis 60 KO. über die Masseverbindlichkeiten und über deren Berichtigung, insbesondere im Falle einer Unzulänglichkeit der Masse. Daraus folgt, daß auf diesem Wege insbesondere auch Streitigkeiten darüber auszutragen sind, ob Gerichtskosten vom Konkursverwalter als Massekosten zu begleichen oder als Konkursforderungen gegen den Gemeinschuldner anzumelden sind und ob im ersten Falle die alsbaldige vollständige Befriedigung oder, wegen Unzulänglichkeit der Masse, nur eine verhältnismäßige Berücksichtigung verlangt werden kann.

Die Anwendbarkeit des § 4 GKG. auf Streitigkeiten dieser Art läßt sich nicht aus dem Grunde verneinen, daß hier nicht die Zahlungspflicht des Konkursverwalters, sondern nur seine Pflicht, die Kosten als Massekosten zu behandeln, oder die Eigenschaft des Kostenanspruchs als Massekosten streitig sei. Die Inanspruchnahme des Konkursverwalters für die gesamten Kosten ist der Wirkung nach gleichbedeutend mit der Beanspruchung ihrer Behandlung als Massekosten; denn zur Erwirkung ihrer Berücksichtigung als bloße Konkursforderung genügt schon die gegen den Gemeinschuldner ausgestellte Kostenrechnung. Während aus einer solchen, solange das Konkursverfahren dauert, nach § 14 KO. keine Zwangsvollstreckung stattfinden darf, gibt die gegen den Konkursverwalter ausgestellte Kostenrechnung ohne weiteres die Grundlage für einen Zwangsbeitreibungs-Auftrag wegen des ganzen darin angeforderten Betrags gegen die Masse. Die Eigenschaft der Kosten als Massekosten kann also nicht einen besonderen Streitpunkt neben der Frage bilden, ob der Konkursverwalter wegen ihrer Bezahlung rechtmäßig in Anspruch genommen werde, sondern sie bildet geradezu den wesentlichen Inhalt und Zweck dieser Inanspruchnahme. Danach kann angesichts des aus den §§ 4, 88 GKG. sich ergebenden Satzes, daß Streitigkeiten über die Kostenzahlungspflicht aus den §§ 57 bis 60 KO. im Wege des § 4 GKG. zu entscheiden seien, auch die Entscheidung über die Fragen, ob es sich um Massekosten handelt und ob die Voraussetzungen für eine nur verhältnismäßige Befriedigung der Massekosten bestehen, nicht aus diesem Verfahren ausgeschieden werden.

Demgemäß war das Verlangen des Klägers, die gegen ihn gerichtete, die volle Beitreibung der Kosten aus der Masse bezweckende Zwangsvollstreckung für unzulässig zu erklären, in der Form einer Einwendung gegen seine Kostenzahlungspflicht nach Maßgabe des § 4 GKG. geltendzumachen und die Beschreitung des Klagewegs unzulässig. Das angefochtene Urteil ist hiernach aufrechtzuerhalten, obgleich die dem Urteil zugrundeliegende Auffassung, daß § 3 der Verordnung vom 15. November 1899 maßgebend sei, nicht zutrifft und es nicht auf die im Urteil erörterte Frage ankommt, ob der Kläger das in dieser Vorschrift wahlweise zugelassene Klagerecht verloren hat.

---

66. 1. Zur Auslegung des § 3 Abs. 2 AufwG.

2. Sind die Vorschriften des Anleiheablösungsgesetzes anwendbar auf Schuldverschreibungen eines Gemeindeverbands, welche dieser den Aktionären einer von ihm nach § 304 HGB. aufgesogenen Aktiengesellschaft ausgereicht hatte?

AufwG. §§ 1, 3. AnlAblG. § 30 Abs. 3, § 40 Abs. 3. HGB. § 304.

II. Zivilsenat. Urt. v. 7. Juni 1929 i. S. von Z. (Kl.) w. Stadtgemeinde Berlin (Bekl.). II 605/28.

I. Landgericht I Berlin.
II. Kammergericht daselbst.

Die Große Berliner Straßenbahn-Aktiengesellschaft hat durch gerichtlich beurkundeten Vertrag vom 15. Juli 1919, der demnächst von der Generalversammlung ordnungsmäßig genehmigt worden ist, ihr Vermögen als ganzes unter Ausschluß der Liquidation auf den Zweckverband Großberlin übertragen, dessen Rechtsnachfolgerin die Beklagte geworden ist. Der Vertrag lautet, soweit hier erheblich, dahin:

§ 1

„Die Große Berliner Straßenbahn-AG. verpflichtet sich, ihr Vermögen als ganzes, also sämtliche Aktiven (einschl. aller Fonds) und Verbindlichkeiten, an den Zweckverband Großberlin auf Grund der Bestimmungen des § 304 HGB. unter Ausschluß der Liquidation zu übertragen. Die Anmeldung des Beschlusses der Generalversammlung zum Handelsregister soll jedoch erst zu einem vom Verband anzugebenden Zeitpunkt, spätestens am 31. Dezember 1923 erfolgen...

Das Unternehmen wird vom 1. Januar 1919 ab bereits für Rechnung des Zweckverbands Großberlin betrieben.

§ 2

Als Kaufpreis für das Unternehmen als ganzes verpflichtet sich der Verband Großberlin am 1. April 1920 zu zahlen an den Inhaber:

a) jeder Aktie von 300 M. je 400 M. 4%ige Schuldverschreibungen des Zweckverbands auf den Inhaber lautend nebst Zinsscheinen vom 1. Juli 1919 und 21 M. in bar;
b) jeder Aktie von 1200 M. je 1600 M. 4%ige Schuldverschreibungen des Zweckverbands auf den Inhaber lautend nebst Zinsscheinen vom 1. Juli 1919 und 84 M. in bar;
c) jeder Aktie von 1800 M. je 2400 M. 4%ige Schuldverschreibungen des Zweckverbands auf den Inhaber lautend nebst Zinsscheinen vom 1. Juli 1919 und 126 M. in bar.

Die Zahlung erfolgt gegen Übergabe der Aktien der Gesellschaft nebst Dividendenscheinen ab 1. Januar 1919.

§ 3

Der Zweckverband verpflichtet sich, über die Bestimmungen des § 2 hinaus alsbald nach der Generalversammlung, spätestens aber in der Zeit vom 1. Oktober bis 1. Dezember 1919, den Inhabern der Aktien gegen Übergabe der Aktien nebst Dividendenscheinen ab 1. Januar 1919 die in § 2 genannten Gegenwerte zu verabfolgen.

§ 4

Aus den §§ 2 und 3 sollen die Aktionäre unmittelbar das Recht erwerben, die daselbst für sie ausbedungenen Leistungen zu fordern.

§ 5

Der Zweckverband verpflichtet sich, die an die Aktionäre auszugebenden Schuldverschreibungen in der Zeit vom 1. Januar 1920 bis zum 31. Dezember 1949 in der Weise zu tilgen, daß in jedem Jahr für die Verzinsung und Tilgung dieser Schuldverschreibungen zusammen ein gleich hoher Betrag aufgewendet wird. Die Tilgung wird durch Auslosung oder Ankauf der Schuldverschreibungen bewirkt..."

Die Vergemeinschaftlichung des Unternehmens ist in der Folge in das Handelsregister eingetragen und durchgeführt worden. Der Kläger besaß Aktien der Straßenbahn-AG. im Nennwert von 91200 M., die er am 11. Dezember 1919 gemäß §§ 2 bis 4 des Vertrags vom 15. Juli 1919 in nennwertlich 121600 M. 4%ige Schuldverschreibungen des Zweckverbands umgetauscht hat. Am gleichen Tag wurden ihm nach § 2a bis c des Vertrags für Spitzen und Zinsen 6384 M. abzüglich 121,60 M. Auslagen, demnach 6262,40 M., von der Deutschen Bank gutgeschrieben. Die in verschiedener Stückelung ausgereichten Schuldverschreibungen tragen am Kopf den Vermerk „Anleihe des Verbandes Großberlin über 141000000 M.", und im Text die Überschrift „Schuldverschreibung des Verbandes Großberlin über ... Mark Reichswährung". Der Text selbst beginnt mit dem Satz:

„Auf Grund der von dem Oberpräsidenten genehmigten Beschlüsse der Verbandskörperschaften vom 30. Juni und 7. Juli 1919 wegen Aufnahme einer Anleihe von 141000000 M. bekennt sich der Verband Großberlin durch diese für jeden Inhaber gültige Schuldverschreibung zu einer seitens des Gläubigers unkündbaren Darlehnsschuld von ... Mark..."

Nach Inkrafttreten des Anleiheablösungsgesetzes hat der Kläger unter Vorbehalt aller seiner Rechte die Schuldverschreibungen zum Umtausch gegen Ablösungsanleihe angemeldet und darauf gegen Auslieferung der Schuldverschreibungen an die Beklagte insgesamt 862,50 RM. Ablösungsanleihe unter Anerkennung als Altbesitz erhalten. Im Rechtsstreit stellte er sich in erster Linie auf den Standpunkt, daß er freie Aufwertung des auf seinen ehemaligen Aktienbesitz entfallenden Teils von dem im Vertrag vom 15. Juli 1919 festgesetzten Übernahmepreis verlangen könne. In zweiter Linie macht er geltend, diesen Vertrag habe der Zweckverband in sittenwidriger Weise zustandegebracht, er sei deshalb nichtig und die Beklagte sei nach § 819 BGB. wertersatz- und nach §§ 823flg. schadensersatzpflichtig. Fürsorglich will er die Ansprüche aus den Schuldverschreibungen nach §§ 62, 63 Abs. 1 AufwG. behandelt oder wenigstens den Ansprüchen aus Industrieobligationen gleichgestellt wissen. Er hat übrigens auch die Rechtsgültigkeit der ihm ursprünglich gegebenen Schuldverschreibungen wegen verschiedener Formmängel beanstandet. Wenn die Schuldverschreibungen unter das Anleiheablösungsgesetz fallen, will er den Goldwert anders festgesetzt haben, als es vom Oberpräsidenten geschehen ist. Seine Anträge gründen sich nur auf einen Teil seines ursprünglichen Aktienbesitzes. Sie gehen dahin:

An erster Stelle: die Beklagte zu verurteilen, an den Kläger 10000 RM. nebst 6% Zinsen seit 1. Januar 1926 zu zahlen, und zwar Zug um Zug gegen Rückgabe der ihm für 10 Obligationen zum Nennbetrag von je 1000 PM. Nr. 35048 bis 35057 gewährten Ablösungs- und Auslosungsscheine;

an zweiter Stelle: den Anspruch des Klägers aus den vorbezeichneten 10 Obligationen zum Nennbetrag über je 1000 M. gemäß §§ 62, 63 Abs. 4 AufwG. oder gemäß den sonstigen Vorschriften dieses Gesetzes nebst Zinsen und Fälligkeit zu bestimmen und die Beklagte zur Zahlung dieser Beträge nach Eintritt der Fälligkeit Zug um Zug gegen Rückgabe der bezeichneten Ablösungs- und Auslosungsscheine zu verurteilen, gegebenenfalls festzustellen, daß die bezeichneten 10 Schuldverschreibungen des Klägers entsprechend den Industrieobligationen mit 1500 RM. und Genußrechten der Berliner Straßenbahnbetriebs-GmbH. aufzuwerten sind;

an dritter Stelle: die Beklagte zu verurteilen, der Ablösung der vorerwähnten 10 Schuldverschreibungen des Klägers nicht einen Goldmarkbetrag von 28%, sondern von 100% zugrundezulegen und demgemäß dem Kläger in Höhe von 2½ % des Nennbetrags der Obligationen Ablösungs- und Auslosungsrechte zu gewähren.

Die Beklagte hat widerklagend beantragt, festzustellen, daß dem Kläger aus sämtlichen in seinem Eigentum befindlichen 4%igen Obligationen des Verbands Großberlin keine weitergehenden Ansprüche als auf Grund des Anleiheablösungsgesetzes zustehen.

Beide Vordergerichte wiesen die Klage ab und erkannten nach dem Widerklageantrag. Die Revision des Klägers hatte keinen Erfolg.

Aus den Gründen:

1. Soweit das Kammergericht in Ansehung der bar gezahlten Spitzenbeträge eine Aufwertung kraft Rückwirkung wegen der zwischen dem 15. Juli 1919 (Tag des Vertragsabschlusses) und dem 11. Dezember 1919 (Tag der Zahlung) eingetretenen Geldentwertung abgelehnt hat, ist ein besonderer Revisionsangriff nicht erhoben, auch kein Rechtsirrtum ersichtlich.

2. Die Klage ist zunächst auf die Behauptung gestützt, daß die Schuldverschreibungen nur zahlungshalber gegeben worden seien und daß dem Kläger daneben von Anfang an der seinem Aktienbesitz entsprechende Anteil an dem vereinbarten „Kaufpreis" zugestanden habe, dessen freie Aufwertung nunmehr begehrt werde. Ferner hat sich der Kläger darauf berufen, daß der in den Schuldverschreibungen verbriefte Anspruch, wenn auch inhaltlich verändert und in anderer Rechtsform, so doch der Sache nach den vermögensrechtlichen Inhalt der Aktienrechte verkörpere und insofern sich nur als deren Fortsetzung darstelle. Das Berufungsgericht hat, insbesondere auf Grund des § 5 des Einverleibungsvertrags, eine Hingabe der Schuldverschreibungen an Zahlungsstatt angenommen. Weiter führt das angefochtene Urteil aus: An Stelle der Kaufpreisschuld habe eine Darlehensschuld treten sollen, möge auch das Wort „Darlehen" im Vertrag nicht ausdrücklich gebraucht sein. Für diese Auslegung spreche, daß die Hingabe der Schuldverschreibungen nicht an die vertragschließende Aktiengesellschaft selbst, sondern an ihre Aktionäre habe erfolgen sollen. Es sei eine endgültige Umwandlung

in eine Darlehensschuld beabsichtigt gewesen; der Sachverhalt sei anders als im reichsgerichtlichen Urteil vom 7. Juli 1928 V 704/27 (abgedr. in AufwRspr. 1928 S. 723). Vom Standpunkt des Klägers aus würde man an Stelle einer Aufwertung der Obligationen zu einem Anspruch auf Aufwertung der Aktien gelangen, der sich aber keinesfalls gegen den Zweckverband oder gegen die Beklagte richten könnte, übrigens auch nicht als Anspruch aus dem Vertrag geltend gemacht worden sei.

Die Revision erhebt demgegenüber zwei Angriffe. Sie rügt einmal, das Berufungsgericht verkenne die durch den Übergang des Vermögens als ganzen nach § 304 HGB. geschaffene besondere Rechtslage. Da die übertragende Aktiengesellschaft mit der Eintragung des Beschlusses in das Handelsregister zu bestehen aufgehört habe, könne forderungsberechtigt wegen des Gegenwerts nur die Gesamtheit der Aktionäre oder der einzelne Aktionär sein. Grundsätzlich solle das Anleiheablösungsgesetz dann keine Anwendung finden, wenn keine neue Schuld begründet, sondern eine alte übernommen werde. So liege aber der Fall hier. Denn die Große Berliner Straßenbahn-AG. habe bei Veräußerung des Vermögens die Gesellschafterrechte der Aktionäre ablösen müssen und diese Verbindlichkeit auf den Zweckverband übertragen, der übrigens schon kraft Gesetzes als Gesamtrechtsnachfolger die gleiche Verpflichtung gehabt hätte. Zu den übergegangenen „Passiven" habe das „Aktienkapital" gehört. Der Vertrag vom 15. Juli 1919 schaffe demnach für die Aktionäre kein neues Recht, sondern bestimme nur, in welcher Weise der Erwerber die bereits bestehenden, mit Gold erworbenen Rechte der Aktionäre abzugelten habe. Nach dem Untergang der Aktiengesellschaft komme allerdings kein Anspruch der Aktionäre auf Aufwertung der Aktien mehr in Frage; an seine Stelle sei aber nach dem Vertrag vom 15. Juli 1919 im Wege der Umwandlung ein Anspruch auf Zahlung einer gewissen Geldsumme getreten. Dieser Anspruch sei wirtschaftlich und aufwertungsrechtlich nach § 3 Abs. 2 AufwG. als Fortsetzung des alten Rechts anzusehen. Eben deshalb sei das Anleiheablösungsgesetz nicht anwendbar. Weiter wendet die Revision ein, das Berufungsgericht lasse, obwohl das Wort „Darlehen" im Vertrag nicht gebraucht sei, die Frage unerörtert, inwiefern und wann die Umwandlung der Kaufpreisschuld in eine Darlehensschuld erfolgt sei. Zur Zeit der Ausfolge der Schuldverschreibungen sei die Aktiengesellschaft schon erloschen gewesen; sei also eine Umschaffung nicht schon früher geschehen, so könne es auf den Wortlaut der Schuldverschreibungen nicht ankommen.

Die Revisionsangriffe sind nicht begründet.

Bei dem rechtsgeschäftlichen Tatbestand, aus dem der Kläger seine Ansprüche zunächst herleiten will, handelt es sich allerdings um einen Fall des § 304 HGB. Das Vermögen der Straßenbahn-AG. ist als ganzes unter Ausschluß der Liquidation mit Zustimmung der Generalversammlung auf den Zweckverband übergegangen. Der Übergang hat sich — die Rechtsgültigkeit des Einverleibungsvertrags und des Generalversammlungs-Beschlusses vorausgesetzt — mit der Eintragung der Beschlüsse ins Handelsregister vollzogen. Damit ist die Aktiengesellschaft und sind mit ihr die Gesellschafterrechte der Aktionäre erloschen. Anderseits erhielten die letzteren aus dem Einverleibungsvertrag einen unmittelbaren und jedenfalls mit dem Untergang der Aktiengesellschaft auch unentziehbar gewordenen, ausschließlichen Anspruch gegen den Zweckverband auf Erfüllung der ausbedungenen Gegenleistungen je im Umfang ihres Aktienbesitzes. Insofern stellte der Verschmelzungsvertrag rechtlich einen zwischen der Aktiengesellschaft und dem Zweckverband geschlossenen Vertrag zugunsten Dritter dar (§§ 328 flg. BGB.). Die bezugsberechtigten Einzelaktionäre waren nicht Vertragspartei, sondern Dritte. Der Umstand, daß sie gleichzeitig Gesellschafter des einen Vertragsteils waren, ändert daran nichts. Denn die Aktiengesellschaft als solche hatte selbständige Rechtspersönlichkeit; sie war die Vertragschließende und nicht die Aktionäre.

Der Annahme eines Vertrags zugunsten Dritter steht hiernach kein rechtliches Hindernis im Weg. Dies ist vielmehr, soweit die Gegenleistung des Zweckverbands in Frage kommt, nach dem Vertragsinhalt überhaupt die einzig mögliche Auslegung. Der Verpflichtung zur Übertragung des Vermögens der Aktiengesellschaft als ganzen (Aktiven und Passiven) standen sodann die vom Erwerber an die Aktionäre zu bewirkenden Leistungen gegenüber, und zwar so, daß Zweck und Ziel der einen Leistung die andere war. Die vertragliche Leistungspflicht des Zweckverbands ist demnach eine solche aus einem gegenseitigen Vertrag. Daran ändert auch der Umstand nichts, daß die Leistungen nicht an den Vertragsgegner selbst, sondern an die Aktionäre als Dritte zu bewirken waren (vgl. Planck Anm. 2

zu § 334 BGB.; Komm. v. RGR. Anm. 1 zu § 334). Allein diese Ansprüche waren aufwertungsrechtlich neue Ansprüche. Der Hinweis des Klägers auf § 3 Abs. 2 AufwG. versagt. Diese Vorschrift setzt, wie sich aus ihrer Stellung im Gesetz und aus ihrem Inhalt ergibt, jedenfalls das voraus, daß auch der ursprüngliche, inhaltlich dann geänderte Anspruch ein solcher auf Zahlung einer bestimmten in Mark ausgedrückten Summe im Sinne des § 1 AufwG. gewesen ist. Davon kann bei den aktienmäßigen Beteiligungsrechten des Klägers keine Rede sein. Zu ihnen gehörte wohl u. a. ein Anspruch auf den bruchteilmäßigen Anteil an einem etwaigen Liquidationsüberschuß, der als solcher indessen gerade kein Anspruch auf Zahlung einer bestimmten Geldsumme war. Damit versagt der auf § 3 Abs. 2 AufwG. gestützte Revisionsangriff ohne weiteres. Wohl aber hat der Kläger damit recht, daß die dem Einzelaktionär nach dem Einverleibungsvertrag unmittelbar zustehenden Rechte zunächst solche aus gegenseitigem Vertrag waren. Allein die Frage ist nur, welchen Inhalt diese Vertragsrechte weiter hatten. Soweit es sich um die Barzahlungen handelte, lagen gewöhnliche Geldforderungen vor, die als Ansprüche aus einem gegenseitigen Vertrag an sich der freien Aufwertung zugänglich wären. Sie sind jedoch seinerzeit bezahlt worden. Aufwertung kraft Rückwirkung ist vom Berufungsgericht ohne Rechtsirrtum abgelehnt worden.

Nach Auffassung des Klägers hätte aber darüber hinaus die ganze Gegenleistung des Zweckverbands in einer Geldschuld (Kaufpreisschuld) bestanden, auf die er jetzt zurückgreifen will. Daß auch insoweit aus dem Einverleibungsvertrag zunächst eine Geldschuld erwachsen ist, nimmt anscheinend auch das Berufungsgericht an. Darauf weist wenigstens die Ausführung in den Gründen hin, daß die Schuldverschreibungen nicht zahlungshalber, sondern an Zahlungsstatt gegeben worden seien und daß keine Kaufpreisschuld habe bestehen bleiben sollen. Dem kann indessen nicht beigetreten werden. Gewiß ist es richtig, daß, wenn tatsächlich über die bar zu zahlende Summe hinaus Geldforderungen begründet und nicht inzwischen getilgt worden wären, wiederum die Aktionäre auch insoweit unmittelbar forderungsberechtigt gewesen sein würden. Zuzugeben ist ferner, daß dann wegen dieser Geldforderungen gemäß § 63 Abs. 3 AufwG. nur freie Aufwertung Platz greifen könnte. Aber abgesehen von den bar zu entrichtenden Spitzenbeträgen sind durch den Einverleibungsvertrag selbst überhaupt keine Geldforderungen der Aktionäre gegen den Zweckverband begründet worden. Wohl ist in dem Vertrag von „Kaufpreis" und von „zahlen" die Rede; ferner haben die Vertragsbeteiligten im Stempelinteresse den „Kaufpreis" auf

a) 133443200 M. Verbandsobligationen (Nennwert) zum Kurs von 90% =	. . . .	120098880 M.
b) bar zu zahlen	. . . .	7005768 „
	zusammen	127104648 M.

angegeben. Das ändert aber nichts daran, daß in Wirklichkeit nach dem sonstigen Vertragsinhalt, abgesehen von dem bar zu entrichtenden Teil der Gegenleistung, von vornherein nicht Geld, sondern die Ausreichung von Schuldverschreibungen geschuldet wurde, also die Hingabe von Wertpapieren in bestimmter Höhe und bestimmter Art. Gewiß ist bei Errechnung und Festlegung der dem Zweckverband in Geld und Geldeswert obliegenden Gegenleistung von einer bestimmten, im damaligen gesetzlichen Wertmesser ausgedrückten, sich aus dem Übernahmekurs und der Ziffer des Aktienkapitals ergebenden Summe ausgegangen worden. Diese Summe selbst ist aber nicht als Gegenleistung des Zweckverbands Vertragsinhalt geworden; nirgends ist in den die beiderseitigen Verpflichtungen regelnden Bestimmungen von einer Geldschuld dieses Umfangs die Rede oder eine solche als Gegenleistung des Zweckverbands festgesetzt, insbesondere auch nicht in § 2 des Vertrags. Als Geldschuld ist vielmehr dort nur eine Zahlungspflicht in Höhe von 7 M. für 100 M. Aktienkapital vorgesehen, während der übrige Teil der Gegenleistung des Zweckverbands in Ausreichung von Inhaber-Schuldverschreibungen in Form echter Inhaber-Wertpapiere des Verbands besteht. Die letztere Leistung hatte wohl Geldeswert, war auch leicht in Geld umzusetzen, und die in den Urkunden versprochenen Leistungen des Verbands waren selbst wiederum Geldschulden. Alles dies ändert aber nichts daran, daß der vertragliche Anspruch der Aktionäre zu diesem Teil von vornherein nur auf Leistung solcher Schuldverschreibungen und nicht auf Zahlung von Geld ging. Ist dem aber so, dann kann zu diesem Teil der Gegenleistung des Zweckverbands von einer der Aufwertung zugänglichen Kaufpreisforderung der ehemaligen Aktionäre keine Rede sein. Es kann sich vielmehr nur um die Aufwertung der in den Schuldverschreibungen selbst verbrieften Geldforderungen handeln. Diese Forderungen sind aber nicht mehr solche aus gegenseitigem Vertrag, sondern sie haben einen anderen Schuldgrund.

Selbst wenn man übrigens auch insoweit eine vertragliche Geldforderung als Gegenleistung für die Vermögensübertragung der Aktiengesellschaft auf den Zweckverband annehmen wollte, wären jedenfalls die Schuldverschreibungen nicht bloß erfüllungshalber gegeben worden. Eine Auslegung des Vertrags im letzteren Sinne wäre schlechterdings unmöglich. Das Fortbestehen derartiger Forderungen aus dem Einverleibungsvertrag neben den Ansprüchen aus den Schuldverschreibungen müßte zu völliger Rechtsverwirrung führen. In den §§ 2, 5 des Grundvertrags sind genaue Vorschriften über Verzinsung, Fälligkeit, Tilgung der Schuldverschreibungen getroffen, aus denen weiterhin folgt, daß eine Kündigung durch die Inhaber ausgeschlossen sein sollte. Ganz unzweifelhaft ergibt sich aus diesen Vertragsbestimmungen, daß damit die Verpflichtungen des Zweckverbands ausschließlich und abschließend geregelt sein sollten. Damit wäre unvereinbar, wenn, wie es im Fall der Hingabe erfüllungshalber Rechtens wäre, noch nebenher die Ansprüche aus dem Einverleibungsvertrag selbst weiterbestehen sollten mit der Folge, daß auf sie über die Kündigungs-, Einlösungs- und Tilgungsbedingungen der Schuldverschreibungen weg und unter deren Beiseiteschiebung noch auf die ursprünglichen Kaufpreisforderungen zurückgegriffen werden könnte. Es sei ferner auf die Schwierigkeiten hingewiesen, die aus einem solchen Nebeneinander im Fall der Weiterveräußerung der Schuldverschreibungen entstehen müßten. Endlich enthalten die ausgereichten Schuldverschreibungen selbst überhaupt nichts vom Einverleibungsvertrag und vom Anlaß ihrer Ausreichung; sie nennen als Schuldgrund „Darlehen" und haben im übrigen den typischen Inhalt gewöhnlicher Anleihe-Schuldverschreibungen. Auf Ausreichung solcher Schuldverschreibungen war nach dem Vertragsinhalt der beiderseitige Parteiwille gerichtet; eben deshalb brauchten sich die Vertragsbestimmungen selbst in Ansehung der Schuldverschreibungen ausdrücklich nur mit der Regelung des Umtauschverhältnisses sowie der Verzinsungs-, Tilgungs- und Zahlungsbedingungen zu befassen. Es wäre auch nicht ersichtlich, inwiefern nach dem damaligen Stande der Dinge die Straßenbahn-AG. oder ihre Aktionäre irgendein Interesse daran hätten haben sollen, daß als Rechtsgrund der Schuld der Einverleibungsvertrag in den Schuldverschreibungen festgehalten wurde. Das Gegenteil war der Fall. Durch die mit der Hingabe an Zahlungsstatt notwendig verbundene echte Schuldumwandlung trat an die Stelle der Verpflichtung aus dem zweiseitigen Vertrag eine solche aus Darlehen; ein Zurückgreifen auf den ursprünglichen Schuldgrund war damit ausgeschlossen und sollte es nach den Vertragsbestimmungen von vornherein sein. Die Ausstellung der Schuldverschreibungen mit dem Rechtsgrund „Darlehen" bedeutete also in Wahrheit eine Verbesserung der damaligen Rechtsstellung der bezugsberechtigten Aktionäre. Hiernach läge auf alle Fälle eine zwischen den Vertragsparteien von Anfang an vereinbarte Hingabe an Zahlungsstatt und damit eine echte Novation vor. Das Ergebnis würde aber auch dann kein anderes sein, wenn der Zweckverband nach dem Vertrag verpflichtet gewesen wäre, in den Schuldverschreibungen den ursprünglichen Schuldgrund beizubehalten. Gewiß wäre er dann nicht berechtigt gewesen, den Aktionären Schuldverschreibungen mit anderem Schuldgrund auszureichen. Er hat dies aber nun einmal getan, und diese Schuldverschreibungen sind als Vollerfüllung angenommen worden; sie hätten damit wiederum als Leistung an Erfüllungsstatt die Kaufpreisschuld zum Erlöschen gebracht.

Nach alledem kann keine Rede sein von noch fortbestehenden Ansprüchen aus einem gegenseitigen Vertrag, die der freien Aufwertung zugänglich wären. Damit erledigen sich die in dieser Richtung erhobenen Revisionsangriffe.

3. Soweit die Klage auf § 138 BGB., auf ungerechtfertigte Bereicherung und auf Schadensersatz aus unerlaubter Handlung gestützt worden ist, enthalten die Ausführungen des Berufungsgerichts keinen Rechtsirrtum; sie liegen auch im wesentlichen auf tatsächlichem Gebiet. Die Anwendung des § 138 BGB. würde insbesondere voraussetzen, daß sich der Einverleibungsvertrag nach Inhalt, Beweggrund und Zweck als sittenwidrig darstellen würde. Dafür fehlt es aber an schlüssigen Behauptungen des Klägers. Zur Geltendmachung von Anfechtungsrechten wegen widerrechtlicher Drohung wäre der Kläger als Einzelaktionär von vornherein nicht befugt gewesen.

Dem Berufungsrichter ist auch darin beizutreten, daß die seinerzeit dem Kläger vom Zweckverband ausgefolgten Schuldverschreibungen unter §§ 40flg. vgl. mit § 30 Abs. 3 AnlAblG. fallen. Der Kläger hat dies bestritten und in erster Linie Aufwertung nach § 63 Abs. 1, hilfsweise nach § 33flg. AufwG. und schließlich Aufwertung unter entsprechender Anwendung des Art. 18 der DurchfVo. z. AufwG. vom 29. November 1925 verlangt. In allen diesen Richtungen dreht sich der Streit der Parteien um die grundsätzliche Frage, ob für die Aufwertung im Verhältnis der Parteien zueinander das Anleiheablösungsgesetz maßgebend ist. Dieser Streit kann nur vor den ordentlichen Gerichten endgültig zum Austrag gebracht werden. Die Zulässigkeit des Rechtswegs unterliegt daher insoweit keinem Bedenken (RGZ. Bd. 116 S. 166 und Bd. 121 S. 345). Der Kläger bekämpft die Anwendbarkeit der Vorschriften des Anleiheablösungsgesetzes über Aufwertung von Anleihen der Gemeinden und Gemeindeverbände hauptsächlich unter Berufung auf die nach § 41 Abs. 1 dieses Gesetzes entsprechend anzuwendende Vorschrift des § 31 Abs. 2 das. Aus ihr will er herleiten, daß das Anleiheablösungsgesetz nur dann eingreife, wenn der Anleihe ein wirkliches Darlehen zugrundeliege, der Anleiheschuldner also vom ersten Nehmer Geld erhalten habe; denn nur dann könne von einem Goldwert des dem Schuldner zugeflossenen Geldbetrags die Rede sein; dem Zweckverband Großberlin sei aber nicht Geld, sondern eine Vermögensgesamtheit zugewachsen. Der Rechtsstandpunkt des Klägers ist jedoch verfehlt. Es handelt sich hier um eine Schuldverpflichtung aus Schuldverschreibungen (§ 30 Abs. 3 AnlAblG.), nicht aus Darlehen, worüber Schuldscheine ausgestellt sind. Im übrigen findet das Anleiheablösungsgesetz nicht bloß dann Anwendung, wenn die Anleihe ein wirkliches Darlehensgeschäft ist, sondern auch dann, wenn das zugrundeliegende Rechtsgeschäft ein anderes, z. B. ein Kauf war und die Ausgabe von Darlehensschuldscheinen oder Schuldverschreibungen umgestaltenden Charakter hatte. Dies ist anerkannten Rechtens (RGZ. Bd. 116 S. 166, Bd. 121 S. 345; JW. 1928 S. 167 Nr. 23).

„Zugeflossen" ist dem Anleiheschuldner in Fällen dieser Art der Goldmarkwert der durch die Novation oder Leistung an Erfüllungsstatt untergegangenen Kaufpreis- oder sonstigen Geldforderung. Aber auch dann, wenn der Anleiheschuldner gegen Hingabe der Schuldverschreibungen unmittelbar Sachwerte erworben hat, verbleibt es bei der Anwendbarkeit des Anleiheablösungsgesetzes, falls nur sonst dessen Voraussetzungen vorliegen. Bedenken können in diesem Fall überhaupt nicht erhoben werden, wenn die Anleiheschuld vor dem 1. Januar 1919 begründet wurde. Denn dann ist es für die Errechnung des Goldwertes ganz gleichgültig, welches Grundgeschäft vorlag; es ist eben der Nennbetrag der Anleihe maßgebend. Es wäre nicht abzusehen, weshalb der rechtstypisch gleiche Vorgang, je nachdem er sich vor oder nach dem 1. Januar 1919 ereignet hätte, der Anwendbarkeit des Anleiheablösungsgesetzes im Weg stehen sollte oder nicht. Der Standpunkt des Klägers würde ferner — und zwar gerade auch im vorliegenden Fall — dazu führen, daß Schuldverschreibungen genau derselben Ausgabe und Gattung, die im Verkehr als unter sich gleichwertig behandelt werden und so auch von Hand zu Hand gehen sollten und gegangen sind, je nach dem ihrer Hingabe durch den Anleiheschuldner im Einzelfall zugrundeliegenden, in den Wertpapieren selbst nicht mehr in die Erscheinung tretenden Rechtsgeschäft ein völlig verschiedenes rechtliches Schicksal hätten. So müßten hier die Vorschriften des Anleiheablösungsgesetzes zweifellos Anwendung finden auf denjenigen Teil der Anleihe, der zur Beschaffung der Barmittel für die auf die Aktionäre entfallende Barabfindung und für die Unkostendeckung anderweit im gewöhnlichen Weg der Anleiheaufnahme begeben worden ist. Eine solche unterschiedliche Behandlung ist ausgeschlossen. Die § 41 Abs. 1 und § 31 Abs. 2 AnlAblG. befassen sich denn auch nicht mit der Frage der Anwendbarkeit des Anleiheablösungsgesetzes überhaupt, sondern nur mit der Errechnung des Anleihe-Goldwertes. Gewiß ist es richtig, daß für den vorausgesetzten Fall die gesetzlichen Errechnungsvorschriften insoweit nicht unmittelbar passen. Die Ermittlung des Goldwerts hat dann eben in sinngemäßer Anwendung dieser Vorschriften, immer aber in dem durch § 41 Abs. 2, § 31 Abs. 2 AnlAblG. vorgesehenen Verwaltungsverfahren zu geschehen (für Preußen vgl. außerdem I., II. und III. Verordnung zur Durchführung der Ablösung der Markanleihen der Gemeinden und Gemeindeverbände vom 18. Juli 1925, 11. September 1925 und 29. Oktober 1925, preuß. GS. S. 94, 113, 154). Eine gerichtliche Nachprüfung dieses Verfahrens (das übrigens im allgemeinen Rahmen des Anleiheablösungsgesetzes gerade bei der Feststellung des Goldwerts der Anleihe Spielraum für Berücksichtigung der besonderen Verhältnisse läßt) und seines Ergebnisses ist unzulässig; insoweit ist der

Rechtsweg verschlossen (RGZ. Bd. 116 S 166). Die Möglichkeit einer Aufwertung nach §§ 33 flg. AufwG. scheitert daran, daß die streitige Anleihe nicht, wie es diese Vorschriften voraussetzen, von einer juristischen Person des Privatrechts, sondern von einer solchen des öffentlichen Rechts ausgegeben ist. Gegenüber den §§ 51 flg. AufwG. ist aber das Anleiheablösungsgesetz — vgl. auch § 54 das. — Sondergesetz im Sinne des § 1 Abs. 2 AufwG. Es muß demgemäß nach dem nun einmal geltenden Recht bei der Anwendung des Anleiheablösungsgesetzes verbleiben.

Die Angriffe des Klägers wegen der Errechnung des Goldmarkwertes scheitern, wie schon hervorgehoben, an der Unzulässigkeit des Rechtswegs....

---

67. Kann die Anfertigung von Werkstattzeichnungen für eine durch deutsches Patent geschützte, im Auslande herzustellende Anlage bereits einen Teil der Herstellung ausmachen und somit das inländische Patent verletzen?

PatG. § 4.

I. Zivilsenat. Urt. v. 12. Juni 1929 i. S. Z. & Co. GmbH. u. Gen. (Bekl.) w. Gebr. Z. GmbH. (Kl.). I 223/28.

I. Landgericht I Berlin.
II. Kammergericht daselbst.

Der Klägerin steht ausschließliche Lizenz an dem DRP. 321523 zu, dessen Gegenstand ein Rührwerk für Rundherde mit auswechselbaren Rührzähnen ist.

Die Beklagte Z. & Co. übernahm im Jahre 1923 für eine Fabrik in Cl. (in England) die Lieferung eines Sulfatofens. Die Konstruktionszeichnung dafür ließ sie in ihrem Berliner Büro machen. Die Herstellung der Anlage selbst übertrug sie einem englischen Hause; nur die Inbetriebsetzung ließ sie durch ihre eigenen Angestellten überwachen.

Die Klägerin behauptet u. a., die verklagte Gesellschaft habe hierbei das Patent 321523 wissentlich benutzt; man müsse annehmen, daß sie es auch bei anderen Lieferungen getan habe. Die Klage geht deshalb insoweit auf Unterlassung, Rechnungslegung und Feststellung der Schadensersatzpflicht wegen Patentverletzung. In diesem Umfang unterlagen die Beklagten in allen drei Rechtszügen.

Aus den Gründen:

... Was zunächst die Patentverletzung angeht, so ist das insoweit ausgesprochene Verbot nur gerechtfertigt, wenn die Beklagten von dem Erfindungsgegenstand gemäß den Patentansprüchen Gebrauch gemacht, ihn hergestellt, in Verkehr gebracht, feilgehalten oder auf irgendeine Weise in Benutzung genommen haben (§ 4 PatG.).

Die Anlage, um die es sich handelt, ist im Ausland, also außerhalb des Gebietes hergestellt worden, für welches das Patent 321523 gilt. Doch haben die Beklagten Konstruktionszeichnungen geliefert, Anweisungen erteilt, den Bau überwacht, die fertige Anlage auf ordnungsmäßige Ausführung nachgeprüft.

Das Berufungsgericht stellt fest: Schon bevor die Beklagte Z. & Co. ihr Angebot abgab, nach England eine Anlage zu liefern, ließ sie Werkstattzeichnungen anfertigen. Der Ingenieur K., den sie damit beauftragte, vollendete die Zeichnungen im Herbst 1923. Vorher war diese Beklagte mit dem bei der Klägerin angestellten Meister W. in Verbindung getreten. Ihn hatte sie laut Brief vom 7. September 1923 nach der Einrichtung der Rührzähne (Kratzen) ausgefragt. W. hatte damals ein Modell dieser Zähne und eine Blaupause vorgelegt, die dem Patent 321523 entsprachen. Er nahm dann die Blaupause zurück und reichte eine Seidenpapierpause ein. Unter Berücksichtigung der von W. übermittelten Kenntnisse wurden die halbfertigen Konstruktionszeichnungen nachgeprüft und in der Art vollendet, die aus überreichten Zeichnungen ersichtlich ist. Aus Zeugenaussagen folgert das Berufungsgericht: Der Beklagten Z. & Co. sei es auf losen Sitz und leichte Auswechselbarkeit der Rührzähne (während des Betriebes) angekommen. Ihre Zeichnungen hätten dem entsprechen sollen und tatsächlich auch entsprochen, also eine dem Erfindungsgedanken des Patents 321523 nachgestaltete Einrichtung wiedergegeben. Zwar habe die lichte Weite des Kopfes jedes Rührzahns genau der Stärke des Rührarms entsprochen, so daß ursprünglich der Sitz nicht lose gewesen sein möge; doch lasse sich annehmen, er wäre es (in Anbetracht der Verschiedenheit des Werkstoffes) bei Erwärmung noch geworden; auch der auf die Dicke des Rührarms bezügliche Zusatz „knapp“ spreche dafür. Also gewinnt das Berufungsgericht aus technischen Erwägungen, die auf dem Gebiete tatsächlicher Würdigung liegen, die Überzeugung: wenn die Anlage genau nach den von der Beklagten Z. & Co. gelieferten Konstruktionszeichnungen gebaut worden wäre, so hätte sie den Erfindungsgedanken des DRP. 321523 verwirklicht.

Die englische Fabrik habe allerdings die Rührarme stärker ausgeführt, als der Auftrag es vorschrieb. Diese Abweichung (wodurch die Rührzähne nicht lose, sondern fest saßen) erklärt jedoch das Berufungsurteil für unerheblich. Ebenso findet es unwesentlich, daß die Zeichnung der Beklagten (anders als das Patent) eine Verspannung der Rührarme vorgesehen habe. Denn die leichte Auswechselbarkeit der Rührzähne sei dadurch nicht verhindert worden; diese seien ursprünglich offen — gleich dem Modell und der Patentzeichnung der Klägerin gestaltet — gewesen, so daß man sie, ohne die Verspannung zu beseitigen, schon bei deren Lockerung habe abheben können oder sollen. Auch Zwischenstücke seien bei der Vorrichtung der Beklagten vorgesehen.

Patentgegenstand des DRP. 321523 und Bauzeichnung der Beklagten miteinander vergleichend findet hiernach das Berufungsgericht — vorausgesetzt, daß genau nach der Zeichnung gebaut worden wäre — Übereinstimmung in folgenden Merkmalen: 1. die Zähne sind derart lose angebracht, daß sie durch den Arbeitsdruck zum Anliegen kommen und durch geeignete Zwischenstücke in dieser Lage festgehalten werden; 2. die Zwischenstücke, welche die wagerechte Verschiebung der Zähne (in an sich bekannter Weise) verhindern, sind ebenfalls einzeln abhebbar angeordnet. Damit ist Benutzung der Ansprüche 1 und 2 des Patents dargetan.

Daß die Beklagte Z. & Co. auch in den Anspruch 3 des Patents 321523 eingreife, stellt das Berufungsurteil im Anschluß an die von ihr versandte Werbeschrift gleichfalls fest. An der Zeichnung in dieser Schrift lasse sich deutlich die Anwendung abgeschrägter Vorsprünge erkennen, welche dazu dienen, Zähne und Zwischenstücke zusammenzuhalten, ganz wie nach dem Patent.

Die Angriffe der Revision gegen diese Feststellungen des Berufungsgerichts vertreten die Ansicht, daß allein mit der Anfertigung von Werkstattzeichnungen, die den Erfindungsgegenstand genau wiedergeben, die Erfindung noch nicht in Benutzung genommen werde. Das wird zwar in der Regel zutreffen, sofern es bei bloßer Anfertigung der Zeichnungen bewendet. Wenn aber die Anlage dann im wesentlichen nach den Zeichnungen gebaut, der Zusammenbau der im Auslande hergestellten Teile auf Grund von Anweisungen aus dem Inland erfolgt, von dazu entsandten Angestellten überwacht, die fertige Vorrichtung durch sie schließlich geprüft wird, ist andere Beurteilung geboten. In solcher Aufeinanderfolge der Ereignisse kommt der Anfertigung von Werkstattzeichnungen keine geringere Bedeutung für die Herstellung des Ganzen zu als der Anfertigung einzelner wesentlicher Teile. Denn für Plan und Ergebnis, also für die Bedeutung des aus ihnen ersichtlichen Erfindungsgedankens, sind sie sogar von größerem Gewicht, als es einzelnen Teilen zuzuschreiben ist, die unter Umständen innerhalb des ganzen Gefüges nur einer untergeordneten Verrichtung dienen. Sie bilden, wenn sich ihnen so wie hier die Herstellung der Anlage planmäßig anschloß, bereits einen Anfang und somit einen Teil dieser Herstellung selbst, und zwar einen Teil, der sich im Inlande vollzogen hat.

Muß also die grundsätzliche Auffassung der Revision von der Beurteilung inländischer Zeichnungen und Pläne für eine im Auslande herzustellende und aufzustellende Anlage abgelehnt werden, so ist auch ihrem Ergebnis nicht beizustimmen. Denn ihre weiteren Ausführungen zur Frage der Patentverletzung liegen sämtlich auf dem Gebiete tatsächlicher Würdigung (§ 286 ZPO.), das der Nachprüfung durch das Revisionsgericht entzogen ist....

---

68. 1. Ist zur Begründung der Verpflichtung eines Alleingesellschafters, einen Geschäftsanteil abzutreten, auch dann gerichtliche oder notarielle Form erforderlich, wenn vereinbart wird, daß der Alleingesellschafter bei einer demnächst stattfindenden Kapitalerhöhung einen Teil des von ihm zu übernehmenden Geschäftsanteils für Rechnung und Gefahr des Abtretungsempfängers als dessen Stellvertreter erwerben solle?

2. Muß der Alleingesellschafter, der sich gegenüber einem Geschäftsführer der Gesellschaft mbH. schuldrechtlich verpflichtet hat, in der Gesellschafterversammlung zu einem gewissen Betrag entsprechend der vorher eingeholten Ansicht des Geschäftsführers

zu stimmen, diese Verpflichtung auch dann erfüllen, wenn ein wichtiger Grund zu der in der Gesellschafterversammlung beschlossenen Abberufung des Geschäftsführers vorlag?

GmbHG. §§ 15, 38 Abs. 2, § 45 Abs. 2, § 46 Nr. 4.

II. Zivilsenat. Urt. v. 7. Juni 1929 i. S. P. (Kl.) w. Firma H., F. & Co. u. Gen. (Bekl.). II 592/28.

I. Landgericht Hamburg.
II. Oberlandesgericht daselbst.

Die Erstbeklagte, Firma H., F. & Co., und ihre beiden Gesellschafter H. und F. gründeten durch notariellen Vertrag vom 3. März 1921 die Deutsch-Asiatische Handelsgesellschaft mbH. mit dem Sitz in Hamburg. Vom Stammkapital im Betrag von einer Million Mark übernahm die Erstbeklagte 900000 M., der Gesellschafter H. 60000 M. und der Gesellschafter F. 40000 M. Nach dem Gesellschaftsvertrag sollte die Gesellschaft durch einen oder mehrere Geschäftsführer vertreten werden und die Bestellung sowie die Entlassung der Geschäftsführer durch einstimmigen Beschluß der Gesellschafterversammlung erfolgen. Zum ersten und alleinigen Geschäftsführer wurde im Gesellschaftsvertrag der jetzige Kläger bestellt. Der „Vertrauensrat" bestand aus den Beklagten H. und F. Gleichfalls am 3. März 1921 wurde zwischen diesen beiden Beklagten einerseits und dem Kläger anderseits ein auf dessen Geschäftsführertätigkeit sich beziehender notarieller Anstellungsvertrag geschlossen, in dem die Firma H., F. & Co. von ihrer Stammeinlage bei der Deutsch-Asiatischen Handelsgesellschaft dem Kläger 150000 M. übertrug. Diesen Geschäftsanteil übertrug der Kläger am 22. Dezember 1921 wieder auf die Erstbeklagte. Am gleichen Tage wurde das Stammkapital der Gesellschaft von einer Million auf zwei Millionen Mark erhöht; das erhöhte Stammkapital wurde von der Erstbeklagten übernommen. Auch die Beklagten H. und F. übertrugen am 22. Dezember 1921 ihre Geschäftsanteile auf die Erstbeklagte.

Schon am 14. Dezember 1921 hatte der Kläger der Erstbeklagten einen Betrag von 200000 M. zur Verfügung gestellt. Darüber hatte ihm die Erstbeklagte folgende Bescheinigung ausgestellt:

„Nachdem Sie uns heute beauftragt haben, die bei unserer Firma zugunsten Ihres Kontos eingegangenen 200000 M. zu verwalten, verpflichten wir uns ..., den genannten Betrag unter unserem Namen, jedoch für Ihre Rechnung und Gefahr als Ihr Treuhänder in einem Geschäftsanteil der Deutsch-Asiatischen Handelsgesellschaft mbH. von 200000 M. anzulegen und alle uns aus dieser Beteiligung bei der genannten Gesellschaft von dieser zufließenden Eingänge an Zinsen, Gewinnanteil oder dergleichen ... Ihnen auszukehren.

Wir verpflichten uns, vor jeder Generalversammlung Ihre Ansicht einzuholen und dementsprechend das Stimmrecht hinsichtlich obigen Betrags auszuüben."

Mit Bezug auf die Rückübertragung des Geschäftsanteils von 150000 M. an die Erstbeklagte schrieb diese am 22. Dezember 1921 an den Kläger:

„Nachdem Sie uns (diesen Geschäftsanteil) für den Preis von 150000 M. übertragen haben, haben Sie uns beauftragt, die Ihnen danach geschuldeten 150000 M. für Sie zu verwalten.

Ihrem heute erteilten Auftrag gemäß verpflichten wir uns, den genannten Betrag" (usw. wie im Schreiben vom 14. Dezember 1921 bis zum Schluß mit dem einzigen Unterschied, daß an Stelle der Summe von 200000 M. der Betrag von 150000 M. zu stehen kommt).

Am 29. Dezember 1922 stellte sodann der Kläger der Erstbeklagten noch weitere 150000 M. zur Verfügung. Im Anschluß hieran erhielt er von ihr ein Schreiben vom gleichen Tage, das mit dem oben wiedergegebenen Schreiben vom 14. Dezember 1921 wörtlich übereinstimmt, nur daß hier an Stelle der 200000 M. der Betrag von 150000 M. steht.

In der Folgezeit entstanden Mißhelligkeiten zwischen dem Kläger und den Beklagten H. und F. In einer von den letzteren einberufenen Gesellschafterversammlung vom 16. Juni 1925, in welcher H. als Vertreter der nunmehrigen alleinigen Gesellschafterin (der Erstbeklagten) und F. als Vertreter des Vertrauensrates erschienen waren, wurde beschlossen, die Vertretungsbefugnis des Klägers als Geschäftsführers „aus wichtigem Grunde" zu widerrufen und ihn mit sofortiger Wirkung von diesem Amt abzuberufen. Ferner wurde beschlossen, den Gesellschaftsvertrag dahin abzuändern, daß Bestellung und Entlassung des Geschäftsführers oder der Geschäftsführer der Gesellschaft durch den Vertrauensrat zu geschehen habe.

Der Kläger verlangt von den Beklagten Abtretung von Geschäftsanteilen der Deutsch-Asiatischen Handelsgesellschaft mbH. im Gesamtbetrag von 500000 M. (Nennwert) und Feststellung dahin, daß die drei Beklagten als Gesamtschuldner zum Ersatz des Schadens verpflichtet seien, der ihm durch Herbeiführung und Durchführung des Gesellschafter-Beschlusses vom 16. Juni 1925 verursacht wurde. Hilfsweise bat der Kläger um Feststellung, daß die Beklagten als Gesamtschuldner ihm einen Betrag zu zahlen hätten, der dem Werte seines Geschäftsanteils von 500000 PM. (oder 10000 GM.) zuzüglich Zinsen entspreche. Beide Vordergerichte wiesen die Klage ab. Die Revision des Klägers hatte teilweise Erfolg.

Aus den Gründen:

Die drei Urkunden, auf die der Kläger seinen Anspruch auf Abtretung von Geschäftsanteilen der Deutsch-Asiatischen Handelsgesellschaft mbH. stützt, unterscheiden sich, was die von der Erstbeklagten für den Kläger „zu verwaltenden" Beträge angeht, untereinander nur in einem Punkt. Im Eingang des Schreibens vom 22. Dezember 1921 ist davon die Rede, daß der zu verwaltende Betrag von 150000 M. das Entgelt für die Übertragung des Geschäftsanteils des Klägers darstelle, das dieser von der Erstbeklagten zu beanspruchen habe. In den beiden anderen Fällen dagegen (Schreiben vom 14. Dezember 1921 und vom 29. Dezember 1922) rührten die von der Erstbeklagten zu verwaltenden Beträge von 200000 M. und 150000 M. einfach aus einer Überweisung des Klägers her. Die Art und Weise, wie die Beträge verwaltet werden sollten, ist in allen drei Fällen die gleiche: Die Erstbeklagte verpflichtete sich, den betreffenden Betrag als Treuhänderin des Klägers je in einem Geschäftsanteil der Deutsch-Asiatischen Handelsgesellschaft mbH. anzulegen und alle aus dieser Beteiligung bei der GmbH. sich ergebenden Eingänge an Zinsen, Gewinnanteil usw. an den Kläger auszukehren. Daran schloß sich die weitere Verpflichtung, vor jeder Generalversammlung die Ansicht des Klägers einzuholen und dementsprechend das Stimmrecht „hinsichtlich obigen Betrages" auszuüben. Die Verpflichtungen, welche die Erstbeklagte gegenüber dem Kläger eingegangen ist, sind also in allen drei Fällen dieselben. Daraus folgt die Notwendigkeit, die drei Urkunden in gleichem Sinne auszulegen.

Hierbei kann es sich zunächst keinesfalls darum handeln, daß dem Kläger von der Erstbeklagten nur eine Art von Unterbeteiligung gegenüber der Deutsch-Asiatischen Handelsgesellschaft eingeräumt worden wäre. Dagegen spricht entscheidend die Verpflichtung der Erstbeklagten zur Anlegung des Geldes in einem Geschäftsanteil der Gesellschaft mbH. und erst recht der Umstand, daß die Ansicht des Klägers maßgebend sein sollte für die Ausübung des Stimmrechts in Ansehung der in den Urkunden genannten Beträge. Diese Stimmrechtsausübung hatte durch die Erstbeklagte zu geschehen, in deren Hand seit dem 22. Dezember 1921 die sämtlichen Geschäftsanteile vereinigt waren. Der Senat vermag aber auch die Deutung des Berufungsgerichts nicht zu billigen, wonach es sich in den drei Fällen nach dem Willen der Beteiligten nur darum gehandelt haben soll, den Kläger in bezug auf Zinsvergütungen, Gewinnauskehrungen und etwaige Kapitalauszahlungen so zu stellen, wie wenn ihm Geschäftsanteile der Deutsch-Asiatischen Handelsgesellschaft mbH. in Höhe der in den drei Schreiben genannten Beträge gehörten. Diese Auslegung tut den drei ganz eindeutigen Erklärungen der Erstbeklagten Zwang an; sie ist nach dem Wortlaut der Erklärungen nicht möglich. Denn die Fassung der drei Briefe weist zwingend darauf hin, daß die Erstbeklagte vom Kläger den Auftrag erhalten und in dessen Annahme sich verpflichtet hat, in eigenem Namen, aber für Rechnung des Klägers Geschäftsanteile der Gesellschaft mbH. zu erwerben. Anders kann die Verpflichtung, das Geld als Treuhänderin des Klägers in Geschäftsanteilen anzulegen, namentlich auch deshalb nicht aufgefaßt werden, weil die Anlage zwar auf den Namen der Erstbeklagten, aber für Rechnung und Gefahr des Klägers geschehen sollte.

Dieser von den Parteien gewollte Erfolg konnte in den beiden ersten Fällen (Schreiben vom 14. und 22. Dezember 1921) trotz der nur privatschriftlichen Form der Urkunden erreicht werden mit der Folge, daß die Erstbeklagte zur Abtretung der erworbenen Geschäftsanteile an den Kläger verpflichtet war. Denn die Beauftragung der Erstbeklagten in den Schreiben vom 14. und 22. Dezember 1921 stand in unmittelbarem, zunächst jedenfalls zeitlichem Zusammenhang mit der am 22. Dezember 1921 beschlossenen Erhöhung des Stammkapitals der Deutsch-Asiatischen Handelsgesellschaft von einer Million auf zwei Millionen Mark. Die Erstbeklagte übernahm bei dieser Erhöhung den ganzen weiteren Geschäftsanteil von einer Million Mark und war, da am 22. Dezember 1921 die Beklagten H. und F. ihre Geschäftsanteile auf sie übertrugen, von nun an Inhaberin sämtlicher Geschäftsanteile. Unter diesen Umständen kann den beiden ersten Verpflichtungserklärungen der Erstbeklagten nur der Sinn beigelegt werden, daß diese von dem am 22. Dezember zu übernehmenden und dann übernommenen neuen Geschäftsanteil einen Teil in Höhe von 350000 M. für Rechnung und Gefahr des Klägers als dessen mittelbare Stellvertreterin erwerben sollte. Hieraus ergab sich die Abtretungspflicht gegenüber dem Kläger als in zweiter Linie stehende, selbstverständliche gesetzliche Folge. Eben darum, weil in den beiden Urkunden nicht unmittelbar eine Verpflichtung der Erstbeklagten zur Abtretung von Geschäftsanteilen ausgesprochen ist, steht ihre Privatschriftlichkeit dem Abtretungsverlangen des Klägers nicht im Wege (vgl. Hachenburg GmbHG. 5. Aufl. § 15 Anm. 16; RGZ. Bd. 50 S. 45, Bd. 82 S. 354, Bd. 89 S. 195; JW. 1913 S. 1041 Nr. 12; LZ. 1919 Sp. 866 Nr. 15). Diese Verpflichtung zur Abtretung schließt die weitere Pflicht der Erstbeklagten in sich ein, die nach § 45 Abs. 2, § 46 Nr. 4 GmbHG. erforderliche Zustimmung der Gesellschafterversammlung zur Abtrennung eines Geschäftsanteils von insgesamt 350000 M. für den Kläger herbeizuführen. Da die Erstbeklagte Alleingesellschafterin ist, kann sie dieses Erfordernis jederzeit ohne weiteres erfüllen.

In Höhe von 200000 und 150000 = 350000 M. ist sonach das Abtretungsverlangen des Klägers begründet. An Stelle eines Geschäftsanteils von insgesamt 350000 PM. tritt jetzt, nach der Umstellung des Stammkapitals auf 40000 GM., ein Geschäftsanteil in Höhe von 7000 RM. Eine Aufrechnung kommt gegenüber diesem Anspruch nicht in Frage. Ein Zurückbehaltungsrecht — mit Rücksicht auf die der Firma H., F. & Co. gegen den Kläger angeblich zustehenden Forderungen — ist in den Vorinstanzen nicht geltendgemacht worden.

Anders verhält es sich mit der dritten Verpflichtungserklärung vom 29. Dezember 1922. Darüber, daß Ende des Jahres 1922 wiederum eine Kapitalerhöhung bei der Deutsch-Asiatischen Handelsgesellschaft stattgefunden hätte, ist in den Instanzen nichts vorgetragen worden; eine solche Annahme scheidet also aus. Ein Auftrag zur Erwerbung eines Geschäftsanteils für den Kläger, wie er im Dezember 1921 gegeben wurde, kommt hier nicht in Betracht. Das Schreiben vom 29. Dezember 1922 und die von der Erstbeklagten darin übernommene Verpflichtung wegen der Anlegung der 150000 M. in einem Geschäftsanteil kann vielmehr nur dahin verstanden werden, daß diese Beklagte dem Kläger zusagte, sie werde von einem ihrer schon vorhandenen Geschäftsanteil ein Stück von 150000 M. abzweigen und auf den Kläger übertragen, bis dahin solle er indessen mit Bezug auf dieses Stück schon als Gesellschafter behandelt werden. Dann bildete aber das Versprechen der Abtretung eines schon im Besitze der Erstbeklagten befindlichen Geschäftsanteils den unmittelbaren Inhalt der Verpflichtung vom 29. Dezember 1922. Eine solche Verpflichtung ist nach § 15 Abs. 4 GmbHG. an die gerichtliche oder notarielle Form gebunden, an der es jener Erklärung fehlt. Die Folge hiervon ist die Nichtigkeit der dritten Verpflichtungserklärung.

Der Kläger kann demnach auf Grund der dritten Urkunde nicht die Abtretung eines Geschäftsanteils von 150000 M. verlangen. Wohl aber ist die Erstbeklagte nach Bereicherungsgrundsätzen zum Ersatz des Wertes zur Zeit der Hingabe des Geldes verpflichtet (§ 818 Abs. 2 BGB.), wobei ein Wegfall der Bereicherung (§ 818 Abs. 3) nach § 819 Abs. 1 oder § 820 Abs. 1 das. nicht in Betracht kommt. Auf solchen Wertersatz geht der Hilfsantrag des Klägers, wenigstens insoweit, als zunächst die Feststellung der Verpflichtung der Beklagten zur Zahlung eines Betrags begehrt wird, der dem Werte des hier in Rede stehenden Geschäftsanteils von 150000 M. (nach Umstellung gleich 3000 GM.) entspricht.

Das Berufungsgericht hat das rechtliche Interesse des Klägers an alsbaldiger Feststellung dieser Verpflichtung verneint und deshalb auch den Hilfsantrag abgewiesen mit dem Hinweis darauf, daß der Kläger jedenfalls jetzt — im Gegensatz zum Zeitpunkt der Klagerhebung — auf Rechnungslegung und Zahlung seines Guthabens klagen könne. Dem kann nicht beigetreten werden. Unrichtig ist schon der Ausgangspunkt des Berufungsrichters, daß die Beklagten das Auszahlungsverlangen des Klägers, vorbehaltlich ihrer Gegenansprüche, dem Grunde nach nicht bestritten hätten. Dafür, daß die Beklagten eine solche Verpflichtung dem Grunde nach einräumen wollten, ist weder im Tatbestand des angefochtenen Urteils noch in den Schriftsätzen der Beklagten ein ausreichender Anhalt zu finden. Im übrigen vertritt aber das Berufungsgericht selbst die Meinung oder erklärt zum mindesten die Annahme für naheliegend, daß dem

Kläger zur Zeit der Klagerhebung die Erhebung einer Leistungsklage noch nicht möglich gewesen sei. Dieser Annahme ist zuzustimmen. Die einschlägigen Verhältnisse waren, als der Kläger den Feststellungsantrag stellte, noch viel zu wenig geklärt, als daß dem Kläger die alsbaldige Erhebung einer Klage auf Leistung hätte zugemutet werden können. Der Zeitpunkt der Stellung dieses Antrags ist jedoch maßgebend für die Frage nach dem Vorhandensein des Feststellungsinteresses im Sinne des § 256 ZPO. Wie das Reichsgericht schon mehrfach ausgesprochen hat, bleibt die Feststellungsklage zulässig, auch wenn das Interesse an alsbaldiger Feststellung nachträglich wegfällt.

Dem Anspruch auf Wertersatz gegenüber wollen die Beklagten mit verschiedenen Gegenforderungen aufrechnen, die das Berufungsgericht im einzelnen noch nicht erörtert hat. Außerdem steht die Goldmarksumme noch nicht fest, die dem Werte der im Dezember 1922 der Erstbeklagten überwiesenen 150000 M. zur Zeit der Hingabe entspricht. Deshalb muß in Ansehung des Hilfsantrags die Sache zu anderweiter Verhandlung und Entscheidung an das Berufungsgericht zurückverwiesen werden.

Den Anspruch auf Schadensersatz gründet der Kläger darauf, daß die Beklagten durch Herbeiführung und Durchführung des Enthebungsbeschlusses vom 16. Juni 1925 gegen Vertrag und Gesetz verstoßen hätten. Gegen den Vertrag in erster Linie dadurch, daß jener Gesellschafterbeschluß gefaßt worden sei unter Mißachtung der Verpflichtung der Erstbeklagten, vor jeder „Generalversammlung" die Ansicht des Klägers einzuholen und dann das Stimmrecht zum Betrag von 500000 M. dementsprechend auszuüben. Dadurch sei auch § 7 des Gesellschaftsvertrags verletzt worden, der für Beschlüsse über Bestellung und Entlassung von Geschäftsführern Einstimmigkeit vorschreibe. Schließlich bestreitet der Kläger, daß ein wichtiger Grund für seine Entlassung als Geschäftsführer vorgelegen habe. Das Berufungsgericht ist der Ansicht, der Kläger könne sich dann, wenn ein solcher wichtiger Grund vorgelegen habe, nicht auf die Vertragsverletzung, wie oben angeführt, berufen. Denn beim Vorhandensein wichtiger Gründe habe für die Amtsentsetzung des Klägers auch eine Dreiviertelmehrheit genügt, und in diesem Falle sei die Erstbeklagte auch nicht verpflichtet gewesen, zu irgendeinem Betrag das Stimmrecht nach der Weisung des Klägers auszuüben. Das Vorliegen eines wichtigen Grundes zur Entlassung des Klägers als Geschäftsführers wird aber vom Berufungsrichter bejaht.

Soweit die Revision dem Berufungsgericht den Vorwurf macht, es habe vor dem Eingehen auf die Frage des wichtigen Grundes nicht geprüft, ob die Abstimmung, so wie geschehen, überhaupt zulässig gewesen sei, ist sie nicht begründet. Das angefochtene Urteil hat diese Prüfung mit dem schon erwähnten Ergebnis vorgenommen und es muß ihm darin beigetreten werden, daß der Kläger aus der an sich vorhandenen Vertragsverletzung dann, wenn ein wichtiger Grund vorlag, keinen Schadensersatzanspruch ableiten kann. In diesem Falle brauchte die Erstbeklagte, damals alleinige Gesellschafterin, die Ansicht des Klägers über die Berechtigung seiner sofortigen Entlassung nicht einzuholen, um zum Betrag von 500000 M. entsprechend seiner Meinungsäußerung zu stimmen. Denn sonst wäre der Kläger, obwohl er nicht mehr Gesellschafter war, durch Mißbilligung seiner Entlassung als Geschäftsführer und entsprechende Bindung der allein stimmberechtigten Erstbeklagten (in Höhe von 500000 M.) jederzeit, auch bei Vorliegen eines wichtigen Grundes, in der Lage gewesen, seine Enthebung vom Geschäftsführerposten zu hintertreiben. So kann aber eine vertragliche Verpflichtung wie die in den Schlußabsätzen der drei Schreiben niedergelegte unmöglich ausgelegt werden. Die Widerruflichkeit der Bestellung eines Geschäftsführers ist zwingendes Recht; sie kann zwar nach § 38 Abs. 2 GmbHG. gerade auf den Fall des Vorhandenseins wichtiger Gründe eingeschränkt, aber nicht vollständig aufgehoben werden. Es käme jedoch einer Aufhebung der Widerruflichkeit gleich, wenn man dem Kläger das Recht zugestehen würde, seiner Entlassung aus wichtigem Grunde durch Berufung auf die mit der Alleingesellschafterin in den Absätzen 3 der drei Schreiben getroffene Vereinbarung und auf § 7 Abs. 1 des Gesellschaftsvertrags (der für die Entlassung eines Geschäftsführers Einstimmigkeit verlangt) entgegenzutreten. Eine Verletzung dieser Einstimmigkeits-Vorschrift lag übrigens bei dem Beschluß vom 16. Juni 1925 nicht einmal vor. Denn die Erstbeklagte, in der Gesellschafterversammlung vom 16. Juni 1925 vertreten durch den Beklagten H., hat damals mit ihren sämtlichen Geschäftsanteilen von 2 Millionen Mark für die Abberufung des Klägers als Geschäftsführers gestimmt. Davon, daß H. nur mit einem gewissen Teil der Stimmen, die der Erstbeklagten zustanden, für die Abberufung gestimmt hätte, ergibt sich aus dem Protokoll über jene Versammlung nichts. Wenn die Erstbeklagte dem Kläger gegenüber auch schuldrechtlich verpflichtet war, mit dem Betrag von 500000 M. nach seiner Weisung zu stimmen, so hatte doch eine Zuwiderhandlung hiergegen keinen Einfluß auf die Rechtsbeständigkeit des in der Gesellschafterversammlung gefaßten Beschlusses. Wäre der Kläger im Juni 1925 noch Gesellschafter gewesen, so hätte er bei einer Beschlußfassung über den Widerruf seiner Bestellung zum Geschäftsführer an sich mitstimmen dürfen. Aber keinesfalls hätte er durch sein Mitstimmen seine Abberufung aus wichtigem Grunde verhindern können (Hachenburg GmbHG. 5. Aufl. § 38 Anm. 2). In diesem Falle hätte sein Mitstimmen einen Mißbrauch seines Stimmrechts dargestellt. Um so weniger kann dem Kläger, der am 16. Juni 1925 nicht mehr Gesellschafter war, die Verhinderung seiner Abberufung aus wichtigem Grunde durch Berufung auf die Vereinbarung mit der Erstbeklagten gestattet werden.

Ein Schadensersatzanspruch des Klägers aus der Herbeiführung und Durchführung des Gesellschafterbeschlusses vom 16. Juni 1925 ist also nur dann begründet, wenn kein wichtiger Grund zu seiner Entfernung vom Geschäftsführerposten vorlag. Das Berufungsgericht bejaht aber das Vorliegen eines solchen Grundes. (Es wird ausgeführt, daß die Darlegungen des angefochtenen Urteils zu diesem Punkt keinen Rechtsirrtum enthalten und der Schadensersatzanspruch daher mit Recht abgewiesen worden ist.)

---

69. Ist die Abtretung von Einlageansprüchen einer Aktiengesellschaft nur gegen vollwertiges Entgelt zulässig?

HGB. §§ 211, 221.

II. Zivilsenat. Urt. v. 14. Juni 1929 i. S. Frau C. (Bekl.) w. St. (Kl.). II 653/28.

I. Landgericht Nordhausen.
II. Oberlandesgericht Naumburg a. S.

Die Beklagte ist Mitgründerin der Aktiengesellschaft H.-H. Gipswerke in J., deren Grundkapital ursprünglich 10000000 PM.

betrug. Der § 13 des notariellen Gründungsvertrags vom 6. März 1923 bestimmt u. a.:

„Frau C. (die Beklagte) bringt in die Gesellschaft ihre schuldenfreien Fabrikgrundstücke

J. Bd. VIII Bl. 390 ...

N. Bd. XV Bl. 726 ...

mit dem in der Anlage verzeichneten Zubehör derart ein, daß Lasten und Nutzungen vom 1. März 1923 ab auf die Gesellschaft übergehen.

Dafür werden ihr Aktien zum Nennwerte von zwei Millionen gewährt. Von diesem Entgelt entfällt auf die Grundstücke 850000 PM., auf das Zubehör 1150000 PM. ..."

Die restlichen 8000 Aktien wurden von den Mitgründern, und zwar zum Kurs von 150% übernommen. Die Gesellschaft wurde unter dem 20. August 1923 in das Handelsregister eingetragen. Sie erhielt die von der Beklagten einzubringenden Grundstücke alsbald übergeben, zur Auflassung an die Aktiengesellschaft kam es jedoch nicht. Zur Zeit des Abschlusses des Gesellschaftsvertrags war auf dem Grundstück Bl. 390 eine Hypothek von 200000 M. und auf dem Grundstück Bl. 726 eine solche von 135000 M. eingetragen; beide Hypotheken waren jedoch in der Geldentwertungszeit „zurückgezahlt" worden. In der Folge erwirkten die Eheleute F. auf Grund von Arresten die Eintragung weiterer Hypotheken, teils Papiermark-, teils Goldmarkhypotheken. Ende August 1924 bestellte die Beklagte an dem Grundstück Bl. Nr. 390 für einen gewissen K. Kr. eine Hypothek über 3516/2790 kg Feingold.

Durch Beschluß des Amtsgerichts K. vom 15. Oktober 1924 wurde über das Vermögen der Gipswerke AG. der Konkurs eröffnet; Aktienurkunden waren bis dahin nicht ausgegeben worden. Die Beklagte verweigerte nunmehr die Auflassung der fraglichen Grundstücke. Massemittel zur Prozeßführung hatte der Konkursverwalter nicht. In einem Termin vom 19. Juni 1925 vor dem Konkursgericht wurde vom Gläubigerausschuß und von der Gläubigerversammlung der Vorschlag des Konkursverwalters einstimmig genehmigt, das gesamte Gesellschaftsvermögen einschließlich der aus dem Gründungsvertrag gegen die Beklagte bestehenden Ansprüche auf Leistung der Sacheinlage für 200 RM. an den Kläger zu veräußern. Der Veräußerungsvertrag wurde unter dem 27. Juni 1925 notariell beurkundet. Nach Abhaltung des Schlußtermins wurde das Konkursverfahren durch Beschluß des Konkursgerichts vom 17. November 1925 aufgehoben. In einem Vorprozeß verlangte der Kläger von der Beklagten Auflassung der bezeichneten Grundstücke und siegte in zweiter Instanz ob. Das Urteil erlangte Rechtskraft. Der Kläger erwirkte demnächst auf Grund dieses Rechtstitels seine Eintragung als Eigentümer.

Inzwischen waren die Papiermarkhypotheken der Eheleute F. ganz, ihre Goldmarkhypotheken teilweise gelöscht, anderseits aber von sonst eingetragenen und früher eingetragen gewesenen Hypothekengläubigern mit Erfolg Aufwertungsansprüche geltendgemacht und im Grundbuch verlautbart worden. Es handelt sich dabei zusammen um rund 708 GM.; dazu kommen noch eine Hypothek von 1000 GM. und eine solche von 2254,30 GM., sowie die Hypothek über 3516/2790 kg Feingold.

Der Kläger beantragte nunmehr Verurteilung der Beklagten dahin, daß sie die fraglichen Hypotheken und die für einen Teil der Gläubiger gegen die Löschung eingetragenen Widersprüche zur Löschung zu bringen habe. Er stützt diesen Anspruch auf Gesetz und Einbringungsvertrag sowie darauf, daß die Rechte der Gipswerke AG. an ihn abgetreten worden seien. Das Landgericht gab der Klage in vollem Umfang statt. Die Berufung der Beklagten wurde zurückgewiesen. Ihre Revision führte zur Aufhebung und Zurückverweisung.

Aus den Gründen:

... Nichtigkeit des zwischen dem Konkursverwalter und dem Kläger abgeschlossenen Abtretungsvertrags vom 27. Juni 1925 wegen Verstoßes gegen § 138 BGB. ist vom Berufungsgericht rechtlich einwandfrei verneint worden. Gegen die Rechtsgültigkeit dieser Abmachung erheben sich jedoch Bedenken aus einem anderen rechtlichen Gesichtspunkt, der von der Revision ebenfalls geltendgemacht worden ist. Nach § 221 HGB. (vgl. auch § 19 GmbHG.) können die Aktionäre von den ihnen nach §§ 211, 220 HGB. obliegenden Leistungen, Geld- und Sacheinlagen, nicht befreit werden; Rechtsgeschäfte, die gegen dieses Verbot verstoßen, sind nichtig. Das Verbot bezweckt den Schutz der Gläubiger, aber auch den der Gesellschaft und der Aktionäre in ihrer Gesamtheit. Dabei besteht ersichtlich das Wesentliche und Entscheidende nicht darin, daß der Aktionär und Gesellschafter voll leistet, sondern darin, daß seine Leistung der Gesellschaft vollständig zufließt. Es kann nicht genügen, wenn die Leistung nur an den Zessionar der Gesellschaft in vollem Umfang erfolgt und wenn insofern eine Volleistung vorliegt. Ist im Fall der Abtretung solcher Einlage- und Einbringungsansprüche der vereinbarte Gegenwert zu gering, also dem Wert des abgetretenen Anspruchs nicht angemessen, so erhält die Gesellschaft eben nicht die Einlage, wie es § 221 HGB. vorschreibt, sondern in Form des Abtretungsentgelts einen geringeren Wert. Dann verstößt aber eine solche Abtretung gegen § 221 HGB. mit der Folge der Nichtigkeit des schuldrechtlichen und des dinglichen Abtretungsgeschäfts. Abtretungen von Einlageansprüchen können hiernach nur dann als rechtsgültig anerkannt werden, wenn durch sie der Vermögensstand der Gesellschaft nicht verringert wird, wenn also an die Stelle des abgetretenen Anspruchs ein angemessenes, vollwertiges Entgelt tritt (Brodmann Aktienrecht Anm. 6a zu § 218 HGB.; Lehmann-Ring Anm. 1 zu § 221 HGB.). Sonst wäre für die Möglichkeit der Umgehung des § 221, gerade über den Weg der Abtretung, Tür und Tor offen. Der hier vertretene Standpunkt gilt für die Abtretung solcher Ansprüche der Aktiengesellschaft gleicherweise innerhalb wie außerhalb des Konkursverfahrens. Es kommt demnach weiter darauf entscheidend an, ob das vom Konkursverwalter bei Abtretung der Ansprüche erzielte Entgelt angemessen war; dabei muß selbstverständlich von den Ansprüchen ausgegangen werden, so wie sie in der Masse lagen. Unter dem Gesichtspunkt der Angemessenheit des erzielten Preises hat aber das Berufungsgericht die Frage der Rechtsgültigkeit des Abtretungsvertrags noch nicht geprüft. Die Erwägungen, auf Grund deren es ein auffälliges Mißverhältnis zwischen Leistung und Gegenleistung verneint hat, reichen dazu nicht aus...

---

70. Ist eine Vollmachtsanzeige eines Kaufmanns an die Eisenbahn-Güterabfertigung des Inhalts, daß er einen Spediteur zur Empfangnahme von Gütern bevollmächtigt habe, stempelsteuerpflichtig?

Preuß. Stempelsteuergesetz vom 27. Oktober 1924 (GS. S. 627) Tarifstelle 19 Abs. 4.

VII. Zivilsenat. Urt. v. 14. Juni 1929 i. S. Preuß. Staat (Bekl.) w. Firma N. & H. (Kl.). VII 561/28.

I. Landgericht Königsberg i. Pr.
II. Oberlandesgericht daselbst.

Mehrere Firmen in B. hatten die Klägerin, welche Speditionsgeschäfte betreibt, ohne von der Eisenbahn als Fuhrunternehmer bestellt zu sein, damit beauftragt, die für sie mit der Bahn eingehenden Güter abzuholen und ihnen zuzurollen. Um einer Vorschrift der Eisenbahnverkehrsordnung (§ 78 Abs. 2 Satz 2 in der Fassung vom 23. Dezember 1908, § 77 Abs. 3 Satz 2 in der seit dem 1. Oktober 1928 geltenden Fassung vom 16. Mai 1928) zu genügen, stellten die Firmen schriftliche Anzeigen aus, welche die Klägerin der Güterabfertigung in B. einreichte. Die Anzeigen, zu denen ein von der Deutschen Reichsbahn-Gesellschaft herausgegebener Vordruck verwendet wurde, hatten folgenden Wortlaut:

„Vollmachtsanzeige.

a) Ich zeige der Eilgut/Güterabfertigung an, daß ich die Firma N. & H. zur Empfangnahme der für mich ankommenden Stückgüter — Wagenladungen — und der Benachrichtigungen sowie zur Quittungsleistung bevollmächtigt habe. Die Vollmacht umfaßt auch das Recht auf Annahmeverweigerung.

b) (ohne Belang).

B., den . . . .

(Unterschrift der Firma)."

Das Finanzamt B. verlangte die Verstempelung dieser Urkunden nach Tarifstelle 19 Abs. 4 des preußischen Stempelsteuergesetzes vom 27. Oktober 1924 mit je 1,50 RM. (Steuersatz nach Abs. 3 daselbst). Die Klägerin zahlte am 12. Juli 1927 für sechs inhaltlich gleiche Vollmachtsanzeigen den Stempelbetrag von 9 RM. Sie verlangt die Rückzahlung des Betrages nebst Zinsen. Das Landgericht wies die Klage ab; das Oberlandesgericht erkannte nach dem Klagantrag. Die Revision des Beklagten blieb ohne Erfolg.

Gründe:

Das Berufungsgericht geht in Übereinstimmung mit der Auffassung beider Parteien davon aus, daß sich die etwaige Stempelpflichtigkeit der streitigen Vollmachtsanzeigen nur nach Abs. 4 der Tarifstelle 19 StStG. bestimmen kann, der von den sog. Vollmachtgeständnisurkunden handelt. Danach sind Schriftstücke, in denen jemand einem Dritten gegenüber erklärt, daß er einem anderen die Vornahme einer Angelegenheit rechtlicher Natur aufgetragen habe, dem Vollmachtsstempel nicht unterworfen, sofern nicht die Verkehrssitte eine Vollmacht in diesen Fällen erfordert und durch das Schriftstück die förmliche Vollmacht ersetzt werden soll. Das Oberlandesgericht unterstellt zugunsten des Beklagten das Vorhandensein von Angelegenheiten rechtlicher Natur bei den in Rede stehenden Erklärungen der sechs Firmen; es verneint aber die Stempelpflichtigkeit, weil eine Verkehrssitte, d. h. eine den Verkehr beherrschende tatsächliche Übung dahin, daß dem mit der Empfangnahme und Abholung von Gütern beauftragten Spediteur vom Auftraggeber eine förmliche Vollmachtsurkunde ausgestellt und diese dann vom Spediteur bei der Abholung vorgelegt werde, nicht bestehe. Die Revision beanstandet diese Auffassung als rechtsirrig. Ihr ist zunächst entgegenzuhalten, daß die Entscheidung der Frage, ob eine Verkehrssitte im Sinne der Tarifstelle 19 Abs. 4 StStG. (gleichlautend Tarifstelle 73 Abs. 5 StStG. alter Fassung) besteht oder nicht, auf tatsächlichem Gebiete liegt und für den Revisionsrichter bindend ist. Dies hat der erkennende Senat schon mehrfach ausgesprochen (RGZ. Bd. 55 S. 377, Bd. 104 S. 361/362 und Urteil vom 28. Mai 1929 VII 480/28). Es kann aber auch nicht davon die Rede sein, daß sich der Berufungsrichter bei der Prüfung jener Frage rechtlich falsch eingestellt hätte, wie die Revision darzulegen sucht. Zutreffend stellt er darauf ab, ob die Verkehrssitte bei der Abholung von Gütersendungen durch Spediteure die Vorlegung einer förmlichen Vollmachtsurkunde des Auftraggebers erfordert. Denn schon im Urteil vom 23. Mai 1922 hat der erkennende Senat die Bedeutung der in Betracht kommenden Gesetzesstelle (damals Tarifst. 73 Abs. 5) dahin erläutert: „Eine Vollmachtgeständnisurkunde ist stempelpflichtig, wenn sie eine Vollmachtverfügungsurkunde ersetzen soll und die Verkehrssitte eine Vollmachtverfügungsurkunde erfordert" (RGZ. Bd. 104 S. 361). Bei Ausführung seiner Ansicht, daß letzteres hier nicht der Fall sei, verwertet der Vorderrichter auch das ihm bekannte Verhalten der Reichsbahn in Fällen, in denen das Abrollen durch einen bahnamtlichen Spediteur nicht in Frage kommt, bei Abholung des Gutes durch einen anderen als den Empfänger. Er stellt fest, daß dann dem Empfänger ein sog.

Avis übersandt werde, in dem es heißt: „Die Güter werden gegen Rückgabe dieses mit der Empfangsbescheinigung des Empfängers zu versehenden Benachrichtigungsschreibens ausgeliefert", und folgert daraus, daß die Reichsbahn bereit sei, lediglich gegen Vorlegung des quittierten Avises und ohne etwa bei der Abholung durch einen Dritten eine besondere Vollmacht zu erfordern, die Güter herauszugeben. Die Revision wendet dagegen ein, das quittierte Avis stelle nach § 370 BGB. in Verbindung mit § 172 BGB. eine Vollmachtsurkunde dar, und bezeichnet es als widerspruchsvoll, wenn das Berufungsgericht mit Hinweis auf das Verlangen der quittierten Avise die fragliche Verkehrssitte verneine; sie hätten vielmehr durch die streitigen Vollmachtsanzeigen ersetzt werden sollen. Dem ist nicht zu folgen. Eine Quittung, für die § 370 BGB. nur eine widerlegbare Vermutung einer beschränkten Ermächtigung ihres Überbringers aufstellt, hat im wesentlichen nur als Empfangsbestätigung rechtliche Bedeutung und kann keinesfalls der förmlichen Vollmachtsurkunde gleichgestellt werden, wie sie Tarifstelle 19 Abs. 4 StStG. im Auge hat und wie sie auch im § 172 BGB. vorausgesetzt wird. Für eine solche ist die Bezeichnung der Person des Bevollmächtigten unerläßlich, wie dies vom erkennenden Senat auch für die Anwendbarkeit des § 171 BGB. angenommen worden ist (Urteil vom 15. Januar 1929 VII 323/28, mitgeteilt Recht 1929 Nr. 479). In einer Quittungsurkunde und ebenso in einem Avis der im Berufungsurteil gekennzeichneten Art fehlt aber jede Benennung der zur Empfangnahme der Leistung ermächtigten Person.

Anhang:

Entscheidungen des Staatsgerichtshofs.

1.

In der verfassungsrechtlichen Streitsache

1. **der Volksrechtpartei (Reichspartei für Volksrecht und Aufwertung), Landesverband Württemberg,**
2. **der Nationalsozialistischen Deutschen Arbeiterpartei (Hitlerbewegung), Gau Württemberg,**

Antragsteller,

gegen

das Land Württemberg,

Antragsgegner,

wegen Feststellung der Verfassungswidrigkeit des Art. 20 Abs. 2 des Landtagswahlgesetzes vom 4. April 1924 (StGH. 7/28),

hat der Staatsgerichtshof für das Deutsche Reich in der nichtöffentlichen Sitzung vom 22. März 1929 für Recht erkannt:

I. Artikel 20 Abs. 2 des württembergischen Landtagswahlgesetzes vom 4. April 1924 verstößt gegen die Reichsverfassung.

II. Die übrigen Anträge der Parteien werden abgewiesen.

Gründe:

I.

Der Württembergische Landtag setzt sich nach § 9 der Verfassung Württembergs (in der Fassung des Gesetzes vom 4. April 1924, Württ.RegBl. S. 227) aus 80 Abgeordneten zusammen. Das Wahlverfahren ist durch das Landtagswahlgesetz vom 4. April 1924 (RegBl. S. 228) geregelt. Danach entfallen von den 80 Abgeordneten 56 auf die Bezirksvorschlagslisten, 24 auf die Landesvorschlagslisten (Art. 1 Abs. 1). Die Stadtgemeinde Stuttgart und die Oberamtsbezirke bilden je einen Wahlbezirk (Abs. 2 das.). Es bestehen danach zur Zeit 62 Wahlbezirke. Die Bezirksvorschlagslisten dürfen bis zu 6, im Wahlkreis Stuttgart-Stadt bis zu 10 Bewerber enthalten (Art. 11 Abs. 1). Sie müssen von mindestens 10 im Wahlbezirk wahlberechtigten Personen (Wählervereinigung) unterzeichnet sein (Abs. 2 das.). Außerdem soll jede Bezirksvorschlagsliste mit einem auf die Parteistellung der Bewerber hinweisenden oder einem anderen unterscheidenden Kennwort versehen sein (Abs. 4 das.). Bis zu 6 Bezirksvorschlagslisten benachbarter Wahlbezirke mit demselben Kennwort oder mit denselben in der gleichen Reihenfolge aufgeführten Bewerbern können miteinander verbunden werden (Art. 12 Abs. 1). Sollen die auf eine Bezirksvorschlagsliste entfallenden Stimmen für das ganze Land wirksam werden, so müssen die Unterzeichner schriftlich erklären, welcher Landesvorschlagsliste sich die Bezirksvorschlagsliste anschließt (Art. 13 Abs. 1). Die Landesvorschlagslisten dürfen nicht mehr als 24 Bewerber enthalten (Art. 14 Abs. 1 Satz 1). Sie dienen nicht als Grundlage der Abstimmung (Abs. 2 Satz 1 das.). Vielmehr werden die Abgeordnetensitze sowohl auf die Bezirks- wie auf die Landesvorschlagslisten nach dem Verhältnis der auf die Bezirksvorschlagslisten entfallenden gültigen Stimmen verteilt (Art. 20 Abs. 1). Art. 20 Abs. 2 schränkt aber die Berücksichtigung der abgegebenen gültigen Stimmen durch folgende Vorschrift ein:

„Bei Zuweisung von Sitzen bleibt eine Wählervereinigung unberücksichtigt, deren Bezirksvorschlagslisten nicht wenigstens in einem Wahlbezirk ein Achtzigstel der im ganzen Land abgegebenen Stimmen (Wahlzahl) oder in vier Wahlbezirken je ein Achtel der Wahlzahl erreicht haben."

Bei Verteilung der auf die Landesvorschlagslisten entfallenden Abgeordnetensitze sind nur die Stimmen zu berücksichtigen, die auf die an eine Landesvorschlagsliste angeschlossenen Bezirksvorschlagslisten abgegeben worden sind (Art. 20 Abs. 3). Zur Verteilung der den Bezirksvorschlagslisten zufallenden Abgeordnetensitze werden die für jede Wählervereinigung im ganzen Lande abgegebenen Stimmen nacheinander durch 1, 2, 3, 4 usw. geteilt. Von den sich hierbei ergebenden Teilzahlen werden unter Berücksichtigung von Art. 20 Abs. 2 so viele Höchstzahlen der Größe nach ausgesondert, als Abgeordnete auf die Bezirksvorschlagslisten zu wählen sind (Art. 21 Abs. 1). Jede Wählervereinigung erhält so viele Abgeordnetensitze, als Höchstzahlen auf sie entfallen (Abs. 2 das.). Die einer Wählervereinigung zugewiesenen Sitze werden auf die einzelnen Bezirksvorschlagslisten in der gleichen Weise unterverteilt (Abs. 3 Satz 1 das.). Die Verteilung der auf die Landesvorschlagslisten entfallenden Abgeordnetensitze geschieht in sinngemäßer Anwendung von Art. 21 (Art. 22 Abs. 1). Es werden also die für jede Wählervereinigung, deren Bezirksvorschlagslisten an eine Landesvorschlagsliste angeschlossen sind, im ganzen Lande abgegebenen Stimmen nacheinander durch 1, 2, 3, 4 usw. geteilt und dann den Höchstzahlen die auf die Landesvorschlagslisten entfallenden 24 Abgeordnetensitze zugeteilt, auch hier wieder unter Berücksichtigung des Art. 20 Abs. 2 (Art. 22 Abs. 2). Nach Zuteilung der Abgeordnetensitze werden diese auf die Bewerber nach ihrer Reihenfolge in den Bezirks- und Landesvorschlagslisten verteilt (Art. 23 Abs. 1).

Auf Grund dieses Wahlgesetzes ist der württembergische Landtag am 4. Mai 1924 und dann wieder am 20. Mai 1928 gewählt worden. Bei der Wahl von 1928 wurden 1121093 gültige Stimmen abgegeben. Die Wahlzahl im Sinne von Art. 20 Abs. 2 LWG. ($^1/_{80}$) betrug also 14014, $^1/_8$ davon 1751. Der letzte (56.) Bezirkssitz wurde mit der Zahl 17805 erlangt. Auf die Bezirksvorschlagslisten der Reichspartei für Volksrecht und Aufwertung (Volksrechtpartei) sind am 20. Mai 1928 37098, auf die der Nationalsozialistischen Deutschen Arbeiterpartei 20342 gültige Stimmen abgegeben worden. Ihnen sind aber auf Grund von Art. 20 Abs. 2 LWG. keine Abgeordnetensitze zugeteilt worden, da sie weder in einem Wahlbezirk die Wahlzahl, noch in vier Wahlbezirken $^1/_8$ der Wahlzahl erreicht haben. Die Volksrechtpartei hat das Achtel außer in Stuttgart-Stadt nur noch in einem Wahlbezirk, die Nationalsozialistische Deutsche Arbeiterpartei hat es nur in Stuttgart-Stadt erlangt. Beim Fehlen der Vorschrift des Art. 20 Abs. 2 LWG. würde die erstgenannte Partei zwei Bezirkssitze, die andere einen Bezirkssitz erhalten haben.

Die durch den Art. 20 Abs. 2 LWG. benachteiligten Parteien, die Volksrechtpartei, Landesverband Württemberg, und die Nationalsozialistische Deutsche Arbeiterpartei, Gau Württemberg, halten die Vorschrift für verfassungswidrig und haben daher beim Staatsgerichtshof für das Deutsche Reich Klage gegen das Land Württemberg erhoben. Der Antrag der Volksrechtpartei hat in seiner Fassung gewechselt. In seinem endgültigen Wortlaut geht er dahin,

> in erster Linie den Art. 20 Abs. 2 LWG. für verfassungswidrig zu erklären und außerdem festzustellen, daß die verfassungswidrigen Auswirkungen dieses Art. 20 Abs. 2 LWG. durch die Verbindung mit den Bestimmungen des LWG. über die Wahlkreiseinteilung und die Abgeordnetenzahl noch verschärft werden.

Die zweite Antragstellerin, die Nationalsozialistische Deutsche Arbeiterpartei, hat die Wahl zum württembergischen Landtag, abgehalten am 20. Mai 1928, als ungültig angefochten und hat weiterhin beantragt,

> den Art. 20 Abs. 2 des württembergischen Landtagswahlgesetzes vom 4. April 1924 für verfassungswidrig zu erklären.

Die Antragsteller sind der Auffassung, daß Art. 20 Abs. 2 LWG. unvereinbar sei mit den Grundsätzen der Verhältniswahl, nach denen, wie sowohl die Reichsverfassung als auch die Verfassung Württembergs bestimme, die Landtagswahl stattzufinden habe, daß er aber überdies dem in beiden Verfassungen niedergelegten Grundsatz der Gleichheit der Wahl widerspreche. Der Sinn der Verhältniswahl sei die Berücksichtigung der Minderheiten. Im Gegensatz dazu beraube Art. 20 Abs. 2 LWG. sogar sehr bedeutende Minderheiten ihres Rechts auf Vertretung im Landtag. In Verbindung mit der Festlegung der Gesamtzahl der Abgeordneten führe diese Bestimmung zu einer Vermehrung der Sitze der großen Parteien auf Kosten der kleinen. Dadurch, daß jede Partei, um überhaupt einen Sitz zu erlangen, in einem Wahlkreis die Wahlzahl oder in vier Wahlkreisen $^1/_8$ davon erreichen müsse, würden diejenigen Parteien benachteiligt, deren Wähler über das ganze Land verteilt seien. Die Vorschrift komme dagegen den Parteien zugute, die in einzelnen Gegenden des Landes besonders stark vertreten seien, so den Arbeiterparteien in den Großstädten, den Bauernparteien auf dem Lande, den konfessionellen Parteien in konfessionell ungemischten Gegenden. Die Gesamtbedeutung dieser örtlich zusammengefaßten Parteien brauche keineswegs größer zu sein als diejenige der im ganzen Lande verbreiteten. So enthalte Art. 20 Abs. 2 LWG., der gerade zum Zweck dieser unterschiedlichen Behandlung der Parteien je nach ihrer örtlichen Verteilung geschaffen worden sei, einen schweren Verstoß gegen den Grundsatz der Wahlgleichheit. Seine Wirkung bestehe in einer ungleichen Bewertung der Stimmen bei der Zuweisung der Abgeordnetensitze. Diese Wirkung werde verschärft durch die Aufteilung des Landes in 62 Wahlbezirke von ganz verschiedener Größe. Wahlbezirken mit wenig mehr als 10000 Stimmberechtigten ständen solche mit der 5 bis 6-, ja sogar 20fachen Zahl von Stimmberechtigten gegenüber. Die großen Wahlkreise, insbesondere Stuttgart, in denen es leichter sei, den Erfordernissen des Art. 20 Abs. 2 LWG. zu genügen, seien also erheblich bevorzugt. In gewissem Sinne werde übrigens durch die beanstandete wahlgesetzliche Bestimmung auch die Wahlfreiheit beeinträchtigt.

Das Land Württemberg hat um Abweisung der Klaganträge gebeten, und zwar des von der Nationalsozialistischen Deutschen Arbeiterpartei gestellten Antrags auf Ungültigkeitserklärung der Landtagswahl vom 20. Mai 1928 deshalb, weil über ihre Gültigkeit der württembergische Staatsgerichtshof zu entscheiden habe. Die Angriffe gegen das Landtagswahlgesetz, insbesondere gegen seinen Art. 20 Abs. 2, hält das Land Württemberg für unbegründet. Es führt aus, der Grundsatz der Wahlgleichheit sei erfüllt, wenn jeder Wahlberechtigte bei der Abstimmung in dem für alle geltenden Abstimmungskörper eine Stimme habe. Die Teilung der Wähler in Gruppen oder Klassen und das Mehrstimmwahlrecht seien damit ausgeschlossen. Dagegen verlange der genannte Grundsatz nicht, daß der Nutzwert (Erfolgswert) der abgegebenen Stimmen der gleiche sei. Die Gleichheit des Wahlrechts bestehe in der Gleichheit des Zählwertes aller Stimmen. Dieser werde aber durch den Umfang der Wahlkreise nicht berührt, da, einerlei ob der Wahlkreis groß oder klein sei, jeder Wähler seine Stimme abgeben könne und jede Stimme gezählt werde. Nur hinsichtlich des rechtlich unbeachtlichen Nutzwertes der Stimmen könne die Größe des Wahlkreises von Bedeutung sein. Art. 20 Abs. 2 LWG. nehme den Stimmen, die auf die Parteien entfallen seien, welche seine Voraussetzungen nicht erfüllten, nur den Erfolgswert, während die Wirkung der für die anderen Parteien abgegebenen Stimmen entsprechend verstärkt werde. Das verstoße nach dem Gesagten ebenfalls nicht gegen die Gleichheit des Wahlrechts.

Der Grundsatz der Verhältniswahl sei in den Verfassungen sowohl des Reiches wie Württembergs nur allgemein ausgesprochen worden. Seine Ausgestaltung im einzelnen sei der besonderen Wahlgesetzgebung überlassen worden. Diese sei nicht verpflichtet, den der Verhältniswahl zugrundeliegenden Gedanken der Berücksichtigung der Minderheiten bis ins Äußerste durchzuführen, was überhaupt bei keinem der verschiedenen Systeme der Verhältniswahl möglich sei. So entspreche Art. 20 Abs. 2 LWG. noch dem Grundsatz des Verhältniswahlrechts, wenn er auch eine Abschwächung dieses Grundsatzes bedeute und erklärtermaßen den Zweck verfolge, das Aufkommen kleiner Parteien zu erschweren. Von einer Verletzung der Wahlfreiheit durch das Landtagswahlgesetz könne keine Rede sein.

II.

Nach § 14 Abs. 2 der Verfassung Württembergs in Verbindung mit Art. 29 Abs. 1 LWG. entscheidet der württembergische Staatsgerichtshof, wenn eine Landtagswahl wegen Ungültigkeit angefochten wird. Daraus in Verbindung mit Art. 19 Abs. 1 RVerf. folgt, daß der die württembergische Landtagswahl vom 20. Mai 1928 anfechtende und auf ihre Ungültigkeitserklärung hinzielende Teil des von der Nationalsozialistischen Deutschen Arbeiterpartei gestellten Antrags wegen Unzuständigkeit des Staatsgerichtshofs für das Deutsche Reich abgewiesen werden muß.

III.

Soweit die Antragsteller die Verfassungswidrigkeit des württembergischen Landtagswahlgesetzes geltendmachen, bestehen keine verfahrensrechtlichen Bedenken. Es handelt sich um eine Verfassungsstreitigkeit im Sinne des Art. 19 Abs. 1 RVerf., zu deren Führung die Antragsteller als allgemein anerkannte politische Parteien befugt sind. Zur Begründung hierfür genügt es, auf die bisherige Rechtsprechung des Staatsgerichtshofs für das Deutsche Reich zu verweisen.

IV.

Beide Antragsteller begehren, daß Art. 20 Abs. 2 LWG. für verfassungswidrig erklärt werde. Die Volksrechtpartei beantragt außerdem noch, festzustellen, daß die verfassungswidrigen Wirkungen der genannten Vorschrift durch die Verbindung mit den Bestimmungen des Landtagswahlgesetzes über die Wahlkreiseinteilung und die Abgeordnetenzahl noch verschärft würden. Dieser Teil des Antrags hat indessen keine selbständige Bedeutung. Er nimmt einen Teil der Begründung für die behauptete Verfassungswidrigkeit des Art. 20 Abs. 2 in den Klagantrag mit hinein und erledigt sich deshalb ohne weiteres, wenn über die Verfassungsmäßigkeit der genannten Vorschrift entschieden wird. Einer besonderen Bescheidung bedarf er nicht. Natürlich wird bei Prüfung des Art. 20 Abs. 2 erörtert werden müssen, wie er sich gerade bei der gegenwärtigen Wahlkreiseinteilung und Abgeordnetenzahl auswirkt.

V.

In Art. 17 Abs. 1 bestimmt die Reichsverfassung, daß die Volksvertretungen der Länder in allgemeiner, gleicher, unmittelbarer und geheimer Wahl nach den Grundsätzen der Verhältniswahl gewählt werden. Außerdem gewährleistet sie in Art. 125 die Wahlfreiheit und das Wahlgeheimnis. Diese Grundsätze hat die Verfassung Württembergs teilweise wiederholt. Nach § 4 Abs. 2 Satz 2 ist das Stimm- und Wahlrecht gleich und wird geheim und unmittelbar ausgeübt. Für das Landtagswahlverfahren sind nach § 10 Abs. 2 die Grundsätze der Verhältniswahl maßgebend. Es kann bei dem engen Zusammenhang beider Verfassungen nicht bezweifelt werden, daß die Verfassung Württembergs unter dem gleichen Wahlrecht dasselbe versteht wie die Reichsverfassung, und daß die Grundsätze der Verhältniswahl, deren Anwendung sie vorschreibt, keine anderen sind als die in Art. 17 RVerf. bezeichneten. Daraus folgt, daß Art. 20 Abs. 2 LWG., wenn er die Reichsverfassung verletzt, gleichzeitig gegen die Verfassung Württembergs verstößt, es sei denn, daß den in deren § 19 Abs. 2 für den Beschluß einer Verfassungsänderung aufgestellten Erfordernissen bei Erlaß des württembergischen Landtagswahlgesetzes genügt worden ist. Das behauptet das Land Württemberg für den Art. 20 Abs. 2 LWG., indem es von dem Landtagswahlgesetz vom 15. Mai 1920 (RegBl. S. 243) ausgeht, bei dessen Annahme im Landtag die Vorschrift für Verfassungsänderungen beobachtet worden ist. Dieses ältere Wahlgesetz bestimmte in Art. 20 Satz 2, daß bei der Reststimmenverwertung die Reststimmen der an die gleiche Landesvorschlagsliste angeschlossenen Kreisvorschlagslisten nur berücksichtigt würden, wenn wenigstens eine von diesen Kreisvorschlagslisten die

Wahlzahl oder drei davon je die Hälfte der Wahlzahl erreicht hätten. Das Land Württemberg vertritt die Ansicht, daß der jetzt streitige Art. 20 Abs. 2 des Landtagswahlgesetzes von 1924 nur eine Änderung des noch weitergehenden Art. 20 Satz 2 des früheren Wahlgesetzes, nicht der Verfassung selbst enthalte und daher ohne Erreichung einer verstärkten Mehrheit gültig sei. Ob dem beizupflichten ist, kann unerörtert bleiben. Denn ganz unabhängig von seinem Verhältnis zur Verfassung Württembergs entbehrt Art. 20 Abs. 2 LWG. schon dann der Rechtswirksamkeit, wenn er der Reichsverfassung widerstreitet. Dafür, ob ein solcher Widerstreit vorliegt, ist es aber unerheblich, mit welcher Mehrheit der württembergische Landtag die Vorschrift angenommen hat. Und da, wie bemerkt, sachlich beide Verfassungen in den für die Streitfrage maßgebenden Vorschriften übereinstimmen, so genügt es, wenn im folgenden erörtert wird, ob das Klagebegehren sich aus der Reichsverfassung rechtfertigt. Die Verfassung Württembergs kann beiseite gelassen werden.

VI.

Die Grundsätze der allgemeinen, gleichen, unmittelbaren und geheimen Wahl haben sich für die alte Mehrheitswahl entwickelt. Art. 17 RVerf. (ebenso Art. 22 für die Reichstagswahl) hat sie auf die von ihm für die Wahl der Volksvertretungen der Länder vorgeschriebene Verhältniswahl übertragen. Von der Bedeutung, welche die genannten großen Wahlgrundsätze, insbesondere der Grundsatz der gleichen Wahl, im Rahmen der Verhältniswahl besitzen, hängt die Entscheidung des vorliegenden Streitfalls ab.

In seiner Entscheidung vom 17. Dezember 1927, die in einer mecklenburg-strelitzschen Wahlrechtsstreitigkeit erging (RGZ. Bd. 118 Anh. S. 33), hat der Staatsgerichtshof für das Deutsche Reich ausgesprochen, daß unter dem von der Reichsverfassung vorgeschriebenen gleichen Wahlrecht die Gleichheit der Stimmberechtigung aller Wähler zu verstehen sei; jeder Wähler habe eine Stimme, jede Stimme habe gleiche Kraft. Das Land Württemberg will hier zwischen dem Zählwert der abgegebenen Stimmen und dem Nutzwert (Erfolgswert) unterscheiden. Es meint, daß dem Erfordernis der Gleichheit des Wahlrechts genügt werde, wenn jeder Wahlberechtigte seine Stimme abgebe und jede Stimme einfach zähle. Dagegen brauche die Wirkung der abgegebenen Stimmen nicht überall die gleiche zu sein, was sich schon daraus ergebe, daß selbst bei der Verhältniswahl stets unverwertbare Reststimmen übrig blieben. Der Antragsgegner glaubt, daß auch die genannte Entscheidung des Staatsgerichtshofs nur die Gleichheit des Zählwerts der abgegebenen Stimmen verlange. Indessen ist diese Auffassung von dem früheren Urteil unrichtig. Das damals streitige mecklenburg-strelitzsche Wahlgesetz bot dem Staatsgerichtshof keine Veranlassung, zu dieser begrifflichen Unterscheidung Stellung zu nehmen. Sie ist aber auch abzulehnen.

Der einzelne Wähler nimmt kraft des ihm zustehenden Wahlrechts an der Bildung des zu wählenden Vertretungskörpers teil. Wenn bei ihr alle Wähler in gleicher Weise mitwirken, ist ihr Wahlrecht gleich. Dazu genügt aber noch nicht, daß jede abgegebene Stimme einmal und nur einmal gezählt wird. Erforderlich ist vielmehr, daß jede Stimme auch bei der Bewertung der Stimmen das gleiche Gewicht besitzt. Nicht der sog. Zählwert, sondern der sog. Erfolgswert gibt der Stimme ihre wirkliche Bedeutung. Er muß also für jede abgegebene Stimme der gleiche sein. Allerdings ist es richtig, daß bei jedem Wahlakt Stimmen abgegeben werden, die schließlich keinen Einfluß auf das sachliche Wahlergebnis und die Zusammensetzung der zu wählenden Körperschaft gewinnen. Es sind das bei der Mehrheitswahl die Stimmen der Minderheit, bei der Verhältniswahl die hinter der Verteilungszahl zurückbleibenden Stimmen. Daß diese Stimmen wirkungslos bleiben, ergibt sich aber mit Notwendigkeit aus der Natur des Wahlverfahrens, daraus, daß ein Vertreter erst auf eine gewisse Mindestzahl von Stimmen entfallen kann. Dagegen läßt dieser Umstand keinen Schluß darauf zu, daß es statthaft sei, auch noch andere abgegebene Stimmen ihrer Wirkung auf das Wahlergebnis zu entkleiden. Es bedeutet vielmehr eine ungleiche Behandlung der Wähler, wenn bei der Verteilung der Abgeordnetensitze nur die Wahlstimmen berücksichtigt werden, die noch weitere Voraussetzungen als die Erreichung der Verteilungszahl (bei der Mehrheitswahl der Mehrheit) erfüllen.

Man kann auch nicht etwa sagen, daß eine ungleiche Ausgestaltung des Wahlrechts nur dann vorliege, wenn die Bewertung der Stimmen abhängig gemacht werde von Umständen, die außerhalb des Wahlverfahrens liegen (z. B. vom Vermögen oder Alter). Sie ist vielmehr ebenso dann gegeben, wenn Erfordernisse aufgestellt werden, denen jede Partei genügen kann, sofern sie nur die dazu nötigen

Stimmen erzielt. Denn auch eine Vorschrift dieser Art, die sich äußerlich als bloße Verschärfung der im Wahlverfahren selbst zu erfüllenden Bedingungen darstellt, hat die Wirkung, daß sie die Zuteilung von Abgeordnetensitzen an Voraussetzungen knüpft, die nicht bei jeder Partei oder Gruppe vorzuliegen brauchen, die also von vornherein eine erfolgreiche Wahlbeteiligung der zu solchen Parteien oder Gruppen gehörigen Wähler ausschließt oder wenigstens erschwert. Ihrem sachlichen Gehalt nach stellen auch Bestimmungen dieses Inhalts eine Abstufung des Erfolgswertes der verschiedenen Wahlstimmen dar. Sie bringen ein ungleiches Wahlrecht.

Die Richtigkeit dieser Erwägung wird gerade durch eine Prüfung des hier streitigen Art. 20 Abs. 2 LWG. bestätigt. Er scheint zunächst alle Wähler, Parteien, Wahlgruppen gleich zu behandeln. Er eröffnet ihnen gleichmäßig den Weg zum Parlament, sofern nur ihre Bezirksvorschlagslisten wenigstens in einem Wahlbezirk die Wahlzahl oder in vier Wahlbezirken je $^1/_8$ der Wahlzahl erreichen. Indessen trügt dieser Schein. In Wirklichkeit vermögen die größeren Parteien dieser Bedingung sehr viel leichter nachzukommen als die kleinen. Letztere, insbesondere also die neu auftretenden Parteien, können die ihnen nach ihrer Stimmenzahl gebührenden Abgeordnetensitze erheblich schwerer erlangen als erstere. Die Niederhaltung der kleinen Parteien, oder, wie es der Berichterstatter Linkenheil bei der Beratung des Art. 21 (des späteren Art. 20) des ersten Landtagswahlgesetzes (vom 15. Mai 1920) in der Sitzung des württembergischen Landtags vom 6. Mai 1920 (Protokolle S. 2060) ausgedrückt hat, „die Verhinderung von kleinen Sektenbildungen" war denn auch der ausgesprochene Zweck der Vorschrift. Diesen Zweck verfolgte sie nicht bloß in ihrer ersten Fassung, in der sie die Erreichung entweder der Wahlzahl durch eine Kreisvorschlagsliste, oder der Hälfte der Wahlzahl durch drei Listen forderte. Auch in ihrer jetzigen Fassung, nach der es genügt, wenn entweder die Wahlzahl in einem Bezirk oder in vier Wahlbezirken je $^1/_8$ der Wahlzahl erreicht wird, dient sie der gleichen Absicht. Die in dem neuen Wahlgesetz vom 4. April 1924 enthaltene Abschwächung ist nur durch die Vermehrung der Zahl der Wahlbezirke veranlaßt worden und ist daher im entscheidenden Punkt ohne Belang.

Die Wirkung der Vorschrift erschöpft sich aber nicht in der Bevorzugung der großen Parteien, sie schafft auch einen Unterschied zwischen den Parteien, die in einzelnen Wahlbezirken festen Fuß gefaßt haben und dort über größere Wählermassen verfügen, und denen, deren Anhänger über die Wahlbezirke verstreut sind. Ausgesprochen städtische und ebenso ausgesprochen ländliche Parteien genießen einen Vorteil vor den über das ganze Land gleichmäßig verbreiteten Parteien. Ebenso werden konfessionelle Parteien bevorzugt, die sich in den nach ihrem kirchlichen Bekenntnis ungemischten Gegenden auf eine räumlich geschlossene Anhängerschaft stützen können. So hat beispielsweise der Christliche Volksdienst, der mit seinen 43440 Stimmen nur rund 4000 Stimmen mehr erzielt hat als die leer ausgehende Volksrechtpartei, drei Mandate gewonnen, weil er in fünf Wahlbezirken über die zur Erreichung des Achtels der Wahlzahl nötigen Wähler verfügte.

Ein vielleicht nicht so klar hervortretender, aber zweifellos vorhandener Unterschied ergibt sich aus der streitigen Vorschrift endlich noch zugunsten der in den großen Wahlkreisen heimischen Parteien. Denn je größer der Wahlkreis, um so leichter ist es, in ihm das mehrerwähnte Achtel zusammenzubringen. Hier greift die Wahlkreiseinteilung ein, wie die Antragsteller zutreffend hervorgehoben haben. Sie verschärft die Wirkung des Art. 20 in erheblichem Maße. Nach dem Landtagswahlgesetz vom 15. Mai 1920 zerfiel das Land in 24 Wahlkreise. Der eine wurde vom Stadtdirektionsbezirk Stuttgart, die anderen von je 2 bis 4 Oberamtsbezirken gebildet. Das neue Landtagswahlgesetz vom 4. April 1924 hat außer der Stadtgemeinde Stuttgart jeden Oberamtsbezirk zum Wahlbezirk erklärt, sodaß jetzt 62 Wahlbezirke von der verschiedensten Größe bestehen. Wenn man von der Stadt Stuttgart mit 251401 Wahlberechtigten absieht, so schwankte die Zahl der Wahlberechtigten bei der Wahl vom 20. Mai 1928 in den einzelnen Wahlbezirken zwischen 11604 (Spaichingen) und 63813 (Heilbronn). Hinter der Wahlzahl der Landtagswahl vom 20. Mai 1928, die sich auf 14014 belief, blieb in 8 Wahlbezirken schon die Zahl der Stimmberechtigten, in 37 aber, also in mehr als der Hälfte der Wahlbezirke, die Zahl der abgegebenen Stimmen zurück. Die Verschiedenartigkeit des Umfangs der Wahlkreise wäre rechtlich dann nicht zu beanstanden, wenn die in ihm abgegebenen Stimmen den Parteien, für die sie abgegeben sind, ohne Einschränkung zugute kämen. So hat z. B. Baden sein Wahlverfahren geregelt, und mit Rücksicht darauf hat der Staatsgerichtshof für das Deutsche Reich in seiner Entscheidung vom 7. Juli 1928 (StGH. 1/28) die Erhöhung der Zahl der badischen Wahlkreise von 7 auf 22 für nicht verfassungswidrig erklärt. Das württembergische Landtagswahlgesetz verbindet dagegen durch den Art. 20 Abs. 2 die Verwertung der Stimmen mit der Größe der Wahlkreise, indem es fordert, daß schon in ihnen eine bestimmte Stimmenzahl erlangt werde. Die Erreichung der Wahlzahl ist, außer in Stuttgart, überhaupt nur in zwei bis drei anderen großen Wahlkreisen möglich. Bei der Wahl vom 20. Mai 1928 ist sie, von Stuttgart abgesehen, nur der Sozialdemokratischen Partei in Heilbronn gelungen. Die Wähler der weitaus meisten Wahlkreise können die erste Bedingung des Art. 20 Abs. 2 überhaupt nicht erfüllen. Aber auch die zweite ist ein starkes Hemmnis für die Parteien, die in den, wie betont werden muß, äußerst zahlreichen kleinen Wahlkreisen wurzeln. In einem Wahlkreise mit beispielsweise 25000 Wahlberechtigten ist es leichter, 1751 Stimmen (das Achtel der Wahlzahl vom 20. Mai 1928) zusammenzubringen als in einem solchen mit nur 15000 Wählern.

Die streitige Bestimmung verteilt somit nach mehreren Richtungen das Gewicht der abgegebenen Stimmen verschieden. Das ist nichts anderes als eine ungleiche und daher verfassungsmäßig unzulässige Ausgestaltung des Wahlrechts.

Die Gesichtspunkte, denen Art. 20 Abs. 2 seine Entstehung verdankt, mögen sachlich durchaus zu billigen sein. Es mag, um einen ordnungsmäßigen Gang der Geschäfte in der parlamentarischen Staatsform zu ermöglichen, zweckmäßig und sogar notwendig sein, die großen vor den kleinen, d. h. im wesentlichen die alten vor den neuen Parteien zu bevorzugen. Es lassen sich Gründe dafür anführen, den örtlich zusammengeballten Parteien eine größere Bedeutung beizumessen als den über das ganze Land verteilten. Auch werden sich Vertreter der Ansicht finden, daß der neuzeitlichen Entwicklung ein Vorrang der städtischen vor der ländlichen Bevölkerung entspreche. Alle diese Erwägungen sind aber politischer, nicht rechtlicher Art und müssen deshalb für den Staatsgerichtshof ausscheiden, der Rechtsstreitigkeiten nach Rechtsgrundsätzen zu beurteilen hat. In der schon genannten Entscheidung vom 17. Dezember 1927 (S. 34 a. a. O.) hat der Staatsgerichtshof ausgesprochen, daß der Begriff der Gleichheit des Wahlrechts formal gefaßt werden muß, daß Art. 17 RVerf. für irgendwelche Bewertungen keinen Raum läßt. Nur eine verschiedene sachliche Bewertung der abgegebenen Stimmen ist aber der Grund gewesen, warum Art. 20 Abs. 2 dem württembergischen Landtagswahlgesetz eingefügt worden ist. Eine solchen Gesichtspunkten entspringende gesetzliche Vorschrift widerstreitet dem Rechtsgrundsatz der Wahlgleichheit. Wollte man den hier vorliegenden Einbruch in diesen Grundsatz gutheißen, so würde auch für weitergehende Bestimmungen zuungunsten der kleinen Parteien Raum geschaffen. Mit der Gleichheit des Wahlrechts sind alle derartigen Vorschriften unvereinbar.

Völlig verfehlt ist der Hinweis des Antragsgegners auf das vor der Staatsumwälzung geltende Reichstagswahlrecht und die Schlußfolgerung, daß, wenn man dieses als gleiches Wahlrecht angesehen habe, erst recht das gegenwärtige württembergische Wahlrecht ein solches sei. Es ist allerdings richtig, daß die Wahlkreise im alten Reich von ganz verschiedener Größe waren und daß deshalb die Stimme des einzelnen Wählers verschiedene Kraft besaß. Je geringer die Zahl der Stimmberechtigten im einzelnen Wahlkreis war, um so eher genügte schon eine kleine Zahl von Parteianhängern, um einen Abgeordneten in den Reichstag zu entsenden. Indessen war diese Ungleichheit eine Folge des Mehrheitswahlrechts. Dieses ließ seiner Natur nach eine Berücksichtigung der Minderheitsstimmen in den einzelnen Wahlkreisen nicht zu. Nur im Rahmen der bei der Mehrheitswahl bestehenden Möglichkeiten betrachtet, war das Wahlrecht im alten deutschen Reiche gleich. Jede Stimme hatte die Kraft, die ihr nach dem Aufbau des Mehrheitswahlrechts denkbarerweise zukommen konnte. Die bei der Natur dieses Wahlrechts unvermeidlichen Ungleichheiten sind aber ein wesentlicher Grund gewesen, das Verhältniswahlrecht einzuführen. Gerade weil dieses gestattet, die Zahl der im Parlament nicht vertretenen Wähler auf ein Mindestmaß herabzudrücken, ist man vom Mehrheitswahlrecht zu ihm übergegangen. Ein Verhältniswahlsystem ist nicht schon dann gleich, wenn es dasselbe Maß von Gleichheit bietet wie ein Mehrheitswahlsystem, sondern erst dann, wenn es die Möglichkeiten, allen Wählern gleichen Einfluß zu gewähren, erschöpft, die in ihm selbst enthalten sind. Der vom Staatsgerichtshof früher ausgesprochene Satz (S. 33 a. a. O.), die Gleichheit der Wahl habe durch die von der Reichsverfassung eingeführte Verhältniswahl eine erweiterte Bedeutung erlangt, kommt also in diesem Zusammenhang zur Geltung. Das Maß der

Wahlgleichheit läßt sich nicht begrifflich, sondern nur im Rahmen des jeweiligen Wahlrechtsganzen bestimmen. Aus dem Mehrheitswahlrecht läßt sich also in dieser Hinsicht nichts für das Verhältniswahlrecht herleiten. Man muß vielmehr vom Verhältniswahlsystem ausgehen, das dem einzelnen Wahlgesetz zugrundeliegt. Das vom württembergischen Landtagswahlgesetz angenommene System zwingt nicht zur Ausschaltung der Parteien, welche die Voraussetzungen des Art. 20 Abs. 2 nicht erfüllen; sie entspricht keiner aus dem Aufbau des Wahlrechts sich ergebenden Notwendigkeit und muß daher dem Grundsatz der Gleichheit weichen.

Ist demnach der vom Antragsgegner vertretene Unterschied zwischen dem Zählwert und dem Nutzwert (Erfolgswert) der abgegebenen Stimmen abzulehnen, so würde doch auch dann, wenn man diesen Gedanken annähme, seine folgerichtige Durchführung die Ablehnung des Art. 20 Abs. 2 LWG. ergeben. Die Zählung der Stimmen beginnt nach dem württembergischen Landtagswahlgesetz mit der Feststellung der Wahlzahl, die $^1/_{80}$ der im ganzen Lande abgegebenen Stimmen beträgt. Dann wird aus ihr das Achtel der Wahlzahl errechnet. Die Wahlzahl und das Achtel von ihr haben aber nur die ihnen in Art. 20 Abs. 2 LWG. beigelegte Bedeutung, im übrigen kommen sie für das Wahlverfahren nicht weiter in Betracht. Vielmehr werden nun im Wege der Teilung der für jede Wählervereinigung im ganzen Lande abgegebenen Stimmen durch 1, 2, 3, 4 usw. die den Bezirks- und den Landesvorschlagslisten zufallenden Abgeordnetensitze ermittelt. Dieser Teil des Wahlgeschäfts steht unter der Beschränkung des Art. 20 Abs. 2. Die nach ihm nicht zu berücksichtigenden Stimmen fallen hier bereits aus. Es ist also nicht richtig, daß nach dem württembergischen Landtagswahlgesetz jede Stimme zähle. Die von Art. 20 Abs. 2 betroffenen Stimmen werden vielmehr nur in den ersten Abschnitt der Berechnung des Wahlergebnisses einbezogen. Beim Hauptabschnitt, bei der Feststellung der auf die Listen entfallenden Abgeordnetensitze, werden sie überhaupt nicht mehr gezählt. Dabei liegt der Schwerpunkt des Zählgeschäfts gerade in seinem durch die Art. 21 und 22 geregelten Teil. Die dort getroffene Ordnung läuft darauf hinaus, daß das ganze Land einen Wahlkreis bildet. Denn die für jede Wählervereinigung im ganzen Lande abgegebenen Stimmen werden geteilt, müssen also vorher zusammengezählt worden sein. Die Bezirks- und Landesvorschlagslisten haben nur Bedeutung für die Unterverteilung der den Parteien zugewiesenen Sitze auf ihre Listen und die darin genannten Bewerber. Die erste Verrechnung der Stimmen erfolgt nicht in den einzelnen Wahlbezirken, sondern für das ganze Land. Bemerkt werden mag in diesem Zusammenhang, daß der Begriff der „Wählervereinigung" hier und ebenso schon in Art. 20 ein anderer sein muß als in Art. 11 Abs. 2, wo als Wählervereinigung die eine Bezirksvorschlagsliste unterzeichnenden Personen bezeichnet werden, die im Wahlbezirke wahlberechtigt sein müssen. In den Art. 20 flg. können mit dem Ausdruck Wählervereinigung nicht die Unterzeichner einer einzelnen bestimmten Vorschlagsliste gemeint sein. Es ist offensichtlich an die die einzelnen örtlichen Wählervereinigungen umfassenden Parteien oder Gruppen gedacht. Wenn Art. 22 Abs. 2 für die Berücksichtigung der auf die Bezirksvorschlagsliste einer Wählervereinigung abgegebenen Stimmen den Anschluß der Liste an eine Landesvorschlagsliste fordert, so ist das eine Selbstverständlichkeit. Nur versehentlich könnte einmal eine solche Anschlußerklärung unterbleiben. Bei der Wahl vom 20. Mai 1928 waren sämtliche Bezirksvorschlagslisten an eine Landesvorschlagsliste angeschlossen. Richtet sich aber, wie gesagt, die Zahl der den einzelnen Parteien sowohl auf die Bezirks- wie auf die Landesvorschlagsliste zufallenden Abgeordnetensitze nach der Zahl der im ganzen Lande auf ihre Bezirksvorschlagslisten abgegebenen Stimmen, so haben die Stimmen, die bei dieser Zählung ausscheiden, nicht bloß keinen Erfolgswert, sondern nicht einmal einen vollen Zählwert. Ein Zählwert, der sich in der Feststellung der Wahlzahl erschöpft, ist ein geringerer als der Zählwert, der auch bei der Verteilung der Abgeordnetensitze in die Wagschale fällt. Die Verteilung der einer Partei zugewiesenen Sitze auf ihre Vorschlagslisten und auf die darin genannten Bewerber kann für diese Betrachtung beiseite gelassen werden. Ein wirklicher Zählwert kommt schon nach dem bisher Gesagten den Stimmen nicht zu, die auf die in Art. 20 Abs. 2 bezeichneten Wählervereinigungen entfallen.

Das Wahlprüfungsgericht beim Reichstag hat allerdings in seiner die Wahlen zum Reichstag am 20. Mai 1928 im Wahlkreisverband II (Brandenburg I), Wahlkreis Nr. 2 (Berlin) und Nr. 3 (Potsdam II) betreffenden Entscheidung vom 20. Oktober 1928 einen abweichenden Standpunkt eingenommen. Es hat die Verfassungsmäßigkeit des § 31 Abs. 1 Satz 4 und des § 32 Satz 3 des Reichswahlgesetzes vom 6. März 1924 (RGBl. I S. 159), von Vorschriften, die ähnlichen Inhalts sind wie der hier streitige Art. 20 Abs. 2 WürttLWG., bejaht. § 31 Abs. 1 Satz 4 RWG. bestimmt, daß bei der Zuteilung von Reststimmen innerhalb des Wahlkreisverbandes die Reststimmen unberücksichtigt bleiben, wenn nicht wenigstens auf einen der verbundenen Kreiswahlvorschläge 30000 Stimmen abgegeben sind. Nach § 32 Satz 3 das. kann einem Reichswahlvorschlag höchstens die gleiche Zahl der Abgeordnetensitze zugeteilt werden, die auf die ihm angeschlossenen Kreiswahlvorschläge entfallen sind. Zu dieser Vorschrift führt die genannte Entscheidung folgendes aus:

Unter gleichem Wahlrecht verstehe die Reichsverfassung, daß die Stimmen aller Wähler gleich bewertet würden, daß also jeder Wähler denselben Einfluß auf das Wahlergebnis wie ein anderer Wähler habe. Bedeute die Bestimmung der Reichsverfassung nur, wie der Staatsgerichtshof für das Deutsche Reich es ausdrücke, daß jeder Wähler eine Stimme, jede Stimme gleiche Kraft haben solle, dann könne sie keinen Einfluß auf die Art haben, in der die Reststimmen zu verteilen seien. Der Grundsatz der Gleichheit der Wahl habe allerdings, wie der Staatsgerichtshof für das Deutsche Reich dargelegt habe, durch die Verbindung mit dem Grundsatz der Verhältniswahl eine erweiterte Bedeutung erhalten, die sich möglicherweise auch bei der Verteilung der abgegebenen Stimmen auf die einzelnen Wahlvorschläge auswirke. Ob sie das tue, könne aber nicht allein theoretisch festgestellt werden, sondern hänge wesentlich davon ab, wie die Verhältniswahl im einzelnen ausgestaltet worden sei. Die Reichsverfassung habe sich geflissentlich der Wahl eines bestimmten Systems der Verhältniswahl enthalten, diese vielmehr dem Reichswahlgesetz überlassen. Bei keinem System der Verhältniswahl sei zu erreichen, daß nicht ein Teil der abgegebenen Stimmen unberücksichtigt bleibe. Der Grundsatz der Verhältniswahl bedinge aber auch nicht notwendig, daß auf die gleiche Zahl von abgegebenen Stimmen die gleiche Zahl von Abgeordnetensitzen falle. Die verschiedenen Systeme der Verteilung der abgegebenen Stimmen auf die einzelnen Listen seien vielmehr in ihrer Wirkung durchaus verschieden. Die daraus sich ergebenden Ungleichheiten könnten durch eine Verrechnung der in den verschiedenen Wahlkreisen verbleibenden Reststimmen nie ganz ausgeglichen werden. Die Einführung der Verhältniswahl bezwecke denn auch nur, den Minderheiten eine entsprechende Vertretung im Parlament zu sichern. Eine solche sei aber nicht nur dann gegeben, wenn die Zahl der Abgeordnetensitze genau im gleichen Verhältnis auf die einzelnen Parteien verteilt sei, in dem für sie Stimmen im ganzen Reiche abgegeben worden seien. Es sei vielmehr mit dem Grundsatz der Verhältniswahl vereinbar, die Bedeutung einer Partei nicht nur nach ihrer zahlenmäßigen Stärke, sondern auch nach anderen wichtigen Gesichtspunkten zu bewerten und dem Rechnung tragende Vorschriften in das Wahlgesetz aufzunehmen. Zu diesen für das Wohl des Volkes und für eine gesunde Entwicklung des Staatsganzen wichtigen Gesichtspunkten dürfe insbesondere im parlamentarischen Staat gerechnet werden, daß eine schnelle Bildung einer arbeitsfähigen Regierung erleichtert werde, die aber erfahrungsgemäß durch das Vorhandensein einer größeren Zahl kleiner Parteien im Parlament sehr erschwert werde. Deshalb könne es nicht als unzulässig bezeichnet werden, daß bei den Beratungen des Reichswahlgesetzes auch dieser Gesichtspunkt zugunsten der beanstandeten beiden Vorschriften geltendgemacht worden sei. Ebenso sei es aber statthaft gewesen, den besonderen Interessen großer Teile des Reiches dadurch Rechnung zu tragen, daß Parteien mit besonders starker Anhängerschaft in einzelnen Gebieten gegenüber solchen bevorzugt würden, die, obwohl im ganzen Reich zerstreut, doch nirgends festen Boden zu fassen vermocht hätten.

An diesen Ausführungen ist richtig, daß die Reichsverfassung kein bestimmtes System der Verhältniswahl angenommen hat. Es hat die Ausgestaltung dieser Wahlart dem Reichswahlgesetz, für die Länder der Landesgesetzgebung überlassen. Aber diese Gesetze müssen sich im Rahmen der von der Reichsverfassung bindend aufgestellten Grundsätze der Allgemeinheit, Gleichheit und Unmittelbarkeit der Wahl halten. Es ist deshalb unerheblich, worauf sich das Land Württemberg berufen hat, daß bei den Beratungen der Reichsverfassung auf die beim Verhältniswahlverfahren drohende Gefahr der Parteizersplitterung hingewiesen worden ist und daß man es dem kommenden Wahlgesetz überlassen hat, das verhältnismäßig beste System der Verhältniswahl herauszufinden. Irgendeine Andeutung, daß hierbei die genannten großen Wahlgrundsätze unbeachtet gelassen werden dürften, ist nicht gefallen. Nur in ihrem

Rahmen können daher die Wahlgesetze einer Parteizersplitterung entgegentreten.

Ferner trifft es zu, daß auch bei der Verhältniswahl nicht alle abgegebenen Stimmen berücksichtigt werden können, nämlich diejenigen nicht, die auf Wahlvorschläge abgegeben sind, welche die Verteilungszahl nicht erreichen. Das folgt, wie schon oben gesagt worden, aus dem Wesen dieses Wahlrechts überhaupt. Dagegen muß schon als zweifelhaft bezeichnet werden, kann aber für den vorliegenden Fall unerörtert bleiben, ob mit den Grundsätzen der Reichsverfassung noch ein Verhältniswahlrecht vereinbar ist, das Wahlkreise verschiedener Größe bildet und ihnen je eine bestimmte Zahl von Abgeordneten zuweist, ohne dabei für eine Verwertung der Reststimmen zu sorgen. Das eine ist jedenfalls sicher: wird eine Verrechnung der Reststimmen eingeführt, dann muß sie für alle Parteien gleich sein. Werden die überschüssigen Stimmen im ganzen Reich oder im ganzen Land überhaupt zusammengefaßt, so muß das für alle Parteien in gleichem Umfang geschehen. Hier sind Unterscheidungen ausgeschlossen. Das Wahlprüfungsgericht begründet seine abweichende Ansicht mit dem Satze, es sei mit dem Grundsatz der Verhältniswahl vereinbar, die Bedeutung einer Partei nicht nur nach ihrer zahlenmäßigen Stärke, sondern auch nach anderen wichtigen Gesichtspunkten zu bewerten und dem Rechnung tragende Bestimmungen in das Wahlgesetz aufzunehmen. Hierbei berücksichtigt es aber nicht, daß die Reichsverfassung das Verhältniswahlverfahren dem Grundsatz der Wahlgleichheit unterstellt hat. Mit der Wahlgleichheit ist jener Satz des Wahlprüfungsgerichts unverträglich. Mit ihm ließe sich jede Ungleichheit im Wahlrecht rechtfertigen. Mit der Rücksicht auf das Staatsganze ist auch das preußische Dreiklassenwahlrecht begründet worden. An der jede Bewertung ausschließenden Deutung des Gleichheitsgrundsatzes, wie sie den Urteilen des Staatsgerichtshofs vom 17. Dezember 1927 zugrundeliegt, ist vielmehr streng festzuhalten und die Auffassung des Wahlprüfungsgerichts daher abzulehnen.

Der Art. 20 Abs. 2 WürttLWG. macht also das württembergische Wahlrecht zu einem ungleichen Wahlrecht. Unter Abweisung der weitergehenden Anträge muß deshalb der Staatsgerichtshof dem Hauptantrag der klagenden Parteien stattgeben und aussprechen, daß die streitige Vorschrift gegen die Reichsverfassung verstößt. Welchen Einfluß diese Verfassungswidrigkeit eines Teils des württembergischen Landtagswahlgesetzes auf die Landtagswahl vom 20. Mai 1928 hat, ob eine Neuwahl stattzufinden hat oder ob eine veränderte Zuteilung von Abgeordnetensitzen genügt, darüber zu entscheiden ist der Staatsgerichtshof für das Deutsche Reich nicht befugt (vgl. die Ausführungen oben zu II).

2.

In der verfassungsrechtlichen Streitsache

des Preußischen Staatsrats,
Antragstellers,

gegen

das Preußische Staatsministerium,
Antragsgegner,

wegen Ungültigkeit der preußischen Notverordnung vom 10. Oktober 1927 (StGH. 8/28),

hat der Staatsgerichtshof für das Deutsche Reich in der öffentlichen Sitzung vom 23. März 1929 für Recht erkannt:

Die preußische Notverordnung vom 10. Oktober 1927 über einen erweiterten Staatsvorbehalt zur Aufsuchung und Gewinnung von Steinkohle und Erdöl ist verfassungsrechtlich unzulässig.

Gründe:

A.

I.

Während die Steinkohle nach § 1 des Allgemeinen preuß. Berggesetzes vom 24. Juni 1865 zu den bergbaufreien Mineralien gehörte, war sie im sog. Mandatsbezirke, d. h. in der Ober- und Niederlausitz und in einigen anderen früher kursächsischen Landesteilen kraft Gesetzes vom 22. Februar 1869 dem Verfügungsrecht des Grundeigentümers unterworfen geblieben. Bei der Änderung jener allgemeinen Regelung durch das Gesetz vom 18. Juni 1907, das die Aufsuchung und Gewinnung der Steinkohle dem Staat vorbehielt, wurde wiederum die Provinz Brandenburg ausgenommen, sodaß es für sie bei der Bergbaufreiheit verblieb; der Rechtszustand des Mandatsgebietes wurde durch diese Änderung nicht berührt. Die Aufsuchung und Gewinnung von Erdöl unterliegt im ganzen Lande dem Verfügungsrecht des Grundeigentümers.

Im Spätsommer 1927 wurde in jenen vom Staatsmonopol des Steinkohlenbergbaues ausgenommenen Gebieten bei Bohrungen der geologischen Landesanstalt an einigen Stellen Steinkohle und Erdöl gefunden, während dort bis dahin außer dem alten Steinkohlenbergwerk Plötz bei Löbejün keine solchen Stoffe festgestellt worden waren. Das Preußische Staatsministerium sah sich hierdurch veranlaßt, auf Grund des Art. 55 preuß. Verf. nach Zustimmung des Ständigen Ausschusses des Landtags am 10. Oktober 1927 eine Verordnung mit Gesetzeskraft zu erlassen, laut deren Art. I § 1 „die Aufsuchung und Gewinnung von Steinkohle, Erdöl, Erdgas, Bergwachs und Asphalt sowie des wegen des Gehalts an Bitumen vom Oberbergamt als technisch verwertbar erklärten Ölschiefers und Ölsandsteins in dem bezeichneten Gebiet allein dem Staate zusteht". Nach Art. I §§ 2, 3 der Verordnung wird das Bergwerkseigentum an Steinkohle dem Staat durch den Handelsminister verliehen und kann vom Staat unter bestimmten Bedingungen ganz oder teilweise, und zwar in der Regel gegen Entgelt und auf Zeit, anderen Personen übertragen werden. In gleicher Weise kann der Staat sein Recht zur Aufsuchung und Gewinnung von Erdöl und anderen bituminösen Stoffen an andere übertragen. Art. II bestimmt, daß mit dem Inkrafttreten der Verordnung alle auf dem Verfügungsrecht des Grundeigentümers beruhenden Rechte zur Aufsuchung und Gewinnung der bezeichneten Stoffe, mit Ausnahme der Verträge des Bergwerks in Plötz, erlöschen. Art. III legt dem Staat eine „angemessene Entschädigung" für die hiernach entstehenden Rechtsverluste auf, beschränkt diese aber in doppelter Richtung. Die Entschädigung kann nach Abs. 2 nur für Grundstücke gefordert werden, unter deren Oberfläche einer der Stoffe gewonnen wird, wobei über das Vorliegen dieser Voraussetzung im Streitfall das Oberbergamt unter Ausschluß des Rechtswegs entscheidet, und sie soll ferner laut Abs. 3 regelmäßig in einem Bruchteil des Erlöses oder Wertes der aus dem Grundstück gewonnenen Stoffe festgesetzt werden. Doch ist bei der Gewinnung von Steinkohle und bituminösen Gesteinen eine Verteilung der nach diesem Maßstab ermittelten Gesamtentschädigung auf die beteiligten Grundstücke nach Verhältnis ihrer Größe zulässig.

Die Notverordnung wurde am 12. Oktober 1927 dem Staatsrat zur Kenntnisnahme (Drucks. Nr. 282) und dem Landtag mit der Bitte um Genehmigung (Drucks. Nr. 7152) vorgelegt. Während aber der Landtag entsprechend dem Antrag seines Ausschusses für Handel und Gewerbe (Drucks. Nr. 7471) der Notverordnung am 14. Dezember 1927 seine Genehmigung erteilte (Sitzungsber. S. 22674), beschloß der Staatsrat an demselben Tage (Sitzungsber. S. 808) mit 29 gegen 28 Stimmen, die Notverordnung für verfassungsrechtlich unzulässig zu erklären und die Entscheidung des Staatsgerichtshofs anzurufen. Dieser Beschluß entsprach dem Antrag des Verfassungsausschusses; der Ausschuß des Staatsrats für Handel und Gewerbe hatte sich für Genehmigung ausgesprochen.

II.

Das vom Präsidenten des Staatsrats bevollmächtigte Mitglied, Rechtsanwalt Justizrat Dr. Wesenfeld, beantragt demgemäß namens dieser Körperschaft, die Notverordnung vom 10. Oktober 1927 für verfassungsrechtlich unzulässig zu erklären, und begründet dies dahin, daß weder die Aufrechterhaltung der öffentlichen Sicherheit noch die Beseitigung eines ungewöhnlichen Notstandes den Erlaß der Verordnung dringend gefordert habe und daß diese auch die Grundsätze der Reichsverfassung über die Enteignung verletze.

In der ersten Hinsicht wird unter Bezugnahme auf die Verhandlungen des Staatsrats im wesentlichen ausgeführt, das Entstehen einer wilden Grundstücksspekulation, dem die Regierung nach den Erklärungen ihrer Vertreter durch die Notverordnung habe vorbeugen wollen, oder gar die bloße Aussicht auf künftiges Entstehen einer solchen Spekulation stelle weder eine Gefahr für die öffentliche Sicherheit noch einen gegenwärtigen ungewöhnlichen Notstand dar, wie sie allein das Vorgehen im Wege der Notverordnung zu rechtfertigen vermöchten. Wäre aber eine Gefahr oder ein Notstand anzuerkennen, so hätte es zu deren Beseitigung jedenfalls nicht eines dauernden Eingriffs in die Rechte der Grundeigentümer bedurft, wie er in der Verordnung vollzogen worden sei, zumal da der Landtag sich am Tage nach dem Erlaß der Verordnung wieder versammelt habe und um gesetzliche Regelung habe angegangen werden können. Eine befristete Verordnung oder eine Rückwirkungsklausel in dem vom Landtag zu verabschiedenden Gesetze würde genügt haben. Im übrigen wird unter Vorlegung von Gutachten des Bergwerksdirektors Brochhaus und der Landwirtschaftskammern für die Provinz Brandenburg und für Berlin, für die Provinz Sachsen und für die Provinz Nieder-Schlesien vorgetragen, es sei mit Rücksicht auf die Geringfügigkeit der bis jetzt festgestellten Erdölspuren und das bisherige Verhalten der Erdölinteressenten in diesen und anderen Landesteilen ein unwirtschaftlicher, die Grundstückspreise treibender Wettbewerb der Erdölinteressenten keineswegs zu erwarten gewesen, und auch die Nachrichten über die neuerdings festgestellten und einige früher vermutete Kohlenvorkommen hätten einen spekulativen Erwerb von Grundstücken oder Abbaurechten in den Gebieten der Notverordnung nicht zur Folge gehabt.

Die Enteignungsvorschriften der Verordnung werden im Anschluß an ein Gutachten des Schutzbundes der abbauberechtigten Grundeigentümer Deutschlands, zum Teil auch an das erwähnte Brochhaus'sche Gutachten sowie an einen in der Juristischen Wochenschrift (Jahrgang 1927 S. 2977) veröffentlichten Aufsatz des Oberlandesgerichtspräsidenten Meyer in Celle beanstandet, weil es dem Grundsatze des Art. 153 Abs. 2 RVerf. über die Entschädigung für Enteignungen widerspreche, für Eingriffe auf Grundstücke, aus denen demnächst keine Förderung erfolge, sowie für Eingriffe vor der Förderung die Entschädigung zu versagen und die Entscheidung darüber, ob im einzelnen Falle Entschädigung zu gewähren sei, einer Verwaltungsbehörde unter Ausschluß des Rechtswegs zu übertragen. Das Recht zu solchen Einschränkungen der Entschädigung lasse sich für die Landesgesetzgebung weder aus Art. 153 Abs. 1, 2 RVerf. herleiten, wonach sich der Inhalt und die Schranken des Eigentums aus den Gesetzen ergeben, noch aus den in Art. 67 und 111 EGzBGB. ausgesprochenen Vorbehalten zugunsten der Landesgesetzgebung in Ansehung des Bergrechts und bezüglich der öffentlich-rechtlichen Beschränkungen tatsächlicher Verfügungen des Grundeigentümers.

III.

Die preußische Landesregierung beantragt, den Antrag des Staatsrats zurückzuweisen. Sie führt aus:

Ein Notstand im Sinne des Art. 55 preuß. Verf. könne auch ein volkswirtschaftlicher Notstand sein, und als „ungewöhnlich" sei ein solcher Notstand anzusehen, wenn er, sowohl was die Bedeutung der bedrohten Interessen als auch die Art seines Auftretens angehe, außerhalb des Bereichs des Gewöhnlichen und Übersehbaren liege. Ein solch ungewöhnlicher Notstand habe sich im September 1927 ergeben, als man bei den planmäßig geheimgehaltenen Durchforschungsarbeiten der geologischen Landesanstalt bei Dobrilugk-Kirchhain zwei Steinkohlenflöze in 100 und 236 m Teufe gefunden habe, die, wie seitdem durch weitere Bohrarbeiten bestätigt worden sei, für die künftige Kohlenversorgung wichtig seien. Bei früheren Funden unvermuteter Bodenschätze seien stets durch Wettbewerb und Spekulation Verhältnisse geschaffen worden, die einen späteren sachgemäßen, wirtschaftlichen Abbau sehr erschwerten; in den preußischen Steinkohlenbezirken habe sich bald eine Vereinigung der wichtigsten Gerechtsame in wenigen Händen herausgebildet. So seien auch über den Dobrilugker Fund nach seiner Bekanntgabe im Hauptausschuß des Landtags in einigen Berliner Blättern marktschreierische Artikel erschienen, und es sei deshalb die Befürchtung gerechtfertigt gewesen, es werde auch hier zu einer Zusammenballung der Gerechtsame und zu einer Häufung von technisch und wirtschaftlich unnötigen Bohrungen kommen, insbesondere auch in dem Teil des Verordnungsgebiets, in dem Bergbaufreiheit für Steinkohle bestand.

Das Brockhaus'sche Gutachten, das nach der Stellung seines Verfassers übrigens nur als Parteischrift zu würdigen sei, bestätige diese Befürchtungen geradezu insofern, als es die Gefahren des Wettbewerbs, der Spekulation und schwindelhafter Gründungen bei Neuauffindung von Mineralien darlege. Die darin ausgesprochene Annahme, daß die Grundstückseigentümer durch solche Erfahrungen vorsichtiger geworden seien, könne namentlich für Landesteile, in denen die Grundeigentümer noch keine eigenen Erfahrungen gemacht hätten, nicht ausreichen, um die Besorgnisse zu zerstreuen. Seine Ausführungen, daß deutsche Erdölunternehmungen an dem Verordnungsgebiet kein Interesse hätten, würden durch deren Verhalten widerlegt und träfen jedenfalls für ausländische Erdölunternehmungen nicht in gleicher Weise zu. Soweit die Landwirtschaftskammern des Gebiets keine Spekulationen hätten feststellen können, erkläre sich dies daraus, daß bis zum Spätsommer 1927 dort keine Mineralfunde gemacht worden seien und daß bei Bekanntwerden der jetzigen Funde alsbald die Verordnung erlassen worden sei. Die Bemühungen der Landwirtschaftskammer für die Provinz Brandenburg und für Berlin um Einführung von Musterverträgen würden die Spekulation von dem Augenblick ab nicht hindern können, wo Spekulanten mit entsprechenden Angeboten an die Grundeigentümer heranträten.

Dem Notstand habe auch nicht im Wege der ordentlichen Gesetzgebung vorgebeugt werden können. Als am 13. September 1927 die Bohrungsergebnisse der Regierung bekannt geworden seien, habe der Zusammentritt des Landtags erst zum 11. Oktober bevorgestanden; der Erlaß eines Gesetzes hätte selbst bei größter Beschleunigung erst geraume Zeit nach diesem Tage erreicht werden können. Durch die Einfügung einer Rückwirkungsklausel in den Entwurf habe man die zwischenzeitliche Entwicklung einer Spekulation nicht verhüten können, weil solche Klauseln erfahrungsgemäß nur unter ganz besonderen Verhältnissen als gerechtfertigt anerkannt würden und gerade in Fällen der vorliegenden Art keine Aussicht auf Annahme hätten. Daß der Erlaß der Notverordnung, die am 28. September 1927 dem Präsidium des Landtags im Entwurf mitgeteilt und am 4. Oktober von dessen Ständigem Ausschuß gebilligt worden sei, sich dann bis zum 10. Oktober hinausgezogen habe, sei auf zufällige Schwierigkeiten im Geschäftsgang zurückzuführen.

Die Vorschriften des Art. II über die Entschädigung rechtfertigten sich aus dem Gesichtspunkt, daß die Landesgesetzgebung nach Art. 153 RVerf. zur Regelung der Art und Weise der Entschädigung für die durch Landesgesetz ausgesprochenen oder zugelassenen Enteignungen befugt sei. Die dem Oberbergamt übertragene Entscheidung betreffe nicht den Grund oder die Höhe des Entschädigungsanspruchs, sondern nur die rein bergtechnische Vorfrage, ob und aus welchem Grundstück die Gewinnung von Mineralien stattfinde. Der Einwand, daß es vom freien Ermessen des Staates abhängen würde, ob es zu einer Gewinnung von Mineralien auf einem bestimmten Grundstücke komme, treffe nicht zu, weil für die Entschließung der Staatsregierung stets das öffentliche Interesse maßgebend sein müsse und werde. Auch die Befürchtung, daß der Staat selbst den Bergbau im

Verordnungsgebiet allein betreiben oder ihn einer von ihm beherrschten Gesellschaft übertragen werde, sei unbegründet, weil die Regierung beabsichtige, durch den Abschluß von Schürf- und Abbauverträgen nach Möglichkeit private Unternehmungen heranzuziehen. Beim Abschluß von Abbauverträgen würden in erster Linie die Unternehmer berücksichtigt werden, die in dem Gebiet bereits Aufwendungen für Aufschlußarbeiten gemacht hätten.

Die vom Schutzbund der abbauberechtigten Grundeigentümer und vom Oberlandesgerichtspräsidenten Meyer getadelte Versagung des Wartegelds sei berechtigt, weil dieses nicht eine Entschädigung für das entzogene Verfügungsrecht über vielleicht gar nicht vorhandene Mineralien, sondern nur ein Erzeugnis der Konkurrenz und der Spekulation darstelle, und weil es lediglich im Rahmen des Art. 153 Abs. 1, 3 und des Art. 155 Abs. 3 Satz 2 RVerf. liege, wenn die Realisierbarkeit einer nicht durch Arbeits- oder Kapitalaufwand hervorgerufenen Wertsteigerung des Bodens im öffentlichen Interesse eingeschränkt werde. Die wirkliche Beeinträchtigung des Grundstückswertes durch Enteignung der Mineralien lasse sich ohnehin erst bei deren Gewinnung zuverlässig nachweisen. Die Verpflichtung des Unternehmers zur Erschließung des Geländes und zur Aufnahme der Förderung sowie zur Übernahme der durch den Bergbau verursachten Mehrlasten für Kirche und Schule gehöre nicht zur unmittelbaren Entschädigung des Grundeigentümers für die Überlassung der Bodenschätze; die Verpflichtung zur Erschließung und zur Aufnahme der Förderung werde aber in die Schürf- und Pachtverträge des Staates wie bisher aufgenommen werden.

IV.

Der Staatsrat beharrt gegenüber diesen Ausführungen dabei, daß nach Wortlaut und Sinn des Art. 55 preuß. Verf. die Gefahr einer Spekulation und der durch sie zu befürchtenden Schäden nicht als „ungewöhnlicher Notstand" angesehen werden dürften und daß der Erlaß der Notverordnung jedenfalls deshalb nicht „dringend erforderlich" gewesen sei, weil bei Beschreitung des Weges der Gesetzgebung der Gefahr einer Anregung zur Spekulation durch das Bekanntwerden der Gesetzesvorlage vermöge einer Rückwirkungsklausel hätte vorgebeugt werden können. Sodann führt der Staatsrat unter Hinweis auf das Urteil des Staatsgerichtshofs vom 9. Juli 1928 im Flaggenstreit (RGZ. Bd. 121 Anh. S. 13) den Gedanken näher aus, daß es zur Verhütung von Spekulationen der in der Verordnung getroffenen dauernden Eingriffe in das Recht der Grundeigentümer nicht bedurft habe. Es sei namentlich nicht notwendig gewesen, mit dem Inkrafttreten der Verordnung das Erlöschen aller auf dem Verfügungsrecht des Grundeigentümers beruhenden Rechte zur Aufsuchung und Gewinnung der in der Notverordnung genannten Mineralien und, soweit sie im Grundbuch eingetragen sind, deren Löschung anzuordnen; ebensowenig sei es notwendig gewesen, über die Entschädigung Bestimmungen zu treffen, die von den sonst geltenden Rechtssätzen so erheblich abwichen. Ferner nimmt der Staatsrat auf ein neues Gutachten von Brockhaus Bezug, worin dargelegt wird, daß die Gefahr einer Spekulation mit Steinkohlengerechtsamen schon durch die völlige Zulänglichkeit der bereits erschlossenen Steinkohlenvorkommen ausgeschlossen werde, die durch die zahlreichen Stillegungen und Feierschichten erwiesen sei. Auch sei das neuerschlossene Vorkommen so gering, daß die Förderung dort angesichts des erforderlichen starken Kapitalaufwandes unlohnend wäre. Endlich macht der Staatsrat auf Grund des gleichen Gutachtens geltend, daß die Verordnung auch räumlich weit über das aus den Ausführungen der Regierung etwa zu begründende Bedürfnis hinausgehe, da innerhalb ihres Geltungsgebiets die Voraussetzungen, an die das Vorkommen von Steinkohle gebunden ist, nur in der Gegend von Halle, Wettin und Dobrilugk, die Voraussetzungen für das Vorkommen von Erdöl nur in der Mansfelder Gegend und in den höchst spärlichen Strichen vorlägen, in denen Jura und Kreide von einer genügend starken Decke noch jüngerer Schichten bedeckt seien.

Wenn der Genehmigungsbeschluß des Landtags etwa die Kraft haben sollte, die sich aus dem allem ergebenden verfassungsrechtlichen Mängel der Notverordnung zu heilen, so sei diese Wirkung immerhin erst mit dem Genehmigungsbeschluß eingetreten, der Antrag des Staatsrats also für die Zeit zwischen dem Erlaß der Notverordnung und jenem Beschlusse von Bedeutung.

V.

Das Staatsministerium entgegnet: Die dem Urteil des Staatsgerichtshofs vom 9. Juli 1928 zugrundeliegenden rechtlichen Erwägungen könnten nicht dazu führen, die angefochtene Notverordnung wegen des dauernden Charakters ihrer Eingriffe zu beanstanden. Jenes Urteil beruhe auf der Auffassung, daß in dem dort verhandelten Falle eine zu besonderer Vorsorge Anlaß gebende Bedrohung der öffentlichen Ordnung und Sicherheit zunächst nur für einen bestimmten Zeitpunkt, den 11. August 1927, bestanden habe, sodaß durch Maßnahmen für diesen Tag ausreichende Sicherheit habe geschaffen werden können. Hier handle es sich dagegen um einen Notstand, dessen Wirkungen mit der Dauer seines Bestehens hätten zunehmen müssen und der deshalb auch nicht durch vorübergehende Maßnahmen hätte beseitigt werden können. Auch die dem Urteil des Staatsgerichtshofs zustimmenden Ausführungen von Drews (DJZ. 1928 S. 1429), wonach die Notverordnung bloß eine Zwischenmaßregel sei, die nur auf die Dauer des Zwischenzustandes abgestellt sein dürfe, seien nur auf Fälle zu beziehen, wo eine für einen bestimmten Zeitpunkt bestehende Gefährdung der öffentlichen Sicherheit durch eine Maßregel ad hoc behoben werden könne, keinesfalls aber auf Fälle, wo ein Notstand von dauernder Wirkung eingetreten sei, der sich nur durch dauernde Maßnahmen beseitigen lasse. Hätte der Gesetzgeber das Notverordnungsrecht auf vorübergehende Maßnahmen beschränken wollen, so hätte er dies im Gesetz besonders zum Ausdruck bringen müssen, wie es in Art. 48 Abs. 2 RVerf. geschehen sei. In der Tat sei auch eine solche Beschränkung bei zahlreichen Notverordnungen, beispielsweise bei 13 Notverordnungen der Jahre 1923 und 1925, nicht eingehalten worden.

Aus den im früheren Urteil des Staatsgerichtshofs erwähnten Ausführungen des Abgeordneten v. Kries und des Regierungsvertreters Staatssekretärs Dr. Freund (im Verfassungsausschuß der Verfassunggebenden preußischen Landesversammlung bei Beratung des Art. 55) dürfe nicht geschlossen werden, daß unter einem ungewöhnlichen Notstand nur Zwangslagen zu verstehen seien, die auf Naturereignissen, Unglücksfällen und ähnlichen Umständen beruhten. Vielmehr seien dort zur Begründung der Notwendigkeit des Notverordnungsrechts (nur beispielsweise) verschiedene katastrophale Ereignisse angeführt worden. Eine einschränkende Auslegung im ersten Sinne, wie sie der Staatsgerichtshof in jenem Urteil, ohne seine Entscheidung übrigens darauf zu stützen, zu billigen scheine, könne danach aus den gesetzgeberischen Verhandlungen nicht hergeleitet werden. Eine solche würde die Regierung in Fällen, die ganz besonders entschlossenes und schnelles Eingreifen verlangten, zur Erfüllung ihrer Aufgabe außerstandsetzen.

Der Erlaß von Notverordnungen kurz vor dem erneuten Zusammentritt des Landtags oder in kurzen Zwischenräumen zwischen seinen Tagungen sei öfter vorgekommen und nie beanstandet worden.

Die Bedeutung der neuen Funde sei neuerdings dadurch außer Zweifel gestellt, daß der Schacht Dobrilugk 3 bei einer Teufe von 601 m 15 Steinkohlenflöze von zusammen 12,11 m Mächtigkeit getroffen habe, die nach dem Verhältnis der Kohle zum Nebengestein den besten deutschen Kohlenlagerstätten gleichwertig seien. Das neue Gutachten von Brochhaus bestätige, daß dieses Vorkommen als Reserve von großem Belang und daß die Erschließung neuer Steinkohlenfelder gegenwärtig unerwünscht sei. Es irre aber, wenn es hieraus folgere, daß deshalb Spekulationen in Ansehung des neuen Vorkommens nicht zu befürchten seien, denn die Spekulation habe gerade an der Beherrschung solcher Reserven ein Interesse. Die Vorgänge bei der „lex Gamp" vom 5. Juli 1905 und bei dem Gesetz über die Verleihung von Braunkohlenfeldern vom 3. Januar 1928 bewiesen, wie stark die Nachfrage nach Felderreserven aufzutreten pflege, sobald gesetzgeberische Sperrmaßnahmen in Aussicht ständen. Wenn die Verordnung ihr Geltungsgebiet zu weit abgegrenzt habe, so könne ihr dies nicht zum Vorwurf gemacht werden, weil eine zu enge Begrenzung kurzsichtig gewesen wäre, eine zu weite dagegen niemand schade.

Im übrigen seien alle etwaigen verfassungsrechtlichen Bedenken über die Notverordnung mit deren Genehmigung durch den Landtag erledigt, wie dies auch für das frühere Verfassungsrecht allgemein anerkannt worden sei.

B.

I.

Die Zuständigkeit des Staatsgerichtshofs zur Entscheidung des Streits ist von keiner Seite in Zweifel gezogen und ergibt sich aus Art. 19 RVerf., da die Frage, ob die verfassungsmäßigen Voraussetzungen für den Erlaß der Notverordnung vom 10. Oktober 1927 gegeben waren, eine Verfassungsstreitigkeit innerhalb Preußens ist und dort kein Gericht zu ihrer Entscheidung besteht. Die Befugnis des Staatsrats, die Entscheidung der Frage zu betreiben, ist gleichfalls nicht bestritten und folgt aus seiner Zuständigkeit zur Mitwirkung bei Regelung des Gegenstands der Notverordnung im Wege des Gesetzes.

II.

Die Voraussetzungen zur Ausübung des Notverordnungsrechts waren gegeben.

1. Im Art. 55 preuß. Verf. ist nicht näher bestimmt, welcher Art der ungewöhnliche Notstand sein muß, zu dessen „Beseitigung" das Staatsministerium ebenso wie zur Aufrechterhaltung der öffentlichen Sicherheit mit Notverordnungen eingreifen darf. Der Staatsgerichtshof hat in seinem Urteil vom 9. Juli 1928 (RGZ. Bd. 121 Anh. S. 25) allerdings ausgesprochen, daß unter einem ungewöhnlichen Notstand Zwangslagen zu verstehen seien, die auf Naturereignissen, Unglücksfällen, Epidemien und ähnlichen Umständen beruhten. Indessen muß diese Auslegung, die, wie die weiteren Ausführungen jener Urteilsgründe zeigen, nicht die Grundlage der damaligen Entscheidung bildete und die den Staatsgerichtshof deshalb nicht bindet, nach erneuter Erwägung als zu eng bezeichnet werden. Der Wortlaut des Gesetzes gibt zu solcher Abgrenzung keinen Anlaß. Die zur Begründung in Bezug genommene Entstehungsgeschichte beweist nur, daß die Aufnahme der Vorschrift in die Verfassung durch den Hinweis auf jene Fälle gerechtfertigt worden ist, in denen das Bedürfnis nach einem Notverordnungsrecht besonders einleuchtend hervortritt, keineswegs aber, daß das Notverordnungsrecht auf diese Fälle beschränkt werden sollte. Auch im bürgerlichen Recht und im Strafrecht hat der Begriff des Notstands keine Einschränkung in dem Sinne erfahren, daß er eine von menschlichem Zutun unabhängige Ursache erfordere. Vielmehr wird der Notstand allgemein als „ein außergewöhnliches Ereignis" bestimmt, „durch das die bestehenden Verhältnisse, mit denen man rechnen muß, derart verändert werden, daß eine sofortige Abhilfe, sei es auch durch einen an sich unbefugten Eingriff, notwendig wird" (RGZ. Bd. 57 S. 191; RGSt. Bd. 61 S. 248). Man wird daher gefährliche wirtschaftliche Mißstände, auch wenn sie nicht (wie etwa die Teuerung in einem Überschwemmungsgebiet) durch ein Natur-

ereignis, sondern durch Vorgänge des menschlichen Erwerbslebens (wie die Auffindung von Mineralvorkommen) hervorgerufen werden, nicht grundsätzlich vom Begriff des Notstands ausschließen dürfen. Daß aber eine ungehemmte Spekulation in Grundstücken, die deren Preis auf eine den landwirtschaftlichen Ertragsmöglichkeiten nicht entsprechende Höhe treibt, oder eine Zusammenballung neugefundener Mineralschätze in wenigen Händen, die vielleicht schon große Teile der bisher ausgebeuteten beherrschen, unter den gegenwärtigen Verhältnissen schwere wirtschaftliche Gefahren in sich schließen kann, wird gleichfalls nicht zu bezweifeln sein. Daß ferner die Verhütung einer ersichtlich unmittelbar bevorstehenden Gefahr dieser Art als „Beseitigung des Notstands" im Sinne des Art. 55 anzusehen ist, kann keinem Bedenken unterliegen. So hat denn auch der Staatsgerichtshof in einer Entscheidung vom 21. November 1925 (RGZ. Bd. 112 Anh. S. 1 flg. [10]) Notverordnungen als gerechtfertigt anerkannt, durch welche gewisse, anderweitig nicht mehr durchsetzbare steuerrechtliche Vorschriften erlassen wurden, um zu ermöglichen, daß der Haushalt für Staat und Gemeinden rechtzeitig aufgestellt wurde.

2. Bei Beurteilung der weiteren Frage, ob ein ungewöhnlicher Notstand in dem bezeichneten Sinne zur Zeit des Erlasses tatsächlich gegeben war, ist gemäß der Rechtsprechung des Staatsgerichtshofs (vgl. namentlich RGZ. Bd. 112 Anh. S. 9) davon auszugehen, daß die Regierung da, wo ihr ein schnelles und entschlossenes Handeln nach der Sachlage pflichtmäßig obliegt, nur in ganz besonderen Fällen den Vorwurf einer Verfassungsverletzung verdient, wenn sich nachträglich herausstellt, daß ihr Vorgehen nicht so dringend erforderlich war, wie es schien, als sie die Maßnahme traf. Ebensowenig kann es ihr in solcher Lage als Verfassungsverletzung ausgelegt werden, wenn sie das Maß der drohenden Mißstände für ungewöhnlicher gehalten hat, als eine rückschauende Betrachtung anzuerkennen geneigt ist.

Von diesem Gesichtspunkt aus ist es als nicht ungerechtfertigt zu bezeichnen, wenn das Staatsministerium nach der Auffindung der neuen Steinkohlenvorkommen die Gefahr einer wilden Spekulation in Grundstücken und in Abbauberechtigungen auf dem Gebiete der Funde für so groß und bedrohlich erachtete, daß sie ein Einschreiten im Wege der Notverordnung für dringend erforderlich hielt. Nach den Angaben des Regierungsvertreters Ministerialrats **Klapper** (Verhandl. des Staatsrats 1927 Sp. 805/806) waren nach den einige Zeit vorher im Westen gemachten Funden von Steinkohle in einer zur Zeit nicht einmal für die Ausbeutung in Betracht kommenden Teufe von der Spekulation in der Nähe der Fundstelle alle Grundstücke festgelegt worden. Ebenso waren im Jahre 1905 nach Einbringung des als „lex Gamp" bezeichneten Sperrgesetzes für Steinkohlenmutungen unter Ausnutzung der von ihm gelassenen Fristen eine so große Zahl von Steinkohlenfeldern von Privaten belegt worden, daß für den beabsichtigten Staatsbetrieb nur wenig übrig blieb. Die schweren Mißstände, welche die letzteren Spekulationen in der Folge für weite Bevölkerungskreise verursacht haben, und die ähnlichen Folgen gleichartiger Vorgänge in der Geschichte des Kalibergbaues haben die Abgeordneten **Osterroth** und **Harsch** bei den Verhandlungen des Landtags (Sitz. Ber. 1927 Sp. 22670 und 22650) geschildert. Die wirtschaftlichen Mißstände, die sich aus einer ungesunden Spekulation und aus einem unwirtschaftlichen Wettbewerb auch zwischen kapitalkräftigen Unternehmern ergeben, werden selbst im **Brockhaus**'schen Gutachten (S. 7 bis 11) zugegeben. Die Annahme, daß ähnliche Spekulationen mit ähnlichen Folgen auch im gegenwärtigen Fall eintreten würden, mußte für das Staatsministerium um so näher liegen, als, wie der Handelsminister Dr. **Schreiber** bei diesen Verhandlungen ohne Widerspruch festgestellt hat (Sitz. Ber. Sp. 22655), das Vorkommen von Steinkohle und Erdöl in der Nähe von Berlin alsbald nach den Funden der geologischen Landesanstalt von der Presse in marktschreierischer Weise verbreitet worden war und als, wie der die Verordnung aus Rechtsgründen bekämpfende Abgeordnete v. **Gersdorff** ebendort (Sp. 22648) zugab, beim Auftauchen der ersten Nachrichten von dem Vorkommen „viele Unternehmer versucht hatten, sich die Sache zunutzezumachen, und hierbei große Kosten aufgewendet hatten". Demgegenüber ist es nicht von Belang, wenn den Landwirtschaftskammern nach ihren Äußerungen nur wenige Verträge zwischen Grundeigentümern und Unternehmern bekannt geworden sind und wenn in diesen noch keine Steigerung der Grundstückspreise zu bemerken war. Ebenso kann die Besorgnis der Landesregierung nicht deshalb als ungerechtfertigt erachtet werden, weil nach dem ersten Gutachten von **Brockhaus** von den zur Zeit in Deutschland arbeitenden ernsthaften Erdölinteressenten nicht anzunehmen ist, daß sie sich um Ausbeutung der neuen Fundstellen bemühen würden, oder weil nach dem zweiten Brochhaus'schen Gutachten die Förderung aus dem neuen Steinkohlenvorkommen zur Zeit unlohnend wäre.

3. Daß die Ausübung des Notverordnungsrechts „dringend erforderlich" gewesen ist oder doch nach Lage der Verhältnisse von der Landesregierung für dringend erforderlich hat gehalten werden können, läßt sich auch nicht aus dem Grunde bestreiten, weil der Landtag am Tag nach dem Erlaß der Verordnung von neuem zusammentrat. Die Fertigstellung eines den Gegenstand auch nur einstweilen regelnden Gesetzes konnte je nach der Stärke der zweifellos zu erwartenden Widerstände und je nach dem sonstigen Verlauf der Landtagstagung Wochen beanspruchen, und inzwischen wären die Mißstände, welche die Regierung von einem Bekanntwerden der Funde befürchtete und zu befürchten Grund hatte, infolge der Öffentlichkeit der Landtagsverhandlungen und der weiten Verbreitung der Landtagsberichte aller Wahrscheinlichkeit nach erheblich gesteigert worden. Ob sich in dem Gesetz eine Rückwirkungsklausel zur Beseitigung der von der Spekulation inzwischen erworbenen Rechte durchsetzen ließ, war dagegen durchaus zweifelhaft. Die Regierung hätte daher pflichtwidrig gehandelt, wenn sie das Einschreiten gegen den Notstand, von dessen Vorhandensein sie überzeugt war, der Gesetzgebung überlassen hätte, anstatt unter eigener Verantwortung die Verordnung, die sie mittlerweile fertiggestellt hatte, noch unmittelbar vor dem Zusammentritt des Landtags zu erlassen.

4. Daß an sich die Kürze der Zeit zwischen dem Erlaß der Notverordnung und dem erneuten Zusammentreten des Landtags das Recht der Regierung zum Erlaß einer Notverordnung nicht ausschließt, hat der Staatsgerichtshof in dem mehrfach erwähnten Urteil vom 21. November 1925 (S. 6) ausgesprochen.

III.

Auch die Angriffe gegen die Art und Weise, wie die Notverordnung die Entschädigungsansprüche regelt, entbehren des Grundes. Denn eine Enteignung, für die gemäß Art. 153 Abs. 2 Satz 2, 3 RVerf. Entschädigung zu leisten wäre, liegt hier nicht vor.

1. Soweit in dem Gebiete der Verordnung bisher für Steinkohle Bergbaufreiheit gemäß dem Allgemeinen Berggesetz von 1865 bestand, hat die Verordnung das Recht des Eigentümers überhaupt nicht beeinträchtigt, da ja hier das Recht zur Aufsuchung und Gewinnung von Steinkohle dem Eigentümer als solchem gar nicht zustand und der Staat es in den für die Eigentümer in Betracht kommenden Beziehungen nach der Notverordnung in der gleichen Weise auszuüben hat, wie es seither von den Berechtigten ausgeübt worden war. Eine Beeinträchtigung erleiden in jenem Teile des Geltungsgebiets der Verordnung nur die etwa auf Grund des Allgemeinen Berggesetzes gewonnenen Berechtigungen. In dem Teil des Verordnungsgebiets, worin das Recht zur Aufsuchung und Gewinnung von Steinkohle bisher den Grundeigentümern vorbehalten war, und in Ansehung des Erdöls im ganzen Verordnungsgebiet werden allerdings nicht nur die von den Grundeigentümern gewährten bergrechtlichen Gerechtsame aufgehoben, sondern es wird auch das Recht des Grundeigentümers selbst durch Entziehung jener Berechtigung gemindert. Dies bedeutet aber keine Enteignung, sondern eine Neuregelung der Gesetzgebung über Inhalt und Schranken des Grundeigentums.

2. Die Enteignung ist ein staatlicher Hoheitsakt, der das Recht des Eigentümers, mit seiner Sache nach Belieben zu verfahren, oder das sonstige von ihr betroffene Recht zugunsten eines Dritten beeinträchtigt. Dieser Eingriff, der in der Regel ein Verwaltungsakt ist, kann allerdings, wie in der Rechtsprechung des Reichsgerichts anerkannt ist (RGZ. Bd. 102 S. 165, Bd. 103 S. 200, Bd. 107 S. 270, Bd. 109 S. 310), ausnahmsweise auch unmittelbar durch Gesetz erfolgen. Aber auch dann muß er sich als Einzeleingriff darstellen, der nicht alle im Geltungsgebiet des Gesetzes befindlichen Grundstücke oder Rechte gleichmäßig, sondern nur einzelne von ihnen oder einen engen Kreis von einzelnen Grundstücken oder Rechten trifft, ihnen ein besonderes Opfer zugunsten der Allgemeinheit auferlegt (RGZ. Bd. 116 S. 271, 273). Den Inhalt und die Schranken des Eigentums allgemein zu regeln, die zulässigen Rechte an Grundstücken und die Voraussetzungen ihrer Entstehung allgemein zu bestimmen, muß dem Gesetzgeber vorbehalten bleiben, ohne daß er dabei durch eine Pflicht zur Entschädigung gehindert werden kann. Dieses Recht ist ihm auch in Art. 153 Abs. 1 RVerf. ausdrücklich vorbehalten.

3. Diese Regelung zu treffen, steht, soweit es sich um bergrechtliche Befugnisse des Grundeigentümers oder um Berggerechtsame an Grundstücken handelt, nach Art. 67 EGzBGB. der Landesgesetzgebung zu, da nach diesem Artikel die landesgesetzlichen Vorschriften, die dem Bergrecht angehören, unberührt bleiben. Außerhalb des Gebiets des Bergrechts und der anderen der Landesgesetzgebung vorbehaltenen Rechtsgebiete ist der Reichsgesetzgeber zu der gleichen Regelung befugt. Hiermit erledigt sich die Ausführung in dem Aufsatze des Oberlandesgerichtspräsidenten Meyer, daß, wenn man der Landesgesetzgebung das Recht zugestehe, den Inhalt des Eigentums ohne Entschädigung der Eigentümer durch Entziehung beliebiger Befugnisse herabzudrücken, der Grundsatz der Unverletzlichkeit des Eigentums gegenstandslos würde. Eine solche Befugnis der Landesgesetzgebung besteht eben nur für die Regelung der ihr vorbehaltenen Bereiche. Daß aber die Reichsgesetzgebung verfassungsmäßig befugt wäre, den Inhalt des Privateigentums durch allgemeine grundsätzliche Abzweigung wichtiger Befugnisse ohne Entschädigung weitgehend herabzumindern, wird sich nicht wohl bestreiten lassen. Sie ist ja übrigens auch nach Art. 153 Abs. 2 Satz 2 RVerf. in der Lage, selbst Enteignungen im engeren Sinne ohne Entschädigung anzuordnen.

4. Es bedarf hiernach, da keine Enteignung vorliegt, nicht des Eingehens auf die Frage, ob die in der Notverordnung vorgesehene Art der Entschädigung angemessen ist, und ob die Zuweisung der Entscheidung an das Oberbergamt eine unzulässige Beschränkung des Rechtswegs darstellt.

IV.

Die Notverordnung verstößt aber insofern gegen die Vorschriften des Art. 55 preuß. Verf., als ihr Inhalt offensichtlich weit über dasjenige hinausgeht, was zur Beseitigung des zur Zeit ihres Erlasses bestehenden Notstandes dringend erforderlich war oder als dringend erforderlich erachtet werden konnte.

1. In seinem Urteil vom 9. Juli 1928 hat der Staatsgerichtshof die Auffassung zur Geltung gebracht, daß zur Beseitigung des Notstandes nicht nur überhaupt eine Ausübung des Notverordnungsrechts, sondern der Erlaß der gerade angefochtenen Notverordnung, das Treffen der in ihr enthaltenen Anordnungen erforderlich ge-

wesen sein muß, und daß die Notverordnung ungültig ist, soweit ihr Inhalt durch den Zweck der Beseitigung des Notstandes nicht gerechtfertigt war. Diese Auslegung mag vielleicht nicht schon durch den Wortlaut der Verfassungsvorschrift für sich allein geboten sein. Sie ergibt sich aber mit Notwendigkeit aus deren Sinn und Zweck. Wenn der Gesetzgeber die Regierung ermächtigte, zur Beseitigung dringender Gefahren in bestimmten Fällen Rechtsvorschriften auch ohne Einhaltung des Weges der Gesetzgebung zu erlassen, so konnte diese Ermächtigung nicht alle beliebigen Vorschriften umfassen, auch nicht alle Vorschriften, die zwar irgendwie zur Beseitigung der Gefahr dienlich sind, aber noch weit über diesen Zweck hinausgehen. Sonst hätte er einem Mißbrauch des Notverordnungsrechts durch die Regierung zu eigenmächtigen Änderungen der Gesetzgebung Tür und Tor geöffnet. Es besteht auch kein Grund, das Erfordernis, daß der Inhalt der Notverordnung dem Zweck der Beseitigung des Notstandes angepaßt sein muß, mit dem Preußischen Staatsministerium dahin zu beschränken, daß in bezug auf Notstände, die nur für einen bestimmten Zeitpunkt drohen, keine über diesen Zeitpunkt hinaus wirkenden Anordnungen getroffen werden dürften. Vielmehr muß aus dem gleichen Grunde (weil der Erlaß von Notverordnungen nur bei Nichtversammeltsein des Landtags zugelassen ist) bei Dauernotständen eine Beschränkung des Notverordnungsrechts auf Maßnahmen angenommen werden, die zur Beseitigung des Notstands bis zu der Zeit erforderlich sind, in der das weiter Erforderliche voraussichtlich im Wege der ordentlichen Gesetzgebung wird vorgekehrt werden können. Eine abweichende Auffassung ist auch weder aus dem erwähnten Urteil des Staatsgerichtshofs noch aus den vom Staatsministerium angeführten Äußerungen von Drews zu entnehmen. Insbesondere bestand in dem in jener Entscheidung behandelten Falle die Gefahr, die den Erlaß der Notverordnung veranlaßte, keineswegs, wie das Staatsministerium meint, nur für den 11. August 1927, sondern in gleicher Weise mindestens auch für die gleichen Tage der nächstfolgenden Jahre. Daß sich die Regierung in ihrer Notverordnung auf Vorkehrungen für den 11. August 1927 hätte beschränken müssen, hat der Staatsgerichtshof ausdrücklich damit begründet, daß im übrigen die Angelegenheit nach erneuter Versammlung des Landtags hätte geregelt werden können.

Wenn weiter eingewendet wird, daß wenn der Gesetzgeber in Notverordnungen nur Anordnungen vorübergehenden Inhalts für zulässig gehalten hätte, er dies wohl ebenso wie im Art. 48 Abs. 2 RVerf. ausdrücklich ausgesprochen haben würde, so trifft diese Erwägung schon deshalb nicht zu, weil die Beschränkung auf die zur Beseitigung des Notstands erforderlichen Anordnungen keineswegs notwendigerweise und in allen Fällen mit einer Beschränkung auf Maßnahmen vorübergehenden Inhalts gleichbedeutend ist. Im übrigen hat aber auch der Reichsgesetzgeber die Beschränkung auf vorübergehende Anordnungen nur im Art. 48 Abs. 2 Satz 2 mit Bezug auf die Außerkraftsetzung gewisser Grundrechte ausgesprochen, sich dagegen für die übrigen Maßnahmen im Art. 48 Abs. 2 Satz 1 ebenso wie der preußische Gesetzgeber mit der Abgrenzung begnügt, daß die Maßnahmen zur Beseitigung der Gefahr „nötig" sein müssen.

2. Daß zur Zeit des Erlasses der Notverordnung vom 10. Oktober 1927 auch weniger weitgehende als die getroffenen Anordnungen zur Beseitigung des Notstands bis zu dem Zeitpunkt, in dem eine gesetzliche Regelung voraussichtlich erreichbar war, genügt haben würden, bestreitet das Preußische Staatsministerium zu Unrecht. Der Zweck hätte sich durchaus erreichen lassen, wenn die im Art. I der Notverordnung enthaltenen Vorschriften nur „vom Tage der Verkündung der Verordnung bis zur anderweiten gesetzlichen Regelung, längstens auf eine für diese Regelung angemessene Zeit" in Geltung gesetzt und wenn für die Zeit ihrer Geltung die auf dem Verfügungsrecht der Grundeigentümer beruhenden Rechte auf Aufsuchung und Gewinnung der unter § 1 fallenden Stoffe für ruhend erklärt und die Entschädigungsansprüche der künftigen gesetzlichen Regelung vorbehalten worden wären. Der Einwand, daß man nach den bei der „lex Gamp" gemachten Erfahrungen von einer solchen befristeten Anordnung erst recht einen Ansturm der Spekulation hätte befürchten müssen, läßt sich gegen diese Lösung nicht erheben. Denn beim Sperrgesetz des Jahres 1905 wurde der Spekulation die Anregung dadurch geboten, daß zu seiner Erlassung der Weg der ordentlichen Gesetzgebung gewählt, die Absicht der Sperre daher schon geraume Zeit vor ihrem Inkrafttreten in weitesten Kreisen bekanntgeworden war. Bei Einhaltung des Weges der Notverordnung wäre diese unerwünschte Folge vermieden worden.

Auch auf anderem Wege — etwa durch eine der „lex Gamp" ähnliche Mutungssperre für den bergbaufreien Teil des Verordnungsgebiets und durch ein befristetes Verbot der Bestellung von Abbaugerechtigkeiten und befristeten Ausschluß des Rechts zur Aufsuchung und Gewinnung von Mineralien für neue Grundstückserwerber im ehemaligen Mandatsbezirk — hätte sich der Notstand, gegen den eingeschritten werden sollte, bis zur Stellungnahme des Landtags beseitigen lassen.

Die dauernde Einführung des Staatsmonopols, die sonach weit über das Bedürfnis zur Beseitigung des Notstands hinausging, wird auch nicht durch die Erwägung gerechtfertigt, daß dem Landtag eine anderweitige gesetzliche Regelung nicht verschränkt worden sei. Denn während nach Erlaß einer befristeten Verordnung das Nichtzustandekommen einer Mehrheit für eine bestimmte endgültige Regelung das Außerkrafttreten der Verordnung bedeutete, bleibt die jetzt getroffene Dauerregelung bestehen, solange sich nicht eine Mehrheit über eine andere Regelung einigt.

Die Notverordnung war daher zur Zeit ihrer Erlassung wegen ihres die verfassungsmäßigen Grenzen überschreitenden Inhalts unzulässig.

V.

Diesen Mangel hat auch nicht, wie das Preußische Staatsministerium meint, die Genehmigung der Notverordnung durch den Landtag geheilt. Aus dem früheren preußischen Verfassungsrecht, auf das sich das Staatsministerium zur Begründung dieser Ansicht vornehmlich beruft, läßt sich für sie schon deshalb nichts herleiten, weil in die gegenwärtige Verfassung, entsprechend der von Grund aus geänderten Stellung der vollziehenden Gewalt, die Vorschrift des Art. 106 Abs. 2 der früheren Verfassung nicht aufgenommen worden ist, wonach die Gültigkeit formell ordnungsmäßig verkündeter königlicher Verordnungen nur vom Landtag zu prüfen ist. Ferner aber nahm nach der früheren preußischen Verfassung außer dem das Notverordnungsrecht ausübenden Inhaber der Regierungsgewalt nur der Landtag an der Gesetzgebung teil. Erteilte also dieser durch ausdrückliche Genehmigung oder durch Unterlassung einer Beschlußfassung sein Einverständnis zur Notverordnung, so war deren Inhalt von beiden Organen der Gesetzgebung gebilligt. Unter der gegenwärtigen Verfassung ist dagegen außer dem Landtag, dessen Genehmigung zu Notverordnungen nachträglich einzuholen ist, auch der Staatsrat nach Art. 42 preuß. Verf. zur Mitwirkung bei der ordentlichen Gesetzgebung berufen. Wenn seine Zustimmung auch nicht unbedingt zum Zustandekommen eines Gesetzes erforderlich ist, sondern sein Einspruch den Gesetzesbeschluß des Landtags nur unter Umständen hinfällig machen kann, so ist doch die Nichtausübung seines Einspruchsrechts oder die verfassungsmäßige Überwindung des eingelegten Einspruchs immerhin ein wesentliches Erfordernis eines gültigen Gesetzes. Der Genehmigungsbeschluß des Landtags stellt also nicht mehr, wie unter der früheren Verfassung, das Einverständnis aller an der ordentlichen Gesetzgebung beteiligten Organe mit Erlaß und Inhalt der Notverordnung außer Zweifel.

Aus dem Wortlaut des Art. 55 der gegenwärtigen preußischen Verfassung läßt sich die Ansicht des Staatsministeriums von der heilenden Kraft des Genehmigungsbeschlusses des Landtags gleichfalls nicht begründen. Nach Satz 2, 3 dieses Artikels ist dem Beschluß die Bedeutung zuzuschreiben, daß er das Staatsministerium von der politischen Verantwortlichkeit für die Erlassung der Notverordnung entlastet und die Möglichkeit der Versagung der Genehmigung und damit die Möglichkeit des parlamentarischen Zwanges zur Aufhebung der Notverordnung beseitigt. „Gesetzeskraft" in dem Sinne, in dem sie der Notverordnung überhaupt zukommt, steht ihr schon von ihrer Verkündung an zu. Daß die Genehmigung des Landtags diese „Gesetzeskraft" irgendwie steigere, die Notverordnung einem Gesetze völlig gleichstelle, ja sogar die Möglichkeit einer Anfechtung wegen verfassungsrechtlicher Entstehungsmängel beseitige, ist in der Verfassung mit keinem Wort angedeutet. Hätte die Verfassung dem Genehmigungsbeschluß eine derart weitgehende Wirkung beilegen wollen, so wäre auch schwer verständlich, daß sie keine Verkündung des Genehmigungsbeschlusses vorsieht und sogar — wie der Wortlaut des Art. 55 Satz 3 außer Zweifel stellt — eine stillschweigende Genehmigung durch Unterbleiben der Beschlußfassung bis zum Ende der Sitzungsperiode zuläßt. Nicht die Genehmigung, auch nicht einmal ihre Versagung ist bekannt zu machen, sondern nur die Außerkraftsetzung durch das Staatsministerium, zu der dieses im Falle der Versagung der Genehmigung verpflichtet ist.

Allgemein staatsrechtliche Erwägungen sprechen entschieden gegen die Annahme, daß die Genehmigung einer Notverordnung durch den Landtag ihr anhaftende Mängel der hier in Rede stehenden Art heile. Wenn die Verfassung neben der ordentlichen, vom Landtag unter Mitwirkung des Staatsrats auszuübenden Gesetzgebung unter bestimmten sachlichen Beschränkungen Notverordnungen der Regierung mit einem Genehmigungsrecht des Landtags zuläßt, so kann sie es nicht dem Ermessen des Landtags überlassen wollen, das Recht der Mitwirkung des Staatsrats an der ordentlichen Gesetzgebung dadurch zu beeinträchtigen, daß der Landtag solchen Notverordnungen der Regierung, die jene Beschränkungen nicht einhalten, seine Genehmigung erteilt. Vielmehr muß dem Staatsrat, wenn ihm bei einer in das Gebiet der ordentlichen Gesetzgebung einschlagenden Regelung seine verfassungsmäßige Mitwirkung durch Beschreitung des Weges der Notverordnung verschränkt worden ist, das Recht zuerkannt werden, die Notverordnung wegen ihres die Grenzen des Notverordnungsrechts überschreitenden, verfassungswidrigen Inhalts ungeachtet der Genehmigung durch den Landtag vor dem zuständigen Gerichtshof anzufechten. Daß die Beschlußfassung des Landtags den Staatsgerichtshof der Prüfung der Verfassungsmäßigkeit einer Notverordnung nach dieser Richtung nicht überhebt, hat der Staatsgerichtshof übrigens schon in seinem Urteil vom 9. Juli 1928 (RGZ. Bd. 121 Anh. S. 28) ausgesprochen. Die Entscheidung des Reichsgerichts vom 18. September 1925 (RGZ. Bd. 111 S. 292), die eine solche Prüfung nach der Genehmigung der Notverordnung durch den Landtag für unzulässig erklärt, steht mit jenem Urteil nicht im Widerspruch, weil es sich bei ihr nur um das weniger ausgedehnte Prüfungsrecht der ordentlichen Gerichte handelte. Ebenso betrifft die in gleichem Sinne lautende Entscheidung des preußischen Oberverwaltungsgerichts vom 5. Januar 1926 (Entsch. Bd. 80 S. 36) nur das Prüfungsrecht des preußischen Verwaltungsrichters.

VI.

Der Antrag des Staatsrats ist hiernach gerechtfertigt.

3.

In der verfassungsrechtlichen Streitsache

der Waldeckischen Partei „Wirtschaftsbund",
Antragstellers,

gegen

1. das Land Waldeck,
2. die Waldeckische Landesvertretung,
Antragsgegner,

wegen Feststellung der Verfassungswidrigkeit von Waldeckischen Gesetzen und der Ungültigkeit der Wahl der waldeckischen Landesvertretung (StGH. 5/28),

hat der Staatsgerichtshof für das Deutsche Reich in der nicht öffentlichen Sitzung vom 23. März 1929 für Recht erkannt:

Die Anträge des Wirtschaftsbundes werden zurückgewiesen.

Gründe:

I.

Die Vereinigung des Landes Waldeck mit dem Lande Preußen steht zum 1. April 1929 bevor. Am 23. März 1928 ist zwischen Preußen und Waldeck ein Staatsvertrag geschlossen worden, nach dessen Art. 2 mit Wirkung vom 1. April 1929 ab das Gebiet des Freistaats Waldeck mit demjenigen des Freistaats Preußen zu einem einheitlichen Staatsgebiet Preußen vereinigt werden soll. Durch das Gesetz über die Vereinigung Waldecks mit Preußen vom 4. April 1928 (wald. Reg. Bl. S. 89) hat Waldeck den genannten Staatsvertrag nebst Schlußprotokoll genehmigt (Art. 1 Abs. 1) und der Vereinigung des Freistaats Waldeck mit dem Freistaat Preußen zugestimmt (Art. 1 Abs. 2). Durch Art. 2 des Gesetzes ist zugleich die Wahlperiode der am 17. Mai 1925 gewählten Landesvertretung bis zum 31. März 1929 verlängert worden. Durch Gesetz vom 25. Juli 1928 (preuß. GS. S. 179) hat Preußen gleichfalls die Genehmigung des Staatsvertrags und die Zustimmung zur Vereinigung beider Länder erklärt. Am 7. Dezember 1928 ist dann unter Erfüllung der Erfordernisse verfassungändernder Gesetzgebung das Reichsgesetz über die Vereinigung von Waldeck mit Preußen (RGBl. I S. 401) ergangen. Es bestimmt in § 1: „Das Land Waldeck wird mit dem Land Preußen vereinigt". In § 2 regelt es die künftige Staatsangehörigkeit der bisherigen Staatsangehörigen des Landes Waldeck. Nach § 3 tritt das Gesetz am 1. April 1929 in Kraft.

Der sich als Waldeckische Partei „Wirtschaftsbund" bezeichnende Antragsteller bekämpft das Aufgehen Waldecks in Preußen. Er hat schon vor Abschluß des Staatsvertrags vom 23. März 1928 beim Staatsgerichtshof für das Deutsche Reich gegen das Land Waldeck und gegen die waldeckische Landesvertretung Klage erhoben und beantragt:

1. § 6 des waldeckischen Gesetzes über die Wahlen zur waldecker Landesvertretung und über die vorläufige Regelung einiger Punkte des Verfassungsrechts vom 15. März 1922 in Verbindung mit § 15 Abs. 3 Satz 1 des preußischen Landeswahlgesetzes vom 28. Oktober 1924 wegen Widerspruchs mit der Reichsverfassung für ungültig zu erklären;
2. die am 17. Mai 1925 in Waldeck erfolgte Wahl zur waldecker Landesvertretung für ungültig zu erklären, sowie festzustellen, daß die waldecker Landesvertretung in ihrer gegenwärtigen Zusammensetzung zu Unrecht besteht;
3. § 1 Abs. 2 des Gesetzes zur vorläufigen Ordnung der Staatsgewalt in Waldeck-Pyrmont vom 15. April 1919 in Verbindung mit dem zwischen Preußen und Waldeck-Pyrmont am 2. März 1887 abgeschlossenen Vertrag wegen Fortführung der Verwaltung der Fürstentümer Waldeck und Pyrmont durch Preußen, veröffentlicht durch waldeckische Bekanntmachung vom 11. Juni 1887, wegen Widerspruchs mit der Reichsverfassung für ungültig zu erklären;

hilfsweise festzustellen,

daß § 1 Abs. 2 des Gesetzes zur vorläufigen Ordnung der Staatsgewalt in Waldeck-Pyrmont vom 15. April 1919 in Verbindung mit Art. 4 Satz 1, Art. 5, 6, 8 Abs. 1 des zwischen Preußen und Waldeck-Pyrmont am 2. März 1887 abgeschlossenen Vertrags wegen Fortführung der Verwaltung der Fürstentümer Waldeck und Pyrmont durch Preußen, veröffentlicht durch waldeckische Bekanntmachung vom 11. Juni 1887, wegen Widerspruchs mit der Reichsverfassung ungültig ist;

4. den § 12 Satz 1 des Gesetzes über die Wahlen zur waldecker Landesvertretung und über die vorläufige Regelung einiger Punkte des Verfassungsrechts vom 15. März 1922 wegen Widerspruchs mit der Reichsverfassung für ungültig zu erklären.

Der Antragsteller hat zur Begründung dieser Anträge ausgeführt, daß das Land Waldeck weder eine ordnungsmäßig gewählte Landesvertretung noch eine den Vorschriften der Reichsverfassung entsprechende Regierung besitze, also der verfassungsmäßigen Organe entbehre, die den Anschluß an Preußen rechtswirksam beschließen könnten.

1. Die am 17. Mai 1925 vorgenommene Wahl der gegenwärtigen waldeckischen Landesvertretung sei erfolgt auf Grund des nach § 6 des waldeckischen Gesetzes über die Wahlen zur dortigen Landesvertretung und über die vorläufige Regelung einiger Punkte des Verfassungsrechts vom 15. März 1922 (wald. Reg. Bl. S. 111) für die waldeckischen Wahlen geltenden preußischen Landeswahlgesetzes vom 28. Oktober 1924 (preuß. GS. S. 671). Dessen § 15 Abs. 3 Satz 1 bestimme, daß die Kreiswahlvorschläge von mindestens 500 Wählern des Wahlkreises unterzeichnet sein müßten, daß aber bei Kreiswahlvorschlägen solcher Parteien, die im letzten Landtag vertreten gewesen seien, die Unterschrift von 20 Wählern genüge. Diese Vorschrift widerspreche den nach Art. 17 Abs. 1 Satz 2 RVerf. für die Wahlen zu den Volksvertretungen der deutschen Länder maßgebenden Grundsätzen der allgemeinen, gleichen und geheimen Wahl. Die Landesvertretung sei also nach einem ungültigen Wahlrecht gewählt worden.

Die Wahl vom 17. Mai 1925 sei ferner deshalb ungültig, weil bei ihr dem Spitzenkandidaten des Wirtschaftsbundes, F., rechtswidrig wegen angeblichen Fehlens eines Wohnsitzes in Waldeck die Wählbarkeit versagt worden sei. Er habe tatsächlich in Waldeck gewohnt und sei deshalb nach § 4 des genannten Gesetzes vom 15. März 1922 wahlberechtigt, nach § 5 das. wählbar gewesen. Sein Name sei daher auf dem Wahlvorschlag des Wirtschaftsbundes zu Unrecht gestrichen worden. Diese Streichung habe das Wahlergebnis erheblich zuungunsten des Wirtschaftsbundes beeinflußt und bewirkt, daß er keinen Kandidaten durchgebracht habe.

2. Die Regierung in Waldeck werde nach § 1 Abs. 2 des Gesetzes zur vorläufigen Ordnung der Staatsgewalt in Waldeck-Pyrmont vom 15. April 1919 (wald. Reg. Bl. S. 157) in Verbindung mit dem zwischen Preußen und Waldeck-Pyrmont am 2. März 1887 abgeschlossenen Staatsvertrag (wald. Reg. Bl. S. 21) vom Preußischen Staatsministerium geführt. Diese Regelung, wie sie sich insbesondere aus den Bestimmungen in Art. 4 Satz 1, Art. 5, 6 und 8 Abs. 1 des Staatsvertrags ergebe, verstoße gegen Art. 1 Satz 2, gegen Art. 5, besonders aber gegen Art. 17 Abs. 1 Satz 1 und 3 RVerf., zunächst formell, weil Waldeck keine freistaatliche Verfassungsurkunde besitze, dann aber auch sachlich, weil das Preußische Staatsministerium vom Vertrauen der waldeckischen Volksvertretung unabhängig sei. Unzulässig sei es deshalb, daß § 12 Satz 1 des genannten Gesetzes vom 15. März 1922 dem Preußischen Staatsministerium die Befugnis gebe, die waldeckische Landesvertretung aufzulösen.

Der Antragsteller hält sich für befugt, sowohl die Rechtsunwirksamkeit der Wahl der gegenwärtigen waldeckischen Landesvertretung als auch die Unvereinbarkeit der dortigen Verfassungsgesetzgebung mit der Reichsverfassung im Klageweg geltendzumachen, da er eine politische Partei darstelle, die in Verfassungsstreitigkeiten den Staatsgerichtshof anrufen könne.

Nach Erlaß des erwähnten waldeckischen Gesetzes über die Vereinigung Waldecks mit Preußen vom 4. April 1928 hat der Antragsteller noch weiter beantragt:

5. dieses Gesetz für ungültig zu erklären, hilfsweise den Art. 1 Abs. 1 (nebst Anlage) und den Art. 2, äußerstenfalls nur den Art. 2 das., wegen Widerspruchs mit der Reichsverfassung für ungültig zu erklären.

Er folgert die Ungültigkeit des Gesetzes vom 4. April 1928 aus der Unwirksamkeit der Wahl der Landesvertretung, die es beschlossen habe. Die in Art. 2 ausgesprochene Verlängerung der Wahlperiode der gegenwärtigen Landesvertretung hält er außerdem für unvereinbar mit Art. 109 RVerf.

Die Antragsgegner haben die Abweisung der gegnerischen Anträge erbeten. Sie bestreiten in erster Linie die Klagbefugnis des

Antragstellers. Politische Parteien seien im Verfahren vor dem Staatsgerichtshof überhaupt nicht parteifähig. Der Antragsteller bezeichne sich aber auch zu Unrecht als politische Partei. Der Wirtschaftsbund habe sich, von der Landtagswahl im Jahre 1925 abgesehen, niemals im politischen Leben Waldecks betätigt. Nach Organisation und Mitgliederzahl erfülle er nicht die Anforderungen, die an eine politische Partei gestellt werden müßten. Auch sachlich bestreiten die Antragsgegner die Berechtigung der gestellten Anträge. Die beanstandete Vorschrift in § 15 Abs. 3 Satz 1 des preußischen Landeswahlgesetzes sei inzwischen durch Art. I Nr. 2 des preußischen Gesetzes zur Änderung des Landeswahlgesetzes vom 11. April 1928 (preuß. GS. S. 55) mit dem Reichsrecht in Einklang gebracht worden. Ihre Anwendung bei der Wahl der waldeckischen Landesvertretung am 17. Mai 1925 sei für deren Gültigkeit ohne Belang. Die Streichung des Spitzenkandidaten F. auf dem Wahlvorschlag des Wirtschaftsbundes sei von der Landesvertretung bei Vornahme der ihr zustehenden Wahlprüfung gebilligt worden, sodaß darauf nicht mehr zurückgegriffen werden könne. Die Regelung des Verhältnisses zwischen Waldeck und Preußen in der Weise, wie es durch das waldeckische Gesetz vom 15. April 1919 in Verbindung mit dem Staatsvertrag vom 2. März 1887 geschehen sei, widerstreite nicht den Grundsätzen der Reichsverfassung.

Der Antragsteller ist diesen Ausführungen entgegengetreten. Er hat insbesondere unter Benennung von Zeugen darzutun versucht, daß er nach seinen Zielen wie nach Aufbau und Betätigung eine, wenngleich sich auf das Gebiet von Waldeck beschränkende, politische Partei sei.

Im Laufe des Verfahrens hat der Antragsteller den Erlaß einer vorläufigen Entscheidung dahin beantragt:

> „den Antragsgegnern durch einstweilige Verfügung den Abschluß eines Anschluß- oder Vereinigungsvertrags mit dem Lande Preußen bzw. die Zustimmung zu einem solchen bzw. die auf Durchführung eines solchen hinzielenden Maßnahmen bis nach erfolgter Neuwahl der waldeckischen Landesvertretung bzw. bis zur Entscheidung des Staatsgerichtshofs für das Deutsche Reich in der Hauptsache zu untersagen."

Hilfsweise hat er den Antrag auf Erlaß einer einstweiligen Verfügung dahin gefaßt:

„den Antragsgegnern bis zur Entscheidung des Staatsgerichtshofs für das Deutsche Reich in der Hauptsache die Vorlage des am 23. März 1928 unterzeichneten Staatsvertrags an die waldeckische Landesvertretung zwecks deren Beschlußfassung darüber bzw. die Beschlußfassung darüber selbst und die Durchführung des etwa von der waldeckischen Landesvertretung ergehenden zustimmenden Beschlusses oder Gesetzes zu untersagen, bzw. die vom Staatsgerichtshof für das Deutsche Reich für erforderlich erachteten Anordnungen zu treffen, durch die der Eintritt der Rechtswirksamkeit des Staatsvertrages bis zum Erlaß der Entscheidung in der Hauptsache gehemmt wird."

Der Staatsgerichtshof hat diesen Antrag durch Beschluß vom 12. Mai 1928 zurückgewiesen, und zwar aus zwei Gründen: Der Antragsteller habe nicht glaubhaft gemacht, daß er den Charakter einer politischen Partei trage, der die Befugnis zustehe, Streitigkeiten vor dem Staatsgerichtshof zum Austrag zu bringen. Ferner fehle es an einem Arrestgrund. Die Vereinigung Waldecks mit Preußen erfordere ein Reichsgesetz, das noch nicht (d. h. damals im Mai 1928) in naher Aussicht stehe.

Mit Schriftsatz vom 28. März 1928 hat der Antragsteller erklärt, daß er die zur Erwirkung einer einstweiligen Verfügung gestellten Anträge vorsorglich auch für das Verfahren in der Hauptsache stelle.

II.

Die Anträge des Wirtschaftsbundes sind sämtlich unbegründet.

1. Die Wiederholung der im Verfahren über die einstweilige Verfügung gestellten Anträge für das Verfahren zur Hauptsache ist durch die inzwischen eingetretenen Ereignisse gegenstandslos geworden. Der Staatsvertrag, dessen Abschluß den Vertragsgegnern verboten werden soll, ist längst geschlossen. Durch das waldeckische Gesetz vom 4. April 1928 ist er genehmigt und ist der Vereinigung Waldecks mit Preußen zugestimmt worden. Und da nunmehr das Reichsgesetz vom 7. Dezember 1928 ergangen ist, können im gegenwärtigen Verfahren Anordnungen, die den Eintritt der Rechtswirksamkeit des Staatsvertrags vom 23. März 1928 zu hemmen vermöchten, überhaupt nicht mehr getroffen werden. Denn bei Erlaß des Reichsgesetzes über die Vereinigung Waldecks mit Preußen sind die Erfordernisse verfassungändernder Gesetzgebung erfüllt

worden. Durch verfassungänderndes Reichsgesetz kann aber nach Art. 18 Abs. 1 Satz 2 RVerf. jede Änderung des Gebiets von Ländern erfolgen, ohne daß es deren Zustimmung bedarf. Das Einverständnis der an einer solchen Gebietsänderung unmittelbar beteiligten Länder hat nach Abs. 2 das. nur die Bedeutung, daß dann ein einfaches Reichsgesetz genügt. Daraus ergibt sich, daß es hier beim Vorliegen eines verfassungändernden Reichsgesetzes auf die Zustimmung Waldecks zu seinem Aufgehen in Preußen verfassungsrechtlich nicht mehr ankommt. Was das Land Waldeck und die waldeckische Landesvertretung zur Herbeiführung der Vereinigung des Landes mit Preußen getan haben oder noch tun können, ist rechtlich nicht entscheidend. Der Schwerpunkt des ganzen Vorgangs liegt im Reichsgesetz, dessen Wirkung durch irgendwelche gegen die jetzigen Antragsgegner zu treffende Anordnungen nicht berührt wird. Anlaß und Berechtigung zu den beantragten vorläufigen Maßnahmen sind also weggefallen. Es muß jetzt eine endgültige Entscheidung getroffen werden. Der Erlaß von Anordnungen, wie sie der Antragsteller zunächst im Wege der einstweiligen Verfügung begehrt hat und wie er sie jetzt noch im Verfahren zur Hauptsache fordert, wäre rechtlich bedeutungslos und kommt deshalb nicht in Frage.

In seinem Schriftsatz vom 20. Dezember 1928 hat der Antragsteller, wohl die Bedeutung des verfassungändernden Reichsgesetzes vom 7. Dezember 1928 erkennend, ausgeführt, daß nicht der ganze Staatsvertrag vom 23. März 1928 durch das Reichsgesetz gedeckt werde und daß das Klagvorbringen deshalb immer noch einer sachlichen Prüfung bedürfe. Es wird darauf noch in anderem Zusammenhang zurückzukommen sein. Hier, wo es sich zunächst nur darum handelt, ob der Staatsgerichtshof Anordnungen treffen soll, um den Eintritt der Rechtswirksamkeit des Staatsvertrags zu hindern, kann nur dessen Hauptgegenstand, die Vereinigung Waldecks mit Preußen, in Betracht kommen. Diese kann aber, wie dargelegt, vom Staatsgerichtshof nicht mehr gehemmt werden.

2. Bei den fünf eigentlichen Sachanträgen, zu denen beim dritten ein Hilfsantrag, beim fünften zwei Hilfsanträge treten, ist zunächst die Klagbefugnis des Antragstellers zu prüfen. Er will eine politische Partei sein, was von den Antragsgegnern bestritten wird, hier aber unterstellt werden kann. Der Staatsgerichtshof hat die Klagberechtigung politischer Parteien bisher nur anerkannt in

Verfassungsstreitigkeiten über das Wahlrecht (vgl. RGZ. Bd. 118 Anh. S. 28, Bd. 121 Anh. S. 10). Er hat sie insoweit zugelassen mit Rücksicht auf ihre gesetzlich anerkannte enge Beziehung zum Verhältniswahlverfahren und mit Rücksicht auf das große Interesse, das sie berechtigterweise an ihm haben. Wenn ihr Einfluß auf die Wahl von Volksvertretungen durch verfassungswidrige Maßnahmen geschmälert wird, so dürfen sie diese mit einer Klage beim Staatsgerichtshof bekämpfen. Hieran ist festzuhalten. Dagegen ist es nicht angängig, politische Parteien in weiterem Umfang im Verfahren vor dem Staatsgerichtshof auftreten zu lassen. Außerhalb des Wahlverfahrens haben sie bisher keine gesetzliche Anerkennung als Träger verfassungsrechtlicher Aufgaben und Befugnisse gefunden; insoweit sind sie nur Vereinigungen von Privatpersonen. Sie verfolgen politische Zwecke, sind aber nicht schon deshalb vollberechtigte Glieder des heutigen Verfassungsorganismus. Parteien, die es nicht zur Bildung einer Fraktion in der Volksvertretung haben bringen können, sind demnach nicht befugt, ganz allgemein Verfassungsstreitigkeiten beim Staatsgerichtshof für das Deutsche Reich anhängig zu machen.

Nach diesen Grundsätzen ist die Aktivlegitimation des Antragstellers zu bejahen für die Anträge 1 und 2, was keiner weiteren Darlegung bedarf. Zu verneinen ist sie dagegen für die Anträge 3 (nebst Hilfsantrag) und 4. Diese Anträge beschäftigen sich mit der Zusammensetzung nicht der waldeckischen Volksvertretung, der Landesvertretung, sondern der waldeckischen Regierung. Ihre Verknüpfung mit Preußen, der überragende Einfluß des Preußischen Staatsministeriums in waldeckischen Angelegenheiten wird als gegen die Reichsverfassung verstoßend bekämpft. Diese Ordnung der Regierungsgewalt in Waldeck berührt die gesetzlich anerkannten Belange der politischen Parteien nicht unmittelbar. Sie sind an ihr nicht anders interessiert als die übrigen waldeckischen Staatsangehörigen und deren sonstige Vereinigungen. Sie können daher diese Verfassungsfrage nicht zur Entscheidung durch den Staatsgerichtshof bringen, weil er nicht dazu berufen ist, jedem Staatsbürger Schutz in öffentlichen Angelegenheiten zu gewähren. Das gilt auch, soweit im Antrag 4 der § 12 Satz 1 des waldeckischen Gesetzes vom 15. März 1922 beanstandet wird. Es handelt sich auch hier nicht um die Bildung der Volksvertretung, bei der kraft des

Verhältniswahlrechts die politischen Parteien mitzuwirken berufen sind, sondern um ihre Auflösung durch das Preußische Staatsministerium, also um eine verfassungsrechtliche Befugnis der Regierung, welche die politischen Parteien wieder nur mittelbar berührt.

Von Antrag 5 und seinen beiden Hilfsanträgen ist das gleiche zu sagen. Das waldeckische Gesetz vom 4. April 1928 anzufechten, ist eine politische Partei als solche nicht befugt. Inhaltlich betrifft das Gesetz nicht die Wahl der waldeckischen Volksvertretung und die Beteiligung der Parteien daran. Auch der Art. 2, der die Wahlperiode der gegenwärtigen Landesvertretung bis zum 31. März 1929 verlängert, bezieht sich nicht auf das Wahlverfahren; er schiebt nur den Zeitpunkt hinaus, zu dem an sich eine Neuwahl der Landesvertretung hätte stattfinden müssen. Was soeben zu § 12 Satz 1 des waldeckischen Gesetzes vom 15. März 1922 ausgeführt worden ist, trifft auch hier zu. Die Wahlbetätigung der Parteien wird durch die Vorschrift nur mittelbar berührt. Nun soll allerdings die waldeckische Landesvertretung, die das Gesetz vom 4. April 1928 beschlossen hat, nach der Behauptung des Antragstellers auf Grund eines ungültigen Wahlgesetzes gewählt worden sein und daher in ihrer gegenwärtigen Zusammensetzung zu Unrecht bestehen. Das kann also der Antragsteller, sofern er wirklich eine politische Partei ist, nach dem oben Gesagten vor dem Staatsgerichtshof im Weg einer Verfassungsklage geltendmachen. Daraus folgt aber nicht, daß er auch berufen ist, die Rechtsunwirksamkeit aller Gesetze beim Staatsgerichtshof geltendzumachen, welche die angeblich einer fehlerhaften Wahl entstammende Volksvertretung beschlossen hat. Die Gültigkeit dieser Gesetze ist nicht mehr eine Frage des Wahlrechts, sondern hängt, da bei ihr noch eine Reihe anderer rechtlicher Gesichtspunkte zu beachten sind, nur mittelbar mit ihr zusammen. Politischen Parteien, deren verfassungsrechtliche Klagbefugnis sich auf Wahlrechtsstreitigkeiten beschränkt, kommt es nicht zu, Gesetze anzufechten, welche andere Gegenstände betreffen, mag auch als Anfechtungsgrund die Verletzung von Wahlrechtsvorschriften bei der Wahl der Volksvertretung angeführt werden, die ein solches Gesetz beschlossen hat. Es kommt deshalb nicht auf den Punkt an, auf den der Antragsteller, wie schon erwähnt, in seinem Schriftsatz vom 20. Dezember

1928 hinweist, daß nämlich das Reichsgesetz vom 7. Dezember 1928 nicht den ganzen Staatsvertrag vom 23. März 1928 decke. Das mag sein. Der Antragsteller hat aber nicht das Recht, die Verfassungsmäßigkeit dieses Staatsvertrags dem Staatsgerichtshof zur Entscheidung zu unterbreiten. Es ist auch durchaus nicht ersichtlich, inwiefern die klagende Partei als solche ein rechtlich anzuerkennendes Interesse daran haben könnte, daß, um eine von ihr besonders hervorgehobene Bestimmung zu erwähnen, Waldeck statt mit der Provinz Hessen-Nassau (so Art. 2 § 4 Abs. 1 des Staatsvertrags) mit der Provinz Westfalen vereinigt wird.

3. Die verbleibenden Anträge 1 und 2 kann der Antragsteller nach dem Gesagten verfechten, wenn er die Erfordernisse einer politischen Partei erfüllt (vgl. dazu RGZ. Bd. 121 Anh. S. 11). Das ist bestritten und, wie im Beschluß vom 12. Mai 1928 dargelegt ist, bisher noch nicht bewiesen. Der Antragsteller hat inzwischen freilich eingehende Behauptungen in dieser Richtung aufgestellt und zahlreiche Zeugen dazu benannt, ebenso wie die Antragsgegner Gegenbeweise angeboten haben. Von der Erhebung dieser Beweise kann indessen abgesehen werden. Denn selbst wenn sie ein dem Antragsteller günstiges Ergebnis zeitigte, könnte trotzdem seinen Anträgen 1 und 2 nicht stattgegeben werden. Mit dem unmittelbar bevorstehenden 1. April 1929 geht Waldeck kraft verfassungändernden Reichsgesetzes in Preußen auf. Damit fällt aber § 6 des waldeckischen Gesetzes vom 15. März 1922 ebenso dahin wie die am 17. Mai 1925 gewählte Landesvertretung. Eine Entscheidung über die Verfassungsmäßigkeit jener Bestimmung in Verbindung mit § 15 Abs. 3 Satz 1 des preußischen Landeswahlgesetzes wie über die Gültigkeit der Wahl des Landesvertretung ist von da an gegenstandslos. Sie würde nur mittelbare Bedeutung besitzen insofern, als dann ein Umstand feststände, der die Gültigkeit der von der letzten waldeckischen Landesvertretung beschlossenen Gesetze beeinflussen könnte. Aber eine solche Feststellung zu betreiben, dazu ist, wie oben ausgeführt, der Antragsteller nicht befugt. Sie muß daher hier bei Betrachtung der Rechtslage ausscheiden. Entscheidend ist lediglich, ob sich dem Antragsteller, falls er mit seinen Anträgen 1 und 2 durchdränge, die Möglichkeit eröffnen würde, an der staatlichen Willensbildung in Waldeck in der Art und Weise teilzunehmen, wie das durch die wahlgesetzlichen

Vorschriften den dortigen politischen Parteien gestattet ist. Eine solche politische Betätigung kommt aber für den Antragsteller bei der unmittelbar bevorstehenden Vereinigung Waldecks mit Preußen und bei dem damit verbundenen Wegfall der waldeckischen Volksvertretung nicht mehr in Frage. Hinsichtlich der Anträge 1 und 2 ist mithin kein noch bestehendes rechtliches Interesse des Antragstellers anzuerkennen.

Die Anträge des Wirtschaftsbundes müssen sonach sämtlich zurückgewiesen werden.

Register.

Die Zahlen bedeuten die Seiten.

A. Sachregister.

A

W

Z

B. Gesetzesregister.

1. Reichsrecht.

a. Bürgerliches Gesetzbuch.

b. Einführungsgesetz zum Bürgerlichen Gesetzbuch.

c. Allgemeines Deutsches Handelsgesetzbuch (a. F.).

d. Handelsgesetzbuch von 1897.

e. Einführungsgesetz zum Handelsgesetzbuch.

f. Zivilprozeßordnung.

2. Landesrecht.

Hessen.

Preußen.

a. Allgemeines Landrecht.

b. Einzelne Gesetze und Verordnungen.

3. Ausländisches Recht.

Österreich.

C. Zusammenstellung der Entscheidungen nach der Zeitfolge.

Entscheidungen des Staatsgerichtshofs.

Zusammenstellung
der
im 124. Bande
mitgeteilten Entscheidungen
nach
Oberlandesgerichtsbezirken.

(Die Zahlen bezeichnen die Nummern der Entscheidungen.)

Berlin . . . . . . 5. 12. 23. 26. 29. 32. 34. 36. 38. 39. 41. 49. 52. 56. 59. 62. 63. 66. 67.
Breslau . . . . . 30. 33. 45. 48. 60. 61.
Celle . . . . 8. 14.
Darmstadt . . . . 24.
Dresden . . . . . 9. 13. 16. 28. 31.
Düsseldorf . . . 7. 15. 47. 50. 53. 58.
Hamburg . . . . 1. 11. 21. 68.
Hamm . . . . . . 27. 35. 54. 64.
Jena . . . . 18.
Karlsruhe . . . 51.
Kiel . . . . 3. 10.
Köln . . . . 4.
Königsberg . . . 22. 37. 43. 46. 70.
München . . . . 19. 44.
Naumburg a. S. 6. 25. 69.

Landgericht Altona . . . . 17.
Landgericht II Berlin . . . . 2. 20. 65.
Landgericht Breslau . . . . 40.
Landgericht Flensburg . . . . 55.
Landgericht Köln . . . . 42.
Landgericht Landsberg a. W. . . . . 57.
Staatsgerichtshof. Anhang . . . . 1. 2. 3.

Berichtigung.

Hundertvierundzwanzigster Band.

S. 343, Überschrift zu Nr. 63, Zeile 3, muß es Versicherungsnehmer heißen.

FSC
www.fsc.org
MIX
Papier | Fördert gute Waldnutzung
FSC® C083411

Kolibri 360 GmbH
Ferdinand-Jühlke-Straße 7
99095 Erfurt, Deutschland
produktsicherheit@kolibri360.de